DICCIONARI POCKET
DEUTSCH - KATALANISCH / CATALÀ - ALEMANY

electricitat	electr	Elektrizität
electrònica	electròn	Elektronik
elevat	elev	gehoben
ensenyament	enseny	Bildungswesen
esport	esp	Sport
femení	f	Femeninum
femení i masculí	f/m	Femeninum und Maskulinum
farmàcia	farm	Pharmazie
ferrocarrils	ferroc	Eisenbahnwesen
filosofia	filos	Philosophie
finances	fin	Finanzen
fotografia	foto	Photographie
femení plural	fpl	Femeninum Plural
sentit figurat	fig	übertragene Bedeutung
física	fís	Physik
gastronomia	gastr	Gastronomie
geografia	geogr	Geographie
geologia	geol	Geologie
geometria	geom	Geometrie
història	hist	Geschichte
impremta	impr	Druckereiwesen
indústria	indús	Industrie
infinitiu	inf	Infinitiv
informàtica	informàt	Informatik
interjecció	interj	Interjektion
interrogació	interrog	Frage
irregular	irr	unregelmäßig
joc	joc	Spiel
dret	jur	Rechtswesen
lingüística	ling	Sprachwissenschaft
estil literari	lit	literarischer Stil
masculí	m	Maskulinum
matemàtiques	mat	Mathematik
medicina	med	Medizin
meteorologia	meteo	Meteorologie, Wetter
masculí i femení	m/f	Maskulinum und Femininum
militar	mil	Militärwesen
mineria	min	Bergbau
mitologia	mitol	Mythologie
masculí o neutre	m od n	Maskulinum oder Neutrum
masculí plural	mpl	Maskulinum Plural
música	mús	Musik
neutre	n	Neutrum
navegació	nav	Schifffahrt
alemany del nord	nordtt	Norddeutsch
obsolet	obsol	veraltet
peix	peix	Fisch

periodisme	**period**	Journalismus
plural	**pl.**	Plural
política	**pol**	Politik
preposició	**prep**	Präposition
pronom	**pron**	Pronomen
protestant	**prot**	protestantisch
psicologia	**psicol**	Psychologie
química	**quim**	Chemie
radiodifusió	**radio**	Rundfunk
religió	**relig**	Religion
sociologia	**sociol**	Soziologie
alemany del sud	**süddt**	Süddeutsch
superlatiu	**superl**	Superlativ
també	**t.**	auch
tauromàquia	**taur**	Stierkampf
teatre	**teat**	Theater
tecnologia, tècnica	**tecn**	Technik
telecomunicacions	**telec**	Fernmeldewesen
tèxtil	**tèxtil**	Textilien
transports	**transp**	Verkehrswesen
televisió	**TV**	Fernsehen
universitat	**univ**	Universität
vegeu	**V.**	siehe
valencià o meridional	**val**	valencianisch
verb impersonal	**v/impers**	unpersönliches Verb
verb intransitiu	**vi**	intransitives Verb
verb transitiu	**vt**	transitives Verb
verb transitiu i intransitiu	**vt/i**	transitives und intransitives Verb
vulgar	**vulg**	vulgär
zoologia	**zool**	Zoologie

DICCIONARIS POCKET HERDER

DICCIONARI POCKET

I
DEUTSCH – KATALANISCH

Vicent Álvarez

Herder

Revisió: Ursula Barta, Mireia Carulla, Martin Fischer, Anna Tudela

Disseny de la coberta: Claudio Bado

© 2007, Herder Editorial, S.L., Barcelona
ISBN: 978-84-254-2428-1

No es permet la reproducció total o parcial d'aquesta obra
sense el consentiment previ dels titulars del *Copyright*.

Impremta: Tesys
Dipòsit legal: B-41.416-2007
Printed in Spain

Herder
www.herdereditorial.com

ÍNDEX

Abreviatures / Abkürzungen

Prefaci	7
I. Indicacions per a l'ús del diccionari	9
II. Introducció a la pronúncia de l'alemany	14
III. Introducció a la gramàtica alemanya	17
Diccionari alemany-català	35
Vorwort	265
I. Hinweise zum Gebrauch des Wörterbuches	267
II. Aussprache des Katalanischen	272
III. Einführung in die katalanische Grammatik	276
Katalanisch-deutsches Wörterbuch	293
Guia de conversa / Sprachführer	557

Els numerals / Die Zahlwörter

PREFACI

El Diccionari Pocket Herder ofereix una selecció del vocabulari més usual del català i de l'alemany.

És evident que un diccionari d'aquest tamany només pot recollir una part del riquíssim lèxic d'ambdues llengües. Per aquesta raó, el seu valor rau en la selecció acertada de les paraules i locucions registrades.

Per tal d'assegurar una millor selecció del vocabulari s'han tingut en compte dos criteris:

a) S'han aprofitat vocabularis bàsics que determinen la freqüència d'ús de les paraules sobre una base estadística, que publiquen el Consell d'Europa i l'Associació d'Universitats Populars d'Alemanya per a la preparació d'exàmens de certificats de llengües.

b) S'ha donat una especial importància a la introducció d'un gran nombre de lèxic del turisme per a les persones que viatgen per països de parla catalana i alemanya.

A més, la introducció presenta resums de la pronúncia i de la gramàtica d'ambdues llengües, incloent taules de conjugacions regulars i llistats de verbs irregulars.

Una útil guia de conversa complementa l'obra i ajuda a l'usuari a fer-se entendre durant els seus viatges i en la majoria de situacions quotidianes.

VICENT ÁLVAREZ

HERDER EDITORIAL

I.
INDICACIONS PER A L'ÚS DEL DICCIONARI

I.-1. Ordre alfabètic

Les entrades apareixen sistemàticament en ordre alfabètic.

I.-2. Disposició de les entrades

Per tal de poder enregistrar el màxim nombre de paraules, s'han reunit vocables semànticament semblants impresos en negreta en un mateix bloc, en el qual apareixen una o vàries subentrades, també impreses en negreta. Les equivalències en la llengua d'arribada apareixen en rodona, mentre que les marques gramaticals i lexicogràfiques ho fan en cursiva.

I.-3. Xifres, signes i símbols

I.-3.1. Xifres

Les xifres en negreta (**1**....; **2**....) distingeixen paraules formalment idèntiques, però que tenen diferent categoria gramatical. Per exemple:

gallec, -ega 1. *adj* galicisch; **2.** *m/f* Galicier, -in *m/f*; **3.** *m ling* Galicisch *n*

També s'empren per diferenciar l'ús transitiu, intransitiu i impersonal dels verbs. Per exemple:

continuar 1. *vt* fortsetzen, fortführen; **2.** *vi* andauern, weitergehen

Les xifres sense negreta (1....; 2....) separen els diferents significats d'un mot, que té la mateixa categoria gramatical en ambdós significats. Per exemple:

estadi *m* 1. *esp* Stadion *n*; 2. *med* Stadium *m*
sacrificar *vt* 1. *(oferir)* opfern; 2. *(animals)* schlachten

I.-3.2. Signes i símbols

- La marca (~) s'empra (en un sublema) per evitar la repetició de la paraula que apareix com a lema. Per exemple:

entrena/dor, -a *mf esp* Trainer, -in *m/f* ; **~r** *vt* trainieren

- La marca (**~***) indica que es repeteix la part de la paraula que precedeix la barra de separació i, a més a més, canvia de minúscula a majúscula, o a l'inrevés. Per exemple:

  alemany, -a 1. *adj* deutsch; **2.** *m/f* Deutsche, -r *f/m*; **3.** *m ling* Deutsch *n*; **~*a** *f* Deutschland *n*

- Els punts suspensius (**...**) que apareixen immediatament darrere d'un mot alemany indiquen que aquest sempre forma un mot compost. Per exemple:

  Lieblings... *adj* preferit, -ida
  (per ex. **Lieblingsfarbe** = color *m* preferit)

I.-4. TRACTAMENT DE LES DISTINTES CATEGORIES GRAMATICALS

I.-4.1. Substantius

El gènere gramatical de tots els substantius, tant en la llengua de sortida com en la llengua d'arribada, apareix indicat mitjançant les abreviatures: *m* (masculí), *f* (femení), *n* (neutre només per a l'alemany) i en les formes del plural: *mpl, fpl, npl*.

A la part alemany-català s'indica la formació del genitiu i del plural. Aquestes indicacions van entre els següents símbols (<...>). Per exemple:

Tag *m* <~∉s; ~e>
Nom.: *der Tag*; Gen. sing.: *des Tages*; Pl.: *die Tage*

I.-4.2. Adjectius

En els adjectius en català s'indica la forma del femení. Per exemple:

descalç, -a

Els adjectius invariables (sense variació de gènere ni de nombre) apareixen amb la marca *adj inv* (invariable). Per exemple:

taronja *adj inv* orange(farben)

En canvi, quan un adjectiu presenta una única forma de masculí i femení, apareix la marca *adj m/f* (tant en masculí com en femení). Aquest tipus d'adjectius tenen plural encara que no s'indiqui la seva forma. Per exemple:

amable *adj m/f* freundlich, liebenswürdig, nett

I.-4.3. Verbs

Els verbs irregulars alemanys estan marcats (en la part alemany-català) amb <irr> i un número que remet al llistat de les pàgines 27-33 (excepte els verbs compostos i els de determinades categories). Per exemple:

treffen *vt* <irr139>

Hi ha verbs alemanys formalment idèntics, però que tenen una accentuació diferent que és la que ens indica un significat diferent. Aquesta distinció es marca amb un accent que precedeix la síl·laba accentuada. Per exemple:

'über/ziehen *vt (Kleid)* posar-se; **~'ziehen** *vt/i* cobrir, revestir

En tots els verbs apareix si són transitius, intransitius o impersonals mitjançant les abreviatures *vt*, *vi* i *v/imper*. Quant als verbs reflexius, tant en català com en alemany apareixeran amb el pronom reflexiu: (**~-se**) en català i (**sich ~**) en alemany. Per exemple:

abmelden 1. *vt* 1. donar de baixa; 2. anul·lar la inscripció; **2. sich ~** donar-se de baixa

Les formes transitives, intransitives i impersonals dels verbs es troben separades per xifres en negreta. Per exemple:

abhauen <sein> **1.** *vt* 1. tallar; 2. *(Baum)* talar; **2.** *vi col·loq* desaparèixer, esfumar-se

En molts casos s'indica el règim preposicional dels verbs en ambdues llengües. Per exemple:

resultar *vt* sich ergeben (**de** aus), resultieren (**de** aus)

II
INTRODUCCIÓ A LA PRONÚNCIA DE L'ALEMANY

II.-1. L'ALFABET FONÈTIC ALEMANY

Vocals

[ɛ]   e oberta com a *Fett*
[e:] e tancada com a *Meer*
[i]   i oberta com a *bitte*
[i:] i tancada com a *viel*
[œ]   ö oberta com a *Hölle*
[ø:] ö tancada com a *schön*
[ɔ]   o oberta com a *Sonne*
[o:] o tancada com a *Rose*
[u]   u oberta com a *Mutter*
[u:] u tancada com a *gut*
[y]   ü oberta com a *Müller*
[y:] ü tancada com a *über*

Diftongs

[au]	escrit <au> com a *Traum*
[ai]	escrit <ai>, <ei>, <ay>, <ey> com a *Mai, Wein, Bayern, Loreley*
[ɔy]	escrit <eu>, <äu> o <oi> com a *neu, Bräu, Alois*

Consonants

[p]	escrit <p> com a *Person*
[t]	escrit <t> com a *Tag*
[k]	escrit <k>; <c> davant *a, o, u*, consonant o a final de mot com a *Paket, Café, Computer, Cursor, Victor, Tic*
[b]	escrit <b> com a *Butter*
[d]	escrit <d> com a *Dorf*
[g]	escrit <g> com a *gut*
[f]	escrit <f> com a *Fabrik*
	escrit <v> com a *Vater, zuviel*
[v]	escrit <w> com a *Wein* i <v>, especialment en mots procedents d'altres llengües, com a *Vase, Video*, excepte a final de paraula on es pronuncia [f], com a *naiv*
[s]	s sorda escrita <s>, <ss> o <ß>, com a *Saal, Masse, Ruß*
[z]	s sonora escrita <s> entre vocals com a *Rose*
[ʃ]	escrit <sch> o <st> o <sp> (a principi de mot) com a *Schule, Stadt, Spiel*
[l]	escrit <l> com a *Leute*
[r]	escrit <r> com a *Reise, teuer*
[m]	escrit <m> com a *Mittag*
[n]	escrit <n> com a *Nacht*
[ŋ]	n velar davant *g* o *k* i a final de mot, com a *lange, danke, Ding*
[h]	es pronuncia aspirada com a *Heimat*
[x]	escrit <ch> i pronunciat com una aspirada, com a *Bach*
[j]	escrit <j> i pronunciat com una *i*, com a *ja, jung*

II.-2. L'ACCENT TÒNIC

En alemany, normalment, l'accent tònic dels mots recau en la primera síl·laba. Per tant, en aquests casos no apareix cap indicació, però quan les paraules no s'accentuen en aquesta primera síl·laba, la tònica s'assenyala mitjançant un accent alt (') col·locat davant d'aquesta. Cal afegir que aquest accent no és ortogràfic ni indica cap divisió síl·làbica. Per exemple:

zu'viel *adv* massa

III
INTRODUCCIÓ A LA GRAMÀTICA ALEMANYA

III.-1. Substantius

S'indiquen dues formes de la declinació dels substantius: genitiu singular i nominatiu plural. Així, per exemple: **Kreis** *m* <~es; ~e> significa que el genitiu singular <~es> correspon a la forma *des Kreises* i el nominatiu plural <~e> a *die Kreise*.

Es presenten alguns casos, en què només figura una única desinència, per exemple, **Gepolter** *n* <~s>, la qual cosa significa que aquesta paraula no té plural o bé presenta una forma irregular i, per tant, la desinència indicada respon a la forma del genitiu singular.

Un altre cas és el de la *e* facultativa, per exemple: **Tag** *m* <~(e)s; ~e>. Aquest cas ens indica que el genitiu del mot pot formar-se amb *e* o sense *e*, és a dir, el genitiu de *Tag* pot ser tant *Tages* com *Tags*.

S'ha prescindit d'indicar la flexió en els casos següents:

—Quan es tracta de substantius compostos, com per exemple, **Haustür**, ja que el mot de base (*Tür*), que determina al mateix temps el gènere i la declinació de la paraula composta, ja és al diccionari: **Tür** *f* <~; ~en>.

—En el cas de derivacions amb sufixos molt freqüents com són:

a) <u>Substantius masculins acabats en</u>:

   -er <~s; ~>   Lehrer
   -'ent (-'ant) <~en; ~en>   Lieferant
   -ling <~es; ~e> Säugling
   -tor <~s; -'toren>   Motor

b) <u>Substantius femenins acabats en</u>:

   -e <~; ~n>   Blamage
   -(er)'ei <~; ~en>   Bäckerei
   -heit <~; ~en>   Einheit
   -ik <~; ~en>   Technik
   -in <~; ~nen>   Königin
   -keit <~; ~en>   Neuigkeit
   -schaft <~; ~en>   Mannschaft
   -'tät <~; ~en>   Nationalität
   -'(t)ie <~; ~en>   Philosophie
   -'(t)ion <~; ~en>   Nation
   -ung <~; ~en>   Übung

c) <u>Substantius neutres acabats en</u>:

   -chen <~s; ~>   Märchen
   -lein <~s; ~>   Männlein
   -tum <~; ⁓er>   Herzogtum

A continuació, es presenten els models i les classes de declinació més habituals:

Masculins

Exemple: Tag

	singular	plural
nominatiu	der Tag	die Tage
acusatiu	den Tag	die Tage
genitiu	des Tag(e)s	der Tage
datiu	dem Tag(e)	den Tagen

<~̸es; ~e>	der Tag:	des Tag(e)s, die Tage
<~̸es; ~̈e>	der Bach:	des Bach(es), die Bäche
<~es; ~e>	der Kreis:	des Kreises, die Kreise
<~es; ~̈e>	der Fuchs:	des Fuchses, die Füchse
<~sses; ~sse>	der Biss:	des Bisses, die Bisse
<~sses; ~̈sse>	der Fluss:	des Flusses, die Flüsse
<~̸es; ~er>	der Leib:	des Leib(e)s, die Leiber
<~̸es; ~̈er>	der Wurm:	des Wurm(e)s, die Würmer
<~s; ~̈>	der Vater:	des Vaters, die Väter
<~s; ~s>	der Uhu:	des Uhus, die Uhus
<~en; ~en>	der Bär:	des Bären, die Bären
<~n; ~n>	der Riese:	des Riesen, die Riesen
<~es; ~en>	der Schmerz:	des Schmerzes, die Schmerzen
<~s; ~n>	der See:	des Sees, die Seen
<~s; ~n>	der Stachel:	des Stachels, die Stacheln

Femenins

Exemple: Hand

	singular	plural
nominatiu	die Hand	die Hände
acusatiu	die Hand	die Hände
genitiu	der Hand	der Hände
datiu	der Hand	den Händen

<~; ⁓e>	die Hand:	der Hand, die Hände
<~; ⁓>	die Mutter:	der Mutter, die Mütter
<~; ~se>	die Kenntnis:	der Kenntnis, die Kenntnisse
<~; ~s>	die Bar:	der Bar, die Bars
<~; ~en>	die Frau:	der Frau, die Frauen

Neutres

Exemple: Brot

	singular	plural
nominatiu	das Brot	die Brote
acusatiu	das Brot	die Brote
genitiu	des Brot(e)s	der Brote
datiu	dem Brot(e)	den Broten

<~es; ~e>	das Brot:	des Brot(e)s, die Brote
<~es; ⁓>	das Floß:	des Floßes, die Flöße
<~∅s; ~er>	das Kind:	des Kind(e)s, die Kinder
<~∅s; ⁓er>	das Dorf:	des Dorf(e)s, die Dörfer
<~es; ⁓er>	das Haus:	des Hauses, die Häuser
<~s; ~>	das Messer:	des Messers, die Messer

<~s; ~s>	das Kloster:	des Klosters, die Klöster
<~s; ~s>	das Auto:	des Autos, die Autos
<~es; ~en>	das Ohr:	des Ohr(e)s, die Ohren
<~s; ~n>	das Auge:	des Auges, die Augen
<~ens; ~en>	das Herz:	des Herzens, die Herzen

III.-2. Adjectius

III.-2.1. Declinació

Declinació darrere l'article determinat: **der, die, das**

	singular			plural
	masc.	fem.	neutre	
nominatiu	-e	-e	-e	-en
acusatiu	-en	-e	-e	-en
genitiu	-en	-en	-en	-en
datiu	-en	-en	-en	-en

Declinació darrere l'article indeterminat: **ein, eine, ein**

	singular			plural
	masc.	fem.	neutre	
nominatiu	-er	-e	-es	ø
acusatiu	-en	-e	-es	ø
genitiu	-en	-en	-en	ø
datiu	-en	-en	-en	ø

Declinació sense article

	singular			plural
	masc.	fem.	neutre	
nominatiu	-er	-e	-es	-e
acusatiu	-en	-e	-es	-e
genitiu	-en	-er	-en	-er
datiu	-em	-er	-em	-en

III.-2.2. Comparació

Observem els tres graus de comparació:

    Positiu: klein
    Comparatiu: kleiner
    Superlatiu: der Kleinste (am kleinsten)

Cal fixar-se en els canvis vocàlics que es produeixen: a-ä; o-ö; u-ü. Per exemple:

grob <≈er; ≈st>	comparatiu	gröber
	superlatiu	der gröbste
groß <≈er; ≈t>	comparatiu	größer
	superlatiu	der größte
hart <≈er; ≈est>	comparatiu	härter
	superlatiu	der härteste

III.-3. Verbs

És important tenir present que en alemany cal fer explícit sempre el subjecte.

a) Els verbs regulars (schwache Verben):

Model de conjugació: sagen

Indicatiu		
Present	**Pretèrit**	**Perfet**
ich sage	ich sage	ich habe gesagt
du sagst	du sagtest	du hast gesagt
er/sie/es sagt	er/sie/es sagte	er/sie/es hat gesagt
wir sagen	wir sagten	wir haben gesagt
ihr sagt	ihr sagtet	ihr habt gesagt
sie/Sie sagen	sie/Sie sagten	sie/Sie haben gesagt

Plusquamperfet	Futur
ich hatte gesagt	ich werde sagen
du hattest gesagt	du wirst sagen
er/sie/es hatte gesagt	er/sie/es wird sagen
wir hatten gesagt	wir werden sagen
ihr hattet gesagt	ihr werdet sagen
sie/Sie hatten gesagt	sie/Sie werden sagen

Subjuntiu

Present	Pretèrit	Perfet
ich sage	ich sagte	ich hätte gesagt
du sagest	du sagtest	du hättest gesagt
er sie es } sage	er sie es } sagte	er sie es } hätte gesagt
wir sagen	wir sagten	wir hätten gesagt
ihr saget	ihr sagtet	ihr hättet gesagt
sie Sie } sagen	sie Sie } sagten	sie Sie } hätten gesagt

Condicional	Imperatiu
ich würde sagen	
du würdest sagen	(du) sag(e)!
er sie es } würde sagen	
wir würden sagen	
ihr würdet sagen	(ihr) sagt!
sie Sie } würden sagen	(Sie) sagen Sie!

Veu passiva

Present	Pretèrit
ich werde gesagt	ich wurde gesagt
du wirst gesagt	du wurdest gesagt
er wird gesagt	er wurde gesagt
wir werden gesagt	wir wurden gesagt
ihr werdet gesagt	ihr wurdet gesagt
sie werden gesagt	sie wurden gesagt

Perfet	Plusquamperfet
ich bin gesagt worden	ich war gesagt worden
du bist gesagt worden	du warst gesagt worden
er ⎫ sie ⎬ ist gesagt worden es ⎭	er ⎫ sie ⎬ war gesagt worden es ⎭
wir sind gesagt worden	wir waren gesagt worden
ihr seid gesagt worden	ihr wart gesagt worden
sie ⎫ sind gesagt worden Sie ⎭	sie ⎫ waren gesagt worden Sie ⎭

b) Els verbs regulars que tenen el radical acabat en -d, -t, consonant + n afegeixen una e entre el radical i les desinències que comencen per consonant. Per exemple:

> reden: du redest
> arbeiten: du arbeitest
> rechnen: du rechnest

c) Alguns verbs que en infinitiu **acaben en -eln, -ern** presenten una e en la primera persona del singular del present i en la segona de l'imperatiu que tendeix a desaparèixer:

> ich hand(e)le, ich wand(e)re
> hand(e)le!, wand(e)re!

d) Els verbs irregulars (starke Verben):

És freqüent observar alteracions vocàliques en el present d'indicatiu i l'imperatiu dels verbs irregulars amb la vocal *a, e, o* al radical. Per exemple:

> *raten*: ich rate, du rätst, er rät, wir raten, ihr ratet, sie raten
> *sehen*: ich sehe, du siehst, er sieht, wir sehen, ihr seht, sie sehen

stoßen: ich stoße, du stößt, er stößt, wir stoßen, ihr stoßt, sie stoßen

e) Verbs formats amb prefixos (ab-, aus-, ge-, ver-, etc.). En alemany es distingeix entre verbs de prefixos separables i no-separables (*trennbare und untrennbare Verben*).

—Són **verbs de prefix separable** els que porten l'accent sobre el primer element de la composició.

an-bieten	ich biete an
	ich bot an
	ich habe angeboten
(infinitiu amb *zu*)	ich habe (etwas) anzubieten
he'rein-kommen	ich komme herein
	ich kam herein
	ich bin hereingekommen
(infinitiu amb *zu*)	ich bitte hereinzukommen
ab-bestellen	ich bestelle ab
	ich bestellte ab
	ich habe abbestellt
(infinitiu amb *zu*)	ich habe vor... abzubestellen

—Són **verbs de prefix inseparable** els que porten l'accent tònic sobre el radical del verb.

—Alguns prefixos poden ser **separables i no-separables** segons la posició de l'accent. Per exemple:

'durchfahren	ich fahre durch
	ich fuhr durch, etc.
durch'fahren	ich durchfahre
	ich durchfuhr, etc.

f) El participi passat dels verbs simples es forma amb el prefix **ge-**, sempre que al present s'accentuï la primera síl·laba. Si l'accent recau en una altra síl·laba, el participi es forma sense ge-. Per exemple:

antworten	ich habe **ge**antwortet
frühstücken	ich habe **ge**frühstückt
stu'dieren	ich habe studiert
prophe'zeien	ich habe prophezeit

La formació del perfet es realitza amb els **auxiliars *haben* o *sein***. La majoria de verbs utilitza l'auxiliar *haben* per formar el seu perfet. El verb *sein* és l'auxiliar dels verbs intransitius que expressen moviment i canvi d'estat. Aquests casos estan marcats al diccionari amb <sein>.

g) Llista alfabètica dels verbs simples irregulars. Si al present hi ha alguna irregularitat, s'afegeix la tercera persona del present d'indicatiu.

Infinitiu (+ 3a persona present indicatiu)	Pretèrit	Participi passat
1. backen (er bäckt)	backte	gebacken
2. befehlen (er befiehlt)	befahl	befohlen
3. beginnen	begann	begonnen
4. beißen	biss	gebissen
5. bergen (er birgt)	barg	geborgen
6. bersten (er birst)	barst	geborsten
7. bewegen[1]	bewog	bewogen

1 En el sentit més freqüent, el de «moure», el mateix verb té formes regulars: *bewegte, bewegt*.

Infinitiu (+ 3a persona present indicatiu)	Pretèrit	Participi passat
8. biegen	bog	gebogen
9. bieten	bot	geboten
10. binden	band	gebunden
11. bitten	bat	gebeten
12. blasen (er bläst)	blies	geblasen
13. bleiben	blieb	geblieben
14. bleichen	blich	geblichen
15. braten (er brät)	briet	gebraten
16. brechen (er bricht)	brach	gebrochen
17. brennen	brannte	gebrannt
18. bringen	brachte	gebracht
19. denken	dachte	gedacht
20. dreschen (er drischt)	drosch	gedroschen
21. dringen	drang	gedrungen
22. dürfen (er darf)	durfte	gedurft
23. empfehlen (er empfiehlt)	empfahl	empfohlen
24. essen (er isst)	aß	gegessen
25. fahren (er fährt)	fuhr	gefahren
26. fallen (er fällt)	fiel	gefallen
27. fangen (er fängt)	fing	gefangen
28. fechten (er ficht)	focht	gefochten
29. finden	fand	gefunden
30. fliegen	flog	geflogen
31. fliehen	floh	geflohen
32. fließen	floss	geflossen
33. fragen	fragte	gefragt
34. fressen (er frisst)	fraß	gefressen
35. frieren	fror	gefroren

Infinitiu (+ 3a persona present indicatiu)	Pretèrit	Participi passat
36. gären	gärte	gegoren
37. gebären (sie gebärt)	gebar	geboren
38. geben (er gibt)	gab	gegeben
39. gedeihen	gedieh	gediehen
40. gehen	ging	gegangen
41. gelingen	gelang	gelungen
42. gelten (er gilt)	galt	gegolten
43. genesen	genas	genesen
44. genießen	genoss	genossen
45. geschehen	geschah	geschehen
46. gewinnen	gewann	gewonnen
47. gießen	goss	gegossen
48. gleichen	glich	geglichen
49. gleiten	glitt	geglitten
50. glimmen	glimmte	geglommen
51. graben (er gräbt)	grub	gegraben
52. greifen	griff	gegriffen
53. haben (er hat)	hatte	gehabt
54. halten (er hält)	hielt	gehalten
55. hängen	hing (vi), hängte (vt)	gehangen (vi), gehängt (vt)
56. hauen	haute	gehauen
57. heben	hob	gehoben
58. heißen	hieß	geheißen
59. helfen (er hilft)	half	geholfen
60. kennen	kannte	gekannt
61. klingen	klang	geklungen
62. kneifen	kniff	gekniffen
63. kommen	kam	gekommen

Infinitiu (+ 3a persona present indicatiu)	Pretèrit	Participi passat
64. können (er kann)	konnte	gekonnt
65. kriechen	kroch	gekrochen
66. laden (er lädt)	lud	geladen
67. lassen (er lässt)	ließ	gelassen
68. laufen (er läuft)	lief	gelaufen
69. leiden	litt	gelitten
70. leihen	lieh	geliehen
71. lesen (er liest)	las	gelesen
72. liegen	lag	gelegen
73. löschen (vi)[2]	losch	geloschen
74. lügen	log	gelogen
75. mahlen	mahlte	gemahlen
76. meiden	mied	gemieden
77. melken (er milkt)	melkte	gemolken
78. messen (er misst)	maß	gemessen
79. mögen (er mag)	mochte	gemocht
80. müssen (er muss)	musste	gemusst
81. nehmen (er nimmt)	nahm	genommen
82. nennen	nannte	genannt
83. pfeifen	pfiff	gepfiffen
84. quellen (vi) (er quillt)	quoll	gequollen
85. raten (er rät)	riet	geraten
86. reiben	rieb	gerieben
87. reißen	riss	gerissen
88. reiten	ritt	geritten
89. rennen	rannte	gerannt

[2] Normalment s'utilitza en composicions com ara *erlöschen*; el verb transitiu *löschen* té formes regulars: *löschte, gelöscht*.

Infinitiu (+ 3a persona present indicatiu)	Pretèrit	Participi passat
90. riechen	roch	gerochen
91. ringen	rang	gerungen
92. rinnen	rann	geronnen
93. rufen	rief	gerufen
94. salzen	salzte	gesalzen
95. saufen (er säuft)	soff	gesoffen
96. saugen sog,	saugte	gesaugt
97. schaffen[3]	schuf	geschaffen
98. scheiden	schied	geschieden
99. scheinen	schien	geschienen
100. schieben	schob	geschoben
101. schießen	schoss	geschossen
102. schlafen (er schläft)	schlief	geschlafen
103. schlagen (er schlägt)	schlug	geschlagen
104. schleifen[4]	schliff	geschliffen
105. schließen	schloss	geschlossen
106. schmeißen	schmiss	geschmissen
107. schmelzen (er schmilzt)	schmolz	geschmolzen
108. schneiden	schnitt	geschnitten
109. schreiben	schrieb	geschrieben
110. schreien	schrie	geschrie(e)n
111. schweigen	schwieg	geschwiegen
112. schwellen (vi)	schwoll	geschwollen
113. schwimmen	schwamm	geschwommen
114. schwingen	schwang	geschwungen
115. schwören	schwor	geschworen

3 En el sentit de «treballar» té formes regulars: *schaffte, geschafft*.
4 En el sentit d'«arrossegar» el verb té formes regulars: *schleifte, geschleift*.

Infinitiu (+ 3a persona present indicatiu)	Pretèrit	Participi passat
116. sehen (er sieht)	sah	gesehen
117. sein (er ist)	war	gewesen
118. senden	sandte, sendete	gesandt, gesendet
119. sieden	siedete	gesotten, gesiedet
120. singen	sang	gesungen
121. sinken	sank	gesunken
122. sitzen	saß	gesessen
123. sollen (er soll)	sollte	gesollt
124. spalten	spaltete	gespalten, gespaltet
125. spinnen	spann	gesponnen
126. sprechen (er spricht)	sprach	gesprochen
127. springen	sprang	gesprungen
128. stechen (er sticht)	stach	gestochen
129. stecken	steckte	gesteckt
130. stehen	stand	gestanden
131. stehlen (er stiehlt)	stahl	gestohlen
132. steigen	stieg	gestiegen
133. sterben (er stirbt)	starb	gestorben
134. stinken	stank	gestunken
135. stoßen (er stößt)	stieß	gestoßen
136. streichen	strich	gestrichen
137. streiten	stritt	gestritten
138. tragen (er trägt)	trug	getragen
139. treffen (er trifft)	traf	getroffen
140. treiben	trieb	getrieben
141. treten (er tritt)	trat	getreten

Infinitiu (+ 3a persona present indicatiu)	Pretèrit	Participi passat
142. trinken	trank	getrunken
143. tun (er tut)	tat	getan
144. verderben (er verdirbt)	verdarb	verdorben
145. vergessen (er vergisst)	vergaß	vergessen
146. verlieren	verlor	verloren
147. wachsen (er wächst)	wuchs	gewachsen
148. waschen (er wäscht)	wusch	gewaschen
149. weben[5]	wob	gewoben
150. weichen[6]	wich	gewichen
151. wenden	wandte, wendete	gewandt, gewendet
152. werben (er wirbt)	warb	geworben
153. werden (er wird)	wurde	geworden
154. werfen (er wirft)	warf	geworfen
155. wiegen	wog	gewogen
156. wissen (er weiß)	wusste	gewusst
157. wollen (er will)	wollte	gewollt
158. wringen	wrang	gewrungen
159. ziehen	zog	gezogen
160. zwingen	zwang	gezwungen

---

5 Formes irregulars utilitzades generalment en sentit figurat. En el sentit primer, el verb és regular: *webte, gewebt*.
6 Verb regular en el sentit «remullar»: *weichte, geweicht*.

A

Aal *m* <~(e)s; ~e> anguila *f*
ab *prep* 1. (*zeitlich*) a partir de; **~ heute** a partir d'avui; **~ und z** a vegades; 2. (*örtlich*) des de
Abbau *m* <~(e)s; ~e> 1. (*Bergbau*) explotació *f*; 2. (*Stoffwechsel*) catabolisme *m*; 3. (*Preise, Steuern*) reducció *f*, disminució *f*; **~*en** *vt* 1. (*Bergbau*) explotar; 2. *quím* descompondre; 3. (*Preise, Steuern*) reduir; 4. (*Zelt, Ausstellung*) desmuntar
ab/beißen *vt* mossegar, arrencar d'un mos; **~bekommen** *vt* rebre; **~bestellen** *vt* 1. anul·lar; 2. (*Telefon, Abonnement*) donar-se de baixa; **~bezahlen** *vt* pagar a terminis; **~biegen** *vt/i* girar, voltar
Abbild *n* reproducció *f*, còpia *f*; **~*en** *vt* reproduir, retratar; **~ung** *f* gravat *m*, il·lustració *f*, làmina *f*, policromia *f*
abblend/en *vi* encendre els llums d'encreuament; **~*licht** *n* llum *m* d'encreuament, llum *m* curt
ab/brechen 1. *vt* 1. rompre, trencar; 2. (*Gebäude*) (en)derrocar; 3. (*Zelt*) desmuntar, tallar; 4. (*Gespräch*) interrompre, tallar; 2. *vi* 1. rompre's, trencar-se; 2. (*aufhören*) interrompre's, cessar; **~bremsen** *vt* frenar; **~brennen** 1. *vt* cremar; 2. *vi* cremar-se; **~bringen** *vt* 1. (*vom Weg*) desorientar; 2. desviar; 3. (*vom Vorhaben*) dissuadir; **~bröckeln** 1. *vt* descrostar; 2. *vi* ensorrar-se
Abbruch *m* 1. (*Gebäude*) demolició *f*, (en)derrocament *m*; 2. (*Verhandlungen*) ruptura *f*, interrupció *f*
ab/brühen *vt* escaldar; **~buchen** *vt* *com* cancel·lar, tancar, cloure; **~bürsten** *vt* 1. (*Kleider*) raspallar; 2. (*Staub*) es-polsar
Ab'c *n* abecé *m*, abecedari *m*, alfabet *m*
abdecken *vt* 1. descobrir, destapar; 2. (*Dach*) aixecar el sostre; 3. (*zum Schutz*) cobrir, tapar; 4. (*Tisch*) desparar (taula)
abdichten *vt* 1. (*gegen Wasser*) impermeabilitzar; 2. (*gegen Lärm*) insonoritzar; 3. (*isolieren*) aïllar, isolar
abdrehen 1. *vt* 1. descargolar; 2. (*Film*) rodar; 3. (*Gas-, Wasserhahn*) tancar; 4. (*Radio, Licht*) apagar; 2. *vi* canviar el rumb, virar
Abdruck *m* <~es; ~e> 1. (*durch Formen*) motlle *m*; 2. (*Siegel*) empremta *f*; 3. (*Sohle*) petjada *f*; 4. (*Finger-*) impressió *f* digital; **~*en** *vt* imprimir, estampar
abdrücken *vi* (*schießen*) disparar
Abend *m* <~s; ~e> 1. (*früher*) tarda *f*; 2. (*später*) vespre *m*, capvespre *m*; **am ~** a la tarda, al vespre; **gegen ~** cap al vespre; **gestern ~** anit (passada), ahir al vespre; **heute ~** aquesta tarda; 3. (*geselliger*) vetllada *f*; **guten ~!** bona nit!; **~brot** *n* sopar *m*; **~dämmerung** *f* crepuscle *m*, capvespre *m*; **~essen** *n* sopar *m*; **~kleid** *n* vestit *m* de nit; **~kurs** *m* curs *m* nocturn; **~land** *n* Occident *m*; **~*ländisch** *adj* occidental; **~mahl** *n* 1. *bíbl* (Santa) Cena *f*, (Última) Cena

Abenteuer 36

f; 2. relig comunió f; **~*s** adv a la tarda, al vespre; **~veranstaltung** f vetllada f

Abenteu/er n <~s; ~> aventura f; **~*erlich** adj aventurer, -a; **~rer, -in** m/f aventurer, -a m/f

aber conj però

Abergl/aube m superstició f; **~*äubisch** adj supersticiós, -osa

abfahr/en <sein> **1.** vt 1. (Strecke) recórrer; 2. (Lasten) dur, (trans)portar; 3. (Reifen) gastar; **2.** vi 1. sortir, partir (nach cap); 2. auto arrencar; 3. (Ski) davallar, descendir; **~*t** f 1. sortida f, marxa f; 2. (Ski) baixada f, descens m; **~*tslauf** m cursa m de descens

Abfall m 1. deixalles fpl, rebuig m; 2. tecn residus mpl; **~eimer** m galleda f d´escombraries

abfallen <sein> vi 1. caure; 2. (Gelände) fer pendent, baixar; 3. (Kurse, Preise) baixar, afluixar

abfällig adj despectiu, -iva, desfavorable

ab/fangen vt 1. (Brief, Telefongespräch) interceptar; 2. arquit apuntalar, suportar; **~fassen** vt redactar

abfertigen vt 1. expedir, despatxar; 2. (Gepäck) facturar; **~*ung** f despatx m, expedició f

abfinden/en 1. vt 1. pagar, satisfer; 2. (entschädigen) indemnitzar, compensar; **2.: sich ~en** conformar-se amb; **~*ung** f 1. (Ausgleich) avinença f, acord m; 2. (Entschädigung) indemnització

ab/fliegen <sein> vi 1. aero (Flugzeug) alçar/emprendre el vol; 2. (Personen) marxar en avió (nach cap); **~fließen** <sein> vi sortir, escórrer-se

Abflug m aero arrencada f, envol m; **~halle** f aero terminal f de sortides

Abfluss m 1. sortida f; 2. (Rohr) desguàs m; **~röhre** f tub m de desguàs

abführ/en 1. vt 1. (Verbrecher) endur-se detingut; 2. (Geld) ingressar, pagar (an a); 3. (Weg, Thema) desviar, apartar (von de); **2.** vi purgar, laxar; **~*mittel** n purga f, laxant m

abfüll/en vt 1. (in Säcke) ensacar; 2. (Flüssigkeit) envasar; 3. (in Flaschen) embotellar; **~*ung** f 1. ensacada f; 2. embotellament m

Abgabe f 1. lliurament m, donació f, entrega f; 2. (Steuer) impost m

Abgas n gas m d´escapament

abge/ben 1. vt 1. lliurar, entregar, donar; 2. (abtreten) cedir (an a); 3. (Schuss) disparar, engegar; 4. (Stimme) emetre; 5. (Meinung) donar, expressar; **2. sich ~** ocupar-se (mit de); **~brannt** adj 1. cremat; 2. fig pelat, sense un ral; **~brüht** adj 1. escaldat; 2. fig descarat; **~droschen** adj fig banal, trivial

abgegriffen adj (des)gastat, usat

abge/laufen adj 1. (Pass) caducat; 2. com vençut; 3. (Frist) acabat; **~legen** adj aïllat, solitari

abgemacht! interj d´acord!, conforme!

abgenutzt adj (des)gastat, usat

Abgeordnete, -r f/m 1. (Parlament)

diputat, -ada m/f; 2. (Mitglied e-r Abordnung) delegat, -ada m/f
abge/packt adj envasat, -ada; **~rissen** adj 1. (Kleidung) esquinçat, estripat; 2. (Rede) incoherent; **~spannt** adj cansat, esgotat, rendit; **~standen** adj esbravat, -ada, dessaborit, -ida
abge/storben adj mort, -a; **~tragen** adj (Kleidung) gastat, usat; **~wöhnen** vt desacostumar
abgrenz/en vt (de)limitar (**gegen** amb); **~*ung** f delimitació f
Abgrund m 1. precipici m; 2. fig abisme m; **~*tief** adj abismal
abhalten vt 1. mantenir a distància; 2. (~ etw zu tun) impedir, privar (de fer u/c); 3. (zurückhalten) retenir; 4. (von der Arbeit) destorbar, distreure; 5. (Sitzung) fer, tenir
ab/'handen: ~ kommen vi perdre's, extraviar-se; **~*handlung** f 1. tractat m, assaig m; 2. (wissenschaftlich) dissertació f, memòria f
Ab/hang m pujada f, costa f, pendent m; **~*hängen** 1. vt 1. despenjar; 2. (Wagen) desenganxar; 3. (Verfolger) deixar enrere/al darrere; 2. vi dependre (**von** de); **~*hängig** adj depenent (**von** de); **~*hängigkeit** f dependència f (**von** de)
abhauen <sein> 1. vt 1. tallar; 2. (Baum) talar; 2. vi col·loq desaparèixer, esfumar-se
abheb/en 1. vt 1. aixecar, alçar; 2. (Geld) retirar; 3. (Karten) escapçar, partir; 2. vi (vom Boden) aixecar-se, aixecar el vol, envolar-se; 3. **sich ~en**

Ablage

von distingir-se de; **~*ung** f (Geld) retirament m, retirada f
Abhilfe f remei m
abholen vt recollir, anar a buscar
Abi/l'tur n <-s; ~e> batxillerat m; **~*turi'ent, -in** m/f enseny batxiller, -a
abkaufen vt 1. comprar; 2. col·loq creure-s'ho, tragar-s'ho
abklingen vi (Schmerz) anar calmant-se
ab/knicken vt doblegar, trencar doblegant; **~*knöpfen** vt 1. descordar, desbotonar; 2. col·loq pispar
abkochen vt fer bollir
Abkommen n <-s; ~> acord m, conveni m, pacte m; **~*<sein>** vi 1. (vom Weg) perdre/errar el camí; 2. (vom Thema) apartar-se; 3. (vom Plan) abandonar
abkratzen 1. vt rascar, raspar, raure; 2. vi col·loq estirar la pota
abkriegen vt 1. rebre, assolir; 2. col·loq (erreichen) pescar
abkühl/en vt 1. refrescar; 2. tecn refrigerar; 2. vt 1. (Essen) entebeir(-se), 2. (Wetter) refrescar; 3. **sich ~** 1. refrescar-se; 2. refredar-se; **~*ung** f 1. refredament m; 2. tecn refrigeració f; 3. (Wetter) refrescada f
abkürz/en vt 1. escurçar; 2. abreujar, abreviar; 2. vi atallar, fer drecera; **~*ung** f 1. abreviació f, abreujament m; 2. abreviatura f; 3. (Weg) atall m, drecera f
abladen vt descarregar
Ablage f 1. dipòsit m; 2. (Kleider...) guarda-roba m, vestuari m, armari m rober; 3. com arxius mpl

ablassen

ablassen 1. *vt* 1. evacuar, buidar; 2. (*Dampf*) deixar sortir; 3. (*vom Preis*) rebaixar; **2.** *vi* 1. desistir (**von** de); 2. abandonar, deixar

Ablauf *m* 1. (*Veranstaltung*) procés *m*; 2. *econ* desenvolupament *m*; 3. (*Frist, Vertrag*) termini *m* d´espiració; **nach ~ e-s Monats** al cap d´un mes; 4. (*Start*) arrencada *f*; 5. (*Wechsel*) venciment *m*; **vor ~ von 7 Tagen** abans de vuit dies, en l´interval de vuit dies; **~*en** <*sein*> **1.** *vt* 1. (*Sohlen*) (des)gastar; 2. (*Strecke, Straße*) recórrer; **2.** *vi* 1. (*Wasser*) sortir, córrer; 2. (*Frist, Vertrag*) expirar; 3. (*Handlung*) desenvolupar-se; 4. (*Pass*) caducar; 5. (*Zeit*) transcórrer, acabar-se; 6. (*Wechsel*) vèncer

ablege/n *vt* 1. dipositar; 2. (*Kleider*) llevar-se, treure's; 3. (*Akten*) arxivar; 4. (*Karten*) descartar-se; 5. (*Eid*) fer, prestar; 6. (*Zeugnis*) donar, retre; 7. (*Gelübde*) fer, pronunciar, emetre; 8. (*Prüfung*) sotmetre's, fer; 9. (*Gewohnheit*) deixar, desacostumar-se; **~*r** *m* 1. *bot* rebrot *m*; 2. (*Wein*) murgó *m*

ablehn/en *vt* rebutjar, refusar, denegar; **~*ung** *f* 1. negativa *f*; 2. rebuig *m*

Ableitung *f* 1. desviació *f*, desviament *m*; 2. *ling* derivació *f*

ablenk/en *vt* 1. desviar; 2. *fig* distreure; **~*ung** *f* 1. desviació *f*, desviament *m*; 2. *fig* distracció *f*

abliefer/n *vt* lliurar, entregar; **~*ung** *f* lliurament *m*, entrega *f*

ablös/en *vt* 1. desfer, deslligar; 2. (*Schuld*) redimir, rescatar, amortitzar; 3. (*Wohnung*) traspassar; 4. *mil* rellevar; **~*ung** *f* 1. deslligament *m*, despreniment *m*; 2. (*Schuld*) redempció *f*, rescat *m*; 3. (*Wohnung*) traspàs *m*; 4. *mil* relleu *m*

abmach/en *vt* 1. desfer, deslligar; 2. (*vereinbaren*) concertar, convenir, acordar; 3. *jur* estipular, contractar, pactar; **~*ung** *f* conveni *m*, acord *m*

abmager/n <*sein*> *vi* aprimar(-se), amagrir(-se), aflaquir(-se); **~*ungskur** *f* cura *f* d´aprimament

abmeld/en *vt* 1. donar de baixa; 2. anul·lar la inscripció; **2. sich ~** donar-se de baixa; **~*ung** *f* avís *m* de partença

Abnahme *f* 1. recepció *f*, rebuda *f*; 2. (*Kauf*) compra *f*; 3. *fig* disminució *f*, decreixença *f*; 4. (*Gewicht*) minva *f*, pèrdua *f*

abnehm/bar *adj* desmuntable; **~en 1.** *vt* 1. treure; 2. (*Hut, Bart*) treure's, llevar-se; 3. (*Ware*) comprar; 4. *tecn* comprovar, verificar; 5. (*Telefon*) despenjar; 6. (*Arbeit*) descarregar; 7. (*Ausweis*) retirar; 8. (*Früchte*) collir, agafar; **2.** *vi* 1. disminuir, decréixer (**an** de); 2. (*im Gewicht*) aprimar-se, aflaquir-se; 3. (*Kräfte*) debilitar-se; 4. (*Tage*) escurçar-se; 5. (*Mond*) minvar; **~*er, -in** *m/f* comprador, -a *m/f*, client, -a *m/f*

Abneigung *f* antipatia *f* (**gegen** envers)

ab/nutzen *vt* (des)gastar; **~nützen** *vt*

(des)gastar; ~*nutzung f desgast m; ~*nützung f desgast m

Abonn/ement n <-s; -s> abonament m, subscripció f; ~*ent, -in m/f abonat, -ada m/f; ~*'ieren vt abonar-se, subscriure's

abordn/en vt 1. delegar, comissionar; 2. disputar; ~*ung f 1. delegació f, comissió f; 2. disputa f

abpacken vt empaquetar, envasar

abpfeifen vt esp xiular la fi

abpflücken vt collir, recol·lectar

abprallen vi rebotre, rebotar

abputzen vt netejar

abraten vt 1. desaconsellar; 2. dissuadir

abräumen vt 1. treure, netejar; 2. (frei machen) alliberar, desembarassar; **den Tisch ~** desparar taula

abrechn/en vt 1. deduir, descomptar; 2. (Konto) saldar; ~*ung f 1. descompte m, deducció f; 2. ajust(ament) m de comptes

Ab/reise f sortida f, marxa f, partença f lit (**nach** cap); ~*reisen <sein> vi sortir, marxar, partir (**nach** cap); ~*reißen <sein> 1. vt 1. arrencar; 2. constr enderrocar, enrunar, demolir; 2. vi 1. trencar-se, rompre's; 2. desprendre's; 3. fig interrompre's

abrichten vt 1. tecn ajustar; 2. (Tiere) ensinistrar, domar

abriegeln vt 1. (Tür) passar el forrellat; 2. fig bloquejar; 3. (Polizei) acordonar

Abriss m 1. esbós m; 2. (Buch) compendi m; 3. fig resum m

ab'rupt adj abrupte, -a

abrüst/en vi desarmar; ~*ung f desarmament m

abrutschen <sein> vi relliscar

Absage f 1. negativa f; 2. com contraordre f; ~*n vt 1. (Veranstaltung) suspendre; 2. (Einladung) refusar (excusant-se)

Absatz 1. m 1. impr paràgraf m; 2. (Schuh) taló m, tacó m; 3. (Treppe) replà m; 4. com venda f, sortida f; **2. ~!** interj (Diktat) punt i a part!

ABS-Bremssystem n <-s; -e> auto sistema m antibloqueig de frens

abschaff/en vt 1. suprimir, abolir; 2. jur derogar, abrogar; ~*ung f 1. supressió f, abolició f; 2. jur derogació f, abrogació f

abschalten 1. vt 1. electr desconnectar, tancar, apagar; 2. (Maschine) aturar, parar; **2.** vi fig no posar/parar esment

abschätz/en vt 1. apreciar, estimar; 2. avaluar, valorar, taxar; ~*ung f avaluació f, valoració f, taxació f

Abscheu m <-(e)s> 1. horror m, repulsió f (**vor** per); 2. aversió f (**vor** a); 3. fàstic m (**vor** de), repugnància f (**vor** envers); ~*lich adj 1. horrorós, repulsiu; 2. fastigós, repugnant; ~*lichkeit f atrocitat f

abschicken vt 1. enviar, trametre; 2. expedir, despatxar

abschieb/en vt 1. allunyar, apartar; 2. (ins Ausland) expulsar, lit foragitar; ~*ung f adm expulsió f

Abschied m <-(e)s> 1. adéu m, comiat m; **~ nehmen von** acomiadar-se de;

abschießen 40

2. *mil* retir *m*; **s-n ~ nehmen** retirar-se

ab/schießen *vt* 1. (*Waffe*) descarregar; 2. (*abfeuern*) disparar, tirar; 3. (*Rakete*) llançar, engegar; 4. *aero* abatre, fer caure; 5. (*Panzer*) destruir; 6. (*Wild*) matar; **~schlachten** *vt* matar, sacrificar

abschlägig *adj* negatiu, -iva

abschleifen *vt* esmolar, polir

Abschlepp/dienst *m auto* servei *m* de grua; **~*en** *vt* remolcar; **~wagen** *m* cotxe grua *m*, grua *f*

abschließen 1. *vt* 1. (*Tür*) tancar amb clau; 2. (*beenden*) acabar, concloure; 3. (*Verhandlungen*) dur a terme; 4. (*Vertrag*) concloure, firmar; **e-n Handel ~** (con)cloure un tracte; 5. (*Konto, Bilanz*) saldar, tancar; 2. *vi* 1. acabar-se; 2. *com* saldar-se; 3. **sich ~** aïllar-se, tancar-se, recloure's; **~d** 1. *adj* definitiu, final; 2. *adv* en conclusió, finalment

Abschluss *m* 1. tancament *m*; 2. fi *f*, acabament *m*; 3. *com* operació *f*, transacció *f*; 4. (*Rechnung*) liquidació *f*, pagament *m*; 5. (*Vertrag*) conclusió *f*, firma *f*; **~prüfung** *f* examen *m* final; **~rechnung** *f* compte *m* de liquidació

abschn/eiden *vt* 1. tallar; 2. (*Weg*) fer drecera; ♦ **gut ~** tenir èxit; **schlecht ~** no tenir èxit; **~*itt** *m* 1. (*Teil*) secció *f*; 2. (*Buch*) paràgraf *m*, tros *m*, capítol *m*, passatge *m*; 3. (*Zeit*) període *m*, lapse *m*; 4. (*Kontrollblatt*) taló *m*

abschrauben *vt* descargolar

abschreck/en *vt* 1. intimidar, esglaiar, escarmentar; 2. *fig* descoratjar, dissuadir; 3. (*Speisen*) refredar; **~end** *adj* 1. espantós, -a, esglaiador, -a; 2. *fig* exemplar; **~*ung** *f* 1. intimidació *f*; 2. *mil* dissuassió *f*

abschreib/en *vt* 1. copiar, transcriure (**von** de); 2. (*betrügerisch*) plagiar; 3. *econ* amortitzar; 4. (*auf Konto*) abonar; **~*ung** *f* 1. amortització *f*; 2. còpia *f*, transcripció *f*

Abschrift *f* còpia *f*, duplicat *m*; **beglaubigte ~** còpia autoritzada/legalitzada

Abschuss *m* 1. tret *m*, disparament *m*; 2. *aero* abatiment *m*; 3. (*Rakete*) llançament *m*

abschüssig *adj* escarpat, -ada, pendent

abschütteln *vt* 1. sacsejar; 2. *fig* treure's alg del damunt

abschwächen *vt* 1. debilitar, afeblir; 2. moderar; 3. (*Behauptung*) mitigar, suavitzar; 4. (*Lärm*) esmorteir

ab/schweifen <*sein*> *vi* divagar, perdre el fil *col·loq* ; **~schwellen** <*sein*> *vi med* desinflamar-se

abseh/bar *adj* (*Folgen*) previsible; **in ~barer Zeit** aviat, d'aquí a poc (temps); **~en** *vt* 1. abastar amb la vista; 2. *fig* preveure

Abseits *n esp* fora de joc; **~*** 1. *adj* apartat, -ada, allunyat, -ada; 2. *adv* a part, lluny

absende/n *vt* 1. trametre, enviar; 2. remetre; **~r, -in** *m/f* remitent *m/f*

absetzen 1. *vt* 1. posar a terra; 2. *quím* dipositar; 3. *com* vendre, donar sortida; 4. (*Beamten*) destituir; 5. (*Geldbetrage*) restar, deduir; 6. (*Mitfahrenden*) deixar; **2. sich ~** 1. dipositar-se; 2. *mil* replegar-se; 3. *col·loq* (*verschwinden*) desaparèixer

absicher/n *vt* assegurar, protegir; **~*ung** *f* protecció *f*

Absicht *f* <~; ~en> propòsit *m*; **~*lich** **1.** *adj* intencionat, -ada; **2.** *adv* a propòsit, intencionadament

abso'lut *adj* absolut, -a; **~ nicht** en absolut, per res del món; **~ nichts** res en absolut

absondern **1.** *vt* 1. aïllar, apartar, separar; 2. *med* segregar, secretar; 3. (*Gefangene*) incomunicar; **2. sich ~** aïllar-se, apartar-se (**von** de)

absperr/en *vt* 1. tancar amb clau; 2. (*Straße*) tancar, barrar; 3. (*Strom, Wasser*) tallar, tancar, treure; 4. (*Polizei*) acordonar; **~*ung** *f* 1. tancament *m*; 2. *electr* interrupció *f*; 3. (*Polizei*) acordament *m*

abspielen **1.** *vt* tocar; **2. sich ~** esdevenir-se, succeir

Ab'sprache *f* conveni *m*, acord *m*; **~*sprechen** *vt* 1. (de)negar; 2. (*verabreden*) concertar, convenir

ab'springen <*sein*> *vi* 1. (*a. mit Fallschirm*) saltar; 2. (*Ball*) rebotre; 3. (*Knopf*) desprendre's, desfer-se; 4. *fig* retirar-se, abandonar; **~*sprung** *m* salt *m*

ab'spulen *vt* descabdellar, debanar; **~ spülen** *vt* rentar els plats

abstamm/en *vi* 1. descendir, provenir, procedir (**von** de); 2. *ling* derivar-se; **~*ung** *f* descendència *f*, procedència *f*, origen *m*

Abstand *m* <-ǝs; ~̈e> 1. (*örtl, zeitl*) distància *f*, interval *m*; **mit ~** de bon tros; 2. *fig* diferència *f*, contrast *m*; ♦ **~ halten** conservar les distàncies; **~ nehmen** estar-se, desistir, prescindir (**von** de)

Abstecher *m* escapada *f*, sortida *f*; ♦ **e-n ~ machen** anar a fer una volta, fer un tomb (**nach** per)

absteigen <*sein*> *vi* 1. baixar, davallar; 2. (*Hotel*) allotjar-se, estatjar-se (**in** en)

abstell/en *vt* 1. dipositar, posar, deixar; 2. (*Maschine*) aturar, parar; 3. (*Strom*) tallar, interrompre, treure; 4. (*beseitigen*) suprimir, remeiar; **~*raum** *m* cambra *f* dels mals endreços, traster *m*

abstempeln *vt* 1. *correu* timbrar amb mata-segells, segellar; 2. (*Urkunde*) timbrar

Abstieg *m* <-ǝs> 1. baixada *f*, descens *m*; 2. *fig* decadència *f*, ocàs *m*

abstimm/en **1.** *vt* 1. (*aufeinander*) harmonitzar, ajustar; 2. *mús* afinar, acordar; 3. *electrón* regular, sintonitzar; 4. *pol* concertar, harmonitzar; **2.** *vi* votar; **~*ung** *f* 1. votació *f*; 2. (*aufeinander*) harmonització *f*; 3. *electrón* regulació *f*, sintonització *f*; **~*ungsgebiet** *n* districte *m* local; **~*ungslokal** *n* col·legi *m* electoral

Abstoß *m* llançament *m*; **~*en** <*sein*> *vt* 1. repel·lir; 2. (*Waren*) desfer-se, desempallegar-se; **~*end** *adj*

repulsiu, -iva, fastigós, -osa, repugnant
ab'strakt *adj* abstracte, -a
abstreifen *vt* 1. (*a. Kleider*) llevar(-se), treure('s); 2. (*Schuhe*) netejar(-se); 3. (*Vorurteile*) desfer-se, desembarassar-se, deslliurar-se (**von** de)
abstreiten *vt* negar, desmentir
Ab/sturz *m* caiguda *f*; **~*stürzen** <*sein*> *vi* (*a. aero*) caure
abstützen *vt* 1. recolzar, suportar; 2. (*Baum*) apuntalar
ab'surd *adj* absurd, -a
Abt *m* <~¢s; ~e> abat *m*
abtasten *vt* palp(ej)ar, tocar, temptar
abtauen *vt* (*Kühlschrank*) descongelar
Abt'ei *f* abadia
Abteil *n* <~s; ~e> ferroc compartiment *m*
Ab/'teilung *f* 1. divisió *f*, secció *f*, separació *f*; 2. *adm* departament *m*, negociat *m*; 3. *mil* destacament *m*; **~teilungsleiter, -in** *m*/*f* cap *m*/*f* de secció
Äbtissin *f* abadessa *f*
abtransportieren *vt* transportar
abtreib/en <*sein*> 1. *vt* 1. empènyer, impel·lir; 2. *med* fer avortar; 2. *vi* perdre el rumb, anar a la deriva; **~end** *adj* abortiu, -iva; **~*ung** *f med* avortament *m*
abtrennen *vt* 1. separar; 2. (*Stoff*) descosir; 3. *fig* aïllar
abtrocknen 1. *vt* 1. assecar; 2. (*Gläser*) eixugar; 2. *vi* assecar-se
abwägen *vt* pesar, sospesar
abwarten *vt* esperar

abwärts *adv* cap avall
abwaschen *vt* 1. rentar; 2. (*Geschirr*) fregar
Abwässer *pl* aigües *fpl* residuals
ab/wechseln 1. *vi* 1. canviar; 2. (*regelmäßig*) alternar; **2. sich ~** fer per torns (**mit** amb); **~wechseind** *adv* per torns; **~*wechslung** *f* varietat *f*, canvi *m*; **zur ~*wechslung** per canviar; **~wechslungsreich** *adj* (molt) variat
Abwehr *f* <~; ~en> defensa *f*, resistència *f*; **~*en** *vt* 1. rebutjar; 2. (*Schlag*) parar
abweich/en <*sein*> *vi* 1. desviar-se, extraviar-se, apartar-se (**von** de); 2. (*verschieden sein*) diferir (**von** de); **~end** *adj* diferent, divergent, discrepant (**von** de); **~*ung** *f* 1. desviament *m*; 2. divergència *f*
abweiden *vt* pasturar
abweisen *vt* rebutjar; **~d** *adj* 1. negatiu, -iva; 2. reservat, -ada
abwenden *vt* 1. allunyar, apartar; 2. *fig* evitar, prevenir
abwerfen *vt* 1. llençar; 2. (*Reiter*) fer caure, tombar; 3. (*Bomben*) tirar, llençar; 4. (*Gewinn*) produir, reportar; 5. (*Zins*) retre, rendir
abwesen/d *adj* absent; **~*heit** *f* absència *f*
abwickeln 1. *vt* 1. (*Garn*) descabdellar, debanar; 2. *fig* liquidar, enllestir; **2. sich ~** desenvolupar-se, desenrotllar-se
abwiegen *vt* (sos)pesar
abwimmeln *vt* 1. *col·loq* (*Person*) treure's del damunt, espolsar-se; 2. (*Sa-*

Aftershave

che) desempallegar-se, desembarassar-se

abwischen *vt* 1. netejar; 2. eixugar

Abzieh/bild *n* calcomania *f*; **~*en** <*sein*> **1.** *vt* 1. treure, retirar; 2. (*Bett*) treure els llençols; 3. *impr* tirar; 4. (*vervielfältigen*) multicopiar; 5. *mat* restar, sostreure; 6. *com* descomptar; **2.** *vi* 1. (*Rauch*) sortir; 2. *mil* anar-se'n, retirar-se; 3. *col·loq* fotre el camp

Ab/zug *m* 1. sortida *f*, marxa *f*; 2. *mil* retirada *f*; 3. (*Rauch*) xemeneia *f*; 4. (*Wasser*) desguàs *m*; 5. (*Gewehr*) gallet *m*, disparador *m*; 6. *foto* còpia *f*; 7. *impr* prova *f*; 8. *com* descompte *m*; **~*züglich** *prep* menys, restant

abzweig/en <*sein*> **1.** *vt* separar; **2.** *vi* (*Weg*) arrencar (**von** de); **~*ung** *f* 1. ramificació *f*; 2. (*Weg*) bifurcació *f*, entroncament *m*; 3. *transp* entroncament *n*

Accessoires *pl* (*Mode*) complements *mpl*

Achse *f* eix *m*; ♦ **auf ~ sein** estar (sovint) de viatge

Achsel *f* <~; ~n> espatlla *f*, muscle *m*; ♦ **die ~n zucken** arronsar les espatlles; **~höhle** *f* aixella *f*

Acht *f* <~; ~en> atenció *f*, cura *f*, compte *m*; ♦ **sich in ~ nehmen** anar amb compte, estar previngut; **etw außer ~ lassen** descurar, no tenir en compte

acht *adj* vuit, huit *val*

achten 1. *vt* 1. apreciar, estimar, respectar; 2. (*Gebot*) acatar; 2. *vi* prestar atenció (**auf** a), fixar-se (**auf** en)

Achterbahn *f* muntanyes *fpl* russes

achthundert *adj* vuit-cents, huit-cents *val*

achtlos *adj* distret, -a, descurat, -ada

Achtung *f* 1. estima(ció) *f*, consideració *f*, respecte *m* (**vor** a); 2. (*Aufmerksamkeit*) atenció *f*; **~!** *interj* 1. compte!, alerta!; 2. (*Ankündigung*) atenció!

achtz/ehn *adj* divuit; **~ig** *adj* vuitanta, huitanta *val*

ächzen *vi* gemegar, gemir

Acker *m* <~s; ~> camp *m* (llaurat); **~bau** *m* <~¢s> agricultura *f*, conreu/cultiu *m* de la terra; **~boden** *m* terra *f* de conreu; **~n** *vi* conrear, llaurar

Adapter *m* *tecn* adaptador *m*

add'ieren *vt* sumar, addicionar

Adel *m* <~s> noblesa *f*, aristocràcia *f*

Ader *f* <~; ~n> artèria *f*, vena *f*

Adjektiv *n* <~s; ~e> *ling* adjectiu *m*

Adler *m* àguila *f*, àliga *f*

Admi'ral *m* <~s; ~e> almirall *m*

adop'tieren *vt* adoptar, afillar-se; **~*ti'on** *f* adopció *f*; **~*tivel'tern** *mpl* pares *mpl* adoptius

A'dress/buch *n* llista/guia *f* d´adreces; **~e** *f* <~; ~n> adreça *f*

adres'sieren *vt* 1. escriure l´adreça; 2. adreçar (**an** a)

Ad'vent *m* <~¢s; ~e> advent *m*

Af'färe *f* <~; ~n> afer *m*, assumpte *m*

Affe *m* <~n; ~n> mico *m*, mona *f*

Afri/ka *n* Àfrica *f*; **~'kaner, -in** *m*/*f* africà, -ana *m*/*f*; **~*'kanisch** *adj* africà, -ana

Aftershave *n* <~s; ~s> aftershave *m*, loció *f* per a després de l´afaitat

Agave

A'gave f <-~; ~n> *bot* atzavara f, pitera f, figuerassa f

A'gent m <-en; ~en> agent m; **~in** f <-~; ~en> agent f

Agentur f <-~; ~en> agència f

Aggressi/on f agressió f; **~'v** *adj* agressiu, -iva; **~vität** f agressivitat f

Ä'gypten n Egipte m

Ägypt/er, -in m/f egipci m, egípcia f; **~'isch** *adj* egipci, -ípcia

ähneln vi assemblar-se (+ Dat a), retirar (+ Dat a)

ahnen vt 1. sospitar; 2. (*Vorgefühl*) endevinar, pressentir

ähnlich *adj* semblant; **~'keit** f semblança f, similitud f, retirança f

Ahnung f 1. sospita f; 2. pressentiment m; ♦ k-e ~ haben no tenir ni idea; **~'slos** *adj* desprevingut, -uda

Aids m *med* sida f

Airbag m *auto* airbag m

Aka/de'mie f <-~; ~n> acadèmia f; **~'demiker** f <-~; ~n> acadèmic m, universitari m; **~'demikerin** f <-~; ~en> acadèmica f, universitària f

akklimati'sieren vt aclimatar

Ak'kord m <-#s; ~e> *mús* acord m; ♦ im ~ arbeiten treballar a preu fet; **~arbeit** f treball m a preu fet

Ak'kordeon n <-s; ~s> acordió m

Akku m <-s; ~s> *tecn* acumulador m; **~mu'lator** m *tecn* acumulador m

Akne f acne f

Akro/'bat m <-en; ~en> acròbata m; **~batin** f acròbata f

Akt m <-#s; ~e> 1. acte m; 2. (*Malerei*) nu m

Akte f acta f, expedient m; **~n** fpl 1. actes fpl, documentació f; 2. arxius mpl; ♦ zu den ~ legen arxivar; **~ndeckel** m carpeta f; **~nkoffer** m maletí m; **~nschrank** m arxiu m; **~ntasche** f cartera f; **~nzeichen** n número m de registre/referència

Aktie f *fin* acció f; **~ngesellschaft** f societat f anònima

Aktion f <-~; ~en> 1. acció f; 2. *mil* operació f

Aktionär, -in m/f *fin* accionista m/f

ak/'tiv *adj* actiu, -iva; **~tiv'ieren** vt activar; **~'tivi'tät** f activitat f

aktu'ell *adj* actual, d'actualitat

Akusti/k f *fís* acústica f; **~'sch** *adj* acústic, -a

a'kut *adj med* agut, -uda

Ak'zent m <-#s; ~e> accent m

akzep/'tabel *adj* acceptable; **~tieren** vt acceptar

A'larm m <-s; ~e> 1. alarma f; 2. alerta f

Alarm/anlage f sistema m d'alarma; **~'mieren** vt alarmar, donar l'alarma

Alban/er, -in m/f albanès, -esa m/f; **~ien** n Albània f; **~'isch** *adj* albanès, -esa

albern *adj* beneit, ximple, estúpid; **~'heit** f beneiteria f, ximpleria f, estupidesa f

Albino m/f albí, -ina m/f

albino *adj* albí, -ina

Albtraum m malson m

Album n <-s; ~ben> àlbum m

Alge f <-~; ~n> alga f

Algebra f <~> mat àlgebra f
Algeri/en n Algèria f; **~er, -in** m/f algerià, -ana m/f; **~'sch** adj algerià, -ana
Algier n Alger f
Alibi n <~s; ~s> jur coartada f
Alko/'hol m <~s> alcohol m; **~*hol-frei** adj sense alcohol; **~holiker, -in** m/f alcohòlic, -a m/f; **~*holisch** adj alcohòlic, -a; **~holtest** m test m d'alcoholèmia, prova f d'alcoholèmia
All n <~s> l'univers m
all adj tot; **~e beide** tots dos, ambdós; **~e Tage** cada dia
Al'lee f <~; ~n> 1. avinguda f; 2. passeig m, albereda f
al'lein 1. adj 1. sol, -a; **ganz allein** tot sol, ben sol; **von allein** automàticament; (freiwillig) de si mateix; 2. (einsam) solitari, -ària; 2. adv sols, solament, tan sols; 3. conj amb tot, però, no obstant això; **~stehend** adj 1. sol, -a, solitari, -ària; 2. (ledig) fadrí, -ina, solter, -a
allenfalls adv 1. (vielleicht) potser; 2. (höchstens) a tot estirar
allerdings adv 1. en efecte, realment, certament; 2. (Antwort) naturalment, ja ho crec
Aller/'gie f al·lèrgia f (**gegen** a); **~*gisch** adj al·lèrgic, -a (**gegen** a)
allerhand adj diferents, diversos
Aller'heiligen n (dia m de) tots sants
aller/letzt adj el darrer de tots; **zu ~letzt** en darrer lloc; **~seits** adv de totes bandes, per tots costats
alles pron tot; **~ in allem** fet i fet, en resum, a fi de comptes; **trotz allem** malgrat tot, així i tot; **vor allem** sobretot, abans que res
allge/mein adj general, universal; **im ~mein** en general, normalment; **~*'meinarzt, -ärztin** m/f metge, -essa m/f (de medicina) general; **~*'meinbildung** f cultura f general; **~*'meinheit** f 1. generalitat f, majoria f; 2. públic m; **~'meinverständlich** adj entenedor, -a per a tothom
alljährlich 1. adj anual; 2. adv anualment
all'mählich 1. adj gradual, progressiu, -iva; 2. adv a poc a poc, de mica en mica
Allt/ag m 1. (Tagesablauf) dia m de treball; 2. fig vida f quotidiana; **~*äglich** adj corrent, comú
allzu adv massa
Almosen n <~s; ~> almoina f, caritat f
Alpha'bet n <~s; ~e> alfabet m; **~*isch** adj alfabètic, -a
als conj 1. com, com a; **~ ob, ~ wenn** com si; 2. (zeitl.) quan; 3. (nach Komparativ) que; **mehr ~** més de
also 1. adv així, d'aquesta manera; 2. conj doncs, per tant
alt adj <**~er**; **~st**> 1. vell, -a, ancià, -ana; **wie ~ ist er?** quants anys té?; 2. (ehemalig, altertümlich) antic, -iga; 3. (verbraucht) usat, gastat
Al'tar m <~s; ~e> altar m
Altenheim n residència f de la tercera edat
Alter n <~s> 1. edat f; **im ~ von** a l'edat de; 2. vellesa f, ancianitat f
Alterna'tive f alternativa f

Alter/sgrenze f límit m d´edat; **~tum** n antiguitat f; **~tümlich** adj 1. antic, -iga; 2. arcaic, -a

Altglas n vidre m reciclable; **~container** m contenidor m de vidre

altmodisch adj passat, -ada de moda

Alt/papier n paper m reciclable; **~stadt** f ciutat f vella, part f vella de la ciutat, nucli m antic

Alufolie f paper m d´alumini

Alu'minium n <~s> alumini m

Ama'teur, -in m/f <~s; ~e> amateur m/f, aficionat, -ada m/f

ambu/'lant adj 1. com ambulant; 2. med ambulatori, -òria; **~*lanz** f 1. (Klinik) ambulatori m; 2. auto ambulància f

Ameise f formiga f; **~nhaufen** m formiguer m

A'merika n 1. Amèrica f; 2. (USA) Els Estats mpl Units

Ameri'kan/er, -in m/f americà, -ana m/f; **~*isch** adj americà, -ana

Amnesie f med amnèsia f

Amne'stie f jur amnistia f

Ampel f <~; ~n> semàfor m

Am'phitheater n amfiteatre m

Amputati'on f amputació f; **~*ieren** vt amputar

Amsel f <~; ~n> merla f, merlot m

Amt n <~@s; ¨er> 1. (Stellung) càrrec m; 2. (Aufgabe) missió f, tasca f, feina f; 3. (Behörde) administració f; 4. relig missa f cantada, ofici m; **~*ieren** vi exercir un càrrec; **~*lich** adj oficial, públic, -a; **~santritt** m presa f de possessió

Amu'lett n <~s; ~e> amulet m

amü/'sant adj divertit, -ida, entretingut, -uda; **~s'ieren 1.** vt divertir, entretenir; **2. sich ~** divertir-se

an prep <~s; ~> a, en; **am Fenster** a (la vora de) la finestra; **~ Bord** a bord; **~ e-m Ort** en un lloc; **~ der Straße** al costat de la carretera; **~ der Donau** a la riba/vora del Danubi; 2. (zeitl.) a, de; **am 7. August** el set d´agost; **am Abend** de nit, al vespre; **am Tage** de dia; **am nächsten Tag** demà, l´endemà; 3. (mittels) amb, en, de; **~ den Fingern abzählen** comptar amb els dits; **erkennen ~** conèixer per/en; 4. (Ursache) per, de; **leiden ~** patir per/de; 5. (reich) en); **reich ~** ric en; 6. (ungefähr) uns; **~ die 10 Euro** uns deu euros

Analpha/'bet m <~en; ~en> analfabet m; **~betin** f <~; ~en> analfabeta f

Ana/'lyse f anàlisi f; **~*ly'sieren** vt analitzar

Ananas f <~; ~se> pinya f d´Amèrica/tropical, ananàs m

Anar/'chie f anarquia f; **~*chisch** adj anàrquic, -a; **~chist, -in** m/f anarquista m/f; **~*chistisch** adj anarquista

Anbau m <~@s> 1. agric conreu m; 2. (Nebengebäude) annex m, ampliació f; **~*en** vt 1. agric conrear, cultivar; 2. constr ampliar

anbei adj adjunt

anbelangen vt concernir, (per)tocar, pertànyer, referir-se (a)

anbeten vt adorar

anbieten vt oferir
anbinden vt lligar, fermar (**an** a)
Anblick m (*Aussehen*) aspecte m; **~*en** vt mirar
anblinzeln vt fer l´ullet a
anbraten vt gastr sofregir
anbrechen 1. vt 1. partir, tallar; 2. obrir, destapar; 3. començar, encetar; **2.** vi 1. (*Epoche*) començar; 2. (*Tag*) apuntar, néixer; 3. (*Nacht*) arribar, caure
anbrennen <sein> **1.** vt 1. encendre; 2. cremar; **2.** vi 1. encendre's; 2. gastr cremar-se
anbringen vt 1. portar, dur; 2. (*befestigen*) fixar, col·locar, posar; 3. (*Waren*) desfer-se de
Anbruch m <~s> començament m; **bei ~ der Nacht** en fer-se fosc, vesprejar; **bei ~ des Tages** a trenc d´alba
anbrüllen vt col·loq escridassar
Andalusi/en n Andalusia f; **~er, -in** m/f andalús, -usa m/f; **~*sch** adj andalús, -usa
andauern vi 1. continuar, durar; 2. (*negatiu*) persistir; **-d** adj 1. continu, permanent; 2. (*negatiu*) persistent
Anden pl: **die ~** Els Andes mpl
Andenken n <~s; ~> record m
ander pron 1. altre; **alles ~e** tota altra cosa; **unter ~em** entre altres coses; 2. distint, diferent; **am ~en Tage** l´endemà; **~erseits** adv d´altra banda
ändern 1. vt canviar, modificar; **s-e Meinung ~** canviar de parer; **2. sich ~** canviar, variar
andernfalls adv altrament, si no
anders adv d´altra manera, altrament; **~wo** adv en una altra part
anderthalb adj un i mig
Änderung f canvi m, modificació f
andeut/en vt 1. (*Wunsch, Vorhaben*) indicar; 2. (*zu verstehen geben*) insinuar; **~end** adj al·lusiu, -iva; **~*ung** f 1. indicació f; 2. al·lusió f
Andrang m afluència f, aglomeració f
aneignen apropiar-se; ♦ **sich Kenntnisse ~** adquirir coneixences, aprendre
anein'ander adv l´un a/amb/contra l´altre
Anek'dote f <~; ~n> anècdota f
anekeln vt fer fàstic, repugnar
anerkenn/en vt 1. reconèixer (**als** per); 2. (*loben*) apreciar, elogiar; 3. (*gesetzlich*) autoritzar, reconèixer; **~end** adj elogiós, -osa; **~*ung** f 1. reconeixement m; 2. apreciació f, estima f, elogi m
Anfall m med accés m, atac m; **~*en** <sein> **1.** vt 1. atacar; 2. (*angreifen*) assaltar, atracar; **2.** vi (*Probleme*) presentar-se
anfällig adj xacrós, -osa, feble; **~ für** med predisposat a
Anf'ang m començament m, principi m; **~ang August** a principis d´agost; **von ~ang an** des del començament; **~*angen** vt començar, iniciar (**zu** a); **~änger, -in** m/f principiant m/f; **~ängerkurs** m curs m per a principiants; **~*angs** adv de primer, al començament, d´antuvi; **~angsstadium** n fase f inicial

anfassen

anfassen vt 1. tocar; 2. (fest) agafar
anfertig/en vt fer, fabricar, elaborar; ~*ung f fabricació f, elaboració f
anfeuern vt fig animar, encoratjar
anfliegen vt fer escala (en)
Anflug m 1. aero vol m d'arribada; 2. fig deix m
anforder/n vt exigir, reclamar; ~*ung f exigència f, reclamació f
Anfrage f 1. pregunta f, qüestió f; 2. pol interpel·lació f; ~*n vi preguntar (bei a)
anfreunden fer/lligar amistat (**mit** amb)
anführ/en vt 1. dirigir; 2. mil manar, comandar; 3. (Revolte) capitanejar; 4. pol acabdillar; 5. (Zitat) citar; 6. (Gründe) fer valer, al·legar; ~*er, -in m/f 1. cap m/f; 2. pol cabdill m; ~*ungszeichen n cometes fpl
Angabe f 1. dada f, indicació f; 2. jur declaració f; 3. col·loq (Prahlerei) fanfarronada f; ~*n fpl tecn dades fpl
angebe/n 1. vt 1. dar, donar, indicar; 2. jur declarar; 3. (Name, Ton) donar; 4. (Grund) al·legar; 5. (anzeigen) denunciar, delatar; 2. vi col·loq fer-s'hi veure; ~*r, -in m/f 1. delator, -a m/f; 2. (Prahler) faroner, -a m/f, fanfarró, -ona m/f; ~*rei f fanfarronada f
angeblich 1. adj 1. presumpte, -a; 2. suposat, -ada; 2. adv diuen que, hom/es diu que
angeboren adj 1. innat, -a; 2. med congènit, -a
Angebot n <~*es; ~*e> 1. oferiment m; 2. com oferta f

angebracht adj convenient, oportú, -una
angeheitert adj una mica alegre (de la beguda)
angehen <sein> 1. vt 1. demanar, sol·licitar; 2. (betreffen) concernir, pertocar, referirse; **das geht dich nichts an** això no t'importa; **was geht ihn das an?** i a el què li fa/importa?; **was uns angeht** quant a nosaltres; 3. (Arbeit) començar, emprendre; **2.** vi 1. (anfangen) començar, iniciar; 2. (Licht) encendre
angehör/en vi 1. pertànyer, (és)ser; 2. (Verein) ser soci; 3. (Partei) estar afiliat; ~*ige, -r f/m 1. (Mitglied) membre m; 2. (der Familie) parent, -a m/f; **s-e ~*igen** els seus (familiars), la seva família
Angeklagte, -r f/m jur acusat, -ada m/f
Angel f <~; ~*n> 1. canya f de pescar; 2. (Tür) polleguera f
Angelegenheit f afer m, assumpte m
Angelhaken m ham m
angeln vt pescar (amb canya)
Angelrute f canya f de pesca(r)
angemessen adj 1. adequat, -ada, apropiat, -ada; 2. (Preis) raonable
angenehm adj 1. agradós, -osa, grat, -a, agradable; 2. (Person) simpàtic, -a; 3. (bei Vorstellung) molt content, -a de conèixer-lo/la!
angesehen adj 1. ben vist, -a, considerat, -ada; 2. com acreditat, -ada
Angesicht n <~*es> lit rostre m, faç f; **von ~ zu ~** cara a cara; ~*s prep en vista de, considerant que

Angestellte, -r f/m 1. empleat, -ada m/f; 2. *com* dependent, -a m/f
angew/öhnen 1. *vt* acostumar (a), habituar (a); **2. sich ~** acostumar-se (a), agafar el costum (de); **~*ohnheit** f costum m, habitud f
angezogen *adj* vestit, -ida
An'gina f <-> angina f; **Angina pectoris** angina de pit
angreif/en *vt* 1. atacar; 2. (*Gesundheit*) perjudicar; 3. *med* (*Organe*) afectar; 4. (*schwächen*) cansar, extenuar; **~*r, -in** m/f 1. atacant m/f; 2. *mil* agressor, -a m/f
angrenzen *vi* confinar (**an** amb)
Angriff m 1. atac m, assalt m; 2. *pol* agressió f; 3. *mil* càrrega f
Angst f <-; ⸚e> por f (**vor** de)
ängst/igen 1. *vt* fer por, inquietar, alarmar; **2. sich ~** tenir por (**vor** de), inquietar-se (**um** per); **~lich** *adj* 1. poruc, -uga, temorós, -osa, temorenc, -a; 2. (*scheu*) tímid, -a
anhaben *vt* (*Kleider*) portar, dur (posat, -ada)
anhalt/en 1. *vt* 1. (*stoppen*) parar, deturar; 2. (*Atem*) contenir; 3. (*ermahnen*) exhortar (**zu** a); **2.** *vi* 1. aturar-se, parar-se; 2. *fig* continuar, perdurar; **~*er, -in** m/f autoestopista m/f; ♦ **per ~ fahren** viatjar per autoestop; **~*spunkt** m indici m, punt m de referència
an'hand ~ von *prep* mitjançant, en vista (de)
Anh/ang m <-∅s; ⸚e> apèndix m, suplement m; **~*ängen** *vt* 1. penjar (**an** de); 2. (*Wagen*) enganxar; 3. (*hinzufügen*) afegir; **~änger, -in** 1. m/f *pol* partidari, -ària m/f; **2.** m 1. (*Schmuck*) penjoll m; 2. (*Wagen*) remolc m; **~*änglich** *adj* constant, fidel
anhäufen *vt* acumular, amuntegar
anheb/en *vt* 1. aixecar; 2. (*Preise*) apujar; **2.** *vi* començar; **~*ung** f augment m, increment m
anhören 1. *vt* escoltar; **2. sich ~** sonar (bé/malament)
Anis m anís m; **~schnaps** m aniset m
Ankauf m compra f, adquisició f; **~*en** *vt* comprar, adquirir
Anker m <-s; ~> 1. *nav* àncora f; 2. (*Uhr*) pèndol m; 3. *electr* corrent m induït, rotor m; **~*n** *vi* ancorar
Anklage f *jur* acusació f; **~*n** *vt* acusar, inculpar (**wegen** de)
ankleben *vt* enganxar, engomar
anklopfen *vi* trucar/picar (a la porta)
anknipsen *vt* encendre el llum
ankommen <*sein*> *vi* arribar; **gut ~** ésser ben rebut, -uda; **schlecht ~** ésser mal rebut, -uda; ♦ **das kommt darauf an** això depèn de
ankündig/en *vt* anunciar, fer saber; **~*ung** f avís m, anunci m
Ankunft f <-; ⸚e> 1. arribada f, vinguda f; 2. *nav* arribada f
Anlage f 1. pla m; 2. disposició f; 3. *tecn* instal·lació f; 4. (*Park*) jardí m públic; 5. (*Geld*) inversió f; 6. (*Bau*) construcció f; 7. (*Brief*) adjunció f, annex m; **als ~** com a adjunt; 8. *fig* disposició f, talent m

Anlass

Anl/ass *m* <-sses; ~sse> 1. avinentesa *f*, ocasió *f*; 2. (*Grund*) motiu *m*; ♦ **~ geben zu** donar lloc a; **~*assen** *vt* 1. (*Kleider*) no treure's, dur al damunt; 2. (*Motor*) fer arrencar; **~asser** *m auto* motor *m* d'arrencada; **~*ässlich** *prep* en ocasió, amb motiu (de)

anlaufen <*sein*> 1. *vt nav* (*Hafen*) fer escala (a), tocar (a); 2. *vi* 1. (*Motor, Maschine*) arrencar, posar-se en marxa; 2. (*Spiegel*) entelar-se

anlege/n *vt* 1. posar, col·locar; 2. (*Gewehr*) encarar; 3. (*Verband*) aplicar; 4. (*Kleid*) posar(-se); 5. (*Geld*) invertir, col·locar; 2. *vi nav* atracar, fer escala; **~*platz** *m nav* embarcador *m*; **~*stelle** *f nav* embarcador *m*

anlehnen 1. *vt* 1. arrambar, adossar (**an** a); 2. recolzar, repenjar (**an** en); 3. (*Tür*) entretancar, ajustar; 2. **sich ~** recolzar-se, repenjar-se (**an** en)

Anleihe *f* <-~; -n> emprèstit *m*

anleit/en *vt* 1. dirigir, guiar, menar, conduir; 2. instruir, iniciar; **~ung** *f* direcció *f*, instrucció *f*

Anliege/n *n* <-s; -> 1. sol·licitud *f*, demanda *f*; 2. prec *m*, desig *m*; **~*nd** *adj* 1. adjacent; 2. (*Kleidung*) estret, -a, ajustat, -ada, cenyit, -ida; 3. (*im Brief*) adjunt, -a, annex, -a; **~r, -in** *m/f* veí *m*, veïna *f*

anlocken *vt* atreure, seduir

anlügen *vt* mentir

anmachen *vt* 1. fermar, fixar, enganxar; 2. (*Feuer*) encendre; 3. (*Salat*) preparar, amanir; 4. (*Paar*) flirtejar

anmaßen: sich ~ apropiar-se; **~d** *adj* arrogant

Anmeld/eformular *n* <-es; -e> imprès *m* d'inscripció; **~efrist** *f* termini *m* d'inscripció; **~egebühr** *f* dret *m* d'inscripció; **~en** 1. *vt* avisar, anunciar; 2. **sich ~** 1. anunciar-se; 2. *enseny* inscriure's, matricular-se; **~ung** *f* 1. avís *m* d'arribada; 2. *jur* notificació *f*, declaració *f*; 3. *enseny* inscripció *f*, matriculació *f*

anmerk/en *vt* anotar, apuntar; **~*ung** *f* anotació *f*, nota *f*

annageln *vt* subjectar, clavar (amb claus)

annähen *vt* cosir (**an** a)

annäher/nd *adj* aproximat, -ada, aproximatiu, -iva; **~*ung** *f* acostament *m*

Annahme *f* <-~; -n> 1. acceptació *f*; 2. (*Vemutung*) suposició *f*, supòsit *m*; 3. (*Zulassung*) admissió *f*

annehm/bar *adj* 1. acceptable, admissible; 2. (*Preis*) raonable; **~en** *vt*/i 1. acceptar, acollir; 2. *fig* (*vermuten*) suposar, comptar, admetre; **~*lichkeit** *f* 1. comoditat *f*; 2. (*Vorteil*) avantatge *m*

An/'nonce *f* anunci *m*; **~*nonc'ieren** *vi* publicar un anunci

annul'lieren *vt* anul·lar

ano'nym *adj* anònim, -a

Anorak *m* anorac *m*

anordn/en *vt* 1. ordenar; 2. (*aufstellen*) disposar, agrupar; **~ung** *f* 1. ordenació *f*; 2. disposició *f*; 3. (*Befehl*) ordre *f*

anpass/en 1. *vt* 1. adaptar, ajustar (**an**

anschließen

a); 2. (*Kleid*) emprovar; **2. sich ~** adaptar-se, acomodar-se (an a); **~*ung** f adaptació f; **~ungsfähig** adj adaptable

anpflanz/en vt plantar, cultivar; **~*ung** f plantació f

Anprob/e f prova f, assaig m; **~*ieren** vt emprovar(-se)

anpumpen vt col·loq manllevar, demanar diners

anrech/nen vt 1. comptar, posar en compte; 2. *com* imputar; **~*t** n dret m (**auf** a)

Anrede f 1. tractament m; 2. (*Brief*) encapçalament m; **~*n** vt parlar (a), adreçar la paraula (a); ♦ **mit Du ~** tutejar; **mit Sie ~** tractar de vostè

anreg/en vt 1. incitar, animar; 2. *med* estimular; 3. (*vorschlagen*) suggerir; **~end** adj 1. excitant; 2. *med* estimulant; **~*ung** f 1. estímul m, incitació f; 2. *med* excitació f; 3. (*Vorschlag*) suggeriment m

Anreise f viatge m (d´anada)

Anreiz m <~es; ~e> al·licient m, atractiu m, incentiu m

anrichten vt 1. servir, amanir; 2. *fig* causar, ocasionar

Anruf m 1. crida f, truc m; 2. trucada f (telefònica); **e-n ~ entgegennehmen** atendre una trucada; **~beantworter** m contestador m automàtic; **~*en** vt *telec* cridar, trucar; **~weiterschaltung** f desviament m de trucades, desviament m de trucades

anrühren vt 1. tocar; 2. (*Teig*) pastar

Ansage f 1. anunci m; 2. avís m, comunicació f; **~*n** vt anunciar, avisar, comunicar; **~r, -in** m/f 1. locutor, -a m/f; 2. *TV* presentador, -a m/f; 3. (*Kabarett*) animador, -a m/f

ansamm/eln vt acumular, aplegar, apilar; **2. sich ~** reunir-se, aplegar-se; **~*lung** f 1. aplec m, reunió f; 2. acumulació f, aglomeració f; 3. (*Menschen*) grup m, tropell m

ansässig adj domiciliat, -ada, resident (**in** a)

anschaff/en vt 1. adquirir; 2. comprar; **~*ung** f 1. adquisició f; 2. compra f

anschalten vt 1. *electr* connectar (**an** a); 2. *col·loq* (*Radio*) engegar; 3. *col·loq* (*Licht*) encendre

anschau/en vt mirar, contemplar; **~lich** adj 1. clar, -a, evident; 2. expressiu, -iva, plàstic, -a

Anschein m <~¢s> aparença f; **allem ~ nach** segons totes les aparences, a jutjar per les aparences; **~*end 1.** adj aparent; **2.** adv aparentment, en aparença

Anschlag m 1. xoc m, cop m; 2. *mús* pulsació f; 3. *tecn* topall m; 4. (*Plakat*) cartell m, rètol m, anunci m; 5. (*Mord*) atemptat m; **~brett** n tauler m d´anuncis, cartellera f; **~*en 1.** vt 1. fixar; 2. *mús* tocar, teclejar; **2.** vi 1. topar, pegar (**an** a); 2. (*Hund*) (posar-se a) lladrar

anschließen 1. vt 1. afegir, ajuntar (**an** a); 2. (*festmachen*) assegurar, subjectar (**an** a); 3. *electr* connectar, endollar (**an** a); **2.** vi comunicar; **3. sich ~** unir-se, associar-se (**an** a); **~d**

Anschluss 52

1. *adj* següent; **2.** *adv* a continuació, de seguida, tot seguit, seguidament

Anschluss *m* 1. *tecn* connector *m*, connexió *f*; 2. *transp* combinació *f*, correspondència *f*, enllaç *m*; 3. (*Gas, Wasser*) endoll *m*, presa *f*; **~flug** *m* vol *m* de connexió

anschnallen **1.** *vt* fermar, lligar (amb sivella); **2.** *sich ~ auto* cenyir-se (el cinturó)

anschreien *vt* cridar, escridassar

anschwellen *vi med* inflar-se

Anseh/en *n* <~s> 1. aspecte *m*; 2. (*Aussehen*) aparença *f*; 3. *fig* prestigi *m*, reputació *f*; **~*en** *vt* 1. mirar, esguardar; 2. *fig* tenir, considerar (**als** per); **~*nlich** *adj* considerable, respectable

ansetzen *vt* 1. posar, col·locar, aplicar (**an** a); 2. (*Termin*) assenyalar, fixar

Ansicht *f* <~; ~en> 1. vista *f*, aspecte *m*; 2. (*Meinung*) parer *m*, opinió *f*; **meiner ~ nach** segons la meva opinió/el meu parer

Anspannung *f* tensió *f*

anspiel/en *vi fig* al·ludir, fer al·lusió (**auf** a); **~ung** *f* al·lusió *f*

ansprechen *vt* 1. adreçar la paraula; 2. *fig* plaure, agradar; **~d** *adj* agradós, -osa, complaent

anspringen <sein> 1. *vt* (*anfallen*) envestir, escometre; 2. *vi auto* arrencar

Anspruch *m* 1. dret *m* (**auf** a); 2. (*Forderung*) pretensió *f* (**auf** sobre); 3. *jur* reivindicació *f*; ♦ **in ~ nehmen** (*Zeit, Arbeit*) ocupar; **~*slos** *adj* modest, -a, sense pretensions; **~slo-**

sigkeit *f* modèstia *f*; **~*svoll** *adj* exigent

Anstalt *f* <~; ~en> establiment *m*, institut *m*, institució *f*

Anst/and *m* <~es> (*Benehmen*) decència *f*; **~*ändig** *adj* 1. decent, honest, -a; 2. *col·loq* respectable; **~*andshalber** *adv* per decència; **~*andslos** *adj* sense escrúpols, sense dificultat

anstatt *prep* en lloc de, en comptes de

ansteck/en **1.** *vt* 1. agafar (amb agulles); 2. (*Ring*) posar-se; 3. (*Zigarette*) encendre; 4. (*Haus*) calar(-hi) foc; 5. *med* contagiar, infectar; **2.** *vi* contagiar-se; **~end** *adj* contagiós, -osa, infecciós, -osa; **~*ung** *f* 1. contagi *m*; 2. infecció *f*

anstehen *vi* 1. fer cua; 2. (*Arbeit*) restar per fer

ansteigen <sein> *vi* 1. pujar; 2. (*Preis, Temperatur*) augmentar, créixer

anstellen **1.** *vt* 1. col·locar, posar (**an** a); 2. (*Radio*) engegar, obrir; 3. (*Vergleich, Dummheit*) fer; **2.** *sich ~* 1. fer cua; 2. *fig* fer escarafalls, estar carregat de romanços

Anstieg *m* <~es; ~e> pujada *f*

anstifte/n *vt* 1. provocar, causar; 2. incitar (**zu** a); 3. *desp* instigar (a); **~*r, -in** *m/f desp* instigador, -a *m/f*

An/stoß *m* 1. empenta *f*; 2. impuls *m*; ♦ **den ~ geben** donar la iniciativa, posar en moviment; **~ erregen** causar escàndol; **~ nehmen** escandalitzar-se (**an** de); **~*stoßen** <sein> 1. *vt* empènyer, impulsar; 2. *vi* topar

Anzeige

(an amb); ♦ ~ **auf j-n** brindar per alg; ~**'stößig** adj xocant, escandalós, -osa

anstreben vt aspirar (a), pretendre

anstreng/en 1. vt cansar, fatigar; **2. sich ~** esforçar-se (per); ~**end** adj fatigós, -osa; ~**'ung** f esforç m, fatiga f

Ansturm m 1. assalt m (**auf** a); 2. fig afluència f (de gent)

Ant/'arktis f <-> Antàrtida f, terres fpl antàrtiques; ~**'arktisch** adj antàrtic, -a

Anteil m part f, porció f; ♦ ~ **nehmen** interessar-se (**an** per); ~**nahme** f 1. interès m; 2. simpatia f

An'tenne f <~; ~n> antena f

Antibabypille f med contraceptiu m

Antibi'otikum n <-s; ~ka> farm antibiòtic m

Antillen pl Les Antilles fpl

Anti'lope f <~; ~n> antílop m

Antiquar/ari'at n <-∉s; ~e> llibreria f d'ocasió; ~**'arisch** adj de segona mà, d'ocasió, vell, -a; ~**itäten** fpl antiguitats fpl; ~**i'tätenhändler, -in** m/f antiquari, -quària m/f

Antrag m <-∉s; ~e> 1. proposta f; 2. adm instància f, sol·licitud f; ~**en** vt 1. oferir, proposar; 2. (beantragen) sol·licitar

antreffen vt trobar

antreiben vt 1. tecn accionar, impel·lir; 2. nav propulsar; 3. fig estimular, incitar

antreten <sein> **1.** vt 1. (Amt, Erbe) prendre possessió; 2. (Arbeit, Reise) emprendre, començar; 3. (Strafe) (començar a) complir; **2.** vi mil formar(-se)

Antrieb m 1. impuls m; 2. tecn accionament m; 3. nav propulsió f; 4. fig estímul m, iniciativa f

antun vt 1. (Ehre, Gewalt) fer; 2. (Schaden) causar

Antwort f <~; ~en> resposta f (**auf** a), contesta f (**auf** a); ~**'en** vi contestar, respondre

anvertrauen vt confiar, encomanar

Anwalt, -wältin m/f <-∉s; ~e> advocat, -ada m/f

Anwärter, -in m/f <~s; ~> aspirant, candidat, -a, pretendent, -a (**auf** a)

anweis/en vt 1. manar, ordenar; 2. (Platz) indicar; 3. (belehren) instruir; 4. banc consignar, girar; ~**'ung** f 1. instruccions fpl, indicacions fpl; 2. banc gir m, consignació f

anwend/en vt 1. emprar, usar, utilitzar; 2. (Heilmittel) aplicar; ~**'ung** f 1. ús m, emprament m, utilització f; 2. aplicació f

anwesen/d adj present; ~**'heit** f presència f, assistència f

Anwohner, -in m/f <~s; ~> veí m, veïna f

Anzahl f 1. nombre m; 2. quantitat f; ~**'en** vt pagar a compte; ~**ung** f primer pagament m a compte

anzapfen vt (Fass) fiblar

Anzeichen n 1. indici m, senyal m; 2. med símptoma m

Anzeige f 1. (Mitteilung) notícia f, comunicació f; 2. jur denúncia f; ~ **erstatten** jur fer una denúncia; 3. (Inse-

anziehen

rat) anunci *m*; 4. *adm* avís *m*; **~*n** *vt* 1. (*ankündigen*) fer saber, anunciar; 2. *adm* avisar; 3. *jur* denunciar; 4. (*melden*) declarar

anzieh/en 1. *vt* 1. atreure; 2. (*Kleidung*) posar-se; 3. (*ankleiden*) vestir; 4. *tecn* (*Schraube*) estrènyer, cargolar; 2. *vi* (*Preis*) pujar; 3. **sich ~** vestir-se; **~end** *adj* atractiu, -iva, interessant; **~*ung** *f* atracció *f*

Anzug *m* vestit *m*

anzünden *vt* 1. encendre; 2. (*Haus*) incendiar

anzweifeln *vt* posar en dubte, dubtar (de)

Aperitif *m* aperitiu *m*

Apfel *m* <~s; ~̈> poma *f*; **~baum** *m* pomera *f*; **~kuchen** *m/f* pastís *m* de poma; **~saft** *m* suc *m* de poma; **~schorle** *f* <~; ~n> suc *m* de poma i aigua mineral; **~'sine** *f* taronja *f*; **~wein** *m* sidra *f*

Apo/'theke *f* <~; ~n> farmàcia *f*; **~theker, -in** *m/f* farmacèutic, -a *m/f*

Appa'rat *m* <~ɇs; ~e> 1. aparell *m*; 2. *foto* màquina *f*; 3. *telec* telèfon *m*; **bleiben Sie am Apparat!** no pengi (el telèfon)!

Appartement *n* <~s; ~s> apartament *m* petit, estudi *m*; **~haus** *n* edifici *m* d´apartaments

Appe/'tit *m* <~ɇs> apetit *m*, gana *f*; **guten ~tit!** bon profit!; **~*titlich** *adj* apetitós, -osa; **~*titlos** *adj* desganat, -ada; **~titlosigkeit** *f* desgana *f*, inapetència *f*

Ap'plaus *m* <~es; ~e> aplaudiment *m*

Apri/'kose *f* <~; ~n> albercoc *m*; **~kosenbaum** *m* albercoquer *m*

A'pril *m* <~s> abril *m*

April/scherz *m* innocentada *f* (broma del dia dels Innocents); **~wetter** *n* temps *m* inestable

apropos *adv* a propòsit, per cert

Aquä'dukt *m* <~ɇs; ~e> aqüeducte *m*

Aqua'rell *n* <~s; ~e> aquarel·la *f*

A'quarium *n* <~s; ~ien> aquàrium *m*, aquari *m*

Ä'quator *m* <~s> equador

äquatorial *adj* equatorial

Ar/aber, -in *m/f* àrab; **~'abien** *n* Aràbia *f*; **~*'abisch** *adj* àrab, aràbic, -iga

Arbeit *f* <~; ~en> 1. treball *m*; 2. (*Pflicht, körperliche*) feina *f*; 3. (*Haus*) feines *fpl*, quefers *mpl*; 4. (*Werk*) obra; 5. (*Schule*) deures *mpl*; **~*en** *vt/i* treballar; **~er, -in** *m/f* treballador, -a *m/f*; **~geber, -in** *m/f* empresari, -ària *m/f*; **~nehmer, -in** *m/f* empleat, -ada *m/f*; **~*sam** *adj* treballador, -a; **~samt** *n* delegació *f* del treball, INEM *m*; **~*slos** *adj* aturat, -ada; **~slose, -r** *f/m* parat, -ada *m/f*; **~slosengeld** *n* subsidi *m* d´atur; **~slosigkeit** *f* atur *m*, desocupació *f*; **~splatz** *m* lloc *m* de treball; **~stag** *m* jornada *f* (laborable), dia *m* de treball

Archäo/'loge, -in *m/f* <~n; ~n> arqueòleg, -òloga *m/f*; **~lo'gie** *f* arqueologia *f*

Arche *f* arca *f*

Archipel *m* <~s; ~e> *geol* arxipèlag *m*

Archi/'tekt, -in *m/f* <~en; ~en> arquitecte, -a *m/f*; **~*tektonisch** *adj* ar-

Archiv *n* <~s; ~e> arxiu *m*
Argen/'tinien *n* l'Argentina *f*; **~tinier, -in** *m/f* argentí, -ina *m/f*; **~'tinisch** *adj* argentí, -ina
Ärger *m* 1. disgust *m*, enuig *m*; 2. (*Wut*) ràbia *f*, ira *f*; 3. (*Verstimmung*) mal humor *m*; **~*lich** *adj* 1. (*Sache*) empipador, -a, enutjós, -osa; 2. (*Person*) enutjat, -ada, enfadat, -ada (**auf** amb); **~*n 1.** *vt* 1. enfadar, enutjar, molestar; 2. *col·loq* empipar, fastiguejar; **2. sich ~** enutjar-se
arglos *adj* ingenu, -ènua
Argu/'ment *n* <~¢s; ~e> argument *m*; **~*men'tieren** *vi* argumentar, al·legar
Arg/wohn *m* <~¢s> 1. sospita *f*; 2. recel *m*, suspicàcia *f*; **~*wöhnen** *vt* recelar; **~*wöhnisch** *adj* desconfiat, -ada, recelós, -osa
Arktis *f* <~> Àrtic *m*; **~*ch** *adj* àrtic, -a
Arm *m* <~¢s; ~e> braç *m*
arm *adj* <~¨er; ~¨st> pobre, -a
Arma'turenbrett *n* *auto* tauler/quadre *m* de direcció
Armband *n* braçalet *m*; **~uhr** *f* rellotge *m* de polsera
Ar'mee *f* <~; ~n> exèrcit *m*
Ärm/el *m* <~s; ~> mànega *f*, màniga *f*; **~*lich** *adj* pobre, -a, miserable
Armreif *m* <~¢s; ~e> braçalet *m*
Armut *f* <~> pobresa *f*
A'roma *n* <~s; ~en> aroma *f*
aro'matisch *adj* aromàtic, -a
arrogan/t *adj* arrogant, petulant; **~*z** *f* arrogància *f*, petulància *f*

Astronom

Arsch *m* <~es; ~¨e> *vulg* cul *m*
Art *f* <~; ~en> 1. classe *f*, tipus *m*, categoria *f*; 2. (*Eigenart*) índole *f*; 3. (*Weise*) manera *f*, forma *f*; **nach ~ von** a la manera de; 4. *biol* espècie *f*
Ar/'terie *f* <~; ~n> artèria *f*; **~terienverkalkung** *f* arteriosclerosi *f*
Ar'tikel *m* <~s; ~> *ling* article *m*
Arti'schocke *f* <~; ~n> (es)carxofa *f*
Ar'tist, -in *m/f* <~en; ~en> artista *m/f* de circ, acròbata *m/f*
Arz'nei *f* <~; ~en> medicina *f*, medicament *m*; **~mittel** *n* medicament *m*
Arzt *m* <~es; ~¨e> metge *m*, doctor *m*
Ärzt/in *f* metgessa *f*, doctora *f*; **~*lich** *adj* mèdic, -a, facultatiu, -iva
Asche *f* <~> cendra *f*; **~nbecher** *m* cendrer *m*; **~rmittwoch** *m* dimecres *m* de cendra
Asi'at, -in *m/f* <~en; ~en> asiàtic, -a *m/f*; **~*'atisch** *adj* asiàtic, -a; **~en** *n* Àsia *f*
asozial *adj* *desp* antisocial
Asphalt *m* <~¢s; ~e> asfalt *m*; **~*ieren** *vt* asfaltar
Aspir'in *n* aspirina *f*
Ass *n* <~es; ~e> as *m*
Assi'stent, -in *m/f* assistent *m/f*
Ast *m* <~es; ~¨e> branca *f*, rama *f*
Asthma *n* <~s> asma *f*
Astro/'loge, -in *m/f* <~en; ~en> astròleg, -òloga *m/f*; **~lo'gie** *f* astrologia *f*
Astronaut, -in *m/f* *astronàut* astronauta *m/f*
Astrono/m, -in *m/f* astrònom, -a *m/f*;

Asyl

~**'mie** f astronomia f; ~***misch** adj astronòmic, -a

Asyl n <-s; ~e> asil m, refugi m; ~**bewerber, -in** m/f sol·licitant m/f d'asil

Atelier n <-s; ~s> 1. taller m; 2. (*Maler, Film*) estudi m

Atem m <-s> alè m; **außer** ~ sense alè; ~***los** adj sense alè; ~**not** f med dispnea f, panteix m

Ath'let, -in m/f <-en; ~en> atleta m/f; ~***letisch** adj atlètic, -a

At'lantik m <-s> L'Atlàntic m

Atlas m <-ses; ~se> atles m

atmen vt/i respirar

Atmo'sphäre f 1. atmosfera f; 2. fig ambient m

Atmung f respiració f

A'tom n <-s; ~e> fís àtom m; ~**energie** f energia f atòmica

Atom/kraftwerk n central f nuclear/atòmica; ~**waffen** fpl armes fpl nuclears

Atten'tat n <-es; ~e> atemptat m; ~**äter, -in** m/f autor, -a m/f d'un atemptat

At'test n <-és; ~e> certificat m

attraktiv adj atractiu, -iva

ätzen vt 1. *quím* corroir; 2. *med* cauteritzar; ~**d** adj corrosiu, -iva

Aubergine f albergínia f

auch adv també; ~ **nicht** tampoc; ~ **wenn** encara que, per més que

Audienz f audiència f

audiovisuell adj audiovisual

Auditorium n auditori m

auf 1. prep a, en, sobre, (al) damunt de; ~ **dem Land** al camp; ~ **Deutsch** en alemany; ~ **der Straße** al carrer; ~ **dieser Seite** d'aquesta banda; **2.** adv 1. (*aufgestanden*) aixecat, -ada, llevat, -ada; 2. (*offen*) obert, -a; 3. **auf dass** conj perquè, a fi que; ♦ ~ **und ab gehen** anar d'un costat a l'altre

aufatmen vi respirar

Aufbau m 1. construcció f; 2. (*Struktur*) estructuració f; ~***en** vt 1. construir; 2. estructurar

aufbekommen vt (*Tür*) aconseguir d'obrir

aufbereit/en vt 1. (*Rohstoffe*) tractar, reciclar; 2. (*Trinkwasser*) purificar, depurar; ~***ung** f (*Rohstoffe*) tractament m, reciclatge m

aufbessern vt 1. millorar, perfeccionar; 2. (*Gehalt*) augmentar

aufbewahr/en vt conservar, guardar; ~***ung** f conservació f

aufb/lasen vt bufar, inflar; ~**leiben** <sein> vi 1. restar obert; 2. (*nachts*) vetllar; ~**rauchen** vt 1. acabar; 2. despendre, gastar; ~**rausen** vi fig encolerir-se; ~**rechen** <sein> 1. vt 1. rompre, obrir; 2. (*Schloss*) forçar; 2. vi 1. obrir-se; 2. (*weggehen*) anar-se'n, marxar; ~**ringen** vt 1. aconseguir d'obrir; 2. (*Geld*) reunir; 3. (*Gerücht*) inventar; 4. fig irritar, disgustar

Aufbruch m marxa f, sortida f

aufbürden vt carregar

aufd/ecken vt 1. obrir, destapar; 2. fig descobrir; ~**rängen 1.** vt 1. obligar a acceptar; 2. fig imposar; **2. sich** ~ entremetre's, importunar; ~**rehen** vt (*Hahn*) obrir

aufdringlich adj amoïnós, -osa, pesat, -ada, molest, -a

aufein'ander adv 1. (räumlich) l´un damunt de l´altre; 2. (zeitlich) els uns rera els altres; ~ **folgen** succeir-se; ~ **folgend** successiu, -iva, consecutiu, -iva

Aufenthalt m <-es; -e> estada f, sojorn m; **~serlaubnis** f permís m de residència; **~sgenehmigung** f permís m de residència; **~sort** m lloc m de residència

aufessen vt menjar-ho tot, acabar

Auffahrt f <-; -en> 1. ascensió f, pujada f; 2. (Autobahn) accés m, entrada

auf/fallen <sein> vi fig cridar l´atenció; **~fallend** adj cridaner, -a; **~fällig** adj cridaner, -a

auffangen vt 1. agafar al vol; 2. (in Gefäß) recollir; 3. (Hieb) parar, interceptar

auffass/en vt 1. comprendre; 2. interpretar; 3. considerar (**als**); **~*ung** f 1. concepció f; 2. manera f de veure, opinió f

auffinden vt trobar, descobrir

aufforder/n vt 1. invitar (**zu** a); **zum Tanz ~n** convidar a ballar; 2. (ermahnen) exhortar (**zu** a); **~*ung** f 1. invitació f (**zu** a); 2. exhortació f (a); 3. adm requeriment m

auffrischen 1. vt 1. refrescar; 2. renovar; 2. vi (Wind) revifar-se

aufführ/en 1. vt 1. teat representar, fer; 2. mús executar; **2. sich ~** (com)portar-se; **~*ung** f 1. teat representació f; 2. mús execució f

Aufgabe f <-; -n> 1. tasca f, comesa f; 2. (Zweck) objecte m, objectiu m; 3. arg estud deure m, lliçó f; 4. mat problema m; 5. correu enviament m, expedició f; 6. (Gepäck) facturació f; 7. (Verzicht) abandó m (**auf** de), renúncia (**auf** a)

Aufgang m 1. pujada f; 2. escala f; 3. astron sortida f

aufgeben 1. vt 1. (Brief) dur/portar a correus; 2. (Annonce) inserir, posar; 3. (Gepäck) facturar; 4. (verzichten) renunciar; 5. (Plan) abandonar; **2.** vi 1. esp abandonar; 2. (im Spiel) renunciar

aufgebracht adj irritat, -ada, furiós, -osa

aufgehen <sein> vi 1. obrir-se; 2. astron sortir; 3. (Vorhang) aixecar-se; 4. (Naht) descosir-se

aufgeregt adj excitat, -ada

aufgeschlossen adj obert, -a (**für** a)

aufgeweckt adj 1. despert, -a; 2. col·loq viu, viva

aufhaben vt 1. (Hut) portar posat; 2. (Geschäft) estar obert

aufhalten 1. vt 1. deixar/tenir obert; 2. (stoppen) parar, aturar, detenir; 3. (Hand) allargar, estendre; 4. (verzögern) endarrerir, retardar; **2. sich ~** 1. quedar-se, romandre; 2. entretenir-se (**mit** amb)

aufhäng/en vt 1. penjar (**an** a); 2. (Wäsche) estendre; **~*er** m cordó m, tira f; **~*ung** f tecn suspensió f

aufheben vt 1. (a. Sitzung) aixecar; 2. (vom Boden) arreplegar, recollir; 3.

aufhellen

(*aufbewahren*) guardar, conservar; 4. (*abschaffen*) abolir

aufhellen: sich ~ (*Wetter*) esclarir-se, asserenar-se (*Himmel*) aclarir-se

aufholen 1. *vt* (*Zeit*) recuperar; **2.** *vi esp* guanyar terreny

aufhören 1. *vt* acabar, cessar, deixar, finir (**zu** de); **2.** *vi* plegar

aufklär/en *vt* 1. aclarir; 2. *mil* reconèixer, explorar; **~*ung** *f* 1. (e-*r Angelegenheit*) aclariment *m*; 2. *mil* reconeixement *m*, exploració *f*; 3. Il·lustració *f*

aufkleben *vt* enganxar

Aufkleber *m* adhesiu *m*

aufknöpfen *vt* descordar, desbotonar

aufkommen <*sein*> *vi* 1. (*Wind*) aixecar-se; 2. (*für Kosten*) respondre (**für** de); 3. (*entstehen*) sorgir

aufladen *vt* (*a. electr*) (re)carregar

Auflage *f* 1. *impr* edició *f*, tirada *f*; 2. *jur* impost *m*, obligació *f* expressa

auflassen *vt* 1. deixar obert; 2. (*Hut*) deixar posat

auflauern *vi* aguaitar, sotjar

aufleben *vi* 1. renéixer, ressorgir; 2. *fig* reanimar-se

auflegen *vt* 1. posar, col·locar (sobre); 2. (*Hände, Steuer*) imposar; 3. (*Telefon*) deixar, penjar

auflehnen: sich ~ recolzar-se protestar (**gegen** contra) rebel·lar-se, amotinar-se

auflös/en *vt* 1. desfer, deslligar; 2. (*Probleme*) resoldre; 3. (*in Wasser*) diluir; 4. (*Geschäft*) liquidar; **~*ung** *f* 1.

dissolució *f*; 2. (*Probleme*) solució *f*; 3. (*Geschäft*) liquidació *f*

aufmachen 1. *vt* 1. obrir; 2. (*Knoten*) desfer, deslligar; **2. sich ~** posar-se en camí, encaminar-se (**nach** envers)

aufmerksam *adj* atent, -a (**auf** a); **~*keit** *f* 1. atenció *f*; 2. (*Geste*) delicadesa *f*, finesa *f*

aufmuntern *vt* (re)animar, encoratjar, estimular

Auf/nahme *f* <~; ~n> 1. acollida *f*; 2. (*Schule, Krankenhaus*) ingrés *m*, entrada *f*; 3. (*Organisation*) admissió *f*; 4. *foto* foto(grafia) *f*, vista *f*; 5. (*Tonband*) enregistrament *m*; **~nahmeprüfung** *f* examen *m* d'ingrés, prova *f* d'ingrés; **~*nehmen** *vt* 1. recollir; 2. (*Gast*) acollir, rebre; 3. (*Verein*) admetre; 4. (*Geld*) manllevar, fer-se prestar; 5. (*Kredit, Hypothek*) agafar, acceptar; 6. *foto* fotografiar; 7. (*Tonband*) enregistrar

aufpassen *vi* tenir cura, anar amb compte (**auf** amb)

Aufprall *m* 1. xoc *m*, topada *f*; 2. (*Einschlag*) impacte *m*; **~*en** <*sein*> *vi* topar, xocar (**auf** amb)

aufpumpen *vt* inflar

aufräumen *vt* 1. endreçar, ordenar; 2. *fig* enllestir

auf/recht *adj* dret, -a, dempeus; **~regen 1.** *vt* 1. agitar, excitar; 2. irritar; **2. sich ~** 1. alterar-se, excitar-se; 2. enfadar-se, irritar-se, enutjar-se (**über** per); **~regend** *adj* 1. excitant; 2. emocionant; **~*regung** *f* 1. excitació *f*; 2. emoció *f*

aufreißen vt 1. arrencar; 2. (*Tür*) obrir bruscament

aufreizend adj provocatiu, -iva

aufricht/en vt 1. posar dret, dreçar; 2. (*a. constr*) aixecar; **~ig** adj sincer, -a, franc, -a; **~*igkeit** f sinceritat f, franquesa f

Aufruf m crida f, proclama f; **~*en** vt cridar (**zu** a)

Aufruhr m <~ǿs; ~e> 1. aldarull m, tumult m; 2. (*Aufstand*) revolta f, rebel·lió f

aufrunden vt (*Summe*) arrodonir

aufrüst/en vt/i rearmar(-se); **~*ung** f rearmament m

aufrütteln vt sacsejar

aufsagen vt recitar

aufsammeln vt recollir

aufsässig adj rebel, revoltós, -osa

Aufsatz m 1. *constr* coronament m; 2. *lit* assaig m; 3. composició f

aufschieben vt 1. obrir; 2. (*verzögern*) ajornar

Aufschlag m 1. xoc m, topada f, impacte m; 2. (*Ärmel*) bocamàniga f; 3. (*Rock*) solapa f; 4. (*Tennis*) servei m; 5. *com* recàrrec m, suplement m; **~*en 1.** vt 1. obrir (fent força); 2. (*Nuss*) partir, trencar; 3. (*Bett*) armar; 4. (*Zelt*) plantar; 5. (*Augen, Buch*) obrir, consultar; **2.** vi 1. caure (**auf** en); 2. xocar, topar (**auf** amb)

aufschließen vt obrir (amb clau)

aufschlussreich adj instructiu, -iva, significatiu, -iva

auf/schneiden 1. vt tallar; **2.** vi *col·loq* faronejar, fer farons; **~*schneider, -in** m/f fanfarró, -ona m/f, faroner, -a m/f; **~*schnitt** m embotit m

aufschrecken <sein> **1.** vt esglaiar, espantar; **2.** vi sobresaltar-se, tenir un esglai

Aufschrei m crit m

aufschreiben vt apuntar, anotar

Aufschub m 1. ajornament m; 2. *com* termini m, pròrroga f

Aufschwung f fig apogeu m, auge m

aufsetzen 1. vt 1. posar (**auf** a); 2. (*Hut, Brille*) posar-se; 3. (*Text*) escriure, redactar; **2.** vi (*Vogel, Flugzeug*) posar-se; **3. sich** ~ incorporar-se

Aufsicht f <~ǿ; ~en> inspecció f, vigilància f; **~srat** m consell m d'administració

aufsperren vt 1. obrir amb clau; 2. (*Augen*) obrir

Auf/stand m aixecament m, rebel·lió f; **~*ständische, -r** f/m rebel m/f, insurrecte, -a m/f

aufstehen <sein> vi 1. aixecar-se, llevar-se, alçar-se; 2. (*Tür*) estar oberta

aufsteigen <sein> vi 1. pujar; 2. (*beruflich*) ascendir; 3. *aero* aixecar el vol

aufstell/en vt 1. col·locar, posar; 2. (*a. mil*) posar en peu (de guerra); 3. *tecn* muntar, instal·lar; 4. (*Rekord*) establir, marcar; 5. (*Liste*) designar; **~*ung** f 1. col·locació f; 2. *tecn* muntatge m, instal·lació f; 3. *mil* formació f; 4. (*Kandidat*) designació f; 5. (*Liste*) llista f, relació f

Aufstieg m <~ǿs; ~e> 1. pujada f; 2. (*a. sport*) ascensió f; 3. (*Beruf*) ascens m, promoció f

aufstoßen 1. vt obrir d'una empenta; 2. vi (*Magen*) eructar
aufstützen 1. vt recolzar (auf en); 2. sich ~ recolzar-se (auf en)
aufsuchen vt 1. cercar; 2. (*Besuch*) visitar, anar a veure; 3. (*Arzt*) consultar
auftanken vt/i auto carregar el dipòsit, posar gasolina
auftauchen <sein> vi 1. emergir; 2. fig sorgir, aparèixer
auftauen <sein> 1. vt 1. fondre; 2. (*Speise, Kühlschrank*) descongelar; 2. vi 1. fondre's; 2. (*Gewässer*) desglaçar-se; 3. (*Kühlschrank*) descongelar-se; 4. fig perdre la timidesa
aufteil/en vt repartir; **~*ung** f repartiment m, repartició f
Auftrag m <~es; ~e> 1. encàrrec m, ordre f; **im ~ von** per encàrrec de; 2. com comanda f; **~*en** vt 1. (a. tecn) aplicar; 2. (*Speisen*) servir; 3. (*befehlen*) encarregar
auftrennen vt (*Naht*) descosir
auf/treten <sein> 1. vt (*Tür*) posar el peu; 2. vi 1. teat entrar en escena; 2. med produir-se, presentar-se; **~*tritt** m escena f
aufwachen vi despertar-se, desvetllar-se
aufwachsen <sein> vi criar-se
Auf/wand m <~es> 1. (*Kosten*) despeses fpl; 2. (*Prunk*) luxe m; 3. (*großer*) aparat, desplegament; **~*wändig** adj costós, -osa
aufwärmen vt 1. reescalfar; 2. (*Erinnerung*) desenterrar, evocar

aufwärts adv cap a dalt
aufwecken vt despertar, desvetllar
aufweichen vt ablanir, estovar
aufwend/en vt (*Geld*) desprendre, gastar; **~ig** adj costós, -osa, luxós, -osa
aufwirbeln 1. vt (*Staub*) arremolinar, moure polseguera; 2. vi arremolinar-se, aixecar-se
aufwischen vt 1. fregar; 2. netejar/eixugar (amb un drap)
aufzähl/en vt 1. enumerar; 2. (*Geld*) comptar; 3. (*einzeln*) detallar, especificar; **~*ung** f enumeració f
aufzeichn/en vt 1. dibuixar, traçar; 2. (*notieren*) apuntar, anotar; 3. mús enregistrar; **~*ung** f notes fpl, apunts mpl
aufziehen vt 1. pujar, aixecar; 2. (*Flagge, Segel*) hissar; 3. (*Vorhang*) descórrer; 4. (*Uhr*) donar corda (+ **Akk** a); 5. (*Kind*) criar, pujar
Aufzug m 1. ascensor m; 2. teat acte m; 3. (*Aufmarsch*) desfilada f, manifestació f
aufzwingen vt imposar
Augapfel m globus m ocular
Auge n <~s; ~n> 1. ull m; **unter vier ~n** a soles, cara a cara; 2. bot botó m; ♦ **e. ~ zudrücken** fer els ulls grossos; **im ~ behalten** no perdre de vista; **ins ~ fallen** ésser evident; **k. ~ zutun** no aclucar els ulls; **~narzt, -ärztin** m/f oculista m/f, oftalmòleg, -òloga m/f
Augenblick m instant m, moment m; **im ~** de moment, (en) aquest moment; **~*lich** 1. adj instantani, -ània, momentani, -ània; 2. adv 1. ara ma-

teix, a l'instant, de seguida; 2. (*vorläufig*) de moment, momentàniament
Augen/braue f cella f; **~brauenstift** m barreta f per a pintar-se celles; **~heilkunde** f med oftalmologia f; **~höhle** f conca f de l'ull, òrbita f; **~lid** n parpella f; **~maß (nach ~)** n a (bell) ull
augenscheinlich *adj* evident
Augen/tropfen *mpl* col·liri m; **~wimper** f pestanya f
Augenzeuge, -in m/f testimoni m/f ocular/presencial
Au'gust m agost m
Aukti'on f subhasta f
aus 1. *prep* 1. (*Ort*) de, des de, per; ~ **Barcelona** de Barcelona; ~ **dem Fenster** per la finestra; ~ **e-m Glas trinken** beure del got; 2. (*Grund*) per; ~ **Furcht** per por; ~ **diesem Grunde** per això, per aquest motiu; 3. (*Stoff*) de; ~ **Eisen** de ferro; 2. *adv* 1. acabat, -ada, esgotat, -ada; 2. (*Licht*) apagat, -ada
ausarbeiten *vt* elaborar
ausarten <*sein*> *vi* degenerar (**zu** en)
ausatmen *vt/i* expirar
ausbaden: etw ~ *vt* pagar els plats trencats
ausbauen *vt/i* 1. ampliar, eixamplar; 2. *tecn* desmuntar
ausbessern *vt* 1. reparar, arreglar; 2. (*Wäsche*) apedaçar
Ausbeut/e f 1. *fig* rendiment m; 2. collita f; **~*en** *vt* explotar, aprofitar-se; **~er, -in** m/f explotador, -a m/f; **~ung** f explotació f, aprofitament m

ausbild/en *vt* instruir, formar; **~*ung** f formació f, instrucció f
ausbleiben <*sein*> *vi* 1. faltar, mancar; 2. (*lange*) tardar, trigar molt
Ausblick m vista f
ausbrechen 1. *vt* arrencar; 2. *vi* 1. (*Gefangener*) evadir-se, escapolir-se; 2. (*Krieg*) esclatar; **in Tränen ~** esclafir el plor; 3. (*Krankheit, Feuer*) declarar-se; 4. (*Vulkan*) entrar en erupció
ausbreit/en *vt* estendre, desplegar; **~*ung** f extensió f, propagació f, difusió f
ausbrennen <*sein*> 1. *vt* 1. cremar (totalment); 2. *med* cauteritzar; 2. *vi* consumir-se, extingir-se
Ausbruch m 1. (*Vulkan*) erupció f; 2. (*Krieg*) declaració f, començament m; 3. *med* aparició f; 4. (*Gefangene*) evasió f; 5. *fig* esclat m, arrencada f
Ausdauer f 1. perseverança f; 2. persistència f; **~*nd** *adj* perseverant, constant
ausdehn/en *vt* 1. estendre; 2. (*weiten*) eixamplar; 3. (*verlängern*) allargar; **~*ung** f 1. extensió f; 2. dimensió f
ausdenken *vt* idear, inventar, imaginar
ausdrehen *vt* 1. (*Licht*) apagar; 2. (*Radio*) tancar
Aus/druck m <~es; ~e> 1. expressió f; **zum ~druck bringen** expressar; 2. (*Wort*) terme m; 3. *informát* imprès m; **~*drücken** *vt* 1. (*Obst*) espremer; 2. (*Zigarette*) apagar; 3. *fig* expressar; **~*drücklich** *adj* exprés, -esa, explícit, -a

auseinan/'ander adv separat, desunit; **~*andersetzung** f <~; ~en> 1. discussió f, disputa f; 2. com acord m, arranjament m

Ausfahrt f sortida f

Aus/fall m 1. pèrdua f; 2. (Haare) caiguda f; 3. (Verlust) baixa f; **~*fallen** vi 1. (Haare) caure; 2. (Vorstellung) suspendre's; 3. (Ergebnis) resultar, sortir; **~fallend** adj 1. (grob) agressiu, -iva; 2. (beleidigend) insultant; **~fällig** adj 1. (grob) agressiu, -iva; 2. (beleidigend) insultant; **~fallstraße** f carretera f de sortida

ausfertig/en vt (Urkunde) escriure, estendre; **~ung** f extensió f, redacció f; **in dreifacher ~*ung** en triple redacció

ausfindig: **~ machen** vt trobar, descobrir

Ausflucht f 1. escapatòria f; 2. (Ausrede) pretext m

Aus/flug m excursió f; **~flügler, -in** m/f excursionista m/f

Ausfluss m med fluix m

ausfragen vt interrogar

Aus/fuhr f exportació f; **~*führen** vt 1. executar; 2. (Plan) realitzar, dur a terme; 3. com exportar; 4. (Redner) declarar, exposar; **~führlich 1.** adj detallat, -ada, extens, -a; **2.** adv detalladament, fil per randa col·loq; **~führung** f 1. execució f; 2. realització f

ausfüllen vt 1. emplenar; 2. omplir

Ausgabe f 1. distribució f; 2. (Geld) despesa f; 3. impr edició f

Ausgang m 1. sortida f, eixida f val; 2. fig desenllaç m, final m; **~spunkt** m punt m de partida

ausgeben 1. vt 1. distribuir, repartir; 2. (Geld) desprendre, gastar; 3. (Fahrkarten) emetre; **2. sich ~** fer-se passar (**für** per)

ausgebucht adj complet, -a

ausgedehnt adj extens, -a

ausgefallen adj 1. rar, -a, estrany, -a; 2. recercat, -ada

ausgeglichen adj equilibrat, -ada

ausgehen <sein> vi 1. sortir, anar-se'n; **~ von** marxar de; **gut ~** acabar(-se) bé; **leer ~** no rebre res; 2. (Licht) apagar-se; 3. (Ware) esgotar-se; 4. (Haare) caure; 5. (Geld) acabar-se, faltar

ausgelassen adj (Kind) entremaliat, -ada, alegre

ausgenommen prep llevat de, tret de

ausgeprägt adj accentuat, -ada, pronunciat, -ada

ausgerechnet adv justament, precisament

ausgeschlossen adj exclòs, -osa; **das ist ~!** això és impossible!

ausgeschnitten adj (Kleid) escollat, -ada

ausgesprochen 1. adj pronunciat, -ada; **2.** adv 1. típicament; 2. francament

ausgesucht adj selecte, -a

ausgezeichnet adj excel·lent

ausgiebig 1. adj abundant; **2.** adv abundosament

Ausgleich m <~es> compensació f; **~*en** vt 1. compensar; 2. equilibrar

ausgrab/en vt 1. desenterrar; 2. fig (ex)treure; **~*ung** f excavació f

Ausguss m (Küche) pica f, aigüera f

aushalten vt 1. suportar; 2. (ertragen) aguantar

aushändigen vt lliurar

aush/elfen vi ajudar; **~*ilfe** f substitut m, ajuda f

auskennen: sich ~ estar informat, -ada estar assabentat, -ada

auskommen vi (sich vertragen) avenir-se

Auskunft f <~; ~e> informació f

auslachen vt riure's (**+ Akk** de)

ausladen vt (a. nav) descarregar

Auslage f 1. (Laden) aparador m, vitrina f; 2. (Geld) despeses fpl

Aus/land n <-ǿs> estranger m (país); **im ~land** a l'estranger; **~länder, -in** m/f estranger, -a m/f; **~länderhass** m xenofòbia f; **~*ländisch** adj estranger, -a; **~landsaufenthalt** m estada f a l'estranger; **~landsgespräch** n telefonada/trucada f internacional; **~landsreise** f viatge m a l'estranger

auslassen vt ometre, passar per alt

auslaufen <sein> vi 1. (Flüssigkeit) vessar-se; 2. nav salpar, partir (**nach** vers)

auslegen vt 1. cobrir, revestir (**mit** amb); 2. (Geld) avançar; 3. (Waren) exposar, presentar

ausleihen 1. vt prestar, deixar; **2. sich ~** manllevar, prendre prestat

Auslese f selecció f

ausliefer/n vt 1. (a. jur) lliurar; 2. com distribuir, posar en venda; **~*ung** f 1. jur extradició f; 2. com distribució f

auslos/en vt sortejar; **~*ung** f sorteig m

ausmachen vt 1. (Licht, Feuer) apagar; 2. (Radio) tancar; 3. (vereinbaren) acordar, convenir; 4. (betragen) costar, pujar; 5. (bedeuten) importar, significar

Ausmaß n dimensió f, mida f, mesura f

ausmerzen vt fig eliminar, suprimir

ausmessen vt amidar, mesurar

Aus/nahme f excepció f; **mit ~nahme von** a excepció de, excloent; **~nahmefall** m cas m excepcional; **~nahmezustand** m estat m d'excepció; **~*nahmeslos** adj sense excepció; **~*nahmsweise** adv excepcionalment, per excepció

ausnutzen vt 1. econ aprofitar; 2. fig aprofitar-se

auspacken 1. vt 1. (Waren) desembalar, desembolicar; 2. (Koffer) desfer; **2.** vi fig cantar col·loq

auspressen vt esprémer

auspro'bieren vt provar, assajar

Auspuff m <-ǿs; ~e> tecn tub m d'escapament; **~rohr** n tecn tub m d'escapament

ausra'dieren vt 1. raspar; 2. (mit Gummi) esborrar; 3. fig destruir totalment

ausrauben vt 1. despullar, saquejar; 2. (Person) robar, despullar

ausräumen vt buidar

ausrechnen vt calcular

Ausrede f 1. pretext m; 2. evasiva f; 3. excusa f; **~*n 1.** vt dissuadir; **2.** vi acabar de parlar

ausreichen

ausreichen *vi* bastar, (és)ser suficient; **~d** *adj* suficient

Ausreise *f* sortida *f*, partença *f*; **~erlaubnis** *f* permís *m* de sortida; **~*n** *vi* partir, sortir (d'un país) (**nach** vers)

ausreißen <*sein*> **1.** *vt* arrencar; **2.** *vi* esquinçar-se

ausrichten *vt* **1.** (*a. mil*) alinear; **2.** *tecn* ajustar; **3.** (*erreichen*) aconseguir, assolir; **4.** (*Gruß*) transmetre, donar; **Grüße ~** donar records

ausrotten *vt* exterminar, extirpar

Ausruf *m* **1.** exclamació *f*; **2.** crit *m*; **3.** *ling* interjecció *f*; **~en** *vt* exclamar; **~zeichen** *n ling* signe *m* d'admiració; **~ung** *f* proclamació *f*

ausruhen *vi* descansar

ausrüst/en *vt* equipar (**mit** amb); **~*ung** *f* equip *m*, aparell *m*

ausrutschen <*sein*> *vi* relliscar

Aussage *f* declaració *f*; **~*n** *vt*/*i* **1.** declarar; **2.** (*ausdrücken*) dir, afirmar; **3.** (*Zeugen*) deposar, testimoniar

ausschalten *vt* **1.** excloure, descartar; **2.** *electr* desconnectar; **3.** (*Licht*) apagar; **4.** (*Radio*) tancar

Ausschank *m* <**~**és; **~**e> venda *f* de begudes, bar *m*, taverna *f*

ausschauen *vi* **1.** mirar/provar de veure; **2.** *südtt* semblar

ausscheid/en <*sein*> **1.** *vt* **1.** (*a. sport*) eliminar; **2.** *med* secretar, segregar; **2.** *vi* **1.** retirar-se (**aus** de), donar-se de baixa (**aus** de); **2.** *esp* (és)ser eliminat; **~*ung** *f* **1.** eliminació *f*; **2.** *med* secreció *f*; **~*ungskampf** *m esp* prova *f* eliminatòria

ausschimpfen *vt* renyir

ausschlafen 1. *vi* dormir; **den Rausch ~** dormir la borratxera; **2. sich ~** dormir a bastament

Ausschlag *m med* erupció *f* cutània; **~*en** *vt* **1.** (*Zahn*) saltar; **2.** (*Stück*) trencar; **3.** (*ablehnen*) rebutjar, refusar; **2.** *vi* **1.** *bot* brotar, llucar; **2.** (*Pferd*) guitar, reguitnar; **~*gebend** *adj* decisiu, -iva

ausschließ/en *vt* **1.** excloure; **2.** *esp* desqualificar; **~lich 1.** *adj* exclusiu, -iva; **2.** *adv* exclusivament

Ausschluss *m* exclusió *f*; **unter ~ der Öffentlichkeit** *jur* a porta tancada

ausschmücken *vt* **1.** (ad)ornar (**mit** amb); **2.** decorar

aus/schneiden *vt* retallar; **~*schnitt** *m* **1.** (*Zeitung*) retall *m*; **2.** (*Kleid*) escot(at) *m*

Ausschuss *m adm* comitè *m*, comissió *f*

Aussehen *n* <**~**s> **1.** aspecte *m*, aire *m*; **2.** aparença *f*; **dem ~ nach** segons les aparences; **~*** *vi* **1.** tenir l'aire/l'aspecte; **2.** (as)semblar(-se)

außen *adv* (a) fora; **nach ~** cap a fora; *fig* a l'exterior; **von ~** de fora estant, des de fora

Außenaufnahmen *fpl* vistes *fpl* de l'exterior

Außenbezirk *m* barri *m* perifèric, extraradi *m*

Außenbordmotor *m* motor *m* foraborda

Außenhandel *m* comerç *m* exterior

Außenminister, -in *m*/*f* ministre, -a *m*/*f* d'afers exteriors

Außenministerium *n* ministeri *m* d´afers exteriors
Außenpolitik *f* política *f* exterior
Außenseite *f* 1. exterior *m*; 2. façana *f*
Außenseiter, -in *m/f* excèntric, -a *m/f*
Außenspiegel *m* auto retrovisor *m*, mirall *m* retrovisor
außer 1. *prep* fora de; ~ **Betrieb** fora d´ús; ~ **sich** fora de si; 2. (*neben*) a més de, al costat de; 3. (*ausgenommen*) exceptuant, salvant; **2. außer dass** *conj* llevat que
außerdem *adv* a més a més
außerehelich *adj* 1. extraconjugal; 2. (*Kind*) natural
Äußere(s) *n* exterior *m*
außergerichtlich *adj jur* extrajudicial
außergewöhnlich *adj* excepcional, extraordinari, -ària
außerhalb 1. *prep* fora de; 2. *adv* (a) fora, a l´exterior
äußerlich 1. *adj* 1. exterior, extern, -a; 2. *fig* superficial; 2. *adv* des de fora de
äußern 1. *vt* 1. (*Meinung*) emetre, expressar; 2. (*Gefühl, Wunsch*) manifestar, mostrar; **2. sich** ~ expressar-se, pronunciar-se (**über** sobre)
außerordentlich *adj* excepcional, extraordinari, -ària
äußerst *adv* molt allunyat, extraordinàriament
Äußerung *f* 1. expressió *f*; 2. (*a. lit*) manifestació *f*
aussetzen 1. *vt* 1. (*a. Kind*) exposar; 2. (*Preis, Summe*) fixar, posar; 3.
(*unterbrechen*) interrompre, suspendre; 2. *vi tecn* parar-se, aturar-se; **3. sich** ~ exposar-se
Aussicht *f* 1. vista *f*, panorama *m*; 2. *fig* perspectives *fpl*; ♦ **in** ~ **stellen** oferir, prometre; ~*****slos** *adj* 1. desesperat, -ada; 2. inútil; ~*****sreich** *adj* prometedor, -a; ~**sturm** *m* talaia *f*, mirador *m*
aussperr/en *vt* tancar la porta; ~*****ung** *f jur* locaut *m*
ausspielen *vt* (*Karte*) jugar
Aus/sprache *f* 1. pronúncia *f*, pronunciació *f*; 2. *pol* debat *m*, discussió *f*; ~*****sprechen** 1. *vt* 1. pronunciar; 2. (*Beileid*) donar el condol; 3. (*zu Ende reden*) acabar (el discurs); **2. sich** ~ pronunciar-se (**für** per)
Ausspruch *m* dita *f*
ausspucken *vt* escopir
ausstatt/en *vt* equipar (**mit** amb); ~*****ung** *f* 1. equip *m*; 2. decoració *f*
ausstehen *vt* sofrir, suportar
aussteigen <*sein*> *vi* 1. (*Fahrzeug*) baixar; 2. *nav* desembarcar; 3. *col·loq* (*aufhören*) retirar-se, abandonar
ausstell/en *vt* 1. exposar, exhibir; 2. (*Pass*) despatxar, lliurar; 3. (*Schrift, Urkunde*) estendre; ~*****er, -in** *m/f* expositor, -a *m/f*; ~*****ung** *f* 1. exposició *f*; 2. (*Pass*) despatx *m*, expedició *f*; 3. (*Schrift*) escriptura *f*
aussterben <*sein*> *vi* 1. *zool* extingir-se; 2. *fig* desaparèixer
Ausstieg *m* sortida *f*
ausstrahl/en *vt* 1. irradiar, emetre; 2. (*Programm*) radiar; ~*****ung** *f* 1. (*Cha-*

ausstrecken

risma) atractiu *m*, carisma *m*; 2. (*Radio*) emissió *f*

ausstrecken *vt* 1. estendre, estirar; 2. (*Hand*) donar, allargar

ausströmen <*sein*> 1. *vt* (*Duft*) exhalar, desprendre; 2. *vi* sortir, escapar-se

aussuchen *vt* escollir

Austausch *m* <-¢s> 1. intercanvi *m*, bescanvi *m*; 2. *tecn* recanvi *m*; **~bar** *adj* intercanviable, bescanviable; **~*en** *vt* intercanviar, bescanviar

austeilen *vt* distribuir, repartir (**unter** entre)

Auster *f* <~; ~n> ostra *f*

austoben: sich ~ desfogar-se, esbravar-se

austrag/en *vt* 1. repartir; 2. (*Streit*) resoldre, dirimir; 3. *esp* disputar; **~*ung** *f* 1. repartiment *m*; 2. *esp* disputa *f*; **~*ungsort** *m esp* seu *f*

Au/'stralien *n* Austràlia *f*; **~stralier, -in** *m/f* australià, -ana *m/f*; **~*stralisch** *adj* australià, -ana

austrinken *vt* acabar de beure

austrocknen *vt* assecar

ausüben *vt* 1. exercir; 2. (*Beruf*) practicar, complir

Ausverkauf *m* 1. liquidació *f*; 2. rebaixes *fpl*; **~*t** *adj* esgotat, -ada, exhaurit, -ida

Aus/wahl *f* 1. selecció *f*, tria *f*; 2. *com* assortiment *m*; **~*wählen** *vt* escollir, triar; **~*wärtig** *adj* 1. foraster, -a; 2. estranger, -a; **~*wärts** *adv* fora de

Ausweg *m* 1. sortida *f*, eixida *f val*; 2. *fig* expedient *m*, remei *m*; **~*los** *adj* sense sortida, desesperat, -ada

66

ausweich/en <*sein*> *vi* 1. defugir, decantar-se; 2. *fig* esquivar, eludir; **~end** *adj* evasiu, -iva; **~*route** *f* itinerari *m* alternatiu

Ausweis *m* document *m* d´identitat; **~*en 1.** *vt* 1. expulsar (**aus** de); 2. (*Statistik*) constatar, mostrar; **2. sich ~** provar la seva identitat; **~papiere** *pl* documentació *f* personal; **~ung** *f* expulsió *f*

ausweiten 1. *vt* ampliar, eixamplar; **2. sich ~** eixamplar-se, dilatar-se

auswendig *adj* de memòria

auswert/en *vt* 1. aprofitar, utilitzar; 2. (*Statistik*) interpretar; **~*ung** *f* 1. aprofitament *m*; 2. (*Statistik*) interpretació *f*

auswirk/en 1. *vt* aconseguir, obtenir; **2. sich ~** repercutir (**auf** sobre); **~*ung** *f* 1. conseqüència *f*, efecte *m*; 2. repercussió *f*, ressò *m*

auszahl/en *vt* pagar (en efectiu); **~*ung** *f* pagament *m*

auszeichn/en 1. *vt* 1. marcar, senyalar; 2. (*Waren*) retolar; 3. (*mit e-m Orden*) condecorar; **2. sich ~** distingir-se, sobresortir; **~*ung** *f* 1. distinció *f*; 2. (*Orden*) creu *f*, condecoració *f*, insígnia *f*

ausziehen <*sein*> 1. *vt* treure; 2. *vi* mudar(-se) de casa; 3. **sich ~** despullar-se

Ausziehtisch *m* taula *f* allargable

Auszubildende, -r *f*/*m* aprenent, -a *m*/*f*

Auszug *m* 1. marxa *f*, partença *f*; 2. (*Wohnung*) muda *f*; 3. (*Buch*) compendi *m*

Balustrade

au'thentisch adj autèntic, -a
Auto n <~s; ~s> auto(mòbil) m, cotxe m; **~bahn** f autopista f; **~bahnausfahrt** f sortida f de l´autopista; **~bahngebühr** f peatge m
Autobiographie f autobiografia f
Autob/ombe f cotxe m bomba; **~us** m autobús m
Autodidakt, -in m/f autodidacte, -a m/f
Auto/fähre f nav ferri m, transbordador m; **~fahrer, -in** m/f automobilista m/f, conductor, -a
Autofriedhof m cementiri m de cotxes
Auto'gramm n autògraf m
Auto'mat m <~en; ~en> distribuidor m automàtic; **~*isch** adj automàtic, -a
auto/'nom adj autònom, -a; **~*no'mie** f autonomia f
Autopapiere pl papers mpl del cotxe, documentació f del cotxe
Autopilot m aero pilot m automàtic
Autor, -in m autor, -a m/f; **~*i'sieren** vt autoritzar (zu a); **~*i'tär** adj autoritari, -ària; **~*i'tät** f autoritat f
Auto/unfall m accident m de cotxe; **~verkehr** m circulació f, trànsit m; **~verleih** m lloguer m de cotxes
Avocado f alvocat m
Axt f <~; ~e> destral f

B

b n 1. *ling* be f; 2. *mús* si bemoll
Baby n <~s; ~s> bebè m, nadó m; **~sitter** m mainadera f, cangur m/f
Bach m <~es; ~e> 1. riera f; 2. rierol m

Backbord n <~s; ~e> *nav* babord m
Backe f *anat* galta f
back/en <irr 1> vt coure; **~*form** f motlle m; **~*ofen** m forn m; **~*pulver** n llevat en pols; **~*waren** fpl pastisseria f
Bad n <~es; ~er> bany m; **~eanzug** m vestit m de bany; **~ehose** f banyador m; **~emantel** m barnús m; **~emeister, -in** m/f banyador, -a m/f; **~en** vt banyar; **~eort** m 1. balneari m; 2. (*See*) platja f; **~estrand** m platja f; **~etuch** n tovall(ol)a f de bany; **~ewanne** f banyera f; **~ezimmer** n habitació f de bany, bany m *col·loq*
Bagger m draga f
Bahn f <~; ~en> 1. via f, camí m; 2. *esp* pista f; 3. *ferroc* carril m, via f; **~en** vt aplanar; **~fahrt** f viatge m amb tren; **~hof** m estació f (de tren); **~linie** f línia f fèrria; **~steig** m andana f; **~übergang** m pas m a nivell
Bak'terie f 1. bacteri m; 2. microbi m
Balanc/e f equilibri m; **~*ieren 1.** vt balancejar; **2.** vi guardar l´equilibri
bald adv aviat, prompte *val*
Baldrian m <~s; ~e> *bot* valeriana f
Balken m <~s; ~> biga f
Bal'kon m <~s; ~s> balcó m
Ball m <~¢s; ~e> 1. pilota f; 2. (*Tanz*) ball m, dansa f; **~ade** f balada f
Bal'last m <~¢s; ~e> llast m
Bal'lett n <~¢s; ~e> ballet m
Ballon m <~; ~s> globus m
Balsam m <~s; ~e> bàlsam m
Balustrade f balustrada f

Bambus *m* <~ses; ~se> *bot* bambú *m*
Ba'nane *f* plàtan *m*
Band *n* <~ɸs; ~̈er> 1. cinta *f*; 2. (*Schuh*) cordons *mpl*; 3. (*Uhr*) corretja *f*; 4. tom *m*, volum *m*; **~age** *f* embenatge *m*
Bande *f* banda *f*
bändigen *vt* domar, domesticar
Ban'dit *m* <~en; ~en> bandoler *m*, bandit *m*
Bandwurm *m* anat tènia *f*
Bank *f* <~; ~̈e> 1. banc *m*; 2. banca *f*, banqueta *f*; **~anweisung** *f* gir *m* bancari; **~automat** *m* caixer *m* automàtic; **~konto** *n* compte *m* bancari; **~note** *f* bitllet *m* de banc; **~'rott** *m* <~ɸs; ~e> bancarrota *f*, fallida *f*; **~*'rott** *adj* en bancarrota; **~schalter** *m* finestreta *f*; **~schein** *m* bitllet *m* de banc
Bar *f* <~; ~s> 1. bar *m*; 2. (*Theke*) barra *f*
bar 1. *adj* 1. (*unbedeckt*) nu, -a, despullat, -ada; 2. *fig* desproveït, -ïda de; 2. *adv* (*Geld*) en efectiu; **~fuß** *adj* descalç; **~füßig** *adj* descalç, -a; **~*geld** *n* (diner) efectiu *m*
Bär *m* <~en; ~en> *zool* ós *m*
barm'herzig *adj* misericordiós, -osa, compassiu, -iva
Barmixer *m* barman *m*
Ba/rock *n* <~s> barroc *m*; **~*'rock** *adj* barroc, -a
Baro'meter *n* <~s; ~> baròmetre *m*
Barri/ere *f* <~; ~n> barrera *f*; **~'kade** *f* barricada *f*
Barsch *m* <~ɸs; ~e> *peix* perca *f*; **~*** *adj* brusc, -a, aspre, -a

Bart *m* <~ɸs; ~̈e> barba *f*
Barzahlung *f* pagament *m* al comptat
Basis *f* <~; ~en> *constr* base *f*
Baske, -in *m/f* <~n; ~n> basc, -a *m/f*; **~nland** *n* País *m* Basc; **~nmütze** *f* boina *f*
Basketball *m* *esp* basquetbol *m*, bàsquet *m*
Baskisch *n* *ling* basc *m*; **~*** *adj* basc
Bass *m* baix *m*
Basteln *n* bricolatge *m*; **~*** *vt* fer, bastir, construir
Batte'rie *f* <~; ~n> 1. bateria *f*; 2. pila *f*
Bau *m* <~es> 1. construcció *f*; 2. *zool* cau *m*
Bauch *m* <~ɸs; ~̈e> ventre *m*, panxa *f*; **~binde** *f* faixa *f*; **~schmerzen** *mpl* dolors *mpl* de ventre, mal *m* de ventre; **~speicheldrüse** *f* anat pàncrees *m*; **~tanz** *m* dansa *f* del ventre
baue/n *vt* construir, bastir; **~*r** *m* <~n; ~n> pagès *m*, camperol *m*, llaurador *m*
Bäuer/in *f* pagesa *f*, camperola *f*, llauradora *f*; **~*lich** 1. *adj* pagès, -esa, pagesívol, -a, camperol, -a; 2. *adv* rústicament
Bauern/haus *n* masia *f*; **~hof** *m* granja *f*, finca *f* rural; **~schaft** *f* pagesia *f*; **~verband** *m* associació *f* de pagesos; **~wirtschaft** *f* explotació *f* agrícola
baufällig *adj* ruïnós, -osa
Baufirma *f* constructora *f*
Baum *m* <~ɸs; ~̈e> arbre *m*; **~ate-**

rialien pl materials mpl de construcció; **~krone** f copa f (d´un arbre); **~rinde** f escorça f; **~stamm** m tronc m (d´arbre); **~wolle** f cotó m

Bau/platz m solar m; **~stelle** f obra f (en construcció); **~stil** m estil m arquitectònic

Bauunternehme/n n empresa f constructora; **~r** m contractista m, empresari m d´obres

Bay/er, -in m/f <~n; ~n> bavarès, -esa m/f; **~*(e)risch** adj bavarès, -esa; **~ern** n Baviera f

be'absichtigen vt proposar-se

be/'achten vt 1. fixar-se; 2. considerar; 3. (Vorschrift) complir; **~achtlich** adj considerable, apreciable; **~*achtung** f 1. atenció f; 2. consideració f

Beamte, -r f/m funcionari, -ària m/f

be/'ängstigen vt 1. inquietar, alarmar; 2. angoixar; **~'ängstigend** adj 1. alarmant; 2. angoixant

be/'anspruchen vt 1. pretendre, reclamar, exigir; 2. pol reivindicar; **~'anstanden** vt protestar, reclamar; **~*anstandung** f reclamació f

Beänstigung f angoixa f

be/'antragen vt 1. proposar; 2. adm sol·licitar; **~'antworten** vt respondre, contestar; **~*'antwortung** f resposta f; **~'arbeiten** vt 1. treballar; 2. agric conrear; 3. (text) redactar, refondre; 4. mús arranjar, arreglar; **~*arbeitung** f 1. agric conreu m; 2. mús arranjament m; **~'auftragen** vt 1. encarregar; 2. adm delegar; **~*auftragte, -r** f/m encarregat, -ada m/f

Beben n 1. tremolor m; 2. geol terratrèmol m; **~*** vi tremolar

Becher m copa f, vas m

Becken n <~s; ~> 1. geogr conca f; 2. (lavabo) pica f; 3. anat pelvis f

be'dächtig adj primmirat, -ada, prudent

bedanken: sich ~ donar les gràcies, agrair

Be/'darf m <~¢s> necessitats fpl (an de); **~darfsartikel** mpl articles mpl de primera necessitat; **~darfshaltestelle** f transp parada f discrecional

be/'dauerlich adj deplorable, llastimós, -osa; **~*dauern** n desgrat m; **~dauern** vt deplorar, lamentar; **~dauernswert** adj digne, -a de compassió; **~dauernswürdig** adj digne, -a de compassió

be/'decken vt 1. cobrir (mit amb); 2. (Öffnung) tapar; **~deckt** adj 1. tapat, -ada (mit de); 2. meteo cobert, -a

Be/denken n <~s> 1. vacil·lació f; 2. reflexió f; **~*'denken** vt considerar; **~*denklich** adj 1. dubtós, -osa; 2. seriós, -osa; 3. perillós, -osa

be/'deuten vt significar; **~deutend** adj 1. considerable, important; 2. (Person) eminent; **~*deutung** f 1. significació f, significat m; 2. ling accepció f; 3. importància f; **~deutungslos** adj insignificant

be/'dienen vt 1. servir; 2. com atendre, despatxar; **~*dienung** f servei m

be/dingen vt condicionar; **~*'dingung** f condició f; **~dingungslos** adj incondicional

bedrängen

be/l'**drängen** vt assetjar; ~***drängnis** f <~; ~se> cuita f, trifulga f
be/l'**drohen** vt amenaçar (**mit** amb); ~**drohlich** adj amenaçador, -a; ~***drohung** f amenaça f
bedrucken vt imprimir
bedrück/en vt oprimir; ~**end** adj opressiu, -iva; ~**t** adj oprimit, -ida; ~***ung** f opressió f
be/l'**dürfen** vi caldre, necessitar; ~*'**dürfnis** n <~ses; ~se> necessitat f; ~**dürftig** adj necessitat, -ada
Beefsteak n bistec m
beehren vt honrar
beeidigen vt prendre jurament
be'eilen: sich ~ apressar-se (**zu** a) afanyar-se
be'eindrucken vt impressionar, colpir
be/l'**einflussen** vt influenciar, influir; ~***einflussung** f influència f
be/l'**einträchtigen** vt perjudicar, afectar; ~***einträchtigung** f perjudici m
be/l'**enden** vt acabar, enllestir; ~**endigung** f acabament m, enllestiment m
be/l'**erdigen** vt enterrar; ~***erdigung** f enterrament m; ~***erdigungsinstitut** n funerària f
Beere f baia f
Beet n <~¢s; ~e> bancal m
be/l'**fahrbar** adj transitable; ~**fahren** vt circular
be'**fallen** vt escometre
be'**fassen** vt tocar
Be/l'**fehl** m <~¢s; ~e> manament m, ordre f; ~***fehlen** <irr 2> vt manar, ordenar; ~**fehlsform** f ling imperatiu m; ~**fehlsgewalt** f comandament m; ~**fehlshaber, -in** m/f cap m/f, comandant m/f; ~**fehlsstand** m lloc m de comandament
be/l'**festigen** vt assegurar, consolidar; ~***festigung** f mil fortificació f
befeuchten vt humitejar
Befeuerung f aero il·luminació f
Be/finden n <~s> estat m de salut; ~*'**finden** vt trobar, ensopegar
be/l'**folgen** vt 1. seguir; 2. (*Befehl*) complir, obeir; ~*'**folgung** f compliment m, execució f
be/l'**fördern** vt promoure, ascendir; ~*'**förderung** f promoció f, ascens m
be/l'**fragen** vt 1. interrogar; 2. preguntar; ~*'**fragung** f 1. interrogatori m; 2. enquesta f
be/l'**freien** vt alliberar, llibertar; ~*'**freiung** f alliberament m
be/l'**freunden: sich befreunden** fer amistat fig familiaritzar-se intimar; ~**freundet** adj amic, amiga (**mit** de)
be/l'**friedigen** vt satisfer, acontentar; ~**friedigend** adj satisfactori, -òria; ~*'**friedigung** f satisfacció f
Be/l'**fugnis** f <~; ~se> facultat f, competència f; ~*'**fugt** adj autoritzat, -ada, competent (**zu** a)
befühlen vt palpar, tocar
befummeln vt col·loq manipular
Be'**fund** m <~¢s; ~e> constatació f
be/l'**fürchten** vt recelar, témer; ~*'**fürchtung** f recel m, temor m
be/l'**gabt** adj 1. dotat, -ada; 2. intel·ligent; ~*'**gabung** f 1. dots mpl; 2. intel·ligència f

be/'gegnen vt 1. (zustoßen) succeir, passar; 2. (behandeln) tractar; **~*gegnung** f trobada f

be'gehen <irr 40> vt 1. recórrer; 2. (feiern) celebrar, festejar; 3. (Dummheit) fer, realitzar

begehren vt apetir, abellir, venir de gust; **~swert** adj desitjable, apetible

begeister/n vt entusiasmar; **~*ung** f entusiasme m

be'gierig adj àvid, -a, ansiós, -osa

Be/'ginn m <-¢s> començament m; **~*ginnen** <irr 3> vt/i començar, iniciar

be/'gleiten vt acompanyar; **~*gleiter, -in** m/f acompanyant, -a m/f; **~*gleitung** f acompanyament m

be'glückwünschen vt felicitar, donar l'enhorabona

be'gnügen: sich ~ acontentar-se (**mit** amb)

be/'graben vt enterrar; **~*gräbnis** n <-ses; -se> enterrament m

be/'greifen vt entendre, comprendre; **~greiflich** adj comprensible

be/'grenzen vt delimitar; **~*grenzung** f limitació f

Be'griff m <-¢s; -e> concepte m, noció f

be/'gründen vt fonamentar, fundar; **~*gründung** f 1. fonamentació f, fundació f; 2. argumentació f

be/'grüßen vt saludar; **~*grüßung** f 1. salutació f; 2. benvinguda f

be/'günstigen vt afavorir, protegir; **~*günstigung** f 1. protecció f; 2. foment m

begutachten vt 1. dictaminar; 2. (prüfen) examinar

begütigen vt apaivagar, calmar

Behaarung f vellositat f

Behag/en n complaença f; **~*en** vi plaure, agradar; **~ichkeit** f 1. comoditat f; 2. benestar m; **~*lich** adj 1. agradable, agradós, -osa; 2. (Leben) benestant, plaent

be'halten vt 1. guardar, conservar; 2. (Ware) comprar; 3. (im Gedächtnis) retenir, recordar

Be'hälter m recipient m

be/'handeln vt tractar, curar; **~*handlung** f 1. tractament m; 2. med assistència f

be/'harren vi perseverar, persistir (**auf** en); **~harrlich** adj perseverant; **~*harrlichkeit** f perseverança f, persistència f

be/'haupten vt 1. afirmar; 2. mantenir; 3. jur declarar; **~*ung** f 1. afirmació f; 2. manteniment m; 3. jur declaració f

beheben vt remeiar, posar remei

be/'helfen: sich ~'helfen defensar-se (**mit** de); **~helfsmäßig** adj provisional, improvisat, -ada

be/'herbergen vt albergar, allotjar; **~*herbergung** f hostal m

be/'herrschen vt 1. dominar; 2. (Sprache) saber, posseir; **~*herrschung** f dominació f

be'hilflich adj servicial

behinder/n vt 1. impedir; 2. destorbar; **~*te, -r** f/m impedit, -ida m/f; **~*ung** f 1. impediment m; 2. destorb m

Behörde

Be'hörde f 1. autoritat f; 2. administració f (pública)
behüten vt 1. resguardar; 2. protegir (vor de)
be'hutsam adj prudent
bei prep: ~ **Ot** a casa de l'Ot
beibehalten vt conservar, guardar, mantenir
beibringen vt 1. aportar; 2. (Urkunde) presentar
Beicht/e f confessió f; ~*en vt confessar; ~geheimnis n secret m de confessió; ~stuhl m confessionari m
bei/de adj tots dos, ambdós; ~ein'ander adv plegats, junts
Beifahrer, -in m/f copilot m/f
Beifall m <~₫s> 1. aplaudiment m; 2. fig aprovació f
bei'fügen vt 1. afegir; 2. (Schreiben) adjuntar, incloure
Beigeschmack m gust m
beigesellen vt agregar, associar
Beihilfe f 1. ajuda f; 2. subvenció f
beikommen vt acostar-se
Beilage f 1. suplement m; 2. gastr guarnició f
beiläufig adj incidental, accidental
beilegen vt afegir, ajuntar
Beileid n <~s> condol m
Bein n <~₫s; ~e> 1. cama f; 2. (Tier) pota f
beinah(e) adv més o menys
Beiname m sobrenom m
beinhalten vt contenir
beiordnen vt agregar, associar
beipflichten vi aprovar, estar d'acord

bei'sammen adv junts
Beisatz m aposició f
Beischlaf m coit m, acte m sexual
Beisein n presència f
bei'seite adv a part, de banda
beisetz/en vt donar sepultura a; ~*ung f sepultura f, sepeli m
Beispiel n exemple m; ~*haft adj exemplar; ~*sweise adv per exemple
beißen <irr 4> vt 1. mossegar; 2. (Insekten) picar; ~d adj mordaç
Beistand m <~~s> assistència f
beisteuern vt contribuir
beistimmen vi aprovar
Beistrich m ling coma f
Beitrag m <~₫s; ~̈e> 1. contribució f; 2. (Verein) quota f; ~*en vt contribuir
beitreib/en vt cobrar, recaptar; ~*ung f cobrament m
bei/treten vi 1. (Verein) ingressar; 2. pol afiliar-se; ~*tritt m 1. entrada f, ingrés m; 2. afiliació f
beiwohn/en vi presenciar; ~*ung f presència f
be/'jahen vt 1. afirmar; 2. (Fragen) respondre afirmativament; ~jahend adj afirmatiu, -iva
be/'kämpfen vt combatre, lluitar; ~*kämpfung f 1. combat m; 2. jur repressió f
be/'kannt adj conegut, -uda (bei de); ~*kannte, -r f/m conegut, -uda m/f; ~*kanntgabe f publicació f; ~*kanntlich adv com es sap; ~*kanntmachung f publicació f; ~*kanntschaft f coneixença f

bekehr/en vt convertir (**zu** a); **~*ung** f conversió f

be/'kennen vt confessar; **~*kenntnis** n <-ses; -se> confessió f

beklag/en vt deplorar, lamentar; **~enswert** adj deplorable; **~*te, -r** f/m jur demandat, -ada m/f

be/'kleiden vt vestir (**mit** amb); **~*kleidung** f vestimenta f, roba f

be'kommen <sein> vt rebre

be/'kräftigen vt confirmar, corroborar; **~*kräftigung** f confirmació f

bekreuzigen vt senyar-se

bekritteln vt censurar, criticar

be/'kümmern vt afligir; **~'kümmert** adj preocupat, -ada

bekunden vt declarar, manifestar

belächeln vt somriure

belad/en vt carregar (**mit** de); **~*ung** f càrrega f

Be/'lag m capa f, cobriment m; **~*'lagern** vt assetjar, posar setge; **~lagerung** f 1. setge m; 2. acorralament m

be/'lasten vt carregar (**mit** de); **~'lästigen** vt amoïnar; **~*lästigung** f molèstia f; **~*lastung** f 1. càrrega f; 2. jur gravamen m

be/'laufen: sich ~ ascendir (**auf** a)

be/'leben vt avivar; **~lebt** adj animat, -ada

Be/'leg m <-es; -e> justificant m; **~*legen** vt cobrir, revestir; **~legschaft** f personal m, equip m; **~*legt** adj (*Telefon*) ocupat, -ada

be/'lehren vt alliçonar, instruir; **~lehrend** adj alliçonador, -a; **~*lehrung** f alliçonament m

be/'leidigen vt injuriar, insultar; **~leidigend** adj injuriós, -osa, ofensiu, -iva; **~*leidigung** f injúria f, ofensa f

be/'leuchten vt il·luminar; **~*leuchtung** f il·luminació f

Belgi/en n Bèlgica f; **~er, -in** m/f <-s; -> belga m/f; **~*sch** adj belga

Be/'lieben n <-s> voluntat f; **~*liebig** adj qualsevol, qualsevulla; **~*liebt** adj popular; **~liebtheit** f popularitat f

be/'liefern vt proveir, abastar; **~*lieferung** f provisió f, abast m

bellen vi lladrar

be/'lohnen vt recompensar; **~*lohnung** f recompensa f

be/'lügen vt mentir

be/'lustigen vt divertir, alegrar; **~'lustigend** adj divertit, -ida; **~*lustigung** f diversió f

be'malen vt pintar

be'mängeln vt censurar, criticar

be/'merkbar adj perceptible, remarcable; **~merken** vt adonar-se; **~merkenswert** adj notable, remarcable; **~*merkung** f observació f, comentari m

bemessen vt delimitar

be'mitleiden vt compadir-se

be/'mühen vt (*Arzt*) cridar, recórrer a; **~*mühung** f afany m, esforç m

be'nachbart adj veí, veïna

benachrichtig/en vt assabentar, avisar; **~*ung** f avís m

benachteilig/en vt perjudicar; **~*ung** f perjudici m

benebeln vt emboirar
Be/nehmen n conducta f, comportament m; **sich ins Benehmen setzen mit** posar-se en contacte amb; **~*nehmen** vt llevar, treure
be/'neiden vt enveiar; **~neidenswert** adj enveiable
benenn/en vt anomenar, denominar; **~*ung** f denominació f
benetzen vt mullar
Bengel m <~s; ~> bordegàs m
be'nötigen vt necessitar
be/nutzbar adj aprofitable, utilitzable; **~'nutzen** vt emprar, usar; **~*nutzer, -in** m/f usuari, -ària m/f; **~*nutzung** f ús m, utilització f; **~*nutzungsgebühr** f tarifa f
Ben/'zin n <~s; ~e> benzina f
be/'o/bachten vt observar; **~*bachter, -in** m/f observador, -a m/f; **~*bachtung** f observació f
be/'quem adj còmode, -a; **~*quemlichkeit** f comoditat f
be/'raten vt aconsellar; **~ratend** adj consultiu, -iva; **~*rater, -in** m/f 1. conseller, -a m/f; 2. assessor, -a m/f; **~*ratung** f consulta f, assessorament m; **~*ratungsstelle** f consultori m
be/'rauben vt furtar, robar
be/'rauschen vt embriagar; **~rauschend** adj embriagador, -a; **~rauscht** adj ebri, èbria
be/'rechnen vt calcular; **~rechnend** adj calculador, -a, interessat, -ada; **~*rechnung** f càlcul m
be/'rechtigen vt autoritzar (**zu** a); **~rechtigt** adj autoritzat, -ada; **~*rechtigung** f autorització f
Be/'reich m <~¢s; ~e> àmbit m; **~*reichern: sich ~** enriquir-se; **~reicherung** f enriquiment m
be'reisen vt viatjar, recórrer
be/'reit adj disposat, -ada (**zu** a); **~reiten** vt preparar, amanir; **~*reitschaft** f disposició f; **~*reitschaftsdienst** m servei m de guàrdia; **~reitstellen** vt preparar, posar a punt; **~reitwillig** adj gustós, -osa
be'reuen vt lamentar, penedir-se
Berg m <~¢s; ~e> muntanya f
berg'a/b adv (cap/per) avall; **~uf** adv (cap/per) amunt
Bergbau m mineria f
berg/en <irr 5> vt salvar, rescatar; **~ig** adj muntanyenc, -a
Berg/kette f serra(lada) f; **~mann** m miner m; **~rutsch** m esllavissada f (de terres); **~spitze** f cim m, pic m; **~steiger, -in** m/f alpinista m/f, muntanyista m/f; **~sturz** m esllavissada f (de terres); **~ung** f salvament m; **~werk** n mina f
Be/'richt m <~¢s; ~e> informe m, exposició f; **~*richten** vt 1. relatar, referir; 2. informar; **~richterstatter, -in** m/f 1. pol ponent m/f; 2. period repòrter m/f; (Ausland) corresponsal m/f; **~*richtigen** vt rectificar; **~richtigung** f rectificació f, correcció f
Bermudas fpl (Insel) Bermudes fpl
Bernstein m min ambre m (groc)
bersten <irr 6> vt/i esclatar, rompre's
be/'rüchtigt adj de mala fama; **~'rück-**

beschreiben

sichtigen vt considerar, tenir en compte; **~*rücksichtigung** f consideració f

Be/'ruf m <~ɇs; ~e> professió f; **~*rufen** vt 1. cridar; 2. nomenar; **~*ruflich** adj professional; **~rufsberatung** f orientació f professional; **~rufsschule** f escola f professional; **~rufsspieler, -in** m/f esp professional m/f

be/'ruhen vt basar-se, fonamentar-se; **~'ruhigen** vt calmar, apaivagar; **~ruhigend** adj tranquil·litzant; **~*ruhigung** f apaivagament m; **~*ruhigungsmittel** n med calmant m, sedant m

be/'rühmt adj famós, -osa; **~*rühmtheit** f fama f, anomenada f

be/'rühren vt tocar; **~*rührung** f (con)tacte m

be'sag/en vt significar; **~t** adj esmentat, -ada

besam/en vt inseminar; **~*ung** f inseminació f

be/'sänftigen vt apaivagar, calmar; **~*sänftigung** f apaivagament m

Be/'satzung f ocupació f; **~satzungsmitglied** n aero tripulant m/f

be/'schädigen vt 1. deteriorar; 2. avariar, espatllar; **~*schädigung** f avaria f

be/'schaffen vt procurar, proporcionar; **~*schaffenheit** f natura f, condició f; **~'schäftigen** vt ocupar; **~*schäftigung** f ocupació f

be/'schämen vt avergonyir; **~schämend** adj vergonyós, -osa, humiliant

Be/'scheid m <~ɇs; ~e> 1. (Antwort) contestació f; 2. adm decisió f; **~*scheinen** vt il·luminar; **~*scheinigen** vt certificar; **~'scheinigung** f certificació f

bescheißen vt vulg emmerdar

beschenken vt obsequiar

bescheuert adj col·loq tocat, -ada de l´ala

beschicht/en vt tecn revestir; **~*ung** f revestiment m

beschicken vt ordenar

beschimpf/en vt insultar, injuriar; **~*ung** f insult m, injúria f

Beschlagnahme f embarg m, confiscació f; **~*n** vt embargar, confiscar

be/'schleunig/en vt accelerar; **~*ung** f 1. acceleració f; 2. activació f

be/'schließen vt 1. concloure, finir; 2. (entscheiden) decidir, resoldre; **~*schluss** m <~ɇs; ~e> decisió f, resolució f

be/'schmutzen vt embrutar; **~*schmutzung** f brutícia f

be/'schneiden vt 1. retallar; 2. agric podar; 3. relig circumcidar; **~*schneidung** f 1. reducció f; 2. relig circumcisió f

be/'schönigen vt dissimular, encobrir; **~*schönigung** f dissimulació f

be/'schränken vt limitar; **~schränkt** adj 1. limitat, -ada; 2. reduït, reduïda; **~*schränkung** f limitació f

be/'schreiben vt descriure; **~schreibend** adj descriptiu, -iva; **~*schreibung** f descripció f

beschuldigen

be/'schuldigen vt inculpar, acusar; ~*schuldigung f inculpació f, acusació f

Be'schuss m bombardeig m

be/'schützen vt protegir; ~*schützer, -in m/f protector, -a m/f

Be/'schwerde f <~; ~n> queixa f, reclamació f; ~*schwerden 1. vt carregar; 2. sich ~ queixar-se; ~*schwerlich adj molest, -a, fastigós, -osa

be'schwichtigen vt apaivagar, pacificar

be/'schwören vt jurar; ~*schwörung f jurament m

beseel/en vt animar; ~*ung f animació f

besehen vt mirar

be'seitigen vt eliminar, suprimir

Besen m <~s; ~> escombra f

be/'sessen adj posseït, -ïda (von per); ~*sessenheit f obsessió f

besetz/en vt ocupar; ~t adj ocupat, -ada; ~*ung f ocupació f

be/'sichtigen vt 1. examinar; 2. (Stadt) visitar; ~*sichtigung f 1. inspecció f; 2. visita f

be/'siedeln vt poblar, colonitzar; ~*siedelung f colonització f

besiegeln vt segellar

be'siegen vt vèncer

besingen vt cantar

be/'sinnen: sich ~ reflexionar; ~*'sinnlich adj pensatiu, -iva; ~*sinnung f consciència f; ~*sinnungslos adj sense consciència

Be/'sitz m <~es> 1. possessió f; 2. propietat f; ~*sitzen vt posseir; ~*sitzer, -in m/f propietari, -ària m/f

be'soffen adj begut, -uda, borratxo, -a

be/'sonder adj 1. particular, peculiar; 2. especial; ~*sonderheit f particularitat f; ~*sonders adv particularment, especialment

be/'sorgen vt procurar; ~*sorgnis f <~; ~se> preocupació f; ~*sorgt adj preocupat, -ada; ~*sorgung f afer m, encàrrec m

be/'sprechen vt parlar; ~*sprechung f entrevista f

besser adj millor; ~n vt millorar; ~*ung f millora f

Be/'stand m <~¢s> duració f; ~*'ständig adj estable, constant; ~standteil m component m

be/'stätigen vt confirmar, corroborar; ~*stätigung f confirmació f

bestatt/en vt inhumar, sepultar; ~*ung f sepeli m; ~*ungsinstitut n funerària f

beste adj millor

Be'steck n <~¢s; ~e> 1. med instrumental m; 2. (Tisch) coberts mpl

be/'stehen 1. vt 1. sostenir, aguantar; 2. (Prüfung) aprovar; 2. vi existir; ~stehend adj existent, consistent

bestehlen vt furtar, robar

be/'steigen vt muntar, pujar; ~*steigung f ascensió f

be/'stellen vt 1. encarregar, demanar; 2. agric conrear, cultivar; ~*stellschein m comanda f; ~*stellung f 1. comanda f, encàrrec m; 2. agric

conreu *m*, cultiu *m*; ~**stellzettel m* nota *f* de comanda
bestenfalls *adv* en el millor dels casos
besteuer/n *vt* carregar, aportar; ~**ung* *f* gravamen *m*
bestiali/sch *adj* bestial; ~**tät* *f* bestialitat *f*
besticken *vt* brodar
Bestie *f* bèstia *f*
be/stimmbar *adj* classificable, influenciable; ~*'stimmen* *vt* determinar; ~**stimmt** *adj* 1. cert, -a, segur, -a; 2. *ling* determinat, -ada; ~**stimmtheit* *f* certesa *f*; ~**stimmung* *f* destí *m*
be/'strafen *vt* castigar; ~**strafung* *f* 1. càstig *m*; 2. (*Geld*) multa *f*
bestrahl/en *vt* il·luminar; ~**ung* *f* il·luminació *f*
be'streiten *vt* negar
be'stürzt *adj* atònit, -a, desconcertat, -ada; ~**stürzung* *f* 1. consternació *f*; 2. desconcert *m*
Be/'such *m* <~ϕs; ~e> visita *f*; ~**suchen* *vt* visitar; ~**sucher, -in** *m/f* visitant *m/f*
be'tasten *vt* tocar, palpejar
betätig/en *vt* accionar, maniobrar; ~**ung* *f* acció *f*
be/'täuben *vt* 1. (*Lärm*) ensordir; 2. *med* anestesiar; ~**täubung* *f* 1. atordiment *m*; 2. *med* anestèsia *f*; ~**täubungsmittel* *n* anestèsic *m*
be/'teiligen 1. *vt* interessar; **2. sich ~** participar (**an** en); ~**teiligung* *f* participació *f*
beten *vt* pregar
be'teuern *vt* protestar

Be'ton *m* <~s; ~s> formigó *m*
be/'tonen *vt* accentuar; ~**tonung* *f* accentuació *f*
be'trachten *vt* contemplar; ~*'trächtlich* *adj* considerable
Be'trag *m* <~; ⸚e> import *m*, quantitat *f*
Betragen *n* <~s> comportament *m*, conducta *f*
betragen *vt* ascendir, pujar
Be/'treff: in ~ *m* respecte a, quant a; ~**treffen* *vt* 1. sorprendre, atrapar; 2. (*angehen*) concernir, pertocar; ~**treffend* *adj* en qüestió, relatiu a
be'treiben *vt* exercir, practicar
be'treten *vt* petjar, trepitjar
be/'treuen *vt* tenir cura; ~**treuung* *f* cura *f*, compte *m*
Be/'trieb *m* <~s; ~e> 1. funcionament *m*, marxa *f*; 2. *econ* explotació *f*; ~**triebsrat** *m* comitè *m* d'empresa; ~**triebssystem** *n* sistema *m* operatiu; ~**triebswirtschaft** *f* economia *f* d'empresa
be'trinken: sich ~ emborratxar-se
be'troffen *adj* confós, -osa
Be/'trug *m* <~ϕs> 1. (*Täuschung*) engany *m*; 2. (*Spiel*) trampa *f*; ~*'trügen* *vt* enganyar, defraudar; ~**trüger, -in** *m/f* estafador, -a *m/f*; ~**trügerisch* *adj* fraudulent, -a
be'trunken *adj* begut, -uda, borratxo, -a
Bett *n* <~ϕs; ~en> llit *m*; ~**couch** *f* sofà-llit *m*; ~**decke** *f* 1. flassada *f*; 2. (*Überzeug*) cobrellit *m*, cobertor *m*
betteln *vi* captar, mendicar

Bettlaken

Bett/laken n llençol m; **~ler, -in** m/f <~s; ~> captaire m/f; **~tuch** n llençol m; **~wäsche** f roba f de llit; **~zeug** n roba f de llit

beugen vt 1. doblegar; 2. jur violar

Beule f <~; ~n> bony m

be/'unruhigen vt inquietar, preocupar; **~unruhigend** adj inquietant; **~*unruhigung** f inquietud f

beurkund/en vt documentar; **~*ung** f documentació f

beurlaub/en vt donar vacances; **~*ung** f concessió f d´un permís

be/'urteilen vt judicar, jutjar; **~*urteilung** f 1. judici m; 2. dictamen m

Beute f <~> botí m

Beutel m <~s; ~> bossa f

Be'völkerung f població f

be/'vollmächtigen vt autoritzar (**zu** a); **~*vollmächtigte, -r** f/m apoderat, -ada m/f

be'vor conj 1. abans que (+ subj); 2. abans de (+ inf)

bevorstehen vi ésser a prop, estar pròxim; **~d** adj proper, -a, pròxim, -a

bevorzug/en vt preferir, anteposar (**vor** a); **~*ung** f preferència f

be/'wachen vt vigilar, custodiar; **~*wacher** m vigilant m, guarda m; **~*wachung** f custòdia f, vigilància f

be/'waffnen vt armar (**mit** de); **~*waffnung** f armament m

be'wahren vt 1. guardar; 2. (erhalten) conservar

be/'währen: sich ~'währen acreditar-se; **~währt** adj acreditat, -ada

Bewahrung f preservació f

be/'wältigen vt vèncer, dominar; **~*wältigung** f superació f, domini m

be'wandert adj expert, -a

bewässer/n vt regar; **~*ung** f 1. reg m; 2. regadiu m

be/'wegen vt 1. moure, agitar; 2. fig commoure; **~*weggrund** m motiu m; **~*wegung** f moviment m

Be/'weis m <~es; ~e> prova f; **~*weisbar** adj demostrable; **~weisen** vt provar, demostrar; **~weisführung** f demostració f; **~weisgrund** m argument m

be/'werben <irr 152>: **sich ~** sol·licitar, aspirar; **~*werber, -in** m/f 1. sol·licitant m/f, aspirant m/f; 2. pol candidat, -a m/f; **~*werbung** f 1. sol·licitud f; 2. pol candidatura f

be'werkstelligen vt aconseguir, obtenir

be/'werten vt apreciar, avaluar, taxar; **~*wertung** f apreciació f, avaluació f, taxació f

be/'willigen vt concedir, atorgar; **~*willigung** f concessió f

be/'wirken vt 1. efectuar; 2. (erreichen) aconseguir, assolir

be/'wirten vt obsequiar (**mit** amb); **~*wirtung** f hospitalitat f

be/'wohnen vt habitar; **~*wohner, -in** m/f habitant m/f

bewölk/en: sich ~en ennuvolar-se; **~t** adj ennuvolat, -ada; **~*ung** f nuvolada f

be/'wundern vt admirar; **~wundernswert** adj admirable; **~*wunderung** f admiració f

Biss

be/'wusst adj conscient; ~wusstlos adj desmaiat, -ada; ~*wusstlosigkeit f desmai m; ~*wusstsein n consciència f
be/'zahlen vt pagar; ~*zahlung f 1. pagament m; 2. remuneració f
be/'zaubern vt encantar, embruixar; ~'zaubernd adj encantador, -a, encisador, -a; ~*zauberung f encant m, encís m
be/'zeichnen vt marcar, assenyalar; ~zeichnend adj significatiu, -iva; ~*zeichnung f denominació f, designació f
bezeigen vt 1. mostrar; 2. manifestar
be'zeugen vt atestar, testimoniar
be/'zichtigen vt acusar, inculpar; ~*zichtigung f acusació f
be/'ziehen vt recobrir, revestir; ~*ziehung f relació f; ~ziehungsweise adv o sigui
Be'zirk m <-¢s; -e> districte m
Be/'zug m <-¢s; ¨e> 1. (Überzug) cobertor m; 2. (Zeitung) subscripció f; ~*züglich adj referent a
be'zwecken vt proposar-se
be'zweifeln vt dubtar, posar en dubte
be'zwingen vt vèncer, dominar
Bibel f Bíblia f
Biblio/'thek f <-; -en> biblioteca f; ~the'kar, -in m/f bibliotecari, -ària m/f
bieg/en <irr 8> vt 1. torçar, tòrcer; 2. doblar, doblegar; ~sam adj flexible
Biene f <-; -n> abella f; ~nstock m rusc m d´abelles
Bier n <-¢s; -e> cervesa f; dunkles ~ cervesa negra; helles ~ cervesa blanca; ~lokal n cerveseria f
Biest n <-es; -er> mala peça f
bieten <irr 9> vt oferir
Bikini m <-; -s> biquini m
Bi'lanz f <-; -en> balanç m
Bild n <-¢s; -er> 1. imatge f; 2. quadre m; ~en vt 1. formar; 2. il·lustrar, instruir; ~end adj formatiu, -iva; ~ergalerie f galeria f; ~errahmen m marc m; ~hauer, -in m/f escultor, -a m/f; ~haue'rei f escultura f; ~*hübsch adj bellíssim, -a; ~*lich adj figurat, -ada; ~schirm m pantalla f; ~ung f formació f
Billard n billar m; ~stock m tac m
Billet n bitllet m
billig adj barat, -a; ~en vt aprovar
Bind/e f <-; -n> 1. cinta f, llaç m; 2. med bena f; 3. (Bauch) faixa f; ~*en <irr 10> 1. vt 1. lligar; 2. ajuntar; 2. vi 1. (Buch) enquadernar; 2. (kleben) agafar, enganxar; ~estrich m guió m; ~faden m cordeta f de cànem; ~ung f 1. lligam m; 2. mús lligat m; 3. fig compromís m
Bio/'loge, -in m/f <-n; -n> biòleg, -òloga m/f; ~lo'gie f biologia f; ~*'logisch adj biològic, -a
Birnbaum m perera f
Birne f pera f
bis prep fins a
Bischof m <-s; ¨e> bisbe m
bisher adv fins ara
Biskuit n <-¢s; -e> bescuit m
Biss m <-es; -e> mossegada f; ~en m <-s; ~> 1. mos m; 2. bocada f;

~*ig *adj* mossegador, -a; **~wunde** *f* mossegada *f*
bis'weilen *adv* de vegades
Bitte *f* <~; ~n> súplica *f*, prec *m*; ~* *interj* 1. si us plau, per favor *val*; 2. (*gern geschehen*) de res; **~*n** <*irr* 11> *vt* demanar, pregar
bitter *adj* amarg, -a
bläh/en *vt* 1. inflar; 2. *med* causar flatositat; **~end** *adj med* flatulent, -a; **~*ung** *f med* flatositat *f*
Blam/age *f* ridícul *m*; **~*'ieren** *vt* posar en ridícul
Bläschen *n* <~s; ~> *med* vesícula *f*
Blase *f* 1. bombolla *f*; 2. *med* veixiga *f*; 3. *med* vesícula *f*; **~*n** <*irr* 12> *vt*/*i* 1. bufar, manxar; 2. *mús* tocar
blass *adj* pàl·lid, -a
Blässe *f* <~> pal·lidesa *f*
Blatt *n* <~ɢs; ~̈er> 1. fulla *f*; 2. (*Papier*) full *m*
blättern *vi* fullejar
Blätterteig *m* pasta *f* fullada
Blattlaus *f* pugó *m*
blau *adj* 1. blau; 2. *fig* embriac, -aga
Blaubeere *f* *bot* gerdera *f* silvestre
blaugrau *adj* gris blavenc
Blauhelme *mpl* cascos *mpl* blaus
bläulich *adj* blavenc, -a
Blech *n* <~ɢs; ~e> 1. xapa *f*, planxa *f* de metall; 2. *mús* metall *m*; **~büchse** *f* llauna *f*; **~dose** *f* llauna *f*; **~*en** *vt*/*i* afluixar la bossa; **~instrument** *n* instrument *m* de metall; **~schaden** *m auto* danys *mpl* a la carrosseria
Blei *n* <~ɢs> plom *m*

bleiben <*irr* 13> *vi* quedar-se, restar; **~d** *adj* permanent
bleich *adj* pàl·lid, -a; **~en** <*irr* 14> 1. *vt* blanquejar; 2. *vi* descolorir-se
bleifrei *adj* sense plom
Bleigurt *m* (*Taucher*) corretja *f*
Bleistift *m* llapis *m*
Blende *f* <~; ~n> *foto* diafragma *m*; **~*n** *vt* 1. encegar; 2. *fig* enlluernar; **~nd** *adj* enlluernador, -a
Blick *m* <~ɢs; ~e> mirada *f*, esguard *m*; **~en** *vi* mirar, esguardar
blind *adj* 1. cec, cega; 2. (*Glas*) opac, -a; **~*darm** *m anat* (intestí) cec *m*; **~*darmentzündung** *f* apendicitis *f*; **~e, -r** *f/m* cec *m*, cega *f*; **~*heit** *f* ceguesa *f*; **~lings** *adv* a cegues, cegament
blinke/n *vi* 1. fer senyals lluminosos; 2. lluir, resplendir; **~*r** *m auto* (llum) intermitent *m*
blinzeln *vi* parpellejar
Blitz *m* <~es; ~e> 1. llampec *m*; 2. llamp *m*; **~ableiter** *m* parallamps; **~*en** *vi* 1. llampegar; 2. *fig* brillar, resplendir; **~licht** *n foto* flaix *m*; **~schlag** *m* llamp *m*; **~strahl** *m* llamp *m*
Block *m* <~es; ~e> bloc *m*; **~'ade** *f* bloqueig *m*; **~*'ieren** *vt* bloquejar
blöd/e *adj* estúpid, -a; **~*sinn** *m* (*Unsinn*) beneiteria *f*, ximpleria *f*; **~sinnig** *adj* estúpid, -a
blond *adj* ros, rossa; **~ine** *f* (*Frau*) rossa *f*
bloß 1. *adj* despullat, -ada; 2. *adv* sols, només; **~stellen** *vt fig* comprometre

Blouson *m* caçadora *f*
Bluejeans *pl* pantalons *mpl* vaquers, texans *mpl*
Bluff *m* mentida *f*, trampa *f*; **~*en** *vi* enganyar
blühen *vi* florir
Blume *f* flor *f*; **~ngeschäft** *n* floristeria *f*; **~händler, -in** *m/f* florista *m/f*; **~nkohl** *m* coliflor *f*; **~nstrauß** *m* ram *m* de flors, ramell *m*; **~ntopf** *m* test *m*; **~nvase** *f* gerro *m*
Bluse *f* brusa *f*
Blut *n* <-¢s> sang *f*; **~armut** *f* anèmia *f*; **~bank** *f med* banc *m* de sang; **~bild** *n* quadre *m* hemàtic; **~druck** *m* pressió *f* arterial; **~druckmessgerät** *n* tensiòmetre *m*
Blüte *f* 1. flor *f*; 2. (*Tat*) florida *f*
blut/en *vi* sagnar; **~*erguss** *m* hematoma *m*; **~*gefäß** *n* vas *m* sanguini; **~*gerinnsel** *n* coàgul *m* de sang; **~*gruppe** *f* grup *m* sanguini; **~*hochdruck** *m med* hipertensió *f*; **~ig** *adj* sanguinari, -ària; **~*körperchen** *n* glòbul *m* sanguini; **~*probe** *f* anàlisi *f* de sang
Blut/spende *f* donació *f* de sang; **~spender, -in** *m/f* donant *m/f* de sang; **~übertragung** *f* transfusió *f* de sang; **~ung** *f* hemorràgia *f*; **~wurst** *f* botifarra (de sang) *f*; **~zucker** *m med* glucèmia *f*
Bö *f* <-; ~en> ràfega *f*
Boa *f* <-; ~s> *zool* boa *f*
Bocciaspiel *n* joc *m* de botxes
Bock *m zool* boc *m*, cabró *m*
Boden *m* <-s; ~> sòl *m*, terra *m*; **~*los** *adj* increïble, enorme; **~schätze** *mpl* riqueses *fpl* del subsòl
Bodybuilding *n* culturisme *m*
Bogen *m* <-s; ~> arc *m*; **~gang** *m* arcada *f*
Bohemien *m* bohemi *m*
Böhm/e, -in *m/f* bohemi, -èmia *m/f*; **~en** *n* Bohèmia *f*; **~*isch** *adj* bohemi, -èmia
Bohne *f* 1. mongeta *f*; 2. fesol *m*
bohre/n *vi* foradar, barrinar; **~*r** *m* barrina *f*; **~*rmaschine** *f* màquina *f* perforadora
Boiler *m* <-s; ~> escalfador *m* d'aigua
Boje *f* <-; ~n> *nav* boia *f*
Bolivi/aner, -in *m/f* bolivià, -ana *m/f*; **~*anisch** *adj* bolivià, -ana; **~en** *n* Bolívia *f*
Bolschewist, -in *m/f* bolxevic *m/f*; **~*isch** *adj* bolxevic
Bombard/ement *n* bombardeig *m*; **~ieren** *vt* bombardejar
Bombast *m* ampul·lositat *f*; **~*isch** *adj* ampul·lós, -osa
Bombe *f* bomba *f*
Bonbon *m* <-s; ~s> caramel *m*
Boot *n* <-¢s; ~e> 1. bot *m*; 2. llanxa *f*
Bord *m* <-¢s; ~e> *nav* bord *m*
Bor'dell *n* <-s; ~e> bordell *m*
Bordpersonal *n aero* personal *m* de bord
borgen *vt* prestar
Börse *f* borsa *f*; **~nkurs** *m* cotització *f*; **~nmakler, -in** *m/f* corredor, -a *m/f* de borsa
bösartig *adj* maligne, -a; **~*keit** *f* malignitat *f*

Böschung

Böschung f 1. rampa f; 2. pendent m
böse adj dolent, -a
bos/haft adj maliciós, -osa; **~*haftigkeit** f maldat f, malícia f; **~*heit** f maldat f, malícia f
Bosni/en n Bòsnia f; **~er, -in** m/f bosnià, -ana m/f; **~*sch** adj bosnià, -ana
böswillig adj malèvol, -a
Bo/'tanik f botànica f; **~taniker, -in** m/f botànic, -a m/f; **~*tanisch** adj botànic, -a
Bote m <-n; -n> missatger m
Botschaft f <-; -en> pol ambaixada f; **~er, -in** m/f ambaixador, -a m/f
Bottich m <-es; -e> bóta f
Bouillon f <-; -s> brou m
Boutique f <-; -n> boutique f
Bowle f ponx m
Box/en n <-s> boxa f; **~*en** vi boxejar; **~er, -in** m/f boxejador, -a m/f; **~kampf** m boxa f
Boy/'kott m <-¢s; -e> boicot m; **~*kott'ieren** vt boicotejar
Branche f <-; -n> branca f, ram m
Brand m <-¢s; ~e> incendi m; **~blase** f butllofa f, **~geruch** m pudor m de socarrim; **~salbe** f pomada f per a les cremades; **~sitfter, -in** m/f incendiari, -ària m/f; **~stiftung** f incendi m intencionat; **~ung** f ressaca f; **~wunde** f cremada f
Branntwein m aiguardent m
Brasili/'aner, -in m/f brasiler, -a m/f; **~*'anisch** adj brasiler, -a; **~en** n el Brasil m
brat/en <irr 15> vt 1. rostir; 2. (Pfanne) fregir; **~*kartoffeln** fpl patates fpl fregides; **~ofen** m forn m; **~*pfanne** f paella f; **~*rost** m graella f; **~*spieß** m ast m; **~*wurst** f salsitxa f
Brauch m <-¢s; ~e> ús m, usatge m; **~*bar** adj 1. útil, utilitzable; 2. (Person) apte, -a, útil; **~barkeit** f 1. utilitat f; 2. (Person) aptitud f; **~*en** vt 1. necessitar, caldre; 2. (Zeit) tardar, trigar
Braue'rei f fàbrica f de cervesa
braun adj bru, bruna, marró
Bräune f morenor f; **~*n** vt 1. torrar; 2. (Haut) emmorenir
Brause f 1. dutxa f; 2. (Gießkanne) boca f de regadora; **~limonade** f llimonada f gasosa; **~tablette** f comprimit m efervescent
Braut f <-; ~e> núvia f, promesa f
Bräutigam m <-s; -e> nuvi m, promès m
Braut/kleid n vestit m de noces; **~paar** n nuvis mpl
brav adj 1. (artig) bo, bona; 2. (ehrenhaft) honrat, -ada
Brechdurchfall m med colerina f
brechen <irr 16, sein> vt 1. trencar, rompre; 2. med fracturar, trencar; 3. (Blumen) collir, tallar
Brechreiz m nàusees fpl
Brei m <-¢s; -e> pasta f
breit adj 1. ample, -a; 2. fig extens, -a; **~e** f 1. amplària f; 2. amplitud f; 3. geogr latitud f; **~*leinwand** f pantalla f panoràmica
Bremsbacke f mordassa f del fre
Brems/e f fre m; **~*en** vt frenar; **~flüs-**

sigkeit f auto líquid m de fre; **~licht** n auto llum m de fre; **~pedal** n auto pedal m de fre

bren/nbar adj combustible, inflamable; **~nen** <irr 17> vt 1. cremar; 2. (Alkohol) destil·lar; 3. (Kaffee) torrar; **~nend** adj ardent; **~*ne'rei** f destil·leria f; **~*nholz** n llenya f; **~*nnessel** f ortiga f; **~*npunkt** m 1. focus m; 2. fig punt m neuràlgic; **~*nspiritus** m esperit m de cremar; **~*nstoff** m combustible m; **~*nweite** f distància f focal; **~zlig** adj fig crític, -a

Brett n <-∅s; ~er> 1. taula f; 2. (Schach) tauler m; 3. (Tablett) safata f; 4. (Schrank) prestatge m

Brief m <-∅s; ~e> carta f; **~bogen** m plec m; **~bombe** f carta-bomba f; **~kasten** m bústia f; **~kopf** m 1. capçalera f; 2. (Anrede) encapçalament m

brieflich adj per carta, per correu

Brief/mappe f cartera f; **~marke** f segell m; **~öffner** m tallapapers m; **~ordner** m arxivador m; **~papier** n paper m d´escriure; **~porto** n franqueig m

Brief/steller m epistolari m; **~tasche** f cartera f; **~taube** f colom m missatger; **~träger, -in** m/f carter, -a m/f; **~umschlag** m sobre m

Brigade f brigada f

Brill/ant m <~en; ~en> (Schmuck) brillant m; **~*ant** adj brillant, resplendent

Brille f ulleres fpl; **~nfassung** f muntura f; **~ngestell** n muntura f

bringen <irr 18> vt portar

Brise f brisa f

Brit/annien n 1. la Bretanya f; 2. Gran Bretanya f; **~e, -in** m/f <~n; ~n> britànic, -a m/f; **~*isch** adj britànic, -a

Brocken m <~s; ~> fragment m

Brombeere f móra f

Bronchitis f bronquitis f

Bronze f bronze m

Brosche f fermall m, tanca f

Brosch'üre f llibret m

Brot n <-∅s; ~e> pa m

Brötchen n panet m

Brot/rinde f crosta f (de pa); **~schnitte** f llesca f (de pa)

Br/uch m <-∅s; ~e> 1. trencament m; 2. med fractura f; 3. (Beziehung) ruptura f; **~*üchig** adj trencadís, -issa; **~uchstück** n fragment m; **~uchteil** m fracció f

Brücke f pont m

Br/uder m <~s; ~> 1. germà m; 2. relig frare m; **~*üderlich** adj fraternal; **~üderlichkeit** f fraternitat f, germanor f; **~udermord** m fratricidi m; **~uderschaft** f germandat f; **~üderschaft** f fraternitat f, germandat f

Brühe f brou m, suc m

brüllen vi 1. bramar; 2. (Rind) mugir; 3. (Löwe) rugir

brumm/en vi grunyir; **~ig** adj grunyidor, -a

brü'nett adj bru, bruna

Brunnen m <~s; ~> pou m

Brust f <~; ~e> pit m; **~bein** n esternum m; **~fell** n pleura f; **~fellent-**

zündung f pleuresia f; **~höhle** f cavitat f toràcica

Brut f <~; ~en> 1. cria f; 2. (*Vögel*) niuada f

brutal *adj* brutal; **~*ität** f brutalitat f

brüten *vt/i* 1. covar, incubar; 2. *fig* rumiar, meditar

brutto *adv* brut; **~*sozialprodukt** n <~s> producte m nacional brut

Buch n <~es; ~er> llibre m; **~binder** m enquadernador m; **~druck** m impremta f; **~drucker** m 1. impressor m; 2. tipògraf m; **~druckerei** f impremta f; **~druckerkunst** f tipografia f

Buche f faig m

buchen *vt* 1. comptabilitzar; 2. *aero* reservar

Bücher/ei f biblioteca f; **~regal** n prestatgeria f

Buch/alter, -in m/f comptable m/f; **~altung** f comptabilitat f; **~ändler, -in** m/f llibreter, -a m/f; **~andlung** f llibreria f

Buch/macher, -in m/f *esp* comptador, -a m/f d'apostes; **~messe** f fira f del llibre; **~prüfer, -in** m/f *econ* auditor, -a m/f

Büchse f 1. caixa f; 2. (*Metall*) llauna f; 3. rifle m; **~nfleisch** n carn f en conserva; **~nöffner** m obrellaunes m

Buchsta/be m lletra f; **~*bieren** *vt* lletrejar

Bucht f <~; ~en> badia f

Buchung f 1. (*Platz*) seient m; 2. (*Reise*) reserva f

bücken: sich ~ ajupir-se

Bude f 1. (*Markt*) parada f; 2. *arg estud* habitació f

Budget n pressupost m

Büffel m búfal m

Büffet n <~¢s; ~e> (*Möbel*) bufet m

Bug m <~¢s; ~e> 1. *nav* proa f; 2. *gastr* llom m

Bügel m <~s; ~> ansa f; **~brett** n passacorreu m, planxamànigues m; **~eisen** n planxa f; **~falte** f ratlla f (dels pantalons); **~*n** *vt* planxar

Bühne f *teat* escenari m; **~nbild** n decoració f

Bul/'gare, -in m/f <~n; ~n> búlgar, -a m/f; **~garien** n Bulgària f; **~*garisch** *adj* búlgar, -a

Bullauge n *nav* ull m de bou

Bulle 1. m <~n; ~n> brau m, toro m; 2. f *relig* butlla f

Bumme/l m <~s; ~> volta f, passejada f; **~'lei** f negligència f, descuit m; **~*ln** *vi* rondar, passejar

Bund 1. m <~¢s; ~e> unió f, federació f; 2. n <~¢s; ~e> 1. feix m; 2. (*Schlüssel*) manoll m

Bündel n <~s; ~> 1. paquet m; 2. (*Holz*) feix m; 3. (*Paket*) embolcall m

Bundes/... *adj* federal; **~genosse** m aliat m; **~genossenschaft** f aliança f; **~gerichtshof** m Tribunal m Suprem de la República Federal; **~grenzschutz** m policia f de protecció de fronteres; **~kanzler, -in** m/f canceller m/f federal; **~präsident, -in** m/f president, -a federal m/f; **~republik** f República f Fe-

deral; ~staat m estat m federal; **~verfassungsgericht** n Tribunal m Federal Constitucional
Bündnis n <~ses; ~se> aliança f, lliga f
Bungalow m <~s; ~s> bungalou m
bunt adj de colors, policrom, -a; **~*wäsche** f roba f de color
Bürde f càrrega f, pes m
Burg f <~; ~n> castell m
Bürge, -in m/f <~n; ~n> fiançador, -a m/f; **~*n** vt fiançar, respondre, garantir; **~r, -in** m/f 1. (Staat) ciutadà, -ana m/f; 2. (Klasse) burgès, -esa m/f; **~rkrieg** m guerra f civil; **~rlich** adj 1. civil; 2. (Klasse) burgès, -esa; **~rmeister, -in** m/f batlle m, alcalde, -essa m/f; **~rsteig** m vorera f; **~rtum** n burgesia f
Burgfrieden n treva f
Bürgschaft f veïnat m
Bü/ro n <~s; ~s> oficina f, despatx m; **~*angestellte, -r** f/m oficinista m/f; **~klammer** f clip m; **~krat, -in** m/f <~en; ~en> buròcrata m/f; **~kra'tie** f burocràcia f; **~*kratisch** adj buroràtic, -a
Bursche m <~n; ~n> 1. minyó m; 2. col·loq xicot m
Bürste f raspall m
Bus m <~ses; ~se> autobús m; **~bahnhof** m estació f d´autobusos
Busch m <~¢s; ~e> arbust m
Büschel n <~s; ~> 1. (Haar) manyoc m; 2. (Gras) feix m

Busen m <~s; ~> pit m; **~freund, -in** m/f amic, -iga m/f íntim, -a
Busfahrer, -in m/f conductor, -a m/f d´autobús
Bussard m <~¢s; ~e> zool aguilot m
Buße f penitència f
büßen vt/i 1. expiar; 2. fer penitència
Büste f bust m; **~nhalter** m sostenidors mpl
Butter f <~> mantega f; **~brot** n pa m amb mantega; **~milch** f xerigot m

C

c n mús do m
Caf/é n <~s; ~s> cafè m; **~eteria** f cafeteria f
camp/en vi acampar, fer càmping; **~*ing** n <~s; ~s> càmping m; **~*ingbus** m autocaravana f; **~*ingplatz** m terreny m d´acampada
Canyoning n esp barranquisme m
CD f <~; ~s> disc m compacte; **~-Player** m reproductor m de discs compactes; **~-ROM** n informàt CD-Rom
Champagner m xampany m
Champignons mpl gastr xampinyons mpl
Chance f oportunitat f; **~ngleichheit** f igualtat f d´oportunitats
Chao/s n <~> caos m; **~*tisch** adj caòtic, -a
Charakter m caràcter m; **~*'istisch** adj característic, -a (für de)
char/'mant adj encantador, -a; **~*me** m <~s> encant m, atractiu m

Charterflug

Charterflug m aero vol m charter
Chauffeur, -in m/f <~s; ~e> xofer, -a m/f, xòfer, -a m/f
Chef, -in m/f <~s; ~s> cap m/f
Che/'mie f química f; **~miefasern** fpl fibres fpl sintètiques; **~mi'kalien** fpl productes mpl químics; **~miker, -in** m/f químic, -a m/f; **~*misch** adj químic, -a
Chicorée m <~s> escarola f, endívia f
Chi/le n Xile m; **~'lene, -in** m/f <~n; ~n> xilè, -ena m/f; **~*'lenisch** adj xilè, -ena
Chin/a n Xina f; **~'ese, -in** m/f <~n; ~n> xinès, -esa mpl; **~esisch** adj xinès, -esa
Chip m <~s; ~s> electrón xip m
Chi/'rurg, -in m/f <~en; ~en> cirurgià, -ana m/f; **~rur'gie** f cirurgia f; **~*'rurgisch** adj quirúrgic, -a
Chlor n <~s> clor m
Cholera f còlera m
Cholesterin n <~s> colesterol m
Chor m <~s; ~ös; ~e> mús cor m
Choreogra'phie f coreografia f
Chorverein m (societat) coral f
Christ, -in m/f <~en; ~en> cristià, -ana m/f; **~baum** m arbre m de Nadal; **~entum** n cristianisme m; **~*'ianisieren** vt cristianitzar; **~kind** n el Nen Jesús m; **~*lich** adj cristià, -ana; **~us** m Jesucrist m, Crist m
Chroni/k f crònica f; **~*sch** adj crònic, -a
Clown m <~s; ~s> pallasso, -a m/f
Cocktail m <~s; ~s> còctel m
Code m <~s; ~s> codi m, clau f
Cognac m <~s; ~s> conyac m
Comic m còmic m
Computer m ordinador m
Container m container m, contenidor m
cool adj guai
Cornflakes pl gastr cereals pl
Couch f <~; ~s> canapè m, divan m
Countdown m compte m enrere
Cousin m <~s; ~s> cosí m; **~e** f cosina f
Cowboy m <~s; ~s> cowboy m, vaquer m (de l'Oest nord-americà)
Creme f crema f

D

d n de f
da adv allí, allà
da'bei adv 1. prop de, al costat de; 2. (außerdem) a més
Dach n <~s; ̈~er> teulada f; **~boden** m golfa f
dadurch adv així, d'aquesta manera
dafür adv per això
da'gegen adv per contra
da'heim adv a casa
daher adv 1. des d'allí; 2. a més a més; 2. conj per això, per tant
dahin adv cap allí
dahinter adv al darrera
damals adv aleshores, llavors
Dame f <~; ~n> 1. senyora f; 2. (Schach) dama f; **~nbinde** f compresa f
damit adv amb això, per això
Damm m <~s; ̈~e> dic m, terraplè m

Deck

dämmer/n vi 1. clarejar; 2. vesprejar; **~*ung** f capvespre m, crepuscle m

Dampf m <~øs; ~e> 1. vapor m, baf m; 2. (Rauch) fum m; **~bügeleisen** n planxa f de vapor; **~*en** vi fer vapor, fumejar

dämpfen vt 1. (Stimme) abaixar; 2. tecn esmorteir; 3. (Licht) disminuir

Dampf/er m <~s; ~> vaixell m de vapor; **~kochtopf** m olla f a pressió

danach adv després

Däne, -in m/f <~n; ~n> danès, -esa m/f

da'neben adv al costat de, a la vora de

Dän/emark n Dinamarca f; **~*isch** adj danès, -esa

Dank m <~øs> agraïment m; **~*bar** adj agraït, -ïda; **~barkeit** f agraïment m, gratitud f; **~*e!** interj gràcies!; **~*en** vi donar les gràcies, agrair

dann adv després

da'ran adv en això

da/'rauf adv damunt de, sobre allò; **~raufhin** adv a això, a la qual cosa

daraus adv d'això, d'allò

darbieten vt oferir, presentar

darbring/en vt fer ofrena, oferir; **~*ung** f ofrena f, donació f

darin adv en això, a dins

darleg/en vt exposar, explicar; **~*ung** f exposició f, explicació f

Darlehen n <~s; ~> préstec m

Darm m <~øs; ~e> anat budells mpl; **~entzündung** f inflamació f intestinal; **~leiden** n afecció f intestinal

darstell/en vt representar; **~*er, -in** m/f actor m, actriu f; **~*ung** f representació f

da'rüber adv sobre això

darum adv al voltant, a l'entorn

dar'unter adv sota això

das pron això, allò

dass conj que

das'selbe pron la mateixa cosa que, el mateix que

Daten mpl dades fpl; **~bank** f banc m de dades; **~schutz** m protecció f de dades; **~träger** m informàt suport m (de dades); **~verarbeitung** f tractament m de dades

dat'ieren vt datar

Dativ m ling datiu m; **~objekt** n ling complement m indirecte

Dattel f <~; ~n> dàtil m

Datum n <~s; ~en> data f

Dauer f <~> duració f; **~*haft** adj tecn permanent, estable; **~*n** vi (per)durar; **~*nd** adj (per)durable; **~welle** f (Haar) permanent f; **~wurst** f llonganissa f fumada

Daumen m <~s; ~> anat polze m

da'von adv d'això, d'allò

davor adv davant d'això, al davant

dazu adv amb això, per això; **~gehören** vi pertànyer

da/'zwischen adv entre ells, pel mig de; **~zwischenkommen** <sein> vi intervenir

De'batte f <~; ~n> debat m

Deck n <~øs; ~e> nav coberta f; **~e** f manta f, flassada f; **~el** m <~s; ~> tapa f; **~*en** vt cobrir; **~ung** f 1.

Defekt

banc provisió *f* de fons; 2. *fig* protecció *f*, seguretat *f*
De/fekt *m* defecte *m*; **~*fekt** *adj* defectuós, -osa
defin/'ieren *vt* definir; **~*iti'on** *f* definició *f*; **~i'tiv** *adj* definitiu, -iva
Defizit *n* dèficit *m*
Deflor/ation *f med* desflorament *m*; **~*ieren** *vt* desflorar
defraudieren *vt* defraudar
Degen *m* espasa *f*
degradier/en *vt* degradar; **~*ung** *f* degradació *f*
dehn/bar *adj* extensible; **~en** *vt* dilatar, estendre
Deich *m* <~ǿs; ~e> dic *m*; **~sel** *f* <~; ~n> espigó *m*
dein *pron* teu, teva; **~erseits** *adv* per la teva part; **~etwegen** *adv* per tu
Deklam/ation *f* declamació *f*, recitació *f*; **~*ieren** *vt* declamar, recitar
Deklin/ation *f* declinació *f*; **~*ieren** *vt* declinar
Dekollet'é *n* <~s; ~s> escot *m*
Dekor/ati'on *f* decoració *f*; **~*ieren** *vt* decorar
Dekret *n* decret *m*; **~*ieren** *vt* decretar
Deleg/ati'on *f* delegació *f*; **~*ieren** *vt* delegar
deli'kat *adj* delicat, -ada; **~*ka'tesse** *f* 1. delicadesa *f*; 2. *gastr* menjar *m* exquisit; **~*ka'tessengeschäft** *n* tenda *f* de comestibles exquisits
Delikt *n* delicte *m*
Del'phin *m* <~s; ~e> *zool* dofí *m*
Delta *n* delta *m*

Demagog/e, -in *m/f* demagog, -a *m/f*; **~ie** *f* demagògia *f*; **~*isch** *adj* demagògic, -a
demaskieren *vt* desemmascarar
demen'tieren *vt* desmentir, rectificar
dementsprechend *adv* segons això
demnächst *adv* d'aquí a poc, pròximament
Demo/krat, -in *m/f* <~en; ~en> demòcrata *m/f*; **~'kratie** *f* democràcia *f*; **~*kratisch** *adj* democràtic, -a; **~kratisieren** *vt* democratitzar
demolier/en *vt* demolir, enderrocar; **~*ung** *f* demolició *f*, enderrocament *m*
Demonstr/'ant, -in *m/f* <~en; ~en> manifestant *m/f*; **~ati'on** *f* 1. demostració *f*; 2. manifestació *f*; **~*'ieren** 1. *vt* demostrar; 2. *vi* fer manifestacions, manifestar-se
Demont/age *f* desmuntatge *m*; **~*ieren** *vt* desmuntar
demoralisier/en *vt* desmoralitzar; **~*ung** *f* desmoralització *f*
Demut *f* humilitat *f*
demütig *adj* humil; **~en** *vt* humiliar; **~*ung** *f* humiliació *f*
denk/bar *adj* imaginable; **~en** *n* pensament *m*; **~en** <irr 19> *vt/i* pensar (an en); **~er, -in** *m/f* pensador, -a *m/f*; **~*mal** *n* <~ǿs; ¨er> monument *m*; **~würdig** *adj* memorable
denn *conj* que, car; **~och** *conj* no obstant això
dental *adj* dental
Denunzi/ant, -in *m/f* delatador, -a *m/f*; **~*eren** *vt* denunciar, delatar

Deodorant *m* desodorant *m*
Depo'nie *f* abocador *m* d´escombreries
De'pot *n* <~s; ~s> dipòsit *m*
der *pron* que, qui; **~art** *adv* de tal manera; **~artig** *adv* tal, semblant
derb *adj* ferm, -a, fort, -a
deshalb *adv* per això
Desinf/ekti'on *f* desinfecció *f*; **~ekti'onsmittel** *n* desinfectant *m*; **~i'zieren** *vt* desinfectar
dessen *pron* del qual, de qui, de què
Dessert *n* <~s; ~s> postres *fpl*; **~wein** *m* vi *m*
deswegen *adv* per això
Detail *n* <~s; ~s> detall *m*
Detek'tiv *m* <~s; ~e> detectiu *m*
deut/en 1. *vt* interpretar; **2.** *vi* indicar, assenyalar; **~lich** *adj* clar, -a, distint, -a
deutsch *adj* alemany, -a; **~e** *f*/*m* alemany, -a *m*/*f*; **~land** *n* Alemanya *f*
De'visen *fpl* divises *fpl*
De'zember *m* desembre *m*
Dezimal... *adj* decimal
Diadem *n* diadema *f*
Dia'gnose *f* diagnòstic *m*; **~gnosti'zieren** *vt* diagnosticar
diagonal *adj* diagonal; **~e** *f* diagonal *f*
Dialekt *m* dialecte *m*; **~al** *adj* dialectal; **~ik** *f* dialèctica *f*; **~isch** *adj* dialèctic, -a
Dia'log *m* <~ǥs; ~e> diàleg *m*
Dialyse *f* diàlisi *f*
Dia'mant *m* diamant *m*
Di'ät *f* <~> dieta *f*, règim *m*

dich *pron* te, et, a tu
dicht *adj* dens, -a
dicht/en *vt*/*i* versificar; **~*er**, **-in** *m*/*f* <~s; ~> poeta *m*/*f*; **~*ung** *f* poesia *f*
dick *adj* gros, -sa, gruixut, -uda; **~*darm** *m* intestí *m* gros; **~*kopf** *m* tossut *m*; **~köpfig** *adj* obstinat, -ada
Didakti/k *f* didàctica *f*; **~*sch** *adj* didàctic, -a
Dieb *m* <~ǥs; ~e> lladre *m*; **~stahl** *m* <~ǥs; ≈e> robatori *m*
Diele *f* rebedor *m*
dien/en *vi* servir; **~*er**, **-in** *m*/*f* criat, -ada *m*/*f*; **~*st** *m* <~es; ~e> servei *m*
Dienstag *m* dimarts *m*
dienst/'frei *adj* lliure; **~*grad** *m* mil grau *m*; **~*leistung** *f* servei *m*; **~lich** *adj* oficial, d´ofici; **~*mädchen** *n* minyona *f*, criada *f*
dies *pron* això, allò; **~bezüglich** *adj* corresponent, pertinent
Diesel/motor *m* motor *m* Diesel; **~öl** *n* gasoil *m*
dieser *pron* aquest, -a, este, -a *val*
dies/mal *adv* aquesta vegada; **~seits** *adv* d´aquesta banda
Dietrich *m* <~s; ~e> rossinyol *m*
differenti/'al *adj* diferencial; **~*algetriebe** *n* tecn diferencial *m*
Dikt/at *n* <~s; ~e> dictat *m*; **~*ator** *m* dictador *m*; **~a'tur** *f* <~; ~en> dictadura *f*; **~*'ieren** *vt* dictar; **~*iergerät** *n* dictàfon *m*
Dilemma *n* dilema *m*
Dilettant, -in *m*/*f* diletant *m*/*f*, aficionat,

-ada m/f; **~*isch** adj de diletant, d'aficionat, -ada
Dill m <-ǿs; -e> bot anet m
Ding n <-ǿs; -e> cosa f
Dioxin n quím dioxina f
Diö'zese f diòcesi f
Diphterie f diftèria f
Diphtong m ling diftong m; **~ierung** f ling diftongació f
Di/'plom n <-ǿs; -e> diploma m; **~plo'mat, -in** m/f <-en; -en> diplomàtic, -a m/f; **~plomatie** f diplomàcia f; **~plomatik** f diplomàtica f; **~*plo'matisch** adj diplomàtic, -a
dir vt sagen
di/rekt adj directe, -a; **~*rekti'on** f direcció f; **~*'rektor, -in** m/f director, -a m/f; **~*rektübertragung** f TV retransmissió f en directe
Dirig/ent, -in m/f mús director,-a m/f d'orquestra; **~*'ieren** vt dirigir
Dirne f bagassa f, prostituta f
Diskette f informàt disquet m; **~nlaufwerk** n informàt disquetera f
Diskothek f discoteca f
dis/'kret adj discret, -a; **~*kret'ion** f discreció f
diskrimi/'nieren vt discriminar; **~nierend** adj discriminatiu, -iva; **~*nierung** f discriminació f
Diskus m esp disc m
Disku'ssion f discussió f
Diskuswerfe/n n esp llançament m de disc; **~r** m esp discòbol m
disku'tieren vt/i discutir (**über** sobre)
dispo/nibel adj disponible; **~nieren** vi disposar (**über** de); **~*sition** f disposició f
Disput m disputa f; **~*ieren** vi disputar
disqualifizieren vt esp desqualificar
Dissertation f tesi f doctoral
Distanz f <-; -en> distància f; **~*ieren 1.** vt (Rennen...) guanyar; **2.** sich **~** distanciar-se
Distel f <-; -n> card m
Distrikt m districte m
Diszi/'plin f <-; -en> disciplina f; **~*plinarisch** adj disciplinari, -ària; **~*plinìert** adj disciplinat, -ada
Divi/dend m mat dividend m; **~*dieren** vt dividir (**durch** per); **~sion** f divisió f
doch conj 1. doncs; 2. però
Dock n <-ǿs; -e> nav dàrsena f
Doktor, -in m/f doctor, -a m/f; **~arbeit** f tesi f doctoral; **~titel** m títol m de doctor; **~vater** m director m de tesi; **~würde** f doctorat m
Doku/'ment n <-ǿs; -e> document m; **~mentarfilm** m foto documental m; **~menta'tion** f documentació f; **~*mentieren** vt documentar
Dolch m <-ǿs; -e> punyal m
Dollar m <-s; -s> dòlar m
Dolmetsche/n n interpretació f; **~*n** vt/i traduir, interpretar; **~r, -in** m/f intèrpret m/f
Dom m <-ǿs; -e> catedral f
Donau f Danubi m
Donner m tro m; **~*n** vi tronar
Donnerstag m dijous m
dopen vt esp dopar

Doping n dopatge m, dòping m; **~kontrolle** f control m de dopatge
Doppel n <-s; -> doble m; **~bett** n llit m de matrimoni; **~*t** adj doble; **~zimmer** n habitació f doble
Dorf n <-¢s; ¨er> poble m, vila f
Dorn m <-¢s; -en> espina f
Dorsch m <-es; -e> bacallà m
dort adv allà, allí; **~her** adv d´allí; **~hin** adv cap allí
Dose f 1. llauna f; 2. pot m; **~nöffner** m obrellaunes m
dos/ieren vt dosificar; **~*is** f dosi f
Dotter m rovell m d´ou
Dozent, -in m/f univ professor, -a m/f (no titular)
Drachen m <-s; -> drac m
Dra'gee n <-s; -s> med dragea f
Draht m <-¢s; ¨e> filferro m; **~los** adj sense fils; **~seilbahn** f funicular m aeri
Dra/ma n <-s; -en> drama m; **~matiker, -in** m/f dramaturg, -a m/f; **~*matisch** adj dramàtic, -a
drängen vi 1. empènyer; 2. insistir (auf en)
draußen adv fora
Dreck m <-¢s> brutícia f; **~*ig** adj brut, -a
dreh/bar adj giratori, -òria; **~*buch** n (Film) guió m; **~en** vt/i 1. girar, voltar; 2. (Film) rodar; **~kreuz** n torniquet m; **~*orgel** f orgue m de maneta; **~*tür** f porta f giratòria; **~*ung** f 1. girada f; 2. nav virada f; **~*zahl** f tecn nombre m de revolucions
drei 1. adj tres; 2. f tres m; **~*eck** n

triangle m; **~eckig** adj triangular; **~fach** adj triple; **~hundert** adj trescents; **~mal** adj tres vegades
Dreirad n tricicle m
drei/ßig adj trenta; **~st** adj insolent; **~tausend** adj tres mil; **~viertel** adj tres quarts; **~zehn** adj tretze
dres/ieren vt ensinistrar, entrenar; **~*sing** n gastr amaniment m; **~*sur** f <-; -en> ensinistrament m
dring/en <irr 21> vi 1. penetrar; 2. fig insistir, persistir (auf en); **~end** adj urgent; **~lich** adj urgent
drinnen adv a dins
Dritte/l n <-s; -> terç m; **~*ns** adv en tercer lloc
Droge f droga f; **~*nabhängig** adj drogoaddicte, -a; **~nabhängigkeit** f drogoaddicció f; **~nhandel** m narcotràfic m; **~nhändler, -in** m/f narcotraficant m/f; **~nverbrauch** m consum m de drogues
Drogerie f drogueria f
drohen vi amenaçar; **~d** adj amenaçador, -a
dröhnen vi ressonar
Drohung f amenaça f
drüben adv a l´altra banda
Druck m <-¢s> 1. pressió f; 2. impremta f; **~en** vt imprimir
drücken vt prémer, pitjar; **~d** adj fig aclaparador, -a
Druck/er m impressor m; **~e'rei** f impremta f, **~fehler** f errada f; **~knopf** m polsador m, botó m; **~luft** f aire m comprimit; **~sache** f correu impresos mpl; **~schrift** f llibret m

drunten *adv* allí baix

Drüse *f* glàndula *f*

Dschungel *m* <-s; -> jungla *f*

Dschunke *f* jonc *m*

du *pron* tu

Dübel *m* <-s; -> tac *m*, torelló *m*

ducken *vt* abaixar, inclinar

Dudelsack *m* cornamusa *f*, gaita *f*, sac *m* de gemecs

Duell *n* <-s; -e> duel *m*

Duft *m* <-es; -̈e> 1. olor *f*; 2. perfum *m*; **~*en** *vi* fer olor (**nach** de); **~*end** *adj* aromàtic, -a; **~*ig** *adj* (*Kleid*) vaporós, -osa

dulden *vt* 1. sofrir; 2. suportar, aguantar

dumm *adj* <-̈er; -̈st> beneit, -a, ximple; **~*heit** *f* beneiteria *f*, ximplesa *f*; **~*kopf** *m* cap *m* de ruc, ase *m*

Düne *f* duna *f*

Dün/ger *m* adob *m*; **~*kel** *m* presumpció *f*

dunkel *adj* fosc, -a, obscur, -a

dünkelhaft *adj* presumit, -ida, presumptuós, -osa

Dunkel/heit *f* foscor *f*, obscuritat *f*; **~*kammer** *f* foto cambra *f* obscura

dünken *vi* semblar

dünn *adj* prim, -a, esvelt, -a; **~*darm** *m* intestí *m* prim

Dunst *m* <-es; -̈e> baf *m*, vapor *m*

dünsten *vt* estovar

durch *prep* per, a través de; **~*aus** *adv* completament, absolutament; **~*blättern** *vt* fullejar; **~***blick** *m* vista *f*, perspectiva *f*; **~*blicken** *vt* entreveure; **~*'bohren** *vt* 1. travessar, traspassar; 2. *tecn* perforar; **~*'brechen** 1. *vt* irrompre; 2. *vi* rompre's; **~*brennen** <*sein*> *vt* fondre's

durch/denken *vt* examinar; **~*'drehen** *vt* (*Fleisch*) capolar, trinxar; **~*'dringen** <*sein*> *vi* penetrar (**durch** per); **~***einander** *n* <-s> confusió *f*; **~*einander** *adv* en confusió

durch/fahren <*irr 25, sein*> 1. *vt* recórrer; 2. *vi* passar (**durch** per); **~*fahrt** *f* 1. pas *m*; 2. recorregut *m*, travesia *f*; **~*fall** *m med* diarrea *f*; **~*'fallen** <*sein*> *vi* fracassar; **~*führbar** *adj* factible, realitzable; **~*führen** *vt* dur a terme, realitzar; **~*führung** *f* realització *f*, acompliment *m*

Durch/gang *m* 1. passatge *m*; 2. (*Flur*) passadís *m*; **~***gehen** <*sein*> 1. *vt* recórrer; 2. *vi* passar, travessar; **~*gehend** *adj* continu, -a; **~*halten** *vi* perseverar, resistir; **~*kommen** <*sein*> *vi* 1. passar; 2. *fig* sortir-se´n; **~*'kreuzen** *vt* travessar, creuar

Durch/laß *m* obertura *f*, passatge *m*; **~***lassen** *vt* deixar passar; **~*lässig** *adj* permeable; **~*lässigkeit** *f* permeabilitat *f*; **~*lauf** *m* passatge *m*; **~*laufen** <*sein*> 1. *vt* 1. recórrer; 2. (des)gastar; 2. *vi* (*Wasser*) passar; **~*lesen** *vt* llegir; **~*'leuchten** *vt med* examinar amb raigs X; **~*'leuchtung** *f med* radioscòpia *f*

durch/machen *vt* passar, seguir; **~*marschieren** *vi* marxar; **~*messer** *m* diàmetre *m*; **~*nässen** *vt* amarar, calar, xopar; **~*pausen** *vt* calcar

durch/'queren vt creuar, travessar; **~rechnen** vt 1. calcular; 2. repassar (comptes); **~'reise** f viatje m de pas; **~reisen 1.** vt recórrer; **2.** vi viatjar; **~'reisevisum** n visat m de trànsit; **~reißen** vt esquinçar, rompre

Durch/sage f avís m; **~'sägen** vt serrar; **~schauen** vt mirar (a través de); **~'scheinen** vi (Licht) penetrar; **~'scheinend** adj translúcid, -a; **~schlafen** vi dormir d´una tirada; **~schlag** m agric (Sieb) garbell m; **~'schlagen** vt garbellar; **~schneiden** vt tallar en dos; **~schnitt** m mitjana f; **~'schnittlich** adj 1. mitjà, -ana; 2. fig mediocre

durch/sehen 1. vt examinar; **2.** vi mirar; **~setzen** vt aconseguir, assolir, obtenir; **~'sicht** f revisió f; **~sichtig** adj transparent; **~sickern** <sein> vi filtrar-se; **~sprechen** vi discutir (minuciosament); **~spülen** vt rentar; **~streichen** vt ratllar; **~'suchen** vt registrar; **~'suchung** f 1. registre m; 2. escorcoll m

durch'trieben adj astut, -a

durch/'wachsen adj regular; **~weg** adv sense excepció; **~'wühlen** vt remenar, regirar; **~zählen** vi recomptar

dürfen <irr 22> vi 1. poder; 2. tenir permís

dürftig adj escàs, -asa; **~'keit** f escassesa f, escassetat f

dürr adj àrid, -a; **~'e** f aridesa f

Durst m <~es> set f; **~'ig** adj assedegat, -ada

Dusche f dutxa f; **~'n: sich ~'n** dutxar-se

Düse f tecn tovera f; **~nflugzeug** n avió m de reacció

düster adj obscur, -a, fosc, -a; **~'keit** f tenebra f

Dutzend n <~s; ~e> dotzena f

duzen vt tutejar, tractar de tu

DVD f DVD m

Dynamik f dinàmica f

dynamisch adj dinàmic, -a

Dynamit n dinamita f

Dy'namo m <~s; ~s> dinamo f

Dynastie f dinastia f

E

e n 1. ling e f; 2. mús mi m

Ebbe f marea f baixa

eben adj pla, plana; **~'e** f plana f, planúria f

eben/falls adv igualment; **~so** adv exactament

ebnen vt 1. aplanar; 2. (Boden) anivellar, igualar

Echo n <~s; ~s> eco m

echt adj veritable

Eck/ball m esp córner m; **~e** f 1. racó m; 2. cantó m; **~'ig** adj angular; **~zahn** m ullal m

Ecuador n <~s; ~> Equador m; **~ianer, -in** m/f equatorià, -ana m/f; **~ianisch** adj equatorià, -ana

edel adj noble; **~'gas** n gas m noble; **~'metall** n metall m preciós; **~'mut** m generositat f, noblesa f; **~mütig**

Eden

adj noble, generós, -osa; **~*stahl** *m* acer *m* inoxidable; **~*stein** *m* pedra *f* preciosa

Eden *n* edèn *m*, paradís *m*

Edikt *n* edicte *m*

Edinburg *n* Edimburg *m*

Efeu *m* <~s> heura *f*

Ef/'fekt *m* <~ǵs; ~e> efecte *m*; **~fekten** *pl* banc valors *mpl*

e'gal *adj* igual

Ego/ismus *m* egoisme *m*; **~'ist, -in** *m/f* <~en; ~en> egoista *m/f*; **~*istisch** *adj* egoista

Ehe *f* matrimoni *m*; **~*** *conj* abans que; **~bett** *n* llit *m* nupcial; **~bruch** *m* adulteri *m*; **~frau** *f* muller *f*, dona *f*, esposa *f*; **~gatte** *m* espòs *m*, home *m*, marit *m*; **~*lich** *adj* conjugal, matrimonial; **~mann** *m* espòs *m*, marit *m*; **~paar** *n* matrimoni *m*; **~partner, -in** *m/f* cònjuge *m/f*; **~ring** *m* aliança *f*, anell *m* de noces; **~scheidung** *f* divorci *m*

ehrbar *adj* honorable

Ehre *f* honor *m*; **~*n** *vt* honrar; **~*namtlich** *adj* honorífic, -a; **~ngast** *m* invitat *m* d´honor; **~nmitglied** *n* membre *m* honorari; **~*nwert** *adj* honorable, respectable; **~nwort** *n* paraula *f* d´honor

Ehr/furcht *f* respecte *m*, veneració *f*; **~*fürchtig** *adj* respectuós, -osa; **~gefühl** *n* punt *m* d´honor; **~geiz** *m* ambició *f*; **~*geizig** *adj* ambiciós, -osa; **~*lich** *adj* 1. honrat, -ada; 2. sincer, -a; **~lichkeit** *f* honradesa *f*; **~ung** *f* homenatge *m*; **~*würdig** *adj* respectable, venerable

Ei *n* <~ǵs; ~er> ou *m*

Eiche *f bot* roure *m*; **~l** *f* <~; ~n> 1. gla *m*; 2. *med* gland *m*

Eich/hörnchen *n* esquirol *m*; **~kätzchen** *n* esquirol *m*

Eid *m* <~ǵs; ~e> jurament *m*; **~echse** *f* 1. llangardaix *m*; 2. (*kleine*) sargantana *f*; **~otter** *m* rovell *m*

Eif/er *m* <~s> zel *m*; **~ersucht** *f* gelosia *f*; **~*ersüchtig** *adj* gelós, -osa (**auf** de); **~*rig** *adj* sol·lícit, -a, zelós, -osa

Eigelb *n* rovell *m*

eigen *adj* propi, pròpia, personal; **~*art** *f* particularitat *f*; **~*artig** *adj* particular; **~händig** *adj* autògraf, -a; **~mächtig** *adj* arbitrari, -ària; **~*name** *m* nom *m* propi; **~nützig** *adj* interessat, -ada; **~*schaft** *f* propietat *f*; **~sinnig** *adj* obstinat, -ada, tossut, -uda; **~ständig** *adj* propi, pròpia; **~tlich** *adj* veritable, vertader, -a; **~*tum** *n* propietat *f*; **~*tümer, -in** *m/f* propietari, -ària *m/f*; **~tümlich** *adj* característic, -a (**für** de); **~*tumswohnung** *f* pis *m* de propietat; **~willig** *adj* voluntariós, -osa

eign/en: sich **~en** ser apte, -a prestar-se; **~*ung** *f* 1. qualificació *f*; 2. aptitud *f*

Eil/brief *m* carta *f* urgent; **~*en** <*sein*> *vi* córrer pressa, urgir; **~gut** *n* gran velocitat *f*; **~*ig** *adj* urgent

Eimer *m* 1. galleda *f*; 2. poal *m*

ein *pron* un, una

ein/ander *adv* mútuament; **~arbeiten; sich ~arbeiten** iniciar-se familiaritzar-se; **~atmen** *vt* 1. aspirar, inspirar; 2. *med* inhalar; **~*bahnstraße** *f* carrer *m* de direcció única; **~*band** *m* enquadernació *f*

einbauen *vt* instal·lar, muntar

Einbaum *m* piragua *f*

Einbauschrank *m* armari *m* encastat

einbe/greifen *vt* comprendre; **~griffen** *adj* comprès, -esa

einbehalten *vt* retenir

einberuf/en *vt* convocar; **~*ung** *f* convocatòria *f*

einbett/en *vt* col·locar, ficar; **~*zimmer** *n* habitació *f* individual

einbezieh/en *vt* incloure; **~*ung** *f* inclusió *f*

einbiegen *<sein>* 1. *vt* doblegar; 2. *vi* girar (**nach** a)

einbild/en: sich ~en imaginar-se; **~*ung** *f* imaginació *f*

einbinden *vt* enquadernar

einblasen *vt* bufar (**cap endins**)

einbläuen *vt* inculcar

Einblick *m* consulta *f*, ullada *f*

einbreche/n *<sein>* 1. *vt* (*Tür*) forçar, trencar; 2. *vi* rompre's; **~*r, -in** *m/f* lladre *m/f*

einbringen *vt* 1. (*Ernte*) collir; 2. (*Nutzen*) produir, rendir; 3. (*Kapital*) aportar

Einbruch *m* 1. irrupció *f*; 2. invasió *f*

einbürgern *vt* naturalitzar

einbüßen *vt* perdre

einchecken *vt* facturar (l'equipatge)

eindecken: sich ~ proveir (**mit** de)

eindeutig *adj* clar, -a, definit, -ida

eindring/en *<sein>* *vi* penetrar, introduir-se; **~lich** *adj* insistent; **~*ling** *m* intrús *m*

Eindruck *m* <~es; ~e> impressió *f*; **~*svoll** *adj* impressionant

eine/r *pron* un; **~rlei** *n* uniformitat *f*, monotonia *f*; **~rseits** *adv* d'una banda; **~steils** *adv* per una part

einfach *adj* senzill, -a, simple

Einfahrt *f* entrada *f*

Einfall *m* 1. *fís* incidència *f*; 2. *mil* invasió *f*; 3. *fig* acudit *m*; **~en** *<sein>* *vi* 1. caure; 2. *constr* ensorrar-se

Einfamilienhaus *n* casa *f* unifamiliar

einfinden: sich ~ acudir presentar-se

Einfluss *m* influència *f*; **~*reich** *adj* influent

einförmig *adj* uniforme

einfrieren *<sein>* *vt* 1. *gastr* congelar; 2. *econ* bloquejar

einfügen 1. *vt* 1. (*Text*) afegir; 2. *tecn* ajustar; **2. sich ~** adaptar-se

Ein/fuhr *f* importació *f*; **~*führen** *vt* 1. introduir; 2. *econ* importar; **~fuhrerlaubnis** *f* permís *m* d'importació; **~führung** *f* introducció *f*; **~fuhrverbot** *n* prohibició *f* d'importar

Eingabe *f* 1. memorial *m*; 2. sol·licitud *f*

Eingang *m* <~s; ~e> 1. entrada *f*, accés *m*; 2. *banc* ingrés *m*

eingebildet *adj* 1. (*Sache*) imaginari, -ària; 2. (*Person*) presumit, -ida

eingeboren *adj* aborigen

eingehen *<sein>* *vt* 1. (*Verpflichtung*) contreure; 2. (*Wette*) fer; 3. (*Risi-*

ko) córrer, afrontar; **~d** *adj* detallat, -ada
Eingemachtes *n* conserves *fpl*
Eingest/ändnis *f* <-ses; -se> 1. declaració *f*; 2. confessió *f*; **~*ehen** *vt* confessar, reconèixer
Eingeweide *n* víscera *f*
eingewöhnen: sich ~ aclimatar-se
eingießen *vt* abocar, tirar
eingliedern *vt* 1. incorporar; 2. *pol* annexionar
eingr/eifen *vt* intervenir; **~*iff** *m* 1. intervenció *f*; 2. *tecn* engranatge *m*
einhalten 1. *vt* complir; **2.** *vi* cessar
einheimisch *adj* nacional, del país
Einheit *f* unitat *f*; **~*lich** *adj* uniforme, homogeni, -ènia; **~spreis** *m* preu *m* únic
einholen *vt* 1. (*erreichen*) abastar, aconseguir; 2. (*Zeit*) recobrar, recuperar; 3. (*Auskünfte*) demanar
einig *adj* unit, -ida; **~e** *pron* algun, -a; **~en** *vt* unir; **~ermaßen** *adv* en certa manera, més o menys
Einig/keit *f* unió *f*; **~ung** *f* acord *m*
Einkauf *m* compra *f*; **~en** *vt* comprar, adquirir; **~spreis** *m* preu *m* de compra; **~s'tasche** *f* bossa *f* de (la) compra; **~s'wagen** *m* carro *m* de (la) compra; **~szentrum** *n* centre *m* comercial
einkehren <*sein*> *vt* 1. entrar; 2. (*Hotel*) allotjar-se
Einkommen *n* <-s; ~> ingressos *mpl*; **~*** *vi* (*Geld*) ingressar; **~steuer** *f* impost *m* sobre la renda
Einkünfte *pl* ingressos *mpl*

einlad/en *vt* 1. invitar; 2. carregar; **~*ung** *f* invitació *f*
Einlage *f* 1. contingut *m*; 2. *banc* dipòsit *m*
einlassen *vt* admetre
Einlauf *m* correu *m* (diari); **~en** <*sein*> *vi* arribar
einleben; sich ~ aclimatar-se
einlegen *vt* 1. posar, ficar; 2. (*beifügen*) incloure, adjuntar
einleit/en *vt* iniciar, introduir; **~end** *adj* introductori, -òria; **~*ung** *f* introducció *f*
einleuchten *vi* semblar evident; **~d** *adj* obvi, òbvia, evident
einliefer/n *vt* 1. lliurar, entregar; 2. *med* hospitalitzar; **~*ung** *f* 1. ingrés *m*; 2. lliurament *m*
einlösen *vt* 1. deslliurar; 2. *banc* redimir; 3. (*Scheck*) cobrar
einmachen *vi* posar en conserva
einmal *adv* una vegada; **~*eins** *n* taula *f* de multiplicar; **~ig** *adj* únic, -a
Einmarsch *m* mil entrada *f*
einmengen: sich ~ barrejar-se barrejar-se
einmisch/en: sich ~en barrejar-se; **~*ung** *f* intervenció *f*, ingerència *f*
einmotorig *adj* monomotor
einmünden *vi* desembocar
einmütig *adj* unànime
Einnahme *f* mil presa *f*
einnehmen *vt* 1. ocupar; 2. (*Geld*) rebre, cobrar
einordnen *vt* ordenar, classificar
einpacken *vt* empaquetar
einplanen *vt* planificar, tenir en compte

einprägen vt estampar
einrahmen vt emmarcar, enquadrar
einräumen vt 1. ordenar; 2. (*Wohnung*) moblar
einrechnen vt incloure
Einrede f objecció f; **~*n** vt fer creure
Einrei/se f arribada f (de viatge); **~*sen** <*sein*> vi arribar (en un viatge); **~sevisum** n visat m d´entrada; **~*ßen** <*sein*> vt esquinçar, rompre
einrenken vt fig arranjar, arreglar
einricht/en vt 1. arranjar, arreglar; 2. organitzar; 3. (*Wohnung*) moblar; **~*ung** f 1. organització f; 2. (*Wohnung*) mobiliari m
einsam adj solitari, -ària; **~*keit** f soledat f; **~meln** vt 1. recollir; 2. (*Geld*) recaptar
Einsatz m 1. *joc* posta f; 2. (*Pfand*) senyal m; 3. *mús* entrada f
einschalten vt 1. intercalar, insertar; 2. (*Licht*) encendre; 3. *TV* engegar
einschätzen vt 1. taxar; 2. estimar, apreciar; 3. valorar
einschenken vt abocar
einschicken vt trametre, enviar
einschiffen 1. vt embarcar; 2. *sich* ~ embarcar-se
einschlafen vi endormiscar-se
einschlagen <*sein*> 1. vt clavar; 2. vi (*Blitz*) caure
einschließ/en vt tancar, cloure; **~lich** adj inclusiu, -iva
einschmuggeln vt introduir de contraban
einschränk/en vt reduir, limitar; **~end** adj restrictiu, -iva; **~*ung** f restricció f

einteilen

Einschreib/ebrief m carta f certificada; **~*en 1.** vt 1. inscriure; 2. *correu* certificar; **2.** *sich* ~ matricular-se; **~ung** f 1. inscripció f; 2. matrícula f
einschreiten <*sein*> vi intervenir
einschüchtern vt intimidar, atemorir
einsehen vt 1. examinar; 2. (*begreifen*) comprendre; 3. (*Irrtum*) reconèixer
einseitig adj unilateral
einsenden vt trametre, enviar
einsetzen 1. vt posar, col·locar; **2.** vi 1. començar; 2. *mús* atacar, entrar
Einsicht f 1. vista f; 2. inspecció f; **~*ig** adj comprensiu, -iva
einsparen vt estalviar, economitzar
einsperren vt 1. recloure, tancar; 2. (*Gefängnis*) empresonar
einspringen <*sein*> vt 1. suplir; 2. substituir
Einspruch m 1. protesta f; 2. *adm* recurs m
einst adv antigament, antany
einstecken vt 1. posar, ficar; 2. *electr* endollar; 3. (*Geld*) embutxacar-se
einsteigen <*sein*> vi pujar, muntar
einstell/bar adj ajustable, regulable; **~en** vt 1. posar, ficar; 2. *radio* sintonitzar; 3. *foto* enfocar; **~*ung** f *tecn* ajustament m, reglatge m
einstimmig adv *mús* a una sola veu
Einst/urz m ensorrament m; **~*ürzen** <*sein*> vt ensorrar-se
eintauschen vt baratar, canviar
einteil/en vt 1. dividir; 2. classificar; **~ig** adj d´una peça; **~*ung** f 1. divisió f; 2. classificació f

eintönig *adj* monòton, -a; **~*keit** *f* monotonia *f*
Eintopf *m* carn *f* d´olla
Eintracht *f* <~> concòrdia *f*, harmonia *f*
eintrag/en *vt* inscriure, registrar; **~*ung** *f* inscripció *f*
eintreffen <*sein*> *vi* 1. arribar; 2. esdevenir-se, realitzar-se
ein/treten <*sein*> *vi* entrar; **~*tritt** *m* entrada *f*; **~*trittskarte** *f* entrada *f*
einver/standen *adj* d´acord, conforme (**mit** amb); **~*ständnis** *n* <~ses> conformitat *f*
Einwand *m* <~∉s; ~e> 1. objecció *f*; 2. rèplica *f*
einwechseln *vt* canviar
Einweg/... *adj* no aprofitable; **~flasche** *f* ampolla *f* no retornable; **~verpackung** *f* envàs *m* no retornable
einweichen *vt* estovar, posar en remull
einweih/en *vt* inaugurar; **~*ung** *f* inauguració *f*
einweisen *vt* instal·lar, introduir
einwend/en *vt* objectar; **~*ung** *f* objecció *f*
einwerfen *vt* 1. (*Brief*) tirar; 2. (*Fenster*) trencar, rompre
einwickeln *vt* 1. embolicar; 2. *fig* enganyar
einwillig/en *vi* consentir (**in** en); **~*ung** *f* consentiment *m*
einwirken *vi* actuar, obrar
Einwohner, -in *m/f* habitant *m/f*
Einwurf *m* 1. boca *f* (de la bústia); 2. *fig* objecció *f*
einzahl/en *vt* ingressar; **~*ung** *f* ingrés *m*, pagament *m*

einzeichnen *vt* dibuixar
Einzel/fall *m* cas *m* individual; **~gänger** *m* solitari *m*; **~handel** *m* (petit) comerç *m*; **~händler** *m* detallista *m/f*; **~heit** *f* particularitat *f*; **~kind** *n* fill, -a *m/f* únic, -a; **~*n** *adj* singular; **~stück** *n* peça *f* única; **~zimmer** *n* cambra *f* individual
einziehen <*sein*> *vt* 1. fer entrar; 2. demanar, prendre; 3. (*Schulden*) cobrar
einzig *adj* únic, -a, sol, -a; **~artig** *adj* singular
Einzug *m* entrada *f*; **~sermächtigung** *f* domiciliació *f* (d´un pagament)
einzwängen *vt* introduir per força
Eis *n* <~es> gel *m*, glaç *m*; **~bahn** *f* pista *f* de gel; **~bär** *m* ós *m* blanc; **~becher** *m* copa *f* de gelat; **~berg** *m* iceberg *m*; **~beutel** *m* *med* bossa *f* de gel; **~diele** *f* geladeria *f*
Eisen *n* <~s; ~> ferro *m*
Eisen/bahn *f* ferrocarril *m*; **~bahnfahrplan** *m* horari *m* de trens; **~bahnfahrt** *f* viatge *m* en tren; **~bahnlinie** *f* via *f* fèrria; **~bahnübergang** *m* pas *m* a nivell; **~bahnunterführung** *f* pas *m* subterrani; **~bahnverbindung** *f* comunicació *f* per tren; **~bahnwagen** *m* vagó *m*; **~waren** *fpl* ferreteria *f*; **~warenhandlung** *f* ferreteria *f*
eisern *adj* de ferro
eisgekühlt *adj* gelat, -ada, glaçat, -ada
Eishockey *n* hoquei *m* sobre gel
eisig *adj* gelat, -ada
Eiskaffee *m* cafè *m* amb gelat

eiskalt adj gelat, -ada
eislaufen <sein> vi patinar (sobre gel)
Eis/schrank m nevera f; **~stadion** n estadi m (de gel); **~würfel** m glaçó m; **~zapfen** m caramel m
eitel adj 1. (Person) vanitós, -osa; 2. (Sache) frívol, -a; **~*keit** f vanitat f
Eiter m pus m; **~*ig** adj purulent, -a; **~*n** vi supurar
Eiweiß n clara f
Ekel m <~s> fàstic m; **~*haft** adj fastigós, -osa, repugnant; **~*n** vl/impers 1. fer fàstic; 2. repugnar
eklatant adj sorollós, -osa
eklektisch adj eclèctic, -a
Ekstase f èxtasi m
Ekzem n med èczema m
e'lastisch adj elàstic, -a
Elastizität f elasticitat f
Elch m <~¢s; ~e> zool ant m
Ele'fant m elefant
ele/'gant adj elegant; **~*ganz** f elegància f
Elegi/e f elegia f; **~*sch** adj elegíac, -a
elektrifizier/en vt electrificar; **~*ung** f electrificació f
E'lektriker, -in m/f electricista m/f
elektri/sch adj elèctric, -a; **~*zi'tät** f electricitat f; **~*zi'tätswerk** n central f elèctrica
Elektrode f elèctrode m
E'lektrogeräte pl electrodomèstics mpl
Elektro/herd m cuina f elèctrica; **~industrie** f indústria f electrotècnica; **~kardiogramm** n med electrocardiograma m; **~lyse** f electròlisi f;

Empfang

~*lytisch adj electrolític, -a; **~magnet** m electroimant m; **~motor** m motor m elèctric
Elek/'tronik f <~> electrònica f; **~*tronisch** adj electrònic, -a
E'lektrotechnik f electrotècnia f
Ele'ment n <-¢s; ~e> element m
Elend n misèria f; **~*** adj míser, -a, miserable; **~sviertel** n barri m pobre
Elf m mitol Elf m
elf f onze m
Elfenbein n <~s> ivori m, marfil m
Elf'meter m esp penal m
Ellbogen m colze m
El/sass n Alsàcia f; **~sässer, -in** m/f alsacià, -ana m/f; **~*sässisch** adj alsacià, -ana
Elster f <~; ~n> garsa f
Eltern pl pares mpl; **~*los** adj orfe, òrfena
E-Mail f correu m electrònic, mail m
Email n <~s; ~s> esmalt m; **~*'lieren** vt esmaltar
Emanzip/ation f emancipació f; **~*ieren** vt emancipar
Embolie f embòlia f
Embryo m embrió m; **~*nal** adj embrionari, -ària
emeritiert adj univ (Professor) emèrit, -a
Emigrant, -in m/f emigrant m/f
Emir m emir m; **~at** m emirat m
Emission f banc emissió f
Emotion f emoció f
Em/'pfang m <-¢s; ~e> recepció f; **~pfangen** <irr 27> vt 1. rebre, acollir; 2. med concebre

Empfänger

Em'pfänger *m* <~s; ~> 1. *correu* destinatari *m*; 2. *electr* receptor *m*
empfäng/lich *adj* sensible, susceptible; **~nisverhütend** *adj med* anticonceptiu, -iva; **~*nisverhütung** *f* anticoncepció *f*; **~*nisverhütungsmittel** *n* anticonceptiu *m*
Em'p/fangsbestätigung *f* rebut *m*; **~fangschef, -in** *m/f* cap *m/f* de recepció; **~fangszimmer** *n* rebedor *m*
emp/fehlen <*irr* 23> *vt* recomanar; **~fehlenswert** *adj* recomanable; **~*fehlung** *f* recomanació *f*
emp/'finden *vt* sentir, experimentar; **~findlich** *adj* 1. sensible; 2. susceptible; **~*findlichkeit** *f* 1. sensibilitat *f*; 2. delicadesa *f*; **~*findung** *f* 1. sensació *f*; 2. sentiment *m*
Empha/se *f* èmfasi *m*; **~*tisch** *adj* emfàtic, -a
empiris/ch *adj* empíric, -a; **~*mus** *m* empirisme *m*
em/pören *vt* 1. revoltar; 2. *fig* indignar; **~'pörend** *adj* indignant
emsig *adj* aplicat, -ada
End/e *n* <~s; ~n> fi *f*, final *m*; **~*en** *vt* acabar, finir; **~*ergebnis** *n* resultat *m* final; **~*gültig** *adj* definitiu, -iva; **~ingen** *vt* acabar, finir; **~*lich** *adj* 1. final; 2. definitiu, -iva; **~*los** *adj* infinit, -a; **~station** *f* final *m* del viatge; **~summe** *f* total *m*
Ener'gie *f* energia *f*
e'nergisch *adj* enèrgic, -a
eng *adj* estret, -a
Engagement *m* compromís *m*

Enge *f* estretor *f*
Engel *m* <~s; ~> àngel *m*; **~*haft** *adj* angelical
Engl/and *n* Anglaterra *f*; **~änder, -in** *m/f* anglès, -esa *m/f*; **~*isch** *adj* anglès, -esa
Engpass *m* congost *m*, gorja *f*
Enkel, -in *m/f* <~s; ~> nét, -a *m/f*; **~kinder** *pl* néts *mpl*
e'norm *adj* enorme
Ensemble *n* <~s; ~s> 1. conjunt *m*; 2. *teat* elenc *m*
ent/'behren *vt* mancar; **~behrlich** *adj* superflu, -èrflua; **~*behrung** *f* privació *f*, manca *f*
Ent'bindung *f* 1. exempció *f*; 2. *med* part *m*
ent/'decken *vt* descobrir; **~*decker, -in** *m/f* descobridor, -a *m/f*; **~*deckung** *f* descobriment *m*
Ente *f* ànec, -ega *m/f*
ent'fallen <*sein*> *vi* caure
ent/'fernen *vt* allunyar, apartar; **~fernt** *adj* allunyat, -ada; **~*fernung** *f* allunyament *m*
ent'fesseln *vt* deslligar
ent'flammbar *adj* inflamable
ent'fliehen <*sein*> *vi* fugir
ent/'führen *vt* segrestar; **~*'führer, -in** *m/f* segrestador, -a *m/f*; **~*führung** *f* segrest *m*
ent'gegen *prep* cap a, envers
ent/'gegnen *vi* replicar, respondre; **~*gegnung** *f* rèplica *f*, resposta *f*
entgehen <*sein*> *vi* fugir
Ent'gelt *n* <~¢s> remuneració *f*

entgesetzt adj contrari, -ària
ent'gleisen vi descarrilar
ent'halt/en vt oposar; **~sam** adj abstinent
ent/'hüllen vt descobrir; **~*hüllung** f revelació f
ent'kernen vt desgranar
ent'kleiden vt desvestir, despullar
entkoffeiniert adj descafeïnat, -ada
ent'kommen <sein> vi escapar-se
ent'korken vt destapar
ent'kräften vt afeblir, debilitar
ent/'laden vt descarregar; **~*ladung** f descàrrega f
ent'lang prep al llarg de
ent/'larven vt desemmascarar
ent/'lassen vt despatxar, acomiadar; **~*lassung** f comiat m, acomiadament m
ent/'lasten vt descarregar; **~*lastung** f descàrrega f
ent'leeren vt buidar
ent'legen adj distant, molt llunyà, -ana
ent'leihen vt manllevar
ent/'lüften vt ventilar; **~*lüftung** f ventilació f
ent'mündigen vt posar sota tutela
ent'mutigen vt desanimar
ent'nehmen vt prendre, treure
ent'rätseln vt desxifrar, endevinar
ent'reißen vt arrencar, treure
ent/'rüsten: sich ~rüsten enutjar-se, indignar-se; **~*rüstung** f enuig m, indignació f
ent/'schädigen vt indemnitzar; **~*schädigung** f indemnització f
ent/'scheiden vt/i decidir, resoldre;

~scheidend adj decisiu, -iva; **~*scheidung** f decisió f
ent/'schließen: sich ~schließen decidir-se; **~'schlossen** adj resolt, -a; **~*schlossenheit** f resolució f, determinació f; **~*'schluss** m decisió f
ent/'schuldigen vt disculpar, excusar; **~*schuldigung** f excusa f, disculpa f
entsehen <sein> vt 1. originar-se, formar-se; 2. fig provenir, resultar
Ent/'setzen n <-s> horror m, espant m; **~*setzlich** adj horrorós, -osa
ent/'sorgen vt (Abfälle) eliminar; **~*sorgung** f eliminació f
ent/'spannen 1. vt afluixar; **2. sich ~** descansar, relaxar-se; **~*spannung** f 1. relaxació f; 2. descans m
ent/'sprechen vi 1. correspondre; 2. satisfer; **~sprechend** adj 1. corresponent; 2. anàleg, -oga
ent'springen <sein> vi (Fluss) néixer, brollar
ent'stammen <sein> vi descendir, provenir (aus de)
ent/'stehen <sein> vi néixer, esdevenir; **~*stehung** f formació f, origen m
ent'stellen vt desfigurar
ent/'täuschen vt desil·lusionar; **~täuschend** adj decebedor, -a; **~*täuschung** f decepció f
ent/'wässern vt drenar; **~*'wässerung** f drenatge m
entweder ~ ... oder ... conj o (això, o allò)

entweichen

ent'weichen <sein> vi evadir-se
ent'wenden vt robar, furtar
ent'werfen vt esbossar, projectar
ent/'werten vt desvalorar; **~*wertung** f depreciació f, desvaloració f
ent/'wickeln vt 1. desenrotllar; 2. foto revelar; **~*wicklung** f 1. desenvolupament m; 2. evolució f; **~*wicklungshilfe** f ajut m al desenvolupament; **~*wicklungsländer** pl països mpl en via de desenvolupament
entwinden vt arrencar
ent'wischen <sein> vi escapar-se
Ent'wurf m 1. projecte m; 2. (Konzept) esborrany m
ent/'ziehen vt treure, prendre; **~*ziehungskur** f cura f de desintoxicació
ent'ziffern vt desxifrar
ent/'zücken vt encantar, encisar; **~'zückend** adj encantador, -a, encisador, -a
Entzug m <~s> 1. (Pass, Führerschein) retirada f; 2. (Drogen) desintoxicació f
ent/'zündbar adj inflamable; **~zünden** vt inflamar; **~*zündung** f inflamació f
ent/'zwei adj trencat, -ada; **~zweibrechen** <sein> vt trencar, rompre; **~zweien** vt desunir, enemistar
Enzian m <~s; ~e> genciana f
Enyklika f encíclica f
Enzyklopäd/e f enciclopèdia f; **~*isch** adj enciclopèdic, -a
Enzym n enzim m
Epide'mie f epidèmia f

Epik f èpica f
Epi/lep'sie f epilèpsia f; **~*'leptisch** adj epilèptic, -a
Epilog m epíleg m
Episode f episodi m
Epistel f epístola f
Epitaph n epitafi m
E'poche f època f
er pron ell
er'achten vt judicar, jutjar
Er/'barmen n <~s> compassió f, llàstima f, misericòrdia f; **~*'barmen** vt fer pena; **sich ~*barmen** compadir-se; **~*barmenswert** adj digne, -a de llàstima; **~*'bärmlich** adj míser, -a, miserable; **~*barmungslos** adj cruel
er/'bauen vt construir; **~baulich** adj edificant
Erbe n <~s> herència f; **~*n** vt/i heretar
er'bittert adj irritat, -ada
er'blassen <sein> vi empal·lidir
erblich adj hereditari, -ària
er'blicken vt albirar
er'blinden <sein> vi perdre la vista
Erbrechen n <~s> med vòmit m; **~*** vt med vomitar
Erbschaft f herència f; **~ssteuer** f impost m sobre l´herència
Erbse f pèsol m
Erd/ball m globus m terraqui; **~beben** n terratrèmol m; **~beere** f maduixa f; **~boden** m 1. sòl m; 2. terreny m; **~e** f <~; ~n> 1. la Terra f; 2. món m
erdenk/bar adj imaginable, concebible;

~en vt imaginar, concebre; **~lich** adj imaginable, concebible

Erdgas n gas m natural

Erdgeschoss n planta f baixa

erdichte/n vt fingir, imaginar; **~t** adj fictici, -ícia

Erdkugel f globus m terraqüi

Erdkunde f geografia f

Erdnuss f cacauet m

Erdöl n petroli m

er'drücken vt esclafar; **~d** adj 1. esclafador, -a; 2. fig contundent

Erdteil m continent m

er'dulden vt sortir, suportar

ereifern: sich ~ apassionar-se acalorar-se

er'eignen: sich ~'eignen esdevenir ocórrer; **~*eignis** n <~ses; ~se> esdeveniment m

er'fahren vt saber, arribar a saber; **~*fahrung** f experiència f; **~fahrungsgemäß** adv per experiència

er'fassen vt agafar, aferrar; **~*fassung** f inventari m

er'finden vt inventar, idear; **~*finder, -in** m/f inventor, -a m/f; **~*finderisch** adj enginyós, -osa; **~*findung** f invenció f

Er'folg m <~@s; ~e> èxit m; **~*'folgen** vi esdevenir, succeir; **~*folglos** adj ineficaç; **~*folgreich** adj eficaç

er'forderlich adj indispensable; **~fordern** vt exigir, reclamar; **~*fordernis** n exigència f

er'forschen vt 1. explorar; 2. investigar; **~*forschung** f 1. exploració f; 2. investigació f

erfragen vt preguntar

er'freuen vt alegrar; **~freulich** adj agradós, -osa, plaent; **~freulicherweise** adv afortunadament, per sort

er'frieren <sein> vt gelar-se

er'frischen vt refrescar; **~frischend** adj refrescant; **~*frischung** f gastr refresc m; **~*frischungsraum** m cafeteria f

er/'füllen vt 1. emplenar, omplir (**mit** amb); 2. (Pflicht) complir; **~*füllung** f realització f

er/'gänzen vt 1. complementar; 2. afegir; **~gänzend** adj complementari, -ària; **~*gänzung** f complement m

er/'geben vt donar, produir; **~*gebnis** n <~ses; ~se> resultat m

er'giebig adj fèrtil

er/'greifen vt agafar; **~greifend** adj emocionant; **~*greifung** f detenció f; **~'griffen** adj emocionat, -ada

er'haben adj eminent

er'halten vt conservar

er'hältlich adj com disponible

er/'heben vt aixecar, enlairar; **~heblich** adj considerable; **~*hebung** f elevació f

er'heitern vt alegrar, fer riure

er'hellen vt il·luminar

er'hitzen vt escalfar

er/'höhen vt 1. aixecar, alçar; 2. augmentar, elevar; **~*höhung** f 1. elevació f; 2. augment m

er/'holen: sich ~ descansar, reposar; **~*holung** f descans m, esbargiment m; **~*holungsgebiet** n àrea f de descans

erinnern

er/'innern 1. vt recordar; **2. sich ~** recordar-se; **~*innerung** f record m

erkält/en: sich ~en refredar-se agafar un refredat; **~*ung** f refredat m

er/'kennen vt reconèixer; **~kenntlich** adj reconegut, -uda; **~*kenntnis** f <~ses; ~se> coneixement m

Erker m mirador m, miranda f

er/'klären vt explicar; **~klärlich** adj explicable; **~*klärung** f explicació f

er/'klingen <sein> vi sonar

er/'krank/en vi emmalaltir; **~*ung** f malaltia f

er/'kunden vt explorar, reconèixer

erkundig/en: sich ~en informar-se (über de); **~*ung** f informació f

er/'langen vt 1. obtenir, rebre; 2. aconseguir

Er/'lass m <~es; ~e> decret m, edicte m; **~*en** vt 1. publicar; 2. promulgar

er/'lauben vt 1. permetre; 2. autoritzar; **~*laubnis** f <~> permís m, autorització f

er/'läutern vt 1. explicar; 2. comentar; **~läuternd** adj explicatiu, -iva; **~*läuterung** f explicació f

er/'leben vt 1. veure; 2. presenciar; **~*lebnis** n <~ses; ~se> 1. aventura f; 2. vivència f

er/'ledigen vt 1. acabar, finir; 2. arreglar, resoldre; **~ledigt** adj acabat, -ada

er/'leichter/n vt alleugerir; **~*ung** f alleugeriment m

er/'leiden vt patir, sofrir

er/'lernen vt aprendre

er/'lesen adj selecte, -a

Er/'lös m <~es; ~e> 1. benefici m; 2. ingressos mpl; **~*chen** <irr 73> vi apagar-se; **~*en** vt salvar; **~er** m Redemptor m; **~ung** f alliberament m

er/'mächtigen vt autoritzar, facultar; **~*mächtigung** f autorització f, facultat f

er/'mahnen vt exhortar; **~*mahnung** f exhortació f

er/'mäßigen vt rebaixar, reduir; **~*mäßigung** f rebaixa f, reducció f

er/'messen vt mesurar

er/'mitteln vt esbrinar; **~*mittlung** f indagació f

er/'möglichen vt possibilitar

er/'morden vt assassinar; **~*mordung** f assassinat m

er/'müd/en vt cansar, fatigar; **~*ung** f cansament m, fatiga f

er/'muntern vt animar, encoratjar; **~*munterung** f animació f

er/'mutigen vt encoratjar, envalentir; **~mutigend** adj estimulant; **~*mutigung** f encoratjament m

er/'nähren vt nodrir, alimentar; **~*nährung** f alimentació f

er/'nennen vt nomenar; **~*nennung** f nomenament m

er/'neuern vt renovar; **~*neuerung** f renovació f

er/'niedrigen vt rebaixar

Ernst m 1. serietat f; 2. formalitat f; **~*** adj seriós, -osa; **~*haft** adj seriós, -osa, formal

Ernte f collita f; **~*n** vt collir, recol·lectar

er/'nüchtern *vt* desil·lusionar; ~*'nüchterung* f desil·lusió f
Er/'oberer *m* conqueridor *m*; ~*'obern* *vt* conquerir; ~*oberung* f conquesta f
er/'öffnen *vt* obrir, inaugurar; ~*'öffnung* f 1. obertura f; 2. inauguració f; ~*'öffnungsfeier* *m* acte *m* inaugural; ~*'öffnungsrede* f discurs *m* inaugural
er'örtern <*sein*> *vt* discutir, debatre
E'rotik f erotisme *m*
erotisch *adj* eròtic, -a
er/'pressen *vt* fer xantatge; ~*'presser, -in* *m/f* xantatgista *m/f*; ~*'pressung* f xantatge *m*
er'proben *vt* provar, assajar
er'raten *vt* encertar, endevinar
er/'regen *vt* excitar; ~*'reger* *m* med agent *m* patogènic; ~*'regt* *adj* excitat, -ada; ~*'regung* f excitació f
er/'reichbar *adj* assequible; ~*reichen* *vt* 1. abastar; 2. aconseguir, assolir
er'richten *vt* 1. aixecar, erigir; 2. edificar
er'ringen *vt* aconseguir
er'röten *vi* ruboritzar-se
Er/'satz *m* <~es> substitució f; ~*satzrad* *n* roda f de recanvi; ~*satzteil* *n* peça f de recanvi
er/'scheinen <*sein*> *vi* semblar, parèixer; ~*'scheinung* f aparició f
er/'sch/ießen *vi* afusellar; ~*lagen* *vt* matar
er'schließen *vt* concloure
er/'schöpfen *vt* esgotar, cansar; ~*schöpfend* *adj* exhaustiu, -iva; ~*'schöpfung* f esgotament *m*
er'schrecken *vt* esglaiar, espantar
er/'schüttern *vt* sacsejar; ~*'schütternd* *adj* sacsejador, -a; ~*'schütterung* f sacsejada f
er/'schweren *vt* dificultar; ~*'schwinglich* *adj* accessible
er'setzen *vt* reemplaçar, substituir
er'sichtlich *adj* evident
Er'sparnis f estalvi *m*
erst 1. *adj* primer, -a; 2. *adv* primerament, de primer
er'statten *vt* retornar, restituir
Erstauf'führung f estrena f
Er/staunen *n* <~s> admiració f; ~*'staunen* 1. *vt* admirar, sorprendre; 2. *vi* admirar-se, sorprendre's; ~*'staunlich* *adj* sorprenent
er'stechen *vt* apunyalar
er'steigen *vt* pujar
er'steigern *vt* adquirir en una subhasta
er'sticken <*sein*> *vt* 1. ofegar; 2. (*Gas*) asfixiar
erstklassig *adj* 1. de primera classe; 2. exquisit, -ida
erstmalig *adj* primer, -a
er/'streben *vt* aspirar, pretendre; ~*strebenswert* *adj* desitjable
er'strecken: sich ~ estendre's
er'suchen *vt* demanar, sol·licitar
er'tappen *vt* sorprendre, atrapar
Er/'trag *m* <~∅s; ~̈e> rendiment *m*; ~*'tragen* *vt* sofrir, suportar; ~*'träglich* *adj* suportable

ertränken

er/tränken *vt* ofegar; **~trinken** <*sein*> *vi* ofegar-se
er'übrigen *vt* estalviar
er'wachen <*sein*> *vi* despertar-se, desvetllar-se
erwachsen 1. *adj* adult, -a; 2. *vi* créixer; **~e, -r** *f/m* adult, -a
er/'wägen *vt* sospesar, considerar; **~*wägung** *f* consideració *f*
er/'wähnen *vt* esmentar, mencionar; **~wähnenswert** *adj* digne, -a d´esment; **~*wähnung** *f* esment *m*, menció *f*
er/'warten *vt* esperar; **~*wartung** *f* espera *f*
er'weisen *vt* provar, demostrar
er'weitern *vt* eixamplar, ampliar
Er/'werb *m* 1. guany *m*; 2. *jur* adquisició *f*; **~*werben** *vt* adquirir; **~*werbslos** *adj* parat, -ada, sense feina; **~werbslose, -r** *f/m* parat, -ada *m/f*; **~*werbsunfähig** *adj* incapacitat, -ada per a la feina
er/'widern *vt* replicar, respondre; **~*widerung** *f* rèplica *f*
er'wischen *vt* atrapar, enxampar
er'wünscht *adj* desitjat, -ada
er'würgen *vt* estrangular
Erz *n* <~es; ~e> mineral *m*
erzähl/en *vt* contar, explicar; **~*ung** *f* 1. narració *f*; 2. *lit* conte *m*
Erzbischof *m* arquebisbe *m*
er/'zeugen *vt* 1. (*schaffen*) crear; 2. engendrar, procrear; **~*zeuger** *m* pare *m*, procreador *m*; **~*zeugnis** *n* <~es, ~se> producte *m*, fruit *m*;

~*zeugung *f* producció *f*, fabricació *f*
er/'ziehen *vt* educar, criar; **~*ziehung** *f* educació *f*
er'zielen *vt* aconseguir, obtenir
er'zürnen *vt* irritar, enutjar
er'zwingen *vt* forçar
es *pron* això, allò
Esche *f* *bot* freixe *m*
Esel *m* <~s; ~> ase *m*, ruc *m*, burro *m* *col·loq*
Espresso *m* cafè *m* (exprés)
Essay *m* <~s; ~s> assaig *m*
ess/bar *adj* comestible; **~*besteck** *m* coberts *mpl*; **~*en** *n* <~s> menjar *m*; **~en** <*irr* 24> *vt* menjar; **~*geschirr** *n* vaixella *f*
Essig *m* <~s; ~e> vinagre *m*; **~gurke** *f* cogombre *m* en vinagre
Ess/löffel *m* cullera *f*; **~*löffelvoll** *m* cullerada *f*; **~*waren** *fpl* comestibles *mpl*; **~*zimmer** *n* menjador *m*
E'tage *f* pis *m*
E'tappe *f* etapa *f*
Etat *m* <~s; ~s> pressupost *m*
Ethi/k *f* ètica *f*; **~*sch** *adj* ètic, -a
Ethno/graphie *f* etnografia *f*; **~logie** *f* etnologia *f*
Eti/'kett *n* <~ǂes; ~e> etiqueta *f*; **~*kette** *f* etiqueta *f*, protocol *m*; **~*kettieren** *vt* etiquetar
etliche *pron* alguns, uns
Etui *n* <~s; ~s> estoig *m*
etwa *adv* aproximadament
etwas *pron* alguna cosa, res
Etymologi/e *f* *ling* etimologia *f*; **~*sch** *adj* etimològic, -a

euch *pron* (a) vosaltres, us, vos
Eucharisti/e *f* eucaristia *f*; **~*sch** *adj* eucarístic, -a
euer *pron* de vosaltres
Eule *f* 1. òliba *f*; 2. mussol *m*
Eunuch *m* eunuc *m*
Euphemis/mus *m* eufemisme *m*; **~*tisch** *adj* eufemístic, -a
Euphori/e *f* eufòria *f*; **~*sch** *adj* eufòric, -a
eurerseits *adv* de part vostra
euretwegen *adv* per vosaltres
Euro *m* <~s; ~s> euro *m*
Europ/a *n* Europa *f*; **~äer, -in** *m/f* europeu, -ea *m/f*; **~*äisch** *adj* europeu, -ea
Euthanasie *f* eutanàsia *f*
Evaku/ation *f* evacuació *f*; **~*'ieren** *vt* evacuar; **~ierung** *f* evacuació *f*
evan'geli/sch *adj* evangèlic, -a; **~*um** *n* <~s; ~en> evangeli *m*
eventuell 1. *adj* eventual; 2. *adv* eventualment
eviden/t *adj* evident; **~*z** *f* evidència *f*
Evolution *f* evolució *f*
ewig *adj* etern, -a; **~*keit** *f* eternitat *f*
e'xakt *adj* exacte
E'xamen *n* examen *m*
examinieren *vt* examinar
Exegese *f* exegesi *f*
Exekution *f* execució *f*
Exemplar *n* <~s; ~e> exemplar *m*
E'xil *n* exili *m*
Exis'ten/z *f* <~; ~en> existència *f*; **~*ieren** *vi* existir
Exklusivität *f* exclusivitat *f*
Exkremente *pl* excrements *mpl*

Exkurs *m* digressió *f*
exorzieren *vt* exorcitzar
exoterisch *adj* exotèric, -a
e'xotisch *adj* exòtic, -a
Expansion *f* expansió *f*
Expediti'on *f* expedició *f*
Experi'ment *n* <~¢s; ~e> experiment *m*; **~*men'tieren** *vi* experimentar
Experte, -in *m/f* <~n; ~n> expert, -a *m/f*
explo'dieren <*sein*> *vi* esclatar, explotar; **~*si'on** *f* explosió *f*
Ex/'port *m* <~¢s; ~e> exportació *f*; **~por'teur** *m* <~s; ~e> exportador *m*; **~*portieren** *vt* exportar
Ex/'press *m* <~es> ferroc exprés *m*; **~pressgut** *n* enviament *m* per exprés
Expressionis/mus *m* expressionisme *m*; **~*tisch** *adj* expressionista
extensiv *adj* extensiu, -iva
extra *adv* extra
Extrakt *m* extracte *m*
extravagan/t *adj* extravagant; **~*z** *f* extravagància *f*
ex'trem *adj* extrem, -a
Exzellenz *f* excel·lència *f*
exzentrisch *adj* excèntric, -a

F

Fabel *f* <~; ~n> faula *f*; **~*haft** *adj* fabulós, -osa
Fa/'brik *f* <~; ~en> fàbrica *f*; **~*bri'zieren** *vt* fabricar
Fach *n* <~¢s; ~er> 1. casella *f*; 2. (*Stu-*

Fackel 108

dium) assignatura *f*, matèria *f*; 3. (*Schublade*) caixó *m*; **~arbeiter, -in** *m*/*f* obrer, -a *m*/*f* especialitzat, -ada; **~arzt, -ärztin** *m*/*f* metge, -essa *m*/*f* especialista; **~ausdruck** *m* tecnicisme *m*; **~gebiet** *n* especialitat *f*; **~geschäft** *n* establiment *m* especialitzat; **~kenntnis(se)** *fpl* coneixements *mpl* tècnics; **~mann** *m* <~ǿs; ~̈er> tècnic *m*, especialista *m*; **~schule** *f* escola *f* professional

Fackel *f* <~; ~n> 1. torxa *f*; 2. atxa *f*

fade *adj* 1. insípid, -a; 2. (*Person*) avorrit, -ida

Faden *m* <~s; ~̈> 1. fil *m*; 2. *electr* filament *m*

fähig *adj* 1. capaç (**zu** de); 2. apte (**zu** per); **~keit** *f* capacitat *f*

fahnd/en *vi* cercar, buscar; **~*ung** *f* recerca *f*

Fahne *f* bandera *f*

Fahrbahn *f* calçada *f*, paviment *m*

Fähre *f* 1. rai *m*; 2. *transp* transbordador *m*

fahr/en <*irr* 25, *sein*> 1. *vt* 1. transportar, portar; 2. *auto* conduir, guiar; 2. *vi* 1. anar (sobre rodes); 2. *auto* conduir, circular; **~*er,** *f* auto conductor, -a *m*/*f*; **~*gast** *m* viatger *m*; **~*gestell** *n* xassís *m*; **~*karte** *f* bitllet *m*; **~*kartenautomat** *m* expenedor *m* de bitllets; **~*kartenschalter** *m* taquilla *f*; **~lässig** *adj* imprudent; **~*lässigkeit** *f* imprudència *f*; **~*lehrer, -in** *m*/*f* professor, -a *m*/*f* d´autoescola; **~*plan** *m* horari *m*; **~*preis** *m* preu *m* del viatge; **~*rad** *n* bicicleta *f*; **~*schein** *m* bitllet *m*; **~*schule** *f* autoescola *f*; **~*spur** *f* carril *m*; **~*stuhl** *m* ascensor *m*; **~*t** *f* <~; ~en> viatge *m*

Fährte *f* rastre *m*, pista *f*

Fahr/trichtung *f* direcció *f*; **~zeug** *n* <~ǿs; ~e> vehicle *m*; **~zeughalter** *m* <~s; ~> *adm* titular *m*/*f* del vehicle

fair *adj* correcte, -a, just, -a

Fakir *m* faquir *m*

Faksimile *n* facsímil *m*

fakt/isch 1. *adj* efectiu, -iva, real; 2. *adv* efectivament; **~*or** *m* factor *m*; **~*orei** *f* factoria *f*

Faktur *f* factura *f*

Fakult/ät *f* facultat *f*; **~*ativ** *adj* facultatiu, -iva

Falke *m* falcó *m*

Fall 1. *m* <~ǿs> (*Sturz*) caiguda *f*; 2. *m* <~ǿs; ~̈e> (*Ereignis*) esdeveniment *m*; **~e** *f* trampa *f*; **~*en** <*irr* 26, *sein*> *vi* 1. caure; 2. baixar, minvar; 3. *fig* (*sterben*) morir

fällen *vt* 1. (*Baum*) tallar; 2. abatre

fällig *adj* exigible, vencedor, -a; **~*keit** *f* venciment *m*

falls *adv* en cas que

Fallschirm *m* paracaigudes *m*

falsch *adj* fals, -a, incorrecte, -a

fälsch/en *vt* falsificar, imitar; **~*ung** *f* falsificació *f*

Falte *f* 1. plec *m*; 2. (*Haut*) arruga *f*; 3. (*Hose*) doblec *m*; **~n** *vt* doblegar, plegar

Falter *m* papallona *f*

fa/mili'är *adj* familiar; **~*'milie** *f* famí-

lia f; ~***milienname** m cognom m; ~***milienstand** m estat m civil
Fa/n m admirador, -a m/f, fan m/f; ~'**natiker, -in** m/f fanàtic, -a m/f; ~***natisch** adj fanàtic, -a; ~**natismus** m fanatisme m
Fang m <~∅s; ~̈e> captura f; ~***en** <irr 27> vt agafar
Fantas/ie f fantasia f; ~***tisch** adj fantàstic, -a
Farbe f color m
färben vt 1. acolorir; 2. tenyir
farb/ig adj de color; ~**los** adj incolor, -a; ~***stift** m llapis m de color; ~***stoff** m colorant m
Färbung f coloració f
Farn m <~∅s; ~e> falguera f; ~**kraut** n falguera f
Fa'san m <~∅s; ~e> faisà m
Fasching m carnestoltes m, carnaval m
Fa/'schismus m feixisme m; ~**schist, -in** m/f feixista m/f; ~***schistisch** adj feixista
Faser f <~; ~n> fibra f
Fass n <~es; ~̈er> bóta f, tonell m
Fas'sade f façana f
Fassbier n cervesa f de barril
fassen vt 1. agafar; 2. concebre; 3. fig comprendre
Fassung f 1. tecn armadura f; 2. (Darstellung) redacció f; 3. (Glühbirne) portalàmpades m, portabombetes m; ~***slos** adj atònit, -a, desconcertat, -ada
fast adv 1. quasi, gairebé; 2. aproximadament

Fast/en n dejuni m; ~***en** vi dejunar; ~**enzeit** f quaresma f; ~**nacht** f carnaval m, dimarts m de carnaval
faszi/'nieren vt fascinar; ~**nierend** adj fascinant
fa'tal adj molest, -a, desagradable
faul adj 1. podrit, -ida; 2. (Person) peresós, -osa; ~**en** vi podrir-se; ~**enzen** vi gandulejar; ~***enzer, -in** m/f gandul, -a m/f; ~***heit** f peresa f; ~***tier** n zool peresós m
Faust f <~; ~̈e> puny m; ~**handschuh** m guant m de boxa; ~**schlag** m cop m de puny
Fax n fax m; ~***en** vt/i enviar per fax
Fazit n <~s; ~e> resultat m
Februar m <~s; ~e> febrer m
Feder f <~; ~n> ploma f; ~**ball** m volant m; ~***bett** n edredó m
Fee f <~; ~n> fada f
fegen vt escombrar
Fehl/betrag m dèficit m; ~***en** vi faltar, fallar; ~**er** m 1. falta f; 2. error m, equivocació f; ~***erfrei** adj correcte, -a; ~***erhaft** adj defectuós, -osa; ~***erlos** adj correcte, -a; ~**geburt** f avortament m (natural); ~**schlag** m cop m en fals; ~***schlagen** <sein> vi fallar, fracassar; ~**tritt** m 1. pas m en fals; 2. fig patinada f, relliscada f; ~**zündung** f tecn encesa f defectuosa
Feier f <~; ~n> celebració f; ~**abend** m fi f de la feina; ~***lich** adj solemne; ~**n** vt celebrar; ~**tag** m dia m festiu
Feige f figa f

feige adj covard, -a
Feigenkaktus m figuera f de pala
Feig/heit f covardia f; **~ling** m covard m
Feile f llima f; **~*n** vt 1. llimar; 2. fig polir
fein adj fi, -na, delicat, -ada
Feind, -in m/f <~øs; ~e> enemic, -iga m/f; **~*lich** adj hostil; **~schaft** f hostilitat f, enemistat f; **~*selig** adj hostil
fein/fühlig adj sensible, delicat, -ada; **~*heit** f delicadesa f; **~*kostgeschäft** n comerç m de comestibles exquisits; **~*schmecker** m gourmet m
Feld n <~øs; ~er> camp m; **~flasche** f cantimplora f; **~salat** m bot canonges mpl; **~weg** m camí m veïnal; **~zug** m campanya f militar
Felge f llanda f
Fell n <~øs; ~e> 1. pell f; 2. (Tier) pelatge m
Fels/en m <~s; ~> 1. roca f; 2. penya f; **~enküste** f penya-segat m; **~*ig** adj rocós, -osa
femini/n adj femení, -ina; **~*smus** m <~> feminisme f; **~*stisch** adj feminista
Fenchel m <~s> bot fonoll m
Fenster n <~s; ~> finestra f; **~brett** n ampit m de fusta; **~heber** m <~s; ~> alçavidres m; **~laden** m persiana f; **~rahmen** m bastiment m; **~scheibe** f vidre m
Ferien fpl vacances fpl; **~haus** n casa f de vacances; **~wohnung** f apartament m de vacances

Ferkel n <~s; ~> porquet m, garrí m
fern adv lluny; **~*bedienung** f telecomandament m; **~*e** f llunyania f; **~er** adv a més a més; **~*fahrer, -in** m/f camioner, -a m/f (a grans distàncies); **~*gespräch** n conferència f; **~*glas** n prismàtics mpl; **~*licht** n auto llum m llarg; **~*meldeamt** n oficina f de telecomunicacions; **~*rohr** n telescopi m; **~*sehen** n <~s> televisió f; **~sehen** vi mirar la televisió; **~*seher** m televisor m; **~*sehfilm** m telefilm m; **~*sehkamera** f càmera f de televisió; **~*sehsendung** f emissió f de televisió; **~*sicht** f perspectiva f; **~*verkehr** m transport m interurbà
Ferse f taló m
fertig adj 1. llest, -a, a punt; 2. acabat, -ada; **~*gericht** n plat m preparat
Fessel f esposes fpl; **~ballon** m globus m captiu; **~*n** vt 1. lligar, encadenar; 2. emmanillar; **~*nd** adj captivador, -a
Fest n <~es; ~e> festa f
fest adj 1. ferm, -a; 2. rígid, -a; **~binden** vt lligar, subjectar
Festessen n festí m, banquet m
fest/halten vt aguantar; **~*igkeit** f 1. solidesa f; 2. fig fermesa f; **~*land** n <~øs> 1. terra f ferma; 2. continent m; **~legen** vt fixar, concretar
festlich adj festiu, -iva, solemne
fest/machen vt fermar, subjectar; **~*nahme** f detenció f; **~nehmen** vt detenir, capturar; **~*platte** f informàt disc m dur

Fläche

Festsaal m saló m d´actes
festsetzen vt fixar, establir
Festspiele n festival m
festste/hen <sein> vi mantenir-se ferm; **~llen** vt 1. subjectar; 2. fig comprovar, verificar
Festung f fortalesa f
Fetisch m fetitxe m; **~ismus** m fetitxisme m
Fett n greix m; **~*** adj gras, -sa; **~*ig** adj greixós, -osa
feucht adj humit, -ida; **~*igkeit** f humitat f
Feuer n <~s; ~> foc m; **~leiter** f escala f d´incendis; **~löscher** m extintor m; **~melder** m avisador m d´incendis; **~n** vt/i fer foc; **~wehr** f cos m de bombers; **~wehrmann** m <~es; ~er> bomber m; **~werk** n (castell de) focs mpl artificials; **~zeug** n <~s; ~e> encenedor m
Fichte f picea f
ficken vt/i vulg fotre, follar
Fieber n <~s; ~> febre f; **~*haft** adj febrós, -osa
fies adj fastigós, -osa, repugnant
Fi'gur f <~; ~en> figura f
Fi'let n <~s; ~s> filet m
Fili'ale f sucursal f
Film m <~øs; ~e> film m, pel·lícula f; **~en** vt/i filmar, rodar; **~festspiele** pl festival m de cinema; **~kamera** f càmera f cinematogràfica; **~regisseur, -in** m/f director, -a m/f d´un film
Fil/ter m filtre m; **~tern** vt filtrar; **~terpapier** n paper m de filtre; **~*'trieren** vt filtrar

Filz m <~es; ~e> feltre m; **~stift** m retolador m
Fi'nale n <~s; ~> 1. mús final m; 2. esp final f
Fi/'nanzamt n agència f tributària; **~nanzen** fpl finances fpl; **~*'nanzi'ell** adj financer, -a; **~*'nanz'ieren** vt finançar
finden <irr 29> vt trobar
Finger m dit m; **~abdrücke** mpl empremtes fpl digitals; **~nagel** m ungla f
Fink m <~en; ~en> pinsà m
Finn/e, -in m/f finlandès, -esa m/f; **~*'isch** adj finlandès, -esa m/f; **~land** n Finlàndia f
finster adj fosc, -a, obscur, -a; **~*nis** f fosca f, obscuritat f
Firma f <~; ~en> empresa f
Firmung f confirmació f
Fisch 1. m <~es; ~e> peix m; 2. mpl astrol peixos mpl; **~*en** vt/i pescar; **~er, -in** m/f pescador, -a m/f; **~e'rei** f pesca f; **~fang** m pesca f; **~geschäft** n peixateria f; **~markt** m mercat m (del peix); **~otter** m zool llúdria f; **~stäbchen** pl barretes fpl de peix
fit adj esp en forma; **~*ness** f <~> condicionament m físic; **~*nesscenter** n gimnàs m
fix adj fix, -a; **~en** vi fixar; **~'ieren** vt 1. foto fixar; 2. fig mirar fixament
FKK-Club m club m nudista
FKK-Strand m platja f nudista
flach adj geogr pla, plana
Fläche f 1. superfície f; 2. constr pla m

Flach/land *n* planura *f*; **~zange** *f* alicates *fpl*
flackern *vi* tremolar
Fladen *m* <~s; ~> coca *f*
Flagge *f* bandera *f*
Fla'mingo *m* <~s; ~> flamenc *m*
Flamme *f* flama *f*
Flanke *f* flanc *m*, costat *m*
Flasche *f* botella *f*, ampolla *f*; **~nöffner** *m* obreampolles *m*
flattern *vi* ondejar
Fleck *m* <~¢s; ~e> taca *f*; **~*ig** *adj* tacat, -ada
Fledermaus *f* ratpenat *m*, ratapinyada *f*
Flegel *m* <~s; ~> *fig* mal educat *m*
flehen *vi* suplicar
Fleisch *n* <~es> carn *f*; **~brühe** *f* brou *m*, consomé *m*; **~er, -in** *m/f* carnisser, -a *m/f*; **~klößchen** *n* mandonguilla *f*
Fleiß *m* <~es> aplicació *f*, laboriositat *f*; **~*ig** *adj* treballador, -a
Flicken *m* <~s> sargit *m*; **~*** *vt* sargir
Flick/werk *n* matusseria *f*; **~zeug** *n* estoig *m* de reparacions
Flieder *m* *bot* lila *f*
Fliege *f* mosca *f*; **~*n** <*irr* 30, *sein*> 1. *vt aero* pilotar; 2. *vi* volar; **~nklatsche** *f* pala *f* matamosques; **~r** *m* aviador *m*, pilot *m*
fliehen <*irr* 31> *vt/i* fugir
Flie/se *f* rajola *f*; **~*ßen** <*irr* 32, *sein*> *vi* fluir; **~*ßend** *adj* 1. (*Wasser*) corrent; 2. (*Sprechen*) fluid, -a
flimmern *vi* vibrar, titil·lar
flink *adj* àgil, lleuger, -a
Flinte *f* escopeta *f*
Flirt *m* <~s; ~e> flirt *m*; **~*en** *vi* flirtejar (**mit** amb)
Flitterwochen *fpl* lluna *f* de mel
Flocke *f* floc *m*
Floh *m* <~¢s; ~̈e> puça *f*
Floß *n* <~es; ~̈e> rai *m*
Flosse *f* 1. *peix* aleta *f*; 2. *aero* ala *f*
Flöte *f* flauta *f*
flott *adj nav* flotant; **~e** *f* 1. flota *f*; 2. *mil* armada *f*; **~machen** *vt nav* desencallar
Fluch *m* <~¢s; ~̈e> maledicció *f*; **~*en** *vi* maleir
Flucht *f* <~; ~en> fugida *f*
flücht/en *vi* fugir; **~*ig** *adj* fugitiu, -iva; **~*ling** *m* 1. fugitiu, -iva *m/f*; 2. *pol* refugiat, -ada *m/f*
Flug *m* <~¢s; ~̈e> 1. vol *m*; 2. viatge *m* en avió; **~blatt** *n* full *m* volant
Flügel *m* <~s; ~> 1. ala *f*; 2. (*Fenster, Tür*) fulla *f*
Flug/gast *m* passatger *m*; **~hafen** *m* aeroport *m*; **~linie** *f* línia *f* aèria; **~lotse, -in** *m/f* controlador, -a *m/f* aeri, aèria; **~plan** *m* horari *m* d´avions; **~platz** *m* aeròdrom *m*; **~schein** *m* bitllet *m* aeri; **~schreiber** *m aero* caixa *f* negra; **~sicherung** *f* control *m* aeri; **~zeug** *n* <~¢s; ~e> avió *m*; **~zeugträger** *m* portaavions *m*
Flunder *f peix* palaia *f*
Flur *m* <~¢s; ~e> passadís *m*, entrada *f*
Fluss *m* <~es; ~̈e> riu *m*; **~bett** *n* llit *m* d´un riu

Frau

flüssig adj 1. fluid, -a; 2. líquid, -a; **~keit** f 1. liquiditat f; 2. fluïdesa f

flüstern vt/i xiuxiuejar

Flut f <~; ~en> 1. flux m; 2. plenamar f; 3. fig onada f

Fohlen n <~s; ~> poltre m

Folg/e f 1. conseqüència f; 2. continuació f; **~*en** <sein> vi seguir; **~*end** adj següent; **~*endermaßen** adv de la manera següent; **~*ern** vi concloure, deduir (**aus** de); **~erung** f conclusió f, deducció f; **~lich** adv per consegüent

Folter f <~; ~n> tortura f, turment m; **~*n** vt 1. torturar; 2. turmentar

Fön m <~ǿs; ~e> assecador m; **~*en** vt assecar (els cabells)

fordern vt 1. exigir, reclamar; 2. pol reivindicar

fördern vt afavorir, fomentar

Forderung f exigència f, demanda f

Förderung f foment m, estímul m

Forelle f peix truita f

Form f <~; ~en> forma f; **~*al** adj formal; **~ali*tät** f formalitat f; **~*at** n <~ǿs; ~e> 1. mida f; 2. foto format m; **~*atieren** vt informàt formatar; **~el** f <~; ~n> fórmula f; **~*en** vt formar; **~ierung** f formació f

förmlich adj formal; **~*keit** f formalitat f

formlos adj sense compliments

Formu/'lar n <~s; ~e> formulari m; **~*'lieren** vt formular; **~'lieren** vt formular; **~lierung** f formulació f

forsch/en vi investigar, indagar; **~end** adj escodrinyador, -a; **~*er, -in** m/f investigador, -a m/f; **~*ung** f investigació f

Forst m <~es; ~e> bosc m

Förster, -in m guardabosc m/f

Forstwirtschaft f silvicultura f

fort adj allunyat, -ada; **~bestehen** vi subsistir; **~bewegen** vt moure, desplaçar; **~*bildungskurs** m curs m de perfeccionament; **~fahren** <sein> vt/i sortir (en vehicle); **~gehen** <sein> vt/i anar-se'n, partir; **~geschritten** adj avançat, -ada; **~laufen** <sein> vi fugir; **~*pflanzung** f reproducció f; **~*schritt** m avenç m, progrés m; **~setzen** vt prosseguir, continuar; **~*setzung** f continuació f; **~während** adj continu, -ínua

Foto n <~s; ~s> foto f; **~apparat** m aparell m fotogràfic; **~'graf, -in** m/f <~en; ~en> fotògraf, -a m/f; **~gra'-fie** f fotografia f; **~*gra'fieren** vt/i fotografiar; **~*grafisch** adj fotogràfic, -a; **~ko'pie** f fotocòpia f

Fracht f <~; ~en> nav noli m; **~brief** m nav coneixement m

Frag/e f pregunta f; **~ebogen** m qüestionari m; **~*en** <irr 33> vt/i preguntar (**nach** per); **~ezeichen** n signe m d´interrogació; **~*lich** adj dubtós, -osa, incert, -a

frank'ieren vt franquejar

Fran/kreich n França f; **~'zose, -in** m/f <~n; ~n> francès, -esa m/f; **~*'zösisch** adj francès, -esa

Fratze f ganyota f

Frau f <~; ~en> dona f, senyora f;

frech

~**enarzt, -ärztin** m/f ginecòleg, -òloga m/f
frech adj desvergonyit, -ida, insolent; ~***heit** f desvergonyiment m
frei adj 1. lliure; 2. independent; ~***bad** n piscina f descoberta; ~***gabe** f 1. desembarcament m; 2. alliberament m; ~**gebig** adj generós, -osa, liberal; ~**halten** vt mantenir lliure; ~**handel** m comerç m lliure; ~**heit** f llibertat f; ~***heitsstrafe** f privació f penal de la llibertat; ~**lassen** vt deixar en llibertat; ~***lassung** f alliberament m; ~**lich** adv certament, realment; ~**lichtbühne** f teatre m a l'aire lliure; ~**machen** vt correu franquejar, afranquir; ~**sprechen** vt absoldre; ~***spruch** f absolució f; ~***stoß** m esp sacada f lliure
Freitag m divendres m
frei/willig adj voluntari, -ària; ~***willige, -r** f/m voluntari, -ària m/f; ~***zeit** f temps m lliure
fremd adj 1. estranger, -a; 2. estrany, -a; ~***e, -r** f/m 1. (*Ausländer*) estranger, -a m/f; 2. foraster, -a m/f; ~***enführer, -in** m/f guia m/f turístic, -a; ~***enverkehrsamt** n oficina f de turisme; ~***enzimmer** n (*Gasthof*) habitació f
Fre'quenz f <~; ~en> freqüència f
fressen <*irr* 34> vt menjar
Freu/de f alegria f, joia f; ~***dig** adj alegre, joiós, -osa; ~**en 1.** vt alegrar; **2. sich ~** alegrar-se; ~**nd, -in** m/f <-øs; ~e> amic, -iga m/f; ~***ndlich** adj amistós, -osa; ~**ndlichkeit** f amabilitat f; ~**ndschaft** f amistat f; ~***ndschaftlich** adj amistós, -osa
Fried/e m <~ns> 1. pau f; 2. *fig* tranquil·litat f; ~**hof** m cementiri m; ~***lich** adj 1. pacífic, -a; 2. tranquil, -il·la
frieren <*irr* 35> vi gelar
Frikassee n *gastr* fricassé m
frisch adj fresc, -a; ~***e** f frescor f; ~***luft** f aire m fresc
Fris/eur, -in m/f <~s; ~e> perruquer, -a m/f; ~'**eursalon** m perruqueria f; ~**euse** f perruquera f; ~*'**ieren** vt pentinar
Frist f <~; ~en> 1. termini m; 2. pròrroga f; ~***los** adj sense respir
Fris'ur f <~; ~en> pentinat m
Fritt/euse f fregidora f; ~***ieren** vt fregir
froh adj alegre
fröhlich adj alegre; ~***keit** f alegria f, joia f
fromm adj <⁓er; ⁓st> pietós, -osa
Fronleichnam m Corpus m
Front f <~; ~en> 1. *mil* front m; 2. *constr* façana f; ~*'**al** adj frontal
Frosch m <~es; ⁓e> granota f; ~**schenkel** mpl *gastr* cuixes fpl de granota
Frost m <~es; ⁓e> gelada f
frösteln vi tremolar de fred
frost/ig adj fred, -a; ~***schutzmittel** n *auto* anticongelant m
Frucht f <~; ⁓e> fruit m; ~***bar** adj 1. fèrtil; 2. fructuós, -osa; ~***fleisch** n polpa f; ~***los** adj infructuós, -osa; ~**presse** f espremedor m; ~**saft** m suc m de fruita; ~**salat** m macedònia f

früh 1. *adj* primerenc, -a; **2.** *adv* de matí, d´hora; **~*aufsteher, -in** *m/f* matiner, -a *m/f*; **~er** *adv* abans; **~estens** *comp* com més aviat millor; **~*stück** *n* esmorzar *m*, desdejuni *m*; **~stücken** *vi* esmorzar, desdejunar; **~zeitig** *adv* de bon matí

Frust/rati'on *f* frustració *f*; **~*riert** *adj* frustrat, -ada

Fuchs *m* <~es; ~̈e> guineu *f*

Fuge *f* 1. juntura *f*; 2. *mús* fuga *f*

füg/en *vt* connectar; **~sam** *adj* avinent

fühl/bar *adj* sensible; **~en** *vt* 1. sentir; 2. tocar, palpar

führ/en *vt* dur, portar, dirigir; **~*er, -in** *m/f* cap *m/f*; **~*erschein** *m* auto permís *m* de conduir; **~*ung** *f* 1. conducció *f*; 2. *pol* cabdillatge *m*, lideratge *m*

Füll/e *f* abundància *f*; **~en** *vt* omplir, emplenar; **~ung** *f* ompliment *m*

fummeln *vt/i* palpejar, grapejar

Fund *m* <~ɇs; ~e> 1. troballa *f*; 2. descobriment *m*

Funda'ment *n* <~ɇs; ~e> fonament *m*

Fundbüro *n* oficina *f* d´objectes trobats

fünf *m* cinc *m*; **~hundert** *adj* cinc-cents; **~mal** *adj* cinc vegades; **~*tel** *n* un cinquè; **~zehn** *f* quinze *m*; **~zig** *f* cinquanta *m*

Funk *m* <~s> radiodifusió *f*; **~e** *m* espurna *f*; **~*eln** *vi* espurnejar; **~*en** *vt/i* transmetre per ràdio

Funkti'on *f* funció *f*; **~*o'nieren** *vi* funcionar; **~*onsfähig** *adj* tecn operatiu, -iva

für *prep* per, per a

Furche *f* solc *m*

Furcht *f* <~> 1. por *f*; 2. temor *m*; **~*bar** *adj* espantós, -osa

fürchte/n *vt* témer; **~rlich** *adj* espantós, -osa

furcht/los *adj* intrèpid, -a; **~*losigkeit** *f* intrepidesa *f*, coratge *m*; **~sam** *adj* temorós, -osa; **~*samkeit** *f* 1. timidesa *f*; 2. temorositat *f*

Fürsorge *f* assistència *f*

Fürsprache *f* intervenció *f*

Fürst, -in *m* <~en; ~en> príncep *m*, princesa *f*; **~entum** *n* principat *m*

Furz *m* <~es; ~̈e> *col·loq* pet *m*, llufa *f*; **~en** *vi col·loq* fer pets, petar-se, llufar-se

Fusi'on *f* fusió *f*; **~*o'nieren** *vt* fusionar

Fuß *m* <~es; ~̈e> 1. *anat* peu *m*; 2. (*Tier*) pota *f*

Fußb/all *m* futbol *m*; **~allplatz** *m* camp *m* de futbol; **~allspieler, -in** *m/f* futbolista *m/f*; **~oden** *m* paviment *m*

Fussel *f* pelussa *f*

Fußgänger, -in *m/f* vianant *m/f*; **~überweg** *m* pas *m* de vianants; **~zone** *f* zona *f* de vianants

Fuß/matte *f* estora *f*; **~note** *f* nota *f* a peu de pàgina; **~pflege** *f* pedicura *f*; **~sohle** *f* planta *f* del peu; **~spur** *f* petjada *f*; **~tritt** *m* cop *m* de peu, potada *col·loq f*; **~weg** *m* senda *f*

Futter *n* <~s> past *m*, menjar *m*

fütter/n *vt* alimentar, nodrir; **~*ung** *f* (*Vieh*) pinso *m*

G

g *n* 1. *ling* ge *f*; 2. *mús* sol *m*
Gabe *f* 1. do *m*; 2. *fig* talent *m*
Gabel *f* <~; ~n> forquilla *f*
gaffe/n *vi* mirar bocabadat, -ada; **~*r, -in** *m/f* babau, -a *m/f*
gähnen *vi* badallar
Gal/a *f* <~> gala *f*; **~*'ant** *adj* galant
Gale'rie *f* galeria *f*
Galgen *m* <~s; ~> forca *m*; **~frist** *f* pròrroga *f*; **~humor** *m* humor *m* patibulari
Ga/'licien *n* <~s> Galícia *f*; **~licier, -in** *m/f* gallec, -ega *m/f*; **~*licisch** *adj* gallec, -ega
Galle *f* bilis *f*, fel *f*; **~nblase** *f* vesícula *f* biliar
Ga/'lopp *m* <~s; ~e> galop *m*; **~*loppieren** *vi* galopar
galvanis/ch *adj* galvànic, -a; **~ieren** *vt* galvanitzar; **~*ierung** *f* galvanització *f*
gamm/eln *vi* galvanejar; **~*ler** *m* galvana *f*, mandra *f*
Gämse *f* <~; ~en> *zool* isard *m*, camussa *f*
Gang *m* <~es; ~e> 1. anada *f*; 2. moviment *m*; 3. *auto* marxa *f*; **~schaltung** *f* *auto* canvi *m* de marxes
Gangster *m* gàngster *m*
Ga'nove *m* <~n; ~n> galifardeu *m*
Gans *f* <~; ~e> oca *f*
Gänse/blümchen *n* margaridoia *f*; **~braten** *m* oca *f* rostida; **~haut** *f* pell *f* de gallina; **~marsch** *m* fila *f* (índia)

ganz *adj* 1. tot, -a; 2. total; 3. complet, -a
gar *adv* 1. molt; 2. a prop de
Ga'rage *f* garatge *m*
Garan/'tie *f* garantia *f*; **~*tieren** *vt* garantir
Garde'robe *f* guarda-roba *m*
Gar'dine *f* cortina *f*
garen *vt* guisar
gären <*irr* 36> *vi* fermentar
Gar'nele *f* gamba *f*
garn/'ieren *vt* guarnir (**mit** amb); **~*i'son** *f* <~; ~en> guarnició *f*; **~*i'tur** *f* <~; ~en> 1. guarniment *m*; 2. adorn *m*
Garten *m* <~s; ~> jardí *m*
Gärtner, -in *m/f* jardiner, -a *m/f*; **~*'ei** *f* jardineria *f*
Gärung *f* fermentació *f*
Gas *n* <~es; ~e> gas *m*; **~flasche** *f* bombona *f* de gas; **~kocher** *m* fogó *m* de gas; **~leitung** *f* tub *m* de gas; **~maske** *f* màscara *f* antigàs; **~pedal** *n* *auto* accelerador *m*
Gasse *f* carreró *m*
Gast *m* <~es; ~e> 1. invitat, -ada *m/f*; 2. hoste, -essa *m/f*; **~arbeiter, -in** *m/f* treballador, -a *m/f* estranger, -a
Gäste/buch *n* llibre *m* de visites; **~zimmer** *n* habitació *f* dels hostes
gast/freundlich *adj* hospitalari, -ària; **~*freundschaft** *f* hospitalitat *f*; **~*geber, -in** *m/f* amfitrió, -ona *m/f*; **~*haus** *n* fonda *f*, hostal *m*; **~*hof** *m* fonda *f*, hostal *m*; **~*lich** *adj* hospitalari, -ària; **~*stätte** *f* restaurant

m; **~*wirt, -in** *m/f* hostaler, -a *m/f*; **~*wirtschaft** *f* restaurant *m*
Gatt/e, -in *m/f* <~n; ~n> espòs, -osa *m/f*, marit *m*, muller *f*; **~ung** *f* 1. *biol* gènere *m*; 2. espècie *f*
Gaul *m* <~¢s; ~e> rossí *m*, cavall *m* vell
Gaumen *m* <~s; ~> paladar *m*
Gauner, -in *m/f* estafador, -a *m/f*; **~'ei** *f* estafa *f*
Ga'zelle *f* *zool* gasela *f*
Ge'bäck *n* <~¢s; ~e> pastisseria *f*
ge/'bären <*irr* 37> *vt zool* parir; **~*bärmutter** *f med* matriu *f*
Ge'bäude *n* <~s; ~> edifici *m*
geben <*irr* 38> *vt* donar
Ge'bet *n* <~¢s; ~e> oració *f*, pregària *f*
Ge'biet *n* <~¢s; ~e> 1. regió *f*, zona *f*; 2. territori *m*
ge'bildet *adj* culte, -a, instruït, -ïda
Ge/'birge *n* <~s; ~> 1. muntanya *f*; 2. serralada *f*; **~*birgig** *adj* muntanyós, -osa; **~birgskamm** *m* cresta *f*; **~birgskette** *f* serralada *f*; **~birgspass** *m* pas *m* de muntanya, port *m* de muntanya
Ge'biss *n* <~es; ~e> dentadura *f*
Ge'bläse *n* <~¢s soldador *m*
geboren *adj* nascut, -uda
Ge'bot *n* <~¢s; ~e> 1. manament *m*; 2. ordre *f*
Ge/'brauch *m* <~¢s> ús *m*; **~*brauchen** *vt* usar; **~*bräuchlich** *adj* usual; **~brauchsanweisung** *f* indicacions *mpl* d´ús; **~*brauchsfertig** *adj* llest, -a per a l´ús; **~*braucht** *adj* usat, -ada; **~brauchtwagen** *m* cotxe *m* d´ocasió

Ge/'brechen *n* 1. xacra *f*; 2. defecte *m*; **~*brechlich** *adj* xacrós, -osa
Ge'brüll *n* <~s> 1. bramul *m*; 2. (*Löwe*) rugit *m*; 3. (*Rinder*) mugit *m*
Ge/'bühr *f* <~; ~en> tarifa *f*; **~*bührend** *adj* degut, -uda; **~*bührenfrei** *adj* a lliure arbitri; **~*bührenpflichtig** *adj* subjecte a drets
Ge/'burt *f* <~; ~en> naixement *m*; **~burtenziffer** *f* natalitat *f*
ge'bürtig *adj* originari, -ària, oriünd, -a (**aus** de)
Geburts/datum *n* data *f* de naixement; **~jahr** *n* any *m* de naixement; **~ort** *m* lloc *m* de naixement; **~tag** *m* 1. natalici *m*; 2. aniversari *m*; **~urkunde** *f* partida *f* de naixement
Ge'büsch *n* <~es; ~e> boscatge *m*
Ge/'dächtnis *n* <~ses; ~se> memòria *f*; **~dächtnisschwund** *m med* amnèsia *f*
Ge/'danke *m* <~ns; ~n> pensament *m*; **~*dankenlos** *adj* 1. irreflexiu, -iva; 2. distret, -a; **~dankenstrich** *m* guió *m*; **~dankenübertragung** *f* telepatia *f*
ge'deihen <*irr* 39, **sein**> *vi* prosperar, surar
gel/'denken *vi* recordar; **~*denkfeier** *f* acte *m* commemoratiu; **~*denktafel** *f* placa *f* commemorativa; **~*denktag** *m* aniversari *m*, commemoració *f*
Ge'dicht *n* <~¢s; ~e> 1. poesia *f*; 2. poema *m*
Ge'dränge *n* <~s> 1. apinyament *m*; 2. gentada *f*, multitud *f*

Geduld

Ge/'duld f <-> paciència f; **~*dulden: sich ~*dulden** prendre paciència esperar; **~*duldig** adj pacient

ge'ehrt adj distingit, -ida

ge'eignet adj 1. adequat, -ada; 2. pertinent

Ge'fahr f <-; ~en> 1. perill m; 2. risc m

ge'fähr/den vt exposar, comprometre; **~lich** adj perillós, -osa

Ge'fährte, -in m/f <~n; ~n> company, -a m/f, camarada m/f

Ge'fälle n <~s; ~> desnivell m, pendent f

Ge/fallen n <~s> plaer m, gust m; **~*fallen** vi agradar, plaure

ge'fällig adj 1. complaent; 2. servicial; **~*fälligkeit** f <~; ~en> complaença f

ge/'fangen adj captiu, -iva; **~*fangene, -r** f/m 1. presoner, -a m/f; 2. fig captiu, -iva m/f; **~*fangenschaft** f captivitat f; **~*fängnis** n <~ses; ~se> presó f, presidi m; **~*fängnisstrafe** f pena f de presó

Ge'fäß n <~es; ~e> recipient m

ge'fasst adj tranquil, -il·la

Ge/'flügel n <~s> aviram m, volateria f; **~flügelhändler, -in** m/f gallinaire m/f; **~flügelhof** m galliner m

Ge'flüster n <~s> 1. xiuxiueig m; 2. murmuri m

Ge'folge n acompanyament m

ge'fragt adj 1. demanat, -ada; 2. sol·licitat, -ada

ge'fräßig adj voraç

Ge/'frieranlage f instal·lació f frigorífica; **~*frieren** <sein> vi congelar-se; **~frierfach** n congelador m; **~frierfleisch** n carn f congelada; **~frierpunkt** m punt m de congelació; **~friertruhe** f armari m congelador

ge'fügig adj dòcil

Ge/'fühl n <~¢s; ~e> sentiment m; **~*fühllos** adj insensible; **~*fühlvoll** adj sensible

gefüllt adj ple, -na

ge'gebenenfalls adv donat el cas

gegen prep contra; **~*angriff** m contraatac m

Gegend f <~; ~en> 1. regió f; 2. adm comarca f; 3. (Umgebung) voltants mpl

gegen/ein'ander adv els uns contra els altres; **~*fahrbahn** f pista f oposada; **~*leistung** f contrapartida f; **~*licht** n contrallum m

Gegen/satz m 1. contrast m; 2. oposició f; **~*sätzlich 1.** adj oposat, -ada; **2.** adv per contraposició; **~*seitig** adj recíproc, -a; **~*seitigkeit** f reciprocitat f; **~stand** m <~¢s; ¨e> 1. objecte m; 2. assumpte m; **~teil** n contrari m

gegen/'über adv davant, enfront; **~überliegend** adj d'enfront; **~*überstellung** f confrontació f

Gegenw/art f <-> 1. presència f; 2. (Zeit) actualitat f; 3. ling present m; **~*ärtig** adj 1. present; 2. actual

Gegner, -in m/f adversari, -ària m/f, rival m/f

Ge/'halt n <~¢s; ~e> 1. contingut m; 2. substància f; **~haltserhöhung** f augment *m* del sou; **~haltszulage** *f* augment *m* del sou

ge'hässig *adj* 1. hostil; 2. odiós, -osa

Ge'häuse *n* <~s; ~> 1. capsa *f*; 2. *auto* càrter *m*

Ge'hege *n* <~s; ~> tanca *f*

ge/'heim *adj* 1. secret, -a; 2. amagat, -ada, ocult, -a; **~*heimagent, -in** *m/f* agent *m/f* secret, -a; **~*heimdienst** *m* servei *m* secret; **~*heimnis** *n* <~ses; ~se> 1. secret *m*; 2. misteri *m*; **~heimnisvoll** *adj* misteriós, -osa; **~*heimnummer** *f* número *m* secret; **~*heimpolizei** *f* policia *f* secreta

gehen <*irr* 40, *sein*> *vi* 1. anar; 2. caminar

Ge'hilfe, -in *m/f* <~n; ~n> ajudant, -a *m/f*

Ge/'hirn *n* <~¢s; ~e> cervell *m*; **~hirnblutung** *f* hemorràgia *f* cerebral; **~hirnerschütterung** *f* commoció *f* cerebral; **~hirnhautentzündung** *f* meningitis *f*; **~hirnschlag** *m* apoplexia *f*; **~hirnwäsche** *f* rentat *m* de cervell

Ge'hör *n* <~¢s> 1. orella *f*; 2. sentit *m* de l´oïda

ge'horchen *vi* obeir

ge/'hören *vi* 1. pertànyer; 2. correspondre; 3. ser necessari, caldre; **~hörig** *adj* 1. pertanyent; 2. convenient; **~hörlos** *adj* sord, -a

Ge/horsam *m* obediència *f*; **~*'horsam** *adj* obedient

Gehweg *m* vorera *f*, voravia *f*

Geier *m zool* voltor *m*

Gelände

Geige *f* violí *m*; **~r, -in** *m/f* violinista *m/f*

geil *adj* 1. *bot* exuberant; 2. *zool* en zel; 3. *col·loq* guai

Geisel *m/f* <~s; ~> ostatge *m/f*; **~nahme** *f* <~; ~n> captura *f* d'ostatges

Geist *m* <~es; ~er> 1. esperit *m*; 2. intel·ligència *f*; 3. (*Gespenst*) espectre *m*, fantasma *m*; **~erbahn** *f* tren *m* fantasma; **~erfahrer, -in** *m/f* auto conductor, -a *m/f* que va en direcció contrària; **~*esabwesend** *adj* distret, -a; **~*esgestört** *adj* alienat, -ada, tocat, -ada; **~*eskrank** *adj* malalt, -a mental; **~eswissenschaften** *fpl* Humanitats *fpl*; **~*ig** *adj* 1. espiritual; 2. intel·lectual; **~*lich** *adj* clerical; **~liche, -r** *f/m* 1. sacerdot, -essa *m/f*; 2. (*Pfarrer*) rector *m*; **~*reich** *adj* espiritual

Geiz *m* <~es> avarícia *f*; **~hals** *m* avar, -a *m/f*; **~*ig** *adj* avar, -a, ronyós, -osa *col·loq*; **~kragen** *m* avar, -a *m/f*

Ge'jammer *n* <~s> lamentació *f*

Ge'jubel *n* <~s> exultació *f*

Ge'klapper *n* <~s> crepitació *f*

Ge'knatter *n* <~s> crepitació *f*

ge'konnt *adj* ben fet

Ge'kritzel *n* <~s> gargots *mpl*

ge'künstelt *adj* artificiós, -osa

ge'kürzt *adj* abreujat, -ada, abreviat, -ada

Ge'lächter *n* <~s> rialla *f*

Ge'lage *n* <~s; ~> 1. banquet *m*; 2. (*wüstes*) bacanal *f*

ge'lähmt *adj* 1. paralitzat, -ada; 2. *med* paralític, -a

Ge/'lände *n* <~s; ~> terreny *m*; **~län-**

gelangen 120

der *n* <‑s; ~> 1. barana *f*, passamà *m*; 2. *constr* balustrada *f*; **~ländewagen** *m* tot terreny *m*
ge'langen <*sein*> *vi* 1. arribar (**zu** a); 2. aconseguir
ge'lassen *adj* tranquil, -il·la; **~*lassenheit** *f* 1. tranquil·litat *f*; 2. serenitat *f*
ge'läufig *adj* 1. corrent; 2. familiar
ge'launt *adj* disposat (**zu** a); **gut gelaunt** de bon humor; **schlecht gelaunt** de mal humor
gelb *adj* groc, -ga; **~*fieber** *n med* febre *f* groga
Geld *n* <‑¢s; ~er> diners *mpl*, calés *mpl col·loq*; **~anlage** *f* inversió *f*; **~automat** *m* caixer *m* automàtic; **~beutel** *m* portamonedes *m*; **~börse** *f* portamonedes *m*; **~mittel** *n* recursos *mpl* pecuniaris; **~schein** *m* bitllet *m* de banc; **~schrank** *m* caixa *f* de cabals; **~strafe** *f* multa *f*; **~stück** *n* moneda *f*
Ge'lee *n* <‑s; ~s> gelea *f*
ge'legen *adj* 1. situat, -ada; 2. oportú, -una; **~*legenheit** *f* ocasió *f*, oportunitat *f*; **~legentlich** *adj* ocasional
ge'lehrig *adj* dòcil; **~*lehrte, -r** *f/m* erudit, -a *m/f*, savi *m*, sàvia *f*
Ge'lenk *n* <‑¢s; ~e> 1. *med* articulació *f*; 2. *tecn* juntura *f*; **~lenkentzündung** *f med* artritis *f*; **~*lenkig** *adj* 1. àgil; 2. *tecn* articulat, -ada
ge'lernt *adj* (*Arbeiter*) qualificat, -ada
Ge'liebte *f* 1. estimada *f*; 2. *desp* amant *f*; **~liebter** *m* 1. estimat *m*; 2. *desp* amant *m*

ge'lingen <*irr* 41, *sein*> *vi* sortir bé, tenir èxit
ge'loben *vt* prometre
gelt/en <*irr* 42> 1. *vt* valer; 2. *vi* 1. ser vàlid; 2. estar en vigor; **~*ung** *f* 1. valor *m*; 2. validesa *f*
ge'lungen *adj* aconseguit, -ida
ge'mächlich 1. *adj* 1. còmode, -a; 2. lent, -a; 2. *adv* lentament
Ge'mälde *n* <‑s; ~> quadre *m*, pintura *f*
ge/'mäß *adj* adequat, -ada; **~mäßigt** *adj* moderat, -ada
ge'mein *adj* 1. comú, -una; 2. públic, -a; 3. (*niedrig*) roí, roïna
Ge/'meinde *f* 1. comunitat *f*; 2. municipi *m*; **~meindebezirk** *m* terme *m* municipal; **~meinderat** *m* consell *m* municipal, consistori *m*
Gemein/heit *f* vilesa *f*; **~*nützig** *adj* d'interès públic; **~*sam 1.** *adj* comú, -una, col·lectiu, -iva; **2.** *adv* en comú, col·lectivament; **~schaft** *f* comunitat *f*, col·lectivitat *f*; **~*schaftlich** *adj* col·lectiu, -iva; **~wohl** *n* bé *m* públic
Ge'metzel *n* <‑s; ~> carnisseria *f*, matança *f*
Ge'misch *n* <‑es; ~e> barreja *f*; **~*t** *adj* barrejat, -ada
Ge'murmel *n* <‑s> remor *f*
Ge/'müse *n* <‑s; ~> verdura *f*; **~müsegarten** *m* hort *m*, horta *f*; **~müsehändler, -in** *m/f* verdulaire *m/f*; **~müsesuppe** *f* sopa *f* de verdures
ge'mütlich *adj* agradable
ge/'nau 1. *adj* exacte, -a, precís, -isa;

gerade

2. *adv* exactament, precisament; **~*nauigkeit** *f* exactitud *f*, precisió *f*; **~nauso ~ ... wie** *comp* 1. tan ... com; 2. igual ... com

ge/'nehmigen *vt* autoritzar, permetre; **~*nehmigung** *f* autorització *f*, permís *m*

ge'neigt *adj* inclinat, -ada, decantat, -ada

Gene/'ral, -in *m/f* <~s; ~̈e> general *m/f*; **~ralprobe** *f* assaig *m* general; **~ralstreik** *m* vaga *f* general; **~ralüberholung** *f* tecn revisió *f* general; **~raluntersuchung** *f* med revisió *f* mèdica

Generati'on *f* generació *f*

Gener'ator *m* electr generador *m*

gener'ell 1. *adj* general; 2. *adv* generalment, en general

ge/'nesen <*irr* 43, *sein*> *vi* 1. refer-se, restablir-se; 2. posar-se bo; **~*nesung** *f* convalescència *f*, restabliment *m*

Geneti/k *f* biol genètica *f*; **~*sch** *adj* genètic, -a

geni'al *adj* 1. genial; 2. enginyós, -osa

Ge'nick *n* <~¢s; ~e> 1. nuca *f*; 2. bescoll *m*

Ge'nie *n* <~s; ~s> geni *m*

ge/'nießbar *adj* 1. (*Essen*) comestible; 2. (*Getränk*) potable; 3. *fig* tolerable, suportable; **~nießen** <*irr* 44> *vt* 1. gaudir; 2. assaborir

Genitalien *pl* genitals *mpl*

Ge/'nosse, -in *m/f* <~n; ~n> company, -a *m/f*, camarada *m/f*; **~nossenschaft** *f* cooperativa *f*

ge/'nug *adv* prou, bastant; **~nügen** *vi* bastar, ser suficient; **~nügend** 1. *adj* bastant, suficient; 2. *adv* suficientment, prou; **~'nügsam** *adj* 1. modest, -a; 2. sobri, sòbria

Genuss *m* <~es; ~̈e> gaudi *m*, plaer *m*

genverändert *adj* transgènic, -a

geöffnet *adj* obert, -a

Geo/gra'phie *f* geografia *f*; **~*graphisch** *adj* geogràfic, -a; **~lo'gie** *f* geologia *f*; **~*logisch** *adj* geològic, -a; **~me'trie** *f* geometria *f*; **~*metrisch** *adj* geomètric, -a

geordnet *adj* ordenat, -ada

Ge/'päck *n* <~¢s> equipatge *m*; **~päckabfertigung** *f* facturació *f* equipatges; **~päckanhänger** *m* auto remolc *m* portaequipatges; **~päckaufbewahrung** *f* consigna *f*; **~päckausgabe** *f* (*Flughafen*) recollida *f* d´equipatges; **~päckhalter** *m* camàlic *m*; **~päckkontrolle** *f* control *m* d´equipatges; **~päckschalter** *m* finestreta *f* d´equipatges; **~päckschein** *m* taló *m* d´equipatges; **~päckstück** *n* fardell *m*, bolic *m*; **~päckträger** *m* bastaix *m*, mosso *m* d´estació

ge'panzert *adj* 1. blindat, -ada; 2. *nav* cuirassat, -ada

Gepard *m* zool guepard *m*

ge'pfeffert *adj* fig picant

ge'plant *adj* planejat, -ada

ge/'rade 1. *adj* 1. recte, -a; 2. *fig* lleial; 2. *adv* precisament; **~'radeaus** *adv* tot dret, recte; **~radeheraus** *adv* francament, amb franquesa; **~rade-**

Geranie

stehen <*sein*> vi mantenir-se dret; **~radewegs** adv directament
Ge'ranie f <~; ~n> bot gerani m
Ge'rät n <~∅s; ~e> 1. eina f; 2. aparell m
ge'raten <*sein*> vi 1. sortir bé; 2. esdevenir
ge'räumig adj espaiós, -osa
Ge'räusch n <~∅s; ~e> soroll m; **~*räuschlos** adj silenciós, -osa; **~*räuschvoll** adj sorollós, -osa
gel'recht adj just, -a, legítim, -a; **~*rechtigkeit** f justícia f
Ge'rede n <~s> 1. xafarderies fpl; 2. xerrada f
ge'reizt adj irritat, -ada
Gel'richt n <~∅s; ~e> 1. *jur* jurat m, tribunal m; 2. plat m, menjar m; **~*richtlich** adj judicial; **~richtsarzt** m metge m forense; **~richtsbarkeit** f jurisdicció f; **~richtsmedizin** f medicina f forense; **~richtssaal** m audiència f; **~richtsverfahren** n procediment m judicial
ge'rieben adj *fig* astuciós, -osa, astut, -a
gel'ring adj 1. petit, -a; 2. de poca importància; **~ringer** comp menor, inferior; **~ringfügig** adj insignificant; **~ringschätzig** adj desdenyós, -osa; **~*ringschätzung** f menyspreu m; **~ringsten** adv de cap manera
ge'rinnen vi 1. coagular; 2. (*Milch*) quallar
Gerinnsel n <~s; ~> 1. *med* coàgul m; 2. grumoll m
Germa/ne, -in m/f <~n; ~n> germànic, -a m/f; **~*nisch** adj germànic, -a; **~'nistik** f filologia f germànica

gern adv amb molt de gust, de tot cor
Gerste f ordi m
Gel'ruch n <~∅s; ~e> olor f; **~*ruchlos** adj inodor, -a; **~ruchssinn** m olfacte m
Ge'rücht n <~∅s; ~e> rumor m
Ge'rümpel n <~s> trastam m
Ge'rüst n <~∅s; ~e> 1. encavallada f; 2. cadafal m
gel'samt adj enter, -a, sencer, -a; **~*samtabrechnung** f liquidació f total; **~*samtansicht** f vista f de conjunt; **~*samtbetrag** m import m total; **~*samtheit** f totalitat f; **~*samtübersicht** f vista f de conjunt; **~*samtwerk** n obres fpl completes; **~*samtwert** m valor m total
Ge'säß n <~es; ~e> natges fpl, cul m
Gel'schäft n <~∅s; ~e> 1. negoci m; 2. (*Laden*) botiga f, tenda f; **~*schäftig** adj actiu, -iva, feiner, -a; **~*schäftlich** adj actiu, -iva, feiner, -a; **~schäftsbrief** m carta f comercial; **~schäftsführer, -in** m/f gerent m/f; **~schäftsleitung** f direcció f; **~schäftsmann** m <~∅s; ~leute> home m de negocis
Ge/schehen n esdeveniment m, succés m; **~*'schehen** <*irr 45, sein*> vi esdevenir, ocórrer
ge'scheit adj intel·ligent
Ge'schenk n <~∅s; ~e> regal m, obsequi m
Gel'schichte f 1. història f; 2. (*Erzäh-*

lung) conte *m*; ~***schichtlich** *adj* històric, -a
Geschick/lichkeit *f* destresa *f*, habilitat *f*; ~*t** *adj* destre, -a, hàbil
geschieden *adj* divorciat, -ada
Ge'schirr *n* <~∅s; ~e> vaixella *f*; ~**spülmaschine** *f* rentaplats *m*
Ge/'schlecht *n* <~∅s; ~er> 1. sexe *m*; 2. *ling* gènere *m*; ~*****schlechtlich** *adj* sexual; ~**schlechtskrankheit** *f* malaltia *f* venèria; ~**schlechtsverkehr** *m* comerç *m* carnal
ge'schlossen 1. *adj* tancat, -ada; 2. *adv* compactament, en bloc
Ge/'schmack *n* <~∅s; ¨e> 1. gust *m*; 2. sabor *m*; ~*****schmacklos** *adj* insípid, -a; ~*****schmackvoll** *adj* 1. de bon gust; 2. elegant
ge'schmeidig *adj* 1. dúctil, flexible; 2. mal·leable
Ge'schrei *n* <~s> 1. cridòria *f*; 2. aldarull *m*
Ge'schwader *n* <~s; ~> 1. *aero* esquadró *m*; 2. *nav* esquadra *f*
Ge'schwätz *n* <~es> parleria *f*, xerradissa *f*
Ge/'schwindigkeit *f* velocitat *f*; ~**schwindigkeitsbeschränkung** *f* limitació *f* de velocitat; ~**schwindigkeitsüberschreitung** *f* excés *m* de velocitat
Ge'schwister *pl* germans *mpl*
ge'schwollen *adj* inflat, -ada
Ge'schwulst *f* <~; ¨e> *med* inflor *f*
Ge'schwür *n* <~∅s; ~e> úlcera *f*
ge/'sellig *adj* sociable, social; ~*****selligkeit** *f* sociabilitat *f*

Ge/'sellschaft *f* 1. societat *f*; 2. aplec *m*, reunió *f*; ~**sellschafter, -in** *m/f* soci, sòcia *m/f*, associat, -ada *m/f*; ~*****sellschaftlich** *adj* social, de societat; ~**sellschaftsspiel** *n* joc *m* de societat
Ge/'setz *n* <~es; ~e> llei *f*; ~**setzbuch** *n* codi *m*; ~**setzgebung** *f* legislació *f*; ~*****setzlich** 1. *adj* legal; 2. *adv* legalment; ~*****setzwidrig** *adj* il·legal
Ge/'sicht *n* <~∅s; ~er> cara *f*, rostre *m*; ~**sichtsausdruck** *m* expressió *m* del rostre; ~**sichtspunkt** *m* punt *m* de vista; ~**sichtszug** *m* tret *m* fisonòmic
Ge'sinnung *f* manera *f* de pensar
ge'sondert *adj* separat, -ada, a part
ge'spannt *adj* 1. tens, -a, tibant; 2. curiós, -osa
Ge/'spenst *n* <~es; ~er> fantasma *m*; ~*****spenstisch** *adj* fantasmal
gesperrt *adj* tancat, -ada
Ge/'spräch *n* <~es; ~e> conversa *f*, conversació *f*; ~*****sprächig** *adj* comunicatiu, -iva; ~**sprächigkeit** *f* caràcter *m* comunicatiu; ~**sprächspartner, -in** *m/f* interlocutor, -a *m/f*; ~**sprächsstoff** *m* matèria *f* de conversa; ~**sprächsthema** *n* tema *m* de conversa
Ge/'stalt *f* <~; ~en> figura *f*, forma *f*; ~*****stalten** *vt* formar, configurar; ~**staltung** *f* formació *f*, configuració *f*
ge/'ständig *adj* confés, -essa; ~*****ständnis** *n* <~ses; ~se> confessió *f*
Ge'stank *m* <~∅s> pudor *f*

gestatten

ge'statten *vt* 1. permetre; 2. consentir

Geste *f* gest *m*

ge'stehen *vt* 1. confessar; 2. reconèixer

Ge'stell *n* <~¢s; ~e> 1. bastidor *m* (d´un quadre); 2. bastida *f*, armadura *f*

gestern *adv* ahir

Ge'stotter *n* <~s> tartamudeig *m*

ge'streift *adj* 1. estriat, -ada; 2. ratllat, -ada

ge'stresst *adj fig* estressat, -ada

Ge'strüpp *n* <~¢s; ~e> garriga *f*, matoll *m*

Ge'such *n* <~¢s; ~e> instància *f*, sol·licitud *f*

ge/'sund *adj* sa, -na; **~*sundheit** *f* salut *f*; **~*sundheit!** *interj* salut!, Jesús!; **~*sundheitsamt** *n* Delegació *f* de Sanitat; **~*sundheitszeugnis** *n* certificat *m* de sanitat; **~*sundheitszustand** *m* estat *m* de salut

Getränk *n* <~¢s; ~e> beguda *f*

Ge'treide *n* <~s; ~> cereals *mpl*

Ge'triebe *n* <~s; ~> *tecn* engranatge *m*

ge'trost *adj* confiat, -ada

Ge'tue *n* <~s> afectació *f*

Ge'tuschel *n* <~s> xiuxiueig *m*

Ge/'wächs *n* <~es; ~e> planta *f*; **~wächshaus** *n* hivernacle *m*

ge'wagt *adj* 1. arriscat, -ada; 2. (*Urteil*) temerari, -ària

Ge/'währ *f* <~> garantia *f*; **~*währen** *vt* atorgar, concedir; **~*währleisten** *vt* garantir, assegurar; **~währleistung** *f* garantia *f*

Ge'wahrsam *m* guàrdia *f*, custòdia *f*

Ge/'walt *f* <~; ~en> poder *m*, autoritat *f*; **~*waltig** *adj* potent, poderós, -osa; **~*waltsam** *adj* violent, -a; **~*walttätig** *adj* violent, -a

Gewässer *n* aigües *fpl*

Ge'webe *n* <~s; ~> 1. teixit *m*; 2. *tecn* textura *f*

Ge'wehr *n* <~¢s; ~e> 1. fusell *m*; 2. escopeta *f*

Ge/'werbe *n* <~s; ~> 1. indústria *f*; 2. comerç *m*; **~werbegebiet** *n* complex *m* industrial; **~*werblich** *adj* industrial, comercial

Ge/'werkschaft *f* sindicat *m* obrer; **~werkschaftler, -in** *m/f* sindicalista *m/f*

Ge/'wicht *n* <~¢s; ~e> pes *m*; **~wichtheben** *n* <~s> *esp* aixecament *m* de pesos

ge'wieft *adj col·loq* espavilat, -ada

ge'willt *adj* disposat, -ada

Ge'wimmel *n* <~s> formigueig *m*

Ge'winde *n* <~s; ~> rosca *f*

Ge/'winn *m* <~¢s; ~e> guany *m*; **~*winnbringend** *adj* lucratiu, -iva; **~*winnen** <*irr* 46> *vt/i* guanyar

ge/'wiss *adj* cert, -a, segur, -a; **~*'wissen** *n* <~s; ~> consciència *f*; **~wissenhaft** *adj* conscienciós, -osa; **~wissenlos** *adj* sense escrúpols; **~*wissensbiss** *m* remordiment *m*; **~'wissermaßen** *adv* en certa manera

Ge'witter *n* <~s; ~> tempesta *f*

gleich

ge'/wöhnen 1. *vt* acostumar, habituar; 2. *sich* ~ acostumar-se, habituar-se; ~**'wohnheit** *f* costum *m*, hàbit *m*; ~**wöhnlich** *adj* habitual, usual; ~**wohnt** *adj* acostumat, -ada, habituat, -ada

Ge'wölbe *n* <-s; -> volta *f*

ge'wunden *adj* sinuós, -osa

Ge/'würz *n* <-es; ~e> condiment *m*; ~**würzgurke** *f* cogombre *m* en vinagre

Ge'zeiten *fpl* marea *f*

Ge'zwitscher *n* <-s> refilada *f*

Gicht *f* <-> *med* gota *f*

Giebel *m* <-s; -> *constr* frontó *m*

gierig *adj* ansiós, -osa

gieß/en <*irr* 47> *vt* 1. abocar, vessar; 2. regar; ~**'kanne** *f* regadora *f*

Gift *n* <-¢s; ~e> veri *m*; ~**gas** *n* gas *m* tòxic; ~**'ig** *adj* verinós, -osa; ~**'müll** *m* residu *m* tòxic; ~**pilz** *m* bolet *m* verinós; ~**schlange** *f* serp *f* verinosa

gi'gantisch *adj* gegantí, -ina

Gin *m* ginebra *f*

Gipfel *m* <-s; -> cim *m*

Gips *m* <-es; ~e> guix *m*; ~**verband** *m med* enguixat *m*

Gi'raffe *f zool* girafa *f*

Gir'lande *f* garlanda *f*

Giro *n* banc gir *m*; ~**konto** *n* compte *m* corrent

Gi'tarre *f* guitarra *f*; ~**tarrist, -in** *m/f* guitarrista *m/f*

Gitter *n* <-s; -> reixa *f*

Glanz *m* <-es> lluentor *f*

glänzen *vi* brillar, resplendir; ~**d** *adj* brillant, resplendent

Glas *n* <-es> vidre *m*; ~**'aal** *m* peix angula *f*; ~**container** *m* contenidor *m* de vidre; ~**er, -in** *m/f* vidrier *m/f*

gläsern *adj* de cristall

Glas/faser *f* fibra *f* òptica; ~**fenster** *n* vidriera *f*, vitrall *m*; ~**haus** *n* hivernacle *m*

gla'sieren *vt* esmaltar

Glas/kasten *m* vitrina *f*; ~**papier** *n* paper *m* de vidre; ~**scheibe** *f* vidre *m*; ~**scherbe** *f* tros *m* de vidre; ~**schrank** *m* vitrina *f*

Glasur *f* <-; ~en> 1. esmalt *m*; 2. vernís *m*

glatt *adj* <~er; ~st> 1. llis, -a; 2. polit, -ida

Glätte *f* 1. llisor *f*; 2. polidesa *f*

Glatteis *n* gel *m*, glaç *m*

glätten *vt* allisar, aplanar

Glatz/e *f* calvície *f*; ~**kopf** *m* calba *f*

Glaub/e *m* <-ens> 1. fe *f*; 2. creença *f*; ~**en** *vt* creure; ~**haft** *adj* creïble

gläubig *adj* creient, fidel; ~**er, -in** *m/f* com creditor, -a *m/f*

glaubwürdig *adj* fidedigne

gleich *adj* 1. igual; 2. idèntic, -a; ~**altrig** *adj* de la mateixa edat; ~**artig** *adj* anàleg, -àloga, semblant; ~**bedeutend** *adj* 1. idèntic, -a; 2. *ling* sinònim, -a; ~**berechtigt** *adj* amb els mateixos drets; ~**'berechtigung** *f* igualtat *f* de drets; ~**en** <*irr* 48> *vi* 1. assemblar-se; 2. igualar; ~**falls** *adv* igualment, així mateix; ~**gewicht** *n* equilibri *m*; ~**gültig** *adj* indiferent; ~**'gültigkeit** *f* indiferència *f*; ~**'heit** *f* igualtat *f*; ~**mäßig** *adj* proporcionat, -ada; ~**'mut** *m* serenitat *f*; ~**wer-**

Gleis

tig adj equivalent; **~zeitig 1.** adj simultani, -ània; **2.** adv simultàniament

Gleis n ferroc carril m

gleit/en <irr 49, sein> vi relliscar; **~*schirmfliegen** n esp parapent m

Gletscher m glacera f

Glied n <~ɇs; ~er> membre m; **~*ern** vt 1. classificar; 2. med articular; **~maßen** pl membres mpl

glimmen <irr 50> vi cremar, brasejar

glitschig adj relliscós, -osa

glitzern vi (re)lluir

Globetrotter, -in <~s; ~> rodamón m/f

Globus m <~; ~en> globus m terraqüi

Glocke f campana f; **~nblume** f bot campànula f; **~ngeläut** n repic m de campanes; **~nspiel** n carilló m; **~nturm** m campanar m

Glück n <~ɇs> 1. felicitat f; 2. sort f; **~*en** <sein> vi sortir bé; **~*lich** adj feliç; **~*licherweise** adv afortunadament; **~wunsch** m felicitació f

Glühbirne f electr bombeta f

glühen 1. vt 1. fer tornar vermell/roig; 2. tecn enrogir, envermellir; 2. vi estar candent; **~d** adj 1. roig, roja; 2. candent

Glühwein m vi m calent

Glut f <~; ~en> incandescència f

Gnade f 1. gràcia f, mercè f; 2. perdó m; **~nfrist** f termini m de gràcia

gnädig adj clement, benigne, -a

Gold n <~ɇs> or m; **~barren** m lingot m d´or; **~'brasse** f peix dorada f, orada f; **~brassen** m peix dorada f, orada f; **~*en** adj 1. d´or; 2. daurat, -ada

Golf 1. m <~ɇs; ~e> geogr golf m; **2.** n <~s> joc golf m; **~platz** m camp m de golf; **~schläger** m bastó m de golf; **~spieler, -in** m/f esp golfista m/f

gönne/n vt no envejar; **~*r, -in** m/f protector, -a m/f

Go'rilla n <~s; ~s> zool goril·la m

Goti/k f gòtic m; **~*sch** adj gòtic, -a

Gott m <~es; ¨er> 1. Déu m; **grüß ~!** Aus, süddt bon dia!, bona tarda!, bona nit!; 2. déu m; **~esdienst** m culte m

Gött/in f deessa f; **~*lich** adj diví, -ina

Grab n <~ɇs; ¨er> sepulcre m, tomba f; **~en** m <~s; ¨> fossa f; **~'en** <irr 51> vi (ex)cavar; **~mal** n <~ɇs; ¨er> tomba f; **~stein** m làpida f (sepulcral)

Grad m <~ɇs; ~e> 1. grau m; 2. intensitat f

Graf m <~en; ~en> comte m

Graffiti pl pintades fpl, grafit m

Gräfin f comtessa f

Grafschaft f comtat m

Gramm n <~s> gram m

Gram/'matik f gramàtica f; **~*matikalisch** adj gramatical; **~matiker, -in** m/f gramàtic, -a m/f; **~*matisch** adj gramàtic, -a

Grammophon n fonògraf m, gramòfon m

Gra'natapfel m magrana f

Granate f mil granada f

gran'diós adj grandiós, -osa

Grapefruit f <~; ~s> bot pomelo m, aranja f

graph/isch *adj* gràfic, -a; **~*ologe, -in** *m/f* grafòleg, -òloga *m/f*; **~*ologie** *f* grafologia *f*; **~ologisch** *adj* grafològic, -a

Gras *n* <~es; ~er> herba *f*

grasen *vi* pasturar

grässlich *adj* esgarrifós, -osa

Grat *m* <~¢s; ~e> cresta *f*

Gräte *f peix* espina *f*

Gratifi/kation *f* gratificació *f*; **~*zieren** *vi* gratificar, premiar

gratinieren *vt* gratinar

gratis *adv* gratis, gratuïtament; **~*kostprobe** *f* degustació *f* gratuïta

Gratul/ation *f* felicitació *f*; **~iere!** *interj* felicitats!, enhorabona!; **~*'ieren** *vi* felicitar

grau *adj* gris, -a; **~blau** *adj* blavenc, -a, blavós, -osa

Gräuel *m* <~s; ~> abominació *f*; **~tat** *f* atrocitat *f*

Grauen *n* por *f*; **~*haft** *adj* espantós, -osa; **~*voll** *adj* espantós, -osa

grausam *adj* cruel, atroç; **~*keit** *f* crueltat *f*, atrocitat *f*

gravier/en *vt* 1. gravar; 2. *jur* agreujar; **~end** *adj* agreujant; **~*kunst** *f* (*Kunst*) gravació *f*; **~*ung** *f* gravat *m*

Gravit/ät *f* gravetat *f*; **~ation** *f* gravitació *f*; **~*ieren** *vi* gravitar

Grazi/e *f* gràcia *f*; **~*ös** *adj* graciós, -osa

greif/bar *adj* tangible; **~en** <*irr* 52> *vt* agafar, arreplegar

Greis *m* <~es; ~e> ancià *m*, vell *m*; **~in** *f* <~; ~en> anciana *f*, vella *f*

grell *adj* penetrant

Grenz/e *f* 1. límit *m*; 2. frontera *f*; **~*en** *vi* confinar, afrontar; **~*enlos** *adj* il·limitat, -ada; **~fall** *m* cas *m* límit; **~gebiet** *n* terreny *m* fronterer; **~kontrolle** *f* control *m* de fronteres; **~polizei** *f* policia *f* de fronteres; **~übergang** *m* pas *m* fronterer

Griech/e, -in *m/f* <~n; ~n> grec, -ega *m/f*; **~enland** *n* Grècia *f*; **~*isch** *adj* grec, -ega

Grieß *m* <~es; ~e> 1. sèmola *f*; 2. *med* arena *f*

Griff *m* <~¢s; ~e> 1. grapada *f*; 2. *zool* urpada *f*; **~*bereit** *adj* a l´abast de la mà

Grill *m* <~s; ~s> graella *f*; **~e** *f* grill *m*; **~en** *vt* fer a la brasa; **~fest** *n* barbacoa *f*, **~party** *f* barbacoa *f*, **~platte** *f* (*Gerät*) barbacoa *f*

Gri'masse *f* ganyota *f*

grinsen *vi* somriure irònicament

Grippe *f med* grip *f*

grob *adj* <¨er; ¨st> 1. gruixut, -uda; 2. groller, -a; **~*heit** *f* grolleria *f*, grosseria *f*

grölen *vt*/*i col·loq* bramar

Grönl/and *n* Gr(o)enlàndia *f*; **~änder, -in** *m/f* gr(o)enlandès, -esa *m/f*; **~*ändisch** *adj* gr(o)enlandès, -esa

groß *adj* <¨er; ¨st> gran, gros, -sa; **~artig** *adj* magnífic, -a; **~*aufnahme** *f cine* primer pla *m*; **~*betrieb** *f* gran empresa *f*

Großbritannien *n* Gran Bretanya *f*

Großbuchstabe *m* majúscula *f*

Größe *f* 1. grandesa *f*; 2. (*Ausdehnung*) amplitud *f*; 3. mida *f*, talla *f*

Großeltern

Großeltern *pl* avis *mpl*
Groß/handel *m* comerç *m* a l´engròs; **~händler, -in** *m/f* majorista *m/f*, comerciant, -a *m/f* a l´engròs
Großmacht *f* gran potència *f*
Großmama *f* àvia *f*, iaia *f*
Großmaul *n* xarlatà, -ana *m/f*
großmütig *adj* generós, -osa
Groß/mutter *f* àvia *f*; **~papa** *m* avi *m*
großspurig *adj* arrogant
Großstadt *f* ciutat *f* gran
größtenteils *adv* 1. la major part; 2. generalment
Großvater *m* avi *m*
groß/ziehen *vt* 1. criar; 2. educar; **~zügig** *adj* generós, -osa
Grotte *f* gruta *f*
grün *adj* 1. verd, -a; 2. inexpert, -a; **~*anlage** *f* parc *m* públic
Grund *m* <-¢s> 1. fons *m*; 2. propietat *f*; 3. base *f*, fonament *m*; **~bedingung** *f* condició *f* bàsica; **~besitz** *m* béns *mpl*, propietats *fpl*; **~besitzer, -in** *m/f* propietari, -ària *m/f*; **~buch** *n* registre *m* de la propietat, cadastre *m*
gründe/n *vt* fundar, fonamentar; **~*r, -in** *m/f* fundador, -a *m/f*
Grund/fläche *f* base *f*; **~gesetz** *n* 1. llei *f* bàsica; 2. constitució *f*; **~lage** *f* base *f*, fonament *m*; **~*legend** *adj* fonamental
gründlich *adj* profund, -a
Grund/riss *m constr* planta *f*; **~satz** *m* principi *m*; **~*sätzlich 1.** *adj* fonamental; **2.** *adv* en principi, fo-

namentalment; **~schule** *f* escola *f* primària; **~steuer** *f* contribució *f* territorial; **~stück** *n* terreny *m*, finca *f*
Gründung *f* fundació *f*
Grupp/e *f* grup *m*, agrupació *f*; **~*'ieren** *vt* agrupar
gruselig *adj* horripilant, horrible
Gruß *m* <-es; ¨-e> salutació *f*
grüßen *vt* saludar
Guatemal/a *n* <-s> Guatemala *f*; **~teke, -in** *m/f* guatemalenc, -a *m/f*; **~*tekisch** *adj* guatemalenc, -a
gucken *vi* mirar, guaitar
Gulasch *n* <-es> *gastr* guisat *m* picant
gültig *adj* 1. valedor, -a; 2. vàlid, -a; **~*keit** *f* 1. validesa *f*; 2. vigència *f*; **~*keitsdauer** *f* termini *m* de validesa
Gummi *n* <-s; ~> 1. goma *f*; 2. cautxú *m*; **~band** *n* cinta *f* elàstica; **~handschuh** *m* guant *m* de goma; **~stiefel** *mpl* botes *fpl* de goma
günstig *adj* 1. favorable; 2. avantatjós, -osa
Gurgel *f* <-; ~n> gargamella *f*, gola *f*; **~*n** *vi* fer gàrgares
Gurke *f bot* cogombre *m*
Gurt *m* <-¢s; ¨-e> 1. cenyidor *m*; 2. *auto* cinturó *m* de seguretat
Gürtel *m* <-s; ~> cinturó *m*, corretja *f*; **~tasche** *f* butxaca *f* del davant
Guss *m* <-es; ¨-e> 1. (*Wasser*) doll *m*; 2. (*Regen*) ruixat *m*; 3. *gastr* bany *m*, capa *f*

Gut n <~¢s; ~¨er> 1. bé m; 2. possessió f, propietat f; **~*** adj 1. bo, bona; 2. sa, sana; **~achten** n <~s; ~> 1. dictamen m, informe m; 2. certificat m; 3. tecn peritatge m; **~achter, -in** m/f expert, -a m/f, perit, -a m/f; **~*artig** adj med benigne, -a; **~*aussehend** adj de bon aspecte

Güte f bondat f; **~r** pl béns mpl; **~rbahnhof** m transp estació f de càrrega; **~rwagen** m transp vagó m de càrrega; **~rzug** m transp tren m de càrrega

gut/gelaunt adj de bon humor; **~gläubig** adj de bona fe; **~*haben** n <~s; ~> 1. haver m; 2. crèdit m

gütig adj 1. bondadós, -osa; 2. benigne, -a

gütlich adj amistós, -osa

gut/machen vt 1. adobar, reparar; 2. corregir, rectificar; **~mütig** adj bonàs, -assa; **~*sbesitzer, -in** m/f latifundista m/f; **~*schein** m val m; **~schreiben** vt abonar; **~*schrift** f com pagaré m; **~*shof** m 1. granja f; 2. masia f

Gym/nasiast, -in m/f estudiant m/f de batxillerat; **~'nasium** n <~s; ~en> (staatliches) institut m (d'ensenyament secundari); (privates) col·legi m

Gym/'nastik f gimnàstica f; **~*nastisch** adj gimnàstic, -a

Gynäkolog/e, -in m/f med ginecòleg, -òloga m/f; **~ie** f ginecologia f; **~*isch** adj ginecològic, -a

H

h n 1. ling hac f; 2. mús si m

Haar n <~¢s; ~e> 1. pèl m; 2. cabell m; **~ausfall** m 1. caiguda f del cabell; 2. med alopècia f; **~festiger** m <~s; ~> (gel) fixador m; **~klammer** f passador m; **~nadel** f (Haar) agulla f de ganxo; **~schnitt** m 1. tallada f de cabells; 2. pentinat m; **~spange** f passador m; **~spray** m laca f; **~spülung** f suavitzant m; **~*sträubend** adj esgarrifador, -a; **~wasser** n loció f capil·lar

Habe f 1. béns mpl; 2. fortuna f; **~*n** <irr 53> vt 1. tenir, posseir; 2. obtenir, rebre

Hab/gier f cobdícia f; **~*gierig** adj cobdiciós, -osa; **~icht** m <~s; ~e> falcó m perdiguer; **~sucht** f cobdícia f; **~*süchtig** adj cobdiciós, -osa

Hack/e f agric aixada f; **~en** vt/i 1. (Fleisch) picar; 2. (Holz) tallar, partir; 3. agric cavar; **~fleisch** n carn f picada

Hafen m <~s; ~¨> port m; **~becken** n dàrsena f; **~damm** m moll m; **~gebühr** f taxa f portuària; **~polizei** f policia f portuària; **~stadt** f ciutat f portuària

Hafer m bot avena f, civada f; **~flocken** fpl flocs mpl de civada

Haft f <~> arrest m, detenció f; **~*bar** adj responsable; **~*en** vi respondre

Häftling m detingut m

Haft/pflichtversicherung f asse-

Hagebutte

gurança f de responsabilitat civil; **~ung** f responsabilitat f
Hagebutte f fruit m de la gavarrera
Hagel m <~s> calamarsa f; **~*n** vl/impers calamarsejar; **~schauer** m calamarsada f
Hahn m <~¢s; ~e> 1. zool gall m; 2. (Wasser) aixeta f
Hähnchen n pollastre m
Hai m <~es; ~e> tauró m
Haiti n Haití m; **~aner, -in** m/f haitià, -ana m/f; **~*anisch** adj haitià, -ana
Haken m <~s; ~> ganxo m; **~kreuz** n esvàstica f, creu f gammada
halb 1. adj mig, mitja; 2. adv mig; **~'ieren** vt dividir en dos; **~*insel** f península f; **~*jahr** n semestre m; **~*kreis** m semicercle m; **~kugel** f hemisferi m; **~*mond** m mitja lluna f; **~*pension** f mitja pensió f; **~*tagskraft** f treballador, -a m/f a mitja jornada; **~*zeit** f esp mitja part f
Hälfte f meitat f
Halle f 1. sala f; 2. nau f, pavelló m; **~nbad** n piscina f coberta; **~nsport** m esport m en pista coberta
hallo! interj hola!
Hals m <~es; ~e> coll m; **~band** n collaret m; **~kette** f 1. collaret m; 2. cadena f; **~-Nasen-Ohrenarzt, -ärztin** m/f med otorinolaringòleg, -òloga m/f; **~schmerzen** mpl mal m de coll; **~*starrig** adj testarut, -uda, tossut, -uda; **~tuch** n mocador m per al coll; **~weh** n mal m de coll
Halt m <~¢s; ~e> parada f; **~!** interj

atura't!, prou!; **~*bar** adj durable; **~barkeit** f 1. estabilitat f; 2. solidesa f; **~barkeitsdatum** n (Lebensmittel) data f de caducitat
halt/en <irr 54> vt mantenir, aguantar; **~*estelle** f parada f; **~*everbot** n auto prohibició f d'estacionament; **~*ung** f 1. actitud f; 2. comportament m
Ha'lunke m <~n; ~n> bergant, -a m/f
Hamburger m <~s; ~> gastr hamburguesa f
Hammel m <~s; ~> moltó m; **~braten** m rostit m de moltó
Hammer m <~s; ~> martell m
Hämorrho'iden fpl hemorroides fpl
Hamster m zool hàmster m; **~*n** vt acaparar
Hand f <~; ~e> anat mà f; **~arbeit** f treball m manual; **~ball** m esp handbol m; **~bremse** f fre m de mà; **~buch** n manual m; **~creme** f crema f de mans
Handel m <~s> 1. comerç m; 2. (Geschäft) negoci m; **~*n** vi 1. actuar, obrar; 2. com comerciar; **~skammer** f cambra f de comerç
Hand/feger m escombreta f; **~fläche** f palmell m, palma f; **~gelenk** n 1. carp m; 2. puny m; **~*gemacht** adj fet, -a a mà; **~gemenge** n <~s; ~> baralla f; **~gepäck** n equipatge m de mà; **~*haben** vt maniobrar, manipular; **~koffer** m maleta f
Händler, -in m/f comerciant, -a m/f
hand/lich adj fàcil de manejar; **~*lung** f 1. acció f; 2. acte m; **~*schellen**

fpl manilles *fpl*; **~schuh** *m* guant *m*;
~schuhfach *n* auto guantera *f*;
~tasche *f* bossa *f*; **~*tuch** *n* tovallola *f*; **~*werk** *n* ofici *m* d´artesania;
~*werker, -in *m*/*f* artesà, -ana *m*/*f*
Handy *n* <~s; ~s> (telèfon) mòbil *m*
Hanf *m* <~¢s> cànem *m*
Hang *m* <~¢s> pendent *m*
Hänge/brücke *f* pont *m* penjant;
~lampe *f* llum *m* penjant; **~matte**
f hamaca *f*; **~*n** <*irr* 55> *vi* penjar
(an de)
han'tieren *vi* 1. manejar; 2. manipular
Haplo/graphie *f* haplografia *f*; **~logie**
f haplologia *f*
Happen *m* <~s; ~> 1. bocada *f*; 2. mos *m*
Harem *m* harem *m*
Häre/sie *f* heretgia *f*; **~tiker** *m* heretge *m*; **~*tisch** *adj* herètic, -a
Harfe *f* mús arpa *f*; **~nist, -in** *m*/*f* arpista *m*/*f*; **~nspieler, -in** *m*/*f* arpista *m*/*f*
harmlos *adj* inofensiu, -iva
Harmo/l'nie *f* harmonia *f*; **~*nisch** *adj*
1. mús harmònic, -a; 2. harmoniós, -osa
Harn *m* <~¢s> orina *f*; **~blase** *f* anat bufeta *f*
Harpune *f* arpó *m*
hart *adj* <~̈er; ~̈st> 1. dur, -a; 2. resistent
Härte *f* 1. duresa *f*; 2. (*Gemüt*) crueltat *f*
hart/herzig *adj* sense compassió;
~näckig *adj* tossut, -uda
Harz *n* <~es; ~e> resina *f*
Haschisch *n* haixix *m*
Hase *m* <~n; ~n> llebre *f*

Haselnuss *f* avellana *f*
Hass *m* <~es> odi *m* (**gegen** contra);
~en *vt* odiar
hässlich *adj* lleig, lletja; **~*keit** *f* lletgesa *f*
Hauch *m* <~¢s; ~e> alè *m*
hauen <*irr* 56> *vt*/*i* 1. (*Baum*) talar; 2. (*Stein*) treballar
Haufen *m* <~s; ~> munt *m*, pilot *m*
häufen *vt* amuntegar, acumular
haufenweise *adv* a munts, a pilots
häufig 1. *adj* freqüent; 2. *adv* freqüentment, amb freqüència; **~*keit** *f* freqüència *f*
Haupt *n* <~¢s; ~̈er> cap *m*; **~...** *adj*
principal, cabdal; **~bahnhof** *m* estació *f* central; **~darsteller, -in** *m*/*f*
protagonista *m*/*f*; **~eingang** *m* entrada *f* principal; **~gericht** *n* gastr plat *m* principal; **~gewinn** *m* premi *m* gros
Häuptling *m* cap *m* de tribu
Haupt/mann *m* <~¢s; ~leute> capità *m*; **~post** *f* central *f* de correus;
~quartier *n* quarter *m* general;
~sache *f* cosa *f* essencial; **~*sächlich** 1. *adj* principal; 2. *adv* principalment; **~saison** *f* temporada *f*
alta; **~schalter** *m* electr interruptor
m central; **~schlagader** *f* med aorta *f*; **~stadt** *f* capital *f*; **~straße** *f*
carretera *f* principal; **~verkehrsstraße** *f* carretera *f* general; **~verkehrszeit** *f* hora *f* punta
Haus *n* <~es; ~̈er> 1. casa *f*; 2. jur
immoble *m*; **~angestellte** *f* dona *f*
de fer feines; **~apotheke** *f* farma-

ciola f; **~arbeit** f feines fpl domèstiques; **~arzt, -ärztin** m/f metge, -essa m/f de família; **~aufgabe** f deure m; **~besitzer, -in** m/f propietari, -ària m/f
Häuserblock m illa f de cases
Haus/frau f mestressa f de casa; **~friedensbruch** m jur violació f d´un domicili; **~halt** m <~¢s; ~e> administració f (de la casa); **~haltgerät** n electrodomèstic m; **~herr, -in** m/f propietari, -ària m/f de la casa; **~'ierer, -in** m/f marxant, -a m/f
häuslich adj casolà, -ana
Haus/mannskost f cuina f casolana; **~meister, -in** m/f conserge m/f; **~mittel** n med remei m casolà; **~müll** m escombraries fpl; **~ordnung** f reglament m domèstic; **~schuh** m sabatilla f; **~tier** n animal m domèstic; **~tür** f porta f de la casa; **~verwalter, -in** m/f administrador, -a m/f (d´una casa)
Haut f <~; ~e> pell f; **~arzt, -ärztin** m/f dermatòleg, òloga m/f; **~ausschlag** m erupció f cutània; **~creme** f crema f cutània; **~farbe** f color m de la pell
Hebel m <~s; ~> palanca f
heben <irr 57> vt aixecar
Hecht m <~¢s; ~e> peix lluç m de riu
Heck n <~¢s; ~e> 1. nav popa f; 2. aero cua f; **~e** f bardissa f; **~enrose** f rosa f silvestre
Heer n <~¢s; ~e> exèrcit m
Hefe f llevat m; **~teig** m pasta f fermentada

Heft n <~¢s; ~e> 1. quadern m; 2. fascicle m
heften vt subjectar, agafar
heftig adj 1. fort, -a; 2. violent, -a; **~*keit** f 1. violència f; 2. vehemència f
Heft/klammer f grapa f; **~maschine** f grapadora f; **~pflaster** n esparadrap m; **~zwecke** f xinxeta f
Heide m <~n; ~n> pagà m; **~kraut** n bot bruc m; **~lbeere** f bot gerdera f silvestre
heikel adj difícil, delicat, -ada, espinós, -osa
Heil n salut f; **~*** adj 1. sencer, -a; 2. sa, sana; **~anstalt** f sanatori m; **~bad** n 1. bany m medicinal; 2. balneari m; **~*bar** adj curable; **~butt** m peix halibut m; **~*en** vt/i curar(-se), sanar(-se)
heil/ig adj 1. sant, -a; 2. sagrat, -ada; **~*igabend** m nit f de Nadal; **~*ige, -r** f/m sant, -a m/f; **~*igtum** n santuari m; **~*kräuter** pl herbes fpl medicinals; **~*mittel** n remei m; **~*praktiker, -in** m/f naturòpata m/f, homeòpata m/f; **~sam** adj curatiu, -iva; **~*ung** f curació f
Heim n <~¢s; ~e> casa f, llar f; **~*** adv a casa; **~arbeit** f feina f a domicili; **~at** f <~en> 1. pàtria f; 2. lloc m de naixement; **~fahrt** f viatge m de retorn (a casa); **~*gehen** vi tornar a casa; **~*isch** adj nacional; **~kehr** f <~> tornada f a casa; **~*kommen** vi tornar a casa; **~*lich. 1.** adj 1. secret, -a; 2. clandestí, -ina; **2.** adv 1. secretament; 2. clandestinament;

~tückisch adj traïdor, -a; **~weg** m retorn m; **~weh** n nostàlgia f; **~werken** n <-s; -> bricolatge m

Heirat f <~; ~en> 1. casament m; 2. (*Hochzeit*) noces fpl, boda f; **~*en** vt/i casar-se

heiser adj ronc, -a

heiß adj 1. calent, -a; 2. cremant; 3. (*Klima*) càlid, -a; **~en** <irr 58> 1. vt anomenar, denominar; 2. vi anomenar-se, dir-se

heiter adj 1. seré, -ena; 2. alegre; **~*keit** f 1. serenitat f; 2. alegria f, joia f

heiz/bar adj escalfable; **~en** vt escalfar; **~*kissen** n coixí m elèctric; **~*körper** m radiador m; **~*öl** n oli m combustible; **~*ung** f calefacció f

Hektar n <~s> hectàrea f

Hekti/k f agitació f; **~*sch** adj med hèctic, -a

Held m <~en; ~en> heroi m; **~*enhaft** adj heroic, -a; **~entat** f heroïcitat f; **~in** f heroïna f

helfe/n <irr 59> vi ajudar, socórrer; **~*r, -in** m/f ajudant, -a m/f

Heli'kopter m <~s; -> helicòpter m

hell adj 1. clar, -a; 2. il·luminat, -ada; **~blau** adj blau-cel; **~haarig** adj de cabell clar; **~hörig** adj fi, -na d'orella; **~igkeit** f claredat f; **~*seher, -in** m/f vident m/f; **~wach** adj ben despert, -a

Helm m <~¢s; ~e> mil casc m

Hemd n <~¢s; ~en> camisa f; **~bluse** f brusa f camisera

hemm/en vt 1. (*anhalten*) aturar, detu-

rar; 2. (*bremsen*) frenar; **~*ung** f 1. retard m; 2. impediment m; **~*ungslos** adj sense escrúpols

Hengst m <~es; ~e> cavall m

Henkel m <~s; -> ansa f

Henker m botxí m

Henne f gallina f

Hepa'titis f <~> med hepatitis f

her adv cap aquí; **~*'ab** adv cap avall; **~ablassen** 1. vt (fer) baixar; 2. **sich ~** 1. despenjar-se; 2. fig condescendir (**zu** a); **~absetzen** vt disminuir, reduir; **~absteigen** vi baixar, descendir

heran/kommen vi acostar-se, aproximar-se; **~wachsen** vi anar creixent, fer-se adult

her/'aufbeschwören vt conjurar, evocar; **~aufkommen** vi pujar, muntar; **~aufsetzen** vt augmentar; **~aufziehen** 1. vt estirar amunt; 2. vi (*Gewitter*) amenaçar

her'aus adv fora

heraus/bekommen vt aconseguir treure; **~bringen** vt 1. (ex)treure; 2. publicar; 3. (*Ware*) llançar (al mercat); **~fordern** vt provocar; **~*forderung** f 1. provocació f; 2. repte m; **~geben** vt 1. restituir; 2. editar, publicar; **~*geber, -in** m/f editor, -a m/f; **~holen** vt treure (**aus** de); **~kommen** vi 1. sortir (**aus** de); 2. aparèixer, publicar-se; 3. (*Geheimnis*) descobrir-se; **~nehmen** vt 1. treure, retirar; 2. med extirpar, extreure; **~ragen** vi sobresortir, excel·lir (**aus** en); **~stellen** vt 1. col·locar fora; 2. (*unterstreichen*)

herb

~**strecken** vt treure; ~**ziehen** vt 1. treure; 2. arrencar
herb adj aspre, -a
her/'bei adv 1. aquí; 2. per aquest costat; ~**beieilen** vi acudir de pressa
Herberge f alberg m, hostal m
herbringen vt aportar
Herbst m <-es; -e> tardor f; ~*****lich** adj tardorenc, -a, autumnal lit
Herd m <-es; -e> 1. llar f; 2. (Küche) cuina f
Herde f ramat m
her/'ein adv cap a dins; ~**ein!** interj endavant!; ~**einbitten** vt fer passar; ~**einfallen** vi caure a dintre; ~**einkommen** <irr 63> vi entrar; ~**einlassen** vt fer passar; ~**einlegen** vt 1. posar a dins; 2. fig prendre el pèl
Herfahrt f viatge m de tornada
Hergang m <-s> esdeveniments mpl
Hering m 1. peix areng m; 2. (Zelt) estaqueta f
herkommen vi 1. venir; 2. acostar-se; 3. procedir (aus de)
Herkunft f <-> 1. procedència f; 2. origen m
Hermaphrodit m hermafrodita m
Herme/neutik f hermenèutica f; ~*****tisch** 1. adj hermètic, -a; 2. adv hermèticament
Hero/'in f heroïna f; ~*****insüchtig** adj heroïnòman, -a
Herpes m med herpes m
Herr m <-n; -en> 1. cavaller m; 2. (Anrede) senyor m; ~**enanzug** m vestit m de senyor; ~*****enlos** adj 1. (Tier) sense amo; 2. abandonat, -ada;

~**enmode** f moda f masculina; ~**enschneider** m sastre m d´homes; ~**entoilette** f servei m de cavallers; ~**in** f mestressa f, senyora f; ~*****isch** adj autoritari, -ària; ~*****lich** adj magnífic, -a, esplèndid, -a; ~**schaft** f 1. dominació f; 2. senyoriu m; 3. imperi m; ~*****schaftlich** adj senyorial; ~*****schen** vi 1. dominar, senyorejar; 2. governar; ~**scher, -in** m/f sobirà, -ana m/f

herrühren vi procedir, provenir (**von** de)
herstell/en vt 1. fabricar, produir; 2. efectuar, elaborar; ~**er, -in** m/f fabricant m/f; ~*****ung** f fabricació f, producció f
her'über adv cap aquí
her'um adv prop de, entorn de, vora de
herum/drehen vt 1. fer girar; 2. girar; ~**führen** vt dur a passejar; ~**gehen** vi circular, donar voltes; ~**reisen** <sein> vi viatjar molt; ~**treiben**: sich ~**treiben** vagabundejar
her'unter adv cap avall
herunter/fallen vi caure; ~**klappen** vt abaixar; ~**kommen** vi baixar; ~**lassen** vt fer baixar
her'vor adv endavant
hervor/bringen vt engendrar, crear; ~**gehen** vi sortir, eixir val; ~**heben** vi realçar; ~**ragend** adj 1. eminent; 2. excel·lent; ~**rufen** vt 1. cridar a escena; 2. originar, produir
Herz n <-ens; -en> cor m; ~**beschwerden** fpl med transtorns mpl cardíacs; ~*****ergreifend** adj commovedor, -a; ~**fehler** m lesió f cardíaca;

~infarkt *m med* infart *m* cardíac; **~klopfen** *n* batec *m*, palpitació *f*; **~*krank** *adj* cardíac, -a; **~*lich** *adj* cordial; **~lichkeit** *f* cordialitat *f*; **~*los** *adj* insensible

Herzog *m* <-¢s; ¨e> duc *m*; **~in** *f* duquessa *f*; **~tum** *n* ducat *m*

Herz/schlag *m* batec *m*; **~schrittmacher** *m med* marcapàs *m*; **~spezialist, -in** *m/f* cardiòleg, -òloga *m/f*; **~verpflanzung** *f* transplantació *f* de cor; **~versagen** *n* fallida *f* de cor

heterodox *adj* heterodox, -a; **~*ie** *f* heterodòxia *f*

heterogen *adj* heterogeni, -ènia; **~*ität** *f* heterogeneïtat *f*

heterosexu'ell *adj* heterosexual

Hetz/e *f* caça *f*; **~*en** *vt* 1. caçar; 2. perseguir; **~kampagne** *f* campanya *f* difamatòria

Heu *n* <-¢s> *bot* fenc *m*; **~che'lei** *f* 1. hipocresia *f*; 2. dissimulació *f*; **~*cheln** *vt/i* 1. ser hipòcrita; 2. dissimular; **~chler, -in** *m/f* hipòcrita *m/f*; **~*len** *vi* 1. udolar; 2. (*Kind*) plorar

Heusch/nupfen *m* febre *f* del fenc; **~recke** *f* llagosta *f* (verda)

heut/e *adv* avui, hui *val*; **~ig** *adj* 1. d´avui; 2. actual; **~zutage** *adv* 1. avui en dia; 2. actualment

Hexa/eder *m* hexàedre *m*; **~'gon** *n* hexàgon *m*; **~*go'nal** *adj* hexagonal; **~'meter** *m* hexàmetre *m*

Hexe *f* bruixa *f*; **~nschuss** *m med* lumbago *m*

Hieb *m* <-es; ~e> cop *m*

hier *adv* aquí, ací *val*

Hierarch/'ie *f* jerarquia *f*; **~*isch** *adj* jeràrquic, -a

hier/auf *adv* sobre això; **~bei** *adv* amb això; **~durch** *adv* amb això; **~für** *adv* per això; **~her** *adv* cap aquí; **~hin** *adv* aquí; **~mit** *adv* amb això

Hiero/'glyphe *f* jeroglífic *m*; **~*glyphisch** *adj* jeroglífic, -a

hierzu *adv* a això

hiesig *adv* d´aquí

Hi-Fi-Anlage *f mús* equip *m* d´alta fidelitat

Hilf/e *f* ajut *m*, ajuda *f*; **~eruf** *m* crit *m* de socors; **~*los** *adj* desamparat, -ada; **~sarbeiter, -in** *m/f agric* jornaler, -a *m/f*; **~*sbedürftig** *adj* indigent; **~*sbereit** *adj* disposat, -ada a ajudar; **~skraft** *f* auxiliar *m/f*; **~smittel** *n* mitjà *m*; **~sverb** *n ling* (verb) auxiliar *m*

Himbeer/e *f* gerd *m*; **~strauch** *m bot* gerdera *f*

Himmel *m* <-s; ~> cel *m*; **~*blau** *adj* blau-cel, celeste; **~fahrt** *f* 1. Ascensió *f* (del Senyor); 2. Assumpció *f* (de Maria); **~srichtungen** *fpl* els punts *mpl* cardinals

himmlisch *adj* celestial

hin *prep* cap a, vers

hin/'ab *adv* cap a baix; **~abfahren** *vi* baixar, descendir; **~abgehen** *vi* baixar, descendir; **~absteigen** *vi* baixar, descendir

hinauf *adv* cap a dalt; **~fahren** <*sein*> *vt* acompanyar cap a dalt; **~gehen**

hinaus

vi 1. pujar; 2. escalar; **~steigen** *vi* 1. pujar; 2. escalar

hin/'aus *adv* cap a fora; **~ausgehen** *vi* sortir, marxar; **~ausschieben** *vt* empènyer cap a fora; **~auswerfen** *vt* tirar cap a fora

Hinblick: im ~ auf *m* 1. en consideració a; 2. en vista de

hinder/lich *adj* molest, -a; **~n** *vt* 1. impedir; 2. obstaculitzar

Hindernis *n* <~ses; ~e> 1. obstacle *m*; 2. impediment *m*; **~rennen** *n* cursa *f* d´obstacles

hin/'durch *prep* a través de, per; **~'ein** *adv* cap a dintre; **~eingehen** *vi* 1. entrar; 2. cabre; **~einstecken** *vi* 1. posar dintre, introduir; 2. (*Geld*) invertir; 3. *electr* endollar

Hinfahrt *f* viatge *m* d´anada

hinf/allen *vi* caure a terra; **~ällig** *adj* caducat, -ada, invàlid, -a

Hinflug *m aero* vol *m* d´anada

hinführen *vt* conduir, portar, guiar (nach a)

hin/geben *vt* 1. donar-se; 2. lliurar-se, entregar-se; **~'gegen** *adv* 1. al contrari; 2. en canvi; **~gehen** *vi* anar

hinken *vi* coixejar

hin/legen *vt* posar, col·locar; **~nehmen** *vt* 1. prendre; 2. tolerar, acceptar

Hinrei/se *f* viatge *m* d´anada; **~*ßend** *adj* irresistible

hinricht/en *vt* ajusticiar, executar; **~*ung** *f* execució *f*

hinsehen *vi* mirar bé, fixar-se

hinsetzen *vt* posar, col·locar

Hinsicht *f:* **in ~ auf** quant a; **~*lich** *prep* respecte a, quant a

hinstellen *vt* posar, col·locar

hinten *adv* darrere

hinter *prep* darrere de; **~*bliebene**, **-r** *f/m* supervivent *m/f*; **~einander** *adv* l´un darrere l´altre; **~*grund** *m* 1. fons *m*; 2. segon pla *m*; **~*halt** *m* <~¢s; ~e> emboscada *f*, trampa *f*; **~hältig** *adj* dissimulat, -ada

hinter/her *adv* 1. després; 2. darrere; **~*kopf** *m* nuca *f*; **~*land** *n* <~¢s> zona *f* interior; **~lassen** *vt* 1. deixar; 2. *jur* llegar; **~listig** *adj* astut, -a

Hinter/n *m* <~s; ~> *col·loq* cul *m*; **~rad** *n* roda *f* posterior; **~teil** *n* 1. part *f* del darrere; 2. *col·loq* cul *m*; **~treppe** *f* escala *f* de servei; **~tür** *f* porta *f* posterior; **~*ziehen** *vt* 1. *fig* defraudar; 2. *col·loq* estirar cap al darrere

hin/'über *adv* d´aquesta banda a l´altra; **~'unter** *adv* cap avall; **~unterschlucken** *vt* engolir

Hinweg *m* camí *m* d´anada; **~*sehen** *vi* no fer cas, fer els ulls grossos; **~*setzen: sich ~** saltar-se, no fer cas

Hinweis *m* <~es; ~e> 1. indicació *f*; 2. advertència *f*; **~*en** *vt* 1. indicar; 2. referir-se, fer al·lusió

hinziehen *vt* atreure

hin/'zu *adv*; **~zufügen** *vt* afegir, ajuntar (zu a); **~zukommen** *vi* afegir-se; **~zutun** *n* addició *f*; **~zuziehen** *vt* (*Arzt*) cridar, consultar

Hirn *n* <~¢s; ~e> cervell *m*; **~gespinst**

n al·lucinació *f*; **~hautentzündung** *f med* meningitis *f*
Hirsch *m* <~es; ~e> cérvol *m*
Hirse *f bot* mill *m*
Hirte, -in *m/f* <~en; ~en> pastor, -a *m/f*
hissen *vt* 1. *nav* hissar; 2. (*Flagge*) (en)arborar
His'toriker, -in *m/f* historiador, -a *m/f*; **~*torisch** *adj* històric, -a
Hit *m* <~s; ~s> èxit *m*
Hitz/e *f* calor *f*, xafogor *f*; **~ewelle** *f* onada *f* de calor; **~*ig** *adj* calorós, -osa; **~kopf** *m* cap *m* calent; **~schlag** *m* insolació *f*
H-Milch *f* llet *f* uperitzada
HNO-Arzt, -Ärztin *m/f* otorinolaringòleg, -a *m/f*
Hobby *n* <~s; ~s> afició *f*, hobby *m*
Hobel *m* <~s; ~> ribot *m*; **~*n** *vt* ribotar
Hoch *n* <~s; ~s> 1. brindis *m*; 2. *meteo* anticicló *m*; **~*** *adj* alt, -a; **~achtung** *f* respecte *m*; **~*achtungsvoll** *adv* (*Brief*) atentament; **~amt** *n* missa *f* major; **~betrieb** *m* activitat *f* intensa; **~druck** *m* alta pressió *f*; **~ebene** *f* altiplà *m*; **~gebirge** *n* alta muntanya *f*; **~genuss** *m* delícia *f*; **~*geschlossen** *adj* (*Kleid*) tancat, -ada; **~geschwindigkeitszug** *m* tren *m* d´alta velocitat; **~haus** *n* casa *f* de pisos; **~mut** *m* orgull *m*, supèrbia *f*; **~*mütig** *adj* orgullós, -osa; **~ofen** *m tecn* alt forn *m*; **~saison** *f* temporada *f* alta; **~schule** *f* universitat *f*, escola *f* superior; **~seefischerei** *f* pesca *f* d´alta mar; **~sommer** *m* ple estiu *m*, *meteo* canícula *f*; **~spannung** *f electr* alta tensió *f*; **~sprung** *m* salt *m* d´alçada
höchst *superl* 1. el més alt; 2. summe, suprem
Hochstapler, -in *m/f* estafador, -a *m/f*
höchstens *superl* a tot estirar
hoch/trabend *adj* emfàtic, -a; **~*verrat** *m* alta traïció *f*; **~*wasser** *n* 1. riuada *f*; 2. inundació *f*; **~wertig** *adj* de gran valor
Hochzeit *f* <~; ~en> boda *f*, noces *fpl*, casament *m*
hocken *vi* estar ajupit, -ida
Hocker *m* tamboret *m*
Hode *f* <~; ~n> testicle *m*
Hof *m* <~∅s; ¨e> 1. pati *m*; 2. (*Bauern*) granja *f*; 3. (*König*) cort *f*
hoff/en *vt* esperar; **~entlich** *adv* 1. com és d´esperar; 2. tant de bo; **~*nung** *f* 1. esperança *f*; 2. (*Erwartung*) espera *f*; **~nungsvoll** *adj* esperançador, -a
höflich *adj* cortès, -esa, educat, -ada; **~*keit** *f* cortesia *f*, educació *f*
Höhe *f* 1. alçada *f*, altura *f*; 2. *geogr* altitud *f*; 3. *geogr* (*Breite*) latitud *f*
Hoheit *f* <~> 1. altesa *f*; 2. grandesa *f*; 3. *pol* sobirania *f*
Höhepunkt *m* 1. punt *m* culminant; 2. *fig* apogeu *m*
hohl *adj* 1. buidat, -ada; 2. còncau, -ava
Höhle *f* 1. cova *f*; 2. gruta *f*; 3. cavitat *f*
Hohn *m* <~∅s> mofa *f*, escarni *m*
höhnisch *adj* 1. escarnidor, -a; 2. sarcàstic, -a
holen *vt* 1. anar a buscar; 2. recollir; 3. portar

Holland

Holl/and *n* <-s> Holanda *f*; **~änder, -in** *m/f* holandès, -esa *m/f*; **~*ändisch** *adj* holandès, -esa
Höll/e *f* infern *m*; **~enlärm** *m* soroll *m* infernal; **~*isch 1.** *adj* infernal; **2.** *adv* 1. molt; 2. infernalment
Ho'lunder *m* bot saüc *m*
Holz *n* <-es; ⁻er> 1. fusta *f*; 2. llenya *f*
hölzern *adj* de fusta
Holz/fäller, -in *m/f* llenyataire *m/f*; **~kohle** *f* carbó *m* vegetal; **~ofenbrot** *n* pa *m* de forn de llenya; **~schnitt** *m* gravat *m* sobre fusta; **~schuh** *m* esclop *m*, soc *m*
homogen *adj* homogeni, -ènia; **~isieren** *vt* homogeneïtzar; **~*ität** *f* homogeneïtat *f*
Homonym *n* ling homònim, -a *m*; **~*isch** *adj* homònim, -a
Homöo/'path, -in *m/f* <-en; -en> homeòpata *m/f*; **~pathie** *f* homeopatia *f*; **~*pathisch** *adj* homeopàtic, -a
Homosexu/alität *f* homosexualitat *f*; **~*ell** *adj* homosexual; **~elle, -r** *f/m* homosexual *m/f*
Hondur/'aner, -in *m/f* hondureny, -a *m/f*; **~*anisch** *adj* hondureny, -a; **~as** *n* Hondures *m*
Honig *m* <-s; -e> mel *f*
Honor'ar *n* <-s; -e> honoraris *mpl*
hörbar *adj* 1. audible, oïble; 2. perceptible (a l´orella)
horchen *vi* escoltar
hör/en *vt/i* 1. sentir; 2. escoltar; **~er, -in** *m/f* oient *m/f*; **~*gerät** *n* aparell *m* acústic

Hori/'zont *m* <-¢s; -e> horitzó *m*; **~*zon'tal** *adj* horitzontal
Hor/'mon *n* <-s; -e> hormona *f*; **~monbehandlung** *f* med tractament *m* hormonal
Horn *n* <-¢s; ⁻er> 1. corn *m*; 2. (*Tier*) banya *f*; 3. *mús* corneta *f*
Hörnchen *n* gastr croissant *m*
Hornhaut *f* 1. durícia *f*; 2. (*Fuß*) ull *m* de poll; 3. (*Augen*) còrnia *f*
Hor'nisse *f* vespa *f* grossa
Horo'skop *n* <-s; -e> horòscop *m*
Hör/saal *m* 1. auditori *m*; 2. aula *f*; **~saalgebäude** *n* aulari *m*; **~spiel** *n* teatre *m* radiofònic
Hose *f* pantalons *mpl*; **~nanzug** *m* (*Frauen*) vestit *m* de pantalons; **~nschlitz** *m* bragueta *f*; **~nträger** *m* elàstics *mpl*
Ho/'tel *n* <-s; -s> hotel *m*; **~telbelegung** *f* ocupació *f* hotelera; **~telbesitzer, -in** *m/f* propietari, -ària *m/f* d´hotel; **~telboy** *m* vailet *m* d´hotel; **~telführer** *m* (*Buch*) guia *f* d´hotels; **~telhalle** *f* hall *m*; **~telier** *m* hoteler *m*
Hubraum *m* auto cilindrada *f*
hübsch *adj* bonic, -a
Hubschrauber *m* aero helicòpter *m*
huckepack *adv* a coll
Huf *m* <-¢s; -e> peülla *f*, unglot *m*; **~eisen** *n* ferradura *f*
Hüft/e *f* 1. maluc *m*; 2. (*Tier*) anca *f*; 3. llom *m*; **~gürtel** *m* faixa *f* (per a la cintura)
Huftiere *pl* zool (mamífers) ungulats *mpl*

Hügel m <-s; -> pujol m, turó m, tossal m

Huhn n <-¢s; ~er> gallina f

Hühn/chen n pollet m; **~erauge** n ull m de poll; **~erbrühe** f brou m de gallina; **~erbrust** f col·loq pit m magre

Hülle f 1. coberta f; 2. cobertor m

Hülsenfrüchte fpl llegums mpl, lleguminoses fpl

hu/'man adj humà, -ana; **~manisieren** vt humanitzar; **~*manismus** m humanisme m; **~*manist, -in** m/f humanista m/f; **~manistisch** adj humanista; **~manität** adj humanitari, -ària; **~*manität** f humanitat f

Hummel f <-; -n> borinot m

Hummer m crust llamàntol m

Hu/'mor m <-s> humor m; **~moreske** f narració f humorística; **~morist, -in** m/f humorista m/f; **~*moristisch** adj humorístic, -a; **~*morvoll** adj ple d'humor, humorístic, -a

humpeln vi coixejar

Hund m <-¢s; -e> gos m; **~efutter** n menjar m per a gossos; **~ehütte** f caseta f de gos; **~eleine** f corretja f (del gos)

hundert adj cent; **~jahrfeier** f centenari m; **~prozentig 1.** adj cent per cent; **2.** adv totalment, completament

Hündin f gossa f

Hundstage mpl canícula f

Hung/er m 1. fam f; 2. gana f; **~*ern** vi 1. tenir gana; 2. passar/patir fam; **~rig** adj famolenc, -a

Hupe f auto clàxon m, botzina f; **~*n** vi tocar el clàxon

hüpfen <sein> vi fer petits bots

Hürde f reixa f, **~nlauf** m cursa f d'obstacles

Hure f bagassa f, prostituta f, puta f col·loq

Husten m <-s> tos f; **~*** vi tossir; **~anfall** m med atac m de tos; **~saft** m farm xarop m (contra la tos)

Hut 1. f <-> 1. guàrdia f; 2. (Vorsicht) precaució f; **2.** m <-; -e> barret m

hüten vt guardar

Hütte f 1. cabana f; 2. refugi m (de muntanya)

Hy'äne f zool hiena f

Hya'zinthe f bot jacint m

hy/'brid adj híbrid, -a; **~*bridation** f hibridació f; **~*'bride** f híbrid m; **~'bridisch** adj híbrid, -a; **~*bridität** f hibridisme m

Hy'drant m boca f de reg

Hydrat n quím hidrat m; **~ation** f hidratació f; **~*isieren** vt hidratar

Hy/'draulik f hidràulica f; **~*draulisch** adj hidràulic, -a

Hydro/graphie f hidrografia f; **~logie** f hidrologia f

Hydro/'lyse f hidròlisi f; **~thera'pie** f med hidroteràpia f

Hydro'xyd n hidròxid m

Hygi/'ene f higiene f; **~*enisch** adj higiènic, -a

Hymne f himne m

Hyperb/el f geom hipèrbola f; **~*olisch** adj hiperbòlic, -a

Hypertension f hipertensió f

Hypertro/'phie f hipertròfia f; **~*phisch** adj hipertròfic, -a
Hyp/'nose f hipnosi f; **~*noti'sieren** vt hipnotitzar
Hypochlorit n quím hipoclorit m
Hypochondri/e f med hipocondria f; **~*sch** adj hipocondríac, -a
Hypokri/sie f hipocresia f; **~*tisch** adj hipòcrita
Hypotenuse f mat hipotenusa f
Hypo/'thek f <-; -en> hipoteca f; **~*thekarisch** adj hipotecari, -ària
Hypothe/se f hipòtesi f; **~*tisch** adj hipotètic, -a
Hysteri/e f med histèria f; **~*sch** adj històric, -a

I

ich pron jo
Ide/al n ideal m; **~*'al** adj ideal; **~*alisieren** vt idealitzar; **~alisierung** f idealització f; **~alismus** m idealisme m; **~alist, -in** m/f idealista m/f; **~*alistisch** adj idealista
l'dee f idea f
identifi/zierbar adj identificable; **~'zieren** vt identificar; **~*zierung** f identificació f
i'dentisch adj idèntic, -a
Identi'tät f identitat f
Ideogra/mm n ideograma m; **~phie** f ideografia f; **~*phisch** adj ideogràfic, -a
Ideolog/e, -in m/f ideòleg, -òloga m/f;
~ie f ideologia f; **~*isch** adj ideològic, -a
Idiom n idioma m; **~*atisch** adj idiomàtic, -a
Idiosynkra/'sie f idiosincràsia f; **~*tisch** adj idiosincràtic, -a
Idi'ot, -in m/f <-en; -en> idiota m/f; **~*isch** adj idiota
l'dol n ídol m
Idolatrie f idolatria f
Idylle f idil·li m
i'dyllisch adj idil·lic, -a
Igel m <-s; -> zool eriçó m
Igno/rant, -in m/f ignorant m/f; **~ranz** f ignorància f; **~*'rieren** vt ignorar, desconèixer
ihm pron a ell, li
ihn pron el, l', -lo, 'l
Ihnen pron a vostè, li; **~*** pron a ells, els, 'ls
ihr pron a ella, li; **~*(e)** pron 1. el vostre, la vostra; 2. el seu, la seva (de vostè)
Ikone f icona f
Ikono/graphie f iconografia f; **~*graphisch** adj iconogràfic, -a; **~klast** m iconoclasta m
illeg/al adj il·legal; **~*alität** f il·legalitat f; **~*itim** adj il·legítim, -a; **~*itimität** f il·legitimitat f
Illumin/ation f il·luminació f; **~*ieren** vt il·luminar; **~ierung** f il·luminació f
Illus/i'on f il·lusió f; **~ionist, -in** m/f il·lusionista m/f; **~*orisch** adj il·lusori, -òria
Illustr/ation f il·lustració f; **~*ieren**

individualisieren

vt il·lustrar; **~'ierte** *f* revista *f* il·lustrada; **~ierung** *f* il·lustració *f*
Image *n* imatge *f*
Imbiss *m* <~sses; ~sse> àpat *m* lleuger; **~stube** *f* bar *m*
Imit/ati'on *f* imitació *f*; **~*'ieren** *vt* imitar
Imker, -in *m/f* apicultor, -a *m/f*
Immatrikul/ati'on *f* matrícula *f*; **~*'ieren** *vi* matricular-se
immer *adv* sempre
Immersion *f* immersió *f*
immerzu *adv* contínuament, incessantment
Immigr/ant, -in *m/f* immigrant *m/f*; **~ation** *f* immigració *f*; **~*'ieren** *vi* immigrar
Immo'bilien *mpl* béns *mpl* immobles; **~bilienmakler, -in** *m/f* agent *m/f* de la propietat immobiliària
immorali/sch *adj* immoral; **~*tät** *f* immoralitat *f*
im/'mun *adj* immune; **~munisieren** *vt* immunitzar; **~*munisierung** *f* immunització *f*; **~*muni'tät** *f* immunitat *f*
Imperativ *m* <~s; ~e> *ling* imperatiu *m*
Imperialis/mus *m* imperialisme *m*; **~*t, -in** *m/f* imperialista *m/f*; **~*tisch** *adj* imperialista
impertinen/t *adj* impertinent; **~*z** *f* impertinència *f*
impf/en *vt* vacunar; **~*stoff** *m med* vacuna *f*; **~*ung** *f* vacunació *f*; **~*zeugnis** *n* certificat *m* de vacunació
Impli/kation *f* implicació *f*; **~*zieren** *vt* implicar; **~*zite** *adv* implícitament
impo/'nieren *vi* imposar; **~nierend** *adj* imponent
Im/'port *m* <~øs; ~e> importació *f*; **~port'eur** *m* <~s; ~e> importador *m*; **~*portieren** *vt* importar
impo'sant *adj* imponent
impo/'tent *adj med* impotent; **~*tenz** *f med* impotència *f*
Impressionis/mus *m* impressionisme *m*; **~*tisch** *adj* impressionista
Improvis/ation *f* improvisació *f*; **~*'ieren** *vt/i* improvisar; **~ierung** *f* improvisació *f*
Impuls *m* impuls *m*; **~ivität** *f* impulsivitat *f*
in *prep* 1. a, en; 2. en, a dintre
inaktiv *adj* inactiu, -iva; **~*ität** *f* inactivitat *f*
inbegriffen *adj* inclusiu, -iva
in'dem *conj* mentre
Indemnität *f* indemnitat *f*
Inder, -in *m/f* indi *m*, índia *f*
Index *m* <~; ~e> índex *m*
Indi/'aner, -in *m/f* indi *m*, índia *f*; **~*'anisch** *adj* indi, índia; **~en** *n* la Índia *f*
Indifferenz *f* indiferència *f*
Indikation *f med* indicació *f*
indirekt *adj* indirecte, -a
indisch *adj* indi, índia
indiskret *adj* indiscret, -a; **~*ion** *f* indiscreció *f*
indiskutabel *adj* indiscutible
indi/vidualisieren *vt* individualitzar; **~*'viduali'sierung** *f* individualitza-

Indiz   142

ció f; **~*vidualismus** m individualisme m; **~*vidualist, -in** m/f individualista m/f; **~*vidualität** f individualitat f; **~vidu'ell** adj individual; **~*'viduum** n <~s; ~en> desp individu m

In'diz n <~es; ~en> indici m

Indo/'nesien n Indonèsia f; **~nesier, -in** m/f indonesi, -èsia m/f; **~*nesisch** adj indonesi, -èsia

indus/triali'sieren vt industrialitzar; **~*trialisierung** f industrialització f; **~*'trie** f indústria f; **~triebezirk** m districte m industrial

infam adj infame

Infamie f infàmia f

Infant, -in m/f infant, -a m/f; **~erie** f infanteria f; **~il** adj infantil

In'farkt m <~s; ~e> med infart m

Infekti/'on f infecció f; **~'onskrankheit** f malaltia f infecciosa; **~*ös** adj infecciós, -osa

Inferiorität f inferioritat f

infiltrieren vi infiltrar-se

Infinitiv m ling infinitiu m

infi'zieren vt infectar

Inflati'on f econ inflació f

in/'folge prep a conseqüència de, a causa de; **~folge'dessen** adv per conseqüent

Inform'atik f informàtica f; **~er, -in** m/f <~s; -> informàtic, -a m/f

Inform/at'ion f informació f; **~ationsschalter** m finestreta f d'informació; **~*'ieren** vt informar, assabentar

Infrastruk'tur f infraestructura f

Ingenieur, -in m/f <~s; ~e> enginyer, -a m/f

Ingwer m bot gingebre m

Inhaber, -in m/f amo, -a m/f, propietari, -ària m/f

inhaf'tieren vt detenir

Inhalt m <~¢s; ~e> contingut m; **~sver'zeichnis** n índex m

inhärent adj inherent

Inhibition f inhibició f

Initia'tive f iniciativa f

Inj/ekti'on f injecció f; **~ektionsspritze** f med xeringa f; **~*i'zieren** vt injectar

inklu'sive 1. adj inclòs, -osa; **2.** adv inclusivament

inkohärent adj incoherent

inkompe/tent adj incompetent; **~*tenz** f incompetència f

inkonse/quent adj inconseqüent; **~*quenz** f inconseqüència f

inkorrekt adj incorrecte, -a

Inkubation f med incubació f

Inland n <~¢s> 1. territori m nacional; 2. interior m del país; **~sflug** m vol m nacional

inmitten prep enmig de

innen adv dins (de), dintre (de)

Innen/architekt, -in m/f decorador, -a m/f; **~ministerium** n Ministeri m de l'Interior; **~politik** f política f interior; **~stadt** f centre m de ciutat

inner adj 1. intern, -a; 2. íntim, -a; **~*'eien** fpl entranyes fpl; **~halb 1.** prep dintre de, a l'interior de; **2.** adv per dintre; **~lich** adj interior

innig adj 1. íntim, -a; 2. entranyable

inoffensiv adj inofensiu, -iva
inoffiziell adj no oficial
inopportun adj inoportú, -una
Inquisit/ion f inquisició f; **~*orisch** adj inquisitorial
Insasse, -in m/f <~n; ~n> auto ocupant m/f
insbesondere adv particularment, en particular
Inschrift f 1. inscripció f; 2. (Grab) epitafi m
In'sekt n <~¢s; ~en> insecte m; **~enpulver** n insecticida m
Insel f <~; ~n> illa f; **~bewohner, -in** m/f illenc, -a m/f
Inse'rat n <~¢s; ~e> anunci m; **~*r'ieren** vi publicar un anunci
insgesamt adv en total
insofern adv en aquest sentit
insolven/t adj insolvent; **~*z** f insolvència f
insoweit adv en aquest sentit
Inspekt/eur m inspector m; **~i'on** f inspecció f; **~or** m inspector m
Inspir/ation f inspiració f; **~ator** m inspirador m; **~ieren** vt inspirar; **~*ierend** adj inspirador, -a
Install/a'teur m <~s; ~e> instal·lador m; **~ation** f instal·lació f; **~*'ieren** vt instal·lar; **~ierung** f instal·lació f
In'stanz f <~; ~en> jur instància f
In'stinkt m <~¢s; ~e> instint m
Insti'tut n <~¢s; ~e> 1. institut m; 2. centre m d'investigació
Instituti/'on f institució f; **~*onell** adj jur institucional

instru/ieren vt 1. instruir; 2. donar instruccions; **~*ktion** f instrucció f; **~ktiv** adj instructiu, -iva
Instru'ment n <~¢s; ~e> instrument m
Insulin n med insulina f
Insur/gent m insurrecte m; **~rektion** f insurrecció f
insze/nieren vt escenificar, posar en escena; **~*'nierung** f escenificació f
in'takt adj intacte, -a
integr/al adj integral; **~*ati'on** f integració f; **~ierbar** adj integrable; **~'ieren** vt integrar; **~ierend** adj integrant; **~*ität** f integritat f
intell/ektu'ell adj intel·lectual; **~i'gent** adj intel·ligent; **~i'genz** f <~> intel·ligència f
Inten/sität f intensitat f; **~*'siv** adj intens, -a; **~*sivieren** vt intensificar; **~sivierung** f intensificació f; **~'sivstation** f med unitat f de vigilància intensiva
Intention f intenció f; **~alität** f intencionalitat f
interdisziplinär adj interdisciplinari, -ària
interess/'ant adj interessant; **~*e** n <~s; ~n> interès m; **~'ieren 1.** vt interessar (für per); **2. sich ~** interessar-se
intern adj intern, -a
Intern'at n <~¢s; ~e> internat m
internatio/'nal adj internacional; **~nalisieren** vt internacionalitzar; **~*nalisierung** f internacionalització f; **~*nalität** f internacionalitat f

Inter/'net n internet m; **~netsurfer, -in** m/f informàt internauta m/f
interni/eren vt internar; **~*erung** f internació f; **~*st, -in** m/f <~en; ~en> med internista m/f
Interpell/ation f interpel·lació f; **~*ieren** vi interpel·lar
Inter/'pret, -in m/f <~en; ~en> intèrpret m/f; **~pretation** f interpretació f; **~*pretieren** vt interpretar
Intervall n mús interval m
interven/ieren vi intervenir; **~*tion** f intervenció f
Interview n <~s; ~s> entrevista f; **~*en** vt entrevistar
intoleran/t adj intolerant; **~*z** f intolerància f
Inton/ation f mús entonació f; **~*ieren** vt mús entonar
Intoxikation f med intoxicació f
intransigen/t adj intransigent; **~*z** f intransigència f
In/trigant, -in m/f intrigant m/f; **~'trige** f intriga f
introspektiv adj introspectiu, -iva
Intuiti/on f intuïció f; **~*v** adj intuïtiu, -iva
Inva'lide, -in m/f <~n; ~n> invàlid, -a m/f
Inven'tur f <~; ~en> inventari m
invest/'ieren vt econ invertir; **~*iti'on** f econ inversió f
inwie'fern adv fins a quin punt; **~weit** adv fins a quin punt
in'zwischen adv mentrestant
Ion n fís ió m; **~isation** f fís ionització f; **~*isieren** vt fís ionitzar

Ionosphäre f ionosfera f
Irak m Iraq m; **~er, -in** m/f iraquià, -ana m/f
Iran m Iran m; **~er, -in** m/f iranià, -ana m/f
irdisch adj terrenal, terrestre
Ire, -in m/f <~n; ~n> irlandès, -esa m/f
irgend/ein pron algú; **~einer** pron algú; **~etwas** pron alguna cosa; **~jemand** pron algú; **~wann** adv algun dia; **~wie** adv d'alguna manera; **~wo** adv en algun lloc
ir/isch adj irlandès, -esa; **~*land** n Irlanda f
Ironie f ironia f
i'ronisch adj irònic, -a
irr, -e adj 1. errat, -ada; 2. med boig, boja; **~e, -r** flm boig m, boja f, dement m/f; **~eführen** vt desencaminar, desorientar; **~emachen** vt desconcertar, desorientar; **~en** vi errar; **~ig** adj erroni, -ònia, equivocat, -ada
Irr/sinn m bogeria f, demència f; **~tum** m errada f, equivocació f; **~*tümlich 1.** adj erroni, -ònia; **2.** adv per equivocació
Ischias f <~> med ciàtica f
Is/'lam m <~s; ~en> islam m; **~*lamisch** adj islàmic, -a; **~lamist, -in** m/f islamista m/f
Isl/and n Islàndia f; **~änder, -in** m/f islandès, -esa m/f; **~*ändisch** adj islandès, -esa
Isol/ation f aïllament m, isolació f; **~'ierband** n cinta f aïllant; **~*'ieren** vt aïllar, isolar; **~'ierung** f aïllament m, isolació f

isom/etrisch adj isomètric, -a; **~orph** adj isomorf, -a
Isotherme f isoterma f
Isoton n fís isòton m; **~*isch** adj isotònic, -a
Isotop n isòtop m
Isra/el n Israel m; **~eli** m/f israelià, -ana m/f; **~*elisch** adj israelià, -ana; **~*elitisch** adj israelita
l'talien n Itàlia f
Itali'en/er, -in m/f italià, -ana m/f; **~*isch** adj italià, -ana

J

ja adv sí
Jacht f <~; ~en> nav iot m; **~hafen** m port m esportiu
Jacke f jaqueta f; **~tt** n <~s; ~e> jaqueta f, americana f
Jagd f <~; ~en> caça f; **~gewehr** n escopeta f de caça; **~revier** n vedat m de caça
jagen vt/i caçar
Jäger, -in m/f caçador, -a m/f
Jaguar m zool jaguar m
Jahr n <~es; ~e> any m; **~estag** m aniversari m; **~eszeit** f estació f de l'any; **~gang** m 1. agric anyada f, collita f; 2. mil quinta f; **~hundert** n <~s; ~e> segle m, centúria f
jährlich 1. adj anual; 2. adv anualment
Jahr/markt m fira f anual; **~zehnt** n <~s; ~e> dècada f, decenni m
Jalousie f 1. persiana f; 2. gelosia f
Jammer m lament m

jämmerlich adj lamentable
jammern vi gemegar, lamentar
Januar m <~; ~e> gener m
Ja/pan n el Japó m; **~'paner, -in** m/f japonès, -esa m/f; **~*'panisch** adj japonès, -esa
Jas'min m <~s; ~e> bot gessamí m
jäten vt escardar, eixarcolar
jauchzen vi cridar (d'alegria)
jaulen vi 1. (Tier) udolar; 2. (Menschen) gemegar
Jause f berenar m; **~*n** vi berenar
Jazz m jazz m; **~fan** m/f fan m/f del jazz; **~kapelle** f banda f de jazz
je adv mai
Jeans pl texans mpl
jedenfalls adv en tot cas
jede/r pron cadascú; **~rmann** pron tothom, tot el món; **~rzeit** adv a tota hora; **~smal** adv cada vegada
je'doch conj no obstant això
jema/ls adv mai; **~nd** pron algú
jener pron aquell
jenseits adv 1. a l'altra banda; 2. més enllà de
Jesu/'it m <~en; ~en> jesuïta m; **~s** m Jesús m; **~skind** n el nen m Jesús
jetz/ig adj actual, present; **~t** adv ara
jeweils adv respectivament
Jod n <~s> iode m
Joghurt t. Jogurt m <~s> iogurt m
Johannisb/eere f grossella f, **~rot** n bot garrofa f
Joint m <~s; ~s> col·loq porro m
Journal n <~s; ~e> diari m; **~'ismus** m <~> periodisme m; **~'ist, -in** m/f <~en; ~en> periodista m/f

Jubel *m* <-s> alegria *f*, joia *f*
Jubi'läum *n* <-s; ~en> jubileu *m*
juck/en *vt/i* 1. picar; 2. coure; **~*reiz** *m* picor *f*
Jude *m* <-n; ~n> jueu *m*
Jüdi/n *f* jueva *f*; **~*sch** *adj* judaic, -a
Jugend *f* <-> joventut *f*; **~*frei** *adj* (*Film*) apte, -a per a menors d´edat; **~herberge** *f* alberg *m* de joventut; **~herbergsausweis** *m* carnet *m* d´alberguista; **~lich** *adj* jove, juvenil; **~liche, -r** *f/m* 1. adolescent *m/f*; 2. *jur* menor *m/f* d´edat
Juli *m* <-s> juliol *m*
jung *adj* <²er; ²st> jove; **~*e** *m* noi *m*; **~*frau** *f* 1. donzella *f*, verge *f*; 2. *astrol* verge *f*; **~*geselle, -in** *m/f* fadrí, -ina *m/f*, solter, -a *m/f*
Jüng/ling *m* jove *m*; **~*ste** *comp* el més jove
Juni *m* <-s; ~s> juny *m*
Jur/a *n* dret *m*; **~'ist, -in** *m/f* <-en; ~en> jurista *m/f*; **~*'istisch** *adj* jurídic, -a; **~y** *f* <-; ~s> *jur* jurat *m*
Jus'tiz *f* <-> justícia *f*
Ju/'wel *n* <-s; ~en> joia *f*; **~we'lier, -in** *m/f* joier, -a *m/f*; **~weliergeschäft** *n* joieria *f*
Jux *m* <-es; ~e> *col·loq* broma *f*

K

Kaba'rett *n* <-s; ~e> cabaret *m*
Kabel *n* <-s; ~> cable *m*; **~fernsehen** *n* televisió *f* per cable
Kabeljau *m* <-s; ~e> peix bacallà *m*

Ka/'bine *f* 1. *nav* cabina *f*; 2. *aero* carlinga *f*; **~bi'nett** *n* <-s; ~e> gabinet *m*
Kabrio'lett *n* <-s; ~e> *auto* cabriolé *m*, descapotable *m*
Kachel *f* <-; ~n> rajola *f*
Käfer *m* escarabat *m*
Kaff *n* <-s; ~e> poble(t) *m* (de poc interès)
Kaf/'fee *m* <-s; ~s> cafè *m*; **~feekanne** *f* cafetera *f*; **~feelöffel** *m* cullereta *f* (de cafè); **~feemaschine** *f* cafetera *f* elèctrica
Käfig *m* <-s; ~e> gàbia *f*
kahl *adj* 1. calb, -a; 2. miserable
Kahn *m* <-¢s; ²e> barca *f* de rem
Kai *m* <-s; ~s> moll *m*
Kaiser *m* emperador *m*; **~in** *f* emperadriu *f*; **~reich** *n* imperi *m*; **~schnitt** *m* *med* cesària *f*; **~tum** *n* imperi *m*
Ka'jüte *f* cabina *f*
Ka'kao *m* <-s> cacau *m*
Kakerlak *m* <-es; ~en> *zool* cuca *f*
Kaktus *m* <-; ~en> *bot* cactus *m*; **~feige** *f* figa *f* de moro
Kalb *n* <-¢s; ²er> vedell *m*; **~fleisch** *n* (carn de) vedella *f*
Ka'lender *m* calendari *m*
Kalk *m* <-¢s; ~e> calç *f*
Kalkul/ati'on *f* càlcul *m*; **~*'ieren** *vt* calcular
Kalo'rie *f* caloria *f*
kalt *adj* <²er; ²st> fred, -a
Kälte *f* 1. fred *m*; 2. *fig* indiferència *f*; **~welle** *f* onada *f* de fred
Kalzium *n* <-s> calci *m*
Ka'mel *n* <-¢s; ~e> camell *m*

Kamera f <~; ~s> foto càmera f fotogràfica

Kame/'rad, -in m/f <~en; ~en> camarada m/f; **~radschaft** f companyonia f

Ka'millentee m camamilla f

Ka'min m <~s; ~e> 1. xemeneia f; 2. (offener) llar f

Kamm m <~¢s; ~e> pinta f

kämmen vt pentinar

Kammer f <~; ~n> cambra f; **~musik** f música f de cambra

Kam'pagne f campanya f

Kampf m <~¢s; ~e> 1. lluita f; 2. combat m

kämpfe/n vi lluitar, combatre; **~*r, -in** m/f 1. mil combatent m/f; 2. lluitador m

kam'pieren vi acampar

Ka'nada n el Canadà m; **~'nadier, -in** m/f canadenc, -a m/f; **~*'nadisch** adj canadenc, -a

Ka/'nal m 1. canal m; 2. (Bewässerung) sèquia f; **~nalisati'on** f canalització f; **~*nalisieren** vt canalitzar

Kanapee n canapè m, sofà m

Ka/'narienvogel m canari m; **~*narisch** adj canari, -ària

Kandi/'dat, -in m/f <~en; ~en> candidat, -a m/f; **~datur** f candidatura f; **~*dieren** vi presentar candidatura

kandieren vt candir

Känguru n <~s; ~s> zool cangur m

Ka'ninchen n conill m

Ka'nister m bidó m

Kanne f gerra f

Kanni/'bale, -in m/f caníbal m/f; **~*balisch** adj caníbal; **~balismus** m canibalisme m

Kanon m cànon m

Ka/'nonade f canoneig m; **~'none** f canó m

Kanoni/ker m canonge m; **~kus** m canonge m; **~sation** f canonització f; **~*sch** adj canònic, -a; **~*sieren** vt canonitzar

Kantate f mús cantata f

Kante f caire m

Kan'tine f cantina f

Kanton m pol cantó m; **~*al** adj cantonal

Kanu n <~s; ~s> 1. piragua f; 2. canoa f; **~fahrer, -in** m/f piragüista m/f; **~sport** m piragüisme m

Kanz/el f <~; ~n> trona f, càtedra f; **~'lei** f 1. jur (Anwalt) despatx m; 2. notaria f; **~ler, -in** m/f canceller, -a m/f

Kapazi'tät f capacitat f

Ka'pelle f mús capella f

Kaper f <~; ~n> bot tàpera f

Kapi/'tal n <~s; ~e> capital m; **~talismus** m capitalisme m; **~tal'ist, -in** m/f <~en; ~en> capitalista m/f; **~*talistisch** adj capitalista

Kapi'tän, -in m/f <~s; ~e> capità, -ana m/f

Ka'pitel n <~s; ~> capítol m

kapitu'lieren vi capitular

Kappe f gorra f

Kapsel f <~; ~n> càpsula f

ka/'putt adj trencat, -ada f; **~puttmachen** vt trencar

Kapuze f caputxa f
Karambol'age f auto topada f, xoc m
Kara'mel m <-s> caramel m
Ka'rat n <-¢s; -e> quirat m
Ka/'rate n karate m; **~ratekämpfer** m karateka m; **~ratesportler** m karateka m
Kara'wane f caravana f
Kardi'nal m <-s; ~e> cardenal m
Kardio/gramm n med cardiograma m; **~loge, -in** m/f cardiòleg, -òloga m/f; **~logie** f cardiologia f; **~*logisch** adj cardiològic, -a
Karfreitag m divendres m sant
Karibi/k f mar Carib m; **~*sch** adj caribeny, -a
ka'riert adj quadriculat, -ada
Karies f med càries f
Karika'tur f <-; -en> caricatura f
Karneval m <-s; -e> carnaval m, carnestoltes m
Karosse'rie f carrosseria f
Ka'rotte f bot pastanaga f
Karpfen m <-s; ~> peix carpa f
Karre f <-; -n> carro m; **~n** m <-s; ~> carreta f
Karri'ere f carrera f
Kar/te f 1. targeta f; 2. mapa m; 3. nav carta f de navegar; **~'tei** f fitxer m; **~teikarte** f fitxa f; **~tenspiel** n joc m de cartes; **~*tenspielen** vt jugar a cartes
Kar/'toffel f <-; -n> bot patata f, creïlla f val; **~toffelbrei** m puré m de patates; **~toffelchips** mpl patates fpl fregides
Kar'ton m <-s; ~s> cartró m

Karussell n <-s; -e> cavallets mpl
Karwoche f Setmana f Santa
Käse m <-s; ~> formatge m; **~kuchen** m pastís m de formatge
Ka'serne f caserna f, quarter m
Ka'sino n <-s; ~s> casino m
Kaskoversicherung f auto assegurança f a tot risc
Kasse f caixa f; **~narzt, -ärztin** m/f metge, -essa m/f d'una assegurança; **~nautomat** m banc caixer m automàtic; **~nzettel** m val m
Ka/'ssette f 1. caixeta f; 2. electrón casset f; **~ssettenrecorder** m casset m
kas'sieren vt cobrar
Kas/'tanie f <-; -n> castanya f; **~tanienbaum** m castanyer m
Kasten m <-s; ~> caixa f
Kata'lan/e, -in m/f <-n; -n> català, -ana m/f; **~*isch** adj català, -ana
Kata'log m <-¢s; -e> catàleg m
Kata'lonien n Catalunya f
Kata/ly'sator m quím catalitzador m; **~'lyse** f catàlisi f; **~*lysieren** vt catalitzar; **~*lytisch** adj catalític, -a
Katamaran m nav catamarà m
Kataplasma n med cataplasma m
katapultieren vt catapultar
Katarakt m 1. cascada f, salt m d'aigua; 2. med cataracta f
Ka/'tarrh m <-s; -e> med catarro m; **~*tarrhalisch** adj catarral
Kataster m cadastre m; **~register** m registre m cadastral
katastroph/'al adj catastròfic, -a; **~*e** f catàstrofe f

Kiefer

Katego'rie f categoria f
Kater m gat m (mascle)
Kathe'drale f catedral f
Ka/tho'lik, -in m/f <~en; ~en> catòlic, -a m/f; **~*tholisch** adj catòlic, -a
Katze f gat m
kauen vt mastegar
Kauf m <~¢s; ~e> compra f; **~en** vt comprar
Käufer, -in m/f comprador, -a m/f
Kauf/haus n (grans) magatzems mpl; **~mann** m comerciant m; **~vertrag** m contracte m de compra
Kaugummi m xiclet m
kaum adv a penes, gairebé no
kausal adj causal; **~*ität** f causalitat f
kaustisch adj càustic, -a
Kautel f 1. cautela f; 2. precaució f
Kauti'on f <~; ~en> caució f, fiança f
Kaval'ier m <~s; ~e> cavaller m
Kegel m <~s; ~> con m; **~bahn** f camp m de bitlles; **~*n** vi jugar a les bitlles
Kehl/e f gola f, gargamella f; **~kopf** m med laringe f
Kehr/besen m escombra f; **~en** vt escombrar; **~seite** f revés m
Keil m <~¢s; ~e> constr falca f, cuny m
Keiler m zool senglar m mascle
Keilriemen m auto corretja f del ventilador
Keim m <~¢s; ~e> 1. germen m; 2. zool embrió m; **~en** vi germinar; **~*frei** adj esterilitzat, -ada
kein adj cap, gens de; **~esfalls** adv de cap manera; **~eswegs** adv en cap cas

Keks m <~es; ~e> galeta f
Keller m 1. celler m; 2. soterrani m
Kellner, -in m/f cambrer, -a m/f
kenn/en <irr 60> 1. vt conèixer; 2. sich ~ conèixer-se; **~enlernen** vt conèixer; **~er, -in** m/f coneixedor, -a m/f; **~*tnis** f <~; ~se> coneixement m; **~zeichen** n 1. distintiu m; 2. auto matrícula f; **~zeichnen** vt senyalar, marcar
Kentaur m mitol centaure m
Ke/'ramik f <~; ~en> ceràmica f; **~ramiker, -in** m/f ceramista m/f; **~*ramisch** adj ceràmic, -a
Kerbe f 1. mossa f; 2. incisió f
Kerl m <~s; ~e> 1. col·loq noi m, xicot m; 2. desp tipus m, individu m
Kern m <~; ~e> 1. (fruita) llavor f; 2. pinyol m; 3. fis nucli m; **~energie** f energia f nuclear; **~*gesund** adj ple de salut
Kerze f 1. ciri m; 2. auto bugia f
Kessel m <~s; ~> 1. cassola f, olla f; 2. caldera f
Kette f 1. cadena f; 2. collaret m
keuch/en vi alenar, respirar amb fatiga; **~*husten** m med tos f ferina
Keule f maça f
keusch adj cast, -a, púdic, -a
Keyboard n <~s; ~s> teclat m electrònic
Kicher/erbse f cigró m; **~*n** vi esclatar a riure
Kiefer m med mandíbula f, barra f; **~nwald** m pineda f, pinar m; **~orthopäde, -in** m/f ortodontista m/f; **~orthopädie** f med ortodòncia f

Kies *m* <~es; ~e> grava *f* menuda; **~elstein** *m* còdol *m*

Kilo/gramm *n* quilogram *m*; **~meter** *m* quilòmetre *m*; **~watt** *n* quilovat *m*

Kind *n* <~⌀s; ~er> criatura *f*, nen *m*; **~erarzt, -ärztin** *m/f* pediatre, -a *m/f*; **~ergarten** *m* parvulari *m*; **~ergeld** *n* plus *m* pels fills; **~erheim** *n* sanatori *m* infantil; **~erhort** *m* guarderia *f*

Kinder/lähmung *f med* paràlisi *f* infantil; **~los** *adj* sense fills; **~mädchen** *n* mainadera *f*; **~sitz** *m auto* seient *m* per a nens; **~spielplatz** *m* parc *m* infantil; **~teller** *m* menú *m* infantil; **~wagen** *m* cotxet *m* d´infants

Kind/heit *f* infantesa *f*; **~*isch** *adj* pueril; **~*lich** *adj* infantil

Kinn *n* <~⌀s; ~e> mentó *m*, barba *f*

Kino *n* <~s; ~s> cine(ma) *m*

Ki'osk *m* <~⌀s; ~e> quiosc *m*

Kippe *f* bolquet *m*; **~*n** <*sein*> 1. *vt* bolcar, trabucar; 2. *vi* perdre l´equilibri

Kirch/e *f* església *f*; **~*lich** *adj* eclesiàstic, -a; **~turm** *m* campanar *m*; **~weihe** *f* <~; ~n> consagració *f* d´una església

Kirmes *f* <~; ~en> festa *f* patronal

Kirsch/baum *m* cirerer *m*; **~e** *f* cirera *f*

Kissen *n* <~s; ~> coixí *m*; **~bezug** *m* coixinera *f*

Kiste *f* caixa *f*

Kitsch *m* <~es> cursileria *f*; **~*ig** *adj* cursi

Kittel *m* <~s; ~> bata *f*

kitz/(e)lig *adj fig* delicat, -ada; **~eln** *vt/i* fer pessigolles

Kiwi *f* <~s; ~s> kiwi *m*

Klage *f* 1. queixa *f*; 2. *jur* demanda *f*; **~*n** *vi* queixar-se

Kläg/er, -in *m/f jur* demandant *m/f*; **~*lich** *adj* llastimós, -osa

Klammer *f* <~; ~n> 1. gafa *f*; 2. clip *m*; 3. parèntesi *m*

Klang *m* <~⌀s; ~e> mús so *m*

Klapp/bett *n* llit *m* plegable; **~e** *f* 1. *med* vàlvula *f*; 2. (*Kleider*) solapa *f*; 3. (*Ofen*) tapa; 4. *col·loq* boca *f*, bec *m*; **~*en** *vt* 1. aixecar, alçar; 2. sortir bé; **~rad** *n* bicicleta *f* plegable; **~stuhl** *m* cadira *f* plegable; **~tisch** *m* taula *f* plegable

klar *adj* clar, -a

Klär/anlage *f* instal·lació *f* depuradora; **~*en** *vt* 1. clarificar; 2. *fig* aclarir

Klarheit *f* claredat *f*

Klasse *f* 1. classe *f*, categoria *f*; 2. estament *m*; **~nzimmer** *n* aula *f*

Klassifi/kation *f* classificació *f*; **~*zieren** *vt* classificar; **~zierung** *f* classificació *f*

Klassi/k *f* classicisme *m*; **~*sch** *adj* clàssic, -a; **~zismus** *m* classicisme *m*; **~zistisch** *adj* classicista

Klatsch *m* <~es> xafarderia *f*, xerradissa *f*; **~*en** *vt/i* picar de mans

Klaue *f zool* ungla *f*; **~*n** *vt col·loq* pispar, rampinyar

Klavier *n* <~s; ~e> piano *m*; **~auszug** *m* partitura *f* (de piano); **~bearbeitung** *f* transcripció *f* (per a piano); **~konzert** *n* concert *m* per a piano;

~lehrer, -in m/f professor, -a m/f de piano; **~spieler, -in** m/f pianista m/f; **~stimmer** m afinador m de pianos; **~stunde** f classe f de piano

kleb/en 1. vt enganxar; **2.** vi enganxar-se, adherir-se; **~rig** adj apegalós, -osa; **~*stoff** m cola f, pega f

Klee m <-s> bot trèvol m

Klei m argila f

Kleid n <-¢s; -er> 1. vestit m; 2. roba f; **~erbügel** m perxa f; **~erbürste** f raspall m de la roba; **~erschrank** m armari m rober; **~erständer** m penja-robes m; **~ung** f roba f; **~ungsstück** n peça f de vestir

Kleierde f terra f argilosa

kleiig adj argilós, -osa, fangós, -osa

klein adj petit, -a, menut, -uda; **~*bus** m microbús m; **~*geld** n moneda f solta; **~*igkeit** f insignificància f; **~*kind** n infant, -a m/f; **~laut** adj apocat, -ada, pusil·lànime; **~lich** adj meticulós, -osa

Klemme f pinça f; **~*n** vt estrènyer

Klempner m llauner m, fontaner m

Kleptomanie f cleptomania f

klerik/al adj clerical; **~*alismus** m clericalisme m; **~*er** m clergue m; **~*us** m clergue m

Klette f bot bardana f

kletter/n vi esp escalar; **~*pflanze** f bot planta f enfiladissa; **~*tour** f escalada f

Klima n <-s; -s> clima m; **~'anlage** f instal·lació f de climatització

Klinge f (Schwert) espasa f

Klinge/l f <-; -n> 1. campaneta f; 2. electr timbre m; **~*ln** vi tocar el timbre; **~*n** <irr 61> vt/i (res)sonar

Klini/k f <-; -en> clínica f; **~kum** n policlínica f; **~*sch** adj clínic, -a

Klinke f 1. picaporta m; 2. mànec m (d´un pany); **~*n** vt/i aixecar el picaporta

klirren vi sonar

Kli'schee n <-s; -s> clixé m

klopfen vt/i colpejar

Klops m <-es; -e> gastr mandonguilla f

Kloß m <-es; ¨-e> 1. bola f; 2. gastr mandonguilla f

Kloster n <-s; ¨-> 1. (Frauen) convent m; 2. (Männer) monestir m

Klotz m <-es; ¨-e> 1. bloc m de fusta; 2. tronc m

Klub m <-s; -s> 1. club m; 2. cercle m, centre m

klug adj <¨-er; ¨-st> intel·ligent, llest, -a; **~*heit** f 1. intel·ligència f; 2. prudència f

knabbern vi mossegar

knacken 1. vt trencar, partir; **2.** vi cruixir

Knall m <-¢s; -e> 1. esclafit m; 2. detonació f; **~*en** vi 1. esclatar; 2. detonar

knapp adj 1. just, -a; 2. escàs, -asa

knarren vi 1. (Tür) grinyolar; 2. (Holz) cruixir; 3. (Räder) xerricar

knattern vi crepitar

Knäuel n <-s; -> cabdell m

kneif/en <irr 62> vt 1. pessigar; 2. escapar-se, fugir; **~*zange** f tenalles fpl

Kneipe

Kneipe f 1. taverna f; 2. cerveseria f
kneten vt pastar, maurar
Knick m <-øs; -e> 1. escletxa f; 2. (Papier) doblec m; **~en** vt/i doblegar
Knie n <-s; ~> genoll m; **~beuge** f genuflexió f; **~'n** vi agenollar-se; **~scheibe** f med ròtula f
Kniff m <-øs; -e> pessic m
knistern vi 1. cruixir; 2. (Feuer) crepitar
knitter/frei adj que no s´arruga; **~n** vt arrugar(-se)
Knoblauch m <-s> all m; **~zehe** f gra m d´all
Knöchel m <-s; ~> 1. turmell m, garró m; 2. fig dau m
Knochen m <-s; ~> os m; **~bruch** m fractura f (òssia); **~mark** n 1. moll m de ossos; 2. med medul·la f
Knödel m <-s; ~> gastr mandonguilla f, pilota f
Knopf m <-; ~e> tecn botó m; **~loch** n botonera f
Knospe f brot m, botó m
knoten vt nuar, fer un nus; **~*punkt** m embrancament m, nus m
Knüppel m <-s; ~> garrot m, pal m
knurren vi grunyir
knusprig adj cruixidor, -a
Koch m <-; ~e> cuiner m; **~en** n cocció f; **~*en** vt cuinar, coure; **~er** m electr fogonet m
Köchin f cuinera f
Koch/löffel m cullerot m; **~topf** m olla f
Köder m 1. esquer m; 2. (Fisch) grumeig m, carnada f; 3. (Vögel) engranall m
Kodex m 1. còdex m; 2. jur codi m; **~*ieren** vt informàt codificar
kodifizier/en vt jur codificar; **~*ung** f codificació f
Kodizill n jur codicil m
Koeffizient m coeficient m
Koexistenz f coexistència f
Koffe/'in n <-s> cafeïna f; **~*infrei** adj descafeïnat, -ada
Koffer m 1. cofre m; 2. maleta f; **~kuli** m carret m; **~raum** m auto maleter m
Kognak m conyac m
koh/ärent adj coherent; **~*ärenz** f coherència f; **~*äsion** f cohesió f; **~esiv** adj cohesiu, -iva
Kohl m bot col f
Kohle f carbó m; **~hydrat** n hidrat m de carboni; **~ndio'xyd** n anhídrid m carbònic; **~nsäure** f àcid m carbònic
Kohlrabi m <-s; -s> colrave f
Koitus m coit m, còpula f
Kojote m zool coiot m
Koka f bot coca f; **~'in** n <-s> cocaïna f; **~insüchtig** adj cocainòman, -a; **~insüchtige, -r** f/m cocainòman, -a m/f
Kokos/baum m cocoter m; **~nuss** f coco m
Kolben m <-s; ~> porra f, maça f
Kolibri m colibrí m
Kolik f med còlic m
Kollaboration f pol col·laboracionisme m

Kollaps *m* <-es; -e> *med* col·lapse *m*
Kollation *f* col·lació *f*
Kol/'lege, -in *m/f* col·lega *m/f*; **~lektiv** *n* col·lectivitat *f*; **~*lektiv** *adj* col·lectiu, -iva; **~*lektivieren** *vt* col·lectivitzar; **~lektivierung** *f* col·lectivització *f*
Kolloquium *n* col·loqui *m*
Kölnischwasser *n* (aigua de) colònia *f*
kolo/nial *adj* colonial; **~*nialismus** *m* colonialisme *m*; **~nialistisch** *adj* colonialista; **~*'nie** *f* colònia *f*; **~nisieren** *vt* colonitzar; **~*nisierung** *f* colonització *f*
Ko'lonne *f* columna *f*
Ko/lumbi'aner, -in *m/f* colombià, -ana *m/f*; **~*lumbi'anisch** *adj* colombià, -ana; **~'lumbien** *n* Colòmbia *f*
Kombi/nati'on *f* combinació *f*; **~*nierbar** *adj* combinable; **~*'nieren** *vt* combinar; **~wagen** *m* cotxe *m* familiar; **~zange** *f* alicates *fpl*
Komfort *m* <-s> confort *m*; **~*abel** *adj* confortable
Komi/ker, -in *m/f* còmic, -a *m/f*, comediant, -a *m/f*; **~*sch** *adj* 1. còmic, -a; 2. *fig* curiós, -osa; 3. rar, -a
Komi'tee *n* <-s; -s> comitè *m*
Komma *n* <-s; -s> *ling* coma *f*
Kommand/ant, -in *m/f* comandant *m/f*; **~antur** *f* comandància *f*; **~*'ieren** *vt/i* comandar, manar; **~ierung** *f* comandament *m*; **~o** *n* <-s; -s> comandament *m*
kommen <*irr* 63, *sein*> *vi* venir
Komment/'ar *m* <-s; -e> comentari *m*; **~ieren** *vt* comentar

kommerziell *adj* comercial
Kommilitone, -in *m/f* company, -a *m/f*
Kommiss/'ar *m* <-s; -e> comissari *m*; **~i'on** *f* comissió *f*
Kom'mode *f* còmoda *f*, calaixera *f*
kommu/'nal *adj* comunal, municipal; **~*ne** *f* municipi *f*
Kommunikant, -in *m/f* combregant *m/f*
Kommuni'on *f* <-; -en> comunió *f*
Kommu/'nismus *m* <-> comunisme *m*; **~nist, -in** *m/f* <-en; -en> comunista *m/f*; **~*nistisch** *adj* comunista
kommunizieren *vi* combregar
Ko/mödiant, -in *m/f* comediant, -a *m/f*; **~'mödie** *f* comèdia *f*
kompakt *adj* compacte, -a
Kompanie *f* companyia *f*
Komparativ *m ling* comparatiu *m*
Kompass *m* <-es; -e> brúixola *f*
kompa'tibel *adj* compatible
Kompe/ndium *n* compendi *m*; **~nsation** *f* compensació *f*; **~*nsieren** *vt* compensar; **~*'tent** *adj* competent; **~tenz** *f* competència *f*
Kompil/ation *f* compilació *f*; **~ator** *m* compilador *m*; **~*ieren** *vt* compilar
kom'plett *adj* complet, -a
Komplikati'on *f* complicació *f*
Kompli'ment *n* <-ɢs; -e> compliment *m*
komplizier/en *vt* complicar; **~t** *adj* complicat, -ada
kompo/nieren *vt mús* compondre; **~*'nist, -in** *m/f* <-en; -en> compositor, -a *m/f*; **~*sition** *f* composició *f*; **~*situm** *n ling* paraula

f composta; **~*st** m agric compost m
Kom'pott n <~ɇs; ~e> gastr compota f
Kompro'miss m <~es; ~e> compromís m
Kondens/ation f tecn condensació f; **~ator** m tecn condensador m; **~*ieren** vt condensar; **~milch** f llet f condensada
Kon/'ditor, -in m/f pastisser, -a m/f; **~ditor'ei** f pastisseria f
Kondol/enz f condol m; **~*ieren** vi expressar el condol
Kondom n <~s; ~e> condó m
Kondor m còndor m
Kon/'fekt n <~ɇs; ~e> confits mpl; **~fekti'on** f confecció f
Konfe/'renz f <~; ~en> conferència f; **~renzschaltung** f videoconferència f
Konfession f relig confessió f; **~*ell** adj confessional
Konfetti pl confeti m, paperets mpl
Konfirm/and, -in m/f confirmant m/f; **~ation** f confirmació f; **~*ieren** vt confirmar
Konfis/kation f confiscació f; **~*zieren** vt confiscar
Konfitüre f confitura f
Konflikt m <~ɇs; ~e> conflicte m
Konformismus m conformisme m
Konfrontation f confrontació f
Kongregation f congregació f
Kon/'gress m <~es; ~e> congrés m; **~gressteilnehmer, -in** m/f congressista m/f

kongruen/t adj congruent; **~*z** f congruència f
König m <~s; ~e> rei m; **~in** f reina f; **~reich** n regne m, reialme m
Konju/gation f ling conjugació f; **~*gieren** vt ling conjugar; **~nktion** f ling conjunció f; **~nktiv** m ling subjuntiu m; **~nk'tur** f <~; ~en> econ conjuntura f
konkav adj còncau, -ava; **~*ität** f concavitat f
Konklave n conclave m
Konkordanz f concordança f
kon'kret 1. adj concret, -a; **2.** adv concretament
Kon/kur'renz f <~; ~en> competència f; **~*kurrenzfähig** adj competitiu, -iva; **~*kurrieren** vi competir (mit amb); **~'kurs** m <~es; ~e> econ fallida f
können <irr 64> vi poder
konse/kutiv adj consecutiu, -iva; **~*ns** m consentiment m; **~quent** adj conseqüent; **~*quenz** f conseqüència f
konserva'tiv adj conservatiu, -iva
Kon/'serve f conserva f; **~'servenbüchse** f llauna f (de conserves); **~'servendose** f llauna f (de conserves); **~*ser'vieren** vt conservar; **~servierung** f conservació f; **~servierungsmittel** n conservant m
konsignieren vt consignar
konsisten/t adj consistent; **~*z** f consistència f
Konsole f (Möbel) consola f
konsolidier/en vt consolidar; **~*ung** f consolidació f

Konsonant *m ling* consonant *f*; **~*isch** *adj* consonant

Konsonanz *f* 1. *mús* acord *m*; 2. consonància *f*

Konspir/ation *f* conspiració *f*; **~ieren** *vi* conspirar

Konsta/nz *f* 1. constància *f*; 2. (*Stadt*) Constança *f*; **~tieren** *vt* constatar

Konstellation *f* constel·lació *f*

konstitu/ieren *vt* constituir; **~tion** *f* constitució *f*; **~tionell** *adj* constitucional; **~tiv** *adj* constitutiu, -iva

konstru/ieren *vt* construir; **~*ktion** *f* construcció *f*

Konsul, -in *m* <~s; ~n> cònsol *m/f*; **~ar...** *adj* consular; **~*arisch** *adj* consular; **~'at** *n* <~¢s; ~e> consolat *m*

Kon/'sum *m* <~s; ~> consum *m*; **~sumgüter** *pl* béns *mpl* de consum; **~*sum'ieren** *vt* consumir

Kon/'takt *m* contacte *m*; **~*taktieren** *vt* contactar; **~taktlinse** *n* lent *f* de contacte

Kontext *m* context *m*

Konti/'nent *n* continent *m*; **~*nental** *adj* continental; **~ngent** *n* contingent *m*; **~nuität** *f* continuïtat *f*

Konto *n* <~s; ~en> compte *m*; **~auszug** *m* resum *m* de l´estat de comptes

Kontrakt/ion *f med* contracció *f*; **~ur** *f med* contractura *f*

Kontrapunkt *m mús* contrapunt *m*

Kon/'trast *m* <~es; ~e> contrast *m*; **~*trastieren** *vi* contrastar

Kon/'trolle *f* control *m*; **~troll'eur** *m* <~s; ~e> inspector *m*; **~*trollierbar** *adj* controlable; **~*troll'ieren** *vt* controlar

Konzentr/ati'on *f* concentració *f*; **~ationslager** *n* camp *m* de concentració; **~*'ieren** *vt* concentrar

Kon'zern *m* <~s; ~e> consorci *m* econòmic

Kon/'zert *n* <~¢s; ~e> concert *m*; **~zertsaal** *m* auditori *m*

Kopf *m* <~¢s; ¨e> cap *m*; **~ball** *m* (*Fußball*) rematada *f* de cap; **~hörer** *m* auriculars *mpl*; **~kissen** *n* coixí *m*; **~salat** *m* enciam *m*, lletuga *f*; **~schmerzen** *mpl* mal *m* de cap; **~'stütze** *f auto* capçal *m*; **~tuch** *n* mocador *m* (per al cap)

Ko/'pie *f* còpia *f*; **~*pieren** *vt* copiar; **~piergerät** *n* copiadora *f*

Ko'ralle *f* coral *f*

Korb *m* <~¢s; ¨e> cistell *m*; **~flasche** *f* <~; ~n> bombona *f*

Kork *m* <~¢s; ~e> suro *m*; **~*en** *adj* de suro; **~enzieher** *m* llevataps *m*

Korn *n* <~es; ¨er> gra *m*; **~blume** *f bot* blauet *m*

Körper *m* cos *m*; **~*behindert** *adj* impedit, -ida; **~größe** *f* estatura *f*; **~*lich** *adj* corporal; **~pflege** *f* 1. cura *f* del cos; 2. higiene *f* corporal

Korporati/on *f* corporació *f*; **~v** *adj* corporatiu, -iva

korpulen/t *adj* corpulent, -a; **~z** *f* corpulència *f*

kor/'rekt *adj* correcte, -a; **~*rek'tur** *f* <~; ~en> correcció *f*

Korrespon/'dent, -in *m/f* (*Presse*)

korrigieren 156

corresponsal m/f; **~denz** f <~; ~en> correspondència f

korri'gieren vt corregir

Kors/e, -in m/f <~n; ~n> cors, -a m/f; **~ika** n Còrsega f; **~*isch** adj cors, -a

Kos/'metik f cosmètica f; **~metika** pl cosmètics mpl; **~metiksa'lon** m institut m de bellesa

Kost f <~> alimentació f; **~*bar** adj costós, -osa; **~en** pl despeses fpl; **~*en** vi costar, valer; **~*enlos** adj gratuït, -a; **~envoranschlag** m pressupost m

köstlich adj exquisit, -ida, deliciós, -osa

Kost/probe f degustació f; **~*spielig** adj costós, -osa

Kos'tüm n <~s; ~e> vestit m de tall

Kote'lett n <~s; ~s> costella f

Kotflügel m auto parafang m

kotzen vi col·loq vomitar

Krabbe f crust cranc m marí

Krach m <~ɢs; ~e> 1. soroll m; 2. (Streit) brega f

Kraft f <~; ~e> força f; **~brühe** f gastr brou m; **~fahrer, -in** m/f conductor, -a m/f; **~fahrzeug** n automòbil m; **~fahrzeugbrief** m fitxa f tècnica; **~fahrzeugversicherung** f assegurança f d´automòbils

kräftig adj fort, -a

kraft/los adj feble, dèbil; **~*stoff** m combustible m, gasolina f; **~*werk** n electr central f elèctrica

Kragen m <~s; ~> coll m (de camisa)

Krähe f cornella f; **~*n** vi 1. cantar (el gall); 2. col·loq (Kind) cridar

Krake m <~n; ~n> pop m

Kralle f ungla f

Kram m <~ɢs> trastos mpl; **~pf** m <~ɢs; ~e> med espasme m, convulsió f; **~pfader** f med variça f

Kran m <~ɢs; ~e> tecn grua f

krank adj <~er; ~st> malalt, -a

kränken vt 1. molestar; 2. ofendre, injuriar

Krank/enhaus n hospital m; **~enkasse** f caixa f d´assegurances contra malaltia; **~enpfleger, -in** m/f infermer, -a m/f; **~enschein** m certificat m d´assistència mèdica; **~enschwester** f infermera f; **~enversicherung** f assegurança f de malaltia; **~enwagen** m ambulància f; **~*haft** adj malaltís, -issa; **~heit** f malaltia f

Kranz m <~es; ~e> 1. corona f; 2. garlanda f

Krapfen m <~s; ~> bunyol m

kratze/n vt gratar, rascar; **~*r** m esgarrapada f

kraulen <sein> vi 1. acariciar; 2. (schwimmen) nedar crol

kraus adj cresp, -a, arrissat, -ada

Kraut n <~ɢs; ~e> 1. bot herba f; 2. (Gemüse) verdura f

Kräutertee m tisana f

Kra'wall m <~s; ~e> 1. motí m; 2. tumult m

Kra'watte f corbata f

Krebs m <~es; ~e> 1. cranc m; 2. astrol càncer m

Kre/'dit m <~ɢs; ~e> crèdit m; **~ditkarte** f targeta f de crèdit

Kreide f guix m

Kreis m <~es; ~e> cercle m; **~el** m <~s; ~> baldufa f; **~*en** vi girar, voltar; **~*förmig** adj 1. rodó, -ona; 2. circular; **~lauf** m circulació f; **~laufstörungen** fpl trastorns mpl circulatoris; **~verkehr** m auto trànsit m circular

kre'pieren vi esclatar, explotar

Kresse f bot morritort m

Kreuz n <~es; ~e> creu f; **~*en** vt/i creuar; **~er** m nav creuer m; **~fahrt** f nav creuer m; **~gang** m constr claustre m; **~otter** f zool escurçó m; **~ung** f encreuament m, cruïlla f; **~worträtsel** n mots mpl (en) creuats

kriechen <irr 65, sein> vi arrossegar-se

Krieg m <~¢s; ~e> guerra f; **~*en** vt col·loq rebre; **~sverbrecher** m criminal m de guerra

Krimi/n'alfilm m film m policíac; **~nali'tät** f criminalitat f; **~'nalpolizei** f brigada f criminal; **~n'alroman** m novel·la f policíaca; **~nell** adj criminal; **~nologie** f criminologia f; **~*nologisch** adj criminològic, -a

Krippe f 1. menjadora f; 2. cova f de Betlem, pessebre m

Krise f crisi f

Kris'tall m <~s; ~e> cristall m

Krit/'erium n <~s; ~en> criteri m; **~'ik** f crítica f; **~iker, -in** m/f crític, -a m/f; **~*isch** adj crític, -a; **~i'sieren** vt criticar

Kroat/e, -in m/f <~n; ~n> croat, -a m/f; **~ien** n Croàcia f; **~*isch** adj croat, -a

Kroketten fpl gastr croquetes fpl

Kroko'dil n <~s; ~e> cocodril m

Krone f corona f

krönen vt coronar

Kronleuchter m salamó m, aranya f

Krönung f coronació f

Kronzeuge m jur testimoni m principal que pot gaudir d'impunitat

Kröte f zool gripau m

Krücke f crossa f

Krug m <~¢s; ¨e> gerra f

Krümel m <~s; ~> (Brot) molla f

krumm adj corb, -a, tort, -a

Krüppel m <~s; ~> mutilat, -ada m/f

Kruste f crosta f; **~ntiere** pl crustacis mpl

Kruzifix n crucifix m

Krypt/a f cripta f; **~ogramm** n criptograma m

Kuba n Cuba f; **~ner, -in** m/f cubà, -ana m/f; **~*nisch** adj cubà, -ana

Kübel m <~s; ~> galleda f, poal m val

Kubik... adj cúbic, -a

Küche f cuina f

Kuchen m <~s; ~> pastís m; **~form** f motlle m (per a pastissos)

Kuckuck m <~s; ~e> cucut m

Kugel f <~; ~n> bola f; **~schreiber** m bolígraf m

Kuh f <~; ¨e> vaca f

kühl adj fresc, -a; **~*box** f nevera f portàtil; **~en** vt 1. refrescar; 2. refrigerar; **~er** m 1. refrigerant f; 2. auto radiador m; **~erhaube** f auto capota f del motor; **~*schrank** m nevera

f; **~*truhe** f congelador m
kühn adj atrevit, -ida
Küken n <~s; ~> pollet m
Ku'lisse f 1. bastidor m; 2. decoració f teatral
Kult/'ur f <~; ~en> 1. cultura f; 2. agric conreu m; **~*u'rell** adj cultural
Kümmel m <~s; ~> bot comí m
Kummer m pena f, aflicció f
kümmern vt preocupar
Kunde, -in m/f <~n; ~n> client, -a m/f; **~ndienst** m servei m de postvenda
Kundgebung f manifestació f
kündig/en vt despatxar, acomiadar; **~ung** f 1. comiat m; 2. (Vertrag) rescissió f; **~*ungsfrist** f termini m (per al comiat)
Kundschaft f clientela f
künftig adj vinent, futur, -a
Kunst f <~; ~e> art m; **~ausstellung** f exposició f d´art; **~geschichte** f història f de l´art; **~gewerbe** n artesania f; **~handwerk** n artesania f; **~handwerker, -in** m/f artesà, -ana m/f
Künstl/er, -in m/f artista m/f; **~*ich** adj artificial
Kunst/sammlung f col·lecció f d´art; **~stoff** m matèria f sintètica, plàstic m; **~stück** n demostració f d´habilitat; **~werk** n obra f d´art
Kupfer n <~s> coure m; **~stich** m calcografia f
Kupp/el f <~; ~n> cúpula f; **~lung** f 1. acoblament m; 2. auto embragatge m
Kur f <~; ~en> med tractament m, cura
Kurbel f <~; ~n> 1. maneta f; 2. nav

manilla f; 3. manubri m; **~welle** f cigonyal m
Kürbis m <~sses; ~sse> carbassa f
kur'ieren vt curar, tractar
Kurort m balneari m
Kurs m <~es; ~e> 1. curs m; 2. nav rumb m
Kurve f corba f
kurz adj <~er; ~st> 1. curt, -a; 2. breu; **~*arbeit** f jornada f reduïda; **~ärmelig** adj de mànega curta
Kürze f brevetat f; **~*n** vt 1. escurçar; 2. (Text) abreviar
kurzfristig adj a curt termini
Kurzgeschichte f relat m
kürzlich adv darrerament, recentment
Kurz/schluss m electr curtcircuit m; **~*sichtig** adj 1. miop; 2. curt, -a de vista; **~*um** adv 1. en un mot; 2. en resum
Ku'sine f cosina f
Kuss m <~es; ~e> petó m
küssen vt besar, petonejar
Küste f costa f
Kutsche f carrossa f
Kutte/ln fpl <~> gastr tripes fpl; **~r** m nav balandre m
Kuvert n <~s; ~s> sobre m
Kybernetik f cibernètica f
kybernetisch adj cibernètic, -a

L

labil adj làbil, inestable
Labor n <~s; ~s> laboratori m

Laby/'rinth *n* <~¢s; ~e> laberint *m*; ~*'**rinthisch** *adj* laberíntic, -a
Lache *f* rialla *f*
Lächeln *n* <~s> somriure *m*; ~* *vi* somriure (**über** de)
Lachen *n* rialla *f*; ~* *vi* riure
lächerlich *adj* ridícul, -a
Lachs *m* <~es; ~e> salmó *m*
Lack *m* <~¢s; ~e> 1. laca *f*; 2. vernís *m*; ~*'**ieren** *vt* envernissar
Laden 1. *n* càrrega *f*; 2. *m* <~s; ~> 1. botiga *f*, tenda *f*; 2. (*Fenster*) persiana *f*; ~* <*irr* 66> *vt electr* carregar; ~**schluss** *m* tancament *m* (de botigues); ~**tisch** *m* taulell *m*
Ladung *f* 1. *electr* càrrega *f*; 2. *nav* carregament *m*
Lage *f* 1. situació *f*; 2. (*Stellung*) posició *f*; 3. (*Standort*) emplaçament *m*; ~**r** *n* <~s; ~> 1. *mil* campament *m*; 2. *pol* camp *m*; 3. (*Vorratsraum*) magatzem *m*; ~**rfeuer** *n* foc *m* de campament; ~*'**rn** *vi* acampar; ~**rung** *f* emmagatzematge *m*
lahm *adj* 1. paralitzat, -ada; 2. *med* paralític, -a
lähm/en *vt* paralitzar; ~*'**ung** *f* 1. paralització *f*; 2. *med* paràlisi *f*
Laib *m* <~¢s; ~e> pa *m* (de pagès)
Laie *m* <~n; ~n> 1. *relig* laic, -a *m/f*; 2. profà, -ana *m/f*
Laizismus *m* laïcisme *m*
Lake *f* salmorra *f*; ~**n** *n* <~s; ~> 1. llençol *m*; 2. llenç *m*
lakonisch *adj* lacònic, -a
La'kritze *f* regalèssia *f*

Lama 1. *m* (*Priester*) lama *m*; 2. *n* <~s; ~s> *zool* llama *m/f*
Lamm *n* <~¢s; ¨er> xai *m*, anyell *m*, be *m*
Lampe *f* llum *m*
Land *n* <~¢s; ¨er> 1. país *m*; 2. terra *f*; 3. camp *m*, terreny *m*; ~**arzt, -ärztin** *m/f* metge, -essa *m/f* rural
Lande/bahn *f aero* pista *f* d´aterratge; ~*'**n** <*sein*> *vi* 1. *aero* aterrar; 2. *nav* atracar, entrar al port
Länder/'reien *fpl* propietats *fpl* rústiques; ~**rspiel** *n esp* encontre *m* internacional
Landeshauptstadt *f* capital *f*
Land/gut *n* finca *f* rústica, hisenda *f*; ~**haus** *n* casa *f* de camp; ~**karte** *f* mapa *f*
ländlich *adj* rural, camperol, -a
Land/schaft *f* paisatge *m*; ~**smann** *m* <~¢s; ~**leute**> paisà *m*; ~**straße** *f* carretera *f* nacional; ~**streicher, -in** *m/f* rodamón *m/f*
Landung *f* 1. *aero* aterratge *m*; 2. desembarcada *f*; ~**ssteg** *m* passarel·la *f*
Land/weg *m* camí *m* veïnal; ~**wirt, -in** *m/f* agricultor, -a *m/f*; ~**wirtschaft** *f* agricultura *f*
lang *adj* <¨er; ¨st> llarg, -a
Länge *f* 1. llargària *f*; 2. duració *f*; 3. longitud *f*
lange *adv* molt (de) temps
länger *comp* més llarg
Langeweile *f* avorriment *m*
langfristig *adv* a llarg termini
Langlauf *m esp* (*Ski*) cursa *f* de fons

länglich 160

läng/lich adj allargat, -ada; **~s** prep al llarg de
langsam 1. adj lent, -a; **2.** adv lentament, a poc a poc
längst adv fa molt de temps; **~ens** adv a tot estirar
Lan'guste f gastr llagosta f
lang/weilen vi 1. avorrir; 2. fastiguejar; **~weilig** adj 1. fastiguejant; 2. (Person) pesat, -ada, avorrit, -ida; **~wierig** adj laboriós, -osa
Lappen m <~s; ~> drap m
Laptop m <~s; ~s> informàt ordinador m portàtil
Lärm m <~s> 1. soroll m; 2. tumult m; **~*en** vi fer soroll
Lasagne f gastr lasanya f
Laser m <~s; ~> fis làser m; **~drucker** m informàt impressora f làser
lassen <irr 67> vt/i deixar
Last f <~; ~en> càrrega f; **~enaufzug** m muntacàrregues m; **~er 1.** m auto camió m; **2.** n vici m
läst/ern vt/i 1. blasfemar; 2. maldir, difamar; **~ig** adj enutjós, -osa
Last/wagen m camió m; **~zug** m camió m amb remolc
La/'tein m llatí m; **~teinamerika** n Amèrica f llatina; **~*teinamerikanisch** adj llatinoamericà, -ana; **~teiner, -in** m/f llatí, -ina m/f; **~*teinisch** adj llatí, -ina
laten/t adj latent; **~*z** f latència f
La'terne f llanterna f
latini/sieren vt llatinitzar; **~*smus** m llatinisme m; **~*st, -in** m/f llatinista m/f; **~*tät** f llatinitat f

Latte f llistó m
Lätzchen n pitet m, bavosall m
Laub n <~ɇs> fullatge m; **~baum** m arbre m frondós
Lauch m <~ɇs; ~e> bot porro m
lauern vi aguaitar
Lauf m <~ɇs; ~̈e> 1. correguda f; 2. (Ablauf) curs m; **~bahn** f carrera f; **~*en** <irr 68, sein> vt/i córrer; **~*end 1.** adj corrent; **2.** adv regularment
Läufer, -in m/f corredor, -a m/f
Lauf/steg m passarel·la f; **~werk** n 1. mecanisme m de moviment; 2. informàt disquetera f
Laun/e f humor m; **~*isch** adj capritxós, -osa
Laus f <~; ~̈e> poll m
lauschen vi escoltar
laut adj fort, -a, sonor, -a; **~en** vi sonar
läuten vt/i 1. tocar; 2. sonar; 3. (Glocken) repicar
laut/los adj silenciós, -osa; **~*sprecher** m altaveu m; **~*stärke** f 1. electr intensitat f; 2. potència f
Lava f lava f
La'vendel m <~s; ~> bot lavanda f, espígol m
La'wine f allau f
Le/ben n <~s> 1. vida f; 2. existència f; **~*ben** vi 1. viure; 2. existir; **~*'bendig** adj viu, viva; **~bensgefahr** f perill m de mort; **~bensgefährte, -in** m/f consort m/f, cònjuge m/f; **~benshaltungskosten** pl cost m de la vida; **~*benslänglich** adj vitalici, -ícia; **~benslauf** m currículum

m vitae; **~bensmittel** *pl* queviures *mpl*; **~bensmittelgeschäft** *n* botiga *f* de comestibles; **~bensmittelvergiftung** *f* intoxicació *f* alimentària; **~bensstandard** *m* nivell *m* de vida; **~bensunterhalt** *m* subsistència *f*; **~bensversicherung** *f* assegurança *f* de vida; **~bensweise** *f* manera *f* de viure; **~*benswichtig** *adj* vital

Leber *f* <-; -n> fetge *m*; **~fleck** *m* taca *f* hepàtica; **~wurst** *f* botifarra *f* de fetge

Leb/ewesen *n* ser *m* viu; **~*haft** *adj* viu, viva; **~*los** *adj* mort, -a, sense vida

lecke/n 1. *vt* llepar; **2.** *vi* perdre líquid; **~r** *adj* exquisit, -a, deliciós, -osa; **~rbissen** *m* plat *m* exquisit

Leder *n* <-s; -> 1. cuir *m*; 2. pell *f*; **~waren** *fpl* articles *mpl* de cuir/pell

ledig *adj* 1. lliure; 2. solter, -a; **~lich** *adv* solament

leer *adj* 1. buit, -ida; 2. lliure; **~en** *vt* 1. buidar; 2. evacuar; **~*lauf** *m auto* punt *m* mort; **~*ung** *f* 1. buidament *m*; 2. evacuació *f*

Legali/sation *f* legalització *f*; **~*sieren** *vt* legalitzar; **~sierung** *f* legalització *f*; **~tät** *f* legalitat *f*

legen *vt* 1. posar, col·locar; 2. (*Eier*) pondre

Le'gende *f* llegenda *f*

Le'gierung *f* aliatge *m*

legi/slativ *adj* legislatiu, -iva; **~*slatur** *f* legislatura *f*; **~*tim** *adj* legítim, -a; **~*timation** *f* legitimació *f*; **~timieren** *vt* legitimar; **~*timierung** *f* legitimació *f*; **~*timität** *f* legitimitat *f*

Lehm *m* 1. fang *m*; 2. argila *f*; **~boden** *m* terreny *m* fangós; **~*ig** *adj* fangós, -osa

Lehne *f* respatller *m*; **~*n** *vt* recolzar (**an** en)

Lehr/amt *n* 1. magisteri *m*; 2. professorat *m*; **~auftrag** *m* encàrrec *m* de curs; **~beauftragte, -r** *f/m* encarregat, -ada *m/f* de curs; **~buch** *n* 1. manual *m*; 2. (*Schule*) llibre *m* de text; **~e** *f* 1. ensenyament *m*; 2. instrucció *f*; 3. (*Ausbildung*) aprenentatge *m*; **~en** *vt* 1. ensenyar; 2. instruir; **~er, -in** *m/f* 1. professor, -a *m/f*; 2. mestre, -a *m/f*; **~gang** *m* curs *m*; **~ling** *m* aprenent *m*; **~stuhl** *m univ* càtedra *f*; **~stuhlinhaber, -in** *m/f* catedràtic, -a *m/f*; **~tätigkeit** *f* activitat *f* docent

Leib *m* <-¢s; -er> cos *m*; **~esvisitation** *f* registre *m* corporal, escorcoll *m*; **~garde** *f* guàrdia *f* de cos; **~gericht** *n* plat *m* predilecte; **~speise** *f* plat *m* predilecte; **~wache** *f* guàrdia *f* de cos; **~wächter, -in** *m/f* guardaespatlles *m/f*

Leiche *f* cadàver *m*; **~nhalle** *f* dipòsit *m* de cadavers

leicht *adj* lleuger, -a; **~*athlet, -in** *m/f* atleta *m/f*; **~*athletik** *f* atletisme *m*; **~gläubig** *adj* crèdul, -a; **~*igkeit** *f* lleugeresa *f*; **~*sinn** *m* frivolitat *f*; **~sinnig** *adj* frívol, -a

Leid *n* <-¢s> 1. aflicció *f*, pena *f*; 2. pesar *m*; **~en** *n* sofriment *m*; **~*en**

leihen 162

\<irr 69\> vt/i sofrir, patir; **~enschaft** f passió f; **~*enschaftlich** adj apassionat, -ada; **~*er** adv desgraciadament

leih/en \<irr 70\> vt prestar; **~*gebühr** f drets mpl de préstec; **~wagen** m automòbil m de lloguer; **~weise** adv com un préstec

Leim m \<-¢s; ~e\> cola f

Lein/e f corda f; **~en** n \<-s; ~\> llenç m; **~samen** m llavor f de lli; **~tuch** n llençol m; **~wand** f 1. llenç m; 2. (Film) pantalla f

leise adj silenciós, -osa

Leist/e f llistó m; **~en** vt acomplir, efectuar; **~enbruch** m med hèrnia f inguinal; **~ung** f 1. obra f, treball m; 2. fig esforç m

Leitartikel m article m de fons, editorial m

leit/en vt conduir, guiar; **~*er, -in** m/f 1. director, -a m/f; 2. com gerent m/f; 3. conductor, -a m/f; **~*ung** f 1. direcció f; 2. tecn conducte m; **~*ungswasser** n aigua f de l´aixeta

Lekt/i'on f lliçó f; **~*üre** f lectura f

Lende f lloms mpl; **~nbraten** m gastr rostit m de llom

lenk/en vt/i 1. auto conduir, portar; 2. (Menschen) guiar, dirigir; 3. (Schiff) governar, regir; 4. aero pilotar; **~*rad** n volant m

Leo'pard m \<-¢s; ~en\> lleopard m

Lerche f alosa f

lernen vt 1. aprendre; 2. estudiar

Lesbe f lesbiana f

les/en \<irr 71\> vt llegir; **~*er, -in** m/f lector, -a m/f; **~*erlich** adj llegible; **~*ung** f lectura f

letzt adj darrer, -a, últim, -a

Leucht/e f 1. llum m; 2. llanterna f; **~*en** vi 1. lluir; 2. brillar; **~*end** adj brillant; **~er** m 1. candeler m; 2. canelobre m; **~reklame** f anunci m lluminós; **~stoffröhre** f electr tub m fluorescent; **~turm** m far m

leugnen vt (de)negar

Leute pl \<~\> gent f

lexik/alisch adj lexical; **~*ograph, -in** m/f lexicògraf, -a m/f; **~*ographie** f lexicografia f; **~*ographisch** adj lexicogràfic, -a; **~*ologe, -in** m/f lexicòleg, -òloga m/f; **~*ologie** f lexicologia f; **~*ologisch** adj lexicològic, -a; **~*on** n \<~s\> 1. lèxic m; 2. diccionari m

Lezithin n med lecitina f

Liane f bot liana f

Liban/ese, -in m/f libanès, -esa m/f; **~*esisch** adj libanès, -esa; **~on** n el Líban m

Li'belle f libèl·lula f

libe/'ral adj liberal; **~ralisieren** vt liberalitzar; **~*ralisierung** f liberalització f; **~*ralismus** m liberalisme m; **~ralistisch** adj liberal

Libido f med libido f

Licht n \<-¢s; ~er\> 1. llum f; 2. claror f; **~bild** n fotografia f; **~*empfindlich** adj sensible a la llum; **~schalter** m interruptor m; **~strahl** m raig m de llum; **~ung** f clariana f

Lid n \<-¢s; ~er\> parpella f; **~schatten** m ombra f d´ulls

lieb *adj* 1. estimat, -ada; 2. amable; **~*e** *f* amor *m*, afecte *m*, estima *f*; **~en** *vt* estimar; **~enswürdig** *adj* digne, -a d´estima; **~*enswürdigkeit** *f* amabilitat *f*

lieber *adv* més aviat

Lieb/espaar *n* parella *f* d´enamorats; **~*evoll** *adj* amorós, -osa, afectuós, -osa; **~haber, -in** *m/f* amant *m/f*; **~ling** *m* 1. favorit *m*; 2. amor *m* meu; **~lings...** *adj* preferit, -ida

Lied *n* <~ϑs; ~er> cançó *f*; **~ermacher, -in** *m/f* cantautor, -a *m/f*

Liefer/'ant, -in *m/f* proveïdor, -a *m/f*; **~*bar** *adj* disponible; **~bedingungen** *fpl* condicions *fpl* de lliurament; **~frist** *f* termini *m* de lliurament; **~*n** *vt* proveir, subministrar; **~schein** *m* nota *f* de lliurament, albarà *m*; **~termin** *m* termini *m* de lliurament; **~ung** *f* 1. lliurament *m*; 2. subministrament *m*; **~wagen** *m* furgoneta *f*

Liege *f* gandula *f*; **~*n** <*irr* 72, *sein*> *vi* jeure; **~stuhl** *m* cadira *f* plegable; **~wagen** *m* vagó *m* convertible (en lliteres)

Lift *m* <~ϑs; ~e> ascensor *m*

Li'kör *m* <~s; ~e> licor *m*

lila *adj* lila, lilà

Lilie *f* lliri *m* blanc, assutzena *f*

Limit *n* límit *m*; **~*ieren** *vt* limitar

Limo'nade *f* <~; ~n> llimonada *f*

Linde *f* *bot* til·ler *m*; **~nblütentee** *m* til·la *f*; **~*rn** *vt* alleujar, calmar

Line'al *n* <~s; ~e> regle *m*

Linguist, -in *m/f* lingüista *m/f*; **~ik** *f* lingüística *f*; **~*isch** *adj* lingüístic, -a

Linie *f* línia *f*; **~nflug** *m* vol *m* regular; **~nrichter** *m* linier *m*, jutge *m* de línia

link/er *adj* esquerre, -a; **~s** *adv* a l´esquerra; **~*shänder, -in** *m/f* esquerrà, -ana *m/f*; **~shändig** *adj* esquerrà, -ana

Linse *f* 1. *bot* llentia *f*; 2. *foto* lent *f*

Lippe *f* llavi *m*; **~nstift** *m* pintallavis *m*

List *f* <~; ~en> astúcia *f*; **~e** *f* llista *f*; **~*ig** *adj* astut, -a

Litau/en *n* Lituània *f*; **~er, -in** *m/f* lituà, -ana *m/f*; **~*isch** *adj* lituà, -ana

Liter *m* od *n* litre *m*

lite'rarisch *adj* literari, ària

Litera/'tur *f* literatura *f*; **~turgeschichte** *f* història *f* de la literatura; **~turpreis** *m* premi *m* literari; **~turverzeichnis** *n* bibliografia *f*; **~turwissenschaft** *f* investigació *f* literària; **~turzeitschrift** *f* revista *f* literària

Lithium *n* liti *m*

Litho/'graph, -in *m/f* litògraf, -a *m/f*; **~graphie** *f* litografia *f*; **~*graphieren** *vt/i* litografiar; **~*graphisch** *adj* litogràfic, -a

Liturgi/e *f* litúrgia *f*; **~*sch** *adj* litúrgic, -a

Livesendung *f* transmissió *f* directa

Li'zenz *f* <~; ~en> llicència *f*

LKW *m* <~s; ~> camió *m*

Lob *n* <~ϑs> lloança *f*; **~*en** *vt* lloar; **~*enswert** *adj* laudable, lloable

Loch *n* <~ϑs; ~er> forat *m*; **~*en** *vt* foradar, perforar; **~er** *m* 1. punxó *m*; 2. perforadora *f*

Locke f rull m, ris m
locken vt (Haare) arrissar
Lockenwickler m bigudí m
locker adj relaxat, -ada; **~lassen** vi cedir; **~n** vt 1. afluixar; 2. relaxar
lockig adj arrissat, -ada
Löffel m <~s; ~> cullera f
Loge f 1. teat llotja f; 2. lògia f
Logi/k f lògica f; **~*sch** adj lògic, -a
Lohn m <~¢s; ~e> salari m; **~*en** vt recompensar, premiar; **~*end** adj rendible; **~erhöhung** f augment m del salari; **~kürzung** f reducció f de sou; **~steuer** f impost m sobre els sous
Lo/'kal n <~¢s; ~e> 1. local m; 2. sala f; **~*kal** adj local
Lokomo/'tive f locomotora f; **~tivführer, -in** m/f maquinista m/f
Lorbeer m <~s; ~en> llorer m; **~blatt** n fulla f de llorer
Los n <~es; ~e> 1. bitllet m de loteria; 2. (Anteil) lot m; 3. (Schicksal) sort f; **~*** adj lliure; **~*binden** vt deslligar, desfer
Löschblatt n paper m assecant
löschen <irr 73> vt apagar, extingir
lose adj deslligat, -ada, solt, -a
Lösegeld n (diners d´un) rescat m
losen vi sortejar
lösen vt 1. deslligar; 2. desfer; 3. quím diluir, dissoldre
los/fahren <sein> vi partir, arrencar; **~gehen** <sein> vi començar la marxa; **~lassen** vt deixar anar
löslich adj soluble
Lösung f solució f

loswerden <sein> vt deslliurar-se, desfer-se
löt/en vt soldar; **~*kolben** m (Maschine) soldador m
Lotse, -in m/f <~n; ~n> nav pilot m/f; **~*n** vt pilotejar
Lotte f <~; ~n> peix rap m
Lott/e'rie f loteria f; **~o** n joc loto f
Löwe m <~n; ~n> 1. lleó m; 2. astrol lleó m; **~nzahn** m bot col·loq pixallits
loyal adj lleial; **~*ität** f llealtat f
Luchs m <~es; ~e> linx m
Lücke f 1. buit m; 2. omissió f
Luft f <~; ~e> aire m; **~ballon** m globus m aerostàtic; **~blase** f bombolla f; **~*dicht 1.** adj hermètic, -a; **2.** adv hermèticament; **~druck** m pressió f atmosfèrica
lüften vt 1. airejar, ventilar; 2. descobrir, revelar
Luft/fahrt f aviació f; **~feuchtigkeit** f humitat f atmosfèrica; **~gewehr** n escopeta f d´aire comprimit; **~*ig** adj 1. aeri, aèria; 2. (Raum) ben ventilat, -ada, airejat, -ada; 3. (Kleid) vaporós, -osa; **~kurort** m balneari m climàtic; **~linie** f línia f aèria; **~matratze** f matalàs m d´aire; **~pir'at** m segrestador m d´avió; **~post** f correu m aeri; **~pumpe** f bomba f pneumàtica; **~röhre** f med tràquea f; **~schiff** n aeronau f
Lüftung f ventilació f
Luft/veränderung f canvi m d´aires; **~verkehr** m trànsit m aeri; **~verschmutzung** f contaminació f atmosfèrica; **~waffe** f forces fpl aèries;

~weg *m* via *f* aèria; **~zug** *m* corrent *m* d´aire

Lüg/e *f* mentida *f*; **~*en** <*irr* 74> *vi* mentir; **~ner, -in** *m/f* mentider, -a *m/f*

Luke *f* 1. claraboia *f*; 2. *nav* escotilla *f*

Lump *m* <~en; ~en> canalla *m*; **~*en** *vi* viure llicenciosament

Lunch *m* esmorzar-dinar *m*; **~*en** *vi* prendre l´esmorzar-dinar; **~pa'ket** *n* bossa *f* de menjar

Lunge *f med* pulmó *m*; **~nentzündung** *f med* pulmonia *f*

Lupe *f* lupa *f*

Lust *f* <~> 1. ganes *fpl*; 2. plaer *m*

lüstern *adj* 1. cobejós, -osa; 2. lasciu, -iva

lustig *adj* 1. divertit, -ida; 2. alegre

lutsche/n *vt* 1. xuclar; 2. llepar; **~*r** *m* 1. xumet *m*; 2. piruleta *f*

luxu/ri'ös *adj* luxós, -osa, sumptuós, -osa; **~*s** *m* <~> luxe *m*; **~*shotel** *n* hotel *m* de luxe

Lybie/n *n* Líbia *f*; **~r, -in** *m/f* libi *m*, líbia *f*

lymph/atisch *adj* limfàtic, -a; **~*e f** *med* limfa *f*; **~*gefäß** *n* vas *m* limfàtic; **~*knoten** *m* gangli *m* limfàtic

lynch/en *vt* linxar; **~*justiz** *f* linxament *m*

Lyra *f* lira *f*

Lyri/k *f* <~> lírica *f*; **~*sch** *adj* líric, -a

M

machen *vt* 1. fer; 2. causar, provocar, produir

Macht *f* <~; ¨-e> 1. poder *m*; 2. potència

mächtig *adj* potent, poderós, -osa

machtlos *adj* 1. impotent; 2. sense poder

Mädchen *n* 1. nena *f*; 2. noia *f*

Madrigal *n* madrigal *m*

Mafia *f* màfia *f*

Maga'zin *n* 1. magatzem *m*; 2. revista *f* il·lustrada

Magen *m* <~s; ¨-> estómac *m*; **~schmerzen** *mpl* mal *m* d´estómac

mager *adj* 1. magre, -a; 2. flac, -a; 3. (*Boden*) àrid, -a

Ma/'gie *f* màgia *f*; **~*gisch** *adj* màgic, -a

Magma *n geol* magma *m*

Magnat *m* magnat *m*

Magnesi/a *f quím* magnèsia *f*; **~um** *n quím* magnesi *m*

Mag/'net *m* <~es; ~e> magnet *m*, imant *m*; **~netband** *n* cinta *f* magnètica; **~netfeld** *n* camp *m* magnètic; **~*netisch** *adj* magnètic, -a; **~netismus** *m* magnetisme *m*

Magneto'fon *n* magnetòfon *m*

Magnolie *f bot* magnòlia *f*

Mahagoni *n* caoba *f*

mähen *vt* dallar, tallar, segar

Mahl *n* <~es; ¨-er> menjar *m*, àpat *m*; **~en** <*irr* 75> *vt* 1. moldre; 2. triturar; **~zeit** *f* menjar *m*, menjada *f*; **~*zeit!** *interj* bon profit!

Mähne *f* 1. (*Pferd*) crins *mpl*; 2. (*Person*) cabellera *f* (llarga)

mahn/en *vt/i* advertir, recordar; **~*ung** *f* 1. advertiment *m*; 2. avís *m*; 3. *com* reclamació *f*

Mai m <-∅s; -e> maig m; **~baum** m arbre m de maig

Mainz n Magúncia f

Mais m <-es; -e> bot blat m de moro, dacsa f; **~kolben** m panotxa f

Majes/'tät f majestat f; **~*tätisch** adj majestàtic, -a, majestuós, -osa

Majolika f majòlica f

Majonäse f maionesa f

Major m mil comandant m

Major'an m <-s; -e> bot majorana f

makellos adj immaculat, -ada

Make-up n <-s> maquillatge m

Makler f in m/f agent m/f immobiliari

Ma'krele f peix cavalla f

Mal n <-∅s; ̈er> 1. marca f, senyal m; 2. vegada f, volta f

male/n vt pintar; **~*r, -in** m/f pintor, -a m/f; **~*'rei** f pintura f; **~risch** adj pintoresc, -a

Malheur n adversitat f

Malschule f escola f de pintura

Malve f bot malva f

Malz n <-es> malt m; **~bier** n cervesa f de malt

Mam/a f <-; -s> infant mama f; **~i** f <-; -s> infant mareta f

man pron 1. un, hom; 2. es, se

Manager, -in m/f mànager m/f

manch pron algun; **~e** pron alguns; **~mal** adv de vegades

Mandant, -in m/f jur client, -a m/f

Mandarine f bot mandarina f

Mandat n mandat m; **~ar** m mandatari m

Mandel f <-; -n> bot ametlla f; **~entzündung** f med amigdalitis f

Mandoline f mús mandolina f

Mangan n mín manganès m; **~at** n quím manganat m

Mangel m <-s; ̈-> 1. tecn (Wäsche) calandra f; 2. manca f, falta f; **~*haft** adj defectuós, -osa

Mango f bot mango m

Mangold m <-∅s; -e> bot bleda f

Ma/'nie f mania f, dèria f; **~nieren** pl <-; -en> maneres fpl

Manifest n manifest m; **~*ieren** vt manifestar

Mani'küre f <-> (Tätigkeit und Person) manicura f

Mann m <-∅s; ̈er> home m

Männ/chen n <-s; -> homenet m; **~*lich** adj masculí, -ina, viril

Mannschaft f 1. equip m; 2. nav tripulació f

Ma'növer n <-s; -> maniobra f

Man/'schette f puny m (de camisa); **~schettenknöpfe** mpl bessons mpl

Mantel m <-s; ̈-> abric m

manuell adj manual

Manufaktur f manufactura f; **~waren** fpl mercaderies fpl manufacturades

Manuskript n manuscrit m

Mappe f 1. cartera f; 2. carpeta f

Marabu m marabú m

Marasmus m med marasme m

Marathonlauf m esp marató f

Märchen n conte m, rondalla f; **~*haft** adj fabulós, -osa, imaginari, -ària

Marder m zool mart m, marta f

Marga'rine f gastr margarina f

Marge'rite f bot margarida f

Mathematik

Ma'rienkäfer m marieta f
Marihuana n marihuana f
Marin'ade f <~> escabetx m
Ma'rine f 1. marina f; 2. mil forces fpl navals
marinieren vt escabetxar
Mario/'nette f titella m; **~nettentheater** n teatre m de titelles
Mark f <~; ~> 1. frontera f; 2. econ marc m
Mar/ke f marca f; **~*'kieren** vt 1. marcar; 2. assenyalar; **~kierung** f senyals mpl
Markt m <~¢s; ~̈e> mercat m; **~halle** f mercat m cobert; **~platz** m plaça f del mercat
Marme'lade f confitura f
Marmor m <~s; ~e> marbre m
Marokk/aner, -in m/f marroquí, -ina m/f; **~*'anisch** adj marroquí, -ina; **~o** n el Marroc m
Ma'rone f bot castanya f
Marsch 1. m <~es; ~̈e> mús marxa f; 2. f maresme m; **~*'ieren** <sein> vi marxar
Märtyrer, -in m/f màrtir m/f
Marxis/mus m pol marxisme m; **~t, -in** m/f marxista m/f; **~*'tisch** adj marxista
März m <~es; ~e> març m
Marzipan n <~s; ~e> gastr massapà m
Masche f malla f
Ma/'schine f màquina f; **~*'schi'nell** adj maquinal; **~'schinengewehr** n mil metralladora f; **~schinenschreiben** n mecanografia f

Masern pl med xarampió m
Maske f (a. Kosmetik) màscara f
Mas'kottchen n mascota f
Maß n <~es; ~e> 1. mesura f; 2. dimensió f
Mass'age f massatge m
Masse f massa f
mäßen vt moderar
Massen/artikel m article m de gran consum; **~*haft** adv en grans quantitats; **~medien** pl mitjans mpl de comunicació; **~tourismus** m turisme m de masses
Masseur, -euse m/f <~s; ~e> massatgista m/f
maßgeschneidert adj (Kleidung) fet a mida
mas'sieren vt med fer massatges
mäßig adj moderat, -ada
mass'iv adj massís, -issa
maß/los adj desmesurat, -ada; **~*nahme** f mesura f; **~*regel** f mesura f; **~*stab** m regla f; **~voll** adj mesurat, -ada
Mast m <~es; ~en> 1. pal m; 2. agric engreix m
Mastdarm m (intestí) recte m
mästen vt engreixar
Materi/'al n <~s; ~ien> material m; **~*alisieren** vt materialitzar; **~alismus** m materialisme m; **~alist, -in** m/f materialista m/f; **~*alistisch** adj materialista
Ma/'terie f matèria f; **~*teri'ell** adj material
Mathema/'tik f matemàtica f, matemàtiques fpl; **~tiker, -in** m/f mate-

Matinee 168

màtic, -a m/f; **~*tisch** adj matemàtic, -a
Matinee f (Film, Konzert) sessió f de matí
Matjeshering m areng m petit salat
Matratze f matalàs m
Matriarchat n matriarcat m
Matrikel f matrícula f
Matrize f matriu f
Matrone f matrona f; **~*nhaft** adj matronal
Ma'trose m <~n; ~n> mariner m
matt adj feble, dèbil
Matte f estora f
Mauer f <~; ~n> mur m
Maul n <~ǿs; ~er> 1. boca f; 2. (Schnauze) morro m, musell m; **~korb** m boç m; **~tier** f mula f; **~wurf** m zool talp m
Maure, -in m/f moro, -a m/f
Maur/er, -in m/f constr paleta m/f; **~*isch** adj moro, -a
Maus f <~; ~e> ratolí m
Mäuschen n ratolí m
Mausefalle f ratera f
Mausoleum n mausoleu m
Maut f <~> auto peatge m
maxi'mal adj màxim, -a
Mayonnaise f maionesa f
Mazedoni/en n Macedònia f; **~er, -in** m/f macedoni, -ònia f; **~*sch** adj macedoni, -ònia
Me'/chanik f mecànica f; **~chaniker, -in** m/f mecànic, -a m/f; **~*chanisch** adj mecànic, -a; **~*chanisieren** vt mecanitzar; **~chanisierung** f mecanització f; **~cha-**

n'ismus m <~; ~en> mecanisme m
Medaill/e f esp medalla f; **~on** n medalló m
mediatisier/en vt mediatitzar; **~*ung** f mediatització f
mediäval adj medieval
Medien pl mitjans mpl de comunicació
Medika'ment n <~ǿs; ~e> medicament m
Medit/ation f meditació f; **~*ieren** vi meditar (**über** sobre)
Medi'zin f medicina f; **~*isch** adj mèdic, -a
Meduse f zool medusa f
Meer n <~es; ~e> mar m/f; **~enge** f estret m; **~es...** adj de mar; **~esfrüchte** fpl marisc m; **~rettich** m bot rave m picant; **~schweinchen** n zool conillet m d´Índies
Mehl n <~ǿs; ~e> farina f
mehr comp més; **~deutig** adj ambigu, -a, polivalent; **~ere** pron alguns; **~fach** adj múltiple; **~*heit** f majoria f, **~mals** adv sovint; **~*wertsteuer** f impost m sobre el valor afegit (IVA); **~*zahl** f 1. majoria f; 2. ling plural m; **~zweck** adj de múltiples usos
meiden <irr 76> vt evitar
Meile f milla f
mein pron meu
Meineid m perjuri m
meinen vt/i 1. pensar, creure; 2. opinar
meinet/halben adv per mi; **~wegen** adv per mi
Meinung f opinió f, parer m; **~sbefragung** f enquesta f d´opinió;

~sforschung f enquesta f d´opinió; **~sverschiedenheit** f divergència f d´opinions

Meißel m <-s; ~> cisell m

meist adv en la majoria dels casos; **~ens** adv normalment, quasi sempre; **~enteils** adv normalment, quasi sempre

Meister, -in m/f mestre, -a m/f; **~schaft** f 1. mestria f; 2. esp campionat m; **~stück** n peça f de mestratge; **~werk** n obra f mestra

Melancholi/e f malenconia f; **~ker, -in** m/f persona f malenconiosa; **~*sch** adj malenconiós, -osa

Meld/eamt n 1. oficina f del cens; 2. registre m d´estrangers; **~eblatt** n full m d´inscripció; **~ebogen** m full m d´inscripció; **~*en** vt/i 1. declarar, comunicar; 2. inscriure's; **~ung** f 1. avís m; 2. inscripció f

melken <irr 77> vt munyir

Melo/l'die f melodia f; **~*diös** adj melodiós, -osa; **~*disch** adj melòdic, -a; **~drama** n melodrama m; **~*dramatisch** adj melodramàtic, -a

Me'lone f meló m

Menge f quantitat f (gran)

Mensa f <-; ~en> menjador m universitari

Mensch m <-en; ~en> home m, ésser m humà; **~*enleer** adj despoblat, -ada; **~enmassen** fpl massa f humana; **~enmenge** f multitud f; **~enrechte** pl drets mpl de l´home; **~heit** f humanitat f; **~*lich** adj 1. humà, -ana; 2. humanitari, -ària; **~lichkeit** f 1. humanitat f; 2. humanitarisme m

Mentali'tät f mentalitat f

Me'nü n <-s; ~s> 1. menú m; 2. plat m del dia

Merk/blatt n full m d´instruccions; **~*en** vt adonar-se'n, advertir; **~mal** n <-¢s; ~e> 1. senyal m; 2. característica f; **~*würdig** adj curiós, -osa

Messb/and n metre m, cinta f mètrica; **~echer** m vas m graduat

Messe f missa f; **~gelände** n recinte m de fires

messen <irr 78> vt/i mesurar, amidar

Messer n <-s; ~> ganivet m; **~stich** m ganivetada f

Me/'tall n <-s; ~e> metall m; **~tallarbeiter, -in** m/f treballador,-a m/f metal·lúrgic, -a, metal·lúrgic, -a m/f; **~*tallic** adj (Autofarbe) metal·litzat, -ada; **~tallur'gie** f metal·lúrgia f; **~*tallurgisch** adj metal·lúrgic, -a

Metamorphose f metamorfosi f

Metaph/er f ling metàfora f; **~*orisch** adj metafòric, -a; **~y'sik** f metafísica f; **~ysisch** adj metafísic, -a

Meta'stase f med metàstasi f

Metathese f ling metàtesi f

Meteoro/'loge, -in m/f <-n; ~n> meteoròleg, -òloga m/f; **~lo'gie** f meteorologia f; **~*'logisch** adj meteorològic, -a

Meter m od n <-s; ~> metre m

Me/'thode f mètode m; **~thodik** f metodologia f; **~*thodisch** adj metòdic, -a; **~thodologie** f metodologia f

Methyl

Methyl *n quím* metil *m*
Metoni/'mie *f ling* metonímia *f*; **~*misch** *adj* metonímic, -a
Metr/ik *f* mètrica *f*; **~*isch** *adj* mètric, -a; **~ologie** *f* metrologia *f*
Metronom *n mús* metrònom *m*
Metro'pole *f* metròpoli *f*
Metzger, -in *m*/*f* carnisser, -a *m*/*f*; **~'ei** *f* carnisseria *f*; **~laden** *m* carnisseria *f*
Meute'rei *f* 1. motí *m*; 2. *mil* insurrecció *f*
Mexi/'kaner, -in *m*/*f* mexicà, -ana *m*/*f*; **~*kanisch** *adj* mexicà, -ana; **~ko** *n* Mèxic *m*
Miasma *n med* miasma *m*
miauen *vi* miolar
mich *pron* a mi
Mieder *n* <~s; ~> cosset *m*
Miene *f* 1. cara *f*; 2. aire *m*
Miesmuschel *f zool* musclo *m*
Miet/e *f* lloguer *m*; **~*en** *vt* llogar; **~er, -in** *m*/*f* llogater, -a *m*/*f*; **~wagen** *m auto* cotxe *m* de lloguer
Mi'gräne *f med* migranya *f*
Mikrob/e *f* microbi *m*; **~iologie** *f* microbiologia *f*
Mikro/chip *m informàt* microxip *m*; **~film** *m* microfilm *m*; **~kosmos** *m* microcosmos *m*; **~organismus** *m* microorganisme *m*; **~'phon** *n* <~s; ~e> micròfon *m*; **~prozessor** *m informàt* microprocessador *m*
Mikros/'kop *n* <~s; ~e> microscopi *m*; **~*kopisch** *adj* microscòpic, -a
Mikrowellenherd *m* (forn *m* de) microones

Milch *f* <~> llet *f*; **~flasche** *f* 1. ampolla *f* de llet; 2. (*Säugling*) biberó *m*; **~kaffee** *m* cafè *m* amb llet; **~pulver** *n* llet *f* en pols; **~reis** *m* arròs *m* amb llet; **~schokolade** *f* xocolata *f* amb llet; **~shake** *m* batut *m* de llet; **~straße** *f* 1. via *f* làctia; 2. galàxia *f*; **~zahn** *f* dent *f* de llet
mild *adj* suau; **~ern** *vt* 1. suavitzar; 2. moderar
Milieu *n* <~s; ~s> *biol* medi *m*
Mili/'tär 1. *n* <~s> 1. exèrcit *m*; 2. tropa *f*; **2.** *m* militar *m*; **~*tärisch** *adj* militar; **~*tarisieren** *vt* militaritzar; **~tarisierung** *f* militarització *f*; **~tarismus** *m* militarisme *m*; **~*taristisch** *adj* militarista; **~tärkapelle** *f* banda *f* (militar) de música; **~tärmarsch** *m* marxa *f* (militar); **~tärmusik** *f* música *f* militar; **~tärpflicht** *f* servei *m* militar obligatori; **~tärregierung** *f* govern *m* militar
Miliz *f* milícia *f*
Millenium *n* mil·lennari *m*
Milli'arde *f* mil milions *mpl*
Milli/bar *n* mil·libar *m*; **~gramm** *n* mil·ligram *m*; **~meter** *n* mil·límetre *m*
Milli/'on *f* <~; ~en> milió *m*; **~o'när, -in** *m*/*f* <~s; ~e> milionari, -ària *m*/*f*
Milz *f* <~; ~en> *med* melsa *f*
Mina'rett *n* <~s; ~e> minaret *m*
Minder/heit *f* minoria *f*; **~*jährig** *adj* menor d´edat; **~jährige, -r** *f*/*m* menor *m*/*f* d´edat; **~*wertig** *adj* de poc valor

mindest *adj* menor; **~...** *adj* menor, mínim, -a; **~*ens** *adv* almenys

Mine *f* mina *f*; **~'ral** *n* <~s; ~e> mineral *m*; **~*ralisch** *adj* mineral; **~raloge, -in** *m/f* mineralogista *m/f*; **~ralogie** *f* mineralogia *f*; **~*ralogisch** *adj* mineralògic, -a; **~ralquelle** *f* font *f* d'aigua mineral; **~ralvorkommen** *n* jaciment *m* de minerals; **~ralwasser** *n* aigua *f* mineral

Mini/atur *f* miniatura *f*; **~bar** *f* <~; ~s> minibar *m*; **~*eren** *vt* minar; **~golf** *n* minigolf *m*; **~*'mal** *adj* mínim, -a; **~rock** *m* minifaldilla *f*

Mi/'nister *m/f* ministre, -a *m/f*; **~nisterium** *n* ministeri *m*

minus *adv* menys

Mi'nute *f* minut *m*

mir *pron* a mí, em, me, m', 'm

misch/en *vt* mesclar, barrejar (**mit** amb); **~*ung** *f* mescla *f*, barreja *f*

mise'rabel *adj* miserable

miss/achten *vt* desestimar; **~*achtung** *f* 1. desestimació *f*; 2. menyspreu *m*; **~*billigen** *vt* desaprovar; **~*billigung** *f* desaprovació *f*; **~brauch** *m* abús *m*; **~brauchen** *vt* abusar; **~bräuchlich** *adj* abusiu, -iva; **~deuten** *vt* interpretar malament; **~*deutung** *f* mala interpretació *f*, **~*erfolg** *m* fracàs *m*; **~*ernte** *f* mala collita *f*; **~*fallen** *n* <~s> desgrat *m*; **~'fallen** *vi* desagradar, desplaure; **~*geschick** *n* dissort *f*, desgràcia *f*; **~'handeln** *vt* maltractar; **~*handlung** *f* mals tractes *mpl*

Missi/'on *f* missió *f*; **~on'ar, -in** *m/f* missioner, -a *m/f*

miss'lingen <sein> *vi* fracassar

Miss/trauen *n* <~s> desconfiança *f*; **~*trauen** *vi* desconfiar; **~*trauisch** *adj* desconfiat, -ada; **~verständnis** *n* malentès *m*; **~*verstehen** *vt* malentendre

Mist *m* <~es; ~e> fem *m*

mit *prep* amb

Mitarbeit *f* col·laboració *f*, cooperació *f*; **~*en** *vi* col·laborar; **~er, -in** *m/f* col·laborador, -a *m/f*

mitbringen *vt* portar

mitei'nander *adv* junts, uns amb els altres

mit/fahren <sein> *vi* viatjar amb, acompanyar; **~*fahrgelegenheit** *f* possibilitat *f* de compartir un viatge (amb cotxe particular); **~*fahrzentrale** *f* agència *f* que gestiona la possibilitat de compartir un viatge (amb cotxe particular); **~geben** *vt* donar; **~*gefühl** *n* 1. compassió *f*; 2. simpatia *f*; 3. (*Beileid*) condol *m*; **~gehen** <sein> *vi* anar amb, acompanyar

Mitglied *n* membre *m/f*; **~sausweis** *m* carnet *m* de soci, sòcia; **~sbeitrag** *m* quota *f* de soci; **~schaft** *f* afiliació *f*

mitkommen <sein> *vi* venir amb, acompanyar

Mitleid *n* <~∅s> compassió *f*; **~*ig** *adj* compassiu, -iva

mitmachen *vt/i* prendre part

mitnehmen *vt* emportar-se, endur-se

Mitschüler, -in m/f condeixeble, -a m/f
Mittag m migdia m; **~essen** n dinar m; **~*s** adv al migdia; **~sruhe** f migdiada f; **~sschlaf** m migdiada f; **~stisch** m (*Lokal*) casa f de menjars
Mitte f 1. mig m; 2. meitat f
mitteil/en vt comunicar, informar, avisar; **~*ung** f 1. comunicació f; 2. informe m
Mittel n <~s; ~> mitjà m; **~alter** n Edat f Mitjana; **~*alterlich** adj medieval; **~amerika** n Amèrica f Central; **~*ameri'kanisch** adj centreamericà, -ana; **~europa** n Europa f Central; **~europäisch** adj centreeuropeu, -ea; **~finger** m dit m del mig; **~*fristig** adj a termini mitjà; **~los** adj necessitat, -ada, indigent; **~*mäßig** adj mitjà, -ana; **~meer** n Mar m/f Mediterrani(-ània); **~ohrentzündung** f med otitis f mitjana; **~punkt** m 1. centre m; 2. focus m
mitte/n prep al mig de; **~rnacht** f <-> mitjanit f
mittlere adj 1. mitjà, -ana, mig, mitja; 2. del mig
Mittwoch m <~¢s; ~e> dimecres m
mit'unter adv a vegades
mitwirk/en vi col·laborar, contribuir; **~*ung** f col·laboració f
Mix/becher m coctelera f; **~*en** vt mesclar, barrejar; **~er** m (*Gerät*) batedor m
Mnemotechnik f mnemotècnia f
mnemotechnisch adj mnemotècnic, -a

Möbel n <~s; ~> moble m; **~wagen** m camió m de mudaments
mo/bili'sieren vt mobilitzar; **~*bilität** f mobilitat f; **~*'biltelefon** n telèfon m mòbil
möb/lieren vt moblar; **~*'liert** adj moblat, -ada; **~*lierung** f moblament m
modal adj modal; **~*ität** f modalitat f
Mo/de f moda f; **~dedesigner, -in** m/f dissenyador, -a m/f de moda; **~*'dell** n <~s; ~e> model m/f; **~*dellieren** vt modelar; **~dellierung** f modelatge m; **~dellpuppe** f maniquí m
Modem m od n informàt mòdem m
Modenschau f desfilada f de models
Moder/ator, -in m/f moderador, -a m/f, presentador, -a m/f; **~*ieren** vt moderar, presentar
mo/'dern adj 1. modern, -a; 2. de moda; **~derni'sieren** vt modernitzar; **~*dernisierung** f modernització f; **~*dernismus** m modernisme m; **~dernistisch** adj modernista; **~*dernität** f modernitat f
Mode/salon m saló m d´alta costura; **~schmuck** m bijuteria f; **~schöpfer, -in** m/f modista m/f
modifizier/bar adj modificable; **~en** vt modificar
modisch adj de moda
Modul/ation f modulació f; **~*ieren** vt modular
Modus m <~; ~di> ling mode m
Mofa f ciclomotor m
mogeln vi fer trampes
mögen <irr 79> vt 1. estimar; 2. apreciar

möglich *adj* 1. possible; 2. factible; **~erweise** *adv* possiblement, tal vegada; **~*keit** *f* possibilitat *f*
Mohammed'an/er, -in *m/f* musulmà, -ana *m/f*; **~*isch** *adj* musulmà, -ana
Mohn *m* <-¢s; -e> 1. *bot* cascall *m*; 2. rosella *f*
Möhre *f bot* pastanaga *f*
Mohrrübe *f bot* pastanaga *f*
Mole *f nav* moll *m*; **~'kül** *n* molècula *f*; **~*kular** *adj* molecular
Molke'rei *f* lleteria *f*
Mo/'ment *m* <-¢s; -e> moment *m*; **~*ment'an 1.** *adj* 1. momentani, -ània; 2. actual; **2.** *adv* de moment
Monarch, -in *m/f* monarca *m/f*; **~'ie** *f* monarquia *f*; **~*isch** *adj* monàrquic, -a
Monat *m* <-¢s; -e> mes *m*; **~*lich 1.** *adj* mensual; **2.** *adv* mensualment; **~sgehalt** *n* sou *m*, mesada *f*; **~skarte** *f transp* bitllet *m* mensual; **~srate** *f* mensualitat *f*, pagament *m* mensual
Mönch *m* <-¢s; -e> 1. monjo *m*; 2. frare *m*
Mond *m* <-¢s; -e> lluna *f*
Mongol/e, -in *m/f* mongol *m/f*; **~'ei** *f* Mongòlia *f*; **~*isch** *adj* mongòlic, -a; **~ismus** *m med* mongolisme *m*
Monitor *m* monitor *m*
Mono/chord *n mús* monocord *m*; **~*chrom** *adj* monocrom, -a; **~*gam** *adj* monògam, -a; **~ga'mie** *f* monogàmia *f*; **~gramm** *n* monograma *m*; **~kel** *n* monocle *m*; **~kultur** *f agric* monocultiu *m*

Mono/'lith *m* monòlit *m*; **~*lithisch** *adj* monolític, -a
Mono'log *m* monòleg *m*
Mono/pol *n* monopoli *m*; **~*polisieren** *vt* monopolitzar; **~theismus** *m* monoteisme *m*; **~theist, -in** *m/f* monoteista *m/f*; **~*theistisch** *adj* monoteista
mono/'ton *adj* monòton, -a; **~*tonie** *f* monotonia *f*
Monst/er *n* monstre *m*; **~*rös** *adj* monstruós, -osa; **~rösität** *f* monstruosität *f*
Montag *m* dilluns *m*
Mon/'tage *f* muntatge *m*; **~teur, -in** *m/f* 1. muntador, -a *m/f*; 2. *auto* mecànic, -a *m/f*; 3. *electr* electricista *m/f*; **~*tieren** *vt* muntar, ajustar
Monu/'ment *n* <-¢s; -e> monument *m*; **~*men'tal** *adj* monumental
Moor *n* <-¢s; -e> 1. pantà *m*, aiguamoll *m*; 2. terreny *m* pantanós; 3. maresme *m*
Moos *n* <-es; -e> *bot* molsa *f*
Moped *n* <-s; -s> ciclomotor *m*
Mo/'ral *f* moral *f*; **~*ralisch** *adj* moral; **~ralisieren** *vi* moralitzar; **~ralität** *f* moralitat *f*
Morast *m* <-es; -e> pantà *m*, aiguamoll *m*
Morchel *f* <-; -n> *bot* múrgola *f*
Mord *m* <-¢s; -e> assassinat *m*, homicidi *m*; **~*en** *vt* assassinar
Mörder, -in *m/f* assassí, -ina *m/f*
Morgen *m* <-s; -> matí *m*; **~dämmerung** *f* alba *f*, crepuscle *m* matutí

Morphem

Morphem n ling morfema m
Morphin f morfina f
Morphologi/e f ling morfologia f; **~*sch** adj ling morfològic, -a
morsch adj corromput, -uda
Mosa'ik n mosaic m
Mo'schee f mesquita f
Moskau n Moscú m
Moskito m mosquit m
Mos/lem, -in m/f <~s; ~s> musulmà, -ana m/f; **~*lemisch** adj musulmà, -ana
Most m <~es; ~e> 1. most m; 2. (Apfelwein) sidra f
Mo/'tiv n <~s; ~e> motiu m; **~*tiv'ieren** vt motivar
Motor m <~s; ~en> motor m; **~boot** n nav (llanxa) motora f; **~haube** f capota f; **~*isch** adj motor, -a; **~*isieren** vt motoritzar; **~isierung** f motorització f; **~rad** n moto(cicleta) f; **~radfahrer, -in** m/f motorista m/f; **~radsport** m motociclisme m; **~roller** m scooter f; **~schaden** m tecn pana f
Motte f arna f
Mountainbike n <~s; ~s> bicicleta f de muntanya
Möwe f gavina f
Mücke f mosquit m; **~nstich** m picada f de mosquit
müd/e adj cansat, -ada; **~*igkeit** f cansament m, fatiga f
Mühe f esforç m; **~los 1.** adj fàcil; **2.** adv fàcilment
Mühle f molí m
mühsam adj fatigós, -osa

Müll m <~#s> escombraries fpl; **~abfuhr** f recollida f d´escombraries; **~beutel** m bossa f per a escombraries; **~container** m contenidor m d´escombraries; **~eimer** m pot m d´escombraries; **~kippe** f dipòsit m d´escombraries; **~tonne** f contenidor m d´escombraries; **~trennung** f selecció f d´escombraries; **~verbrennungsanlage** f instal·lació f de crema d´escombraries; **~wagen** m camió m d´escombraries
multipli'zieren vt multiplicar
Mumps m med galteres fpl, parotiditis f
Mund m <~#s; ~er> boca f; **~art** f parla f
münden vi desembocar
Mundharmonika f mús harmònica f
mündig adj major d´edat
mündlich adj oral, verbal
Mundstück n mús embocadura f
Mündung f desembocadura f
Mundwasser n elixir m bucal
Münster n <~s; ~> catedral f, seu f
munter adj espavilat, -ada
Münze f moneda f
Muräne f peix morena f
mürbe adj 1. fràgil; 2. (Fleisch) tendre, -a; 3. (gekocht) ben cuit
Murmel f <~; ~n> boleta f; **~*n** vt/i balbucejar
murren vi murmurar
mürrisch adj remugador, -a m/f, rondinaire m/f
Muschel f <~; ~n> 1. marisc m; 2. (Schale) petxina f

Muse f musa f
Mu'seum n <-s; -en> museu m
Mu'sik f música f; **~*sik'alisch** adj musical; **~sikalität** f musicalitat f; **~sikant, -in** m/f intèrpret m/f; **~siker, -in** m/f músic, -a m/f; **~sikhochschule** f conservatori m; **~sikinstrument** n instrument m de música; **~sikverein** m societat f filharmònica; **~sikwissenschaft** f musicologia f; **~sikwissenschaftler, -in** m/f musicòleg, -òloga m/f
musi'zieren vi musicar
Muskat/'ellerwein m moscatell m; **~nuss** f bot nou f moscada
Muskel m <-s; -n> múscul m; **~kater** m dolor m muscular; **~krampf** m rampa f; **~zerrung** f med distorsió f muscular, esquinç m
Muskul/a'tur f <-; -en> musculatura f; **~*ös** adj musculós, -osa
müssen <irr 80> vi caldre, ser necessari, haver de
Muster n <-s; ~> 1. mostra f, model m; 2. exemplar m; **~*gültig** adj exemplar, modèlic, -a; **~*haft** adj exemplar, modèlic, -a; **~n** vt dibuixar, mostrejar; **~ung** f inspecció f
Mut m <-¢s> 1. valor m, coratge m; 2. ànim m; **~*ig** adj valent, -a; **~*los** adj desanimat, -ada
Mutter f <-; ~> mare f
mütterlich adj maternal
Mutter/mal n <-¢s; -e> piga f; **~sprache** f llengua f materna; **~tag** m dia m de la mare
mutwillig adj maliciós, -osa

Mütze f gorra f
mysteri/'ös adj misteriós, -osa; **~*um** n misteri m
Mysti/k f mística f; **~ker, -in** m/f místic, -a m/f; **~*sch** adj místic, -a; **~zismus** m misticisme m
mythisch adj mític, -a
Mytho/'loge, -in m/f mitòleg, -òloga m/f; **~lo'gie** f mitologia f; **~*logisch** adj mitològic, -a; **~s** m mite m

N

nach prep a, cap a
nachahm/en vt 1. imitar; 2. copiar, reproduir; **~*ung** f 1. imitació f; 2. còpia f
Nachbar, -in m/f <-s; -n> veí m, veïna f; **~schaft** f veïnatge m, veïnat m
nach'dem conj després que
nachdenk/en vi reflexionar, pensar; **~lich** adj reflexiu, -iva, pensatiu, -iva
Nach/druck m energia f, vigor m; **~*drücklich** adj enèrgic, -a
nacheifern vi emular
nacheinander adv l´un darrer l´altre
Nachfolger, -in m/f successor, -a m/f
Nachforschung f recerca f, investigació f
Nachfrage f pregunta f; **~*n** vi 1. preguntar; 2. informar-se
nachfüllen vt reomplir
nachgeben vi cedir, condescendir
Nachgebühr f sobretaxa f

nachgehen

nachgehen <*sein*> *vi* 1. seguir algú; 2. (*Beschäftigung*) dedicar-se
Nachgeschmack *m* regust *m*, gustet *m*
nachgiebig *adj* transigent, flexible
nachhause *adv* a casa
nachher *adv* després, més tard
Nachhilfe *f* ajuda *f*; **~stunden** *fpl* classes *fpl* de repàs
nachhol/en *vt* recobrar, recuperar; **~*prüfung** *f* examen *m* de recuperació
Nachkriegszeit *f* postguerra *f*
Nach/lass *m* <~sses; ~sse> 1. *com* descompte *m*; 2. (*Erbschaft*) herència *f*; **~*lassen** *vt* 1. (*lockern*) afluixar, relaxar; 2. (*ermäßigen*) rebaixar, reduir; **~*lässig** *adj* deixat, -ada, negligent
nachmachen *vt* imitar, copiar
Nachmittag *m* tarda *f*, vesprada *f val*; **~s** *adv* 1. a la tarda; 2. cada tarda
Nachnahme *f* reemborsament *m*
Nachname *m* cognom *m*
nach/prüfen *vt* comprovar, revisar; **~rechnen** *vt* recomptar, repassar un compte
Nachricht *f* <~; ~en> notícia *f*; **~en** *fpl* notícies *fpl*; **~enagentur** *f* agència *f* d'informacions; **~ensendung** *f* espai *m* informatiu
Nachruf *m* article *m* necrològic
nachschicken *vt* enviar després
nachschlage/n *vt* consultar (un llibre); **~*werk** *n* obra *f* de consulta
nachsehen *vt* comprovar, examinar

Nachsicht *f* indulgència *f*; **~*ig** *adj* indulgent
Nachsommer *m* estiuet *m* de sant Martí
Nachspeise *f* postres *fpl*
Nachspiel *n* 1. epíleg *m*; 2. conseqüència *f*
nachsprechen *vt* repetir
nachspülen *vt* 1. aclarir, clarificar; 2. *med* irrigar
nachspüren *vi* rastrejar
nächst *adj* 1. el més proper; 2. següent; **~*e, -r** *f/m* proïsme *m*; **~ens** *adv* en breu
Nacht *f* <~; ~e> nit *f*; **~dienst** *m* torn *m* de nit
Nachteil *m* inconvenient *m*
Nachthemd *n* camisa *f* de dormir
Nachtigall *f* <~; ~en> rossinyol *m*
Nachtisch *m* postres *fpl*
nächtlich *adj* nocturn, -a
Nach/trag *m* suplement *m*; **~*tragen** *vt* afegir, agregar; **~*träglich 1.** *adj* 1. suplementari; 2. posterior; **2.** *adv* 1. suplementàriament; 2. posteriorment
Nachtruhe *f* repòs *m* nocturn
nachts *adv* de nit
Nacht/schicht *f* torn *m* de nit; **~tisch** *m* tauleta *f* de nit
Nachweis *m* <~es; ~e> 1. prova *f*; 2. (*Dokument*) justificant *m*; **~*en** *vt* (com)provar, demostrar
Nachwirkung *f* efecte *m* secundari
nach/zahlen *vt* pagar més; **~zählen** *vt* recomptar; **~*zahlung** *f* pagament *m* suplementari

Nachzügler, -in m/f ronsejaire m/f, ronser, -a m/f

Nack/en m <-s; -> 1. clatell m, bescoll m; 2. med nuca f; **~*t** adj nu, -a, despullat, -ada

Nadel f <-; -n> agulla f

Nagel m <-s; ~> 1. clau m; 2. med ungla f; **~bürste** f raspall m de les ungles; **~feile** f llima f de les ungles; **~lack** m esmalt m d'ungles; **~*n** vt clavar; **~neu** adj flamant, novíssim, -a; **~schere** f tisores fpl per a les ungles; **~zange** f tallaungles m

nage/n vt rosegar; **~*tier** n zool rosegador m

nah 1. adj proper, -a; 2. adv (a) prop

Nähe f proximitat f; **~*n** vt cosir; **~r** 1. adj més proper, -a; 2. adv més proper

Naherholungsgebiet n zona f d'esbargiment

nähern vt acostar, aproximar

Näh/garn n fil m de cosir; **~kasten** m capsa f de cosir; **~maschine** f màquina f de cosir; **~nadel** f agulla f de cosir

nahr/haft adj nutritiu, -iva; **~*ung** f nodriment m; **~*ungsmittel** n aliment m

Naht f <-; -̈e> costura f, cosit m; **~*los** adj sense costura

Nahverkehr m transp servei m de rodalies; **~szug** m tren m de rodalies

Nähzeug n necesser m de costura

na*iv** adj ingenu, -ènua

Name m <-ns; -n> nom m; **~nstag** m dia m del sant; **~*ntlich** adj nominal

nämlich 1. adj el mateix; 2. adv és a dir

Narbe f cicatriu f

Nar'kose f med narcosi f

Narr m <-en; -en> boig m, dement m

Närri/n f boja f, dement f; **~*sch** adj boig, boja

Nar'zisse f bot narcís m

nasch/en vt llaminejar, llepolejar; **~haft** adj llaminer, -a

Nase f <-; -n> nas m; **~nbluten** n <-s> hemorràgia f nasal

Nashorn n zool rinoceront m

nass adj <-̈er; -̈st> 1. moll, -a; 2. humit, -ida

Nässe f humitat f

nasskalt adj fred i humit

Nati/o'n f nació f; **~*o'nal** adj nacional; **~onalfeiertag** m festa f nacional; **~onalflagge** f bandera f nacional; **~onalhymne** f himne m nacional; **~*onalisieren** vt nacionalitzar; **~onali'sierung** f nacionalització f; **~onalismus** m nacionalisme m; **~onalist, -in** m/f nacionalista m/f; **~*onalistisch** adj nacionalista

Nationali'tät f nacionalitat f; **~mannschaft** f esp equip m nacional; **~park** m parc m nacional; **~sozialismus** m pol nacionalsocialisme m; **~sozialist, -in** m/f nacionalsocialista m/f; **~*sozialistisch** adj nacionalsocialista; **~tanz** m dansa f nacional, ball m nacional; **~versammlung** f assemblea f nacional

Natrium n sodi m; **~bikarbonat** n bicarbonat m (de sodi)

Natron

Natron *n quím* sosa *f*
Na/'tur *f* <~; ~en> natura *f*, naturalesa *f*; **~turalisieren** *vt* naturalitzar; **~turali'sierung** *f* naturalització *f*; **~turalismus** *m* naturalisme *m*; **~turalist, -in** *m/f* naturalista *m/f*; **~turalistisch** *adj* naturalista; **~turereignis** *n* fenomen *m* natural; **~turforscher, -in** *m* naturalista *m/f*; **~turforschung** *f* investigació *f* de la natura
Natur/gabe *f* talent *m* natural; **~'heilkunde** *f* medicina *f* naturista; **~heilkundige, -r** *f/m* metge, -essa *m/f* naturista; **~katastrophe** *f* catàstrofe *f* natural; **~kunde** *f* ciències *fpl* naturals
natürlich *adj* natural
Na/'turschutz *m* protecció *f* de la natura; **~turschutzgebiet** *n* 1. parc *m* nacional; 2. reserva *f* natural; **~turwissenschaften** *fpl* ciències *fpl* naturals
Nauti/k *f* nàutica *f*; **~*sch** *adj* nàutic, -a
Navigation *f* navegació *f*
Nazi *m* nazi *m*; **~smus** *m* nazisme; **~*stisch** *adj* nazi
Neandertaler *m* home *m* de Neandertal
Nebel *m* <~s; ~> boira *f*; **~*ig** *adj* nebulós, -osa, boirós, -osa; **~scheinwerfer** *m* far *m* antiboira
neben *prep* al costat de, a la vora de; **~an** *adv* al costat, a la vora; **~*anschluss** *m* aparell *m* supletori; **~bei** *adv* de passada; **~ein'ander** *adv* un al costat de l´altre; **~*fluss** *m* afluent *m*; **~*gebäude** *n* dependències *fpl* annexes; **~kosten** *fpl* despeses *fpl* secundàries; **~sache** *f* cosa *f* secundària; **~*sächlich** *adj* 1. accidental; 2. secundari, -ària; **~*saison** *f* temporada *f* baixa; **~*straße** *f* carrer *m* secundari; **~*wirkung** *f* efecte *m* secundari
Neffe *m* <~n; ~n> nebot *m*
Negativ *n* <~s; ~e> *foto* negatiu *m*; **~*** *adj* negatiu, -iva
nehmen <*irr* 81> *vt* prendre
Neid *m* <~¢s; > enveja *f*; **~*en** *vt* envejar; **~*isch** *adj* envejós, -osa
neig/en 1. *vt* inclinar, decantar; **2.** *vi* inclinar-se, tendir; **~*ung** *f* 1. inclinació *f*; 2. tendència *f*
nein *adv* no
Nekro'log *m* necrologia *f*
Nekrose *f med* necrosi *f*
Nektar *m* nèctar *m*; **~ine** *f* nectarina *f*
Nelke *f* <~; ~n> *bot* clavell *m*
nenn/en <*irr* 82> *vt* 1. anomenar; 2. (*erwähnen*) citar, esmentar; **~enswert** *adj* notable; **~*ung** *f* esment *m*, menció *f*
Neologismus *m ling* neologisme *m*
Neon *n* neó *m*; **~röhre** *f* tub *m* de neó
Nepp *m col·loq* estafa *f*; **~*en** *vt* estafar
Nerv *m* <~s; ~en> nervi *m*; **~enarzt, -ärztin** *m/f* neuròleg, -òloga *m/f*; **~enheilanstalt** *f* clínica *f* neurològica; **~en'säge** *f* pesat, -ada *m/f*; **~enzusammenbruch** *m* crisi *f* nerviosa; **~ös** *adj* nerviós, -osa; **~osi'tät** *f* nerviositat *f*
Nesselfieber *n med* urticària *f*

Nest *n* <~es; ~er> niu *m*
nett *adj* 1. amable; 2. simpàtic, -a
netto *adj* net
Netz *n* <~es; ~e> xarxa *f*; **~haut** *f med* retina *f*
neu *adj* nou, nova; **~artig** *adj* nou, nova; **~*bau** *m* edifici *m* de nova planta; **~*erung** *f* novetat *f*; **~*gier** *f* curiositat *f*; **~gierig** *adj* curiós, -osa; **~*heit** *f* novetat *f*; **~*igkeit** *f* 1. notícia *f*; 2. novetat *f*; **~*jahr** *n* any *m* nou; **~*jahrstag** *m* dia *m* d´any nou; **~lich** 1. *adj* recent; 2. *adv* recentment; **~*mond** *m* lluna *f* nova
neun *adj* nou; **~zehn** *adj* dinou; **~zig** *adj* noranta
Neura/l'gie *f med* neuràlgia *f*; **~*lgisch** *adj* neuràlgic, -a; **~sthe'nie** *f* neurastènia *f*; **~stheniker, -in** *m/f* neurastènic, -a *m/f*; **~*sthenisch** *adj* neurastènic, -a
Neuro/loge, -in *m/f* neuròleg, -òloga *m/f*; **~se** *f* neurosi *f*; **~tiker, -in** *m/f* neuròtic, -a *m/f*; **~*tisch** *adj* neuròtic, -a
neu/'tral *adj* neutral; **~*tralisation** *f* neutralització *f*; **~tralisieren** *vt* neutralitzar; **~*tralisierung** *f* neutralització *f*; **~*tralistisch** *adj* neutralístic, -a; **~*tralität** *f* neutralitat *f*
nicht *adv* no
Nichte *f* neboda *f*
Nicht/raucher, -in *m/f* no fumador, -a *m/f*; **~raucherbe'reich** *m* zona *f* de no-fumadors; **~*s** *pron* (no...) res; **~schwimmer, -in** *m/f* no nadador, -a *m/f*; **~*sdesto'weniger** *adv* no obstant això; **~*ssagend** *adj* insignificant, inexpressiu, -iva
nicken *vi* fer una capcinada *f*
nie *adv* mai
nieder 1. *adj* baix, -a; 2. *adv* avall; **~gedrückt** *adj* abatut, -uda; **~geschlagen** *adj* abatut, -uda; **~knien** *vi* agenollar-se; **~*lage** *f* desfeta *f*, derrota *f*
Nieder/lande *pl* els Països *mpl* Baixos; **~länder, -in** *m/f* neerlandès, -esa *m/f*; **~*ländisch** *adj* neerlandès, -esa
nieder/lassen *vt* abaixar; **~*lassung** *f* instal·lació *f*; **~legen** *vt* dipositar; **~*schlag** *m meteo* precipitacions *fpl*; **~trächtig** *adj* infame, vil
niedlich *adj* 1. bonic, -a; 2. bufó, -ona
niedrig *adj* baix, -a
niema/ls *adv* mai; **~nd** *pron* ningú
Niere *f med* ronyó *m*; **~n...** *adj med* renal; **~nentzündung** *f med* nefritis *f*
niesel/n *v*/*impers* plovisquejar; **~*regen** *m* plovisqueig *m*
niesen *vi* esternudar
Nika/'ragua *n* Nicaragua *f*; **~ra'guaner, -in** *m/f* nicaragüenc, -a *m/f*; **~*ra'guanisch** *adj* nicaragüenc, -a
Niko'tin *n* <~s> nicotina *f*
Nilpferd *n zool* hipopòtam *m*
nirgends *adv* enlloc
Nische *f* 1. fornícula *f*; 2. nínxol *m*
Nitr/at *n* nitrat *m*; **~*ieren** *vt* nitrificar; **~ifikation** *f* nitrificació *f*
Nitro/'gen *n* nitrogen *m*; **~glyzerin** *n* nitroglicerina *f*
Nive/au *n* <~s; ~s> nivell *m*; **~*llieren**

noch

vt/i anivellar; **~llierung** *f* anivellament *m*

noch *adv* encara; **~mals** *adv* una altra vegada

Nomin/ativ *m* ling nominatiu *m*; **~*ieren** *vt* proposar (algú)

Nonne *f* monja *f*

Nonstopflug *m* vol *m* sense escala

Nord *m* el nord *m*; **~...** *adj* del nord; **~'afrika** *n* Àfrica *f* del Nord; **~a'merika** *n* Amèrica *f* del Nord; **~ameri'kaner, -in** *m/f* nord-americà, -ana *m/f*; **~*ameri'kanisch** *adj* nord-americà, -ana; **~deutschland** *n* Alemanya *f* del Nord

Nord/en *m* nord *m*; **~*isch** *adj* nòrdic, -a, del nord

nördlich *adj* nòrdic, -a, del nord

Nord/'osten *m* nord-oest *m*; **~pol** *m* pol *m* nord; **~see** *f* Mar *m* del Nord; **~'west** *m* nord-oest *m*

nörg/eln *vi* criticar molt; **~*ler** *m* criticador, -a *m/f*

Norm *f* <~; ~en> norma *f*

normal *adj* normal; **~erweise** *adv* normalment; **~*isierung** *f* normalització *f*

Norweg/en *n* Noruega *f*; **~er, -in** *m/f* noruec, -ega *m/f*; **~*isch** *adj* noruec, -ega

Nostalgi/e *f* nostàlgia *f*; **~*sch** *adj* nostàlgic, -a

Not *f* <~; ~e> necessitat *f*

No/'tar, -in *m/f* <~s; ~e> notari, -ària *m/f*; **~tari'at** *n* notaria *f*; **~*tariell** *adj* notarial

Not/arzt, -ärztin *m/f* <~es; ~e> metge, -essa *m/f* d´urgència; **~aufnahme** *f* ingrés *m* per urgències; **~ausgang** *m* sortida *f* d´emergència; **~aus'stieg** *m* aero sortida *f* d´emergència; **~beleuchtung** *f* il·luminació *f* d´emergència; **~bremse** *f* fre *m* d´emergència; **~dienst** *m* servei *m* d´urgència; **~*dürftig** *adj* provisional

Note *f* nota *f*; **~nständer** *m* mús faristol *m*

Notfall *m* cas *m* d´emergència; **~s** *adv* en cas d´emergència

no'tieren *vt* anotar, apuntar

nötig *adj* necessari, -ària

No/'tiz *f* <~; ~en> anotació *f*, nota *f*; **~tizblock** *m* bloc *m* de notes; **~tizbuch** *n* agenda *f*

Not/lage *f* situació *f* crítica; **~landung** *f* aero aterratge *m* forçós

notleidend *adj* necessitat, -ada

Notlösung *f* solució *f* provisòria

Not/ruf *m* telefonada *f* de socors; **~rutsche** *f* aero rampa *f* d´evacuació; **~signal** *n* senyal *m* d´alarma; **~wehr** *f* <~> legítima *f* defensa

notwendig *adj* necessari, -ària, imprescindible; **~*keit** *f* necessitat *f*

No'vember *m* novembre *m*

nüchtern 1. *adj* dejú, -una; 2. *adv* en dejú

Nudeln *fpl* pasta *f*

nuklear *adj* nuclear

null *adj* nul, nul·la

Numismati/k *f* numismàtica *f*; **~*sch** *adj* numismàtic, -a

Nummer *f* <~; ~n> número *f*; **~*ieren**

vt numerar; **~ierung** *f* numeració *f*; **~nschild** *n* *auto* matrícula *f*
nun *adv* ara
nur *adv* només, solament
Nuss *f* <~; ~e> nou *f*; **~baum** *m* bot noguera *f*; **~knacker** *m* trencanous *m*; **~schale** *f* closca *f* de nou
Nutte *f* col·loq prostituta *f*, puta *f* desp
nutz/bar *adj* utilitzable, aprofitable; **~*en** *m* 1. profit *m*; 2. utilitat *f*; **~en** *vt* usar, utilitzar
nützen *vt* usar, utilitzar
nutzlos *adj* inútil, inaprofitable
Nylon *n* niló *m*
Nymphe *f* nimfa *f*
Nymphomanie *f* med nimfomania *f*
Nympho'manin *f* psicol nimfòmana *f*
nymphomanisch *adj* psicol nimfòmana

O

O'ase *f* oasi *m*
ob *conj* si
Obdach *n* alberg *m*; **~*los** *adj* sense casa; **~lose, -r** *f*/*m* persona *f* sense casa
oben *adv* dalt; **~auf** *adv* damunt (de); **~hin** *adv* pel damunt
Ober *m* cambrer *m*; **~arm** *m* braç *m*
Oberfläch/e *f* superfície *f*; **~*lich** *adj* superficial
Obergeschoss *n* planta *f* superior
oberhalb *prep* al damunt de
Ober/körper *m* bust *m*; **~schenkel** *m* med cuixa *f*; **~schenkelknochen** *m* fèmur *m*; **~schicht** *f* classe *f* alta; **~seite** *f* cara *f* superior
Ober/st *m* <~en; ~en> mil coronel *m*; **~teil** *m* part *f* de dalt
ob'gleich *conj* encara que
Objek/t *n* <~ǵs; ~e> 1. objecte *m*; 2. ling complement *m*; **~tiv** *n* <~s; ~e> foto objectiu *m*; **~*'tiv** *adj* objectiu, -iva
obligatorisch *adj* obligatori, -òria
Obo/e *f* oboè *m*; **~ist, -in** *m*/*f* oboista *m*/*f*
obskur *adj* fig obscur, -a, dubtós, -osa
Obst *n* <~es> fruita *f*; **~baum** *m* (arbre) fruiter *m*; **~garten** *m* agric fruiterar *m*; **~händler, -in** *m*/*f* com fruiter, -a *m*/*f*; **~handlung** *f* fruiteria *f*; **~kuchen** *m* pastís *m* de fruites; **~salat** *m* macedònia *f*
obs'zön *adj* obscè, -ena
ob'wohl *conj* encara que, malgrat que
Ochse *m* <~n; ~n> bou *m*
Ode *f* oda *f*
öde *adj* desert, -a, erm, -a
oder *conj* o, o bé
Odontolog/e, -in *m*/*f* odontòleg, -òloga *m*/*f*; **~ie** *f* odontologia *f*; **~*isch** *adj* odontològic, -a
Ofen *m* <~s; ~> 1. estufa *f*; 2. forn *m*; 3. (*Kamin*) llar *f*
offen 1. *adj* 1. obert, -a; 2. clar, -a; **2.** *adv* obertament; **~bar** *adj* evident, patent; **~*heit** *f* franquesa *f*, sinceritat *f*
offenkundig *adj* notori, -òria, evident
offensichtlich *adj* evident, manifest

offen/'siv adj ofensiu, -iva; **~*sive** f mil ofensiva f
öffentlich adj públic, -a; **~*keit** f 1. públic m; 2. opinió f pública
offizi'ell adj oficial
Offi'zier m oficial m
öffn/en vt obrir; **~*ung** f obertura f; **~*ungszeiten** f hores fpl d´apertura
oft adv sovint
öfter comp més sovint; **~s** adv molt sovint
Ohm n electr ohm m
ohne prep sense
Ohn/macht f 1. impotència f; 2. med desmai m, esvaniment m; **~*mächtig** adj 1. impotent; 2. med desmaiat, -ada
Ohr n <~¢s; ~en> orella f
ohren/betäubend adj eixordador, -a; **~*schmerzen** mpl mal m d´orelles, otàlgia f
Ohr/feige f bufetada f; **~ring** m arracada f; **~wurm** m papaorelles m
okkult adj ocult, -a; **~*ismus** m ocultisme m; **~*ist, -in** m/f ocultista m/f; **~*istisch** adj ocultista
Öko/laden m tenda f naturista; **~loge, -in** m/f ecologista m/f; **~logie** f ecologia f; **~*logisch** adj ecològic, -a
Öko/nomie f economia f; **~*nomisch** adj econòmic, -a; **~system** n ecosistema m
Oktaeder n octàedre m
Oktett n mús octet m
Okt'ober m octubre m

Okzident m occident m; **~*al** adj occidental; **~*alisch** adj occidental
Okzitan/er, -in m/f occità, -ana m/f; **~ien** n Occitània f; **~*isch** adj occità, -ana
Öl n <~¢s; ~e> oli m; **~bild** n quadre m a l'oli
Oldtimer m <~s; ~> cotxe m d'època
Ole'ander m bot baladre m, oleandre m
öl/en vt 1. oliar, untar amb oli; 2. tecn lubrificar; **~ig** adj oliós, -osa
Oligarch, -in m/f oligarca m/f; **~ie** f oligarquia f; **~*isch** adj oligàrquic, -a
O'live f oliva f
Oliven/baum m olivera f; **~öl** n oli m d´oliva
Ölkanister m bidó m d´oli
Ölpest f marea f negra
Ölsardinen fpl sardines fpl a l´oli
Öl/stand m nivell m d´oli; **~wechsel** m canvi m d´oli
Olympi'ade f olimpíada f; **~*sch** adj olímpic, -a
Oma f <~; ~s> infant iaia f
Ome'lett n <~¢s; ~e> truita f (a la francesa)
Omnibus m <~ses; ~se> òmnibus m, autobús m
Onkel m <~s; ~> oncle m
Onomasiologie f onomasiologia f
Onomastik f onomàstica f
Ontologi/e f ontologia f; **~*sch** adj ontològic, -a
Opa m <~s; ~s> infant iaio m
Oper f <~; ~n> òpera f

Operati'on f operació f; **~ssaal** m quiròfan m
Oper'ette f opereta f
oper'ieren vt/i operar
Opfer n <~s; ~> sacrifici m; **~*n** vt/i sacrificar
Ophtalmolog/e, -in m/f oftalmòleg, -òloga m/f, oculista m/f; **~ie** f med oftalmologia f; **~*isch** adj oftalmològic, -a
Opportunis/mus m oportunisme m; **~t, -in** m/f oportunista m/f; **~*tisch** adj oportunista
Oppositi'on f oposició f
Optik f òptica f; **~er, -in** m/f òptic, -a m/f
opti/'mal adj òptim, -a; **~*mismus** m optimisme m; **~*mist, -in** m/f <~en; ~en> optimista m/f; **~*mistisch** adj optimista
optisch adj òptic, -a
opulen/t adj opulent, -a; **~*z** f opulència f
Orakel n oracle m
Orange f bot taronja f; **~*** adj (Farbe) taronja, ataronjat, -ada; **~nbaum** m taronger m; **~nsaft** m suc m de taronja
Or'chester n <~s; ~> orquestra f
Orchi'dee f bot orquídia f
Orden m <~s; ~> orde m; **~*tlich** adj ordenat, -ada
ordinär adj ordinari, -ària
ordn/en vt 1. ordenar; 2. classificar; **~*er** m 1. mantenidor m de l´ordre; 2. (Büro) arxivador m; **~*ung** f ordre m
Or'egano m <~s> bot orenga f
Or'gan n <~; ~e> òrgan m

österlich

Or/ganisati'on f organització f; **~*ganisa'torisch** adj organitzador, -a; **~*'ganisch** adj orgànic, -a; **~*'ganisieren** vt/i organitzar; **~ganismus** m organisme m
Organ/ist, -in m/f <~en; ~en> més organista m/f, **~ologie** f més organologia f; **~*ologisch** adj organològic, -a
Organspende f donació f d´òrgans; **~r, -in** m/f donant m/f d´òrgans
Orgasmus m orgasme m
Orgel f <~; ~n> orgue m
Orient m <~s> orient m; **~*'alisch** adj oriental; **~alist, -in** m/f orientalista m/f; **~*alistisch** adj orientalista
orient'ier/en vt orientar; **~*ung** f orientació f
Origi/'nal n <~s; ~e> original m; **~*nal** adj original; **~nalität** f originalitat f; **~*'nell** adj original
Or'kan m <~s; ~e> huracà m
Ornithol/'oge, -in m/f ornitòleg, -òloga m/f; **~ogie** f ornitologia f; **~*ogisch** adj ornitològic, -a
Ort m <~¢s; ~e> lloc m
orthodox adj ortodox, -a; **~*ie** f ortodòxia f
Orthopäd/e, -in m/f ortopedista m/f; **~ie** f ortopèdia f; **~*isch** adj ortopèdic, -a
örtlich adj local
Ort/schaft f població f, localitat f; **~sgespräch** n telefonada f local; **~steil** m barri m; **~szeit** f hora f local
Osten m <~s> est m
ostensiv adj ostensible
österlich adj pasqual

Ostern n Pasqua f de Resurrecció
Österreich n Àustria f; **~er, -in** m/f austríac, -a m/f; **~*isch** adj austríac, -a
östlich adj de l'est
Ostsee f Mar m Bàltic
Ostwind m llevant m
Oszill/ation f oscil·lació f; **~*ieren** vi oscil·lar
Otter m <-s; ~> 1. peix llúdria f; 2. zool escurçó m
out adj passat, -ada de moda
o'val adj oval, ovalat
O'xyd n òxid m
Oxy/dation f oxidació f; **~*dationsmittel** n oxidant m; **~*dierbar** adj oxidable; **~*dieren** 1. vt oxidar; 2. vi oxidar-se, rovellar-se
Oxy'gen n oxigen m
Ozean m <-s; ~e> oceà m
Ozeanien n Oceania f
ozean/isch adj oceànic, -a; **~*ographie** f oceanografia f; **~ographisch** adj oceanogràfic, -a
Ozelot m zool ocelot m
O'zon n ozó m
Ozon n <-s> ozó m
Ozon/isierung f ozonització f; **~loch** n forat m de la capa d'ozó

P

Paar n <-∅s; ~e> 1. parell m; 2. (Personen) parella f
Pacht f <-; ~en> arrendament m; **~*en** vt arrendar
Päckchen n paquetet m
pack/en vt 1. agafar; 2. (Koffer) fer (la maleta); **~end** adj 1. captivador, -a; 2. emocionant; **~*papier** n paper m d'embalar, paper m d'estrassa; **~*ung** f embalatge m; **~*ungsbeilage** f farm prospecte m
Pädagog/e, -in m/f pedagog, -a m/f; **~ik** f pedagogia f; **~*isch** adj pedagògic, -a
padd/eln vi remar en una piragua; **~*elsport** m esp piragüisme m; **~*ler, -in** m/f piragüista m/f
Päderas/t m pederasta m; **~'tie** f psicol pederàstia f
Pädiatri/e f med pediatria f; **~*sch** adj pediàtric, -a
Page m <-n; ~n> 1. patge m; 2. (Hotel) grum m/f
Pa'ket n <-∅s; ~e> paquet m; **~ketbombe** f paquet m bomba; **~ketpost** f servei m de paquets postals
Pakt m <-∅s; ~e> pacte m; **~*ieren** vi pactar
Paläo'graph, -in m/f paleògraf, -a m/f; **~graphie** f paleografia f; **~*graphisch** adj paleogràfic, -a; **~*litisch** adj paleolític, -a; **~ntologie** f paleontologia f; **~*ntologisch** adj paleontològic, -a; **~zoikum** n el Paleozoic m; **~*zoisch** adj paleozoic, -a
Pa'last m <-es; ∸e> palau m
Palm/e f 1. bot palma f; 2. palmera f; **~sonntag** m Diumenge m de Rams
pa'nieren vt gastr empanar; **~niermehl** n pa m ratllat

Panik f <~>; ~en> pànic m
Panne f 1. avaria f; 2. tecn pana f; **~nhilfe** f auto auxili m en carretera
Panther m zool pantera f
Pan'toffel m <~s; ~n> sabatilla f
Pantomim/e f teat pantomima f; **~*isch** adj pantomímic, -a
Panzer m 1. cuirassa f; 2. zool closca f; 3. mil carro m de combat; **~schrank** m caixa f forta, caixa f de cabals
Papa'gei m <~¢s; ~en> papagai m
Pa/'pier n <~s; ~e> paper m; **~piere** pl documentació f; **~pierkorb** m paperera f
Pappbecher m got m de cartró
Pappe f cartró m
Pappel f <~; ~n> bot àlber m
Paprika m <~s; ~s> 1. pebrot m picant; 2. (gemahlen) pebre m vermell; **~schote** f pebrina f, bitxo m
Papst m <~es; ⁻e> papa m, pontífex m romà
Pa'rade f desfilada f
Para/'dies n <~es; ~e> paradís m; **~*diesisch** adj paradisíac, -a
Paradigma n ling paradigma m; **~*tisch** adj paradigmàtic, -a
Para/dox n paradoxa f; **~*'dox** adj paradoxal
Paraffin n parafina f; **~öl** n farm oli m de parafina
Paragleiter m <~s; ~> esp parapent m
Para'graph m <~en; ~en> paràgraf m
Paraguay n Paraguai m; **~er, -in** m/f paraguaià, -ana m/f; **~*isch** adj paraguaià, -ana
paral/'lel adj paral·lel, -a; **~*lelismus** m paral·lelisme m; **~*lelogramm** n paral·lelogram m
Para/'lyse f paràlisi f; **~*lytisch** adj paralític, -a
Paranoi/a f psicol paranoia f; **~*sch** adj paranoic, -a
Para/'phrase f ling paràfrasi f; **~*phrasieren** vt parafrasejar
Parapsychologie f parapsicologia f
Para'sit m paràsit m
Pardon m perdó m
Paren'these f parèntesi m
Par/'füm n <~s; ~e> perfum m; **~füme'rie** f perfumeria f
Park m <~s; ~s> parc m
parken 1. vt aparcar; 2. vi estar aparcat
Par'kett n <~¢s; ~e> parquet m
Park/gebühr f tarifa f d´aparcament; **~haus** n pàrquing m, aparcament m; **~platz** m pàrquing m, aparcament m; **~schein** m auto tiquet m d´aparcament; **~scheinautomat** m expenedor m de tiquets d´aparcament; **~uhr** f parquímetre m; **~verbot** n prohibició f d´aparcar
Parla'ment n <~¢s; ~e> parlament m
Paro/'die f paròdia f; **~*dieren** vt parodiar; **~*distisch** adj paròdic, -a
Parodontitis f parodontitis f
Par/'tei f <~; ~en> pol partit m; **~*teiisch** adj partidista
Par'terre n <~s; ~s> 1. constr planta f baixa; 2. teat platea f
Par'tie f 1. esp partida f; 2. mús part f
Partikel f partícula f
partitiv adj ling partitiu, -iva

Partitur f mús partitura f
Parti'zip n <-s; -ien> ling participi m
Partner, -in m/f company, -a m/f; **~schaft** f 1. participació f; 2. companyia f; **~stadt** f ciutat f agermanada
Party f <-; -s> festa f
Pass m <-es; ⁼e> 1. pas m, port m (de muntanya); 2. (*Dokument*) passaport m
Pa/ssa'gier m <-s; -e> passatger m; **~ssagierflugzeug** n avió m de passatgers; **~'ssant, -in** m/f passant m/f, transeünt m/f
Passbild n fotografia f de passaport
passen vt/i 1. convenir, ser convenient; 2. ajustar, anar bé; **~d** adj 1. convenient; 2. adequat, -ada
Passfoto n fotografia f de passaport
pas/'sierbar adj transitable, practicable; **~sieren** <*sein*> 1. vt 1. passar; 2. travessar; 2. vi passar, succeir; **~*'sierschein** m salconduit m
Passiv n <-s; -e> ling (veu) passiva f; **~*** adj passiu, -iva
Passkontrolle f control m de passaports
Pasta f <-> pasta f
Paste f pasta f
Pas'tete f 1. gastr empanada f, pastisset m de carn; 2. (*Leber*) foie gras m
pasteurisier/en vt pasteuritzar; **~t** adj (*Milch*) pasteuritzat, -ada; **~*ung** f pasteurització f
Pate, -in m/f <-n; -n> padrí, -ina m/f; **~nkind** n fillol m; **~nschaft** f padrinatge m

Pa'tent n <-¢s; -e> patent f
Pati'ent, -in m/f pacient m/f, malalt, -a m/f
Patri'ot, -in m/f <-en; -en> patriota m/f; **~*otisch** adj patriòtic, -a
Patro'ne f cartutx m
Patsche f destret m
Pauke f mús bombo m
pau/'schal 1. adj global, total; **2.** adv globalment, totalment; **~*schale** f 1. import m global; 2. forfet m
Pause f pausa f; **~*nlos** adj incessant, sense pausa
Pavillon m <-s; -s> pavelló m
Pa'zifik m <-s> el Pacífic m
Pech n <-¢s> mala sort f, dissort m; **~vogel** m ocell m de mal averany
Pe'dal n <-s; -e> pedal m
pe'dantisch 1. adj 1. meticulós, -osa; 2. pedantesc, -a; **2.** adv 1. meticulosament; 2. pedantescament
peinlich adj (*Situation*) penós, -osa; (*Frage*) delicat, -ada
Peitsche f fuet m
Pelikan m <-s; -e> pelicà m
Pell/e f pell f; **~kartoffeln** fpl patates fpl cuites amb pell
Pelz m <-es; -e> pell f; **~geschäft** n pelleteria f; **~jacke** f jaqueta f de pell; **~mantel** m abric m de pell; **~waren** fpl articles mpl de pell, pelleteria f
Penis m <-; -se> penis m
Pensi/'on f pensió f; **~on'är, -in** m/f <-s; -e> pensionista m/f; **~*on'iert** adj jubilat, -ada, retirat, -ada; **~on'ierung** f jubilació f, pensió f

Penthaus t. Penthouse n constr àtic m
Per/fekt n <-¢s; -e> ling pretèrit m perfet; **~*'fekt** adj perfecte, -a
Peri'ode f període m
Perl/e f perla f; **~*en** vi 1. borbollar; 2. escumejar; 3. perlejar; **~mutt** n <-s> mareperla f; **~mutter** f <-> mareperla f
permanen/t adj permanent; **~*z** f permanència f
Per/l'son f <-; -en> persona f; **~so'nal** n <-s> personal m; **~sonalabbau** m reducció m del personal; **~sonalausweis** m carnet m d´identitat; **~sonalcomputer** m ordinador m personal; **~sonalien** pl dades fpl personals
Per'sonen(kraft)wagen m automòbil m, (cotxe m de) turisme
per/l'sönlich 1. adj personal, individual; 2. adv personalment; **~*sönlichkeit** f personalitat f
Perspek'tive f perspectiva f
Pe'rücke f perruca f
per'vers adj pervers, -a
Pessi/'mist, -in m/f <-en; -en> pessimista m/f; **~*mistisch** adj pessimista
Pest f <-> pesta f bubònica
Peter'silie f bot julivert m
Pfad m <-¢s; -e> 1. viarany m; 2. sendera f; **~finder, -in** m/f escolta m/f
Pfahl m <-¢s; ~e> 1. pal m; 2. constr post m
Pfand n <-¢s; ~er> penyora f
pfänden vt jur embargar
Pfandflasche f botella f retornable

Pfändung f embargament m
Pfann/e f 1. paella f; 2. cassola f (de metall); **~kuchen** m crep f
Pfarr/bezirk m parròquia f; **~'ei** f parròquia f; **~er** m 1. rector m; 2. pastor m; **~gemeinde** f parròquia f
Pfau m <-¢s; -en> paó m (reial), gall m dindi
Pfeffer m pebre m (negre); **~minze** f bot menta f (pebrera); **~minztee** m infusió f de menta
Pfeife f xiulet m; **~*n** <irr 83> vt/i xiular, tocar el xiulet
Pfeil m <-¢s; -e> fletxa f
Pfeiler m constr pilar m, pilastra f
Pferd n <-¢s; -e> cavall m; **~ekutsche** f carruatge m; **~erennbahn** f hipòdrom m; **~erennen** n cursa f de cavalls; **~eschwanz** m (Frisur) cua f de cavall
Pfiff m <-¢s; -e> xiulet m; **~erling** m bot, gastr rossinyol m
Pfingsten n Pentecosta f
Pfirsich m <-¢s; -e> préssec m
Pflanz/e f planta f; **~*en** vt 1. plantar; 2. conrear, cultivar; **~enöl** n oli m vegetal; **~enschutzmittel** n plaguicida m; **~*lich** adj vegetal; **~ung** f plantació f
Pflaster n <-s; ~> 1. paviment m, empedrat m; 2. esparadrap m
Pflaume f pruna f
Pflege f 1. cura f; 2. (Sachen) manteniment m; 3. med assistència f; **~*n** vt 1. tenir cura/compte; 2. med atendre, curar; **~r, -in** m/f med infermer, -a m/f

Pflicht f <~; ~en> obligació f, deure m; **~*bewusst** adj formal
pflücken vt collir
Pflug m <~¢s; ~e> agric arada f
pflügen vt/i llaurar
Pforte f porta f (d´entrada)
Pförtner m porter m, conserge m
Pfosten m <~s; ~> post m
Pfote f 1. pota f; 2. col·loq peu m
Pfropfen m tap m (de suro)
Pfund n <~¢s; ~e> lliura f (esterlina)
pfusche/n vt/i potinejar, treballar barroerament; **~*r, -in** m/f barroer, -a m/f
Pfütze f bassa f
Phan/ta'sie f fantasia f; **~*'tastisch** adj fantàstic, -a
Phase f 1. fase f; 2. etapa f
Philo/'loge, -in m/f filòleg, -òloga m/f; **~logie** f filologia f; **~*logisch** adj filològic, -a
Philo/'soph, -in m/f <~en; ~en> filòsof, -a m/f; **~so'phie** f filosofia f; **~*sophieren** vi filosofar (**über** sobre); **~*sophisch** adj filosòfic, -a
Phy/'sik f física f; **~*si'kalisch** adj físic, -a; **~siker, -in** m/f físic, -a m/f
Pia/'nist, -in m/f <~en; ~en> pianista m/f; **~'ano** n <~s; ~s> 1. piano m (vertical); 2. (*Flügel*) piano m de cua
Pickel m <~s; ~> pic m
picken vt/i 1. picotejar; 2. cavar
Picknick n <~s; ~s> menjada f al camp, pícnic m
Pilger, -in m/f pelegrí, -ina m/f
Pille f med píndola f
Pi'lot, -in m/f <~en; ~en> pilot m/f

Pilz m <~es; ~e> bolet m
pingelig adj meticulós, -osa
Pinguin m <~s; ~e> pingüí m
Pinie f bot pi m pinyoner; **~nkern** m pinyó m
pinkeln vi col·loq pixar
Pinsel m <~s; ~> pinzell m
Pin'zette f pinça f
Pio'nier, -in m/f <~s; ~e> 1. precursor m; 2. mil sapador, -a m/f
Pi'rat m <~en; ~en> pirata m
Pis'tazie f 1. bot noguerola f, terebint m; 2. pistatxo m, festuc m
Piste f pista f
Pis'tole f pistola f
Plage f plaga f; **~*n** vt molestar, importunar
Pla'kat n <~¢s; ~e> cartell m
Plan m <~¢s; ~e> 1. pla m; 2. plànol m; **~e** f lona f; **~*en** vt planejar, projectar
Pla'net m <~en; ~en> planeta m
plan'ieren vt aplanar, anivellar
Planke f tauló m
planmäßig adj sistemàtic, -a, metòdic, -a
Plansch/becken n piscina f infantil; **~*en** vi xipollejar, xipollar
Planung f planificació f
Plastik 1. f <~; ~en> arts fpl plàstiques; **2.** n plàstic m; **~tüte** f bossa f de plàstic
Pla'tane f bot plàtan m
platt adj pla, plana; **~e** f 1. placa f; 2. (*Fliese*) rajola f; 3. (*Holz*) tauler m; 4. (*Metall*) planxa f; **~*enspieler** m gramòfon m, gramola f; **~*form** f plataforma f; **~*fuß** m peu m pla

Platz *m* <~es; ~e> 1. lloc *m*; 2. plaça *f*; 3. seient *m*; 4. (*Raum*) cabuda *f*; **~angst** *f med* agorafòbia *f*; **~anweiser, -in** *m/f* acomodador, -a *m/f*

Plätzchen 1. *n* raconet *m*; **2.** *pl gastr* pastes *fpl* seques

platz/en <*sein*> *vi* 1. esclatar; 2. rebentar; **~*karte** *f* reserva *f* de seient; **~*regen** *m meteo* xàfec *m*

plaudern *vi* conversar, xerrar *col·loq*

Pleite *f* bancarrota *f*, fallida *f*; **~* sein** no tenir-ne ni cinc *col·loq*

Plomb/e *f* 1. precinte *m*; 2. (*Zahn*) empastat *m*; **~*ieren** *vt* 1. precintar; 2. (*Zahn*) emplomar, empastar

plötzlich *adv* de sobte, sobtadament

plump *adj* groller, -a, tosc, -a

plündern *vt* pillar, saquejar

Plural *m* <~s; ~e> *ling* plural *m*

plus *adv* més

Po *m* <~s; ~s> 1. *infant* culet *m*; 2. *col·loq* cul *m*

pochen *vi* 1. colpejar; 2. (*Tür*) picar, trucar

Pocken *fpl med* verola *f*

Po/e'sie *f* poesia *f*; **~*'etisch** *adj* poètic, -a

Po'kal *m esp* copa *f*

Poker *m* pòquer *m*; **~*n** *vi* jugar al pòquer

Pol *m* <~s; ~e> pol *m*

Pole, -in *m/f* <~n; ~n> polonès, -esa *m/f*; **~n** *n* Polònia *f*

po'lieren *vt* polir

Po/li'tik *f* política *f*; **~'litiker, -in** *m/f* polític, -a *m/f*; **~*'litisch** *adj* polític, -a

Poli/'zei *f* <~en> policia *f*; **~zeibeamte, -r** *f/m* (agent de) policia *m/f*; **~zeipräsidium** *n* prefectura *f* (de policia); **~zeirevier** *n* comissaria *f*; **~zeistreife** *f* patrulla *f* de policia; **~zeistunde** *f* hora *f* de tancar; **~zeiwache** *f* comissaria *f*; **~'zist, -in** *m/f* <~en; ~en> policia *m/f*

polnisch *adj* polonès, -esa

Polohemd *n* camiseta *f* de màniga curta

Polster *n* <~s; ~> 1. encoixinat *m*; 2. (*Kissen*) coixí *m*; **~*n** *vt* 1. encoixinar; 2. entapissar; **~sessel** *m* butaca *f* encoixinada

Pommes frites *pl* patates *fpl* fregides

Pony *n* <~s; ~s> poni *m*; **~frisur** *f* pentinat *m* amb serrell

Popcorn *n* crispeta *f*

popul'är *adj* popular

Pornographie *f* pornografia *f*

Porree *m* <~s; ~s> porro *m*

Portemonnaie *n* <~s; ~s> portamonedes *m*

Portier *m* <~s; ~s> 1. porter *m*; 2. conserge *m*

Porti'on *f* porció *f*

Porto *n* <~s; ~s> correu franqueig *m*

Porträt *n* <~s; ~s> retrat *m*

Portug/al *n* Portugal *m*; **~'iese, -in** *m/f* <~n; ~n> portuguès, -esa *m/f*; **~*'iesisch** *adj* portuguès, -esa

Porzel'lan *n* <~s; ~e> porcellana *f*

Po'saune *f mús* trombó *m*

Positi'on *f* posició *f*

posi'tiv *adj* positiu, -iva

Post *f* <~> correu *m*; **~amt** *n* estafe-

Poster

ta *f* de correus; **~anweisung** *f* gir *m* postal; **~bote, -in** *m/f* carter, -a *m/f*; **~en** *m* <~s; ~> 1. lloc *m*; 2. col·locació *f*
Poster *n* pòster *m*
Post/fach *n* apartat *m* de correus; **~karte** *f* (targeta) postal *f*; **~*lagernd** *adj* a llista de correus; **~leitzahl** *f* codi *m* postal; **~sparbuch** *n* llibreta *f* d´estalvis; **~sparkasse** *f* caixa *f* postal d´estalvis; **~stempel** *m* mata-segells *m*; **~*wendend** *adv* a volta de correu
Pracht *f* <~> 1. sumptuositat *f*; 2. luxe *m*
prächtig *adj* esplèndid, -a
prahlen *vi* vanagloriar-se, jactar-se
Prakti/'kant, -in *m/f* 1. practicant *m/f*; 2. *jur* passant *m/f*; **~kum** *n* <~s; ~en> pràctiques *fpl*; **~*sch** *adj* pràctic, -a; **~*'zieren** *vt/i* 1. practicar; 2. exercir
Pra'line *f* bombó *m* farcit
prall *adj* tibant, tens, -a
Prämie *f* premi *m*
Präpositi'on *f ling* preposició *f*
Präsen/s *n ling* present *m*; **~*tieren** *vt* presentar
Präservativ *n* <~s; ~e> preservatiu *m*
Präsi'dent, -in *m/f* president, -a *m/f*
Praxis *f* <~> 1. pràctica *f*; 2. *med* consultori *m*
präzis *adj* precís, -isa
predig/en *vt/i* predicar; **~*t** *f* <~; ~en> sermó *m*
Preis *m* <~es; ~e> 1. preu *m*; 2. (*Belohnung*) premi *m*; **~ausschreiben** *n* 1. concurs *m*; 2. *lit* certamen *m*; **~elbeere** *f bot* gerdó *m*; **~erhöhung** *f* augment *m* de preus; **~ermäßigung** *f* rebaixa *f* de preus; **~*gekrönt** *adj* premiat, -ada; **~*günstig** *adj* barat, -a; **~nachlass** *m* descompte *m*, rebaixa *f*; **~senkung** *f* baixa *f* de preus; **~träger, -in** *m/f* titular *m/f* d´un premi; **~*wert** 1. *adj* barat, -a; 2. *adv* a bon preu
Prellung *f med* contusió *f*
Premiere *f teat* estrena *f*
Presse *f* 1. premsa *f*; 2. periodisme *m*
pressen *vt/i* 1. estrènyer; 2. *tecn* premsar
Priester *m* sacerdot *m*
prima *adv* excel·lent
primi'tiv *adj* primitiu, -iva
Prinz, -essin *m/f* <~en; ~en> príncep *m*, princesa *f*
Prin/'zip *n* <~s; ~ien> 1. principi *m*; 2. norma *f*; **~*zipi'ell** *adv* en principi
Priori'tät *f* prioritat *f*
Prise *f* presa *f*
pri'vat *adj* 1. privat, -ada; 2. particular
Pro *n* pro *m*; **~*** *prep* per; **~be** *f* 1. prova *f*; 2. *teat* assaig *m*; **~*ben** *vt/i* 1. provar; 2. assajar; **~*beweise** *adv* com a prova
pro'bieren *vt/i* 1. provar; 2. assajar; 3. (*Speise*) tastar
Pro'blem *n* <~s; ~e> problema *m*
Pro/'dukt *n* <~¢s; ~e> producte *m*; **~dukti'on** *f* producció *f*; **~*dukt'iv** *adj* productiu, -iva

Produ/'zent m (Film) productor m; **~*zieren** vt produir, fabricar
professionell adj professional
Pro'fessor, -in m/f 1. professor, -a m/f; 2. catedràtic, -a m/f
Pro/fi m esp professional m/f; **~'fil** n <~s; ~e> perfil m; **~'fit** m <~¢s; ~e> profit m; **~*fi'tieren** vi aprofitar-se (von de)
Pro'gnose f med pronòstic m
Pro/'gramm n <~s; ~e> programa m; **~*gramm'ieren** vt/i programar; **~gramm'ierer, -in** m/f <~s; ~> programador, -a m/f
Pro/'jekt n <~¢s; ~e> projecte m; **~jektor** m projector m
promi'nent adj prominent
Pro'nomen n <~s; ~> ling pronom m
Propa'ganda f <~> propaganda f
Pro'peller m hèlice f
Pro/'phet, -in m/f <~en; ~en> profeta m/f; **~*phe'zeien** vt profetitzar; **~phe'zeiung** f profecia f
prosit! interj salut!
Pros'pekt m <~¢s; ~e> prospecte m
prost! interj salut!
Prostitu/'ierte f prostituta f, puta f col·loq; **~ti'on** f prostitució f
Pro'test m <~es; ~e> protesta f
Protest'/ant, -in m/f protestant m/f; **~*antisch** adj protestant; **~*ieren** vi protestar
Pro'these f pròtesi f
Proto/'koll n <~s; ~e> 1. protocol m; 2. acta f; **~*kol'lieren** vt/i protocol·litzar

Provi'ant m <~s; ~e> queviures mpl, provisions fpl
Pro/'vinz f <~; ~en> província f; **~*vinzi'ell** adj provincià, -ana
provo'zieren vt provocar (zu a)
Pro/'zent n <~¢s; ~e> tant m per cent; **~zentsatz** m percentatge m; **~*zentu'al** adj percentual
Pro/'zess m <~es; ~e> 1. procés m; 2. jur plet m; **~zessi'on** f processó f
prüde adj beat, -a
prüf/en vt 1. examinar; 2. (amtlich) controlar, revisar; **~*ung** f examen m
Prügel m <~s; ~> bastó m, pal m; **~*n** vt apallissar
Prunk m <~¢s> 1. fastuositat f; 2. pompa f; **~*voll** adj sumptuós, -osa
Psychi/'ater, -in m/f psiquiatre, -a m/f; **~a'trie** f psiquiatria f; **~*sch** adj psíquic, -a
psychoana/litisch adj psicoanalític, -a; **~*'lyse** f psicoanàlisi f; **~*lytiker, -in** m/f psicoanalista m/f
Psycho/'loge, -in m/f <~n; ~n> psicòleg, -òloga m/f; **~lo'gie** f psicologia f; **~*'logisch** adj psicològic, -a
Psychothera'p/eut, -in m/f psicoterapeuta m/f; **~ie** f psicoteràpia f
Puber'tät f pubertat f
Publi/'kum n <~s> públic m; **~*zieren** vt/i publicar
Pudding m gastr púding m
Pudel m <~s; ~> zool gos m d´aigua
Puder m pólvores fpl; **~zucker** m sucre m en pols

Puff *m* <~¢s; ~e> 1. empenta *f*; 2. prostíbul *m*, bordell *m*; 3. (*Sitz-*) puf *m*
Pul'lover *m* <~s; ~> jersei *m*
Puls *m* <~es; ~e> pols *m*
Pult *n* <~¢s; ~e> pupitre *m*
Pulver *m* <~s; ~> pols *f*; **~schnee** *m* neu *f* pols
Pumpe *f* bomba *f*; **~*n** *vt/i* bombar
Punkt *m* <~¢s; ~e> punt *m*
pünktlich 1. *adj* puntual; 2. *adv* puntualment; **~keit** *f* puntualitat *f*
Punsch *m* <~es; ~e> ponx *m*
Pu'pille *f* pupil·la *f*
Puppe *f* 1. nina *f*; 2. (*Marionette*) titella *m*
pur *adj* pur, -a, mer, -a
Pü'ree *n* <~; ~s> *gastr* puré *m*
Purzelbaum *m* figuereta *f*, tombarella *f*
Puste/l *f* <~; ~n> *med* pústula *f*; **~*n** *vi* bufar
Pute *f* paona *f*; **~nschnitzel** *n* escalopa *f* (de paó); **~r** *m* paó *m*
Putz *m* <~es> adorn *m*; **~en** *vt* netejar; **~frau** *f* dona *f* de la neteja; **~mittel** *n* producte *m* de neteja; **~zeug** *n* utensilis *mpl* de neteja
Puzzle *n* joc puzle *m*, trencaclosques *m*
Pygmäe *m* pigmeu *m*
Pyjama *m* <~s; ~s> pijama *m*
pyra/midal *adj* piramidal; **~*mide** *f* piràmide *f*
Pyrenäen *pl* els Pirineus *mpl*

Q

Qua/'drat *n* <~¢s; ~e> quadrat *m*; **~*dratisch** *adj* quadrat, -ada; **~drat-meter** *n* metre *m* quadrat
quaken *vi* raucar, cantar la granota
Qual *f* <~; ~en> tortura *f*, suplici *m*
quälen *vt* torturar, turmentar
Qualifi/kati'on *f* 1. qualificació *f*; 2. (*Befähigung*) aptitud *f*; **~*zierbar** *adj* qualificable; **~*'zieren** 1. *vt* qualificar; 2. sich ~ mostrar-se capaç; **~*ziert** *adj* capaç de, apte, -a per a
Quali/'tät *f* qualitat *f*; **~*tativ** *adj* qualitatiu, -iva; **~'tätserzeugnis** *n* producte *m* de qualitat; **~'tätsware** *f* article *m* d´alta qualitat
Qualle *f* *zool* medusa *f*
Qual/m *m* <~¢s> fumarada *f*; **~*mig** *adj* fumejant; **~*voll** *adj* 1. penós, -osa; 2. anguniós, -osa
Quanti/'tät *f* quantitat *f*; **~*tativ** *adj* quantitatiu, -iva
Quaran'täne *f* quarentena *f*
Quark *m* <~s> quallada *f*, mató *m*
Quart'al *n* <~s; ~e> trimestre *m*
Quart'ett *n* <~¢s; ~e> *mús* quartet *m*
Quar'tier *n* <~s; ~e> 1. allotjament *m*; 2. *mil* quarter *m*, caserna *f*
Quarz *m* <~es; ~e> quars *m*
quasi *adv* quasi, d'alguna manera
Quatsch *m* <~es> ximpleries *fpl*
Quecksilber *n* mercuri *m*
Quelle *f* font *f*; **~*n** <*irr* 84> *vi* brollar
quer 1. *adj* transversal; 2. *adv* a través de; **~*flöte** *f* flauta *f* travessera; **~parken** *n* auto estacionament *m* en

bateria; **~*schnitt** *m* secció *f* transversal; **~straße** *f* travessia *f*; **~*verbindung** *f* comunicació *f* transversal

quetsch/en *vt* 1. esclafar; 2. *med* contusionar; **~*ung** *f* *med* contusió *f*

quietschen *vi* 1. xisclar; 2. (*Tür*) grinyolar; 3. (*Schwein*) xisclar

Quirl *m* <~ǿs; ~e> molinet *m*; **~*en** *vt* batre amb molinet

quitt *adj* lliure

Quitte *f* *bot* codony *m*; **~nbaum** *m* codonyer *m*; **~ngelee** *n* codonyat *m*, confitura *f* de codony

quitt/ieren *vt/i* fer/escriure un rebut; **~*ung** *f* rebut *m*

Quiz *n* <~; ~> concurs *m* (de preguntes) televisiu; **~master** *m* <~s; ~> presentador *m* (de concurs televisiu)

Quote *f* quota *f*

Quoti'ent *m* *mat* quocient *m*

R

Ra'batt *m* <~ǿs; ~e> descompte *m*, rebaixa *f*

Rabe *m* <~n; ~n> corb *m*

Rache *f* venjança *f*, revenja *f*; **~n** *n* <~s; ~> 1. *med* faringe *f*; 2. gola *f*

rächen 1. *vt* venjar; 2. **sich ~** venjar-se

Rad *n* <~ǿs; ~er> 1. roda *f*; 2. *col·loq* bicicleta *f*

Radar *n* <~s; ~e> radar *m*; **~kontrollee** *f* velocitat *f* controlada per radar

radfahre/n <*sein*> *vi* anar en bicicleta; **~*r, -in** *m/f* ciclista *m/f*

ra'dieren *vt/i* esborrar

Ra/diergummi *n* goma *f* d´esborrar; **~'dieschen** *n* ravenet *m* (vermell)

Radi/o *n* <~s> ràdio *f*; **~*oaktiv** *adj* radioactiu, -iva; **~ore'corder** *m* radio-casset *m*; **~us** *m* <~; ~en> 1. radi *m*; 2. (*Rad*) raig *m*

Rad/ler, -in 1. *m/f* <~s; ~> ciclista *m/f*; 2. *m Aus*, *südöt* beguda de cervesa i llimonada; **~n** carrera *f* ciclista; **~sport** *m* ciclisme *m*; **~tour** *f* excursió *f* en bicicleta; **~weg** *m* carril *m* bici

raffin'iert *adj* 1. refinat, -ada; 2. *col·loq* astut, -a

Ra'gout *n* <~s; ~s> *gastr* estofat *m*

Rahm *m* <~ǿs; ~> *gastr* nata *f*; **~en** *m* <~s; ~> marc *m*; **~*en** 1. *vi* desnatar; 2. *vt* emmarcar

Ra'kete *f* 1. coet *m*; 2. *mil* míssil *m* de curt abast

Rampe *f* rampa *f*

Ramsch *m* <~ǿs; ~e> restes *fpl*

Rand *m* <~ǿs; ⁓er> 1. vora *f*; 2. riba *f*; **~*a'lieren** *vi* fer escàndol; **~streifen** *m* (*Straße*) voral *m*

Rang *m* <~ǿs; ⁓e> 1. grau *m*, rang *m*; 2. categoria *f*

ranzig *adj* ranci, rància

rar *adj* rar, -a; **~*i'tät** *f* 1. raresa *f*; 2. *fig* curiositat *f*

rasant *adj* ras, -a

rasch *adj* ràpid, -a; 2. *adv* de pressa; **~eln** *vi* 1. cruixir; 2. remorejar, murmurar

Rasen *m* <~s; ~> gespa *f*; **~*** <*sein*>

Rasierapparat

vi enfurir-se; **~*d** *adj* rabiós, -osa; **~mäher** *m* tallagespa *m*

Ra/'sierapparat *m* maquineta *f* d´afaitar; **~siercreme** *f* crema *f* d´afaitar; **~*sieren** *vt* afaitar; **~sierklinge** *f* fulla *f* d´afaitar; **~siermesser** *n* navalla *f*; **~sierpinsel** *m* brotxa *f*; **~sierschaum** *m* escuma *f* d´afaitar; **~sierseife** *f* sabó *m* d´afaitar

Rass/e *f* raça *f*; **~ismus** *m* racisme *m*

Rast *f* <~; ~en> 1. descans *m*, repòs *m*; 2. (*Halt*) parada *f*; **~*en** *vi* descansar; **~haus** *n* hostal *m*; **~hof** *m* restaurant *m* de carretera, àrea *f* de servei; **~*los** *adj* incansable, infatigable; **~platz** *m* (*Autobahn*) àrea *f* de descans; **~stätte** *f* restaurant *m* de carretera

Ra'sur *f* afaitada *f*

Rat *m* <~¢s> consell *m*

Rate *f* 1. quota *f*; 2. termini *m*

raten <*irr* 85> **1.** *vi* aconsellar; **2.** *vt*/*i* (*Rätsel*) endevinar, encertar; **~*kauf** *m* compra *f* a termes; **~*zahlung** *f* pagament *m* a terminis

Rathaus *n* ajuntament *m*, casa *f* de la vila

Rati/'on *f* ració *f*, porció *f*; **~*onali'sieren** *vt*/*i* racionalitzar; **~o'nieren** *vt* racionar

rat/los *adj* perplex, -a; **~sam** *adj* aconsellable; **~*schlag** *m* consell *m*

Rätsel *n* <~s; ~> endevinalla *f*; **~*haft** *adj* enigmàtic, -a

Ratte *f* rata *f*; **~ngift** *n* raticida *m*

rau *adj* aspre, -a

Raub *m* <~¢s; ~e> 1. robatori *m*; 2. (*Beute*) presa *f*; 3. (*Personen*) segrest *m*; **~*en** *vt*/*i* robar

Räuber *m* lladre *m*

Raub/mord *m* robatori *m* amb assassinat; **~tier** *n* fera *f*; **~überfall** *m* assalt *m* a mà armada; **~vogel** *m* ocell *m* de rapinya

Rauch *m* <~¢s> fum *m*; **~*en** *vt*/*i* 1. (*Tabak*) fumar; 2. fer fum

Räucher/hering *m* arengada *f* fumada; **~*n** *vt* fumar

rauch/ig *adj* fumejant; **~*waren** *fpl* 1. pelleteria *f*; 2. (*Tabakwaren*) articles *mpl* de fumar

raufe/n *vi* 1. estirar-se els cabells; 2. barallar-se; **~*'rei** *f* baralla *f*, brega *f*

rauh *adj* 1. aspre, -a; 2. (*behaart*) pelut, -uda; 3. (*grob*) rude, -a

Raum *m* <~¢s; ~e> 1. espai *m*; 2. (*Zimmer*) habitació *f*

räumen *vt* 1. buidar, evacuar; 2. (*Stellung*) abandonar, deixar

Raum/fähre *f* transbordador *m* espacial; **~fahrt** *f* vol *m* interplanetari; **~flug** *m* vol *m* espacial

räumlich *adj* espacial; **~*keit** *f* localitat *f*

Raum/schiff *n* nau *f* espacial; **~station** *f* estació *f* espacial

Räumung *f* 1. evacuació *f*; 2. buidament *m*; **~sverkauf** *m* liquidació *f* d´existències

Raupe *f* 1. *zool* eruga *f*; 2. *tecn* cadena *f*

raus! *interj* fora!

Rausch *m* <~es; ~e> embriaguesa *f*, borratxera *f*; **~*en** *vi* mormolar, mur-

murejar; **~sgift** n estupefaent m; **~giftsüchtig** adj toxicòman, -a
räuspern: sich ~ aclarir-se la veu
Razzia f <~; ~ien> ràtzia f
rea'gieren vi reaccionar
Re/akti'on f reacció f; **~'aktor** m reactor m
re'al adj real
real/isierbar adj realitzable; **~isieren** vt realitzar; **~*ismus** m realisme m; **~*ist, -in** m/f realista m/f; **~*istisch** adj realista; **~*i'tät** f realitat f
Rebe f 1. cep m, vinya f; 2. sarment m
Re/'bell m <~en; ~en> rebel m; **~'bell'ieren** vi rebel·lar-se; **~belli'on** f rebel·lió f; **~*bellisch** adj rebel
Rebhuhn n perdiu f
Rechen m <~s; ~> agric rampí m; **~aufgabe** f problema m d'aritmètica; **~fehler** m error m de càlcul; **~schaft** f compte m
rechn/en vi comptar, calcular; **~*er** m informàt ordinador m; **~*ung** f 1. càlcul m, compte m; 2. com factura f
Recht n <~øs; ~e> dret m; **~*** adj 1. dret, -a; 2. (Winkel) recte, -a; **~eck** n rectangle m; **~*eckig** adj rectangular; **~*fertigen** vt justificar; **~*lich** adj 1. jurídic, -a; 2. legal; **~*mäßig** adj legal
rechts adv a la dreta
Recht/sanwalt, -sältin m/f advocat, -ada m/f; **~*schreibung** f ortografia f; **~*shänder** m home m dretà; **~shändig** adj dretà, -ana; **~*slage** f situació f jurídica; **~*sradikal** adj ultradretà, -ana; **~*streit** m plet m, litigi m; **~*sweg** m via f judicial; **~swidrig** adj il·legal
recht/winklig adj rectangular; **~zeitig** adj oportú, -una
recyc/elbar adj reciclable; **~eln** vt reciclar; **~*ling** n reciclatge m
Redakt/'eur, -in m/f redactor, -a m/f; **~i'on** f redacció f
Rede f <~; ~n> discurs m; **~*n** vt/i parlar; **~nsart** f dita f, locució f; **~wendung** f modisme m
Redner, -in m/f orador, -a m/f
redu'zieren vt reduir
Reede f nav rada f; **~r** m armador m; **~'rei** f companyia f naviliera
re'ell adj real, efectiu, -iva
Refer/'at n <~øs; ~e> ponència f; **~*ieren** vt/i informar (**über** sobre)
reflek'tieren vt/i reflectir
Re'flex m <~es; ~e> reflex m
Re/'form f <~; ~en> reforma f; **~formhaus** n botiga f naturista
Refrain m <~s; ~s> tornada f, recoble m
Re'gal n <~s; ~e> prestatgeria f
Re'gatta f <~; ~en> nav regata f
rege adj 1. actiu, -iva; 2. (Geist) despert, -a
Regel f <~; ~n> 1. regla f; 2. (Vorschrift) reglament m; **~*mäßig** adj regular; **~*n** vt arreglar, arranjar; **~ung** f reglamentació f
Regen m <~s; ~> pluja f; **~*** vt 1. moure's; 2. (Gefühl) desvetllar-se; **~bogen** m arc m de Sant Martí; **~mantel** m impermeable m; **~schauer** m ruixat m; **~schirm** m

paraigua m; **~wurm** m cuc m de terra
Regl'ie f direcció f; **~*ieren** vt/i 1. governar; 2. (lenken) dirigir; **~ierung** f govern m
Regime n <-s; -s> pol règim m
Regis'seur m <-s; -e> 1. director m; 2. realitzador m
Re'gister n <-s; ~> registre m
Regler m tecn regulador m
regne/n v/impers ploure; **~risch** adj plujós, -osa
regu/'lär adj regular; **~lieren** vt tecn regular, ajustar
regungslos adj immòbil
Reh n <-ǵs; -e> zool cabirol m (mascle)
Rehabilitation f med rehabilitació f
Rehbock m zool cabirol m (mascle)
Reib/e f ratlladora f; **~eisen** n ratlladora f; **~*en** <irr 86> vt 1. fregar; 2. tocar lleugerament; 3. med friccionar; **~e'reien** fpl refrecs mpl; **~ung** f fricció f; **~*ungslos** adj sense dificultats
Reich n <-ǵs; -e> regne m; **~*** adj 1. ric, -a; 2. abundant, fèrtil; **~*en 1.** vt abastar, donar; **2.** vi arribar, estendre's; **~*lich 1.** adj abundós, -osa; **2.** adv 1. bastant; 2. en abundància; **~tum** m <-ǵs; ¨er> riquesa f; **~weite** f abast m
Reif m <-es> meteo gebre m; **~*** adj madur, -a; **~e** f maduresa f; **~en** m <-s; ~> 1. cèrcol m; 2. (Rad) pneumàtic m; **~endruck** m pressió f dels pneumàtics; **~enpanne** f punxada f; **~enwechsel** m canvi m de pneumàtic
Reihe f 1. fila f; 2. sèrie f; **~nfolge** f successió f, ordre m; **~nhaus** n casa f adossada; **~r** m agró m
Reim m <-ǵs; -e> rima f; **~*en** vt/i rimar
rein adj 1. net, -a; 2. (echt) autèntic, -a; **~*fall** m desengany m; **~*heit** f 1. netedat f; 2. puresa f; **~igen** vt 1. netejar; 2. fig purificar; **~*igung** f neteja f; **~*igungsmittel** n detergent m
Reis n <-es; -e> arròs m
Reise f viatge m; **~apotheke** f botiquí m de viatge; **~büro** n agència f de viatges; **~bus** m autocar m; **~fieber** n nerviosisme m davant un viatge; **~führer, -in** m/f 1. (Buch) guia f de viatges; 2. (Person) guia m/f; **~*n** <sein> vi viatjar; **~nde, -r** f/m 1. viatger, -a m/f; 2. com viatjant, -a m/f; **~pass** m passaport m; **~unterlagen** fpl documents mpl de viatge; **~verkehr** m tràfic m de viatgers; **~ziel** n lloc m de destinació d'un viatge
Reiß/brett n tauler m de dibuix; **~*en** <irr 87, sein> vt arrencar; **~*fest** adj irrompible; **~nagel** m xinxeta f; **~verschluss** m cremallera f; **~zwecke** f xinxeta f
Reit/en n <-s> equitació f; **~*en** <irr 88, sein> vi cavalcar, muntar (a cavall); **~er** m genet m; **~erin** f amazona f; **~sport** m esp hípica f; **~stall** m cavallerissa f

Reiz m <-es; -e> 1. sensació f; 2. estímul m; **~*en** vt excitar, provocar; **~*end** adj encisador, -a; **~ung** f excitació f

Reklamati'on f reclamació f

Re'klame f anunci m

Re'kord m <-¢s; -e> rècord m

Rektor m rector m

Rela/tion f relació f; **~*'tiv** adj relatiu, -iva; **~tivieren** vt relativitzar; **~tivismus** m relativisme m; **~tivpronomen** n ling pronom m relatiu; **~tivsatz** m ling proposició f relativa

Reli'ef n <-s; -s> relleu m

Religi'on f religió f; **~*ös** adj religiós, -osa

Reling f <~; -s> nav borda f

Renaissance f <~; -n> Renaixement m

Rendezvous n <~> cita f

Renn/bahn f hipòdrom m; **~en** n <-s; ~> cursa f, carrera f; **~*en** <irr 89, sein> vi córrer

reno/'vieren vt/i renovar; **~*vierung** f renovació f

rent'abel adj rendible

Rent/e f 1. renda f; 2. pensió f; **~*'ieren: sich ~*ieren** rendir; **~ner, -in** m/f pensionista m/f

Repa/ra'tur f reparació f; **~raturkosten** fpl cost m de reparació; **~raturwerkstatt** f taller m de reparacions; **~*'rieren** vt reparar

Re/por'tage f reportatge m; **~'porter** m repòrter m

Rep'til n <-s; -ien> rèptil m

Repu/'blik f <~; -en> república f; **~blikaner, -in** m/f republicà, -ana m/f; **~*blikanisch** adj republicà, -ana

Re/'serve f reserva f; **~serverad** n roda f de recanvi; **~servetank** m dipòsit m de reserva; **~*'servieren** vt reservar; **~*serviert** adj reservat, -ada; **~servierung** f reservació f

Res/'pekt m <-¢s> respecte m; **~*'pektieren** vt respectar; **~*pektlos** adj irrespectuós, -osa

Rest m <-es; -e> resta f

Restaur/ant n <-s; -s> restaurant m; **~*'ieren** vt restaurar

restl/ich adj restant; **~os** adj sencer, -a

rette/n vt salvar; **~r, -in** m/f salvador, -a m/f

Rettich m <-s; -e> bot rave m

Rettung f salvació f; **~saktion** f operació f de salvament; **~sboot** n bot m salvavides; **~shubschrauber** m helicòpter m de salvament; **~sring** m salvavides m; **~swagen** m ambulància f

Reue f penediment m

revanchieren: sich ~ venjar-se

Revoluti'on f revolució f

Re'volver m revòlver m

Re'vue f teat revista f

Re/'zept n <-¢s; -e> recepta f; **~*zeptflichtig** adj amb recepta mèdica; **~zeption** f rebedor m (d'un hotel)

Rha'barber m bot ruibarbre m

Rhein m el Rin m; **~*'isch** adj renà, -ana; **~land** n Renània f; **~länder, -in** m/f renà, -ana m/f

Rheuma n <-s> reuma m; **~'tismus** m <~; -en> reumatisme m

rhythmisch

rhythm/isch *adj* rítmic, -a; **~*us** *m* <~; ~en> ritme *m*
richten *vt* adreçar, dirigir
Richter, -in *m/f* jutge, -essa *m/f*
richtig *adj* 1. exacte, -a; 2. just, -a
Richtlinie *f* línia *f* de conducta
Richtung *f* 1. direcció *f*; 2. orientació *f*
riechen <*irr* 90> *vt* olorar
Riegel *m* <~s; ~> forrellat *m*, passador *m*
Riemen *m* <~s; ~> corretja *f*
Ries/e *m* <~n; ~n> gegant *m*; **~enrad** *n* sínia *f* enorme; **~ig** *adj* enorme
Rind *n* <~¢s; ~er> animal *m* boví; **~e** *f* escorça *f*; **~erbraten** *m* rostit *m* de bou; **~erwahnsinn** *m* malaltia *f* de les vaques boges; **~fleisch** *n* carn *f* de bou
Ring *m* <~¢s; ~e> anell *m*; **~en** <*irr* 91> *vi* tòrcer, torçar; **~er** *m* lluitador *m*; **~finger** *m* dit *m* anular; **~*s(herum)** *adj* al voltant de
Rinn/e *f* rec *m*; **~*en** <*irr* 92> *vi* 1. córrer, fluir; 2. gotejar, regalimar; **~stein** *m* vorada *f* del carrer
Rippe *f* 1. *med* costella *f*; 2. *constr* nervadura *f*; **~nfellentzündung** *f* pleuresia *f*
Ris/iko *n* <~s; ~en> risc *m*; **~*'kant** *adj* arriscat, -ada; **~*kieren** *vt* arriscar
Riss *m* <~es; ~e> 1. trencament *m*; 2. (*Mauer*) clivella *f*; **~ig** *adj* clivellat, -ada
Ritt *m* <~¢s; ~e> cavalcada *f*; **~er** *m* cavaller *m*

Ritze *f* <~; ~n> 1. fisura *f*; 2. clivella *f*; **~*n** *vt* esgarrapar
Ri/'vale, -in *m/f* <~n; ~n> rival *m/f*; **~*vali'sieren** *vi* rivalitzar; **~valität** *f* rivalitat *f*
Roastbeef *n* gastr rosbif *m*
Robbe *f* zool foca *f*
Roboter *m* robot *m*
ro'bust *adj* robust, -a
Rochen *m* <~s; ~> peix rajada *f*
Rock *m* <~¢s; ~e> falda *f*; **~musik** *f* música *f* rock
Rodel/bahn *f* pista *f* de trineus; **~*n** <*sein*> *vi* anar en trineu; **~(schlitten)** *m* <~s; ~> trineu *m*
roden *vt/i* (*Wald*) desboscar
Roggen *m* <~s; ~> bot sègol *m*; **~brot** *n* pa *m* de sègol
roh *adj* cru, -a; **~*kost** *f* alimentació *f* crua; **~*r** *n* <~¢s; ~e> 1. bot canya *f*; 2. jonc *m*
Röhre *f* tub *m*
Roh/rleitung *f* canonada *f*; **~stoffe** *mpl* matèries *fpl* primes
Roll/aden *m* persiana *f* (enrotllable); **~bahn** *f* aero pista *f*; **~e** *f* 1. rotllo *m*; 2. *fig* paper *m*; **~*en** *vi* rodolar; **~er** *m* patinet *m*; **~feld** *n* aero pista *f* (d'aterratge); **~kragen** *m* coll *m* alt; **~kragenpullover** *m* jersei *m* de coll alt; **~mops** *m* arengada *f* cargolada; **~schuh** *m* patí *m* (de rodes); **~schuhbahn** *f* pista *f* de patinatge; **~stuhl** *m* cadira *f* de rodes; **~treppe** *f* escala *f* mecànica
Ro/'man *m* <~s; ~e> novel·la *f*; **~*ma'nisch** *adj* romànic, -a; **~manist,**

rückwärts

-in m/f romanista m/f; **~manistik** f filologia f romànica; **~'mantik** f romanticisme m; **~*mantisch** adj romàntic, -a

Röm/er m romà m; **~*isch** adj romà, -ana

röntgen vt radiografiar; **~*aufnahme** f radiografia f; **~*strahlen** mpl raigs mpl X

rosa adj rosa

Rose f rosa f; **~nkohl** m col f de Brussel·les; **~nkranz** m rosari m; **~nmontag** m dilluns m de carnestoltes

Rosé(wein) m vi m rosat

Ros'ine f pansa f

Rosmarin m <~s> bot romaní m

Rost m <~es> rovell m, òxid m; **~en** vi rovellar-se, oxidar-se

rösten vt 1. torrar; 2. rostir

rost/frei adj inoxidable; **~ig** adj rovellat, -ada

rot adj roig, roja, vermell, -a

Röteln pl med rubèola f

rot/haarig adj pèl-roig, -roja; **~käppchen** n Caputxeta f vermella; **~*kehlchen** n pit-roig m; **~*kohl** m col f cabdellada

rötlich adj rogenc, -a

Rot/stift m llapis m vermell; **~wein** m vi m negre; **~wild** n cérvols mpl

Rou'lade f gastr estofat m enrotllat

Route f ruta f, itinerari m

Rou'tine f rutina f

Rowdy m <~s; ~s> batusser m

rubbeln vt/i col·loq refregar fortament

Rübe f nap m

Rub'in m <~s; ~e> robí m

Ruck m <~⌀s; ~e> batzegada f

Rücken m <~s; ~> esquena f; **~** <sein> vi fer una batzegada; **~lehne** f respatller m; **~mark** n medul·la f espinal; **~schmerzen** pl dolors mpl d'esquena

rück/erstatten vt 1. retornar; 2. restituir; **~*erstattung** f 1. devolució f; 2. restitució f; **~*fahrkarte** f bitllet m d'anada i tornada; **~*fahrt** f retorn m; **~*fall** m recaiguda f; **~fällig** adj jur reincident; **~*flug** m aero vol m de retorn; **~*gabe** f 1. devolució f; 2. restitució f; **~*gang** m 1. retrocés m; 2. disminució f; **~gängig** adj retrògrad, -a; **~*grat** m espina f dorsal

Rück/kehr f <~> retorn m, tornada f; **~licht** n auto llum m posterior; **~reise** f viatge m de retorn

Rucksack m motxilla f

Rück/schlag m contratemps m; **~schritt** m 1. reculada f; 2. retrocés m; **~seite** f dors m, revers m; **~sicht** f 1. consideració f; 2. respecte m; **~*sichtslos** adj desconsiderat, -ada; **~*sichtsvoll 1.** adj atent, -a, considerat, -ada; **2.** adv atentament; **~sitz** m seient m posterior

Rück/spiegel m mirall m retrovisor; **~*ständig** adj endarrerit, -ida, retardat, -ada; **~*strahler** m reflector m; **~tritt** m 1. retirada f; 2. dimissió f; **~trittbremse** f (Fahrrad) fre m de contrapedal

rück/wärts adv 1. cap endarrere; 2. a reculons; **~*wärtsgang** m auto marxa f endarrere; **~*weg** m (camí de) tornada f

rück/wirkend adj retroactiu, -iva; **~zahlen** vt retornar, reemborsar; **~*zahlung** f 1. reembossament m; 2. reintegrament m; **~*zug** m retirada f

Rudel n <~s; ~> 1. ramat m; 2. fig tropa f

Ruder n <~s; ~> 1. rem m; 2. aero timó m; **~boot** n barca m de rems; **~*n** vi remar

Ruf m <~¢s; ~e> 1. crida f; 2. reputació f; **~*en** <irr 93> vt/i cridar; **~name** m nom m de pila; **~nummer** f número m de telèfon

Ruh/e f tranquil·litat f; **~*en** vi 1. descansar, reposar; 2. fig dormir; **~estand** m jubilació f, retir m; **~etag** m dia m de descans; **~*ig** adj tranquil, -il·la

Ruhm m <~¢s> 1. glòria f; 2. (Ruf) reputació f

rühmen vt elogiar, lloar

Rühr/ei n gastr ous mpl remenats; **~*en** vt 1. remoure; 2. gastr remenar; **~*end** adj emocionant; **~ung** f emoció f

Ru/'in m <~s> ruïna f; **~ine** f ruïna f; **~*inieren** vt arruïnar

rülpsen vi eructar, rotar

Rum m <~s; ~s> rom m

Ru/'mäne, -in m/f romanès, -esa m/f; **~mänien** n Romania f; **~*mänisch** adj romanès, -esa

Rummel m <~s> gresca f; **~platz** m fira f

Rumpelkammer f (Zimmer) traster m

Rumpf m <~¢s; ~e> tronc m

rund adj rodó, -ona; **~*blick** m panorama m; **~*e** f 1. circumferència f; 2. (Boxen) assalt m; 3. (Rennen) volta f; **~*fahrt** f circuit m, volta f

Rundfunk m ràdio(difusió) f; **~gerät** n aparell m de ràdio; **~hörer, -in** m/f radiooient m/f; **~sendung** f emissió f de ràdio; **~sprecher, -in** m/f locutor, -a m/f de ràdio

Rund/gang m volta f; **~*herum** adv al voltant de; **~schreiben** n circular f

runter adv cap a avall

Russe, -in m/f <~n; ~n> rus, -sa m/f

Rüssel m <~s; ~> 1. trompa f; 2. (Schwein) musell m

russ/isch adj rus, -sa; **~*land** n Rússia f

rüst/en vt/i preparar, equipar; **~ig** adj fort, -a, robust, -a; **~*ung** f preparació f

Rute f vara f

Rutsch/bahn f tobogan m; **~*en** <sein> vi 1. relliscar; 2. patinar; **~*ig** adj relliscós, -osa

rütteln 1. vt sacsejar; 2. vi fer batzegades

S

Saal m <~¢s; Säle> sala f
Saat f <~; ~en> agric sembra f
Sabo/'tage f sabotatge m; **~*tieren** vt sabotejar
Sache f 1. cosa f; 2. afer m, assumpte m

Sach/kenntnis f competència f; **~*kundig** adj competent; **~lage** f 1. situació f; 2. fets mpl; **~*lich** adj imparcial; **~schaden** m pèrdua f material; **~verständige, -r** f/m especialista m/f, expert, -a

Sack m <~¢s; ~e> sac m; **~gasse** f carreró m sense sortida

säen vt/i sembrar

Safe m <~s; ~s> caixa f de cabals

Safran m <~¢s; ~e> bot safrà m

Saft m <~¢s; ~e> suc m; **~*ig** adj sucós, -osa

Sage f 1. llegenda f; 2. tradició f oral

Säge f serra f; **~*n** vt serrar

sagen vt 1. dir; 2. (bedeuten) significar; **~haft** adj 1. llegendari, -ària; 2. fabulós, -osa

Sahne f nata f; **~torte** f tortell m de nata

Saison f temporada f, estació f; **~*bedingt** adj estacional

Saite f mús corda f; **~ninstrument** n instrument m de corda

Sakko m od n <~s; ~s> americana f, jaqueta f

Salami f salami m

Sa'lat m <~¢s; ~e> 1. amanida f, ensalada f; 2. (grüner) enciam m, lletuga f

Salbe f pomada f

Salbei f <~s; ~> bot sàlvia f

Sa'lon m <~s; ~s> saló m

sa'lopp 1. adj negligent, descurat, -ada; 2. adv descuradament, negligentment

Salz n <~es; ~e> sal f; **~*en** <irr 94> vt salar; **~hering** m arengada f salada; **~*ig** adj salat, -ada; **~kartoffeln** fpl patates fpl bullides; **~säure** f quím àcid m clorhídric

Same(n) m <~s; ~> llavor f, germen m

samm/eln vt col·leccionar; **~*ler, -in** m/f col·leccionista m/f; **~*lung** f col·lecció f

Samstag m dissabte m

Samt m <~¢s; ~e> vellut m

sämtliche pron tots

Sana'torium n <~s; ~en> sanatori m

Sand m <~¢s> arena f, sorra f

San'dale f sandàlia f

Sand/bank f banc m de sorra; **~burg** f castell m de sorra; **~*ig** adj arenós, -osa; **~*kasten** m caixa f de sorra; **~papier** n paper m de vidre

Sandwich n <~s; ~s> sandvitx m, entrepà m

sanft adj tendre, -a, dolç, -a

Sänger, -in m/f 1. cantor, -a m/f; 2. cantant m/f

sa/nieren vt sanejar; **~*'nierung** f sanejament m; **~ni'tär** adj sanitari, -ària; **~*nitäter** m infermer m

Sankt adj sant, -a

Sar/'delle f anxova f; **~dine** f sardina f

Sarg m <~¢s; ~e> taüt m, caixa f

Sarkas/mus m sarcasme m; **~*tisch** adj sarcàstic, -a

Satel'lit m <~en; ~en> satèl·lit m

Sa'tire f sàtira f

satt adj 1. satisfet, -a; 2. fart, -a

Sattel m <~s; ~> sella f; **~*n** vt ensellar

Satz

Satz *m* <-es; ¨-e> *ling* frase *f*, oració *f*; **~ung** *f* estatuts *mpl*

Sau *f* <-; ¨-e> 1. *zool* truja *f*; 2. marrana *f*

sauber *adj* 1. net, -a; 2. decent; **~*keit** *f* 1. netedat *f*; 2. polidesa *f*

säubern *vt* 1. netejar; 2. *med* desinfectar

sauer *adj* 1. *quím* àcid, -a; 2. agre, -a

Sauerei *f* porcada *f*

Sauerkraut *n* xucrut *f*

Sauerstoff *m* oxigen *m*

saufen <*irr 95*> *vt/i* 1. (*Tier*) beure; 2. (*Menschen*) beure en quantitat, embriagar-se

Säufer, -in *m/f* bevedor, -a *m/f*

saugen <*irr 96*> *vt/i* 1. xuclar; 2. (*Kind*) mamar; 3. *tecn* absorbir, aspirar

säug/en *vt* 1. alletar; 2. donar el pit; **~*etier** *n* mamífer *m*; **~*ling** *m* criatura *f* de pit

Säule *f* columna *f*, pilar *m*

Sauna *f* sauna *f*

Säure *f* acidesa *f*

scanne/n *vt informàt* escombrar; **~*r** *m tecn* escàner *m*

schäbig *adj* desgastat, -ada

Schab'lone *f* patró *m*, model *m*

Schach *n* <-s; -> escacs *mpl*; **~brett** *n* tauler *m* d'escacs; **~figur** *f* peça *f* d'escacs; **~matt** *adj* escac i mat

Schacht *m* <-¨s; ¨-e> pou *m*, mina *f*

Schachtel *f* <-~; -n> caixeta *f* de cartró

schade! *adj* llàstima!

Schädel *m* <-s; -> crani *m*; **~bruch** *m* fractura *f* del crani

Schad/en *m* <-s; ¨-> dany *m*, perjudici *m*; **~*en** *vi* danyar; **~enersatz** *m* indemnització *f*; **~*haft** *adj* deteriorat, -ada, defectuós, -osa

schäd/igen *vt* perjudicar; **~*igung** *f* perjudici *m*; **~lich** *adj* perjudicial; **~*ling** *m* paràsit *m*

Schadstoff *m* contaminant *m*

Schaf *n* <-¨s; -e> ovella *f*

Schäfer, -in *m/f* pastor, -a *m/f* d'ovelles; **~hund** *m* gos *m* de pastor

schaffen <*irr 97*> *vt* 1. aconseguir, obtenir; 2. dur, portar; 3. crear

Schaffner *m transp* revisor *m*

Schafskäse *m* formatge *m* d'ovella

Schal *m* <-s; -s> 1. xal *m*; 2. bufanda *f*

Schale *f* 1. pell *f*; 2. (*Ei, Nuß*) closca *f*

schälen *vt* pelar

Schall *m* <-¨s> 1. so *m*; 2. soroll *m*; **~dämpfer** *m* 1. *tecn* silenciador *m*; 2. *mús* sordina *f*; **~*dicht** *adj* insonoritzat, -ada; **~mauer** *f* mur *m* del so; **~platte** *f* disc *m*

schalt/en *vt/i electr* connectar; **~*er** *m* finestreta *f*, taquilla *f*; **~*hebel** *m auto* canvi *m* de marxes; **~*jahr** *n* any *m* bixest

Scham *f* <-> vergonya *f*

schämen: sich ~ avergonyir-se (*über de*)

schamhaft *adj* pudorós, -osa

Schande *f* 1. infàmia *f*; 2. vergonya *f*

Schar *f* <-~; -en> colla *f*, banda *f*

sch/arf *adj* <-¨er; -¨st> 1. tallant; 2. (*Geschmack*) fort, -a, picant; **~*ärfe** *f* tall *m* d'espasa; **~ärfen** *vt* afilar;

Schi

~*arfsinn *m* 1. perspicàcia *f*; 2. subtilesa *f*; **~arfsinnig** *adj* 1. perspicaç; 2. subtil

Schar'nier *n* <~s; ~e> frontissa *f*

Schatt/en *m* <~s; ~> ombra *f*; **~*ig** *adj* ombriu, -iva

Sch/atz *m* <~es; ¨-e> 1. tresor *m*; 2. (*Anrede*) estimat, -ada *m/f*; **~*ätzen** *vt* 1. apreciar, estimar; 2. (*beurteilen*) considerar; **~ätzung** *f* apreciació *f*, estimació *f*

Schau *f* <~; ~en> 1. exposició *f*; 2. revista *f*

schauderhaft *adj* horrible, horrorós, -osa

schauen *vt/i* 1. mirar; 2. veure

Schauer *m meteo* ruixat *m*

schauerlich *adj* 1. esglaiador, -a; 2. horrible

Schaufel *f* <~; ~n> pala *f*

Schaufenster *n* aparador *m*

Schaukel *f* <~; ~n> gronxador *m*; **~*n:** **sich ~*n** balancejar-se; **~pferd** *n* cavallet *m* de balancí; **~stuhl** *m* balancí *m*

Schaum *m* <~¢s; ¨-e> escuma *f*

schäumen *vi* 1. fer escuma; 2. escumejar

Schaumgummi *m* goma *f* escumosa

Schauplatz *m* escenari *m*

Schauspiel *n* 1. espectacle *m*; 2. drama *m*; **~er, -in** *m/f* actor *m*, actriu *f*

Scheck *m* <~s; ~s> xec *m*, taló *m*; **~buch** *n* talonari *m* de xecs; **~karte** *f* targeta *f* bancària

Scheibe *f* 1. disc *m*; 2. rodanxa *f*; 3. (*Brot*) llesca *f*; **~nbremse** *f* fre *m* de disc; **~nheber** *m auto* alçavidre *m*; **~nwischer** *m auto* eixugavidres *m*

Scheide *f* 1. beina *f*; 2. *med* vagina *f*

scheid/en <*irr* 98> *vt* 1. dividir, separar; **2. sich ~en lassen** divorciar-se; **~*ung** *f* 1. separació *f*; 2. *jur* divorci *m*

Schein *m* <~¢s; ~e> 1. (*Bescheinigung*) certificat *m*; 2. *banc* bitllet *m*

schein/bar 1. *adj* aparent; **2.** *adv* aparentment, en aparença; **~en** <*irr* 99> *vi* 1. brillar, lluir; 2. *fig* semblar, parèixer; **~heilig** *adj* hipòcrita; **~*werfer** *m auto* far *m*, fanal *m*

Scheiße *f col·loq* merda *f*; **~!** *interj* merda!; **~*n** *vi col·loq* cagar

Scheitel *m* <~s; ~> 1. cim *m*; 2. *med* (*Kopf*) coroneta *f*

scheitern <*sein*> *vi* 1. naufragar; 2. *fig* fracassar

Schelm *m* <~¢s; ~e> truà *m*

Schemel *m* <~s; ~> tamboret *m*

Schenke *f* 1. cantina *f*; 2. bar *m*

Schenkel *m* <~s; ~> *med* cuixa *f*

schenken *vt* 1. donar; 2. regalar

Scherbe *f* test *m*, fragment *m*

Schere *f* tisores *fpl*; **~'reien** *fpl* 1. molèsties *fpl*; 2. vexacions *fpl*

Scherz *m* <~es; ~e> broma *f*; **~*en** *vi* bromejar

scheu *adj* tímid, -a

Scheune *f* 1. graner *m*; 2. pallissa *f*

Scheusal *n* <~s; ~e> monstre *m*

scheußlich *adj* monstruós, -osa

Schi *V.* Ski

Schicht f <~; ~en> 1. capa f; 2. geol estrat m

schick adj elegant

schicken vt/i enviar, trametre

Schicksal n <~s; ~e> fortuna f, sort f

Schiebe/dach n sostre m corredís; **~fenster** n finestra f corredissa; **~*n** <irr 100> vt empènyer, pitjar; **~tür** f porta f corredissa

Schiedsrichter m àrbitre m

schief adj 1. oblic, obliqua; 2. inclinat, -ada

schielen vi mirar de reüll

Schienbein n tíbia f

Schiene f carril m, rail m

schienen vt enllistonar

schieß/en <irr 101> 1. vt 1. llençar, tirar; 2. (Wild) caçar; 2. vi 1. disparar; 2. (Fußball) xutar; **~*e'rei** f tiroteig m; **~*platz** m camp m de tir; **~*scheibe** f blanc m, fitó m

Schiff n <~¢s; ~e> 1. vaixell m; 2. constr nau f; **~*bar** adj navegable; **~bruch** m naufragi m; **-r** f/m nàufrag, -a m/f; **~fahrt** f navegació f

Schi'kane f 1. perjudici m; 2. obstacle m; **~*kanieren** vt 1. vexar; 2. obstaculitzar

Schi/langlauf m esquí m de fons; **~läufer, -in** m/f esquiador, -a m/f

Schild 1. m <~¢s; ~e> escut m; 2. n <~¢s; ~er> 1. cartell m; 2. etiqueta f

Schilddrüse f med glàndula f tiroide

schilder/n vt descriure, retratar; **~*ung** f descripció f

Schildkröte f zool tortuga f

Schi/lehrer, -in m/f monitor, -a m/f d´esquí; **~lift** m telesquí m

schillern vi tornassolar-se

Schimmel m <~s; ~> 1. florit m; 2. zool cavall m blanc; **~*ig** adj florit, -ida; **~*n** vi florir-se

schimmern vi brillar, resplendir

schimpf/en vi injuriar; **~*wort** n mot m injuriós, paraulota f

Schinken m <~s; ~> pernil m

Schirm m <~¢s; ~e> 1. pantalla f; 2. (Regen) paraigua m

Schlacht f <~; ~en> batalla f; **~*en** vt degollar; **~er** m carnisser m

Schlaf m <~¢s> son f; **~anzug** m pijama m; **~*en** <irr 102> vi 1. dormir; 2. (übernachten) pernoctar; **~*f** adj lax, -a, fluix, -a; **~*los** adj desvetllat, -ada; **~losigkeit** f 1. desvetllament m; 2. insomni m; **~mittel** n med dormitiu m, soporífic m

schläfrig adj somnolent, -a

Schlaf/sack m sac m de dormir; **~wagen** m transp vagó m llit; **~zimmer** n dormitori m, alcova f

Schlag m <~¢s; ~̈e> 1. cop m; 2. med atac m; 3. med palpitació f; 4. electr descàrrega f; **~anfall** m med atac m d´apoplexia; **~*artig 1.** adj sobtat, -ada; **2.** adv d´un sol cop; **~*en** <irr 103> vt colpejar; **~er** m 1. mús cançó f de moda; 2. èxit m de la temporada

Schläger m 1. espasa f d´esgrima; 2. (Eishockey) estic m; 3. (Baseball) bat m; 4. (Tennis) raqueta f; **~´ei** f 1. baralla f; 2. esp pugilat m

Schlag/loch n clot m; **~sahne** f nata f batuda; **~zeile** f títol m; **~zeug** n mús bateria f

Schlamm m <-¢s> fang m

schlampig adj desordenat, -ada, barruer, -a

Schlange f 1. serp f; 2. (Reihe) cua f; **~ stehen** fer cua

schlank adj prim, -a; **~*heitskur** f cura f d'aprimament

schlapp adj covard, -a

schlappen vi 1. defallir; 2. fer...

schlecken vi llep...

Schleife f 1. llaç m, llaçada...
~n <irr 104> vt/i 1. afilar; 2. tecn rectificar; 3. (Diamant) tallar

Schleim m <-¢s; -e> 1. mucositat f; 2. med flegma f; 3. (Schnecke) bava f

schlemmen vt/i menjar massa

schlendern <sein> vi vagar

Schleppe/n vt 1. arrossegar; 2. transp remolcar; **~r** m 1. agric tractor m; 2. nav remolcador m

Schleuder f 1. fona f; 2. aero catapulta f; **~*n** vt/i 1. llançar, tirar, etzibar; 2. auto patinar, relliscar

Schleuse f presa f

schlicht adj 1. pla, -na, llis, -a; 2. senzill, -a

schlichten vt aplanar, allisar

schließ/en <irr 105> vt tancar, cloure; **~*fach** n 1. correu apartat m; 2. banc caixa f de seguretat; 3. transp consigna f; **~lich** adv al capdavall, a la fi; **~*ung** f 1. tancament m; 2. clausura f

schlimm adj dolent, -a; **~er** comp pitjor

Schlinge f 1. llaç m; 2. med cabestrell m

Schlitt/en m <-s; -> 1. (Rodel) tobogan m; 2. esp trineu m; **~schuh** m patí m; **~schuhläufer, -in** m/f patinador, -a m/f

...tz m <-es; -e> 1. ranura f; 2. (Hosen) bragueta f

...loss n <-es; ¨-er> 1. (Gebäude) palau m; 2. (Tür) pany m; **~er** m manyà m

...chlucht f <-; -en> gorja f

schluchzen vi sanglotejar

Schluck m <-¢s; -e> glop m; **~auf** m <-s> singlot m; **~*en** vt engolir, empassar-se

schlürfen vt 1. xarrupar; 2. col·loq xuclar

Schluss m <-es; ¨-e> 1. fi f; 2. clausura f; 3. fig conclusió f

Schlüssel m <-s; -> clau f; **~bein** n med clavícula f

Schluss/folgerung f conseqüència f; **~licht** n llum m posterior; **~verkauf** m venda f de fi de temporada, rebaixes fpl

schmackhaft adj saborós, -osa

schmal adj <¨-er; ¨-st> estret, -a

Schmalz n <-es; -e> sagí m, greix m

Schmarotzer

Schma'rotzer m 1. paràsit m; 2. fig (Person) gorrer m
schmecken 1. vt degustar, tastar; 2. vi tenir sabor
Schmeiche'l/ei f 1. adulació f; 2. afalac m; **~*haft** adj afalagador, -a; **~*n** vi afalagar
schmeißen <irr 106> vt llançar, tirar
schmelz/en <irr 107> 1. vt fondre; 2. vi fondre's; **~*käse** m formatge m fos
Schmerz m <~es; ~en> dolor m; **~*en** vt causar dolor, fer mal; **~*haft** adj dolorós, -osa; **~*lich** 1. adj dolorós, -osa; 2. adv dolorosament; **~*los** adj sense dolor; **~mittel** n farm calmant m; **~*stillend** adj calmant, analgèsic, -a
Schmetterling m papallona f
Schmied m <~ɘs; ~e> ferrer m; **~e** f ferreria f; **~eeisen** n ferro m forjat; **~*en** vt forjar
schmier/en vt 1. tecn lubricar, greixar; 2. (Brötchen) untar; **~*geld** n suborn m; **~ig** adj untuós, -osa; **~*öl** n oli m lubrificant
Schminke f maquillatge m; **~*n** vt maquillar
Schmorbraten m gastr estofat m
Schm/uck m <~ɘs> ornament m; **~ücken** vt ornar, ornamentar; **~uckstück** n joia f
Schmuggel/el m <~s> contraban m; **~eln** 1. vt passar de contraban; 2. vi fer el contraban; **~ler** m contrabandista m

Schmutz m <~es> brutícia f; **~*ig** adj brut, -a
Schnabel m <~s; ~̈> 1. bec m; 2. pic m; 3. mús embocadura f
Schnalle f sivella f
Schnäppchen n ganga f
schnapp/en 1. vt atrapar, enxampar; 2. vi (Schloß) tancar-se, cloure's; **~*schuss** m foto instantània f
Schnaps m <~es; ~̈e> aiguardent m
schnarchen vi roncar
schnaufen vi esbufegar
Schnauz/bart m bigoti m; **~e** f morro m, musell m; **~e!** interj calla!
Schnecke f cargol m
Schnee m <~s> neu f; **~ball** m bola f de neu; **~fall** m nevada f; **~flocke** f floc m de neu; **~kette** f auto cadena f (antilliscant); **~mann** m ninot m de neu; **~pflug** m llevaneu f; **~regen** m aiguaneu f; **~sturm** m meteo tempesta f de neu
Schneide f tall m; **~*n** <irr 108> vt/i 1. tallar; 2. partir; **~r, -in** m/f sastre, -essa m/f, modista m/f
schneien v/impers nevar
schnell adj 1. ràpid, -a; 2. veloç; **~*boot** n llanxa f ràpida; **~*hefter** m carpeta f classificadora; **~*igkeit** f rapidesa f, velocitat f
schneuzen vt mocar-se
Schnitt m <~ɘs; ~e> 1. retall m; 2. (Ernte) collita f; 3. (Film) muntatge m; 4. (Muster) patró m; **~blumen** fpl flors fpl tallades; **~e** f 1. tall m, tallada f; 2. (Brot) llesca f; **~lauch** m <~s> bot cibulet m; **~wunde** f tall m

Schnitzel n <~s; ~> gastr escalopa f
schnitze/n vt tallar en fusta; **~*rei** f talla f, escultura f en fusta
Schnorchel m <~s; ~> nav (tub) respirador m
schnüffeln vi ensumar
Schnuller m xumet m
Schnupfen m <~s; ~> refredat m, constipat m
schnuppern vi flairar
Schnur f <~; ⸚e> cordó m
schnüren vi lligar, cordar
Schnurrbart m bigoti m
Schnürsenkel m cordó m
Schock m <~s; ~s> med xoc m; **~*ieren** vt 1. xocar; 2. escandalitzar
Schoko'lade f xocolata f
Scholle f 1. (Erd) terròs m; 2. peix palaia f
schon adv ja; **~ gut!** molt bé!, està bé!; **~ lange her** ja fa temps; **~ wieder!** una altra vegada!
schön adj bell, -a
schonen 1. vt respectar; **2. sich ~** tenir cura de la seva salut; **~d** adj amb cura, amb precaució
Schönheit f bellesa f; **~schirurgie** f cirurgia f estètica
Schonkost f <~> dieta f
schönmachen vt arreglar-se
Schonzeit f caça veda f
schöpf/en vt/i treure, poar; **~*er, -in** m/f 1. creador, -a m/f; 2. autor, -a m/f; **~erisch** adj creador, -a; **~*kelle** f cullerot m; **~*löffel** m cullerot m; **~*ung** f 1. creació f; 2. univers m

Schorle f <~> vi/suc m amb aigua mineral
Schornstein m xemeneia f; **~feger** m escura-xemeneies m
Schoß m <~es; ⸚e> 1. bot brot m; 2. fig si m
Schott/e, -in m/f <~n; ~n> escocès, -esa m/f; **~*isch** adj escocès, -esa; **~land** n Escòcia f
schräg adj 1. transversal; 2. diagonal; 3. col·loq (Person) indesitjable, sospitós, -osa
Schramme f esgarrapada f
Schrank m armari m; **~e** f barrera f
Schraube f 1. cargol m, rosca f; 2. (Schiff, Flugzeug) hèlice f; **~n** vt cargolar; **~nmutter** f femella f (de cargol); **~nschlüssel** m clau f (per a collar i descollar); **~nzieher** m tornavís m
Schreck/(en) m <~> 1. espant m; 2. ensurt m; **~*lich** adj 1. esgarrifós, -osa; 2. horrible
Schrei m <~⸗s; ⸚e> crit m
Schreib/en n <~s; ~> 1. escrit m; 2. document m; **~*en** <irr 109> vt escriure; **~kraft** f mecanògraf, -a m/f; **~maschine** f màquina f d´escriure; **~tisch** m tauleta f d´escriure; **~warenhandlung** f papereria f
schreien <irr 110> vi cridar
Schrift f <~; ~en> escriptura f; **~*lich** 1. adj escrit, -a; 2. adv per escrit; **~steller, -in** m/f escriptor, -a m/f
Schritt m <~⸗s; ⸚e> pas m
schroff adj 1. abrupte, -a; 2. brusc, -a
Schrott m <~⸗s> ferralla f

Schrubber *m* escombra *f*

Schub/fach *n* calaix *m*; **~karre** *f* carretó *m* (de mà); **~lade** *f* calaix *m*

schüchtern *adj* tímid, -a, vergonyós, -osa; **~*heit** *f* timidesa *f*

Schuft *m* <~ǂs; ~e> canalla *m*

Schuh *m* <~ǂs; ~e> 1. calçat *m*; 2. sabata *f*; **~bürste** *f* raspall *m* de sabates; **~creme** *f* betum *m*, llustre *m*; **~löffel** *m* calçador *m*; **~macher** *m* sabater *m*

Schuld *f* <~; ~en> culpa *f*; **~*en** *vt* deure; **~*ig** *adj* culpable; **~*los** *adj* innocent; **~ner, -in** *m/f* deutor, -a *m/f*

Sch/ule *f* escola *f*; **~*ulen** *vt* entrenar, formar; **~üler, -in** *m/f* 1. alumne, -a *m/f*; 2. (*Meister*) deixeble, -a; **~ulferien** *fpl* vacances *fpl* (escolars); **~*ulfrei** *adj* sense escola; **~uljahr** *n* 1. any *m* escolar; 2. curs *m*; **~ulleiter, -in** *m/f* director, -a *m/f* d´escola; **~ulranzen** *m* cartera *f* (motxilla)

Schulter *f* <~; ~n> muscle *m*; **~blatt** *n* omòplat *m*

Schulung *f* instrucció *f*, formació *f*

Schund *n* <~ǂs> desferra *f*, de pacotilla

Schuppe 1. *f* escata *f*; 2. *fpl* (*Haar*) caspa *f*

Schuppen *m* <~s; ~> porxo *m*, cobert *m*

Schurke *m* <~n; ~n> canalla *m*

Schurwolle *f* llana *f* verge

Schürze *f* <~; ~n> davantal *m*

Schuss *m* <~es; ~e> tret *m*, tir *m*

Schüssel *f* <~; ~n> 1. plat *m*; 2. safata *f*

Schuss/waffe *f* arma *f* de foc; **~wunde** *f* ferida *f* de bala

Schuster *m* sabater *m*

Schutt *m* <~ǂs> enderrocs *mpl*

Schüttelfrost *m* calfred *m*

schütteln *vt* 1. sacsejar; 2. (*Flasche*) agitar; 3. (*Hand*) estrènyer

schütten *vt* abocar a terra

Schutz *m* <~es> protecció *f*; **~blech** *n* parafang *m*; **~brille** *f* ulleres *fpl* protectores

Schütze *m* <~n; ~n> 1. tirador *m*; 2. caçador *m*; 3. *esp* davanter *m*; 4. *astrol* sagitari *m*

schützen *vt* 1. protegir (**gegen** contra); 2. preservar (**vor** de)

Schutz/engel *m* àngel *m* de la guarda; **~*los** *adj* desemparat, -ada

schw/ach *adj* <~er; ~st> dèbil, feble; **~äche** *f* debilitat *f*, feblesa *f*; **~ächen** *vt* debilitar, afeblir

schwachsinnig *adj* imbècil

Schw/ager *m* <~s; ~> cunyat *m*; **~ägerin** *f* cunyada *f*

Schwalbe *f* oreneta *f*

Schwamm *m* <~ǂs; ~e> esponja *f*

Schwan *m* <~ǂs; ~e> cigne *m*

schwanger *adj med* embarassat, -ada; **~*schaft** *f* embaràs *m*; **~*schaftstest** *m* prova *f* d´embaràs

schwanken *vi* 1. oscil·lar; 2. *fig* vacil·lar, titubejar

Schwanz *m* <~es; ~e> 1. cua *f*; 2. *col·loq* penis *m*

Schwarm *m* <~ǂs; ~e> 1. (*Bienen*) eixam *m*; 2. (*Fische*) banc *m*

schwärmen vi 1. voletejar; 2. entusiasmar-se (**für** amb)

schwarz adj <⁼er; ⁼st> negre, -a; **~*arbeit** f treball m clandestí; **~*brot** n pa m negre; **~*e, -r** f/m negre, -a m/f; **~fahren** vi viatjar sense bitllet; **~*handel** m 1. comerç m clandestí; 2. mercat m negre

schwatzen vi parlotejar, xerrar

Schwebe f suspens m; ♦ **in der ~ sein** estar en suspens; **~bahn** f telefèric m; **~*n** <sein> vi 1. estar suspès, penjar; 2. (Vögel) planar

Schwed/e, -in m/f <-n; -n> suec, -a m/f; **~en** n Suècia f; **~*isch** adj suec, -a

Schwefel m <-s> sofre m

schweig/en <irr 111> vi callar; **~sam** adj taciturn, -a

Schwein n <-¢s; -e> porc m; **~ebraten** m rostit m de porc; **~efleisch** n carn f de porc; **~e'rei** f porqueria f; **~shaxe** f peu m de porc

Schweiß m <-es> 1. suor f; 2. transpiració f

schweißen vt tecn soldar

Schweiz f Suïssa f; **~er, -in** m/f suís, -ïssa m/f; **~*erisch** adj suís, -ïssa

Schweizerdeutsch t. Schwyzerdütsch n alemany m parlat a Suïssa

Schwell/e f 1. (Tür) llindar m; 2. (Eisenbahn) travessa f; **~*en** <irr 112, sein> vi inflar-se; **~ung** f inflor f

schwenken <sein> vt agitar, bellugar

schwer adj pesat, -ada; (Krankheit) greu; **~fällig** adj pesat, -ada, feixuc, -uga; **~hörig** adj dur, -a d´orella; **~*kraft** f gravetat f; **~mütig** adj 1. malenconiós, -osa; 2. med hipocondríac, -a

Schwert n <-¢s; -er> espasa f; **~fisch** m peix peix m espasa, emperador m

Schwester f <-; -n> 1. germana f; 2. med infermera f

Schwieger/eltern pl sogres mpl; **~mutter** f sogra f; **~sohn** m gendre m; **~tochter** f nora f; **~vater** m sogre m

schwierig adj 1. difícil; 2. complicat, -ada; **~*keit** f dificultat f

Schwimm/bad n piscina f; **~becken** n piscina f; **~en** <irr <-s> natació f; **~en** <irr 113, sein> vi nedar; **~er** m flotador m; **~er, -in** m/f nedador, -a m/f; **~flosse** f peix aleta f; **~weste** f salvavides m

Schwindel m <-s> vertigen m

Schwindler, -in m/f farsant m/f, mentider, -a m/f

schwing/en <irr 114> vt agitar, bellugar, moure; **~ung** f oscil·lació f

schwitzen vt/i suar, transpirar

schwören <irr 115> vt/i jurar (**bei** per)

schwul adj col·loq gai, homosexual

schwül adj xafogós, -osa, sufocant; **~*e** f xafogor f

Schwuler m col·loq homosexual m/f, marieta m desp

Schwung m <-¢s; ⁼e> empenta f, impuls m; **~voll** adj dinàmic, -a

sech/s adj sis; **~shundert** adj siscents; **~*stel** n <-s; -> sisè, -ena m/f; **~zehn** adj setze; **~zig** adj seixanta

See 1. m <-s; -n> llac m; **2.** f mar m/f;

Seele 210

~fahrer m navegant m; **~fahrt** f navegació f; **~gang** m oneig m; **~hecht** m peix lluç m; **~hund** m foca f; **~igel** m eriçó f de mar, garota f; **~*krank** adj marejat, -ada

Seel/e f ànima f; **~*isch** adj anímic, -a

See/luft f aire m de mar; **~mann** m <-¢s> mariner m; **~pferdchen** n cavallet m de mar; **~reise** f creuer m; **~stern** m estrella f de mar; **~teufel** m peix rap m; **~weg** n ruta f marítima; **~zunge** f peix llenguado m

Segel n <-s; ~> vela f; **~boot** n bot m de vela; **~*n** <sein> vi esp fer vela; **~schiff** n veler m

Segen m <-s; ~> benedicció f

segnen vt beneir

sehen <irr 116> vt 1. veure; 2. mirar, guaitar; **~swert** adj digne, -a de veure's; **~swürdig** adj digne, -a de veure's; **~swürdigkeit** f cosa f digna de ser vista, curiositat f

Sehn/e f 1. tendó m; 2. lligament m; **~en: sich ~*en** anhelar; **~sucht** f anhel m, deler m; **~*süchtig** adj nostàlgic, -a

sehr adv 1. molt; 2. força

seicht adj 1. poc profund, -a; 2. fig superficial

Seide f seda f

Seife f sabó m

Seil n <-¢s; ~e> corda f, soga f; **~bahn** f funicular m

sein <irr 117> vi ser, existir

seine/rseits adv per la seva part; **~rzeit** adv al seu temps; **~twegen** adv 1. a causa d'ell; 2. per culpa seva

sein(ig)e pron seu, seva

seit prep des de, a partir de; **~dem** adv des d'aleshores

Seit/e f 1. costat m, banda f; 2. pàgina f; 3. (Münze) cara f; **~enstechen** n med punxada f al costat; **~enstraße** f carrer m travesser; **~enwind** m vent m de costat; **~*lich** adj lateral

Sekret/ari'at n <-¢s; ~e> secretaria f; **~'ärin** f secretària f

Sekt m <-¢s; ~e> xampany m, cava m

Sekte f secta f

Se'kunde f segon m

selbst adj mateix, -a; **~*auslöser** m foto disparador m automàtic; **~*bedienung** f autoservei m; **~*bedienungsladen** m magatzem m d'autoservei; **~*beherrschung** f domini m de si mateix; **~bewusst** adj 1. desp arrogant; 2. conscient (del valor propi); **~*bewusstsein** n consciència f de si; **~*mord** m suïcidi m; **~*mörder, -in** m/f suïcida m/f; **~sicher** adj segur, -a de si mateix; **~ständig** adj independent, autònom, -a; **~*ständigkeit** f independència f; **~verständlich** adj evident, obvi, òbvia; **~*vertrauen** n confiança f en si mateix

Sellerie f <~> bot api m

selt/en adj 1. estrany, -a; 2. (merkwürdig) curiós, -osa; **~*enheit** f estranyesa f, raresa f; **~sam** adj insòlit, -a

Semanti/k f ling semàntica f; **~*sch** adj semàntic, -a

Semasiologie f ling semasiologia f

Semester n semestre m

Semit, -in m/f semita m/f; **~*isch** adj semític, -a

Semmel f <-; ~n> panet m

send/en <irr 118> vt enviar, trametre; **~er** m expedidor m; **~*ung** f radio emissió f

Senf m <-; ~e> mostassa f

Senioren pl ancians mpl

senk/en vt 1. inclinar (cap a terra); 2. (Preis) rebaixar, reduir; **~recht** adj vertical, perpendicular

Sensati/on f sensació f; **~*onell** adj sensacional

sen'sibel adj sensible

sentimen'tal adj sentimental

Sep'tember m setembre m

Serb/e, -in m/f serbi m, sèrbia f; **~ien** n Sèrbia f; **~*isch** adj serbi, sèrbia

Serie f sèrie f; **~*nmäßig** adj serial

seri'ös adj formal, seriós, -osa

Serv/ice 1. n <-s; ~> servei m de taula; 2. m servei m; **~*ieren** vt/i servir; **~i'ette** f tovalló m

Servolenkung f auto servodirecció f

servus interj Aus, süddt adéu

Sessel m <-s; ~> butaca f; **~lift** m telecadira m

sesshaft adj sedentari, -ària

setzen vt posar, col·locar

Seuche f epidèmia f

seufze/n vi sospirar (nach per); **~r** m sospir m

Sex m <-> sexe m; **~uali'tät** f sexualitat f; **~*u'ell** adj sexual

Shampoo n <-s; ~s> xampú m

Sherry m <-s; ~s> xerès m

Show f espectacle m

Shuttle-Service m aero pont m aeri

Sibiri/en n la Sibèria f; **~er, -in** m/f siberià, -ana m/f; **~*sch** adj siberià, -ana

sich pron se, es

sicher adj segur, -a; **~heit** f seguretat f; **~heitshalber** adv a causa de la seguretat; **~heitskontrolle** f control m de seguretat; **~heitsnadel** f imperdible m; **~lich** adv segurament, amb seguretat; **~n** vt assegurar, afermar; **~stellen** vt 1. posar en segur; 2. jur confiscar; **~*ung** f 1. assegurament m; 2. garantia f

Sicht f <-> vista f; **~*bar** adj visible, perceptible; **~vermerk** m visat m; **~weite** f abast m visual

Sie pron vostè(s); **~*** pron ella

Sieb n <-∅s; ~e> agric garbell m

sieb/en 1. adj set; 2. vt garbellar; **~enhundert** adj set-cents; **~zehn** adj disset; **~zig** adj setanta

sieden <irr 119> 1. vt fer bullir; 2. vi bullir

Siedl/er m 1. nou poblador m; 2. colonitzador m; **~ung** f colònia f

Sieg m <-∅s; ~e> victòria f, triomf m

Siegel n <-s; ~> 1. segell m; 2. precinte m

siege/n vi vèncer; **~r, -in** m/f vencedor, -a m/f

siezen vt tractar de vostè

Sig'nal n <-s; ~e> senyal m

Silbe f síl·laba f

Silber n <-s> plata f, argent m; **~*n** adj de plata

Sil'vesterabend m vetlla f de cap d'any

Sinfonie

Sinfo'nie f simfonia f
singen <irr 120> vt/i cantar
Single m 1. solter m; 2. (Schallplate) single m
Singular m <-s; -e> ling singular m
sinken <irr 121, sein> vi caure; (Schiff) enfonsar-se
Sinn m <-¢s; -e> sentit m; **~bild** n símbol m; **~*gemäß** adj segons el sentit; **~*lich** adj sensual; **~*los 1.** adj insensat, -a; **2.** adv sense sentit
Si'rene f sirena f
Sirup m <-s; -e> xarop m
Sitte f 1. costum m; 2. (Brauch) ús m
sitt/lich adj moral; **~sam** adj modest, -a
Situati'on f situació f, posició f
Sitz m <-es; -e> seient m; **~*en** <irr 122> vi seure; **~platz** m seient m; **~ung** f 1. sessió f; 2. reunió f; 3. jur audiència f
Skala f <-; -s> escala f
Skan'dal m <-s; -e> escàndol m
Skandi/'navien n Escandinàvia f; **~navier, -in** m/f escandinau, -ava m/f; **~*navisch** adj escandinau, -ava
Skateboard n monopatí m
Ske'lett n <-¢s; -e> esquelet m
skeptisch adj escèptic, -a
Ski m esp esquí m; **~ laufen** esquiar
Skizze f esbós m, esquema m
Sklave, -in m/f <-n; -n> esclau, -ava m/f
Skorpi'on m <-s; -e> 1. escorpí m; 2. astrol escorpí m, escorpió m
Skrupel m escrúpol m; **~*los** adj sense escrúpols

Skulp'tur f <-; -en> escultura f
Slawe, -in m/f <-n; -n> eslau, -ava m/f; **~*isch** adj eslau, -ava
Slip m <-s; -s> eslip m; **~einlage** f salvaslip m
Slowak/e, -in m/f eslovac, -a m/f; **~*isch** adj eslovac, -a
Slowen/e, -in m/f eslovè, -ena m/f; **~*isch** adj eslovè, -ena
so adv tan
so'bald conj així que, tan aviat com
Socke f mitjó m, calcetí m val
sodass conj de manera que
Sodbrennen n med cremor f, pirosi f
so'eben adv ara mateix
Sofa n <-s; -s> sofà m, canapè m
so'fort adv immediatament
so'gar adv fins i tot, lit àdhuc
Sohle f 1. (Fuß) planta f; 2. (Schuh) sola f
Sohn m <-¢s; ⸚e> fill m
so'lange conj mentre que; **~ bis** fins que
solch adj tal
Sol'dat m <-en; -en> soldat m
So'list, -in m/f solista m/f
Soll n <-; -> com deure m
sollen <irr 123> vt deure, haver de, caldre
somit adv per això
Sommer m estiu m; **~ferien** pl vacances fpl d´estiu; **~*lich** adj estival, d´estiu; **~schlussverkauf** m liquidació f d´estiu; **~sprossen** fpl pigues fpl
Sonder/... adj especial, extraordinari, -ària; **~angebot** n oferta f especial;

Sparkasse

~*bar *adj* estrany, -a, singular; ~fall *m* cas *m* excepcional; ~müll *m* residus *mpl* de difícil eliminació; ~*n 1. *conj* sinó; 2. *vt* separar, triar; ~zug *m* tren *m* especial

Sonnabend *m* dissabte *m*

Sonn/e *f* sol *m*; ~*en: sich ~*en prendre el sol; ~enaufgang *m* sortida *f* del sol; ~enblume *f bot* gira-sol *m*; ~enbrand *m* cremada *f* de sol; ~enbrille *f* ulleres *fpl* de sol; ~encreme *f* bronzejador *m*; ~enmilch *f* crema *f* bronzejadora; ~enöl *n* oli *m* bronzejador; ~enschirm *m* parasol *m*; ~enstich *m med* insolació *f*; ~enuhr *f* rellotge *m* de sol; ~enuntergang *m* posta *f* de sol; ~*ig *adj* assolellat, -ada

Sonntag *m* diumenge *m*

sonst 1. *conj* si no, d´altra manera; 2. *adv* a més (a més)

Sorg/e *f* preocupació *f*, inquietud *f*; ~*en 1. *vi* tenir compte; 2. sich ~ preocupar-se, inquietar-se; ~*fältig *adj* acurat, -ada; ~*los *adj* despreocupat, -ada

Sort/e *f* classe *f*, espècie *f*; ~*'ieren *vt* classificar, destriar, ordenar; ~i'ment *n* 1. col·lecció *f*; 2. proveïment *m*

Soße *f* salsa *f*

Souvenir *n* record *m*

so'/viel *adv* tant; ~weit *adv* prou, bastant; ~wie *conj* així com

sowieso *adv* en tot cas, de totes maneres

so'wohl *conj* tan; sowohl ... als tan... com, no sols ... sinó també

sozi/'al *adj* social; ~*aldemokrat, -in *m/f* socialdemòcrata *m/f*, socialista *m/f*; ~aldemokratisch *adj* socialdemòcrata, socialista

Sozi/al'ist, -in *m/f* <~en; ~en> socialista *m/f*; ~*al'istisch *adj* socialista; ~'alleistungen *fpl* prestacions *fpl* socials; ~alversicherung *f* assegurança *f* social; ~alwohnung *f* vivenda *f* de protecció oficial

Sozio/linguist, -in *m/f* sociolingüista *m/f*; ~linguistik *f* sociolingüística *f*; ~*linguistisch *adj* sociolingüístic, -a; ~'loge, -in *m/f* sociòleg, -òloga *m/f*; ~logie *f* sociologia *f*; ~*logisch *adj* sociològic, -a

sozusagen *adv* per dir-ho així

Spa'ghetti *pl gastr* espagueti *m*

Spalte *m* 1. escletxa *f*; 2. columna *f*; ~*n <*irr* 124> *vt* 1. clivellar, esquerdar; 2. *fig* partir, dividir; 3. *quím* dissociar

Span *m* <~es; ~e> estella *f*; ~ferkel *n* porcell *m* de llet

Spange *f* agafador *m*, subjectador *m*

Spani/en *n* Espanya *f*; ~er, -in *m/f* espanyol, -a *m/f*; ~*sch *adj* espanyol, -a

spann/en *vt* estirar, tensar; ~end *adj* captivador, -a, apassionant; ~*ung *f* 1. tensió *f*; 2. *fig* interès *m*, curiositat *f*

Spar/buch *n* llibreta *f* d´estalvis; ~büchse *f* vidriola *f*, guardiola *f*; ~*en *vt/i* estalviar, economitzar

Spargel *m* <~s; ~> *bot* espàrrec *m*

Spar/kasse *f* caixa *f* d´estalvis; ~konto *n* compte *m* d´estalvis; ~*sam

Spaß 214

adj 1. econòmic, -a; 2. estalviador, -a

Spaß m <-es; ⁓e> 1. broma f; 2. burla f; 3. diversió f

spät 1. adj tardà, -ana; 2. adv tard

Spaten m <-s; ⁓> pala f

späte/r 1. adj posterior, ulterior; 2. adv més tard; **⁓stens** adv a més tard, a tot trigar

Spatz m <-en; ⁓en> pardal m

spazier/en vi passejar; **⁓*gang** m passeig m; **⁓*stock** m bastó m (de passeig)

Specht m <-¢s; ⁓e> zool pigot m

Speck m <-¢s; ⁓e> cansalada f

Spedi/'teur m <-s; ⁓e> agent m de transports; **⁓ti'on** f 1. transport m; 2. expedició f

Speer m <-¢s; ⁓e> javelina f; **⁓werfen** n esp llançament m de javelina

Speichel m <-¢s> saliva f

Speicher m 1. (Boden) golfa f; 2. (Lager) dipòsit m, magatzem m; 3. informàt memòria f; **⁓*n** vt emmagatzemar

Speise f 1. aliment m; 2. menjar m; **⁓kammer** f rebost m; **⁓karte** f 1. llista f de plats; 2. menú m; **⁓*n** vt alimentar, nodrir; **⁓röhre** f med esòfag m; **⁓saal** m menjador m; **⁓wagen** m vagó m restaurant; **⁓zimmer** n menjador m

Spende f donatiu m; **⁓*n** vt donar

Sper/ber m esparver m; **⁓ling** m pardal m

Sperma n <-s; ⁓en> esperma m

Sperr/e f 1. tanca f; 2. bloqueig m; **⁓en** vt/i tancar; **⁓gebiet** n terreny m tancat; **⁓gut** n objecte m voluminós; **⁓holz** n fusta f contraxapada; **⁓*ig** adj voluminós, -osa; **⁓sitz** m butaca f de primera fila

Spesen pl despeses fpl

Spezial/'ist, -in m/f <⁓en; ⁓en> med especialista m/f; **⁓i'tät** f especialitat f

spe/zi'ell adj especial; **⁓'zifisch** adj específic, -a

Spiegel m <-s; ⁓> mirall m, espill m; **⁓ei** n ou m ferrat; **⁓*n 1.** vt reflectir, emmirallar; **2.** vi relluir, resplendir

Spiel n <-¢s; ⁓e> joc m; **⁓automat** m màquina f escurabutxaques; **⁓*en** vt 1. (Spiel) jugar; 2. (Instrument) tocar; 3. (Rolle) interpretar; **⁓er, -in** m/f jugador, -a m/f; **⁓feld** n camp m d'esport; **⁓film** m llargmetratge m; **⁓marke** f fitxa f; **⁓plan** m programa m; **⁓platz** m parc m infantil; **⁓regel** f regla f de joc; **⁓verderber, -in** m/f esgarriacries m/f; **⁓waren** fpl joguines fpl; **⁓zeug** n <-¢s; ⁓e> joguina f

Spieß m <-es; ⁓e> 1. pica f; 2. dard m; **⁓chen** n <-s; ⁓> gastr broqueta f

Spi'nat m bot espinac m

Spinn/e f aranya f; **⁓en** <irr 125> vt/i 1. filar; 2. col·loq fantasiejar, estar boig, boja; **⁓(en)gewebe** n teranyina f

Spi/'on, -in m/f <⁓s; ⁓e> espia m/f; **⁓o'nage** f espionatge m; **⁓*onieren** vi espiar

Spi'rale f espiral f

Spiritu/'osen pl begudes fpl alcohòliques; **~s** m <-; **~se**> alcohol m desnaturalitzat

spitz adj 1. afilat, -ada; 2. fig mordaç; **~e** f 1. punta f; 2. (Berg) cim m, pic m

Spitzel m <-s; -> confident m/f de la policia

spitz/en vt afilar, aguditzar; **~findig** adj subtil; **~name** m malnom m

Splitter m 1. estella f, esquerda f; 2. fragment m; **~n** vt 1. esbocinar-se; 2. estellar-se

spon'tan adj espontani, -ània

spo'radisch adj esporàdic, -a

Sport m <-ǿs; -> esport m; **~anlage** f (centre) poliesportiu m; **~art** f mena f d'esport; **~flugzeug** n avioneta f; **~geschäft** n botiga f d'articles d'esport; **~ler, -in** m/f esportista m/f; **~platz** m camp m d'esports; **~tasche** f bossa f d'esports; **~verein** m societat f esportiva; **~wagen** m automòbil m esportiu

Spott m <-ǿs> 1. burla f; 2. sarcasme m; **~billig** adj molt barat, -a; **~en** vi burlar-se

spöttisch adj 1. burlesc, -a; 2. sarcàstic, -a

Spottpreis m preu m irrisori

Sprach/e f llengua f, idioma m; **~führer** m guia f de conversació; **~kurs** m curs m de llengua; **~los** adj sense paraula

Spray n <-s; -s> esprai m

Sprech/anlage f intèrfon m, intercomunicador m; **~en** <irr 126> vt/i parlar, enraonar; **~er, -in** m/f 1. parlador, -a m/f; 2. pol portaveu m/f; 3. radio, TV locutor, -a m/f; **~stunde** f hora f d'atenció, consulta f

spreng/en vt 1. fer explotar; 2. (Schloß) forçar; **~stoff** m explosiu m; **~ung** f 1. voladura f; 2. explosió f

Sprichwort n proverbi m

Spring/brunnen m sortidor m; **~en** <irr 127> vi botar, saltar; **~er, -in** m/f 1. esp saltador, -a m/f; 2. (Schach) cavall m blanc

Sprit m <-s> col.loq gasolina f

Spritze f xeringa f; **~n** vt regar, ruixar

spröde adj 1. (Haut) aspre, -a; 2. (Metall) fràgil; 3. (Stimme) ronc, -a

Spross m <-es; -e> rebrot m

Sprosse f escaló m, esglaó m

Spruch m <-ǿs; ~e> dita f, adagi m

Sprudel m <-s; -> aigua f mineral amb gas; **~n** <sein> vi brollar

sprüh/en vt/i 1. centellejar, espurnejar; 2. (Regen) plovisquejar; **~regen** m plovisqueig m

Sprung m <-ǿs; ~e> bot m, salt m; **~brett** n trampolí m

Spucke f 1. saliva f; 2. (Auswurf) escopinada f; **~n** vt/i escopir

spül/en vt (Geschirr) fregar, rentar; **~lappen** m fregall m; **~maschine** f rentavaixella m/f; **~mittel** n detergent m

Spur f <-; ~en> empremta f, rastre m

spür/bar adj perceptible; **~en** vt 1. sentir, percebre; 2. (merken) adonar-se

spurlos adj sense deixar rastre
Squash n esp esquaix m
Staat m <-¢s> estat m; **~*lich** adj estatal; **~sangehörigkeit** f nacionalitat f; **~sanwalt** m fiscal m; **~sanwältin** m fiscal f; **~sbürger, -in** m/f ciutadà, -ana m/f; **~sbürgerschaft** f ciutadania f
Stab m <-¢s; ⁻e> bastó m; **~hochsprung** m esp salt m de perxa
sta/'bil adj estable; **~bilisieren** vt estabilitzar; **~*bilisierung** f estabilització f; **~*bili'tät** f estabilitat f
Stachel m <-s; ~> 1. punxa f; 2. bot espina f; **~beere** f grosella f (espinosa); **~draht** m filferro m empuat
Stadi/on n <-s; ~en> estadi m; **~um** n <-s; ~en> període m, estadi m, etapa f
St/adt f <~; ⁻e> ciutat f; **~adtbahn** f 1. ferrocarril m metropolità; 2. metro m; **~adtbezirk** m districte m municipal; **~*ädtisch** adj 1. urbà, -ana; 2. municipal; **~adtplan** m plànol m d'una ciutat; **~adtteil** m barri m; **~adtviertel** n barri m; **~adtzentrum** n centre m de la ciutat
Stahl m <-¢s; ⁻e> acer m
Stall m <-¢s; ⁻e> 1. estable m; 2. (Pferde) quadra f
Stamm m <-¢s; ⁻e> 1. tronc m; 2. llinatge m, estirp f; 3. ling radical m; **~baum** m arbre m genealògic; **~*en** vi descendir, procedir; **~gast** m client, -a m/f habitual
Stand m <-¢s; ⁻e> (Messe) parada f
Ständer m suport m

Standesamt n registre m civil
stand/haft adj constant, perseverant; **~halten** vi aguantar, resistir
ständig adj permanent, constant
Stand/licht n auto llum m d'estacionament; **~ort** m lloc m, ubicació f; **~punkt** m punt m de vista; **~spur** f (Autobahn) vorera f
Stange f pal m
Stapel m <-s; ~> pila f, munt m; **~lauf** m varada f; **~*n** vt apilar, apilonar
Star m <-¢s; ⁻e> 1. artista m/f; 2. zool estornell m
st/ark adj <⁻er; ⁻st> fort, -a; **~*ärke** f força f; **~ärken** vt fortificar; **~*ärkung** f reforçament m, enfortiment m, consolidació f
starr adj rígid, -a; **~en** vi mirar fixament
Start m <-¢s; ⁻e> 1. arrencada f; 2. sortida f; **~bahn** f aero pista f d'envol; **~*en** <sein> vi 1. arrencar; 2. sortir; 3. (Flugzeug) envolar-se; **~er** m auto estàrter m; **~zeichen** n senyal m de sortida
Station f estació f; **~*'är** adj estacionari, -ària
Sta/'tist, -in m/f <-en; ~en> comparsa m/f, extra m/f; **~tistik** f estadística f; **~tistiker, -in** m/f estadístic, -a m/f; **~*tistisch** adj estadístic, -a
Sta/'tiv n <-s; ~e> suport m
statt prep en lloc de, en comptes de; **~finden** vi esdevenir-se, realitzar-se, tenir lloc; **~lich** adj arrogant
Statue f estàtua f
Stau m <-¢s; ⁻e> 1. contenció f; 2. auto embús m

Staub m <~¢s; ~e> pols f; **~*ig** adj polsós, -osa; **~sauger** m aspirador m; **~tuch** n drap m de treure pols
Staudamm m dic m de resclosa, presa f
stauen vt estancar, embassar
Staunen n admiració f, estupefacció f; **~*** vi admirar-se, meravellar-se
Stausee m embassament m, pantà m
Steak n <~s; ~s> filet m
stech/en <irr 128> vi picar; **~end** adj picant; **~*mücke** f mosquit m
Steck/brief m ordre f d´arrest; **~dose** f endoll m; **~en** <irr 129> vt introduir, posar; **~er** m electr clavilla f; **~nadel** f agulla f de cap
Steg m <~¢s; ~e> palanca f
steh/en <irr 130> vi estar dret; **~end** adj dret, -a; **~enlassen** vt abandonar, deixar; **~*lampe** f llum m de peu; **~len** <irr 131> vt furtar, robar; **~*platz** m localitat f sense seient
steif adj tens, -a
steig/en <irr 132, sein> vi pujar; **~end** adj creixent, pujant; **~ern 1.** vt augmentar; **2.** vi (Auktion) oferir més; **~erung** f alça f, augment m; **~*ung** f pujada f, pendent m
steil adj costerut, -uda; **~*küste** f penya-segat m
Stein m <~¢s; ~e> pedra f; **~bock** m 1. cabra f salvatge; 2. astrol capricorn m; **~bruch** m pedrera f; **~butt** m <~¢s; ~e> peix turbot m; **~gut** n ceràmica f; **~kohle** f hulla f; **~obst** n fruita f de pinyol; **~pilz** m bot siureny m; **~schlag** m caiguda f de pedres
Stell/e f 1. lloc m; 2. (Arbeit) plaça f; **~*en** vt posar, col·locar; **~enangebot** n oferta f de col·locació; **~engesuch** n sol·licitud f de col·locació; **~envermittlung** f agència f de col·locacions; **~platz** m aparcament m; **~ung** f 1. posició f; 2. (Beruf) plaça f; **~ungsnahme** f presa f de posició; **~vertreter, -in** m/f substitut, -a m/f, suplent m/f
stemmen vt/i recalcar
Stempel m <~s; ~> segell m; **~*n** vt segellar
Stenogra'phie f estenografia f, taquigrafia f
Sterbe/hilfe f med eutanàsia f; **~*n** <irr 133, sein> vi morir(-se); **~urkunde** f partida f de defunció
Stereoanlage f equip m estereofònic
ste'ril adj estèril; **~rili'sieren** vt esterilitzar
Stern m <~¢s; ~e> estrella f; **~bild** n constel·lació f; **~schnuppe** f estel m fugaç; **~warte** f observatori m astronòmic
stet/(ig) adj constant; **~s** adv sempre
Steuer n 1. nav timó m; 2. auto volant m; **~berater, -in** m/f assessor, -a m/f fiscal; **~bord** n estribord m; **~erklärung** f declaració f d'impostos; **~*frei** adj lliure d'impostos; **~*n** vt/i 1. dirigir; 2. nav governar; 3. auto conduir; 4. tecn accionar; **~rad** n 1. nav roda f del timó; 2. auto volant m; **~ung** f 1. direcció f; 2. nav gover-

Steward

nament *m*; 3. *aero* pilotatge *m*; **~zahler, -in** *m/f* contribuent *m/f*

Steward *m aero* cambrer *m*; **~ess** *f aero* hostessa *f*

Stich *m* <-¢s; -e> 1. punxada *f*; 2. (*Insekt*) picada *f*; **~probe** *f* sondeig *m*; **~tag** *m* 1. dia *m* fixat; 2. termini *m* de venciment

stick/en *vt/i* brodar; **~'e'rei** *f* brodat *m*; **~ig** *adj* sufocant; **~*stoff** *m* nitrogen *m*

Stiefel *m* bota *f*

Stief/mutter *f* madrastra *f*; **~müttterchen** *n bot* pensament *m*; **~sohn** *m* fillastre *m*; **~tochter** *f* fillastra *f*; **~vater** *m* padrastre *m*

Stiel *m* <-¢s; -e> 1. mànec *m*; 2. *bot* tija *f*, canya *f*

Stier *m* <-¢s; -e> 1. brau *m*, toro *m*; 2. *arqueol* taure *m*; **~kampf** *m* correguda *f* de bous

Stift 1. *m* <-¢s; -e> 1. tatxa *f*; 2. llapis *m*; **2.** *n* fundació *f* caritativa; **~en** *vt* fundar, establir; **~ung** *f* fundació *f*, institució *f*

Stil *m* <-¢s; -e> estil *m*

still *adj* 1. tranquil, -il·la; 2. silenciós, -osa; **~*e** *f* 1. calma *f*; 2. tranquil·litat *f*, serenitat *f*; 3. silenci *m*; **~en** *vt* 1. calmar, apaivagar; 2. alletar; **~halten** *vi* no moure's; **~*leben** *n* bodegó *m*, natura *f* morta; **~*stand** *m* parada *f*, aturada *f*

Stimm/bänder *pl* cordes *fpl* vocals; **~e** *f* 1. veu *f*; 2. *pol* vot *m*; **~en 1.** *vt* 1. *mús* afinar; 2. *fig* predisposar; **2.** *vi* concordar; **~recht** *n* dret *m* de vot; **~ung** *f* 1. *mús* afinament *m*; 2. *fig* humor *m*

stinken <*irr* 134> *vi* fer pudor (**nach** a)

Sti'pendium *n* <-s; -en> beca *f*

Stirn *f* <-; -en> 1. front *m*; 2. *fig* atreviment *m*

Stock *m* <-¢s; ⸚e> bastó *m*

stock/en *vi* parar-se, aturar-se; **~*fisch** *m* bacallà *m* sec; **~*ung** *f* 1. detenció *f*, parada *f*; 2. embús *m*; **~*werk** *n* pis *m*

Stoff *m* <-¢s; -e> 1. (*Gewebe*) drap *m*; 2. (*Materie*) matèria *f*

stöhnen *vi* 1. gemegar, gemir; 2. *fig* queixar-se (**über** de)

stolpern <*sein*> *vi* ensopegar, entrebancar-se

Stolz *m* <-es> orgull *m*; **~*** *adj* orgullós, -osa

stopf/en *vt* embotir; **~*garn** *n* fil *m* de sargir; **~*nadel** *f* agulla *f* de sargir

Stopp *m* <-s; -s> parada *f*, aturada *f*; **~en** *vt* deturar, parar; **~licht** *n auto* llum *m* de parada; **~uhr** *f* cronòmetre *m*

Stöpsel *m* <-s; -> 1. tap *m*; 2. *electr* clavilla *f*

Storch *m* <-¢s; ⸚e> cigonya *f*

stör/en *vt* 1. destorbar, fer nosa; 2. molestar, incomodar; **~ung** *f* 1. destorb *m*; 2. molèstia *f*; 3. *electr* interferència *f*; **~*ungsstelle** *f* servei *m* de reparacions

Stoß *m* <-¢s; ⸚e> cop *m*, xoc *m*; **~dämpfer** *m* amortidor *m*

stoß/en <*irr* 135, *sein*> *vt* 1. empènyer, pitjar; 2. impulsar, propulsar;

~*stange f auto para-xocs m; **~*verkehr** m hores fpl punta; **~*zeit** f hora f punta
stottern vi quequejar
Straf/anstalt f establiment m penitenciari; **~anzeige** f denúncia f; **~*bar** adj castigable, penable; **~e** f 1. càstig m; 2. multa f, sanció f; **~*en** vt 1. castigar, penar; 2. sancionar
straff adj 1. tens, -a; 2. fig enèrgic, -a; **~rei** adj impune
straf/los adj impune; **~*raum** m esp àrea f de penal; **~*recht** n dret m penal; **~*stoß** m esp penal m; **~*zettel** m multa f
Strahl m <~ǿs; ~en> raig m; **~*en** vi 1. radiar; 2. fís irradiar, emetre; 3. (glänzen) brillar, resplendir; **~*end** adj radiant, resplendent; **~ung** f 1. radiació f; 2. fís irradiació f
Strähne f 1. madeixa f; 2. manyoc m
Strand m <~ǿs; ~̈e> platja f; **~*en** <sein> vi encallar; **~korb** m gandula f de platja
Stra'paze f cansament m, fatiga f
Straße f 1. carrer m; 2. carretera f
Straßen/bahn f tramvia m; **~händler, -in** m/f venedor, -a m/f ambulant; **~karte** f mapa m de carreteres; **~sperre** f barrera f; **~verkehr** m circulació f, tràfic m; **~verkehrsordnung** f codi m de la circulació; **~wacht** f assistència f en carretera
sträuben vt eriçar, esborronar
Strauch m <~ǿs; ~̈er> arbust m
Strauß m <~es; ~̈e> 1. ram m; 2. zool estruç m

strömen

streben vi esforçar-se
Strecke f distància f; **~*n** vt allargar, estendre
Streich m <~ǿs; ~e> cop m; **~*eln** vt acariciar, acaronar; **~*en** <irr 136, sein> vt pintar; **~holz** m llumí m, misto m; **~käse** m formatge m untós
Streife f patrulla f; **~n** m <~s; ~> cinta f, banda f; **~*n** vt fregar (lleument); **~nkarte** f transp targeta f, bonobús m; **~nwagen** m cotxe m patrulla
Streik m <~ǿs; ~s> vaga f; **~*en** vi fer vaga
Streit m <~ǿs; ~e> 1. disputa f; 2. lluita f; **~*en** <irr 137> vi 1. disputar; **2. sich ~** barallar-se; **~kräfte** fpl forces fpl armades
streng adj rigorós, -osa, sever, -a
Stress m <~es; ~e> estrès m; **~*en** vt estressar; **~*ig** adj estressant
streuen vt/i escampar
Strich m <~es; ~e> ratlla f
Strick m <~ǿs; ~e> corda f; **~*en** vt/i fer calça; **~jacke** f jaqueta f de punt, rebeca f
strikt 1. adj estricte, -a; **2.** adv estrictament
Stroh n <~ǿs> palla f; **~halm** m 1. bri m de palla; 2. (zum Trinken) palleta f; **~hut** m barret m de palla
Strom m <~ǿs; ~̈e> 1. riu m; 2. electr corrent m; **~ausfall** m electr apagada f
str/ömen <sein> vi fluir, brollar; **~*omstärke** f electr amperatge m; **~*omstoß** m electr descàrrega f elèctrica; **~*ömung** f corrent m;

Strophe 220

~*omverbrauch *m* consum *m* de corrent; ~*omversorgung *f* subministrament *m* d'electricitat

Strophe *f* estrofa *f*

Strudel *m* <-s; ~> 1. remolí *m*; 2. (*Wasser*) xuclador *m*

Struk/'tur *f* estructura *f*; ~**turalismus** *m* estructuralisme *m*; ~**turalist, -in** *m/f* estructuralista *m/f*; ~***turalistisch** *adj* estructuralista

Strumpf *m* <-¢s; ¨e> 1. mitja *f*; 2. (*Herren*) mitjó *m*, calcetí *m val*; ~**band** *n* lligacama *f*; ~**halter** *m* afiblall *m* aguantamitges; ~**hose** *f* pantis *mpl*

Stück *n* <-s; -e> 1. tros *m*; 2. *teat* peça *f*; ~***weise** *adv* a trossos

Stu/'dent, -in *m/f* estudiant *m/f*; ~**dentenausweis** *m* carnet *m* d'estudiant; ~**dentenheim** *n* residència *f* d'estudiants

Studi/e *f* estudi *m*; ~***eren** *vt* estudiar; ~**o** *n* estudi *m*; ~**um** *n* <-s> estudis *mpl* universitaris

Stufe *f* 1. escaló *m*, esglaó *f*; 2. *fig* categoria *f*, grau *m*

Stuhl *m* <-¢s; ¨e> cadira *f*; ~**gang** *m* deposició *f*, defecació *f*

stumm *adj* mut, muda; ~***e, -r** *f/m* mut *m*, muda *f*

Stümper *m* barroer *m*

Stumpf *m* <-¢s; ¨e> soca *f*; ~* *adj* obtús, -usa, rom, -a; ~***sinnig** *adj* estúpid, -a

Stunde *f* 1. hora *f*; 2. (*Unterricht*) classe *f*; ~**nkilometer** *mpl* quilòmetres *mpl* per hora; ~**nlohn** *m* sou *m* per hora; ~**nplan** *m* horari *m*

stündlich *adv* per hora, cada hora

stur *adj* tossut, -uda; ~***heit** *f* tossuderia *f*

Sturm *m* <-¢s; ¨e> tempesta *f*, temporal *m*

stürm/en <*sein*> 1. *vt* assaltar; 2. *vi* precipitar-se; ~**er** *m esp* davanter *m*; ~**isch** *adj* tempestuós, -osa

Sturmwarnung *f* avís *m* de tempesta

Sturz *m* <-es; ¨e> caiguda *f*

stürzen <*sein*> *vt* fer caure, abatre

Sturz/flug *m* (*Flugzeug*) caiguda *f* en picat; ~**helm** *m* casc *m* de protecció

Stute *f* egua *f*

Stütze *f* suport *m*, aguant *m*

stutzen 1. *vt* 1. retallar; 2. *agric* podar; 2. *vi* hesitar

stützen *vt* suportar

Stützpunkt *m* punt *m* de suport

Sub/'jekt *n* <-¢s; -e> *ling* subjecte *m*; ~***jektiv** *adj* subjectiu, -iva

Substantiv *n* <-¢s; -e> *ling* substantiu *m*

Subs'tanz *f* <-; -en> substància *f*

Suche *f* recerca *f*; ~***n** *vt* cercar, buscar; ~**r** *m* foto visor *m*

Sucht *f* <-; ¨e> mania *f*, obsessió *f*

süchtig *adj* toxicòman, -a; ~***e, -r** *f/m* toxicòman, -a *m/f*

Südafrika *n* Àfrica *f* del Sud; ~**ner, -in** *m/f* sud-africà, -ana *m/f*; ~***nisch** *adj* sud-africà, -ana

Südamerika *n* Amèrica *f* del Sud; ~**ner, -in** *m/f* sud-americà, -ana *m/f*; ~***nisch** *adj* sud-americà, -ana

Süddeutschland *n* Alemanya *f* del Sud

Süd/en *m* <-s> sud *m*; ~***lich** 1. *adj*

del sud, meridional; **2.** *adv* al sud, meridionalment; **~osten** *m* sud-est *m*; **~*östlich** *adj* del sud-est

Südpol *m* pol *m* sud

Südw/esten *m* sud-oest *m*; **~*estlich** *adj* del sud-oest; **~ind** *m* vent *m* del sud

Summ/e *f* suma *f*; **~*en** *vt/i* brunzir; **~*ieren** *vt* sumar

Sumpf *m* <~¢s; ¨e> aiguamoll *m*, pantà *m*

Sünd/e *f* pecat *m*; **~er, -in** *m/f* pecador, -a *m/f*; **~*igen** *vi* pecar

Super(benzin) *n* (gasolina) súper *f*

Suppe *f* sopa *f*; **~nlöffel** *m* cullera *f* sopera; **~nschüssel** *f* sopera *f*; **~nteller** *m* plat *m* soper; **~nterrine** *f* sopera *f*

Surfbrett *n* planxa *f* de surf

Surfe/n *m* surf *m*; **~*n** *vi* practicar surf; **~r, -in** *m/f* surfista *m/f*

süß *adj* dolç, -a; **~en** *vt* endolcir; **~*igkeit** *f* dolçor *f*; **~*speise** *f* dolç *m*; **~*stoff** *m* edulcorant *m*; **~*wasser** *n* aigua *f* dolça

Sweatshirt *n* camisola *f*

Swimmingpool *m* piscina *f*

Sym/'bol *n* <~s; ~e> símbol *m*; **~*bolisch** *adj* simbòlic, -a

sym'pathisch *adj* simpàtic, -a

Symp'tom *n* <~s; ~e> símptoma *m*

Syno'nym *n* *ling* sinònim *m*

syn'thetisch *adj* sintètic, -a

Sys/'tem *n* <~s; ~e> sistema *m*; **~*te'matisch** **1.** *adj* sistemàtic, -a; **2.** *adv* sistemàticament

Szene *f* escena *f*

T

Tabak *m* <~s; ~e> tabac *m*; **~geschäft** *n* estanc *m*

Ta'belle *f* quadre *m*

Tab'lett *n* <~¢s; ~e> safata *f*

Tablette *f* *med* comprimit *m*

Tacho'meter *m* <~s> tacòmetre *m*, velocímetre *m*

Tadel *m* <~s; ~> desaprovació *f*; **~*los** *adj* impecable, irreprotxable; **~*n** *vt* 1. censurar, criticar (**wegen** per); 2. reprotxar, retreure

Tafel *f* <~; ~n> tauler *m*; **~wasser** *n* aigua *f* de taula

Tag *m* <~¢s; ~e> dia *m*; **~ebuch** *n* dietari *m*; **~*elang** *adj* dies sencers; **~esanbruch** *m* matinada *f*, trenc *m* d´alba; **~eslicht** *n* llum *f* del dia; **~esordnung** *f* ordre *m* del dia; **~esschau** *f* noticiari *m*, notícies *fpl*; **~eszeit** *f* hora *f* del dia; **~eszeitung** *f* diari *m*

täglich **1.** *adj* diari, -ària, quotidià, -ana; **2.** *adv* diàriament

tag/süber *adv* de dia, durant el dia; **~*ung** *f* 1. congrés *m*; 2. sessió *f*

Taille *f* cintura *f*

Takt *m* <~¢s; ~e> *mús* compàs *m*; **~ik** *f* tàctica *f*; **~*los** *adj* sense tacte; **~stock** *m* batuta *f*; **~*voll** *adj* ple de tacte

Tal *n* <~¢s; ¨er> vall *f*

Ta'lent *n* <~¢s; ~e> talent *m*

Tambu'rin *n* <~s; ~e> pandereta *f*

Tam'pon *m* <~s; ~s> tampó *m*

Tang *m* <~¢s; ~e> *bot* algues *fpl* marines

Tanga

Tanga *m* <~s; ~s> tanga *m*
Tank *m* <~s; ~s> 1. tanc *m*; 2. cisterna *f*; **~*en** *vt/i* posar gasolina; **~er** *m nav* petrolier *m*; **~stelle** *f* gasolinera *f*; (*große*) estació *f* de servei
Tanne *f bot* avet *m*; **~nzapfen** *m* pinya *f* d´avet
Tante *f* tia *f*
Tanz *m* <~es; ~e> ball *m*; **~*en** *vt/i* ballar, dansar
Tänzer, -in *m/f* ballador, -a *m/f*, ballarí, -ina *m/f*
Tanzfläche *f* pista *f* de ball
Ta/'pete *f* 1. paper *m* pintat; 2. tapís *m*; **~*pe'zieren** *vt/i* 1. empaperar; 2. entapissar
tapfer *adj* coratjós, -osa
Ta/'rif *m* <~s; ~e> tarifa *f*; **~rifvertrag** *m* conveni *m* col·lectiu
tarn/en *vt* 1. disfressar; 2. *mil* camuflar; **~*ung** *f* 1. disfressa *f*; 2. *mil* camuflament *m*
Tasche *f* 1. butxaca *f*; 2. bossa *f*; **~nbuch** *n* llibre *m* de butxaca; **~ndieb** *m* carterista *m*; **~ngeld** *n* diners *mpl* de butxaca; **~nkalender** *m* agenda *f*; **~nlampe** *f* llanterna *f* de butxaca; **~nmesser** *n* ganivet *m* de butxaca; **~nrechner** *m* calculadora *f* (de butxaca); **~ntuch** *n* mocador *m*
Tasse *f* tassa *f*
Tasta'tur *f* teclat *m*
tasten *vi* palpar, tocar
Tat *f* <~; ~en> fet *m*
Tät/er, -in *m/f* autor, -a *m/f* d'un delicte; **~*ig** *adj* 1. actiu, -iva; 2. (*beschäftigt*) ocupat, -ada; **~igkeit** *f* activitat *f*
tatkräftig *adj* enèrgic, -a
Tatort *m* lloc *m* del delicte
täto/'wieren *vt* tatuar; **~*wierung** *f* tatuatge *m*
Tat/sache *f* fet *m*; **~*sächlich 1.** *adj* autèntic, -a, verídic, -a; **2.** *adv* de veritat, en realitat
Tau 1. *m* <~s; ~e> rosada *f*; **2.** *n* <~es; ~e> corda *f*, soga *f*
taub *adj* sord, -a
Taube *f* coloma *f*
taubstumm *adj* sord-mut, -da; **~*e, -r** *f/m* sord-mut, -uda *m/f*
tauch/en <*sein*> **1.** *vt* submergir, enfonsar; **2.** *vi* bussejar, submergir-se; **~*er** *m* bus *m*; **~*erbrille** *f* ulleres *fpl* de bussejar; **~*sport** *m esp* submarinisme *m*
tauen 1. *vt* remolcar; **2.** *v/impers* 1. caure rosada; 2. (*Eis*) desglaçar-se
Tauf/e *f* bateig *m*; **~*en** *vt* batejar; **~pate** *m* padrí *m*; **~patin** *f* padrina *f*
taug/en *vi* 1. valer; 2. servir; **~lich** *adj* 1. apte, -a, capaç; 2. útil
taumeln <*sein*> *vi* tentinejar
Tausch *m* <~¢s; ~e> canvi *m*; **~*en** *vt/i* canviar
täusch/en *vt* 1. enganyar; 2. (*Hoffnung*) decebre, defraudar; **~*ung** *f* 1. engany *m*; 2. (*Irrtum*) error *m*
tausend *adj* mil; **~*stel** *n* <~s; ~> mil·lèsima part *f*
Taxi *n* <~s; ~s> taxi *m*; **~fahrer, -in** *m/f* taxista *m/f*; **~stand** *m* parada *f* de taxis

Team n <~s; ~s> equip m; **~arbeit** f treball m en equip

Techni/k f tècnica f; **~ker** m 1. tècnic m; 2. expert m; **~*sch** adj tècnic, -a

Teddybär m ós m pelfut

Tee m <~s; ~s> te m; **~beutel** m saquet m de te; **~gebäck** n pastes fpl seques; **~kanne** f tetera f; **~kessel** m tetera f; **~löffel** m cullereta f de te

Teer m <~¢s; ~e> 1. brea f; 2. quitrà m

Tee/sieb n colador m de te; **~tasse** f tassa f de te

Teich m <~¢s; ~e> estany m

Teig m <~¢s; ~e> massa f, pasta f

Teil m <~¢s; ~e> 1. part f; 2. porció f; **~*en** vt/i dividir, partir; **~*haben** vi participar; **~haber, -in** m/f soci m, sòcia f; **~nahme** f participació (**an** en); **~*nehmen** vi participar; **~nehmer, -in** m/f participant m/f; **~*s** adv en part, parcialment; **~ung** f partició f, divisió f; **~*weise** adv en part, parcialment; **~zahlung** f pagament m parcial

Tele/banking n <~s> telebanca f; **~fax** n <~> (tele)fax m

Tele/fon n <~s; ~e> telèfon m; **~fonanruf** m telefonada f; **~fonanschluss** m connexió f telefònica; **~fonbuch** n guia f de telèfons; **~fongespräch** n conversa f telefònica; **~fonhörer** m auricular; **~*fo'nieren** vi telefonar; **~*'fonisch 1.** adj telefònic, -a; **2.** adv per telèfon; **~fo'nist, -in** m/f telefonista m/f; **~'fonkarte** f targeta f de telèfon; **~fonzelle** f cabina f telefònica

Tele/'graf m telègraf m; **~*'gra'fieren** vt/i telegrafiar; **~'gramm** n <~s; ~e> telegrama m

Teleobjek'tiv n teleobjectiu m

Teller m plat m; **~gericht** n plat m combinat

Tempel m <~s; ~> temple m

Tempera/'ment n <~es; ~e> temperament m; **~*'mentvoll** adj geniüt, -üda

Tempera'tur f temperatura f

Tempo n 1. velocitat f; 2. ritme m; 3. mús temps m, compàs m

Ten'denz f <~; ~en> tendència f

Tennis n <~> tennis m; **~ball** m pilota f de tennis; **~platz** m pista f de tennis; **~schläger** m raqueta f; **~spiel** n partit m de tennis; **~spieler, -in** m/f tennista m/f

Teppich m <~s; ~e> catifa f; **~boden** m moqueta f

Ter/'min m <~s; ~e> 1. dia m fixat; 2. (Arzt) hora f; 3. com termini m; **~minkalender** m agenda f; **~minplan** m agenda f

Ter'rasse f terrassa f

Ter'rine f escudella f, sopera f

Terror m terror m; **~ismus** m <~> terrorisme m; **~ist, -in** m/f terrorista m/f

Tesafilm m cinta f adhesiva

Test m <~¢s; ~e> test m

Testa'ment n <~¢s; ~e> testament m

testen vt fer un test

Tetanus

Tetanus m <~> tètanus m; **~impfung** f vacuna f antitetànica
teuer adj car, -a, costós, -osa
Teufel m <~s; ~> diable m
Text m <~es; ~e> text m
Tex'tilien pl teixits mpl
Textverarbeitung f processament m de textos
The/'ater n <~s; ~> teatre m; **~aterstück** n peça f de teatre
Theke f barra f
Thema n <~s; ~en> tema m
theo/'retisch 1. adj teòric, -a; **2.** adv teòricament; **~*rie** f teoria f
Thera/'peut, -in m/f <~en; ~en> terapeuta m/f; **~pie** f teràpia f
Therm/'albad n banys mpl termals; **~'alquelle** f font f termal; **~o'meter** m termòmetre m; **~osflasche** f termos m; **~o'stat** m <~¢s; ~e> termòstat m
These f tesi f
Thriller m <~s; ~> pel·lícula f d'horror
Thunfisch m peix tonyina f
Thüring/en n Turíngia f; **~er, -in** m/f turingi, -íngia m/f; **~*isch** adj turingi, -íngia
Thymian m <~s; ~e> bot farigola f, timonet m
Tief n <~s; ~s> baixa pressió f; **~*** adj profund, -a; **~druckgebiet** n zona f de baixa pressió; **~e** f profunditat f; **~ebene** f pla m baix; **~garage** f garatge m subterrani; **~*gekühlt** adj congelat, -ada; **~kühltruhe** f congelador m de cofre; **~kühlung** f congelació f; **~land** n terra f baixa

Tier n <~¢s; ~e> animal m; **~arzt, -ärztin** m/f veterinari, -ària m/f; **~garten** m parc m zoològic; **~klinik** f clínica f veterinària; **~quälerei** f maltractament m d'animals; **~schutzverein** m protectora f d'animals
Tiger m tigre m
tilgen vt anul·lar, cancel·lar
Tink'tur f <~; ~en> tintura f
Tinte f tinta f; **~nfisch** m 1. calamar m; 2. sèpia f; **~nstrahldrucker** m informàt impressora f de tinta
Tipp m <~s; ~s> consell m; **~*en** vt/i mecanografiar; **~fehler** m error m mecanogràfic
Tisch m <~es; ~e> taula f; **~decke** f cobretaula m, tapet m; **~lampe** f llum m de taula; **~ler** m fuster m; **~tennis** n ping-pong m; **~tuch** n tovalles fpl
Titel m <~s; ~> títol m; **~blatt** n portada f
Toast m <~es; ~e> gastr torrada f; **~*en** vt torrar; **~er** m torrapà m
toben vi estar furiós, -osa
Tochter f <~; ≈> filla f
Tod m <~¢s; ~e> mort f; **~esanzeige** f esquela f (mortuòria); **~esstrafe** f pena f de mort; **~estag** m aniversari m de la mort; **~esursache** f causa f de la mort; **~*krank** adj mortalment malalt, -a
tödlich adj mortal
todmüde adj molt cansat, -ada
Toi/'lette f lavabo m; **~lettenpapier** n paper m higiènic

tole/'rant adj tolerant, transigent; **~*ranz** f <~; ~en> tolerància f; **~rieren** vt tolerar

toll adj 1. col·loq fantàstic, -a; 2. terrible

Toll/wut f med ràbia f; **~*wütig** adj rabiós, -osa

To/'mate f tomàquet m; **~matenmark** n concentrat m de tomàquet; **~matensaft** m suc m de tomàquet; **~matensoße** f salsa f de tomàquet

Tombola f <~; ~en> tómbola f

Ton m <~es; ~e> 1. argila f; 2. so m; 3. (Farbe) tonalitat f; 4. (Betonung) accent m; **~art** f 1. mode f; 2. tonalitat f; **~band** n cinta f magnetofònica; **~bandgerät** n magnetòfon m

tönen vt/i matisar

Tonne f bóta f, tonell m

Topf m <~∉s; ~e> 1. olla f; 2. cassola f

Töpfer m ceramista m; **~'ei** f terrisseria f

Tor n <~∉s; ~e> 1. porta f; 2. esp gol m

töricht adj idiota

torkeln <sein> vi anar fent esses

Torschütze m esp golejador m

Torte f gastr pastís m

Torwart m esp porter m

tot adj mort, -a

to'tal adj total, enter, -a

Tote, -r f/m mort, -a m/f, difunt, -a m/f

töten vt matar

totlachen: sich ~ morir-se de riure

Toto m <~s; ~s> esp travessa f

Totschlag m homicidi m

Toupet n <~s; ~s> perruquí m

Tour f <~; ~en> 1. rotació f; 2. volta f; 3. excursió f

Tour/ismus m turisme m; **~'ist, -in** m/f <~en; ~en> turista m/f; **~'isteninformation** f oficina f de turisme; **~'istenklasse** f classe f turista; **~'istik** f turisme m

Tour'nee f tournée f

Trab m <~∉s> trot m; **~*en** vi trotar, anar al trot

Tracht f <~; ~en> vestit m regional; **eine ~ Prügel** col·loq pallissa f

Traditi/'on f tradició f; **~*o'nell** adj tradicional

Tragba/hre f llitera f; **~*r** adj 1. portàtil; 2. suportable, tolerable

träge adj 1. inert; 2. negligent

tr/agen <irr 138> vt/i portar, dur; **~*äger, -in** m/f portador, -a m/f; **~*agetasche** f bossa f

Tragfläche f aero ala f

trag/isch adj tràgic, -a; **~*'ödie** f tragèdia f

Tragweite f 1. abast m; 2. transcendència f

Train/er m esp entrenador m; **~*'ieren** vi entrenar(-se); **~ing** n entrenament m; **~ingsanzug** m xandall m

Traktor m tractor m

trampe/n vi vagar; **~*r, -in** m/f autoestopista m/f

Träne f llàgrima f; **~ngas** n gas m lacrimogen

transat'lantisch adj transatlàntic, -a

Transfer m <~s; ~s> transferència f

Transfor'm/ator m electr transformador m; **~*'ieren** vt electr transformar

Trans'itverkehr m trànsit m

transkontinen'tal *adj* transcontinental

transpa'rent *adj* transparent

Transplantation *f med* transplantament *m*

Trans/'port *m* <~¢s; ~e> transport *m*; **~*'portfähig** *adj* transportable; **~*'por'tieren** *vt* transportar; **~'portkosten** *pl* despeses *fpl* de transport; **~portmittel** *n* mitjà *m* de transport; **~portunternehmen** *n* agència *f* de transports; **~portunternehmer, -in** *m/f* transportista *m/f*; **~portversicherung** *f* assegurança *f* de transport

Transvestit *m* <~en; ~en> transvestit *m*

Traube *f* raïm *m*; **~nsaft** *m* suc *m* de raïm; **~nzucker** *m* glucosa *f*

trauen 1. *vt* casar; 2. *vi* confiar; 3. **sich ~** atrevir-se, gosar

Trauer *f* <~> 1. tristesa *f*; 2. dol *m*; **~*'n** *vi* estar de dol

Tr/aum *m* <~¢s; ~e> 1. somni *m*; 2. *fig* il·lusió *f*; **~*'äumen** *vi* somniar (**von** en)

traurig *adj* trist, -a; **~*'keit** *f* tristesa *f*

Trau/ring *m* aliança *f*, anell *m* de casament; **~schein** *m* partida *f* de matrimoni; **~ung** *f* matrimoni *m*, casament *m*; **~zeuge, -in** *m/f* padrí *m* de bodes, padrina *f* de bodes

Treff/en *n* <~s; ~> 1. combat *m*; 2. *esp* encontre *m*; 3. (*Versammlung*) trobada *f*; **~*en** <*irr* 139> 1. *vt* trobar, encontrar; 2. **sich ~** citar-se; **~*end** 1. *adj* adequat, -ada; 2. *adv* adequadament; **~er** *m* 1. (*Los*) bitllet *m* premiat; 2. *esp* gol *m*; 3. (*Waffe*) tret *m* encertat; **~punkt** *m* punt *m* de trobada

treiben <*irr* 140, *sein*> *vt* empènyer, pitjar

Treibhaus *n* hivernacle *m*; **~effekt** *m* efecte *m* hivernacle

Treibstoff *m* carburant *m*, combustible *m*

trenn/en *vt* separar, dividir; **~*ung** *f* separació *f*

Treppe *f* escala *f*; **~nsatz** *m* replà *m*; **~ngeländer** *n* barana *f*, passamà *m*; **~nhaus** *n* buit *m* d´una escala; **~nstufe** *f* escaló *m*, esglaó *m*

Tre'sor *m* <~s; ~e> caixa *f* de cabals

Tretboot *n* patí *m* aquàtic

treten <*irr* 141, *sein*> *vt* petjar, trepitjar

treu *adj* fidel, lleial; **~*e** *f* fidelitat *f*, lleialtat *f*; **~herzig** *adj* franc, -a, sincer, -a; **~los** *adj* sense fidelitat, traïdor, -a

Trib'üne *f* tribuna *f*

Trichter *m* embut *m*

Trick *m* <~s; ~s> artimanya *f*, truc *m*

Trieb *m* <~¢s; ~e> 1. impuls *m*; 2. (*Antrieb*) motiu *m*; **~kraft** *f* força *f* motriu; **~wagen** *m transp* locomotora *f*; **~werk** *n tecn* propulsor *m*

triefen *vi* gotejar

triftig *adj* (*Grund*) convincent

Tri'kot *n* <~s; ~s> tricot *m*

trink/bar *adj* potable; **~en** <*irr* 142> *vt*/*i* beure; **~*er, -in** *m/f* bevedor, -a *m/f*; **~*geld** *n* propina *f*; **~*spruch** *m* brindis *m*; **~*wasser** *n* aigua *f* potable

Tripper m med blennorràgia f
Tritt m <~¢s; ~e> (mit dem Fuß) puntada f de peu, trepitjada f; **~brett** n estrep m; **~leiter** f escaleta f
Tri/'umph m <~¢s; ~e> triomf m; **~*um'phieren** vi triomfar (**über** de)
trock/en adj sec, -a, eixut, -a; **~*enhaube** f assecador m de cabell; **~*enheit** f 1. sequera f, sequedat f; 2. (Klima) aridesa f; **~nen** vt assecar, eixugar
Trödel m <~> quincalla f, trastos mpl vells; **~markt** m mercat m de trastos; **~*n** vi romancejar, perdre el temps
Trommel f <~; ~n> tambor m; **~fell** n timpà m; **~*n** vt/i tocar el tambor
Trom'pete f trompeta f
Tropen pl tròpics mpl
Tropf/en m <~s; ~> gota f; **~*en** vi gotejar; **~*nass** adj calat, -ada, xop
tropisch adj tropical
Trost m <~es> consol m
trösten vt consolar, conhortar
Trottel m <~s; ~> idiota m
Trottoir n <~s; ~e> vorera f, andana f
Trotz m <~es> obstinació f; **~*** prep malgrat, tot i que; **~*dem** conj no obstant això, malgrat tot; **~*ig** adj obstinat, -ada, tossut, -da
trübe adj (Wasser) tèrbol, -a; (Wetter) gris, -a
Trubel m <~s> rebombori m, batibull m
trübsinnig adj malencònic, -a
Trüffel f <~; ~n> bot, gastr trufa f
trügerisch adj enganyós, -osa

Truhe f arca f
Trupp m <~s; ~s> grup m, equip m; **~e** f tropa f
Truthahn m indiot m, gall m dindi
Tschech/e, -in m/f <~en; ~en> txec, -a m/f; **~ien** n República f Txeca; **~*isch** adj txec, -a
T-Shirt n camiseta f
Tube f tub m
Tuberku'lose f tuberculosi f
Tuch n <~¢s; ¨er> drap m
tüchtig adj capaç, hàbil
tückisch adj dolent, -a
Tugend f <~; ~en> virtut f
Tulpe f bot tulipa f
Tümpel m <~s; ~> bassa f
Tu'mult m <~¢s; ~e> tumult m
tun <irr 143> vt fer
Tunfisch m tonyina f
Tunke f salsa f; **~*n** vt sucar, mullar
Tunnel m <~s; ~> túnel m
Tür f <~; ~en> porta f
Turban m <~s; ~e> turbant m
Tur'bine f turbina f
Türgriff m picaporta m, balda f
Türk/e, -in m/f <~en; ~en> turc, -a m/f; **~ei** f Turquia f; **~*isch** adj turc, -a
Türk/linke f picaporta m; **~nauf** m pom m (d'una porta)
Turm m <~¢s; ¨e> torre f
Tur/nen n <~s> gimnàstica f; **~*nen** vt/i fer gimnàstica; **~ner, -in** m/f gimnasta m/f; **~nhalle** f gimnàs m; **~'nier** n <~s; ~e> torneig m, campionat m; **~nschuhe** mpl sabatilles fpl (de gimnasta); **~nverein** m club m de gimnastes

Türschloss *n* pany *m*
Tüte *f* 1. bossa *f*; 2. cucurutxo *m*
Typ *m* <~s; ~en> tipus *m*
Typhus *m* <~> tifus *m*
typisch *adj* típic, -a
Ty|'rann, -in *m/f* <~en; ~en> tirà *m*, tirana *f*; **~*'rannisch** *adj* tirànic, -a; **~*ranni'sieren** *vt* tiranitzar

U

U-Bahn *f* metro *m*
übel 1. *adj* dolent, -a; 2. *adv* malament; **~*keit** *f* mareig *m*; **~riechend** *adj* pudent, -a
üben *vt* exercitar, practicar
über *prep* damunt de, sobre
über'all *adv* pertot arreu
Über|'blick *m* vista *f*; **~*blicken** *vt* veure d´una ullada
über|'bringen *vt* portar, dur; **~*bringer, -in** *m/f* portador, -a *m/f*
über'dauern *vt* sobreviure
Überdosis *f* sobredosi *f*
übereilt *adj* precipitat, -ada, irreflexiu, -iva
überein'ander *adv* l´un damunt de l´altre
über|'einkommen <sein> *vi* posar-se d´acord; **~einstimmen** *vi* concordar, coincidir (**mit** amb)
überempfindlich *adj* hipersensible
über|'fahren <sein> *vt* travessar, creuar; **~*'fahren** *vt* atropellar; **~*fahrt** *f* travessia *f*
Über|fall *m* atracament *m*; **~*'fallen** *vt* 1. atacar, assaltar; 2. atracar; **~*fällig** *adj* retardat, -ada
überfliegen *vt* volar, sobrevolar
überfließen <sein> *vi* desbordar
Über|fluss *m* abundància *f*; **~*'flüssig** *adj* sobrer, -a, superflu, -a
über'fluten *vt* inundar
über'fordern *vi* exigir massa
Über'führung *f* convenciment *m*
über'füllt *adj* replet, -a
Übergabe *f* lliurament *m*
Übergang *m* 1. passatge *m*; 2. *fig* transició *f*; **~szeit** *f* període *m* transitori
über'geben *vt* lliurar, donar
über'gehen *vt/i* passar, procedir
Über|gepäck *n* excés *m* d´equipatge; **~gewicht** *n* excés *m* de pes
überglücklich *adj* molt feliç
Übergröße *f* talla *f* especial
über'häufen *vt* acaramullar (**mit** amb)
über'haupt *adv* 1. en general; 2. absolutament
überheblich *adj* arrogant
überhitzen *vt* reescalfar
über'hol|en *vt/i* traspassar; **~t** *adj* antiquat, -ada
über'laden *vt* sobrecarregar, recarregar
über'lassen *vt* abandonar, deixar
über'lasten *vt* sobrecarregar
überlaufen <sein> *vt* sobreeixir, vessar(-se)
über|'leben *vt/i* sobreviure; **~*'lebende, -r** *f/m* supervivent *m/f*
über'leg|en *vt/i* 1. considerar, pensar, rumiar; 2. reflexionar; **~ung** *f* reflexió *f*

übermäßig adj excessiu, -iva

über'mitteln vt comunicar, transmetre

übermorgen adv demà passat

übermü/det adj baldat, -ada, extenuat, -ada; **~tig** adj insolent, petulant

über'nacht/en vi pernoctar; **~*ung** f acció f de pernoctar

Über'nahme f acceptació f, admissió f

übernatürlich adj sobrenatural

über'nehmen vt 1. acceptar, admetre; 2. fer-se càrrec de

über'prüf/en vt comprovar, examinar, revisar; **~*ung** f 1. comprovació f; 2. control m

über'quer/en vt creuar, travessar; **~*ung** f travessada f

über/'raschen vt/i sorprendre, sobtar; **~raschend 1.** adj sorprenent; **2.** adv per sorpresa; **~*raschung** f sorpresa f

über'reden vt convèncer, persuadir

über'reichen vt donar, lliurar

über'rumpeln vt sorprendre

über'schätzen vt sobreestimar

über'schlagen vi doblegar

über'schneiden: sich ~ entrecreuar-se

über'schreiten vt 1. travessar, creuar; 2. (*Gesetz*) infringir

Überschrift f inscripció f, títol m

Überschuss m 1. excedent m; 2. superàvit m

Über'schwemmung f inundació f

Übersee... adj ultramarí, -ina

über'sehen vt 1. adonar-se; 2. (*absichtlich*) dissimular

über/'senden vt enviar, trametre; **~*sendung** f enviament m

übersetz/en vt traduir (**in** a); **~*er, -in** m/f traductor, -a m/f; **~*ung** f traducció f

Übersicht f vista f de conjunt; **~*lich** adj clar, -a

über'springen vt saltar (per damunt)

übersprudeln <*sein*> vi sobreeixir

über'steigen vt excedir, passar de

Überstunden pl hores fpl extraordinàries

über/'stürzen vt precipitar; **~stürzt** adj precipitat, -ada

über'trag/bar adj 1. *banc* transferible; 2. *med* contagiós, -osa; **~en** vt 1. transmetre; 2. *med* contagiar; **~*ung** f 1. cessió f; 2. *med* contagi m

über'treffen vt excedir, superar

über/'treiben vt/i exagerar; **~*treibung** f exageració f

über/'völkert adj superpoblat, -ada; **~*völkerung** f superpoblació f

über/'wach/en vt 1. vigilar; 2. inspeccionar; **~*ung** f vigilància f

über'wältigend adj subjugador, -a

über/'weisen vt transferir; **~*weisung** f transferència f

über/'wiegen vt/i predominar, preponderar; **~wiegend** adj predominant, preponderant

über'winden vt vèncer, superar

über/'zeugen vt convèncer (**von** de); **~*zeugung** f convenciment m, convicció f

über'ziehen vt (*Kleid*) posar-se; **~'ziehen** vt/i cobrir, revestir

üblich adj usual, habitual
U-Boot n submarí m
übrig adj 1. restant; 2. sobrant; **~ens** adv a més (a més)
Übung f 1. exercici m; 2. esp entrenament m; 3. pràctica f
Ufer n <~s; ~> vora f
Uhr f <~; ~en> 1. rellotge m; 2. (Zeit) hora f; **~macher** m rellotger m; **~zeiger** m agulla f de rellotge
Uhu m <~s; ~s> zool brúfol m, duc m
Ulme f bot om m
Ulti'matum n <~s; ~s> ultimàtum m
Ultraschall m fis ultrasó m; **~untersuchung** f med ecografia f
um prep 1. al voltant de; 2. (ungefähr) prop de
um/'armen vt abraçar; **~*armung** f abraçada f
Umbau m 1. constr reconstrucció f; 2. reformes fpl; **~*en** vt reconstruir, reformar
umbiegen vt doblegar
umbinden vt (Krawatte) posar-se
umblättern vi girar pàgina
umblicken: sich ~ mirar al voltant
umbringen vt assassinar, matar
umbuchen vt/i (Geld) passar d'un compte a un altre
umdreh/en vi girar; **~*ung** f volta f
umfahren vt 1. abatre; 2. atropellar
umfallen <sein> vi caure
Umfang m <~@s> 1. circumferència f; 2. fig proporcions fpl; **~*reich** adj voluminós, -osa
um'fassen vt 1. abraçar; 2. fig abastar
Umfeld n psicol medi m

Umfrage f enquesta f
Umgang m 1. fig tracte m; 2. constr galeria f; **~sformen** fpl maneres fpl; **~ssprache** f llenguatge m col·loquial
um/'geben vt encerclar, rodejar; **~*gebung** f voltants mpl
um/'gehen vi córrer, circular; **~gehend** adj immediat, següent; **~*'gehungsstraße** f carretera f de circumval·lació
umgekehrt 1. adj invers, -a; 2. adv al revés
Umkehr f <~> tornada f, retorn m; **~*en** <sein> vt girar, tombar, trabucar
umkleide/n: sich ~n canviar-se de roba mudar-se; **~*raum** m vestidor m
umkommen <sein> vi 1. matar-se; 2. morir
Umkreis m 1. circumferència f; 2. (Raum) àmbit m, recinte m; 3. (Zone) contorn m
umleit/en vt desviar; **~*ung** f desviació f
umliegend adj adjacent
umpflanzen vt trasplantar
umrechn/en vt reduir (in a); **~*ungskurs** m econ tipus m de canvi
Umriss m contorn m
umrühren vt/i remoure, regirar
Umsatz m transaccions fpl, volum m de transaccions
umschalten vt/i auto canviar de marxa
umschauen vi mirar al voltant

Umschlag *m* 1. (*Buch*) coberta *f*; 2. (*Brief*) sobre *m*; **~*en** <*sein*> *vt* 1. (*Seite*) girar; 2. (*Stoff*) doblegar
umschütten *vt* vessar, abocar
Umschwung *f* canvi *m* sobtat
um/sehen: sich ~sehen mirar al voltant; **~sichtig** *adj* prudent, cautelós, -osa
um'sonst *adv* inútilment
Um/stand *m* eventualitat *f*; **~stände** *pl* circumstàncies *fpl*; **~*ständlich** *adj* detallat, -ada, complicat, -ada
umsteigen <*sein*> *vi* fer transbord; (*Zug, Straßenbahn*) canviar
umstellen 1. *vt* rodejar, encerclar; 2. **um'stellen** *vt* 1. (*Uhr*) canviar (l'hora); 2. reorganitzar, modificar; 3. **sich ~ auf** adaptar-se a
umstoßen *vt* bolcar, tombar, fer caure
um'stritten *adj* discutit, -ida, controvertit, -ida
Um/sturz *m* subversió *f*; **~*stürzen** *vt* 1. capgirar, trabucar; 2. *constr* enderrocar
Umtausch *m* canvi *m*; **~en** *vt* baratar, canviar
umwandeln *vt* transformar
umwechseln *vt* (*Geld*) canviar
Umweg *m* volta *f*
Umwelt *f* <~> medi *m* ambient; **~katastrophe** *f* desastre *m* ecològic; **~papier** *n* paper *m* ecològic; **~schutz** *m* protecció *f* del medi ambient; **~schützer, -in** *m/f* ecologista *m/f*; **~verschmutzung** *f* contaminació *f* del medi ambient
umwenden *vi* girar

umwerfen *vt* bolcar, tombar; **~d** *adj* impressionant
um/ziehen <*sein*> *vi* mudar-se de casa; **~*zug** *m* 1. (*Wohnung*) trasllat *m* de casa; 2. desfilada *f*
unabhängig *adj* independent; **~*keit** *f* independència *f*
unabsichtlich 1. *adj* involuntari, -ària; 2. *adv* involuntàriament
unachtsam *adj* distret, -a
unan/gebracht *adj* inconvenient, fora de lloc; **~genehm** *adj* desagradable; **~'nehmbar** *adj* inacceptable, inadmissible; **~*'nehmlichkeit** *f* enuig *m*, disgust *m*
unanständig *adj* indecent
unauffällig *adj* discret, -a
unaufhaltsam *adj* 1. imparable; 2. irresistible
unaufhörlich *adj* incessant
unaufmerksam *adj* poc atent, -a
unaufrichtig *adj* poc sincer, -a
unausstehlich *adj* insuportable, intolerable
unausweichlich *adj* inevitable
unbarmherzig *adj* cruel, dur, -a de cor
unbeabsichtigt *adj* indeliberat, -ada
unbeachtet *adj* inadvertit, -ida
unbeantwortet *adj* incontestat, -ada
unbeaufsichtigt *adj* sense vigilància
unbedenklich *adj* inofensiu, -iva
unbedeutend *adj* insignificant
unbedingt 1. *adj* incondicional; 2. *adv* absolutament, incondicionalment
unbefahrbar *adj* intransitable
unbefugt *adj* no autoritzat, -ada
unbegabt *adj* poc intel·ligent

unbegreiflich *adj* incomprensible, inconcebible
unbegrenzt *adj* 1. sense fronteres; 2. il·limitat, -ada
unbegründet *adj* infundat, -ada
Unbehag/en *n* malestar *m*; **~lich** *adj* desagradable
unbeholfen *adj* inhàbil
unbekannt *adj* desconegut, -uda
unbekümmert *adj* despreocupat, -ada
unbeliebt *adj* 1. no estimat, -ada; 2. malmirat, -ada
unbemerkt *adj* inadvertit, -ida
unbenutz/bar *adj* inservible, inutilitzable; **~t** *adj* no utilitzat, -ada
unbeobachtet *adj* inadvertit, -ida
unbequem *adj* incòmode, -a
unberech/enbar *adj* incalculable; **~tigt** *adj* injustificat, -ada
unberührt *adj* intacte, -a
unbeschädigt *adj* intacte, -a
unbescheiden *adj* immodest, -a, vanitós, -osa
unbeschränkt *adj* il·limitat, -ada
unbeschreiblich *adj* indescriptible
unbeschrieben *adj* en blanc
unbesetzt *adj* desocupat, -ada
unbeständig *adj* inconstant, inestable
unbestechlich *adj* incorruptible, insubornable
unbestimmt *adj* indeterminat, -ada
unbeteiligt *adj* desinteressat, -ada
unbewacht *adj* sense guarda
unbewaffnet *adj* sense armes
unbeweglich *adj* immòbil
unbewohnt *adj* despoblat, -ada
unbewusst *adj* inconscient

unbezahlbar *adj* impagable
unbrauchbar *adj* inservible, inutilitzable
und *conj* i
undankbar *adj* ingrat, -a, desagraït, -ïda
undenkbar *adj* impensable, inconcebible
undeutlich *adj* indistingible
undicht *adj* permeable, penetrable
undurchlässig *adj* impermeable, hermètic, -a
undurchsichtig *adj* opac, -a
uneben *adj* desigual, desnivellat, -ada
unecht *adj* fals, -a
unehelich *adj* natural, espuri, -úria
unehrlich *adj* poc sincer, -a
uneigennützig *adj* altruista, desinteressat, -ada
uneingeschränkt *adj* il·limitat, -ada
uneinig *adj* desunit, -ida
unempfindlich *adj* insensible
unendlich *adj* infinit, -a
unentbehrlich *adj* imprescindible, indispensable
unentgeltlich 1. *adj* gratuït, -a; 2. *adv* gratis
Unentschieden *n* empat *m*; **~*** *adj* indecís, -isa
unentschlossen *adj* irresolut, -a
unerfahren *adj* inexpert, -a
unerfreulich *adj* desagradable
unerheblich *adj* insignificant
unerhört *adj* inaudit, -a
unerklärlich *adj* inexplicable
unerlässlich *adj* indispensable, imprescindible

unerlaubt adj no permès, -esa
unermüdlich adj incansable, infatigable
unerreichbar adj inaccessible, inassequible
unersättlich adj insaciable
unerschöpflich adj inesgotable, inexhaurible
unerschwinglich adj (*Preis*) excessiu, -iva
unersetzlich adj insubstituïble
unerträglich adj inaguantable, insuportable
unerwartet adj inesperat, -ada
unerwünscht adj indesitjable
unfähig adj incapaç, inepte, -a
unfair adj incorrecte, -a
Unfall *m* accident *m*; **~flucht** *f* fugida *f* d'un conductor (en cas d'accident); **~station** *f* clínica *f* de socors; **~versicherung** *f* assegurança *f* contra accidents; **~wagen** *m* ambulància *f*
unfehlbar adj infal·lible
unförmig adj deforme
unfrankiert adj sense franqueig
unfrei adj no lliure, -a
unfreundlich adj grosser, -a
unfruchtbar adj estèril
Unfug *m* <~s> abús *m*
Ungar, -in *m/f* <~n; ~n> hongarès, -esa *m/f*; **~*isch** adj hongarès, -esa; **~n** *n* Hongria *f*
ungebildet adj inculte, -a, rude, -a
unge/bräuchlich adj insòlit, -a; **~braucht** adj no usat, -ada
ungedeckt adj descobert, -a

Ungeduld *f* <~> impaciència *f*; **~*ig** adj impacient
ungeeignet adj inadequat, -ada
ungefähr adv aproximadament; **~lich** 1. adj inofensiu, -iva; 2. adv inofensivament
Ungeheuer *n* monstre *m*; **~*** adj monstruós, -osa
ungehorsam adj desobedient
ungekocht adj cru, -a
ungelegen adj inoportú, -una
ungelernt adj no qualificat, -ada
ungemütlich adj incòmode, -a
ungenau adj imprecís, -isa
ungenießbar adj no menjable, immenjable
ungenügend adj insuficient
ungepflegt adj descurat, -ada
ungerade adj imparell, -a
ungerecht adj injust, -a; **~*igkeit** *f* injustícia *f*
ungern adv a desgrat
ungesalzen adj sense sal
ungeschickt adj inhàbil
ungesetzlich adj il·legal
ungestört adj en pau
ungesund adj insà, -ana
ungewiss adj incert, -a
unge/wöhnlich adj estrany, -a; **~wohnt** adj desacostumat, -ada
ungewürzt adj sense condiment
Ungeziefer *n* <~s> cuques *fpl*
ungezogen adj mal educat, -ada
unglaublich adj increïble
ungleichmäßig adj desproporcionat, -ada
Unglück *n* desgràcia *f*, dissort *f*; **~*lich**

ungültig

adj desgraciat, -ada; **~*licherweise** *adv* desgraciadament, malauradament; **~sfall** *m* accident *m*
ungültig *adj* nul, nul·la
ungünstig *adj* desfavorable
unheilbar *adj* incurable
unheimlich *adj* inquietant, alarmant
unhöflich *adj* descortès, -esa
Uniform *f* <~; ~en> uniforme *m*
Universi'tät *f* universitat *f*
unklar *adj* confús, -usa
unklug *adj* imprudent
Unkosten *pl* despeses *fpl*
Unkraut *n* mala herba *f*
unleserlich *adj* il·legible
unlös/bar *adj* insoluble; **~lich** *adj* insoluble
unmäßig *adj* immoderat, -ada
Unmenge *f* quantitat *f* gran
unmenschlich *adj* inhumà, -ana
unmerklich *adj* imperceptible, insensible
unmittelbar 1. *adj* immediat, -a; **2.** *adv* immediatament
unmöbliert *adj* desmoblat, -ada
unmodern *adj* antiquat, -ada
unmöglich *adj* impossible
unmoralisch *adj* immoral
unmündig *adj* menor d´edat
unnötig *adj* innecessari, -ària
unord/entlich *adj* desordenat, -ada; **~*nung** *f* desordre *m*
unparteiisch 1. *adj* imparcial; **2.** *adv* imparcialment
unpassend *adj* inconvenient, improcedent
unpässlich *adj* indisposat, -ada

unpersönlich *adj* impersonal
unpraktisch *adj* poc pràctic, -a
unpünktlich *adj* poc puntual
unrasiert *adj* sense afaitar
Unrecht *n* injustícia *f*; **~*mäßig** *adj* il·legal
unregelmäßig *adj* irregular, anormal
unreif *adj* (*Person*) immadur, -a; (*Obst*) verd, -a
Unruh/e *f* intranquil·litat *f*; **~*ig** *adj* intranquil, -il·la
uns *pron* ens, -nos
unsauber *adj* brut, -a
unschädlich *adj* inofensiu, -iva
unscharf *adj* foto borrós, -osa
unscheinbar *adj* 1. senzill, -a; 2. insignificant
unschlüssig *adj* vacil·lant, indecís, -isa
Unschuld *f* innocència *f*; **~*ig** *adj* innocent
unser *pron* nostre, -a, de nosaltres
unsich/er *adj* insegur, -a; **~*erheit** *f* inseguretat *f*; **~tbar** *adj* invisible
Unsinn *m* absurd *m*; **~*ig** *adj* absurd, -a, insensat, -a
unsterblich *adj* immortal
unsympathisch *adj* antipàtic, -a
untätig *adj* inactiu, -iva
unten *adv* baix
unter *prep* sota, davall
Unterbrechung *f* interrupció *f*
unterbring/en *vt* albergar, acollir, allotjar; **~ung** *f* allotjament *m*
unter'dessen *adv* entretant
unter'drücken *vt* 1. reprimir; 2. suprimir

untereinander *adv* els uns amb els altres

unterentwickelt *adj* subdesenvolupat, -ada

unterernährt *adj* mal nodrit, -ida

Unter'führung *f* pas *m* subterrani

Untergang *m* 1. *nav* naufragi *m*; 2. (*Sonne*) posta *f*; 3. *fig* decadència *f*

Unter'gebene, -r *f*/*m* subordinat, -ada *m*/*f*

untergehen <*sein*> *vi* 1. pondre's; 2. *nav* enfonsar-se

Untergeschoss *n* 1. soterrani *m*; 2. pis *m* arran de terra

Untergrundbahn *f* metro *m*

unterhalb *prep* per sota de

Unter/halt *m* <-*∉s*> manteniment *m*; **~*'halten** *vt* 1. conservar; 2. entretenir, conversar; **~*'haltend** *adj* entretingut, -uda; **~*'haltsam** *adj* entretingut, -uda; **~'haltung** *f* conversació *f*

Unterhemd *n* samarreta *f*, camiseta *f*

Unterhose *f* calçotets *mpl*

Unterkunft *f* <-; ∸e> allotjament *m*

Unterlage *f* 1. base *f*; 2. fonament *m*; 3. documentació *f*

unter'legen *vt* posar al dessota

Unterleib *m* abdomen *m*

unter'liegen <*sein*> *vi* 1. sucumbir; 2. *fig* estar subjecte a

Untermiete *f* sotsarrendament *m*; **~r, -in** *m*/*f* rellogat, -ada *m*/*f*

Unter/nehmen *n* <-s; ->empresa *f*; **~*'nehmen** *vt* emprendre; **~nehmer, -in** *m*/*f* empresari, -ària *m*/*f*

Unter/richt *m* 1. ensenyament *m*; 2. classes *fpl*; **~*'richten** *vt*/*i* 1. ensenyar; 2. fer/donar classes

unterschätzen *vt* desestimar, menysprear

unter/'scheiden *vt* distingir, diferenciar; **~*'schied** *m* diferència *f*; **~schiedlich** *adj* diferent, distint, -a

Unter'schlagung *f* malversació *f*

unter/'schreiben *vt*/*i* firmar, signar; **~*'schrift** *f* firma *f*, signatura *f*

unter'streichen *vt* subratllar

unter/'stützen *vt* ajudar, afavorir, recolzar; **~*'stützung** *f* ajuda *f*

unter/'suchen *vt* 1. *med* examinar, reconèixer; 2. analitzar; **~*'suchung** *f* 1. *med* examen *m*; 2. recerca *f*

Untertasse *f* platet *m*

untertauchen *vt* submergir, capbussar

Unterteil *m* part *f* baixa

Untertitel *m* subtítol *m*

Unterwäsche *f* roba *f* interior

unter'wegs *adv* de camí

unter'werfen *vt* sotmetre, subjugar

unterwürfig *adj* submís, -isa

unter/'zeichnen *vt*/*i* firmar; **~*'zeichner, -in** *m*/*f* firmant *m*/*f*, signant *m*/*f*

untrennbar *adj* inseparable

untreu *adj* infidel; **~*e** *f* infidelitat *f*

untröstlich *adj* inconsolable

unüberlegt *adj* irreflexiu, -iva

unübersichtlich *adj* confús, -usa

unüberwindlich *adj* 1. invencible; 2. insuperable

ununterbrochen 1. *adj* ininterromput, -uda; 2. *adv* contínuament

unveränder/lich *adj* invariable, inalte-

rable; **~t** *adj* inalterat, -ada, invariat, -ada
unverantwortlich *adj* 1. irresponsable; 2. imperdonable
unverbesserlich *adj* incorregible
unverbindlich *adj* sense compromís
unverbleit *adj* (*Benzin*) sense plom
unverdaulich *adj* indigerible
unvereinbar *adj* incompatible
unvergesslich *adj* inoblidable
unvergleichlich *adj* incomparable
unverheiratet *adj* solter, -a
unverkäuflich *adj* invendible
unverletzt *adj* il·lès, -esa
unvermeidlich *adj* inevitable
unvermutet *adj* imprevist, -a
unvernünftig *adj* insensat, -a
unverschämt *adj* insolent
unversehrt *adj* intacte, -a
unverständlich *adj* incomprensible
unverwechselbar *adj* inconfusible
unverwüstlich *adj* indestructible
unverzeihlich *adj* imperdonable
unverzüglich 1. *adj* immediat, -a; 2. *adv* immediatament
unvorbereitet *adj* desprevingut, -uda
unvorhergesehen *adj* imprevist, -a
unvorsichtig *adj* imprudent
unvorstellbar *adj* inconcebible, inimaginable
unwahr *adj* fals, -a; **~*heit** *f* falsedat *f*; **~scheinlich** *adj* improbable
unwesentlich *adj* insignificant
Unwetter *n* tempesta *f*
unwichtig *adj* sense importància
unwiderstehlich *adj* irresistible
unwillkürlich 1. *adj* involuntari, -ària; 2. *adv* involuntàriament
unwirksam *adj* ineficaç, ineficient
unwissend *adj* ignorant
unwohl *adj* indisposat, -ada; **~*sein** *n* malestar *m*
unwürdig *adj* indigne, -a
unzählig *adj* innombrable, incomptable
unzerbrechlich *adj* irrompible
unzertrennlich *adj* inseparable
unzufrieden *adj* 1. descontent, -a; 2. *fig* insatisfet, -a; **~*heit** *f* 1. descontentament *m*; 2. *fig* insatisfacció *f*
unzugänglich *adj* inaccessible
unzulänglich *adj* insuficient, deficient
unzulässig *adj* 1. inadmissible; 2. *jur* improcedent
unzuverlässig *adj* incert, -a; (*Person*) informal
üppig *adj* 1. *bot* frondós, -osa; 2. (*Mahl*) abundant
U'ran *n* urani *m*
Ur/einwohner *m* indígena *m*, aborigen *m*; **~enkel, -in** *m/f* besnét, -a *m/f*; **~großeltern** *pl* besavis *mpl*; **~großmutter** *f* besàvia *f*; **~großvater** *m* besavi *m*
Urheber, -in *m/f* autor, -a *m/f*
U'rin *m* orina *f*
Urkunde *f* 1. document *m*; 2. títol *m*
Urlaub *m* <-ø̸s; -e> vacances *fpl*; **~er, -in** *m/f* turista *m/f*; **~sort** *m* lloc *m* de vacances; **~sreise** *f* viatge *m* de vacances
Uro/'loge *m* uròleg *m*; **~lo'gie** *f* urologia *f*; **~*logisch** *adj* urològic, -a

Ursache f causa f, motiu m
Urspr/ung m origen m; **~*ünglich** adj original
Urteil n <~s; ~e> 1. judici m; 2. jur sentència f, veredicte m; **~en** vi jutjar
Urwald m selva f verge

V

vage adj vague, vaga
Vanille f vainilla f
Vari/ante f variant f
Varieté n <~s; ~s> teatre m de varietats
Vase f gerro m, florera f
Vase'line f vaselina f
Vater n <~s; ˷> pare m; **~land** n pàtria f
väterlich(erseits) 1. adj patern, -a; 2. adv de la part del pare
Vater'unser n <~s; ˷> parenostre m
Veget'ari/er, -in m/f vegetarià, -ana m/f; **~*sch** adj vegetarià, -ana
Veilchen n bot violeta f
Venedig n Venècia f
Venez/olaner, -in m/f veneçolà, -ana m/f; **~*olanisch** adj veneçolà, -ana; **~uela** n Veneçuela f
Ven'til n <~s; ~e> tecn vàlvula f
Ventil'ator m ventilador m
ver/'abreden vt acordar, convenir; **~*abredung** f cita f
verabschied/en vt acomiadar; **~*ung** f comiat m
ver/'achten vt menysprear; **~*achtung** f menyspreu m

ver/'allgemeinern vt generalitzar; **~*allgemeinerung** f generalització f
ver'altet adj antiquat, -ada
veränder/lich adj variable, canviable; **~n** vt variar, canviar; **~*ung** f canvi m, modificació f
ver/'anlassen vt ocasionar, originar, motivar; **~*anlassung** f ocasió f, causa f
ver/'anstalten vt organitzar; **~*anstalter, -in** m/f organitzador, -a m/f; **~*anstaltung** f 1. organització f; 2. acte m; **~*anstaltungskalender** m calendari m d'activitats
ver/'antworten vt respondre; **~antwortlich** adj responsable (**für** de); **~*antwortung** f responsabilitat f; **~antwortungslos** adj irresponsable
Ver/'band m 1. med embenatge m; 2. (Verein) associació f; **~bandskasten** m farmaciola f; **~bandszeug** n embenatge m
ver'bergen vt 1. amagar, ocultar; 2. encobrir
ver/'bessern vt millorar, perfeccionar; **~*besserung** f millora f
ver/'beugen: sich ~beugen inclinar-se; **~*beugung** f inclinació f, reverència f
ver'biegen vt tòrcer, corbar
ver'bieten vt prohibir, vedar
ver'billigen vt abaratir, rebaixar
ver/'binden vt lligar, vincular, enllaçar; **~bindlich** adj obligatori, -òria; **~*bindung** f unió f, aliança f, vinculació f

verblassen

ver'blassen <sein> vi empal·lidir
ver'blüfft adj bocabadat, -ada, estupefacte, -a
ver'bluten vi dessagnar-se
Ver'bot n <-¢s; -e> prohibició f; ~*en adj prohibit, -ida
Ver/'brauch m <-s> consum m; ~*brauchen vt consumir; ~braucher, -in m/f consumidor, -a m/f
Ver/'brechen n <-s; -> delicte m, crim m; ~brecher, -in m/f delinqüent m/f; ~*brecherisch adj delinqüent, criminal
ver'breiten vt difondre, divulgar
ver/'brennen 1. vt 1. cremar; 2. (Tote) incinerar; 2. vi cremar-se; ~*brennung f cremació f, combustió f
ver'bringen vt (Zeit) passar
ver'brühen vt escaldar
ver/'bünden: sich ~bünden aliar-se coalitzar-se; ~*bündete, -r f/m aliat, -ada m/f
Ver/'dacht m <-¢s> sospita f; ~*dächtig adj sospitós, -osa f; ~*dächtigen vt sospitar
ver/'dammen vt condemnar; ~dammt 1. adj condemnat, -ada; 2. ~! interj carai!
ver'danken vt deure
ver/'dauen vt digerir; ~daulich adj digerible; ~*dauung f digestió f; ~*dauungsstörungen pl transtorns mpl digestius
ver/'derben <irr 144> 1. vt 1. fer malbé; 2. deteriorar; 3. fig corrompre; 2. vi fer-se malbé; ~derblich adj nociu, -iva

ver/'dienen vt guanyar; ~*dienst m <-es; -e> benefici m, guany m
ver/'doppeln vt doblar, duplicar
ver'dorben adj podrit, -ida
ver/'duften vi col·loq esfumar-se, evaporar-se
ver/'dünnen vt diluir
ver'dunsten <sein> vi evaporar-se
ver'dursten <sein> vi morir-se de set
ver'dutzt adj bocabadat, -ada
ver/'ehren vt venerar; ~*ehrer, -in m/f adorador, -a m/f; ~*ehrung f veneració f
Ver/'ein m <-¢s; -e> associació f; ~*einbaren vt acordar, concertar; ~einbarung f acord m, conveni m; ~*einfachen vt simplificar; ~*'einigen vt aliar, annexionar; ~einigung f unió f, aliança f; ~*einzelt adj aïllat, -ada, isolat, -ada
ver'enden <sein> vi (Tiere) morir
ver'engen vt estrènyer, estretir
ver'erben vt jur llegar, deixar
Ver/'fahren n <-s; -> procediment m; ~*'fahren <sein> vi procedir, actuar
Ver/'fall m <-¢s> 1. ensorrament m; 2. fig decadència f; 3. venciment m; ~*fallen <sein> 1. constr ensorrar-se; 2. decaure; ~fallsdatum n data f de caducitat; ~fall(s)tag m jur dia m de venciment
ver/'fassen vt redactar, escriure; ~*fasser, -in m/f autor, -a m/f; ~*fassung f 1. condició f; 2. pol constitució f
ver'faulen <sein> vi podrir-se, corrompre's
ver/'fehlen vt 1. fallar, errar, equivocar;

Verkauf

2. (*Zug*) perdre; **~fehlt** *adj* equivocat, -ada

ver'filmen *vt* filmar

ver'fliegen <*sein*> *vi* 1. evaporar-se, volatilitzar-se; 2. (*Zeit*) volar, passar

ver/'folgen *vt* perseguir; **~*folger, -in** *m/f* perseguidor, -a *m/f*; **~*folgung** *f* persecució *f*

ver/'fügbar *adj* disponible; **~fügen** *vt* disposar, decretar, ordenar; **~*fügung** *f* disposició *f*

ver/'führen *vt* seduir; **~*führer, -in** *m/f* seductor, -a *m/f*; **~führerisch** *adj* seductor, -a; **~*führung** *f* seducció *f*

ver/'gangen *adj* passat, -ada; **~*gangenheit** *f* passat *m*

Ver'gaser *m* auto carburador *m*

ver/'geben *vt* perdonar; **~gebens** *adv* inútilment; **~geblich** *adj* inútil

ver'gehen <*sein*> *vi* (*Zeit*) passar, transcórrer

ver/'gelten *vt* retornar, recompensar; **~*geltung** *f* venjança *f*, revenja *f*

ver/'gessen <*irr* 145> *vt* oblidar, descuidar-se; **~gesslich** *adj* oblidadís, -issa

ver'geuden *vt* malgastar, malbaratar

verge/'waltigen *vt* 1. violentar; 2. violar; **~*waltigung** *f* 1. violència *f*; 2. violació *f*

verge'wissern *vt* assegurar, cerciorar

ver'gießen *vt* vessar, escampar

ver'gift/en *vt* enverinar, emmetzinar; **~*ung** *f* enverinament *m*, emmetzinament *m*

Ver/'gleich *m* <~ǝs; ~e> comparació *f*; **~*gleichbar** *adj* comparable; **~*gleichen** *vt* comparar (**mit** amb)

Vergnüg/en *n* <~s; ~> distracció *f*, diversió *f*; **~en: sich ~en** distreure's, divertir-se; **~ungspark** *m* parc *m* d'atraccions

ver'graben *vt* enterrar, sepultar

ver'griffen *adj* esgotat, -ada

ver/'größern *vt* ampliar, augmentar; **~*größerung** *f* ampliació *f*

ver/'haften *vt* detenir, arrestar; **~*haftung** *f* detenció *f*, arrest *m*

Ver/halten *n* <~s; ~> conducta *f*; **~*halten** *vt* reprimir, retenir; **~'hältnis** *n* relació *f*; **~hältnismäßig 1.** *adj* relatiu, -iva; **2.** *adv* relativament

ver/'handeln *vt/i* discutir, negociar; **~*handlung** *f* negociació *f*

Ver/'hängnis *n* <~ses; ~se> destí *m*, fatalitat *f*; **~hängnisvoll** *adj* funest, -a, nefast, -a

ver'hasst *adj* odiós, -osa

ver'heerend *adj* devastador, -a

ver'heilen <*sein*> *vi* cicatritzar-se

ver'heimlichen *vt* amagar, dissimular

ver/'heiraten 1. *vt* casar; **2. sich ~** casar-se (**mit** amb); **~heiratet** *adj* casat, -ada

ver'hindern *vt* impedir, evitar

ver'hungern <*sein*> *vi* morir-se de fam

ver/'hüten *vt* prevenir; **~*hütung** *f* prevenció *f*; **~*hütungsmittel** *n* anticonceptiu *m*

ver'irren: sich ~ extraviar-se perdre's

Ver/'kauf *m* venda *f*; **~*kaufen** *vt* vendre; **~'käufer, -in** *m/f* venedor, -a *m/f*; **~*käuflich** *adj* comerciable, en venda; **~kaufspreis** m preu m de venda

Ver/'kehr m <~∅s> circulació f, trànsit m; **~*kehren** <sein> vi alternar, tenir relacions; **~kehrsampel** f semàfor m; **~kehrsamt** n oficina f de trànsit; **~kehrsinsel** f illa f, refugi m; **~kehrsmittel** n mitjà m de transport; **~kehrspolizei** f policia f de trànsit; **~kehrsstau** m embús m; **~kehrsstockung** f embús m; **~kehrsteilnehmer** m usuari m de la via pública; **~kehrsunfall** m accident m; **~kehrsverein** m societat f per al foment del turisme; **~kehrszeichen** n senyal m de trànsit

verkehrt adj equivocat, -ada

ver'klagen vt jur demandar

ver'kleiden vt disfressar (**als** de)

ver'kleinern vt disminuir, reduir

ver'knittern vt arrugar

ver'knoten vt nuar, lligar

ver'knüpfen vt nuar, lligar

ver'kommen vi fer-se malbé

ver'körpern vt 1. personificar; 2. teat interpretar

ver'krachen vi 1. fer fallida; 2. fig fracassar

ver'kraften vt predominar

ver'krampft adj 1. med convulsiu, -iva; 2. crispat, -ada

ver'krüppelt adj mutilat, -ada

ver'künd(ig)en vt anunciar, publicar

ver'kürzen vt abreujar, abreviar

ver'laden vt 1. carregar; 2. nav embarcar

Ver'lag m <~∅s; ~e> (casa) editorial f

Ver/'langen n <~s> demanda f, exigència f; **~*'langen** vt demanar, reclamar, exigir

ver/'längern vt 1. allargar; 2. prorrogar; **~'längerung** f pròrroga f

ver/'lassen vt abandonar, deixar; **~lässlich** adj digne, -a de confiança

Ver/'lauf m <~∅s; ~̈e> 1. curs m, procés m; 2. transcurs m; **~*laufen** <sein> **1.** vi passar, transcórrer; **2.**: **sich ~laufen** perdre's

ver/'legen vt traslladar, transferir; **~*legenheit** f timidesa f

Verleger, -in m/f editor, -a m/f

ver/'leihen vt 1. prestar; 2. (Preis) concedir; **~*leihung** f concessió f, atorgament m

ver'leiten vt induir, moure

ver'lernen vt desaprendre, oblidar

ver/'letzen vt ferir; **~letzlich** adj 1. vulnerable; 2. susceptible; **~letzt** adj ferit, -ida; **~*letzung** f ferida f

ver/'leumden vt calumniar; **~*leumdung** f calúmnia f

ver/'lieben: **sich ~** enamorar-se (**in** de)

ver/'lieren <irr 146> vt perdre; **~'lierer, -in** m/f perdedor, -a m/f

ver/'loben vt ~sich **~loben** prometre's (**mit** amb); **~*lobte, -r** f/m promès, -esa m/f; **~*lobung** f prometatge m

ver'lockend adj atraient, seductor, -a

ver'logen adj mentider, -a

ver'loren adj perdut, -uda

ver/'losen vt sortejar, rifar; **~*losung** f sorteig m

Ver'lust m <~es; ~e> pèrdua f

ver'mehren vt augmentar, engrossir

ver/'meidbar *adj* evitable; **~meiden** *vt* evitar, evadir

ver/'mieten *vt* llogar; **~*mieter, -in** *m/f* llogador, -a *m/f*; **~*mietung** *f* arrendament *m*

ver/'mindern *vt* disminuir, reduir

ver/'missen *vt* trobar a faltar; **~misst** *adj* desaparegut, -uda; **~*misste, -r** *f/m* desaparegut, -uda *m/f*

ver/'mitteln *vt* procurar, proporcionar; **~*mittler, -in** *m/f* intermediari, -ària *m/f*; **~*mittlung** *f* mediació *f*; **~*mittlungsgebühr** *f* comissió *f*

Ver/'mögen *n* <~s; ~> fortuna *f*, patrimoni *m*; **~*mögend** *adj* adinerat, -ada

ver/'muten *vt* suposar; **~mutlich** *adj* suposable, presumible; **~*mutung** *f* suposició *f*

ver/'nachlässigen *vt* negligir, desatendre

ver/'nehmen *vt* 1. (*Sinne*) percebre, sentir; 2. *jur* interrogar; **~*nehmung** *f jur* interrogatori *m*

ver/'nichten *vt* destruir, anihilar; **~*nichtung** *f* destrucció *f*, anihilació *f*

Ver/'nunft *f* <~> raó *f*, seny *m*; **~*nünftig** *adj* raonable, sensat, -a

ver/'öffentlichen *vt* publicar; **~*öffentlichung** *f* publicació *f*

ver/'ordnen *vt* 1. manar, ordenar; 2. *med* receptar, prescriure; **~*ordnung** *f* 1. decret *m*; 2. *med* recepta *f*

ver/'packen *vt* embalar, empaquetar; **~*packung** *f* embalatge *m*

ver/'passen *vt* perdre

ver/'pfänden *vt* empenyorar

ver/'pflanzen *vt* trasplantar

ver/'pfleg/en *vt* alimentar, nodrir; **~*ung** *f* alimentació *f*, nodriment *m*

ver/'pflichten *vt* obligar, constrènyer; **~*pflichtung** *f* obligació *f*, compromís *m*

ver/'prügeln *vt* apallissar

ver/'putzen *vt* emblanquinar

Ver/'rat *m* <~¢s> traïció *f*; **~*raten** *vt* trair, delatar, denunciar; **~'räter, -in** *m/f* traïdor, -a *m/f*

ver/'reisen <sein> *vi* partir, marxar

ver/'renken *vt* torçar, dislocar, luxar

ver/'riegeln *vt* tancar amb forrellat

ver/'ringern *vi* disminuir, minvar

ver/'rosten <sein> *vi* rovellar-se, oxidar-se

ver/'rückt *adj fig* boig, boja; **~*rückte, -r** *f/m* boig *m*, boja *f*; **~*rücktheit** *f* bogeria *f*

ver/'rühren *vt* barrejar

Vers *m* <~es; ~e> 1. vers *m*; 2. *bíbl* versicle *m*

Ver/'sagen *n* <~s> 1. refús *m*; 2. falla *f*; **~*'sagen 1.** *vt* denegar, refusar; **2.** *vi* fallir, fallar; **~*sager** *m fig* fracàs *m*

ver/'sammeln *vt* 1. reunir; 2. convocar; **~*sammlung** *f* reunió *f*

Ver/'sand *m* <~¢s> expedició *f*; **~*sandhandel** *m* venda *f* per correspondència; **~*sandhaus** *n* casa *f* de comerç per correspondència

ver/'säumen *vt* negligir, desatendre; **~*säumnis** *n* <~ses; ~se> omissió *f*, negligència *f*

ver'schaffen vt aconseguir, facilitar, proporcionar

ver'schärfen vt 1. aguditzar; 2. agreujar

ver'schenken vt regalar, obsequiar

ver'scheuchen vt esquivar, espantar

ver'schicken vt enviar, expedir

verschieben vt desplaçar

ver/'schieden adj diferent, distint, -a; **~schiedenartig** adj variat, -ada; **~schiedenheit** f diferència f, varietat f

ver'schiffen vt embarcar

ver'schimmeln <sein> vi florir-se

ver'schlafen vi 1. dormir molt; 2. perdre, oblidar

ver/'schlechtern vt empitjorar, agreujar; **~*schlechterung** f 1. empitjorament m; 2. agreujament m

ver'schließen vt tancar amb clau

ver'schlimmern vt empitjorar, agreujar

ver'schlossen adj tancat, -ada

verschlucken vt empassar-se, engolir

Ver'schluss m 1. tanca f; 2. foto obturador m; 3. (Flasche) tap m

ver'schmähen vt menysprear

ver'schmelzen <sein> vt/i 1. fondre; 2. fig fusionar-se, unir-se

ver/'schmutzen vt/i 1. embrutar-se; 2. (Umwelt) contaminar; **~schmutzt** adj brut, -a

ver'schneit adj tot nevat

ver'schonen vt respectar

ver'schönern vt embellir

ver'schreiben vt prescriure, receptar

ver/'schulden 1. vt tenir la culpa; 2. vi endeutar-se; **~schuldet** adj endeutat, -ada

ver'schütten vt 1. escampar; 2. (Flüssigkeit) vessar

ver'schweigen vt callar, dissimular

ver/'schwenden vt 1. dissipar; 2. (Geld) malgastar; 3. (Zeit) perdre; **~*schwender, -in** m/f 1. dissipador, -a m/f; 2. malgastador, -a m/f; **~schwenderisch** adj dissipador, -a; **~*schwendung** f dissipació f

ver'schwiegen adj callat, -ada, discret, -a, reservat, -ada

verschwinden <sein> vi desaparèixer

ver'schwommen adj imprecís, -isa, confús, -usa

ver/'schwören vt abjurar; **~*schwörer, -in** m/f conspirador, -a m/f; **~*schwörung** f complot m, conspiració f

Ver/sehen n <~s, ~> equivocació f; **~*'sehen** vt proveir, dotar (**mit** de); **~*sehentlich** adv per equivocació

ver'senken vt 1. submergir, immergir; 2. nav enfonsar

ver'setzen vt 1. mudar de lloc; 2. traslladar; 3. trasplantar

Verseuchung f contaminació f

ver/'sichern vt assegurar; **~*sicherte, -r** f/m assegurat, -ada m/f; **~*sicherung** f assegurança f; **~*sicherungsbeitrag** m prima f; **~*sicherungsgesellschaft** f companyia f d´assegurances; **~*sicherungspolice** f pòlissa f d´assegurança; **~*sicherungsprämie** f prima f

ver/'sinken <sein> vi enfonsar-se, submergir-se
ver/'söhnen vt reconciliar; ~*söhnung f reconciliació f
ver/'sorgen vt proveir, abastar
ver/'späten: sich ~späten fer tard arribar amb retard; ~*spätung f retard m
ver/'sperren vt tancar
ver/'spotten vt burlar-se
Ver/'sprechen n <~s; ~> promesa f; ~*'sprechen vt prometre
Ver/'stand m <~ɢs> enteniment m; ~*'ständigen vt avisar, informar; ~ständigung f acord m; ~ständlich adj comprensible; ~ständnis n <~ses> comprensió f; ~ständnisvoll adj comprensiu, -iva
ver/'stärken vt reforçar; ~*stärker m electr amplificador m; ~*stärkung f reforç m
ver/'stauchen vt med torçar-se, girar-se
Ver/'steck m <~ɢs; ~e> amagatall m; ~*'stecken vt amagar
ver/'stehen vt entendre, comprendre
Ver/'steigerung f subhasta f
ver/'stellbar adj ajustable, regulable; ~stellen vt ajustar, regular
ver/'stimmt adj 1. desafinat, -ada; 2. malhumorat
ver/'stopft adj med restret, -a; ~*stopfung f 1. obstrucció f; 2. med restrenyiment m
ver/'storben adj difunt, -a, mort, -a
verstört adj alterat, -ada, torbat, -ada
Ver/'stoß m falta f, infracció f; ~*'stoßen vt treure, expulsar

verursachen

Ver/'such m <~ɢs; ~e> 1. assaig m; 2. intent m; ~*'suchen vt 1. assajar; 2. temptar; ~suchskaninchen n conillet m d'Índies
ver/'süßen vt endolcir
ver/'tagen vt ajornar
ver/'tauschen vt canviar, permutar
ver/'teidigen vt defensar; ~*teidiger, -in m/f defensor, -a m/f; ~*teidigung f defensa f
ver/'teilen vt distribuir, repartir; ~*teiler, -in m/f repartidor, -a m/f; ~*teilung f distribució f, repartiment m
ver/'tiefen vt aprofundir, profunditzar
Ver/'trag m <~ɢs; ~e> contracte m; ~*'tragen vt aguantar, suportar
Ver/'trauen n <~s> confiança f; ~*'trauen vi confiar; ~*trauensvoll adj confiat, -ada; ~*'traulich adj confidencial; ~*'traut adj confident
ver/'treiben vt expulsar
ver/'treten vt 1. reemplaçar, substituir; 2. (Meinung) defensar, sostenir; ~*treter, -in m/f 1. representant m/f; 2. substitut, -a m/f; ~*tretung f 1. representació f; 2. substitució f
Ver/'trieb m <~s> venda f; ~*triebene, -r f/m expulsat, -ada m/f
ver/'trocknen <sein> vi assecar-se
ver/'tuschen vt dissimular
verunglück/en vi tenir un accident; ~*te, -r f/m accidentat, -ada m/f
verunreinigen vt embrutar
veruntreuen vt 1. defraudar; 2. malversar
ver/'ursachen vt 1. causar; 2. ocasionar, produir

verurteilen 244

verurteil/en vt 1. condemnar (**zu** a); 2. jur sentenciar; **~*ung** f condemna f

ver'vielfältigen vt 1. multiplicar; 2. reproduir

ver'vollkommen vt perfeccionar

vervollständigen vt complementar

ver'wackelt adj foto mogut, -uda

ver'wahrlost adj abandonat, -ada

verwaist adj orfe, -na

ver/'walten vt administrar; **~*walter, -in** m/f administrador, -a m/f; **~*waltung** f administració f

ver/'wandeln vt transformar

ver/'wandt adj 1. emparentat, -ada (**mit** amb); 2. semblant (**mit** a); **~*wandte, -r** f/m parent, -a m/f; **~*wandtschaft** f parentiu m

Ver'warnung f amonestació f, advertència f

ver/'wechseln vt confondre; **~*wechslung** f confusió f

ver'wegen adj atrevit, -ida

ver'weigern vt refusar, negar

ver/'wenden vt emprar, usar, utilitzar; **~*wendung** f ús m, utilització f

ver'werten vt 1. utilitzar; 2. aprofitar

ver'wickeln vt 1. embolicar; 2. complicar

verwirklichen vt realitzar, efectuar

ver/'wirren vt embolicar, enredar; **~wirrt** adj confús, -usa, enredat, -ada; **~*wirrung** f embolic m

ver'wischen vt esborrar

ver'witwet adj vidu, vídua

ver'wöhnen vt malacostumar

verwunden vt ferir, vulnerar

ver/'wundern vt estranyar, sorprendre, meravellar; **~*wunderung** f admiració f, sorpresa f; **~*wundete, -r** f/m ferit, -ida m/f

Verwundung f ferida f, lesió f

ver'zählen: sich ~ equivocar-se comptant, descomptar-se

ver'zaubern vt encantar, encisar

Verzehr m <-s> consum m; **~*en** vt consumir

Ver'zeichnis n 1. llista f; 2. inventari m

ver/'zeihen vt perdonar; **~*zeihung** f perdó m; **~*zeihung!** interj perdó!

ver/'zerren vt deformar, desfigurar; **~*zerrung** f deformació f

Ver/'zicht m <-¢s; ~e> renúncia f; **~*zichten** vi renunciar

ver'ziehen vt 1. deformar; 2. (Kind) malcriar

ver/'zieren vt adornar, ornamentar; **~*zierung** f adorn m

ver/'zinsen vt pagar interès; **~*zinsung** f interès m, rèdit m

ver/'zögern vt 1. retardar; 2. ajornar; **~*zögerung** f retard m

ver'zollen vt 1. declarar a la duana; 2. pagar la duana

ver/'zweifeln <sein> vi desconfiar (**an** de); **~*zweiflung** f desesperació f

Vetter m <-s; ~n> cosí m (germà)

Vi/'deo n <-s; ~s> vídeo m; **~deo'film** m pel·lícula f de vídeo; **~deo'kamera** f càmera f de vídeo; **~deokassette** f videocasset f; **~deorecorder** m vídeo m; **~deospiel** n videojoc m; **~deotext** m teletext m

Vieh n <-¢s> bestiar m

viel 1. *adj* molt; **2.** *adv* molt; **~fach** *adj* múltiple; **~*falt** *f* <-> multiplicitat *f*, diversitat *f*

viel'leicht *adv* potser, possiblement

viel/mals *adv* moltes vegades, sovint; **~mehr** *conj* sinó; **~sagend** *adj* significatiu, -iva; **~seitig** *adj* 1. polifacètic, -a; 2. variat, -ada; **~versprechend** *adj* molt prometedor, -a

Vielzahl *f* 1. multitud *f*; 2. multiplicitat *f*

vier *adj* quatre; **~*eck** *n* quadrilàter *m*; **~eckig** *adj* quadrangular; **~fach** *adj* quàdruple; **~hundert** *adj* quatrecents; **~motorig** *adj* quadrimotor

Viertel *n* <-s; ~> 1. quart *m*; 2. (*Stadt*) barri *m*; **~jahr** *n* trimestre *m*; **~note** *f* mús negra *f*; **~stunde** *f* quart *m* (d´hora)

vierzehn *adj* catorze; **~ehntägig** *adj* cada quinze dies; **~ig** *adj* quaranta

Viet/'nam *n* Vietnam *m*; **~namese, -in** *m/f* vietnamita *m/f*; **~*nam'esisch** *adj* vietnamita

Villa *f* <-; ~en> xalet *m*, vil·la *f*

Vi'ola *f* <-; ~en> mús viola *f*

viol'ett *adj* violeta

virtuell *adj* virtual

Virus *n* <-; ~en> virus *m*; **~...** *adj* viral

Vi'sitenkarte *f* targeta *f* (de visita)

Visum *n* <-s; ~en> visat *m*

Vita'min *n* <-s; ~e> vitamina *f*

Vogel *m* <-s; ~> 1. au *f*; 2. ocell *m*

Vo'kabel *f* <-; ~n> vocable *m*, mot *m*

Vokal *m* <-s; ~e> *ling* vocal *f*

Volk *n* <-¢s; ~er> poble *m*, nació *f*; **~sfest** *n* festa *f* popular; **~shochschule** *f* universitat *f* popular, centre *m* de formació d´adults; **~skunde** *f* folklore *m*; **~slied** *n* cançó *f* popular; **~sschule** *f* escola *f* primària

voll *adj* ple, -na; **~*bad** *n* bany *m* (sencer); **~*bart** *m* barba *f* espessa; **~'enden** *vt* acabar, ultimar

Volleyball *m esp* voleibol *m*

völlig *adj* complet, -a, total

volljährig *adj* major d´edat

Vollkaskoversicherung *f* assegurança *f* a tot risc

vollkommen *adj* perfecte, -a, impecable

Vollkornbrot *n* pa *m* integral

Vollmacht *f jur* poders *mpl*

Vollmilch *f* llet *f* natural

Vollmond *m* lluna *f* plena

Vollpension *f* pensió *f* completa

vollständig *adj* complet, -a, enter, -a

volltanken *vt/i auto* omplir el dipòsit

vollzählig *adj* complet, -a

von *prep* de; **~einander** *adv* l´un de l´altre

vor *prep* davant

Vorabend *m* vetlla *f*

vor/'an *adv* davant; **~angehen** <sein> *vi* anar davant; **~ankommen** <sein> *vi* avançar, progressar

voraus *adv* cap endavant; **~gehen** <sein> *vi* anar al davant; **~gesetzt** *adj* suposat, -ada; **~sagen** *vt* 1. predir; 2. *med* pronosticar; **~sehen** *vt* preveure; **~setzen** *vt* suposar; **~*setzung** *f* suposició *f*, supòsit *m*; **~sichtlich** *adj* 1. probable; 2. previsible; **~zahlen** *vt* pagar a bestre-

Vorbehalt

ta; **~*zahlung** f pagament m anticipat

Vorbehalt m <~∅s; ~e> reserva f

vor/'bei adv 1. pel davant de; 2. (zeitlich) acabat; **~beifahren** <sein> vi passar pel davant; **~beigehen** <sein> vi passar pel davant; **~beikommen** <sein> vi passar pel davant; **~beilassen** vt deixar passar

vorbereit/en vt preparar; **~*ung** f preparació f

vorbestell/en vt encarregar prèviament; **~*ung** f encàrrec m anticipat

vorbestraft adj amb antecedents penals

vorbeug/en vi prevenir; **~end** adj preventiu, -iva; **~*ung** f prevenció f

Vorbild n <~s; ~er> model m, exemple m; **~*lich** adj modèlic, -a, exemplar

vorder adj davanter, -a, anterior; **~*achse** f eix m davanter; **~*grund** m primer pla m; **~*rad** n roda f davantera; **~*radantrieb** m auto tracció f davantera; **~*seite** f 1. cara f del davant; 2. constr façana f; **~*sitz** m seient m del davant; **~*teil** n part f davantera

vordränge(l)n vi obrir-se pas a cops de colze

voreilig 1. adj precipitat, -ada; 2. adv precipitadament

voreingenommen adj previngut, -uda

vorerst adv en primer lloc

Vorfahr m <~en; ~en> avantpassat m; **~t** f auto preferència f; **~tsrecht** n auto preferència f; **~tszeichen** n senyal m de preferència

Vorfall m esdeveniment m, succés m

vorführ/en vt 1. conduir endavant; 2. exhibir, mostrar; **~*ung** f projecció f

Vor/gang m <~∅s; ~̈e> esdeveniment m, succés m; **~gänger, -in** m/f antecessor, -a m/f

vorgehen <sein> vi passar al davant

Vorgesetzte, -r f/m superior m/f, cap m/f

vorgestern adv abans-d´ahir

Vorhaben n <~s; ~> intenció f, propòsit m; **~*** vt pensar fer

vor'handen adj 1. existent, efectiu, -iva; 2. disponible

Vorhang m <~∅s; ~̈e> 1. cortina f; 2. teat teló m

Vorhängeschloss n cadenat m

vorher adv abans; **~gehend** adj precedent, antecedent; **~*sage** f 1. predicció f; 2. meteo pronòstic m

vorhin adv adés, fa poc

vorig adj precedent, anterior

vorkommen <sein> vi avançar endavant

Vorlage f 1. presentació f; 2. (Gesetz) projecte m

vorläufig 1. adj provisional; 2. adv de moment

vorlegen vt posar al davant

vorles/en vt llegir en veu alta; **~*ung** f 1. univ classe f; 2. (Vortrag) conferència f

vorletzt(er) adj penúltim, -a

Vorliebe f predilecció f (**für** per)

vor'liebnehmen vi acontentar-se

vorliegen <sein> vi haver-hi, existir

Vormarsch m avançada f

vormerk/en *vt* prendre nota; **~*ung** *f* anotació *f*

Vormittag *m* matí *m*; **~*s** *adv* de matí

vorn *adv* davant

Vorname *m* nom *m*

vornehm *adj* distingit, -ida, elegant; **~en** *vt* posar-se al davant

Vor/ort *m* suburbi *m*; **~platz** *m* esplanada *f*

Vorrang *m* prioritat *f*

Vor/rat *m* <~¢s; ¨-e> provisió *f*; **~*rätig** *adj* disponible

Vorrecht *n* privilegi *m*

Vorrichtung *f* dispositiu *m*, mecanisme *m*

Vorrunde *f esp* (prova) eliminatòria *f*

Vorsaison *f* principi *m* de temporada

vorsätzlich **1.** *adj* premeditat, -ada; **2.** *adv* amb premeditació

Vorschau *f* vista *f* anticipada

Vorschlag *m* proposició *f*, proposta *f*; **~*en** *vt* proposar

Vorschrift *f* 1. reglament *m*; 2. *med* prescripció *f*; **~*smäßig** **1.** *adj* reglamentari, -ària; **2.** *adv* reglamentàriament

Vorschuss *m* bestreta *f*, avançada *f*

vorsehen *vt* preveure

Vorsicht *f* 1. precaució *f*; 2. prudència *f*; **~!** *interj* atenció!, compte!; **~*ig** *adj* prudent; **~*shalber** *adv* per si de cas

Vorsitz *m* presidència *f*; **~ende, -r** *f/m* president, -a *m/f*

Vorsorg/e *f* previsió *f*; **~*en** *vi* prendre precaucions; **~*lich** *adj* previsor, -a

Vorspeise *f* entrant *m*

Vorspiel *n* 1. *mús* preludi *m*; 2. *teat* pròleg *m*

Vorsprung *m* avantatge *m*

Vorstadt *f* raval *m*

Vorstand *m* 1. junta *f* directiva; 2. director *m*

vorstell/en **1.** *vt* 1. posar al davant; 2. (*bedeuten*) significar; **2.** **sich ~** *fig* imaginar-se, figurar-se; **~*ung** *f* presentació *f*

Vorstrafe *f* 1. condemna *f* anterior; 2. *jur* antecedents *mpl* penals

vorstrecken *vt* anticipar, avançar

Vorteil *m* avantatge *m*; **~*haft** **1.** *adj* avantatjós, -osa; **2.** *adv* avantatjosament

Vortrag *m* <~¢s; ¨-e> conferència *f*; **~*en** *vt* exposar

vortrefflich *adj* excel·lent

vor'über *adv* passat

vorübergehen <*sein*> *vi* passar de llarg; **~d** *adj* temporal

Vorurteil *n* prejudici *m*

Vorver/kauf *m* venda *f* anticipada; **~*legen** *vt* anticipar una data; **~trag** *m jur* precontracte *m*

Vorwahl *f* 1. preelecció *f*; 2. (*Telefon*) prefix *m*; **~nummer** *f* (*Telefon*) prefix *m* (telefònic)

Vorwand *m* <~¢s; ¨-e> pretext *m*

vorwärts *adv* endavant

vorwerfen *vt* 1. llençar al davant; 2. *fig* retreure, reprotxar

vorwiegend **1.** *adj* predominant; **2.** *adv* principalment

Vorwort *n* pròleg *m*, introducció *f*

Vorwurf *m* retret *m*, reprotxe *m*

Vorzeichen *n* presagi *m*, auguri *m*
vorzeigen *vt* mostrar, exhibir
vorzeitig 1. *adj* anticipat, -ada; **2.** *adv* prematurament
vorziehen *vt* preferir
Vorzug *m* 1. preferència *f*; 2. (*Vorteil*) avantatge *m*
vorzüglich *adj* excel·lent
Vorzugspreis *m* preu *m* de favor
vul'gär *adj* vulgar
Vul'kan *m* <~s; ~e> volcà *m*

W

Waage *f* 1. balança *f*; 2. *astrol* balança *f*; **~recht** *adj* horitzontal
wach *adj* despert, -a; **~e** *f* guàrdia *f*; **~en** *vi* 1. mantenir-se despert; 2. vigilar
Wachs *n* <~es; ~e> cera *f*; **~en** <*irr* 147, *sein*> 1. *vt* encerar; 2. *vi* créixer; **~tuch** *n* hule *m*; **~tum** *n* creixement *m*
Wachtel *f* <~; ~n> guatlla *f*
Wächter *m* vigilant *m*, guàrdia *m*
wackel/ig *adj* 1. vacil·lant; 2. (*Möbel*) coix, -a; **~n** *vi* balancejar
Waffe *f* arma *f*
Waffel *f* <~; ~n> *gastr* neula *f*
Waffenschein *m* llicència *f* d´armes
Wagen *m* <~s; ~> 1. cotxe *m*; 2. (*Pferde*) carro *m*, carruatge *m*
wagen *vt* atrevir-se (**zu** a), gosar
Wagenheber *m* auto gat *m*
Wagnis *n* risc *m*
Wahl *f* <~; ~en> elecció *f*

wähle/n *vt* 1. elegir; 2. (*abstimmen*) votar; **~r, -in** *m/f* elector, -a *m/f*; **~risch** *adj* difícil d´acontentar
Wahnsinn *m* <~¢s> bogeria *f*; **~*ig** *adj* dement, boig, boja
wahr *adj* veritable, vertader, -a
während 1. *prep* durant; **2.** *conj* mentre
Wahr/heit *f* veritat *f*; **~*nehmen** *vt* 1. percebre; 2. (*bemerken*) adonar-se, notar; **~*sagen** *vt* profetitzar; **~sager, -in** *m/f* endeví, -ina *m/f*
wahrscheinlich *adj* probable; **~*keit** *f* probabilitat *f*
Währung *f* 1. moneda *f*; 2. sistema *m* monetari
Wahrzeichen *n* símbol *m*, emblema *m*
Waise *f* <~; ~n> orfe *m*, òrfena *f*; **~nhaus** *n* asil *m* d´orfes
Wal *m* <~¢s; ~e> balena *f*
Wald *m* <~¢s; ~er> bosc *m*, selva *f*; **~brand** *m* incendi *m* forestal; **~*ig** *adj* boscós, -osa
Walnuss *f* nou *f*; **~baum** *m* noguera *f*
Wand *f* <~; ~e> 1. paret *f*; 2. (*Mauer*) mur *m*
Wandel *m* <~s> canvi *m*, mudança *f*; **~n 1.** *vt* canviar, transformar; **2.** *vi* caminar
Wander/ausstellung *f* exposició *f* ambulant; **~er** *m* caminant *m*, vianant *m*; **~n** <*sein*> *vi* 1. caminar; 2. fer excursions; 3. emigrar, migrar; **~ung** *f* 1. caminada *f*; 2. excursió *f* (a peu); **~zirkus** *m* circ *m* ambulant
Wand/gemälde *n* quadre *m* mural; **~kalender** *m* calendari *m* de paret;

~**karte** f mapa m de paret; ~**schirm** m mampara f; ~**schrank** m armari m de paret; ~**teppich** m tapís m; ~**uhr** f rellotge m de paret

Wange f galta f

wann adv quan?

Wanne f 1. quím cubeta f; 2. (Bad) banyera f

Ware f mercaderia f

warm adj <⸚er; ⸚st> 1. calent, -a; 2. (Klima) càlid, -a

Wärme f calor f; ~**n** vt/i escalfar

warn/en vt advertir, prevenir (**vor** contra); ~***signal** n senyal m de precaució; ~***streik** m vaga f d'avís; ~***ung** f advertiment m, avís m

Warte/liste f llista f d'espera; ~**n** vi esperar

Wärter, -in m/f guarda m/f

Warte/raum m sala f d'espera; ~**saal** m sala f d'espera; ~**zeit** f temps m d'espera; ~**zimmer** n cambra f d'espera

Wartung f 1. cura f; 2. tecn manteniment m

wa'rum adv per què?

Warze f berruga f

was interrog què?

Wasch/automat m rentadora f automàtica; ~***bar** adj rentable; ~**becken** n pica f de lavabo

Wäsche f 1. roba f (blanca); 2. (Waschen) rentada f, bugada f; ~**geschäft** n llenceria f

Wasch/en n <⸚s> 1. rentada f; 2. (Wäsche) bugada f; ~**en** <irr 148> vt/i rentar, fer la bugada; ~**küche** f safareig m; ~**lappen** m drap m per a rentar-se; ~**maschine** f rentadora f; ~**mittel** n detergent m; ~**pulver** n detergent m

Wasser n <⸚s; ~> aigua f; ~**bad** n bany maria; ~**ball** m esp waterpolo m; ~***dicht** adj impermeable; ~**eis** n sorbet m; ~**fall** m cascada f; ~**farbe** f pintura f aquarel·la; ~**flasche** f ampolla f d'aigua; ~**flugzeug** n hidroavió m; ~**glas** n 1. vas m (d'aigua); 2. quím silicat m de potassa; ~**hahn** m aixeta f

wässerig adj aiguós, -osa

Wasser/kraftwerk n central f hidroelèctrica; ~**krug** m gerra f (d'aigua); ~**kühlung** f refrigeració f (d'aigua); ~**leitung** f canonada f d'aigua; ~**mann** m astrol aquari m; ~**melone** f síndria f; ~**park** m parc m aquàtic; ~***scheu** adj hidròfob, -a; ~**ski** m esp esquí m aquàtic; ~**sport** m esport m aquàtic; ~**stoff** m hidrogen m; ~**verschmutzung** f contaminació f de l'aigua; ~**waage** f nivell m d'aigua; ~**zähler** m fís hidròmetre m

WC n vàter m

web/en <irr 149> 1. vt teixir; 2. vi moure's; ~***stuhl** m teler m

Wechsel m <⸚s; ~> canvi m; ~**geld** n tornes fpl, canvi m; ~***haft** adj inestable, canviant; ~**jahre** pl menopausa f; ~**kurs** m canvi m monetari; ~***n** vt canviar; ~**strom** m corrent m altern; ~**stube** f oficina f de canvi

wecke/n vt despertar; **~*r** m despertador m
wedeln vi agitar
weder ~ ... noch conj ni ... ni
Weg m <-¢s; -e> camí m; **~*** adv fora
wegen prep a causa de
weg/fahren <sein> vi partir, marxar; **~fallen** <sein> vi cessar; **~gehen** <sein> vi anar-se'n, marxar; **~lassen** vt ometre, suprimir; **~laufen** <sein> vi fugir (corrent); **~nehmen** vt prendre, agafar; **~räumen** vt treure del mig; **~rennen** <sein> vi sortir corrent; **~schicken** vt enviar, trametre
weg/schmeißen vt col·loq llençar, tirar; **~schütten** vt llençar, vessar; **~sehen** vi apartar la mirada; **~stellen** vt apartar, allunyar; **~*weiser** m placa f indicadora; **~*werf...** adj no retornable; **~werfen** vt llençar, tirar; **~wischen** vt esborrar; **~ziehen** <sein> 1. vt 1. retirar, treure; 2. apartar, allunyar; 2. vi mudar-se de casa
Wehen fpl dolors mpl de part; **in den ~ liegen** tenir contraccions
wehen vi bufar
weh/leidig adj gemegador, -a; **~mütig** adj malenconiós, -osa
Weib/chen n femella f; **~*lich** adj femení, -ina
weich adj bla, -na, tou, tova
Weide f pastura f; **~*n 1.** vt portar a pasturar; **2.** vi pasturar
weiger/n: sich ~n negar-se; **~*ung** f negativa f
Weiher m estany m

Weihnacht f Nadal m; **~en** n Nadal m; **~sabend** m nit f de Nadal; **~sbaum** m arbre m de Nadal; **~sfest** n festa f de Nadal; **~sgeschenk** n regal m de Nadal; **~slied** n nadala f; **~smann** m l´home m de Nadal; **~sstern** m bot flor f de Pasqua
Weih/rauch m encens m; **~wasser** n aigua f beneita
weil conj perquè
Weile f estona f
Wein m <-¢s; -e> vi m; **~bau** m viticultura f; **~berg** m vinya f; **~bergschnecke** f cargol m comú; **~brand** m brandi m
weinen vi plorar
Wein/essig m vinagre m (de vi); **~fass** n bóta f; **~flasche** f ampolla f de vi; **~glas** n copa f (de vi); **~karte** f carta f de vins; **~keller** m celler m; **~lese** f verema f; **~probe** f degustació f (de vins); **~schorle** f <-; -n> barreja f de vi amb aigua mineral; **~traube** f raïm m
Weis/e f 1. manera f; 2. mètode m; **~*e** adj savi, sàvia; **~e, -r** f/m savi m, sàvia f; **~heit** f 1. saviesa f; 2. saber m; **~heitszahn** m queixal m del seny
weiß adj blanc, -a; **~*bier** n cervesa f (de blat); **~*brot** n pa m (blanc); **~*kohl** m col f; **~wein** m vi m blanc
weit adj llunyà, -ana
weiter adv més lluny; **~fahren** vi prosseguir el viatge; **~führen** vt continuar, prosseguir; **~gehen** <sein> vi continuar, prosseguir; **~kommen**

Wetter

<*sein*> *vi* avançar, progressar; **~machen** *vt* continuar fent; **~*reise** *f* continuació *f* del viatge; **~reisen** <*sein*> *vi* continuar el viatge
weit/gehend *adj* 1. extens, -a; 2. considerable; **~sichtig** *adj* perspicaç
Weitsprung *m esp* salt *m* de longitud
Weizen *m* <-s> blat *m*; **~bier** *n* cervesa *f* de blat
welche *pron* quin, -a
welk *adj* pansit, -ida; **~en** <*sein*> *vi* pansir-se
Welle *f* ona *f*; **~ngang** *m* oneig *m*
Welt *f* <-; ~en> món *m*; **~all** *n* univers *m*; **~*bekannt** *adj* de fama mundial; **~*berühmt** *adj* de fama mundial; **~karte** *f* mapamundi *m*; **~krieg** *m* guerra *f* mundial; **~kugel** *f* bola *f* del món; **~*lich** *adj* del món; **~meister** *m* campió *m* del món; **~meisterschaft** *f* campionat *m* del món
Welt/raum *m* univers *m*; **~reise** *f* volta *f* al món; **~rekord** *m* rècord *m* mundial; **~sprache** *f* llengua *f* universal; **~stadt** *f* metròpoli *f*; **~*weit** *adj* universal
Wende *f* 1. volta *f*; 2. canvi *m*; **~kreis** *m* tròpic *m*; **~ltreppe** *f* escala *f* de cargol; **~n** <*irr* 151> 1. *vt* 1. girar, tombar, voltar; 2. usar; **2.** *vi* virar
wenig *adj* poc, -a; **~er** *comp* més poc; **~stens** *adv* almenys
wenn *conj* 1. (*Zeit*) quan; 2. (*Kondition*) si
wer *pron* qui?
Werb/ebüro *n* agència *f* de publicitat; **~efachmann** *m* tècnic *m* publicitari; **~efernsehen** *n* publicitat *f* televisiva; **~*en** <*irr* 152> **1.** *vt* 1. allistar; 2. *nav* enrolar; **2.** *vi* fer propaganda; **~espot** *m* <-s; ~s> espot *m* publicitari; **~ung** *f* publicitat *f*
werden <*irr* 153, *sein*> *vi* (*unmittelbar*) anar a
werfen <*irr* 154> *vt* 1. llençar; 2. tirar
Werft *f* <-; ~en> drassana *f*
Werk *n* <-¢s; ~e> 1. obra *f*; 2. treball *m*; **~statt** *f* taller *m*; **~tag** *m* dia *m* laborable; **~*tags** *adv* en els dies laborables; **~zeug** *n* eina *f*, utensili *m*
Wert *m* valor *m*; **~*** *adj* 1. mereixedor, -a; 2. (*Anrede*) benvolgut, -uda; **~*los** *adj* sense valor; **~papier** *n* valor *m*; **~sachen** *fpl* objectes *mpl* de valor; **~*schätzen** *vt* avaluar, apreciar; **~stoffe** *pl* residus *mpl* reciclables; **~stoffhof** *m* ecoparc *m*; **~*voll** *adj* valuós, -osa
Wesen *n* <-s> 1. ésser *m*; 2. (*Art*) natura *f*; 3. (*Kern*) essència *f*; **~*tlich** *adj* essencial, substancial
wes'halb *pron* per què?
Wespe *f* vespa *f*; **~nnest** *n* vesper *m*
wessen *pron* de qui?
Weste *f* armilla *f*
West/(en) *m* oest *m*; **~*lich** *adj* de l´oest
wes'wegen *pron* per què?
Wett/bewerb *m* <-¢s; ~e> 1. competició *f*; 2. concurs *m*, certamen *m*; **~e** *f* aposta *f*; **~*en** *vi* apostar
Wetter *n* <-s; ~> *meteo* temps *m*; **~bericht** *m* informe *m* meteorològic;

Wettkampf

~*fest adj impermeable; **~karte** f mapa m meteorològic; **~vorhersage** f pronòstic m del temps

Wett/kampf m 1. lluita f, combat m; 2. esp encontre m, competició f; **~'lauf** m carrera f, cursa f; **~rennen** n carrera f, cursa f; **~streit** m competició f

Whirlpool m <~s; ~s> jacuzzi m

wichtig adj important, considerable; **~*keit** f 1. importància f; 2. gravetat f

wickeln vt 1. cabdellar; 2. (Kind) bolcar

Widder m astrol àries m

wider prep contra; **~'legen** vt refutar, impugnar; **~lich** adj repugnant; **~rechtlich** adj il·legal; **~'rufen** vt revocar, anul·lar; **~'setzen: sich ~'setzen** oposar-se resistir-se; **~sinnig** adj 1. absurd, -a; 2. paradoxal; **~spenstig** adj 1. rebel; 2. desobedient; **~'sprechen** vi contradir; **~*spruch** m contradicció f; **~sprüchlich** adj contradictori, -òria; **~*stand** m oposició f; **~*wille** m aversió f, repugnància f; **~willig** adv a desgrat, de mala gana

widm/en vt dedicar, oferir; **~*ung** f dedicatòria f

wie 1. pron 1. com?; 2. quant?; **2.** conj com

wieder adv 1. una altra vegada; 2. de nou; **~*aufbau** m reconstrucció f; **~*aufbereitung** f reciclatge m; **~bekommen** vt recobrar, recuperar; **~*belebung** f reanimació f; **~bringen** vt retornar; **~erkennen** vt reconèixer; **~finden** vt retrobar; **~*gabe** f 1. reproducció f; 2. mús interpretació f; **~geben** vt 1. retornar, restituir; 2. ling traduir

wieder/'gutmachen vt reparar; **~*gutmachung** f 1. reparació f; 2. satisfacció f; **~'herstellen** vt restablir; **~'holen** vt repetir, reiterar; **~'holt** adj repetit, -ida; **~*holung** f repetició f; **~*kehr** f <~> tornada f, retorn m; **~kehren** <sein> vi tornar

wieder/kommen <sein> vi retornar; **~*sehen** n <~s> retrobada f; **~sehen** vt tornar a veure, reveure; **~*vereinigung** f reunificació f; **~*verwertung** f recuperació f, reciclatge m; **~*wahl** f reelecció f

Wiege f bressol m; **~*n** <irr 155> vt (Kind) gronxar

Wiese f prat m

wie'/so adv per què?; **~viel** pron quant(s)?

Wild n <~¢s> caça f

wild adj 1. salvatge; 2. silvestre; **~*leder** n camussa f; **~*nis** f desert m; **~*schwein** n senglar m; **~*westfilm** m pel·lícula f de l'Oest

Wille m <~ens; ~n> voluntat f

will'kommen adj benvingut, -uda

willkürlich adj 1. arbitrari, -ària; 2. capritxós, -osa

wimmeln vi formiguejar, pul·lular

Wind m <~¢s; ~e> vent m; **~beutel** m gastr bunyol m de nata

Windel f <~; ~n> bolquer m

wind/geschützt adj resguardat, -ada

del vent; **~ig** adj airós, -osa; **~*jacke** f anorac m
Windpocken fpl med varicel·la f
Windschutzscheibe f auto parabrisa m
Wind/stärke f força f del vent; **~stille** f calma f; **~stoß** m ràfega f, ratxa f; **~surfen** n esp windsurf m
Windung f 1. revolt m; 2. (Fluß) meandre m
Winkel m <-s; -> 1. angle m; 2. (Straße) cantonada f
Winter m hivern m
Winzer m vinyater m
winzig adj menut, -uda
wir pron nosaltres
Wirbel m <-s; -> 1. med vèrtebra f; 2. remoli m; **~säule** f columna f vertebral; **~sturm** m cicló m, tifó m
wirk/en 1. vt 1. obrar, operar; 2. produir; 2. vi 1. actuar, obrar; 2. influir; **~lich** adj 1. real; 2. veritable; **~*lichkeit** f realitat f; **~sam** adj eficaç, eficient; **~ung** f efecte m; **~ungslos** adj ineficaç, ineficient
wirr adj 1. confús, -usa; 2. (Haar) desordenat, -ada
Wirsing(kohl) m <-s> col f de cabdell
Wirt m <-¢s; -e> hostaler m; **~in** f hostalera f
Wirtschaft f economia f; **~er, -in** m/f administrador, -a m/f; **~lich** adj 1. econòmic, -a; 2. fig remunerable
Wirtshaus n hostal m
wischen vt fregar, netejar amb un drap; **~*lappen** m drap m, baieta f
Wissen n saber m, saviesa f; **~*** <irr 156> vt saber; **~schaft** f ciència f; **~schaftler, -in** m/f científic, -a m/f; **~*schaftlich** adj científic, -a; **~*swert** adj interessant
witter/n vt olorar, calar; **~*ung** f (Wetter) temps m
Witwe f vídua f
Witz m <-es; -e> 1. gràcia f; 2. acudit m; **~bold** m <-¢s; -e> bromista m; **~*ig** adj graciós, -osa
wo adv on?; **~'anders** adv en un altre lloc
Woche f setmana f; **~nende** n cap m de setmana; **~ntag** m dia m de la setmana; **~*ntags** adv entre setmana
wöchentlich 1. adj setmanal; 2. adv cada setmana
wo'/durch adv per on; **~für** adv per a què?; **~her** adv d'on?; **~hin** adv a on?
Wohl n 1. salut f; 2. benestar m; **~*** adv 1. bé; 2. prou; **~*befinden** n <-s> benestar m; **~*behalten** adj intacte, -a; **~stand** m benestar m; **~tat** f benefici m; **~*tätig** adj benèfic, -a; **~tätigkeit** f caritat f; **~*tuend** adj beneficiós, -osa; **~wollen** n <-s> benvolença f
Wohn/anlage f complex m residencial; **~*en** vi viure, habitar; **~*haft** adj domiciliat, -ada; **~*lich** adj confortable; **~mobil** n <-s; -e> autocaravana f; **~ort** m lloc m de residència; **~sitz** m jur domicili m; **~ung** f 1. casa f, pis m; 2. jur domicili m; **~viertel** n zona f residencial;

Wolf 254

~**wagen** m caravana f; ~**zimmer** n sala f d'estar

Wolf m <-¢s; ¨-e> llop m

Wolk/e f núvol m; ~**enbruch** m meteo ruixat m, pluja f torrencial; ~**enkratzer** m gratacels m; ~**enlos** adj sense núvols; ~**ig** adj nuvolós, -osa

Woll/decke f manta f de llana; ~**e** f llana f

wollen <irr 157> vt/i voler

Wolljacke f jaqueta f de llana

wo'mit pron amb què?

wo'möglich adv potser

Wonne f delícia f

wo'ran pron què?, en què?; ~**rauf** pron sobre què?; ~**raus** pron d'on?, de què?; ~**rin** pron on?, en què?

Workshop m taller m

Wort n <-es; ¨-er> paraula f

Wörterbuch n diccionari m

wörtlich adj literal, textual

wort/los adj silenciós, -osa; ~***schatz** m vocabulari m; ~***wechsel** m disputa f

wo/r'über pron sobre què?; ~**r'um** pron de què?; ~**'von** pron de què?; ~**'vor** pron (davant) de què?; ~**'zu** pron per què?

Wrack n <-¢s; -s> vaixell m naufragat

wringen <irr 158> vt retòrcer

Wucher m usura f; ~***n** vi multiplicar-se, propagar-se; ~**preis** m preu m exorbitant; ~**ung** f proliferació f

Wucht f <-; -en> empenta f, embranzida f; ~***ig** adj pesat, -ada, feixuc, -uga

wühlen vi furgar

wund adj (Füße) encetat, -ada; ~***e** f ferida f

Wunder n <-s; -> miracle m; ~***bar** adj 1. meravellós, -osa; 2. miraculós, -osa; ~***n 1.** vt estranyar, sorprendre; **2.** sich ~ meravellar-se, sorprendre's

Wundsalbe f pomada f

Wunsch m <-es; ¨-e> desig m

wünschen vt desitjar; ~**swert** adj desitjable

wunschgemäß adv conforme als desitjos

Würd/e f dignitat f; ~***ig** adj 1. digne, -a; 2. respectable; ~***igen** vt apreciar, considerar

Wurf m <-¢s; ¨-e> tret m, tir m

Würfel m <-s; -> 1. (Spiel) dau m; 2. mat cub m; 3. (Zücker) terròs m

würgen 1. vt ofegar, estrangular; **2.** vi ofegar-se, asfixiar-se

Wurm m <-¢s; ¨-er> 1. cuc m intestinal; 2. (Raupe) eruga f

Wurst f <-; ¨-e> 1. embotit m; 2. salsitxa f

Würstchen n <-s; -> salsitxa f

Würze f condiment m, espècia f

Wurzel f <-; -n> 1. bot arrel f; 2. ling radical m

würz/en vt adobar, condimentar; ~**ig** adj condimentat, -ada

wüst adj desert, -a, erm, -a, despoblat, -ada; ~***e** f desert m

Wut f <-> ira f, fúria f, ràbia f

wütend adj rabiós, -osa, furiós, -osa

X

x-beliebig *adj* qualsevol
x-mal *adv* x vegades
Xylo'phon *n* <~s; ~e> *mús* xilòfon *m*

Z

zaghaft *adj* tímid, -a
zäh *adj* resistent
Zahl *f* <~; ~en> 1. nombre *m*, número *m*; 2. (*Ziffer*) xifra *f*; **~*bar** *adj* abonable, pagable; **~en** *vt* pagar
zählen *vt* comptar
Zähler *m* 1. *mat* numerador *m*; 2. *electr* comptador *m*
Zahlung *f* pagament *m*
Zählung *f* enumeració *f*, recompte *m*
zahm *adj* 1. mans, -a; 2. dòcil
zähmen *vt* domar, domesticar
Zahn *m* <~¢s; ¨~e> dent *f*; **~arzt, -ärztin** *m/f* odontòleg, -òloga *m/f*, *col·loq* dentista *m/f*; **~arztpraxis** *f* consultori *m* dental; **~bürste** *f* raspall *m* de dents; **~ersatz** *m* dents *fpl* postisses; **~fleisch** *n* geniva *f*; **~pasta** *f* pasta *f* dentifrícia; **~radbahn** *f* ferroc cremallera *f*; **~schmerzen** *mpl* mal *m* de queixal; **~stein** *m* carrall *m*; **~stocher** *m* escuradents *m*; **~techniker** *m* fabricant *m* de pròtesis
Zander *m* <~s; ~> peix luciperca *m*
Zange *f* 1. alicates *fpl*; 2. estenalles *fpl*
Zäpfchen *n* campaneta *f*
Zapf/en *m* <~s; ~> tap *m*; **~en** *vt* treure, pouar; **~säule** *f* assortidor *m* de combustible
zart *adj* 1. tendre, -a; 2. delicat, -ada; **~gefühl** *n* delicadesa *f*, tacte *m*
zärtlich *adj* tendre, -a, afectuós, -osa; **~keit** *f* tendresa *f*
Zauber *m* 1. encant *m*; 2. encanteri *m*; **~ei** *f* 1. màgia *f*; 2. bruixeria *f*; **~er, -in** *m/f* encantador, -a *m/f*; **~haft** *adj* encantador, -a; **~n** *vt/i* 1. fer bruixeria; 2. encantar
zaudern *vi* vacil·lar
Zaum *m* <~¢s; ¨~e> 1. (*Pferde*) brida *f*; 2. fre *m*
Zaun *m* <~¢s; ¨~e> tanca *f*
Zebra *n* <~s; ~s> *zool* zebra *f*; **~streifen** *m* pas *m* de zebra
Zeche *f* 1. mina *f*; 2. compte *m*
Zehe *f* <~; ~n> dit *m* del peu; **~nspitzen** *fpl* (de) puntetes *fpl*
zehn *adj* deu; **~mal** *adv* deu vegades; **~tausend** *adj* deu mil; **~*tel** *n* dècim *m*
Zeichen *n* <~s; ~> 1. signe *m*; 2. símbol *m*; **~block** *m* bloc *m* de dibuix; **~papier** *n* paper *m* de dibuix; **~setzung** *f* *ling* puntuació *f*
zeichn/en *vt/i* dibuixar; **~er** *m* dibuixant *m*; **~*ung** *f* dibuix *m*
Zeige/finger *m* (dit) índex *m*; **~n** *vt* mostrar, ensenyar; **~r** *m* 1. agulla *f*; 2. (*Uhr*) maneta *f*
Zeile *f* 1. línia *f*; 2. (*Reihe*) filera *f*
Zeit *f* <~; ~en> temps *m*; **~*gemäß** *adj* d´actualitat; **~*genössisch** *adj* contemporani, -ània; **~*ig** *adv* de matí, d´hora; **~*lich** *adj* temporal;

Zeitschrift

~*los *adj* intemporal; **~punkt** *m* moment *m*, instant *m*; **~raum** *m* 1. lapse *m*; 2. període *m*

Zeit/schrift *f* revista *f*; **~ung** *f* diari *m*; **~ungskiosk** *m* quiosc *m* de periòdics; **~ungspapier** *n* paper *m* de diari; **~ungsstand** *m* quiosc *m* de periòdics; **~ungsverkäufer, -in** *m/f* venedor, -a *m/f* de diaris

Zeit/verlust *m* pèrdua *f* del temps; **~vertreib** *m* entreteniment *m*, passatemps *m*; **~*weilig** *adj* temporal; **~*weise** *adv* 1. de vegades; 2. de tant en tant

Zelle *f* 1. cel·la *f*; 2. cèl·lula *f*; 3. (*Telefon*) cabina *f*

Zellstoff *m* cel·lulosa *f*

Zellu*lose *f* cel·lulosa *f*

Zelt *n* <~¢s; ~en> tenda *f* de campanya; **~en** *n* acampada *f*, campament *m*; **~*en** *vi* acampar; **~lager** *n* càmping *m*; **~platz** *m* càmping *m*

Ze'ment *m* <~¢s; ~en> ciment *m*

Zens'ur *f* <~; ~en> censura *f*

Zentimeter *m* centímetre *m*

Zentner *m* quintar *m*

zen/'tral *adj* central; **~*tralheizung** *f* calefacció *f* central; **~*tralverriegelung** *f* tancament *m* centralitzat; **~*tre** *f* 1. central *f*; 2. (*Telefon*) centraleta *f*; **~*trum** *n* <~s; ~en> centre *m*

zer/'brechen <*irr* 16, *sein*> *vt* trencar, rompre; **~brechlich** *adj* fràgil

zer'fallen <*irr* 26, *sein*> *vi* descompondre's, desintegrar-se

zer/'kleinern *vt* 1. triturar, moldre; 2. *gastr* esquarterar; **~knittern** *vt* matxucar; **~kratzen** *vt* esgarrapar

zer/'legbar *adj* desmuntable; **~legen** *vt* 1. dividir (**in** en); 2. *quím* descompondre

zer'lumpt *adj* estripat, -ada

zer/'platzen <*sein*> *vi* esclatar, rebentar; **~quetschen** *vt* capolar, triturar; **~reißen** <*irr* 87, *sein*> *vt/i* trencar-se, rompre's

zerren *vt* 1. arrossegar; 2. *med* distendre

zerrissen *adj* desfet, -a

Zerrung *f* desordre *m*, desconcert *m*

zer/'schlagen <*irr* 103> *vt* 1. esclafar, aixafar; 2. destruir; 3. trossejar; **~'schneiden** <*irr* 108> *vt* 1. tallar; 2. esquarterar

zer'setzen *vt* 1. descompondre; 2. *quím* disgregar

zer'springen <*irr* 127, *sein*> *vt* esclatar, explotar

zer/'stören *vt* destruir, arrasar; **~*störung** *f* destrucció *f*

zer/'streuen *vt* escampar, espargir; **~*streutheit** *f* distracció *f*; **~*streuung** *f* distracció *f*

zer'teilen *vt* dividir, partir

Zertifikat *n* <~s; ~e> certificat *m*

zer/'treten <*irr* 141> *vt* trepitjar, petjar; **~trümmern** *vt* destrossar, destruir

Zer'würfnis *n* desavinença *f*, discòrdia *f*

Zettel *m* <~s; ~> 1. paperet *m*; 2. fitxa *f*

Zeug *n* <~¢s> 1. roba *f*, drap *m*; 2. estris *mpl*; 3. trastos *mpl*; 4. (*Sachen*) cosetes *fpl*

Zeug/e, -in m/f testimoni m/f; **~nis** n <~ses; ~se> 1. testimoniatge m; 2. certificat m; 3. diploma m

Zickzack m <~¢s; ~e> zig-zag m

Ziege f zool cabra f

Ziegel m <~s; ~> 1. (Dach-) teula f; 2. (Mauer-) maó m

zieh/en <irr 159> vt 1. estirar, tirar; 2. arrossegar; 3. remolcar; **~*harmonika** f acordió m

Ziehung f sorteig m

Ziel n <~¢s; ~e> 1. meta f; 2. destinació f; **~*en** vi apuntar; **~gerade** f esp recta f final; **~scheibe** f blanc m; **~strebig** adj perseverant, tenaç

ziemlich 1. adj convenient; 2. adv bastant, prou

zierlich adj gràcil, esvelt, -a

Ziffer f <~; ~n> xifra f; **~blatt** n esfera f d´un rellotge

Ziga/'rette f cigarret m; **~rettenetui** n estoig m per a cigarrets, petaca f; **~rettenpapier** n paper m de fumar; **~rettenschachtel** f paquet m de cigarrets; **~rettenspitze** f broquet m; **~rettenstummel** m punta f de cigarret

Zi'garre f cigar m, havà m

Zi'geuner, -in m/f gitano, -ana m/f

Zimmer n <~s; ~> habitació f

zimperlich adj hipersensible

Zimt m <~¢s; ~e> canyella f

Zink n <~¢s> zinc m

Zinn n <~es> estany m

Zins m <~es, ~en> banc interès m; **~fuß** m tipus m d´interès; **~satz** m tipus m d´interès

Zipfel m <~s; ~> extrem m, punta f

zirka adv aproximadament

Zirkel m <~s; ~> compàs m

Zirkus m <~; ~se> circ m

zischen vi xiular

Zis'terne f cisterna f, aljub m

Zita'delle f ciutadella f

Zi/'tat n <~¢s; ~e> citació f; **~*tieren** vt citar

Zi/'trone f llimona f; **~tronenbaum** m llimoner m; **~tronenlimonade** f gasosa f de llimona; **~tronenpresse** f espremedora f

zittern vi tremolar (vor de)

zi/'vil adj civil; **~*vilbevölkerung** f població f civil; **~*vildienst** m servei m civil

Zivilisa/ti'on f civilització f; **~t, -in** m/f paisà, -ana m/f

zögern vi 1. vacil·lar, titubejar; 2. trigar, tardar

Zoll m <~¢s; ~> 1. polzada f; 2. duana f; 3. (Straße) peatge m; **~abfertigung** f despatx m duaner; **~amt** n duana f; **~beamte, -r** f/m funcionari, -ària m/f de duana; **~*frei** adj exempt, -a de duana; **~gebiet** n territori m duaner; **~grenze** f frontera f duanera; **~kontrolle** f control m duaner

Zöllner m 1. duaner m; 2. bíbl publicà m

zollpflichtig adj subjecte a pagar drets de duana

Zollstock m metre m plegable

Zolltarif m aranzel m, tarifa f duanera

Zone f zona f

Zoo m <~s; ~s> parc m zoològic; **~lo'gie** f zoologia f; **~*logisch** adj zoològic, -a

Zopf m <~ɵs; ~e> trena f

Zorn m <~ɵs; ~e> ira f, ràbia f; **~*ig** adj furiós, -osa

zu prep a, cap a

Zubehör n <~ɵs; ~e> accessoris mpl

zubereit/en vt 1. preparar; 2. gastr adobar, condimentar; **~*ung** f preparació f

zub/inden <irr 10> vt 1. lligar; 2. (Augen) embenar; **~*ringerdienst** m transp servei m de línia

Zucchini pl carbassons mpl

züchte/n vt 1. criar; 2. bot conrear; **~*r** m 1. criador m; 2. conreador m

zucken vi bategar, palpitar

Zucker m sucre m; **~dose** f sucrera f; **~*krank** adj diabètic, -a; **~kranke, -r** f/m diabètic, -a m/f; **~krankheit** f med diabetis f; **~*n** vt ensucrar; **~rohr** n canya f dolça; **~rübe** f bleda-rave f sucrera

zud/ecken vt cobrir, tapar; **~rehen** vt (Hahn) tancar; **~ringlich** adj importú, -una; **~rücken** vt cloure, tancar

zueinander adv els uns als altres

zu'erst adv primerament, en primer lloc

Zufahrt f accés m, entrada f

Zu'fall m casualitat f; **~*fällig** adj casual

Zuflucht f refugi m, asil m

zu/'frieden adj content, -a (mit amb); **~*friedenheit** f acontentament m, satisfacció f

zufrieren <irr 35, sein> vi glaçar-se

zufügen vt afegir, agregar

Zufuhr f aprovisionament m

Zug m <~ɵs; ~e> tren m

Zugabe f 1. addició f, afegit m; 2. repetició f

Zugabteil n transp departament m

Zu/gang m accés m, entrada f; **~*gänglich** adj accessible

zugeben <irr 38> vt afegir, agregar

zugehen <irr 40, sein> vi anar, adreçar-se, dirigir-se

Zugehfrau f dona f de la neteja

Zügel m <~s; ~> brida f; **~*los** adj (Pferd) desbocat, -ada; **~*n** vt refrenar, moderar

Zuge/ständnis n concessió f; **~*stehen** <irr 130> vt concedir, atorgar

zügig 1. adj lleuger, -a; 2. adv sense interrupció

zu'gleich adv alhora, al mateix temps

Zugluft f corrent m d´aire

zu/greifen <irr 52> vi agafar; **~*griff** m 1. grapada f; 2. informàt accés m

zu'gunsten prep a favor de

Zug/verbindung f enllaç m de trens, correspondència f; **~verkehr** m trànsit m ferroviari

Zugvogel m ocell m de pas

Zuhälter m proxeneta m

Zu'hause n casa f, llar f

zuhöre/n vi escoltar; **~*r, -in** m/f oient m/f

zukleben vt enganxar

zuknöpfen vt cordar, botonar

Zu/kunft f <~> futur m; **~*künftig** adj futur, -a

Zulage f suplement m
zu/lassen <irr 67> vt 1. (*aufnehmen*) admetre; 2. (*gestatten*) permetre, acceptar; **~lässig** adj admissible; **~*lassung** f 1. admissió f; 2. consentiment m
zu'letzt adv finalment
zumachen vt tancar
zu'mindest adv almenys
zumut/en vt exigir; **~*ung** f exigència f
zu'nächst adv en primer lloc
Zunahme f 1. augment m; 2. increment m
Zuname m cognom m
zünd/en 1. vt encendre; **2.** vi encendre's; **~*holz** n cerilla f, llumí m; **~*kabel** n cable m d'encesa; **~*kerze** f auto bugia f; **~*schlüssel** m auto clau f de contacte; **~*ung** f auto encesa f
zunehmen <irr 81> vt/i augmentar; **~d** adj creixent
Zuneigung f simpatia f, voluntat f
Zunge f llengua f
zu/'rechtfinden <irr 29>: sich ~ orientar-se trobar el camí; **~rechtkommen** <irr 63, sein> vi entendre's; **~rechtmachen** vt amanir, preparar
zureden vi 1. mirar de persuadir; 2. encoratjar
zurichten vt 1. preparar; 2. (*Essen*) condimentar
zurück adv enrere, darrere; **~bekommen** <irr 63> vt recobrar, recuperar; **~bleiben** <irr 13, sein> vi endarrerir-se; **~bringen** <irr 18> vt tornar, restituir; **~erstatten** vt retornar, restituir; **~fahren** <irr 25, sein> vi regressar, tornar; **~führen** vt acompanyar; **~geben** <irr 38> vt tornar, restituir; **~gehen** <irr 40, sein> vi tornar-se'n, retrocedir

zurück/gezogen adj retirat, -ada; **~halten** <irr 54> vt/i contenir, detenir, retenir; **~haltend** adj reservat, -ada; **~*haltung** f discreció f, reserva f, retenció f; **~kehren** <sein> vi tornar, regressar; **~kommen** <irr 63, sein> vi tornar, regressar; **~lassen** <irr 67> vt abandonar, deixar enrere; **~legen** vt reservar
zurück/nehmen <irr 81> vt 1. tornar a prendre; 2. recollir; **~reisen** <sein> vi tornar, regressar; **~schicken** vt retornar; **~schlagen** <irr 103> vt rebutjar; **~stellen** vt 1. posar enrere; 2. (*Uhr*) retardar; **~treten** <irr 141, sein> vt 1. retrocedir, fer-se enrere; 2. dimitir; **~weisen** vt rebutjar; **~ziehen** vt retirar
zurzeit adv actualment, per ara
Zusage f 1. resposta f afirmativa; 2. promesa f; **~*n 1.** vt prometre; **2.** vi convenir
zu'sammen adv junts
Zusammen/arbeit f col·laboració f; **~*binden** <irr 10> vt entrelligar; **~*brechen** <irr 16, sein> vi desplomar-se, enrunar-se; **~bruch** m 1. enrunament m; 2. med col·lapse m; **~*fallen** <irr 26, sein> vi enrunar-se, caure; **~*falten** vt doblegar, plegar; **~*fassen** vt 1. ajuntar,

concentrar; 2. resumir, compendiar; ~*fassend adj resumit, -ida; ~*fassung f resum m; ~*fügen vt ajuntar

zusammen/gehören vi 1. fer joc; 2. anar junts; ~*hang m connexió f; ~hängend adj connex, -a; ~*klappbar adj plegable; ~klappen <sein> vt 1. doblegar, plegar; 2. (Buch) tancar; ~kommen <irr 63, sein> vi trobar-se, reunir-se; ~*kunft f <⁻; ⁻e> aplec m, reunió f; ~leben vi conviure

zusammen/nehmen <irr 81> vt ajuntar, reunir; ~passen vi anar bé, fer joc; ~rechnen vt sumar, fer comptes; ~schließen vt ajuntar, unir; ~setzen vt ajuntar, reunir; ~*setzung f 1. composició f; 2. mat combinació f; ~stellen vt posar junts, agrupar

Zusammen/stoß m 1. ensopegada f; 2. auto xoc m; ~*stoßen <irr 135, sein> vi xocar, topar; ~*stürzen <sein> vi 1. enfonsar-se; 2. ensorrar-se; ~*treffen <irr 139, sein> vi trobar-se; ~*zählen vt sumar; ~*ziehen vt retreure

Zu/satz m 1. afegiment m; 2. suplement m; ~satzbett n (Hotel) llit m supletori; ~*sätzlich adj suplementari, -ària

zuschaue/n vi estar mirant; ~*r, -in m/f espectador, -a m/f; ~*rraum m sala f d´espectadors

zuschicken vt enviar, trametre

Zuschlag m 1. recàrrec m; 2. transp suplement m; ~*en <irr 103> vt 1. tancar de cop; 2. (Auktion) adjudicar; ~*pflichtig adj subjecte, -a a pagar un suplement

zuschließen <irr 105> vt tancar amb clau

zuschneiden <irr 108> vt tallar (roba)

zu/schnüren vt cordar; ~schreiben <irr 109> vt atribuir, imputar; ~*schrift f carta f; ~*schuss m subvenció f, subsidi m; ~sehen <irr 116> vi estar mirant; ~sehends adv visiblement; ~senden <irr 118> vt enviar, trametre; ~setzen vt afegir, agregar; ~sichern vt assegurar, garantir; ~*sicherung f assegurança f; ~spitzen vt agutitzar

Zu/stand m estat m, situació f; ~*ständig adj competent; ~ständigkeit f competència f

zustehen <irr 130, sein> vi correspondre, incumbir

zustell/en vt 1. tancar, tapar; 2. cor-reu repartir; ~*ung f 1. tramesa f; 2. lliurament m; ~*ungsgebühr f despeses fpl de tramesa i repartiment

zustimm/en vi assentir, consentir, aprovar; ~*ung f aprovació f, consentiment m

zustoßen <irr 135, sein> vt (Tür) tancar d´un cop

Zustrom m afluència f

Zutat f ingredient m

zuteilen vt assignar, atribuir, adjudicar

Zutrau/en n confiança f; ~*lich adj confiat, -ada

zutreffen <irr 139> vi ser veritat; **~d** adj 1. just, -a; 2. encertat, -ada

Zutritt m accés m, entrada f

zuverlässig adj (Person) complidor, -a, seriós, -osa; **~*keit** f formalitat f, serietat f

Zuversicht f confiança f ferma; **~*lich** adj ple, -na de confiança

zu'viel adv massa

zu/'vor adv abans; **~vorkommen** <irr 63, sein> vi anticipar-se; **~vorkommend 1.** adj complaent; **2.** adv atentament

Zuwachs m <~es; ~̈e> 1. augment m; 2. increment m

zu'weilen adv de vegades

zuweisen vt 1. assenyalar; 2. atribuir

zuziehen <irr 159> vt 1. (Vorhang) córrer; 2. (Arzt) consultar

Zwang m <~es> constrenyiment m; **~slage** f situació f forçosa; **~*släufig** adj forçós, -osa

zwanzig adj vint

zwar adv en efecte, en veritat

Zweck m <~\#s; ~̈e> 1. finalitat f; 2. (Absicht) intenció f; **~los** adj inútil; **~mäßig** adj convenient; **~s** prep per tal de, a fi de

zwei adj dos, dues; **~*bettzimmer** n habitació f doble

zwei/deutig adj ambigu, -a; **~erlei** adv de dues classes; **~fach** adj doble

Zweifel m <~s; ~> dubte m; **~*haft** adj dubtós, -osa; **~*los** adj indubtable; **~*n** vi dubtar (**an** de); **~*sohne** adv indubtablement

Zweig m <~\#s; ~e> branca f, rama f

Zweigstelle f delegació f

zwei/hundert adj dos-cents; **~jährig** adj de dos anys; **~*kampf** m duel m; **~mal** adv dues vegades; **~seitig** adj 1. de dues cares; 2. pol bilateral; **~sprachig** adj bilingüe; **~stöckig** adj de dos pisos; **~stündig** adj de dues hores

zweit adv segon; **~ägig** adj de dos dies; **~eilig** adj de dues parts; **~ens** adv en segon lloc; **~rangig** adj de segona classe

Zwerg, -in m/f <~\#s; ~e> nan, -a m/f

Zwetsch(g)e f pruna f

Zwetschgenbaum m pruner, -a m/f

zwick/en vt pessigar; **~*mühle** f dilema m

Zwieback m <~\#s; ~̈e> bescuit m

Zwiebel f <~; ~n> ceba f; **~suppe** f sopa f de ceba

Zwilling m bessó, -ona m/f; **~e** pl astrol gèminis m, bessons mpl

zwingen <irr 160> vt constrènyer, obligar; **~d** adj obligatori, -òria

zwischen prep entre; **~*deck** n nav entrecoberta f; **~durch** adv entretant; **~*ergebnis** n resultat m provisional; **~*fall** m incident m; **~*händler** m intermediari m; **~landen** <sein> vi aero fer escala; **~*landung** f aero escala f; **~*lösung** f solució f provisional; **~*raum** m 1. espai m; 2. (Zeit) interval m; **~wand** f constr envà m; **~zeit** f interval m

zwölf adj dotze; **~*'fingerdarm** m med duodè m

Zyklus *m* <~; ~en> cicle *m*
Zyl/'inder *m* 1. cilindre *m*; 2. (*Hut*) barret *m* de copa (alta); **~linderkopf** *m* *auto* culata *f*
Zyni/ker, -in *m/f* cínic, -a *m/f*; **~*sch** *adj* cínic, -a; **~smus** *m* cinisme *m*

Zypern *n* Xipre
Zy'presse *f* xiprer *m*
Zypriot, -in *m/f* xipriota *m/f*; **~*isch** *adj* xipriota
Zytolo'gie *f biol* citologia *f*
Zyto'plasma *n biol* citoplasma *m*

DICCIONARIS POCKET HERDER

DICCIONARI POCKET

II
CATALÀ – ALEMANY

Vicent Álvarez

Herder

VORWORT

Das Pocketwörterbuch Herder bietet eine Auswahl des gebräuchlichsten Wortschatzes des Katalanischen und des Deutschen.

Natürlich kann ein Wörterbuch dieses Umfangs nur eine Auswahl aus dem ungeheuer reichen Wortschatz beider Sprachen bringen. Deshalb beruht sein Nutzen vor allem auf der richtigen Auswahl der Wörter und Wendungen.

Um die bestmögliche Auswahl zu gewährleisten, wurden zwei Kriterien berücksichtigt:

a) Es wurden sog. Grundwortschätze ausgewertet, die die häufigsten, auf statistischer Grundlage ermittelten Wörter der beiden Sprachen enthalten, darunter vom Europarat und vom Deutschen Volkshochschulverband für die Zertifikatsprüfungen verfasste Grundwortschatzsammlungen.

b) Es wurde besonderer Wert darauf gelegt, möglichst viel Wortschatz des Fremdenverkehrs zu bieten, der für Personen, die durch Länder katalanischer und deutscher Sprache reisen, nützlich ist.

Der Einführungsteil bietet ferner eine kurze und prägnante Einführung in die Aussprache und Grammatik beider Sprachen, einschließlich Konjugationsmuster und Verbtabellen.

Ein praktischer Sprachführer ergänzt das Wörterbuch und hilft dem Benutzer, sich auf Reisen in den häufigsten Alltagssituationen leicht zurechtzufinden.

VICENT ÁLVAREZ   HERDER EDITORIAL

I.
HINWEISE ZUM GEBRAUCH DES WÖRTERBUCHES

I.-1. Alphabetische Ordnung

Die Wörter sind in beiden Teilen des Wörterbuches alphabetisch geordnet.

I.-2. Gliederung der Stichwörter

Um Platz zu sparen, wurden semantisch ähnliche Wörter zu einem Block vereinigt, in dem auf das Hauptstichwort eine Reihe von Unterstichwörtern folgen. Das Hauptstichwort, die Unterstichwörter und alle Wörter und Wendungen der Ausgangssprache erscheinen **fett** gedruckt, die Entsprechungen in der Zielsprache in Grundschrift. Alle grammatikalischen und lexikographischen Erläuterungen erscheinen *kursiv*.

I.-3. Ziffern, Zeichen und Symbole

I.-3.1. Ziffern

Die Ziffern in fetter Schrift dienen zur Unterscheidung gleichlautender Wörter, die aber zu verschiedenen Wortarten gehören. Beispiel:

gallec, -ega 1. *adj* galicisch; **2.** *m/f* Galicier, -in *m/f*; **3.** *m ling* Galicisch *n*

Sie dienen ferner dazu, den transitiven und intransitiven Gebrauch von Verben zu unterscheiden. Beispiel:

continuar 1. *vt* fortsetzen, fortführen; **2.** *vi* andauern, weitergehen

Außerdem werden durch Ziffern in fetter Schrift gleichlautende Substantive unterschieden, die im Maskulinum und Femininum verschiedene Bedeutung haben. Beispiel:

llum 1. *f* Licht *n*; **2.** *m* Lampe *f*

I.-3.2. Zeichen und Symbole

- Das Symbol (~) ersetzt das Hauptstichwort oder den Teil davon, der vor dem Schrägstrich (/) steht. Beispiel:

    entrena/dor, -a *mf esp* Trainer, -in *m/f* ; **~r** *vt* trainieren

- Das Zeichen (~*) bedeutet die Wiederholung des Stichwortes oder des Teils des Stichwortes vor dem Schrägstrich mit jeweils verändertem Anfangsbuchstaben, also Großschreibung statt Kleinschreibung und umgekehrt. Beispiel:

    alemany, -a 1. *adj* deutsch; **2.** *m/f* Deutsche, -r *f/m*; **3.** *m ling* Deutsch *n*; **~*a** *f* Deutschland *n*

- Die Auslassungspunkte (...) hinter einem deutschen Wort oder Wortteil bedeuten, dass mit diesem zusammengesetzte Substantive gebildet werden können. Beispiel:

    Lieblings... *adj* preferit, -ida
    (per ex. **Lieblingsfarbe** = color *m* preferit)

I.-4. Behandlung einzelner Wortarten

I.-4.1. Substantive

Das grammatikalische Geschlecht aller Substantive wird durch Abkürzungen angegeben: *m* (Maskulinum), *f* (Femininum) und *n* (Neutrum). In den Pluralformen jeweils: *mpl, fpl, npl*.

Im deutsch-katalanischen Teil wird bei jedem deutschen Substantiv die Bildung des Genitivs und des Plurals angegeben, und zwar in spitzen Klammern (<...>). Beispiel:

Tag *m* <~∉s; ~e>
Nom.: *der Tag*; Gen. sing.: *des Tages*; Pl.: *die Tage*

I.-4.2. Adjektive

Bei den katalanischen Adjektiven wird stets auch die feminine Form angegeben. Beispiel:

descalç, -a *adj* barfuß, barfüßig

Unveränderliche Adjektive werden durch *inv* (invariable) gekennzeichnet. Beispiel:

taronja *adj inv* orange(farben)

Hat ein Adjektiv die gleiche Form im Maskulinum und Femininum, so wird dies durch die Markierung *m/f* angezeigt. Beispiel:

amable *adj m/f* freundlich, liebenswürdig, nett

I.-4.3. Verben

Unregelmäßige deutsche Verben werden (im deutsch-spanischen Teil) durch <irr> und eine Ziffer gekennzeichnet, die auf das alphabetische Verzeichnis der unregelmäßigen deutschen Verben verweist (mit Ausnahme der zusammengesetzten Verben und derjenigen, die zu bestimmten Klassen gehören). Beispiel:

treffen *vt* <irr139>

Ein Sonderfall sind deutsche Verben, die formal gleich sind, aber verschiedene Betonung und deshalb auch verschiedene Bedeutung haben. Diese Verben werden durch einen Akzent, der vor der betonten Silbe steht, unterschieden. Beispiel:

über/ziehen vt (Kleid) posar-se; **~'ziehen** vt/i cobrir, revestir

Bei allen deutschen und katalanischen Verben wird jeweils angegeben, ob sie transitiv, intransitiv oder unpersönlich sind, und zwar mit den Abkürzungen *vt*, *vi* und *v/impers*. Die reflexive Form erscheint bei den deutschen Verben als Infinitiv, vor dem **sich** steht. Beispiel:

duschen: sich ~ dutxar-se

Bei den katalanischen Verben erscheinen die reflexiven Formen als Infinitiv + **-se**. Beispiel:

recolzar 1. *vt* lehnen; **2.** *vi* 1. liegen; 2. *fig* beruhen; **~se** sich stützen

Die transitiven, intransitiven und unpersönlichen Verbformen werden durch fett gedruckte Ziffern getrennt. Beispiel:

disposar 1. *vt* (an)ordnen, herrichten; **2.** *vi* verfügen

In vielen Fällen wird die Konstruktion der Verben angegeben. Beispiel:

resultar *vt* sich ergeben (**de** aus), resultieren (**de** aus)

II
AUSSPRACHE DES KATALANISCHEN

II.-1. Das Alphabet

Im Katalanischen besteht das Alphabet aus sechsundzwanzig Buchstaben:

a, *b* (be o be alta), *c* (ce), *d* (de), *e*, *f* (efa), *g* (ge), *h* (hac), *i* (i o i llatina), *j* (jota), *k* (ca), *l* (ela), *m* (ema), *n* (ena), *o*, *p* (pe), *q* (cu), *r* (erra), *s* (essa), *t* (te), *u*, *v* (ve o ve baixa), *w* (ve doble), *x* (ics – xeix), *y* (i grega), *z* (zeta).

II.-2. Aussprache der Vokale

II.-2.1. Vokale

[a]   helles *a* wie z.B. *pa*
[ə]   Schwa wie z.B. *mare, pare*
[ɛ]   offenes *e* wie z.B. *gel*
[e]   geschlossenes *e* wie z.B. *fer*
[i]   geschlossenes *i* wie z.B. *vida*
[ɔ]   offenes *o* wie z.B. *sol*
[o]   geschlossenes *o* wie z.B. *ordinador*
[u]   geschlossenes *u* wie z.B. *llum*

II.-2.2. Halbvokale - Halbkonsonanten

[j] *i* als Halbvokal wie z.B. *avui*; als Halbkonsonant wie z.B. *noia*
[w] *u* als Halbvokal wie z.B. *bou*; als Halbkonsonant wie z.B. *llengua*

II.-2.3. Die Diphthonge

Das Katalanische kennt (wie das Deutsche) Verbindungen von Vokalen, die eine silbische Einheit bilden. Man unterscheidet zwischen «fallenden» und «steigenden» Diphthongen (diftongs creixents i decreixents).

Fallende Diphthonge:

ai	mai
ei	llei
oi	boira
ui	vuit
au	causa
eu	lleu
iu	riu
ou	bou
uu	duu

Steigende Diphthonge (nach *q* oder *g*):

ua	quadre
üe	eqüestre
üi	pingüí
uo	quota

II.-3. Aussprache der Konsonanten

[b]	stimmhafter bilabialer Verschlusslaut, z.B.: *Barcelona*
[β]	stimmhafter bilabialer Reibelaut, z.B.: *herba*
[d]	stimmhafter dentaler Verschlusslaut, z.B.: *dau*
[ð]	stimmhafter dentaler Reibelaut, z.B.: *duda*
[f]	stimmloser labiodentaler Reibelaut, z.B.: *fruta*
[g]	stimmhafter velarer Verschlusslaut, z.B.: *gat*
[ɣ]	stimmhafter velarer Reibelaut, z.B.: *combregar*
[k]	stimmloser velarer Verschlusslaut, z.B.: *casa*
[l]	velarisiertes *l*, z.B.: *sol*
[λ]	palataler Seitenlaut, z.B.: *llavi*
[m]	bilabialer Nasal, z.B.: *mar*
[n]	dentaler Nasal, z.B.: *nau*
[ɲ]	palataler Nasal, z.B.: *Catalunya*
[ŋ]	velarer Nasal, z.B.: *blanc*
[p]	stimmloser bilabialer Verschlusslaut, z.B.: *premi*
[ɾ]	einfach gerollter Zungenspitzenvibrant, z.B.: *mare*
[r]	doppelt gerollter Zungenspitzenvibrant, z.B.: *guerra*
[s]	stimmloser alveolarer Reibelaut, z.B.: *tassa*
[ʃ]	stimmloser palataler Reibelaut, z.B.: *punxa*
[t]	stimmloser dentaler Verschlusslaut, z.B.: *tarda*
[w]	z.B.: *watt*
[z]	stimmhafter alveolarer Reibelaut, z.B.: *cosa*
[ʒ]	stimmhafter palataler Reibelaut, z.B.: *jota, gerro*

II.-4. Die Betonung: Betonungsakzent und graphischer Akzent

Im Katalanischen lassen die Akzentuierungsregeln immer genau erkennen, wo die Betonung liegt, auch bei Wörtern, die keinen graphischen Akzent tragen.

II.-4.1. Terminologie

Im Katalanischen heißen *paraules agudes*: Wörter, die auf der letzten Silbe betont werden (Oxytona); *paraules planes*: Wörter, die auf der vorletzten Silbe betont werden (Paroxytona); und *paraules esdrúixoles*: Wörter, die auf der drittletzten Silbe betont werden (Proparoxytona).

Die betonte Silbe heißt *síl·laba tònica* und die unbetonte Silbe heißt *síl·laba àtona*.

II.-4.2. Graphische Akzente

Die akzentuierten Wörter können entweder einen Akut (´) oder einen Gravis (`) tragen: *l'accent agut* (´) wird auf *i*, *u* und auf geschlossenes *e* und *o* gesetzt, z.B.: *camí*, *comú*, *entés*, *regió*; *l'accent greu* (`) wird auf *a* und auf offenes *e* und *o* gesetzt, z.B.: *català*, *terratrèmol*, *mòdul*.

II.-4.3. Accent diacrític

Bei einer Reihe von Wörtern dient der graphische Akzent zur Unterscheidung von anderen, die gleich geschrieben sind, z.B.: *bé* (gut, wohl) – *be* (Lamm); *mòlt* (gemahlen) – *molt* (viel, sehr), *ús* (Gebrauch) – *us* (euch), etc.

III
EINFÜHRUNG IN DIE KATALANISCHE GRAMMATIK

III.-1. DER ARTIKEL

III.-1.1. Der bestimmte Artikel

bestimmter Artikel	*singular*	*plural*
m	el /l'	els
f	la/l'	les

Beispiele: *el noi, la taula, l'acord, l'onada, els arbres, les abelles*

Im Balearischen lautet der Artikel:

	singular	*plural*
m	es/so	es/sos
f	sa	ses

Beispiele: *so ganivet, es moix, sa taula, es plats, ses cadires*

III.-1.2. Der persönliche Artikel

Personennamen werden meist mit bestimmtem Artikel gebraucht. Beispiele: *el Josep, l'Antoni, la Maria, l'Andrea*. Es gibt auch den so gennanten *article personal* **en/ na/ n'**. Beispiele: *en Josep, na Constança, n'Enric, n'Antònia*

III.-1.3. Der unbestimmte Artikel

unbestimmter Artikel	*singular*	*plural*
m	un	uns
f	una	unes

III.-2. DAS SUBSTANTIV

Es gibt im Katalanischen zwei Geschlechter: Maskulinum und Femininum. Im Allgemeinen wird die weibliche Form durch Anhängen eines **a** an die männliche Form oder durch Umwandlung des auslautenden unbetonten **e, o, u** in **a** gebildet. Beispiele: *porter – portera, mestre – mestra, monjo – monja, europeu – europea*.

Für die Bildung des Plurals ist die Grundregel, dass ein **s** an die Form des Singulars angehängt wird. Beispiele: *l'ordinador – els ordinadors, l'home – els homes*. Die Endung *a* wird zu **es**. Beispiele: *la llengua – les llengües, la casa – les cases*.

III.-3. DIE KOMPARATION

Comparatiu de superioritat: *més + Adjektiv/Adverb (+ que)*
   Beispiel: *El mestre és més alt que l'alumne.*

Comparatiu d'inferioritat: *menys + Adjektiv/Adverb (+ que)*
   Beispiel: *El marit és menys alt que la dona.*

Superlatiu: wird mit *el, la, els, les més...* gebildet. Auch mit: *-íssim*
   Beispiel: *Aquest edifici és el més gran* (de tots).
   Aquest edifici és grandíssim (molt gran).

III.-4. DIE PRONOMEN

III.-4.1. Das Demonstrativpronomen

	masc sing	fem sing	masc pl	fem pl
1r grau	aquest (este)	aquesta (esta)	aquests (estos)	aquestes (estes)
2n grau	aqueix (eixe)	aquella (eixa)	aquells (eixos)	aquelles (eixes)
3r grau	aquell	aquella	aquells	aquelles

III.-4.2. Das Personalpronomen

Wie im Spanischen und Französischen gibt es auch im Katalanischen betonte und unbetonte Personalpronomen: *pronoms forts* bzw. *pronoms febles*.

III.-4.2.1. Die starken Personalpronomen

	singular	plural
1a pers	jo	nosaltres
2a pers	tu	vosaltres
3a pers	ell, ella, vostè	ells, elles, vostès

III.-4.2.2. Die schwachen Personalpronomen

Vier Gruppen von Formen:
  Die vollen Formen: *me, te, se, nos, vos, lo, la, li, los, les*
  Die reduzierten Formen: *'m, 't, 's, 'ns, 'l, 'ls*
  Die verstärkten Formen: *em, et, es, ens, us, el, la, els, les*
  Die Formen mit Elision: *m', t', s', l'*

III.-4.3. Das Adverbialpronomen

Das Katalanische hat zwei so genannte *pronoms adverbials* (*en* und *hi*), wie das Französische (*en* und *y*). Beispiel:

Tens diners? No, no en tinc.
Aniràs a València? Sí, hi aniré.

III.-4.4. Das Possessivpronomen

	masc sing	fem sing	masc pl	fem pl
1a pers	meu	meva/ meua	meus	meves/ meues
2a pers	teu	teva/ teua	teus	teves/ teues
3a pers	seu	seva/ seua	seus	seves/ seues
1a pers	nostre	nostra	nostres	nostres
2a pers	vostre	vostra	vostres	vostres
3a pers	seu// llur	seva/ seua// llur	seus// llurs	seves/ seues // llurs

Es gibt auch unbetonte Formen des Possessivpronomens:

	masc sing	*fem sing*	*masc pl*	*fem pl*
1a pers	mon	ma	mos	mes
2a pers	ton	ta	tos	tes
3a pers	son	sa	sos	ses

III.-4.5. Das Relativpronomen

Das unbetonte Relativpronomen *que* kann Subjekt oder Akkusativobjekt sein und sich auf Personen oder Sachen beziehen. Beispiel: *L'home que tens al costat és el meu pare.*

Die betonten Relativpronomen *qui* (für Personen) und *què* (für Sachen) werden nach einer Präposition gebraucht. Beispiele: *L'home amb qui parlaves és el meu pare.* / *Aquesta és la casa de què t'havia parlat.*

Es gibt auch zusammengesetzte Relativpronomen: *el qual, la qual, els quals, les quals; el qui, la qui, els qui, les qui; el que, la que, els que, les que,* etc.

III.-5. DAS VERB

III.-5.1. Regelmäßige Verben

Infinitiv auf **-ar**

Infinitiu **-ar**: *cantar*; gerundi **-ant**: *cantant*; participi passat **-at**: *cantat, -ada, -ats, -ades*

Indicatiu

Present	Imperfet	Perfet	Plusquamperfet
canto	cantava	he cantat	havia cantat
cantas	cantaves	has cantat	havies cantat
canta	cantava	ha cantat	havia cantat
cantem	cantàvem	hem cantat	havíem cantat
canteu	cantàveu	heu cantat	havíeu cantat
canten	cantaven	han cantat	havien cantat

Passat simple	Passat perifràstic	Futur
cantí	vaig cantar	cantaré
cantares	vas cantar	cantaràs
cantà	va cantar	cantarà
cantàrem	vam cantar	cantarem
cantàreu	vau cantar	cantareu
cantaren	van cantar	cantaran

Subjuntiu

Present	Imperfet	Perfet	Plusquamperfet
canti	cantés	hagi cantat	hagués cantat
cantis	cantessis	hagis cantat	haguessis cantat
canti	cantés	hagi cantat	hagués cantat
cantem	cantéssim	hàgim cantat	haguéssim cantat
canteu	cantéssiu	hàgiu cantat	haguéssiu cantat
cantin	cantessin	hagin cantat	haguessin cantat

Condicional	Imperatiu
cantaria	
cantaries	canta!
cantaria	
cantaríem	
cantaríeu	canteu!
cantarien	

VEU PASSIVA: Das Passiv wird analog zum Deutschen mit dem Hilfsverb *ésser* und dem Partizip Perfekt gebildet. Das Partizip stimmt dabei mit dem Subjekt in Geschlecht und Zahl überein.

Infinitiv auf **-er, -re**

Infinitiu **-er**: *perdre*; gerundi **-ent**: *perdent*; participi passat **-ut**: *perdut, -uda, -uts, -udes*

Indicatiu			
Present	Imperfet	Perfet	Plusquamperfet
perdo	perdia	he perdut	havia perdut
perds	perdies	has perdut	havies perdut
perd	perdia	ha perdut	havia perdut
perdem	perdíem	hem perdut	havíem perdut
perdeu	perdíeu	heu perdut	havíeu perdut
perden	perdien	han perdut	havien perdut

Passat simple	Passat perifràstic	Futur
perdí	vaig perdre	perdré
perderes	vas perdre	perdràs
perdé	va perdre	perdrà
perdérem	vam perdre	perdrem
perdéreu	vau perdre	perdreu
perderen	van perdre	perdran

Subjuntiu			
Present	Imperfet	Perfet	Plusquamperfet
perdi	perdés	hagi perdut	hagués perdut
perdis	perdessis	hagis perdut	haguessis perdut
perdi	perdés	hagi perdut	hagués perdut
perdem	perdéssim	hàgim perdut	haguéssim perdut
perdeu	perdéssiu	hàgiu perdut	haguéssiu perdut
perdin	perdessin	hagin perdut	haguessin perdut

Condicional	Imperatiu
perdria	
perdries	perd!
perdria	
perdríem	
perdríeu	perdeu!
perdrien	

Infinitiv auf **-ir**

Infinitiu **-ir**: *dormir*; gerundi **-int**: *dormint*; participi passat **-it**: *dormit, -ida, -its, -ides*

Indicatiu

Present	Imperfet	Perfet	Plusquamperfet
dormo	*dormia*	*he dormit*	*havia dormit*
dorms	*dormies*	*has dormit*	*havies dormit*
dorm	*dormia*	*ha dormit*	*havia dormit*
dormim	*dormíem*	*hem dormit*	*havíem dormit*
dormiu	*dormíeu*	*heu dormit*	*havíeu dormit*
dormen	*dormien*	*han dormit*	*havien dormit*

Passat simple	Passat perifràstic	Futur
dormí	*vaig dormir*	*dormiré*
dormires	*vas dormir*	*dormiràs*
dormí	*va dormir*	*dormirà*
dormírem	*vam dormir*	*dormirem*
dormíreu	*vau dormir*	*dormireu*
dormiren	*van dormir*	*dormiran*

Subjuntiu

Present	Imperfet	Perfet	Plusquamperfet
dormi	*dormís*	*hagi dormit*	*hagués dormit*
dormis	*dormissis*	*hagis dormit*	*haguessis dormit*
dormi	*dormís*	*hagi dormit*	*hagués dormit*
dormim	*dormíssim*	*hàgim dormit*	*haguéssim dormit*
dormiu	*dormíssiu*	*hàgiu dormit*	*haguéssiu dormit*
dormin	*dormissin*	*hagin dormit*	*haguessin dormit*

Condicional	Imperatiu
dormiria	
dormiries	dorm!
dormiria	
dormiríem	
dormiríeu	dormiu!
dormirien	

III.-5.2. Unregelmäßige Verben

ÉSSER / SER. Infinitiu: ésser / ser; gerundi: *essent / sent*; participi passat: *sigut, -uda, -uts, -udes*

Indicatiu			
Present	Imperfet	Passat simple	Futur
sóc	era	fui	seré
ets	eres	fores	seràs
és	era	fou	serà
som	érem	fórem	serem
sou	éreu	fóreu	sereu
son	eren	foren	seran

Subjuntiu		Condicional
Present	Imperfet	
sigui	fos	seria
siguis	fossis	series
sigui	fos	seria
siguem	fóssim	seríem
sigueu	fóssiu	seríeu
siguin	fossin	serien

ESTAR. Infinitiu: *estar*; gerundi: *estant*; participi passat: *estat, -ada, -ats, -ades*

Indicatiu			
Present	**Imperfet**	**Passat simple**	**Futur**
estic	*estava*	*estiguí*	*estaré*
estàs	*estaves*	*estigueres*	*estaràs*
està	*estava*	*estigué*	*estarà*
estem	*estàvem*	*estiguérem*	*estarem*
esteu	*estàveu*	*estiguéreu*	*estareu*
estan	*estaven*	*estigueren*	*estaran*

Subjuntiu		Condicional
Present	**Imperfet**	
estigui	*estigués*	*estaria*
estiguis	*estiguessis*	*estaries*
estigui	*estigués*	*estaria*
estiguem	*estiguéssim*	*estaríem*
estigueu	*estiguéssiu*	*estaríeu*
estiguin	*estiguessin*	*estarien*

Hilfsverben

HAVER. Infinitiu: *haver*; gerundi: *havent*; participi passat: *hagut, -uda, -uts, -udes*

Indicatiu			
Present	Imperfet	Passat simple	Futur
he	havia	haguí	hauré
has	havies	hagueres	hauràs
ha	havia	hagué	haurà
hem	havíem	haguérem	haurem
heu	havíeu	haguéreu	haureu
han	havien	hagueren	hauran

Subjuntiu		Condicional
Present	Imperfet	
hagi	hagués	hauria
hagis	haguessis	hauries
hagi	hagués	hauria
hàgim	haguéssim	hauríem
hàgiu	haguéssiu	hauríeu
hagin	haguessin	haurien

TENIR / TINDRE. Infinitiu: *tenir/tindre*; gerundi: *tenint*; participi passat: *tingut, -uda, -uts, -udes*

Indicatiu			
Present	**Imperfet**	**Passat simple**	**Futur**
tinc	*tenia*	*tinguí*	*tindré*
tens	*tenies*	*tingueres*	*tindràs*
té	*tenia*	*tingué*	*tindrà*
tenim	*teníem*	*tinguérem*	*tindrem*
teniu	*teníeu*	*tinguéreu*	*tindreu*
tenen	*tenien*	*tingueren*	*tindran*

Subjuntiu		Condicional
Present	**Imperfet**	
tingui	*tingués*	*tindria*
tinguis	*tinguessis*	*tindries*
tingui	*tingués*	*tindria*
tinguem	*tinguéssim*	*tindríem*
tingueu	*tinguéssiu*	*tindríeu*
tinguin	*tinguessin*	*tindrien*

ANAR. Infinitiu: *anar*; gerundi: *anant*; participi passat: *anat, -ada, -ats, -ades*

Indicatiu			
Present	**Imperfet**	**Passat simple**	**Futur**
vaig	*anava*	*aní*	*aniré*
vas	*anaves*	*anares*	*aniràs*
va	*anava*	*ané*	*anirà*
anem	*anàvem*	*anàrem*	*anirem*
aneu	*anàveu*	*anàreu*	*anireu*
van	*anaven*	*anaren*	*aniran*

Subjuntiu		Condicional
Present	**Imperfet**	
vagi	*anés*	*aniria*
vagis	*anessis*	*aniries*
vagi	*anés*	*aniria*
anem	*anéssim*	*aniríem*
aneu	*anéssiu*	*aniríeu*
vagin	*anessin*	*anirien*

FER. Infinitiu: *fer*; gerundi: *fent*; participi passat: *fet, feta, fets, fetes*

Indicatiu			
Present	**Imperfet**	**Passat simple**	**Futur**
faig	*feia*	*fiu*	*faré*
fas	*feies*	*feres*	*faràs*
fa	*feia*	*féu*	*farà*
fem	*fèiem*	*férem*	*farem*
feu	*fèieu*	*féreu*	*fareu*
fan	*feien*	*feren*	*faran*

Subjuntiu		Condicional
Present	**Imperfet**	
faci	*fes*	*faria*
facis	*fessis*	*faries*
faci	*fes*	*faria*
fem	*féssim*	*faríem*
feu	*féssiu*	*faríeu*
facin	*fessin*	*farien*

DIR. Infinitiu: *dir*; gerundi: *dient*; participi passat: *dit, dita, dits, dites*

Indicatiu			
Present	Imperfet	Passat simple	Futur
dic	*deia*	*diguí*	*diré*
dius	*deies*	*digueres*	*diràs*
diu	*deia*	*digué*	*dirà*
diem	*dèiem*	*diguérem*	*direm*
dieu	*dèieu*	*diguéreu*	*direu*
diuen	*deien*	*digueren*	*diran*

Subjuntiu		Condicional
Present	Imperfet	
digui	*digués*	*diria*
diguis	*diguessis*	*diries*
digui	*digués*	*diria*
diguem	*diguéssim*	*diríem*
digueu	*diguéssiu*	*diríeu*
diguin	*diguessin*	*dirien*

A

a 1. *prep* 1. (*lloc, direcció*) nach; **anar ~ França** nach Frankreich fahren; auf; **anar al camp** aufs Land gehen; zu; **anar ~ menjar** zum Essen gehen; in; **anar al cine** ins Kino gehen; an; **trucar ~ la porta** an der Tür klopfen; 2. (*temps*) um; **~ les cinc** um 5 Uhr; **~ mitjanit** um Mitternacht; **al migdia** mittags; 3. (*manera*) zu; **~ peu** zu Fuß; 4. (*mitjà*): **pintar ~ mà** handgemalt; **escriure ~ màquina** mit der Maschine schreiben; 5. (*preu*) um; **~ quin preu?** für wieviel?; zu; **~ dos euros el quilo** das Kilo zu 2 Euro; **2. a, A** *f* (*nom lletra*) a, A *n*
abacial *adj m/f* äbtlich, Abtei...
abad/essa *f català* Äbtissin *f*; **~ia** *f* Abtei *f*
aband/ó *m* Aufgabe *f*, Verzicht *m*; **~onar** *vt* verlassen; im Stich lassen, aufgeben; **~onat, -ada** *adj* 1. vernachlässigt; 2. einsam, verlassen
abans *adv* vorher, früher; **~ de** vor; **~ que** bevor, ehe
abarati/ment *m* Verbilligung *f*; **~r** *vt* verbilligen; **~r-se** sich verbilligen
abarrotar *vt* 1. verstauen; 2. *fig* voll stopfen (**de** mit)
abast *m* Tragweite *f*, Wirkungsbereich *m*; **~ador, -a 1.** *adj* greifbar; **2.** *m* Lieferant *m*; **~ament** *m* Versorgung *f*; **~ar 1.** *vi* reichen; **2.** *vt* herüberholen, versorgen
abat *m* Abt *m*; **~ible** *adj m/f* zusammenklappbar, Klapp...; **~re** *vt* 1. niederreißen; 2. (*arbre*) fällen; 3. (*avió*) abschießen
abdica/ció *f* 1. Abdankung *f*; 2. *fig* Verzicht *m*; **~r** *vt* 1. abdanken; 2. *fig* verzichten
abdom/en *m* Unterleib *m*, Abdomen *n*; **~inal** *adj m/f* Bauch..., abdominal
abduc/ció *f* 1. *jur* Entführung *f*; 2. *med* Abduktion *f*; **~tor, -a** *adj* Abzieh...
abecedari *m* Alphabet *n*
abella *f* Biene *f*
aberra/ció *f* Abweichung *f*; **~nt** *adj m/f* abweichend
abeura/dor *m* Tränke *f*; **~dora** *f* Vogeltränke *f*; **~r** *vt* tränken
abism/al *adj m/f* Abgrund...; **~e** *m* Abgrund *m*
ablatiu *m ling* Ablativ *m*
abnega/ció *f* Entsagung *f*, Selbstverleugnung *f*; **~t, -ada** *adj* opferbereit
aboca/dor *m* Mülldeponie *f*, Schuttabladeplatz *m*; **~r** *vt* eingießen, ausgießen
aboli/ció *f* Abschaffung *f*; **~cionisme** *m* Abolitionismus *m*; **~r** *vt* abschaffen
abomina/ble *adj m/f* abscheulich; **~r** *vt* verabscheuen
abona/ment *m* Gutschrift *f*; **~r** *vt* 1. zahlen; 2. *agric* düngen; 3. (*compte*) gutschreiben
aborda/ble *adj m/f fig* ansprechbar; **~r** *vt* 1. *nav* entern, rammen; 2. *fig* ansprechen; **~tge** *m nav* Entern *n*
aborigen 1. *adj m/f* eingeboren, einheimisch; **2.** *m/f* Eingeborene, -r *f/m*
abortiu, -iva *adj* 1. abtreibend, Abtrei-

bungs...; 2. zu früh geboren; 3. *biol* abortiv

abraça/da *f* Umarmung *f*; **~r** *vt* 1. (*persona*) umarmen; 2. *fig* umfassen; **~r-se** sich umarmen

abrasi/ó *f* 1. *geol* Abrasion *f*; 2. *med* Abschabung *f*; **~u, -iva** 1. *adj* Scheuer...; 2. *m* Schleifmittel *n*

abre/ujament *m* Abkürzen *n*; **~ujar** *vt* abkürzen, verkürzen; **~viatura** *f* Abkürzung *f*

abri/c *m* Mantel *m*; **~gar** *vt* schützen; **~gar-se** sich zudecken, sich warm anziehen

abril *m* April *m*

abrillantar *vt* polieren

abs/ència *f* Abwesenheit *f*; **~ent** *adj m/f* abwesend; **~entisme** *m* Absentismus *m*

absoldre *vt* 1. *jur* freisprechen (**de** von); 2. *relig* lossprechen

absolut, -a *adj* absolut, unumschränkt, völlig; **~ament** *adv* absolut, durchaus; **~isme** *m* Absolutismus *m*; **~ista** 1. *adj m/f* absolutistisch; 2. *m/f* Absolutist *m*

absor/bent *adj m/f* absorbierend, saugfähig; **~bir** *vt* aufsagen, absorbieren; **~ció** *f* 1. Aufsaugen *n*; 2. *fís* Absorption *f*

abst/emi, -èmia 1. *adj* abstinent, enthaltsam; 2. *m/f* Abstinenzler, -in *m/f*; **~enció** *f* (*vot*) Stimmenthaltung *f*; **~encionisme** *m* Wahlboykott *m*; **~encionista** *m* Befürworter *m* der Stimmenthaltung; **~inència** *f* 1. Enthaltsamkeit *f*, Abstinenz *f*; 2. (*eleccions*) Stimmenthaltung *f*

abstrac/ció *f* Abstraktion *f*; **~te, -a** *adj* abstrakt

absurd, -a 1. *adj* absurd, ungereimt, unsinnig, widersinnig; 2. *m* Unsinn *m*, Sinnlosigkeit *f*

abúli/a *f med* Abulie *f*; **~c, -a** *adj* willensschwach

abund/ància *f* Überfluss *m*, Fülle *f*; **~ant** *adj m/f* reichlich, reichhaltig; **~ar** *vi* reichlich vorhanden sein

ab/ús *m* Missbrauch *m*; **~usar** *vi* 1. (*usar malament*) missbrauchen; 2. (*aprofitar-se*) ausnutzen; **~usiu, -iva** *adj* missbräuchlich

acaba/ment *m* Beendigung *f*; **~r** 1. *vt* beenden, abschließen; 2. *vi* enden

acadèmi/a *f* 1. Akademie *f*; 2. Privatschule *f*; **~c, -a** 1. *adj* akademisch; 2. *m/f* Mitglied *n* einer Akademie

acampa/da *f* Zelten *n*, Campen *n*; **~r** *vi* 1. campen, kampieren, zelten; 2. *mil* lagern

acapara/ment *m* Aufkaufen *n*; **~r** *vt* aufkaufen, hamstern

acaramel·lar *vt* karamelisieren

acariciar *vt* liebkosen, streicheln

acatar *vt* anerkennen, achten, befolgen

accedir *vi* zustimmen, Zugang haben zu

accelera/ció *f* Beschleunigung *f*; **~dor** *m auto* Gaspedal *n*; **~r** 1. *vt* beschleunigen; 2. *vi* Gas geben; **~r-se** sich beschleunigen

accent *m* 1. *ling* Akzent *m*; 2. (*prosòdia*) Betonung *f*, Ton *m*; **~uació** *f*

ling (*prosòdica*) Betonung *f*; (*ortogràfica*) Akzentsetzung *f*; **~uar** *vt* 1. betonen, akzentuieren; 2. *fig* verstärken

accepció *f* Bedeutung *f*

accepta/ble *adj m/f* annehmbar; **~ció** *f* 1. (*aprovació*) Zustimmung *f*; 2. *jur* Annahme *f*; **~r** *vt* annehmen, akzeptieren

accés *m* 1. Zugang *m*; 2. *auto* Zufahrt *f*; 3. *informàt* Zugriff *m*; **~essible** *adj m/f* zugänglich; **~essori, -òria 1.** *adj* 1. Neben..., zugehörig; 2. *jur* akzessorisch; **2.** *m* Zubehörteil *n*

accident *m* 1. Unfall *m*; 2. *fig* Zufall *m*; **~al** *adj m/f* 1. unwesentlich; 2. zufällig; **~ar-se** verunglücken; **~at, -ada 1.** *adj* 1. verunglückt; 2. (*terreny*) uneben; **2.** *m/f* Verunglückte, -r *f/m*

acci/ó *f* Handlung *f*, Tat *f*; ♦ **entrar en ~ó** eingreifen, in Aktion treten; **~onar** *vt tecn* antreiben, betätigen; **~onista** *m/f* Aktionär, -in *m/f*

acer *m* Stahl *m*; **~ inoxidable** rostfreier Stahl *m*

acèrrim, -a *adj* erbittert

acet/at *m quím* Acetat *n*; **~ilè** *m quím* Acetylen *n*; **~ona** *f quím* Aceton *n*

àcid, -a 1. *adj* sauer; **2.** *m* Säure *f*

acidesa *f* Säure *f*

aclama/ció *f* 1. (*aplaudiment*) Beifall(s)ruf *m*; 2. *pol* Zuruf *m*, Akklamation *f*; **~r** *vt* j-m zujubeln

aclapara/dor, -a *adj* drückend; **~r** *vt* bedrücken

aclari/ment *m* Aufklärung *f*, Erläuterung *f*, Aufhellung *f*; **~r** *vt* 1. aufhellen; 2. aufklären

aclimata/ció *f* Akklimatisierung *f*; **~r** *vt* gewöhnen, akklimatisieren; **~r-se** sich eingewöhnen, sich akklimatisieren

ac/me *f* 1. *med* Akme *f*; 2. Höhepunkt *m*; **~ne** *f med* Akne *f*

acolli/ment *m* Aufnahme *f*, Empfang *m*; **~r** *vt* aufnehmen, empfangen

acolorir *vt* 1. färben, anmalen, ausmalen; 2. *fig* beschönigen, verschleiern

acomiada/ment *m* Verabschiedung *f*; **~r** *vt* 1. verabschieden; 2. entlassen, kündigen; **~r-se** sich verabschieden

acomoda/ble *adj m/f* anpassungsfähig; **~dor, -a** *m/f* Platzanweiser, -in *m/f*; **~ment** *m* Anpassung *f*; **~r** *vt* anpassen; **~r-se** sich anpassen

acompanya/da *f* Geleit *n*; **~ment** *m* 1. (*també a la música*) Begleitung *f*; 2. *gastr* Beilage *f*; **~nt 1.** *adj m/f* begleitend; **2.** *m/f* Begleiter, -in *m/f*; **~r** *vt* 1. *mús* begleiten; 2. (*companyia*) j-m Gesellschaft leisten; 3. (*documents*) beilegen

acomplexar *vt* j-m Komplexe verursachen; **~-se** Komplexe bekommen

acomp/lir *vt* 1. (*promesa*) erfüllen; 2. (*ordre*) ausführen; **~te** *m* Anzahlung *f*

aconseguir *vt* erlangen, erreichen, einholen

aconsella/ble *adj m/f* ratsam, empfehlenswert; **~r** *vt* beraten, empfehlen, j-m raten

acord *m* Vereinbarung *f*, Beschluss *m*, Abkommen *n*, Übereinstimmung *f*; **~ar** *vt* 1. vereinbaren; 2. beschließen; **~ar-se** übereinstimmen, zusammenpassen

acordi/ó *m* Akkordeon *n*, Ziehharmonika *f*; **~onista** *m/f* Akkordeonist, -in *m/f*

acorralar *vt* 1. einpferchen; 2. *fig* in die Enge treiben

acosta/ment *m* Annäherung *f*; **~r** *vt* heranbringen; **~r-se** sich nähern

acostumar 1. *vt* gewöhnen; 2. *vi* pflegen; **~-se** sich gewöhnen (a an)

acotació *f* 1. Randbemerkung *f*; 2. *teat* Bühnenanweisung *f*

acovardir *vt* einschüchtern, ängstigen; **~-se** den Mut verlieren

acreditar *vt* 1. akkreditieren; 2. bestätigen

acrílic, -a *adj* Akryl...

acr/obàcia *f* Akrobatik *f*; **~òbata** *m/f* Akrobat, -in *m/f*; **~obàtic, -a** *adj* akrobatisch

acrònim *m* Akronym *n*, Initialwort *n*

acròpolis *f* Akropolis *f*

acta *f* 1. (*reunió*) Protokoll *n*; **~ d'una sessió** Sitzungsbericht *m*; 2. (*certificat*) Urkunde *f*; 3. *jur* Akte *f*, Akt *m*; **~ notarial** notarielle Urkunde *f*; ♦ **alçar ~** beurkunden, zu Protokoll nehmen; **fer constar en ~** aktenkundig machen, protokollieren

act/e *m* 1. Tat *f*, Handlung *f*; **~e reflex** Reflexhandlung *f*; **~e seguit** anschließend, gleich danach; **~e sexual** Geschlechtsakt *m*; 2. Festakt *m*; **~e de clausura** Schlussfeier *f*; **~e inaugural** Eröffnungsfeier *f*; **~e oficial** Amtshandlung *f*; 3. *teat* Akt *m*, Aufzug *m*; ♦ **a l'~e** auf der Stelle, unverzüglich; **fer ~e de presència** erscheinen, auftauchen; **~itud** *f* 1. Haltung *f*, Stellung *f*; 2. *fig* Benehmen *n*, Verhalten *n*

acti/u, -iva 1. *adj* aktiv, tätig; 2. *m com* Aktiva *pl*; **~var** *vt* 1. beleben; 2. *fis* beschleunigen; 3. *quím* aktivieren; **~visme** *m* Aktivismus *m*; **~vista** *m* Aktivist *m*; **~vitat** *f* Tätigkeit *f*, Aktivität *f*, Betriebsamkeit *f*

actor, -triu *m/f teat* Schauspieler, -in *m/f*; **~ de cine** Filmschauspieler, -in *m/f*; **~ secundari, -ària** Nebendarsteller, -in *m/f*

actuació *f* 1. (*activitat*) Tätigkeit *f*, Wirken *n*; 2. *mús* Auftritt *m*

actual *adj m/f* aktuell, gegenwärtig; **~itat** *f* 1. (*present*) Gegenwart *f*; **en l'~itat** zurzeit, gegenwärtig, heutzutage; 2. Aktualität *f*; **d'~itat** aktuell; **~itzar** *vt* aktualisieren

actuar *vi* 1. handeln, wirken; 2. *teat* agieren, auftreten, spielen

acudir *vi* herbeieilen, sich einfinden, sich einstellen; **~t** *m* Witz *m*

acultura/ció *f sociol* Akkulturation *f*; **~r** *vt sociol* akkulturieren

acumula/ció *f* 1. Anhäufung *f*; 2. Sammlung *f*; **~r** *vt* anhäufen, ansammeln; **~r-se** sich anhäufen, sich ansammeln

acupunt/or, -a *m/f* Akupunkteur, -in *m/f*; **~ura** *f med* Akupunktur *f*

acusa/ció f 1. (*inculpació*) Beschuldigung f; 2. jur Anklage f; **~r** vt 1. jur anklagen; 2. (*comptes*) ausweisen; **~t, -ada** 1. adj fig ausgeprägt; 2. m/f Angeklagte, -r m/f

acusatiu m ling Akkusativ m

acústic, -a adj akustisch; **~a** f Akustik f

adagi m Spruch m; **~o** m mús Adagio n

adapta/bilitat f Anpassungsfähigkeit f; **~ble** adj m/f anpassungsfähig; **~ció** f 1. Anpassung f; 2. mús Bearbeitung f; **~dor** m tecn Adapter m; **~r** vt 1. anpassen; 2. mús bearbeiten

addic/ió f 1. Zusatz m; 2. mat Addition f; **~te, -a** 1. adj 1. ergeben, zugetan; 2. süchtig; **~te a les drogues** drogensüchtig; 2. m/f Süchtige, -r f/m

addit/ament m Zusatz m; **~iu, -iva** 1. adj zusätzlich; 2. m quím Zusatzstoff m

adepte, -a 1. adj eingeweiht; 2. m/f 1. Anhänger, -in m/f; 2. Eingeweihte, -r f/m

adequa/ció f Anpassung f; **~r** vt angleichen, anpassen; **~r-se** sich angleichen, sich anpassen

adéu interj auf Wiedersehen!, tschüss!; **~-siau** interj auf Wiedersehen!, tschüss!

adhe/rència f Anhaften n; **~rir** vt 1. aufkleben (**a** auf), ankleben; 2. vi (an)haften (**a** an); **~rir-se** 1. kleben, haften; 2. (*a una opinió*) zustimmen; **~siu, -iva** 1. adj klebend, haftend; 2. m 1. (*substància*) Klebstoff m; 2. Aufkleber m

adi/ció f Annahme f; **~ent** adj m/f angebracht, angemessen, passend

adjecti/u, -iva 1. adj adjektivisch; 2. m Adjektiv n, Eigenschaftswort n; **~vació** f ling Adjektivierung f; **~val** adj m/f ling adjektivisch; **~var** vt ling adjektivieren

adjudica/ció f 1. Zuteilung f, Vergabe f; 2. (*subhasta*) Zuschlag m; **~r** vt zuerkennen, zuteilen

admetre vt 1. zulassen, dulden; 2. aufnehmen

administra/ble adj m/f verwaltbar; **~ció** f Verwaltung f; **~dor, -a** 1. adj Verwaltungs...; 2. m/f Verwalter m; **~r** vt verwalten; **~tiu, -iva** 1. adj Verwaltungs...; 2. m/f Verwaltungsangestellte, -r f/m

admira/ble adj m/f bewundernswert; **~ció** f 1. Bewunderung f; 2. Verwunderung f; **~r** vt 1. bewundern; 2. verwundern

admissi/ble adj m/f zulässig; **~ó** f 1. Zulassung f; 2. Aufnahme f

adob m 1. agric Dünger m; 2. gastr Marinade f; **~ar** vt 1. agric düngen; 2. herrichten, ausbessern; 3. gerben; 4. gastr marinieren

adoctrinar vt belehren, unterweisen

adolesc/ència f Jugend f; **~ent** m/f Jugendliche, -r f/m

adolori/r vt schmerzen; **~r-se** schmerzhaft werden; **~t, -ida** adj schmerzend

adonar-se etwas (be)merken (**de**)

adopció

adop/ció f Adoption f, Annahme f; **~tar** vt 1. annehmen; 2. adoptieren

adora/ble adj bezaubernd, entzückend; **~ció** f Verehrung f, Anbetung f; **~r** vt 1. verehren, anbeten; 2. vergöttern

adormir vt einschläfern

adorn t. adornament f Schmuck m, Verzierung f; **~ar** vt (aus)schmücken, (ver)zieren

adossar vt 1. anlehnen; 2. anbauen

adqui/rir vt 1. erwerben, ankaufen; 2. fig gewinnen, erlangen; **~sició** f Erwerb m

adreça f Adresse f, Anschrift f; **~r** vt 1. gerade machen, gerade biegen, gerade richten; 2. (la paraula) adressieren, richten (a an); **~r-se** sich wenden (a an)

adrenalina f Adrenalin n

adscri/pció f Zuschreibung f; **~ure** vt zuschreiben

adula/ció f Schmeichelei f; **~r** vt schmeicheln

adult, -a 1. adj 1. (persona) erwachsen; 2. (animal) ausgewachsen; 2. m/f Erwachsene, -r f/m

ad/últer, -a 1. adj ehebrecherisch; 2. m/f Ehebrecher, -in m/f; **~ulteració** f Verfälschung f; **~ulterar** vt verfälschen

adven/iment m lit Ankunft f; **~t** m Advent m

adverbi m Adverb n, Umstandswort n; **~al** adj m/f ling adverbial

adversari, -ària m/f Gegner, -in m/f, Widersacher, -in m/f

advert/ència f Warnung f, Mahnung f; **~iment** m Hinweis m, Benachrichtigung f; **~ir** vt 1. auf etwas hinweisen; 2. bemerken, wahrnehmen

advoca/cia f (Rechts)Anwaltschaft f; **~ció** f Fürsprache f; **~t, -ada** m/f (Rechts)Anwalt m, (Rechts)Anwältin f

aeri, aèria adj Luft...

aeròbic, -a 1. adj Aerobier...; 2. m Aerobic n

aerodinàmic, -a 1. adj aerodynamisch; 2. f Aerodynamik f

aeròdrom m Flugplatz m

aeromodelisme m Modellflugzeugbau m

aeron/au f Luftfahrzeug n; **~auta** m/f Luftschiffer, -in m/f; **~àutica** f Luftfahrt(kunde) f, Aeronautik f

aeroport m Flughafen m

aerosol m quím Aerosol n

aerostàtica f fís Aerostatik f

afab/ilitat f Freundlichkeit f; **~le** adj m/f freundlich, leutselig, umgänglich

afaita/r vt rasieren; **~r-se** sich rasieren; **~t** m Rasur f

afalagar vt umschmeicheln

afama/r vt aushungern, hungern lassen; **~t, -ada** adj hungrig

afany m Anstrengung f, Mühe f; **~ar-se** sich beeilen

afàsia f med Aphasie f

afavorir vt begünstigen

afebli/ment m Abschwächung f; **~r** vt (ab)schwächen, entkräften; **~r-se** schwach werden, ermatten

afec/ció f 1. Zuneigung f; 2. med Leiden n; **~tar** vt beeinflussen, einwirken (**a** auf); **~te** m Zuneigung f; **~tuós, -osa** adj herzlich, zärtlich

afegi/ment m Hinzufügung f; **~r** vt hinzufügen

afeixugar vt belasten, beschweren

afer m Angelegenheit f; **~s estrangers** auswärtige Angelegenheiten fpl

afèresi f ling Aphärese f

afgan/ès, -esa 1. adj afghanisch; **2.** m/f Afghane, -in m/f; **~*istan** m Afghanistan n

afici/ó f Hobby n, Liebhaberei f; **~onat, -ada** adj 1. zugetan; 2. begeistert (**a** von)

afilia/ció f 1. Beitritt m; 2. Mitgliedschaft f; **~r** vt 1. aufnehmen (**a** in); 2. angliedern

afina/ció f 1. Verfeinerung f; 2. mús Stimmen n; **~r** vt 1. verfeinern; 2. mús stimmen; 3. veredeln

afirma/ció f 1. Bejahung f; 2. Behauptung f; **~r** vt 1. bejahen; 2. behaupten; **~tiu, -iva** adj bejahend

afli/cció f Betrübnis f, Kummer m; **~gir** vt betrüben; **~gir-se** betrübt sein (**per** über), sich grämen (**per** über)

aflu/ència f Zustrom m; **~ent** m Nebenfluss m, Zufluss m

afluixar 1. vt lockern; **2.** vi nachgeben

af/onia f Stimmlosigkeit f, Heiserkeit f; **~ònic, -a** adj aphonisch, stimmlos

afores mpl Umgebung f, Umgegend f

afor/isme m Aphorismus m, Sinnspruch m; **~ístic, -a** adj aphoristisch

afortunat, -ada adj erfolgreich, glücklich

Àfrica f Afrika n

africà, -ana 1. adj afrikanisch; **2.** m/f Afrikaner, -in m/f

afrodisíac, -a 1. adj aphrodisisch; **2.** m Aphrodisiakum n

afronta/ment m Konfrontation f; **~r** vt trotzen; **~r un problema** ein Problem in Angriff nehmen

afruitat, -ada adj fruchtig

afusella/ment m Erschießung f; **~r** vt erschießen

agafar vt 1. fest halten, anfassen; 2. transp nehmen, benutzen

agave f bot Agave f

ag/ència f Agentur f; **~enciar** vt besorgen, erledigen

agen/da f Terminkalender m; **~t** m/f Agent, -in m/f, Vertreter, -in m/f; **~t immobiliari** Makler, -in m/f

agenollar-se (nieder)knien

agermanament m Verbrüderung f

àgil adj m/f flink, gewandt

agi/litar vt fig erleichtern; **~litat** f Geschmeidigkeit f; **~tació** f 1. Schütteln n; 2. Unruhe f, Agitation f; **~tar** vt schütteln

aglomera/ció f Anhäufung f; **~r** vt 1. anhäufen; 2. sammeln

aglutina/ció f 1. (unió) Verbindung f; 2. med Agglutination f; **~r** vt binden, verkleben

agn/òsia f med Agnosie f; **~òstic, -a** adj agnostizistisch; **~osticisme** m Agnostizismus m

agoni/a f 1. Todeskampf m, Agonie f;

agosarat

2. Kummer *m*, Schmerz *m*; **~tzant 1.** *adj m/f* sterbend; **2.** *m/f* Sterbende, -r *f/m*; **~tzar** *vi fig* zu Ende gehen, erlöschen
agosarat, -ada *adj* kühn, verwegen
agost *m* August *m*
agracia/r *vt* begnadigen; **~t, -ada** *adj* anmutig, graziös
agrada/ble *adj m/f* 1. (*lloc*) angenehm, gemütlich; 2. (*persona*) freundlich, nett; **~r** *vi* gefallen; **~r-se** sich verlieben
agra/ïment *m* Dankbarkeit *f*, Dank *m* (per für); **~ir** *vt* danken; **~ït, -ïda** *adj* dankbar
agrari, -ària *adj* Agrar...
agre, -a *adj* sauer; **~dolç, -a** *adj* süßsauer
agredir *vt* angreifen
agrega/ció *f* Hinzufügung *f*; **~r** *vt* hinzufügen; **~r-se** sich anschließen
agress/ió *f* Angriff *m*; **~iu, -iva** *adj* aggressiv; **~ivitat** *f* Aggressivität *f*; **~or, -a** *m/f* Angreifer *m*
agrest, -a *adj* 1. ländlich; 2. *bot* wild
agreuja/ment *m* Verschärfung *f*; 2. *med* Verschlimmerung *f*; **~r** *vt* 1. verschärfen; 2. (*malaltia*) verschlimmern
agr/ícola *adj m/f* landwirtschaftlich, Agrar...; **~icultor, -a** *m/f* Landwirt, -in *m/f*; **~icultura** *f* Landwirtschaft *f*, Ackerbau *m*
agrimensor, -a *m/f* Feldmesser *m*
agrònom *m* Agronom *m*
agro/nomia *f* Agronomie *f*, Landwirtschaftswissenschaft *f*; **~nòmic, -a**

adj agronomisch; **~pecuari, -ària** *adj* Viehzucht...
agror *f* 1. Säure *f*; 2. *fig* Bitterkeit *f*
agrupa/ció *f* 1. Gruppierung *f*; 2. Verband *m*; **~ment** *m* Gruppierung *f*, Zusammenschluss *m*; **~r** *vt* gruppieren; **~r-se** sich gruppieren
agua/it *m* Lauer *f*; **~itar** *vt* lauern (a auf); **~nt** *m* 1. Tragfähigkeit *f*; 2. *fig* Ausdauer *f*; **~ntar** *vt* 1. halten; 2. ertragen
àguila *f* Adler *m*
agulla *f* 1. Nadel *f*; **~ de cap** Stecknadel *f*; **~ del rellotge** Zeiger *m*; 2. (*de xeringa*) Kanüle *f*
agut, -uda *adj* 1. spitz; 2. (*persona*) scharfsinnig; 3. (*dolor*) stechend; 4. (*so*) hoch
ah *interj* ach!, ah!, oh!
ahir *adv* gestern
ai *interj* au!, autsch!
aig/o *f bal* Wasser *n*; **~ua** *f* Wasser *n*; **~ua de Colònia** Kölnisch Wasser *n*; **~ua potable** Trinkwasser *n*; ♦ **clar com l'~ua** sonnenklar; **fer ~ua** scheitern; **~uamoll** *m* Moor *n*, Feuchtbiotop *n*; **~uaneu** *f* Schneeregen *m*; **~uardent** *m* Schnaps *m*, Branntwein *m*; **~uarràs** *m* Terpentin *n*; **~uat** *m* Wolkenbruch *m*, Unwetter *n*; **~üera** *f* Spülbecken *n*; **~uós, -osa** *adj* 1. wäss(e)rig; 2. (*fruita*) saftig
aïlla/ble *adj m/f* isolierbar; **~cionisme** *m* Isolationismus *m*; **~ment** *m* 1. Vereinzelung *f*; 2. *tecn* Isolation *f*; **~nt 1.** *adj m/f* isolierend, Isolier...;

2. *m* Isolator *m*; **~r** *vt* absondern, isolieren

aire *m* 1. Luft *f*; **~ condicionat** Klimaanlage *f*; 2. (*vent*) Wind *m*; 3. (*aspecte*) Aussehen *n*; **~jar** *vt* (be)lüften

aixada *f* Hacke *f*

aixeca/ment *f* Erhebung *f*; **~r** *vt* erheben; **~r-se** 1. (*del llit*) aufstehen (**de** aus); 2. *pol fig* sich erheben (**contra** gegen); 3. (*vent*) aufkommen; 4. (*teló*) aufgehen

aixe/lla *f* Achsel *f*; **~ta** *f* Wasserhahn *m*

aix/í *adv* so; **~ò** *pron* dies(es), das (hier), es; **~ò mateix** genau das!; ♦ **és per ~ò que** darum, deshalb

aixovar *m* 1. Aussteuer *f*, Ausstattung *f*; 2. *jur* Mitgift *f*

ajeure *vt* hinlegen

ajocament *m* Schlafengehen *n*

ajorna/ment *m* Vertagung *f*; **~r** *vt* aufschieben, vertagen

ajuda *f* Hilfe, Unterstützung *f*, Beistand *m*; **~nt** 1. *adj m/f* helfend, Hilfs...; 2. *m/f* Helfer, -in *m/f*; **~r** *vt* j-m helfen, j-n unterstützen

ajunta/ment *m* 1. (*corporació*) Gemeinderat *m*, Stadtrat *m*; 2. (*edifici*) Rathaus *n*; **~r** *vt* (ver)einigen, verbinden; **~r-se** sich verbinden

ajupi/ment *m* Beugung *f*; **~r-se** sich bücken, sich ducken

ajustar *vt* anpassen (**a** an)

ajusticia/ment *m jur* Hinrichtung *f*; **~r** *vt* hinrichten

ajut *m* Hilfe *f*, Beistand *m*, Unterstützung *f*

ala *f* Flügel *m*

alabar *vt* loben, rühmen

alabastre *m min* Alabaster *m*

Alacant *m* Alacant *n*; **~*í, -ina** 1. *adj* alacantinisch, aus Alacant; 2. *m/f* Alacantiner, -in *m/f*

alacrà *m val zool* Skorpion *m*

alarm/a *f* Alarm *m*; **~ant** *adj m/f* alarmierend; **~ar-se** sich beunruhigen; **~isme** *m* Alarmierung *f*; **~ista** *m/f* Schwarzseher, -in *m/f*

alba *f* Morgendämmerung *f*, Tagesanbruch *m*; **a trenc d'~** bei Tagesanbruch; **~da** *f* Morgendämmerung *f*

alb/anès, -esa 1. *adj* albanisch; 2. *m/f* Albaner, -in *m/f*; 3. *m ling* Albanisch *n*; **~*ània** *f* Albanien *n*

albarà *m com* Lieferschein *m*

albelló *m* Abwasserkanal *m*

alberco/c *m* Aprikose *f*; **~quer** *m bot* Aprikosenbaum *m*

alberg *m* Herberge *f*; **~ de joventut** Jugendherberge *f*; **~ar** *vt* beherbergen

albergínia *f* Aubergine *f*

alb/í, -ina 1. *adj* albinotisch; 2. *m/f* Albino *m*; **~inisme** *m* Albinismus *m*

albufera *f* Salzwassersee *m*, Lagune *f*

àlbum *m* Album *n*

alçada *f* Größe *f*, Höhe *f*

alcalde, -essa *m/f* Bürgermeister, -in *m/f*

alcal/í, -ina *adj* alkalisch; **~oide** *m* Alkaloid *n*

alç/ament *m* Aufstand *m*, Erhebung *f*; **~ar** *vt* 1. aufheben, erheben; 2. *constr* erhöhen, errichten; **~ària** *f* Höhe *f*; **~ar-se** 1. (*del llit*) aufstehen (**de** aus); 2. *pol fig* sich erheben (**contra** gegen); 3. (*vent*) aufkommen; 4. (*teló*) aufgehen; **~avidres** *m auto* Fensterheber *m*

alcoh/ol *m* Alkohol *m*; **~òlic, -a** 1. *adj* alkoholisch; 2. *m/f* Alkoholiker, -in *m/f*; **~olímetre** *m* Alkoholmesser *m*; **~olisme** *m* Alkoholismus *m*; **~olitzar** *vt* alkoholisieren; **~olitzat, -ada** *adj* alkoholisiert

alcoià, -ana 1. *adj* alcoianisch, aus Alcoi; 2. *m/f* Alcoianer, -in *m/f*

aldarull *m* Trubel *m*, Wirrwarr *m*

alè *m* Atem *m*; ♦ **perdre l'~** außer Atem kommen

aleatori, -òria *adj* zufällig, Zufalls...

alegr/ar *vt* erfreuen; **~ar-se** sich freuen (**de** über); **~e** *adj m/f* fröhlich, lustig; **~ia** *f* Freude *f*, Fröhlichkeit *f*, Heiterkeit *f*

alemany, -a 1. *adj* deutsch; 2. *m/f* Deutsche, -r *f/m*; 3. *m ling* Deutsch *n*; **~*a** *f* Deutschland *n*

alenar *vi* ausatmen

alerta 1. *f* Alarm *m*; 2. *interj* Achtung!, Vorsicht!; **~r** *vt* alarmieren, warnen

aleshores *adv* damals

aleta *f aero* Flosse *f*

Alexandria *f* Alexandria *n*

alfa *f* Alpha *n*

alfab/et *m* Alphabet *n*; **~ètic, -a** *adj* alphabetisch; **~etització** *f* Alphabetisierung *f*; **~etitzar** *vt* alphabetisieren

alfàbrega *f bot* Basilikum *n*

alga *f bot* Alge *f*

àlgebra *f* Algebra *f*

algebr/aic, -a *adj* algebraisch; **~ista** *m/f* Algebraiker, -in *m/f*

Alg/er *m* Algier *n*; **~*erí, -ina** *adj* aus Algier; **~èria** *f* Algerien *n*; **~*erià, -ana** 1. *adj* algerisch; 2. *m/f* Algerier, -in *m/f*

algorisme *m mat* Algorithmus *m*

algú *pron* (irgend)jemand

Alguer *m* Alguer *n*; **~*ès, -esa** 1. *adj* alguresisch, aus Alguer; 2. *m/f* Algueresser, -in *m/f*; 3. *m ling* Algueresisch *n*

algun, -a 1. *adj* irgendein; 2. **alguna cosa** *pron* irgendetwas

alhora *adv* gleichzeitig, zugleich

alia/nça *f* 1. Bündnis *n*, Bund *m*; 2. *pol* Allianz *f*; 3. Ehering *m*; **~r** *vt* verbinden, vereinigen

alicates *fpl* Flachzange *f*

ali/è, -ena *adj* fremd; **~enable** *adj m/f* veräußerlich; **~enació** *f* 1. *jur* Veräußerung *f*; 2. *filos* Entfremdung *f*; **~enista** *m/f* Psychiater, -in *m/f*

aliment *m* Nahrung *f*, Lebensmittel *n*; **~ació** *f* 1. Ernährung *f*, Verpflegung *f*; 2. (*animals*) Füttern *n*, Fütterung *f*; **~ar** *vt* 1. (er)nähren, verpflegen; 2. (*animals*) füttern; **~ari, -ària** *adj* Nähr..., Nahrungs...

alinea/ció *f* 1. *jur* Veräußerung *f*; 2. *filos* Entfremdung *f*; **~r** *vt* 1. auf-

reihen; 2. *tecn* ausrichten; 3. *esp* aufstellen
aljub *m* Zisterne *f*
all *m* Knoblauch *m*
Al·là *m* Allah *m*, Gott *m*
allà *adv* dort(hin), da(hin)
allarga/ment *m* 1. Verlängerung *f*; 2. (*temporal*) Ausdehnung *f*; **~r** *vt* 1. verlängern; 2. ausdehnen
allau *f* Lawine *f*
al·lega/ció *f jur* Behauptung *f*; **~r** *vt* anführen, vorbringen
al·leg/oria *f* Allegorie *f*; **~òric, -a** *adj* allegorisch; **~orisme** *m* Allegorese *f*
allegro 1. *adv mús* allegro; 2. *m* Allegro *n*
al·lèrgi/a *f med* Allergie *f* (**a** gegen); **~c, -a** 1. *adj* allergisch; 2. *m/f* Allergiker, -in *m/f*
alleugeri/ment *m* Erleichterung *f*; **~r** *vt* entlasten, lindern
allí *adv* dort(hin), da(hin)
allibera/ment *m* Befreiung *f*; **~r** *vt* befreien, erlösen
al·licient *m* 1. Lockmittel *m*; 2. Anreiz *m*
al·literació *f lit* Alliteration *f*
allò *pron* dies, das (dort)
al·l/òfon *m ling* Allophon *n*; **~omorf** *m ling* Allomorph *n*
al·lot, -a *m/f bal* Junge *m*, Mädchen *n*
allotja/ment *m* Unterkunft *f*; **~r** *vt* beherbergen, unterbringen; **~r-se** unterkommen
al·lucina/ció *f* Halluzination *f*; **~nt** *adj m/f* sinnestäuschend; **~r** *vi* halluzinieren

allunya/ment *m* Entfernung *f*; **~r** *vt* entfernen; **~r-se** sich entfernen (**de** von)
al·lusió *f* Anspielung *f*
al·luvió *m* Überschwemmung *f*
almenys *adv* mindestens, wenigstens
almirall *m mil* Admiral *m*
almívar *m* Sirup *m*
almoina *f* Almosen *n*
alpaca *f zool* Alpaka *n*
alp/í, -ina *adj* alpin, Alpen...; **~inisme** *m* Alpinismus *m*, Bergsteigen *n*; **~inista** *m/f* Alpinist, -in *m/f*
Alps *mpl* Alpen *pl*
alqueria *f val* Bauernhof *m*
alqu/ímia *f* Alchimie *f*; **~imista** *m/f* Alchimist *m*
Als/àcia *f* Elsass *n*; **~*acià, -ana** 1. *adj* elsässisch; 2. *m/f* Elsässer, -in *m/f*; 3. *m ling* Elsässisch *n*
alt, -a *adj* 1. hoch; 2. (*persona*) groß; **~a** *f* 1. Anmeldung *f*; 2. *med* Gesundschreibung *f*; ♦ **donar d'~a u/c** sich anmelden; **donar l'~a** (**a una persona**) j-n gesundschreiben
altar *m* Altar *m*
altaveu *m* Lautsprecher *m*
altera/ble *adj m/f* veränderlich; **~ció** *f* 1. (*canvi*) Änderung *f*; 2. (*molèstia*) Störung *f*; 3. (*irritació*) Aufregung *f*; **~r** *vt* 1. (ver)ändern; 2. aufregen, beunruhigen
alterna/r 1. *vt* abwechseln; 2. *vi* abwechseln; **~tiva** *f* Alternative *f*
alti/plà *m* Hochebene *f*; **~tud** *f* Höhe *f*; **~u, -iva** *adj* hochmütig
altr/ament *adv* anders; **~e, -a** *pron* andere, -r *f/m*

altura f Höhe f
alumini m Aluminium n
alumn/at m 1. (col·legi) Schülerschaft f; 2. univ Studentenschaft f; **~e, -a** m/f Schüler, -in m/f
alv/èol m anat Alveole f; **~eolar** adj m/f alveolar
alzina f bot Steineiche f
amab/ilitat f Freundlichkeit f, Liebenswürdigkeit f; **~le** adj m/f freundlich, liebenswürdig, nett
amaga/r vt verbergen, verstecken; **~tall** m Versteck n
amainar vi nachlassen
amalgama f Amalgam n
amani/da f Salat m; **~r** vt 1. vorbereiten, herrichten; 2. (amanida) anmachen
amanollar vt 1. bündeln; 2. (mà) umfassen
amansar vt zähmen, bändigen
ama/nt 1. adj m/f liebend; 2. m/f Liebhaber, -in m/f; **~r** vt lieben
amarg, -a adj bitter; **~ar** vt verbittern; **~or** f Bitterkeit f; **~ós, -osa** adj bitterlich
amarrar vt 1. festbinden; 2. nav festmachen
amateur 1. adj m/f Amateur...; 2. m/f Amateur m
amatori, -òria adj Liebes..., erotisch
amaz/ona f Amazone f; **~*ònia** f Amazonien n
amb prep mit, bei; viu ~ en Joan Er wohnt bei Joan
ambaixad/a f Botschaft f; **~or, -a** m/f Botschafter, -in m/f

ambdós, -dues pron alle beide, alle zwei
ambici/ó f Ehrgeiz m; **~onar** vt erstreben; **~ós, -osa** adj ehrgeizig
ambient m 1. Luft f; 2. Atmosphäre f; **~ador** m Raumspray m; **~ar** vt anpassen; **~ar-se** sich eingewöhnen
àmbit m Umkreis m, Bereich m
ambival/ència f Doppelwertigkeit f, Ambivalenz f; **~ent** adj m/f doppelwertig, ambivalent
ambre m Bernstein m
ambul/ància f Krankenwagen m; **~ant** adj m/f 1. umherziehend, wandernd; 2. med ambulant; **~ar** vi herumstreifen (per in); **~atori** m med Ambulanz f, Poliklinik f
amè, -ena adj angenehm, nett
ameba f Amöbe f
amenaça f Drohung f; **~dor, -a** adj drohend; **~r** vt bedrohen, j-m drohen (amb mit)
amenit/at f Reiz m; **~zar** vt angenehm machen, verschönern
Am/èrica f Amerika n; **~èrica del Nord** Nordamerika n; **~èrica del Sud** Südamerika n; **~èrica Llatina** Lateinamerika n; **~*ericà, -ana** 1. adj amerikanisch; 2. m/f Amerikaner, -in m/f; 3. f Jackett n; **~*ericanisme** m Amerikanismus m; **~*ericanista** m/f Amerikanist, -in m/f; **~*ericanitzar** vt amerikanisieren; **~*erindi, -índia** 1. adj indianisch; 2. m/f Indianer, -in m/f
ametista f Amethyst m

ametlla f Mandel f
amfetamina f quím Amphetamin n
amfibi, -íbia 1. adj amphibisch; **2.** m Amphibie f
amfitrió, -ona m/f Gastgeber, -in m/f
àmfora f Amphore f
ami/c, -iga m/f Freund, -in m/f; **~gable** adj m/f 1. freundschaftlich; 2. freundlich; **~gar-se** sich anfreunden (amb mit)
am/ígdala f anat Mandel f; **~igdalitis** f med Mandelentzündung f
amist/at f Freundschaft f; **~ós, -osa** adj freundschaftlich
amnèsia f Amnesie f, Gedächtnisschwund m
amnistia f Amnestie f
amo m Besitzer m, Eigentümer m, Herr m
amoïnar vt beunruhigen
amonesta/ció f 1. Aufgebot n; 2. (Er)Mahnung f; **~r** vt (er)mahnen
amon/íac m quím Ammoniak n; **~iacal** adj m/f quím ammoniakalisch
amor m Liebe f; **~ propi** Selbstbewusstsein n; ♦ **fer l'~ amb algú** mit j-m schlafen
amorf, -a adj amorph
amorós, -osa adj zärtlich
amotina/ment m Aufruhr m; **~r** vt aufwiegeln; **~r-se** meutern
ampl/e, -a adj breit, weit; **~i, àmplia** adj geräumig, weit; **~iable** adj m/f 1. vergrößerungsfähig; 2. ausdehnbar; **~iació** f 1. Ausdehnung f, Ausbau m, Erweiterung f; 2. foto Vergrößerung f; **~iar** vt 1. ausdehnen, erweitern; 2. foto vergrößern
amplifica/dor m Verstärker m; **~r** vt 1. (corrent, so) verstärken; 2. (aparell òptic) vergrößern; 3. fig (idea, tema) amplifizieren
amplitud f Ausdehnung f, Weite f
ampolla f Flasche f
amputa/ció f med Amputation f; **~r** vt amputieren
amulet m Amulett n
amunt adv nach oben, aufwärts, hinauf; **~ i avall** rauf und runter; **~egar** vt anhäufen; **~egar-se** 1. (coses) sich häufen; 2. (persones) sich drängen
anabolitzant m med Anabolikum n
anacr/ònic, -a adj anachronistisch; **~onisme** m Anachronismus m
an/àfora f ling Anaphora f; **~afòric, -a** adj anaphorisch
analfabet, -a 1. adj analphabetisch; **2.** m/f Analphabet, -in m/f; **~isme** m Analphabetismus m
analgèsic 1. adj m/f schmerzstillend; **2.** m schmerzstillendes Mittel n, Schmerzmittel n
an/àlisi f Analyse f; **~alista** m/f 1. Analytiker, -in m/f; 2. econ Analyst, -in m/f; **~alític, -a** adj analytisch; **~alitzable** adj m/f analysierbar; **~alitzar** vt 1. analysieren; 2. untersuchen
anal/ogia f Analogie f; **~ògic, -a** adj analogisch
anar vi 1. gehen; 2. auto fahren
an/arquia f pol Anarchie f; **~àrquic, -a** adj 1. (desorganitzat) anarchisch;

anatomia 306

2. (*relatiu a l'anarquisme*) anarchistisch; **~arquisme** *m* Anarchismus *m*; **~arquista** 1. *adj m/f* anarchistisch; 2. *m/f* Anarchist, -in *m/f*

anat/omia *f* Anatomie *f*; **~òmic, -a** *adj* anatomisch; **~omista** *m/f* Anatomist, -in *m/f*; **~omitzar** *vt med* anatomieren

anca *f anat* Hüfte *f*

anci/à, -ana 1. *adj* alt; 2. *m/f* Greis, -in *m/f*; **~anitat** *f* Greisenalter *n*

àncora *f nav* Anker *m*

ancora/r 1. *vt* verankern; 2. *vi* ankern; **~tge** *m* Verankerung *f*

andal/ús, -usa 1. *adj* andalusisch; 2. *m/f* Andalusier, -in *m/f*; **~*usia** *f* Andalusien *n*

andana *f* Fußsteig *m*

Andorr/a *f* Andorra *n*; **~*à, -ana** 1. *adj* andorranisch, aus Andorra; 2. *m/f* Andorraner, -in *m/f*

androg/in, -ògina *adj biol* androgyn; **~ínia** *f med* Androgynie *f*

ànec *m* Ente *f*

an/ècdota *f* Anekdote *f*; **~ecdòtic, -a** *adj* anekdotisch

anell *m* Ring *m*; **~a** *f* Gardinenring *m*, Ring *m*; **~ar** *vt* 1. (*subjectar*) an Ringen befestigen; 2. (*ocells*) beringen

anèmi/a *f med* Anämie *f*, Blutarmut *f*; **~c, -a** *adj* blutarm, anämisch

anest/èsia *f med* Anästhesie *f*, Betäubung *f*; **~esiar** *vt med* anästhesieren, betäuben; **~èsic, -a** *adj* anästhetisch; **~esista** *m/f* Anästhesist, -in *m/f*

àngel *m* Engel *m*

ang/èlic, -a *adj* engelhaft; **~elical** *adj m/f* engelhaft

angi/na *f med* Angina *f*; **~ografia** *f med* Angiographie *f*; **~ologia** *f med* Angiologie *f*

Anglaterra *f* England *n*

angle *m* Ecke *f*, Winkel *m*; **~ agut** spitzer Winkel *m*; **~ obtús** stumpfer Winkel *m*; **~ recte** rechter Winkel *m*

anglès, -esa 1. *adj* englisch; 2. *m/f* Engländer, -in *m/f*; 3. *m ling* Englisch *n*

anglic/à, -ana 1. *adj relig* anglikanisch; 2. *m/f relig* Anglikaner, -in *m/f*; **~anisme** *m relig* Anglikanismus *m*

angl/ística *f* Anglistik *f*; **~òfil, -a** *adj* anglophil; **~òfon, -a** *adj* anglophon; **~osaxó, -ona** 1. *adj* angelsächsisch; 2. *m/f* Angelsachse *m*, Angelsächsin *f*

angoixa *f* Angst *f*, Beklemmung *f*; **~nt** *adj m/f* beklemmend, bedrückend; **~r** *vt* beklemmen; **~r-se** 1. beklommen werden; 2. (*atemorir*) sich ängstigen

Angol/a *f* Angola *n*; **~*ès, -esa** 1. *adj* angolanisch; 2. *m/f* Angolaner, -in *m/f*

angu/ila *f* Aal *m*; **~la** *f zool* Glasaal *m*

ang/únia *f* Beklemmung *f*, Besorgnis *f*; **~uniós, -osa** *adj* beunruhigt, besorgt

anhel *m* Sehnsucht *f*; **~ar** 1. *vt* ersehnen, erstreben; 2. *vi* keuchen, schnaufen

anilina *f quím* Anilin *n*

ànim *m* 1. Gemüt *n*; 2. Absicht *f*; 3. Mut *m*, Kraft *f*; **~a** *f* Seele *f*; **amb tota l'~a** von ganzem Herzen; **ni**

una ~a keine Menschenseele, niemand

anima/ció f Belebtheit f, Betrieb m; **~dor, -a** 1. adj anregend, ermutigend; 2. m/f 1. Animateur, -in m/f; 2. Entertainer, -in m/f

animal 1. adj m/f 1. tierisch, animalisch; 2. Tier...; 2. m Tier n; **~ de companyia** Heimtier n; **~ada** f dummer Streich m

animar vt beseelen, beleben

animis/me m Animismus m; **~ta** m/f Animist, -in m/f

anís m bot Anis m

ani/t adv gestern Abend; **~vellar** vt nivellieren; **~versari** m Geburtstag m, Jahrestag m

annex, -a 1. adj beigefügt; 2. m Anlage f, Anhang m; **~ar** vt beifügen; **~ió** f Annexion f; **~ionar** vt pol annektieren; **~ionisme** m pol Annexionismus m

anomalia f Regelwidrigkeit f, Anomalie f

anomena/da f Ruf m; **~r** vt benennen, bezeichnen; **~r-se** heißen

an/ònim, -a adj anonym, namenlos; **~onimat** m Anonymität f

anorac m Anorak m

anorèxia f med Anorexie f, Appetitlosigkeit f

anormal adj m/f anormal; **~itat** f Anormalität f

anota/ció f 1. (acció) Aufschreiben n; 2. (nota) Notiz f, Vermerk m; **~r** vt aufschreiben, notieren

ansa f Henkel m

ànsia f 1. Beklemmung f; 2. Sehnsucht f; 3. Unruhe f

ansietat f 1. Angstzustand m; 2. Beklemmung f

ansiolític t. anxiolític m med Beruhigungsmittel n

antag/ònic, -a adj antagonistisch; **~onisme** m Antagonismus m; **~onista** m/f Antagonist m

antàrtic, -a adj antarktisch

antece/dència f Vorangehen n; **~dir** vt vorangehen, vorhergehen; **~ssor, -a** m/f Vorgänger, -in m/f

antena f 1. Antenne f; 2. zool Fühler m

ante/penúltim, -a adj vorvorletzt; **~rior** adj m/f 1. Vorder...; 2. vorhergehend

antibiòtic, -a 1. adj antibiotisch; 2. m Antibiotikum n

antic, -iga adj 1. alt; 2. altmodisch, antiquiert

anticicló m meteo Hochdruckgebiet n, Antizyklone f

anticipa/ció f Vorwegnahme f; **~r** vt vorwegnehmen, antizipieren

anticlerical 1. adj m/f antiklerikal; 2. m/f Antiklerikale, -r f/m; **~isme** m Antiklerikalismus m

anticomunis/me m Antikommunismus m; **~ta** 1. adj m/f antikommunistisch; 2. m/f Antikommunist, -in m/f

anticonceptiu, -iva 1. adj empfängnisverhütend; 2. m Verhütungsmittel n

anticonstitucional adj m/f verfassungswidrig

anticresi f jur Nutzungspfand n, Antichrese f

antidepressiu 308

antidepressiu, -iva 1. *adj med* antidepressiv; 2. *m* Antidepressivum *n*
antidisturbis *adj inv* Anti-Krawall...
antídot *m med* Gegengift *n*, Antidot *n*
antifaç *m* Augenmaske *f*
antig/or *f* Altertum *n*; **~uitat** *f* Altertum *n*
antihigiènic, -a *adj* unhygienisch
antill/à, -ana *adj* von den Antillen, Antillen...; **~es** *fpl* Antillen *pl*
antílop *m zool* Antilope *f*
antioxidant 1. *adj m/f* Antioxydations...; 2. *m* Rostschutzmittel *n*
antip/atia *f* Abneigung *f*, Widerwille *m*, Antipathie *f*; **~àtic, -a** *adj* unsympathisch
antípoda *m/f geogr* Antipode *m*
antiquari, -ària *m/f* Antiquitätenhändler, -in *m/f*
ant/ítesi *f* Antithese *f*; **~itètic, -a** *adj* antithetisch
antol/ogia *f* Anthologie *f*; **~ògic, -a** *adj* anthologisch
ant/ònim *m ling* Antonym *n*; **~onímia** *f ling* Antonymie *f*; **~onomàsia** *f ling* Antonomasie *f*
àntrax *m med* Anthrax *m*
antrop/ocèntric, -a *adj* anthropozentrisch; **~òleg, -òloga** *m/f* Anthropologe, -in *m/f*; **~ologia** *f* Anthropologie *f*; **~omorf, -a** *adj* anthropomorph
anual *adj m/f* jährlich, Jahres...
anular 1. *adj m/f* ringförmig; 2. *m* Ringfinger *m*
anul·la/ble *adj m/f* aufhebbar, annullierbar; **~ció** *f* Aufhebung *f*, Annullierung *f*
anunci *m* 1. Ankündigung *f*, Bekanntgabe *f*; 2. *period* Anzeige *f*, Annonce *f*; **~ació** *f* Verkündigung *f*; **~ar** *vt* 1. ankündigung, bekannt geben; 2. anzeigen, annoncieren
Anvers *f* Antwerpen *n*
anxova *f* Sardelle *f*
any *m* Jahr *n*
anyell *m* Lamm *n*
aorist *m ling* Aorist *m*
aorta *f anat* Aorta *f*
apa *interj* auf!, los!
apadrinar *vt* 1. (*bateig*) Pate stehen; 2. (*noces*) Trauzeuge sein
apagar *vt* 1. (aus)löschen; 2. *TV* ausmachen, ausschalten
apaivaga/dor, -a *adj* beschwichtigend; **~r** *vt* beschwichtigen, beruhigen
apallissar *vt* verdreschen, verprügeln
apanyar *vt* herrichten, ausbessern
aparador *m* Schaufenster *n*
aparca/ment *m* Parken *n*, Parkplatz *m*; **~r** *vt* parken
aparèixer *vi* erscheinen
aparell *m* 1. Gerät *n*; 2. *telec* Apparat *m*; **~ar** *vt* zubereiten, herrichten
apar/ença *f* 1. Aussehen *n*, Äußere(s) *n*; 2. Schein *m*; **~ent** *adj m/f* 1. (*que no és*) scheinbar; 2. (*perceptible*) sichtbar; **~entar** *vt* vorgeben; **~ició** *f* Erscheinen *n*
apartament *m* Appartement *n*, Wohnung *f*
apartar *vt* 1. entfernen; 2. beiseite legen

apassiona/nt *adj m/f* begeisternd, mitreißend; **~r** *vt* begeistern
àpat *m* 1. Mahl *n*, Mahlzeit *f*; 2. Festessen *n*
apatia *f* Apathie *f*, Gleichgültigkeit *f*
apel·la/ble *adj m/f jur* anfechtbar; **~ció** *f jur* Berufung *f*, Appellation *f*; **~r** *vi jur* Berufung einlegen (**a** bei)
apendicitis *f* Blinddarmentzündung *f*
apèndix *m* 1. Anhang *m*; 2. *anat* Blinddarm *m*
aperitiu, -iva 1. *adj* appetitanregend; 2. *m* Aperitif *m*
apet/ència *f psicol* Appetenz *f*; **~ir** *vt* wünschen, begehren; **~it** *m* Appetit *m*
api *m bot* Sellerie *m/f*
apical *adj m/f anat* apikal
apicult/or, -a *m/f* Bienenzüchter, -in *m/f*; **~ura** *f* Bienenzucht *f*
api/lament *m* Aufschichtung *f*; **~lar** *vt* (auf)schichten, (auf)stapeln; **~lotar** *vt* zusammenwerfen; **~nyar** *vt* zusammendrängen; **~nyar-se** sich zusammendrängen
aplaça/ment *m* Anstellung *f*; **~r** *vt* einstellen
aplanar *vt* einebnen, planieren
aplaudi/ment *m* Beifall *m*, Applaus *m*; **~r** *vi* applaudieren, Beifall klatschen
aple/c *m* 1. Versammlung *f*; 2. (*local*) Wallfahrt *f*; **~gar** *vt* einsammeln, versammeln
aplica/bilitat *f* Anwendbarkeit *f*; **~ble** *adj m/f* anwendbar; **~ció** *f* Anwendung *f*, Applikation *f*, Verwendung *f*; **~r** *vt* anlegen, anwenden

aplom *m* Sicherheit *f*, Selbstbewußtsein *n*
apnea *f med* Apnoe *f*, Atemstillstand *m*
apocalipsi *f bibl* Apokalypse *f*
apòcope *f ling* Apokope *f*
apòcrif, -a *adj* apokryph
apolític, -a *adj* unpolitisch
apologi/a *f* Apologie *f*; **~sta** *m/f* Apologet, -in *m/f*
apoplexia *f med* Apoplexie *f*
aporta/ció *f* 1. (*contribuir*) Beitrag *m* (**a** zu); 2. *com* Einlage *f*; **~r** *vt* 1. beitragen; 2. einbringen
aposta *f* 1. (*joc*) Wette *f*; 2. (*quantitat*) Einsatz *m*; **~r** *vt/i* wetten
ap/òstol *m* Apostel *m*; **~ostolat** *m* Apostolat *n*; **~ostòlic, -a** *adj* apostolisch
ap/òstrof *m* (*gramàtica*) Apostroph *m*; **~ostrofar** *vt* apostrophieren
apotecari, -ària *m/f* Apotheker, -in *m/f*
apote/osi *f* Apotheose *f*; **~òsic, -a** *adj* Apotheosen...
aprecia/ble *adj m/f* schätzbar; **~ció** *f* Schätzung *f*; **~r** *vt* schätzen
aprehen/dre *vt filos* begreifen; **~sible** *adj m/f* begreiflich; **~sió** *f* Begreifen *n*
apren/dre *vt* lernen; **~ent, -a** *m/f* Lehrling *m*; **~entatge** *m* Lehre *f*
aprimar *vt* 1. (*cosa*) dünner machen; 2. (*persona*) abnehmen
aprofita/ble *adj m/f* verwertbar, nutzbar; **~ment** *m* 1. (Be)nutzung *f*; 2. Verwertung *f*; **~r 1.** *vi* j-m nutzen, helfen; **2.** *vt* benutzen, verwerten

aprofundi/ment *m* Vertiefung *f*; **~r** *vt* vertiefen

apropar-se annähern

apropia/ció *f* Aneignung *f*; **~r** *vt* übereignen, anpassen; **~r-se** sich aneignen; **~t, -ada** *adj* passend, geeignet

aprova/ció *f* Billigung *f*, Genehmigung *f*; **~r** *vt* 1. gutheißen, billigen; 2. (*examen*) bestehen; **~t** *m* (*nota*) Ausreichend *n*

aproxima/ció *f* Annäherung *f*; **~dament** *adv* ungefähr; **~r** *vt* annähern, näher bringen

apt/e, -a *adj* geeignet; **~itud** *f* Eignung *f*, Tauglichkeit *f*

apunt *m* 1. Notiz *f*; 2. Skizze *f*

apuntalar *vt* (ab)stützen

apuntar *vt* aufschreiben, notieren

apunyalar *vt* erdolchen, erstechen

aquarel·l/a *f* Aquarell *n*; **~ista** *m/f* Aquarellmaler, -in *m/f*

aquari *m* 1. Aquarium *n*; 2. *astrol* Wassermann *m*; **~ologia** *f* Aquarienkunde *f*, Aquaristik *f*

aqu/ariofília *f* Aquaristik *f*; **~àtic, -a** *adj* Wasser...

aquàrium *m* Aquarium *n*

aqüeducte *m* Aquädukt *m*

aqu/ell, -a *pron* diese(r, s), der/die/das, jene(r, s); **~est, -a** *pron* diese(r, s), der/die/das (hier); **~í** *adv* hier, hierher

aqüífer *m geol* Aquifer *m*

Aquisgrà *m* Aachen *m*

aquós, -osa *adj* wässerig

ara *adv* jetzt, nun, gleich

àrab 1. *adj m/f* arabisch; 2. *m/f* Araber, -in *m/f*; 3. *m ling* Arabisch *n*

arabesc, -a 1. *adj* arabisch; 2. *m* Arabeske *f*

Aràbia Saudita *f* Saudi-Arabien *n*

aràbic, -iga *adj* arabisch

arabi/sta *m/f* Arabist, -in *m/f*; **~tzar** *vt* arabisieren

arada *f* Pflug *m*

Arag/ó *m* Aragonien *n*; **~*onès, -esa** 1. *adj* aragonesisch; 2. *m/f* Aragonese, -in *m/f*

arameu, -ea 1. *adj* aramäisch; 2. *m/f* Aramäer, -in *m/f*; 3. *m ling* Aramäisch *n*

aranès, -esa *adj* aranesisch

aranya *f* Spinne *f*

aranzel *m* Zolltarif *m*

araucà, -ana 1. *adj* araukanisch; 2. *m/f* Araukaner, -in *m/f*

arbitra/l *adj m/f* schiedsrichterlich; **~r** *vt* 1. schlichten; 2. *esp* pfeifen

àrbitre, -a *m/f* Schiedsrichter, -in *m/f*

arbitri *m* Belieben *n*

arb/re *m* Baum *m*; **~re de Nadal** Weihnachtsbaum *m*; **~re genealògic** Stammbaum *m*; **~ust** *m* Busch *m*, Strauch *m*

arc *m* Bogen *m*; **~ de Sant Martí** Regenbogen *m*

arca *f* Kasten *m*, Truhe *f*; **~da** *f arquit* Arkade *f*

arca/ic, -a *adj* archaisch; **~isme** *m* Archaismus *m*; **~ïtzant** *adj m/f* archaisierend; **~ïtzar** *vi* archaisieren

arcàngel *m* Erzengel *m*

arcbotant *m arquit* Strebebogen *m*

ardent *adj m/f* brennend

àrea *f* Fläche *f*, Gebiet *n*

aren/a f Sand m; **~ós, -osa** adj sandig, Sand...
aresta f bot Granne f
argamassa f Mörtel m
argent m Silber n; **~í, -ina 1.** adj 1. silbrig; 2. argentinisch; **2.** m/f Argentinier, -in m/f; **~*ina** f Argentinien n
argil/a f 1. Lehm m; 2. (ceràmica) Ton m; **~ós, -osa** adj lehmig
argolla f Metallring m
argot m Argot m, Jargon m
argúcia f Spitzfindigkeit f
argument m 1. Argument n; 2. lit Handlung f; **~ació** f Argumentation f; **~al** adj m/f argumentativ; **~ar** vi argumentieren
ari, ària 1. adj arisch; **2.** m/f Arier, -in m/f
ària f mús Arie f
àrid, -a adj 1. (terreny) dürr, karg; 2. (clima) trocken, arid
àries m astrol Widder m
arist/ocràcia f Aristokratie f; **~òcrata** m/f Aristokrat, -in m/f; **~ocràtic, -a** adj aristokratisch
arist/otèlic, -a 1. adj filos aristotelisch; **2.** m/f Aristoteliker, -in m/f; **~otelisme** m filos Aristotelismus m; **~*òtil** m Aristoteles m
aritmètic, -a 1. adj arithmetisch; **2.** m/f Arithmetiker, -in m/f; **~a** f Arithmetik f
arlequí m 1. teat Harlekin m; 2. Hanswurst m
arma f Waffe f; **~ blanca** Stichwaffe f; **~ de foc** Schusswaffe f; **~ nuclear** Atomwaffe f; **~dura** f (Ritter)rüstung f; **~r** vt 1. bewaffnen; 2. (escàndol) provozieren, verursachen; **~ri** m Schrank m; **~ri de lluna** Glasschrank m; **~ri de paret** Einbauschrank m; **~ri rober** Kleiderschrank m
arm/eni, -ènia 1. adj armenisch; **2.** m/f Armenier, -in m/f; **3.** m ling Armenisch n; **~*ènia** f Armenien n
armistici m Waffenstillstand m
arom/a f Aroma f, Duft m; **~àtic, -a** adj m/f aromatisch
arp/a f mús Harfe f; **~egi** m mús Arpeggio n; **~ista** m/f Harfenist, -in m/f
arquebisb/al adj erzbischöflich; **~e** m Erzbischof m
arque/òleg, -òloga m/f Archäologe, -in m/f; **~ologia** f Archäologie f; **~ològic, -a** adj archäologisch
arquetip m Archetyp(us) m
Arquímedes m Archimedes m
arquitect/e, -a m/f Architekt, -in m/f; **~ònic, -a** adj architektonisch; **~ura** f Architektur f
arqui/trau m arquit Architrav f; **~volta** f arquit Archivolte f
arracada f Ohrring m
arraconar vt 1. (un objecte) in die Ecke stellen; 2. (algú) in die Enge treiben
arramba/da f vulg Befummeln n; **~r** vt befummeln
arran prep dicht an/bei/über
arrancar V. arrencar
arrap m Kratzer m; **~ar** vt abreißen, entreißen; **~ar-se** sich fest halten (**a** an)
arrasar vt zerstören

arreglar vt 1. regeln; 2. einrichten, herrichten

arrel m bot Wurzel f; **~ar** vi anwurzeln; **~ar-se** sich einwurzeln

arremangar vt aufkrempeln

arrencar vt 1. ausreißen; 2. (adhesiu) abreißen; 3. (queixal) ziehen; 4. auto starten

arreplegar vt 1. ansammeln, aufsammeln, einsammeln; 2. (j-n) erwischen; 3. (malaltia) holen

arrest m 1. Festnahme f, Verhaftung f; 2. mil Arrest m; **~ domiciliari** jur Hausarrest m; **~ major** jur Gefängnisstrafe f; **~ menor** jur Haft(strafe) f; **~ar** vt festnehmen, verhaften

arreu adv überall; **~ del món** auf der ganzen Welt; **per tot ~** überall

arri interj vorwärts!

arriba/da f Ankunft f; **~r** vi ankommen, eintreffen

arriscar vt riskieren

arrodonir vt abrunden, aufrunden

arrog/ància f Arroganz f, Überheblichkeit f; **~ant** adj m/f arrogant, überheblich

arromangar vt aufkrempeln

arr/òs m Reis m; **~ossar** m agric Reisfeld m

arrossega/ment m Schleppen n, Schleifen n; **~r** vt schleifen, schleppen, ziehen

arruga f Falte f, Runzel f; **~r** vt verknittern, zerknittern

arruïnar vt ruinieren, zerstören; **~-se** sich ruinieren

arsenal m Waffenlager n

arsènic m Arsen n

art 1. f Kunst f; **belles ~s** die schönen Künste fpl; 2. m (habilitat) Geschick n

artefacte m Artefakt n

art/èria f anat Arterie f, Schlagader f; **~erial** adj m/f arteriell, Arterien...

artes/à, -ana 1. adj handwerklich, Handwerks...; 2. m/f (Kunst)Handwerker, -in m/f; **~ania** f Kunsthandwerk n

àrtic, -a adj arktisch

article m Artikel m

articula/ció f 1. Gliederung f; 2. anat Gelenk n; **~r** vt 1. (acoplar) gliedern; 2. (articulació) miteinander verbinden; 3. ling, mús artikulieren

artificial adj m/f künstlich, Kunst...

art/ista m/f Künstler, -in m/f; **~ístic, -a** adj 1. (art) künstlerisch; 2. (circ) artistisch

arxid/iòcesi f Erzdiözese f; **~ucat** m Erzherzogtum n

arxifonema m ling Archiphonem n

arxipèlag m Archipel m, Inselgruppe f

arxi/u m Archiv n; **~var** vt 1. (documents) ablegen; 2. (en carpeta) abheften; **~ver, -a** m/f Archivar, -in m/f

as m 1. Ass n; 2. fig Meister m

ascen/dència f Abstammung f, Herkunft f; **~dent 1.** adj m/f aufsteigend; **2.** m/f Vorfahr, -in m/f; **3.** m astrol Aszendent m; **~dir** vt aufsteigen; **~s** m Beförderung f; **~sor** m Aufzug m, Fahrstuhl m

asc/eta m/f Asket, -in m/f; **~ètic, -a** adj asketisch

ase m 1. Esel m; 2. (persona) Dummkopf m

asèp/sia f med Asepsis f; **~tic, -a** adj aseptisch

asf/alt m Asphalt m; **~altar** vt asphaltieren; **~àltic, -a** adj asphaltisch

asfixiar vt ersticken; **~-se** ersticken

Àsia f Asien n

asiàtic, -a 1. adj asiatisch; 2. m/f Asiat, -in m/f

asil m pol Asyl n

asim/etria f Asymmetrie f; **~ètric, -a** adj asymmetrisch

asíndeton m ling Asyndeton n

asma f med Asthma n

asocial adj m/f asozial

aspecte m Aussehen n, Anblick m

aspira/ció f 1. Atemholen n, Einatmen n; 2. (ambició) Streben n; **~r** 1. vt 1. einatmen; 2. (aspiradora) ansaugen; 2. vi streben (nach)

aspirina f Aspirin n

aspre, -a adj 1. (superfície) rau; 2. (persona) barsch, brüsk

assab/entar vt benachrichtigen (de von), unterrichten; **~orir** vt auskosten, genießen

assa/ig m 1. Versuch m, Test m; 2. mús Probe f; 3. lit Essay m; 4. fís Experiment n; **~jar** vt 1. versuchen, (aus)probieren; 2. mús proben, üben

assalariat, -ada 1. adj lohnabhängig, Lohn...; 2. m/f Lohnempfänger, -in m/f

assalt m 1. (a un banc, a una persona) Überfall m; 2. (boxa) Runde f, **~ar** vt überfallen, anfallen

assass/í, -ina 1. adj mörderisch, Mörder...; 2. m/f Mörder, -in m/f; **~inar** vt ermorden, umbringen; **~inat** m Mord m

assegura/nça f Versicherung f; **~r** vt 1. festmachen; 2. (garantir) sichern, absichern; 3. (afirmar) versichern; **~r-se** 1. (comprovar) nachsehen; 2. (fer-se una assegurança) sich versichern (**contra** gegen); 3. (cerciorar-se) sich vergewissern

assemblea f Versammlung f

asse/ntiment m Zustimmung f; **~ntir** vi zustimmen; **~rció** f Behauptung f

assenyalar vt (an)zeigen, hinweisen (**amb** auf)

assequible adj m/f 1. erreichbar, möglich; 2. (preu) erschwinglich; 3. (persona) zugänglich

assessor, -a 1. adj beratend; 2. m/f Berater, -in m/f; **~ament** m Beratung f; **~ar** vt beraten

assevera/ció f Versicherung f, Behauptung f; **~r** vt versichern, behaupten; **~tiu, -iva** adj bejahend

assidu, -ídua adj häufig, ständig; **~ïtat** f Häufigkeit f

assignatura f Fach n, Lehrfach n

assimila/ció f Angleichung f; **~r** vt angleichen, anpassen

assist/ència f 1. (presència) Anwesenheit f; 2. (ajut) Beistand m, Hilfe f; 3. (participació) Teilnahme f; **~ent** 1. adj m/f anwesend; 2. m/f 1. Anwesende, -r f/m, Assistent, -in m/f, Helfer, -in m/f; **~ent social** Sozialarbeiter, -in m/f; 2. (participant) Teil-

associació 314

nehmer, -in *m/f*; **~ir 1.** *vt* beistehen, helfen; **2.** *vi* teilnehmen (**a** an)
associa/ció *f* **1.** Vereinigung *f*; **2.** Verein, Verband *m*; **~r** *vt* vereinen (**zu**)
assolella/r *vt* in die Sonne legen; **~r-se** sich sonnen; **~t, -ada** *adj* sonnig
assoli/ment *m* Erreichung *f*; **~r** *vt* erreichen, erlangen
assum/ir *vt* auf sich nehmen, übernehmen; **~*pció** *f*: **l'~pció** Mariä *f* Himmelfahrt; **~pció** *f* Übernahme *f*; **~pte** *m* Angelegenheit *f*, Sache *f*
assut *m* Flusswehr *n*
asteca 1. *adj m/f* aztekisch; **2.** *m/f* Azteke, -in *m/f*
astigmatisme *m med* Astigmatismus *m*, Stabsichtigkeit *f*
astr/e *m* Stern *m*, Gestirn *n*; **~òleg, -òloga** *m/f* Astrologe, -in *m/f*; **~ologia** *f* Astrologie *f*; **~ològic, -a** *adj* astrologisch
astro/física *f* Astrophysik *f*; **~labi** *m* Astrolabium *n*
astr/onauta *m/f* Astronaut, -in *m/f*, Raumfahrer, -in *m/f*; **~onàutica** *f* Astronautik *f*; **~ònom, -a** *m/f* Astronom, -in *m/f*; **~onomia** *f* Astronomie *f*; **~onòmic, -a** *adj* astronomisch
ast/úcia *f* List *f*, Schläue *f*, Schlauheit *f*; **~ut, -a** *adj* listig, schlau
ast/urià, -ana 1. *adj* asturisch; **2.** *m/f* Asturier, -in *m*; **~úries** *f* Asturien *n*
atabalar *vt* **1.** auf die Nerven gehen; **2.** verwirren; **~-se** verwirrt sein
atac *m* **1.** Angriff *m*; **2.** *med* Anfall *m*; **3.** *esp* Sturm *m*; **~ar** *vt* angreifen

ateisme *m* Atheismus *m*
atemorir *vt* verängstigen
atempta/r *vi* **1.** ein Attentat begehen/verüben (**contra** auf); **2.** *fig* verstoßen (**contra** gegen); **~t** *m* Anschlag *m*, Attentat *n*
Atena *f* Athene *f*
aten/ció *f* Aufmerksamkeit *f*, Höflichkeit *f*; **~dre 1.** *vt* beachten, berücksichtigen; **2.** *vi* achten
aten/enc, -a 1. *adj* athenisch; **2.** *m/f* Athener, -in *m/f*; **~*es** *f* Athen *n*; **~ès, -esa 1.** *adj* athenisch; **2.** *m/f* Athener, -in *m/f*; **~eu** *m* Kulturverein *m*
atent, -a *adj* aufmerksam, höflich
atenua/ció *f* Abschwächung *f*; **~r** *vt* (ab)schwächen, mildern
aterra/r *vt* **1.** niederreißen; **2.** *aero* landen; **~tge** *m aero* Landung *f*
atestació *f* Bescheinigung *f*, Zeugnis *n*
ateu, -ea 1. *adj* atheistisch; **2.** *m/f* Atheist, -in *m/f*
àtic, -a 1. *m* Dachgeschoss *n*, Penthouse *n*; **2.** *adj* attisch
atípic, -a *adj* atypisch
atlàntic, -a *adj* atlantisch
atl/es *m* Atlas *m*; **~eta** *m/f* Athlet, -in *m/f*; **~ètic, -a** *adj* athletisch; **~etisme** *m* Leichtathletik *f*
atmosf/era *f* **1.** Atmosphäre *f*, **2.** (*ambient*) Stimmung *f*; **~èric, -a** *adj* atmosphärisch
àtom *m* Atom *n*
at/òmic, -a *adj* atomar, Atom...; **~omisme** *m* Atomismus *m*; **~omitza-**

dor *m* Spray *m*; **~omitzar** *vt* zerstäuben

àton, -a *adj ling* unbetont

atonal *adj m/f mús* atonal; **~itat** *f mús* Atonalität *f*

atorga/ment *m* 1. Verleihung *f* (a an); 2. *t. jur* Bewilligung *f*; **~r** *vt* bewilligen, erteilen, gewähren

atraca/ment *m* (Raub)Überfall *m*; **~r** 1. *vt* 1. überfallen; 2. *nav* vertäuen, festmachen; 2. *vi nav* anlegen

atrac/ció *f* 1. Anziehungskraft *f*; 2. (*circ, fira*) Attraktion *f*; **~tiu, -iva** 1. *adj* 1. (*persona*) anziehen, attraktiv; 2. (*oferta*) verlockend; 2. *m* Liebreiz *m*

atrafegat, -ada *adj* sehr beschäftigt

atrapar *vt* 1. halten, fangen; 2. (*lladre*) ertappen, erwischen; 3. (*animal*) einfangen

atreure *vt* 1. anziehen; 2. (*persona*) anlocken

atrevi/ment *m* 1. Kühnheit *f*, Verwegenheit *f*; 2. (*impertinència*) Frechheit *f*, Unverschämtheit *f*; **~r-se** (es) wagen, sich trauen

atribu/ció *f* Zuschreibung *f*; **~ir** *vt* zuschreiben

atropella/ment *m* 1. (*pressa*) Überstürzung *f*; 2. (*col·lisió*) Zusammenstoß *m*; **~r** *vt* 1. (*vehicle*) überfahren; 2. (*a peu*) umrennen

atrotina/r *vt* abtragen, verschleißen; **~t, -ada** *adj* abgenutzt, verschlissen

atur *m* Arbeitslosigkeit *f*; **~ar** *vt* anhalten, stoppen; **~at, -ada** 1. *adj* 1. (*sense treball*) arbeitslos; 2. (*que no es mou*) stillstehend; 2. *m/f* Arbeitslose, -r *f/m*

atzar *m* blinder Zufall *m*; **a l'~** aufs Geratewohl

atzucac *m* Sackgasse *f*

atzur *m* Azur *m*

au *f* Vogel *m*; **~!** *interj* los! vorwärts!

auca *f* Bilderbogen *m*

aud/aç *adj m/f* kühn, verwegen; **~àcia** *f* Kühnheit *f*

audi/ció *f* 1. Hören *n*; 2. (*sentit físic*) Gehör *n*, Gehörsinn *m*; 3. *teat* Vorsprechen *n*; 4. *mús* Vorspielen *n*; 5. (*cant*) Vorsingen *n*; **~tiu, -iva** *adj* Gehör..., Hör...

audi/ència *f* Audienz *f*, Empfang *m*; **~òmetre** *m med* Audiometer *n*; **~ometria** *f med* Audiometrie *f*

audiovisual *adj m/f* audiovisuell

audit/ar *vt* prüfen (lassen); **~or, -a** *m/f* Richter, -in *m/f*; **~ori** *m* 1. Zuhörerschaft *f*; 2. Hörsaal *m*, Auditorium *n*; **~oria** *f* Auditorenamt *n*

augment *m* Erhöhung *f*, Aufschlag *m*; **~ar** *vt* 1. vermehren; 2. (*preu*) erhöhen, steigern; 3. (*lent, lupa*) vergrößern

Augsburg *f* Augsburg *n*

auguris! *interj* algue (herzliche) Glückwünsche!

aula *f* Hörsaal *n*, Klassenzimmer *m*

auricular 1. *adj m/f* 1. (*de l'orella*) Ohren...; 2. *med* aurikular; 2. *m* 1. (*telèfon*) (Telefon)Hörer *m*; 2. *mús* Kopfhörer *m*

auspici *m* Vorzeichen *n*

Austr/àlia *f* Australien *n*; **~*alià, -ana**

Àustria

1. *adj* australisch; 2. *m/f* Australier, -in *m/f*
Àustria *f* Österreich *n*
austríac, -a 1. *adj* österreichisch; 2. *m/f* Österreicher, -in *m/f*
aut/arquia *f* Autarkie *f*; **~àrquic, -a** *adj* autarkisch
aut/èntic, -a *adj* authentisch, echt, wahr; **~enticar** *vt* 1. beglaubigen; 2. *jur* authentisieren; **~entificar** *vt* 1. beglaubigen; 2. *jur* authentisieren
auto *m* Auto *n*; **~bús** *m* (Omni)Bus *m*; **~car** *m* Überlandbus *m*, Reisebus *m*; **~caravana** *f* Wohnmobil *n*
autoc/ensura *f* Selbstzensur *f*; **~ontrol** *m* Selbstkontrolle *f*
aut/ocràcia *f* Autokratie *f*; **~òcrata** *m/f* Autokrat, -in *m/f*; **~ocràtic, -a** *adj* autokratisch
autocrítica *f* Selbstkritik *f*
autòcton, -a 1. *adj* bodenständig; 2. *m/f* Ureinwohner, -in *m/f*
autoescola *f* Fahrschule *f*
autoestima *f* Selbstwertgefühl *n*
autoestop *m* Autostopp *m*; ♦ **fer ~** per Anhalter fahren, trampen
autogovern *m* Selbstverwaltung *f*
autògraf, -a 1. *adj* eigenhändig geschrieben; 2. *m* Autograph *n*
automàtic, -a *adj* automatisch
autom/òbil *m* Auto *n*, Personenkraftwagen (Pkw) *m*; **~obilista** *m/f* Autofahrer, -in *m/f*
aut/ònom, -a *adj* autonom, selbständig; **~onomia** *f* Autonomie *f*, Selbstverwaltung *f*
autopista *f* Autobahn *f*
autòpsia *f med* Autopsie *f*, Obduktion *f*
autor, -a *m/f* 1. Urheber, -in *m/f*; 2. *lit* Autor, -in *m/f*, Verfasser, -in *m/f*; **~etrat** *m* Selbstportrait *n*
autoria *f* 1. (*acte, text*) Urheberschaft *f*; 2. *jur* Täterschaft *f*
autorit/ari, -ària *adj* autoritär, herrisch; **~at** *f* 1. Autorität *f*, Macht *f*; 2. (*de l'Estat*) Behörde *f*, Amt *n*; **~zar** *vt* ermächtigen, genehmigen, beglaubigen
auto/servei *m* Selbstbedienung *f*; **~via** *f* gebührenfreie Autobahn *f*
auxili *m* Hilfe *f*, Beistand *m*; **~ar** 1. *adj m/f* Hilfs...; 2. *m/f* Gehilfe, Gehilfin *m/f*; **~ar gerontòleg, -òloga** Altenpfleger, -in *m/f*; 3. *vt* helfen, beistehen
avall *adv* abwärts, nach unten
avalua/ble *adj m/f* schätzbar; **~ció** *f* Bewertung *f*, Schätzung *f*; **~r** *vt* bewerten, schätzen
avan/çar 1. *vt* 1. *auto* überholen; 2. (*diners*) vorstrecken; **2.** *vi* 1. vorrücken, vorziehen; 2. (*rellotge*) vorgehen; **~tatge** *m* 1. Vorteil *m*, Plus *n*, Vorzug *m*; 2. *esp* Vorsprung *m*; **~tatjós, -osa** *adj* vorteilhaft, günstig
avantbraç *m anat* Unterarm *m*
avantguard/a *f* 1. Avantgarde *f*; 2. *mil* Vorhut *f*; **~ista** 1. *adj m/f* avantgardistisch; 2. *m/f* Avantgardist, -in *m/f*
avantpassat, -ada 1. *adj* vorherig, vorhergehend; 2. *m/f* Vorfahr, -in *m/f*, Ahn, -e *m/f*
avar, -a 1. *adj* geizig, knauserig; 2. *m/f* Geizhals *m*, Geizkragen *m*

avaria f 1. auto Panne f; 2. (mercaderia) Beschädigung f; 3. tecn Störung f

avar/ícia f Habsucht f; **~iciós, -osa** adj geizig

avellana f Haselnuss f

avenç m 1. Fortschritt m; 2. (moviment) Vorrücken n; 3. (diners) Vorschuss m; 4. cine Vorschau f

avenir-se sich vertragen, sich einigen

aventur/a f Abenteuer n; **~ar** vt 1. wagen; 2. (arriscar) riskieren, auf Spiel setzen; **~er, -a 1.** adj abenteuerlich; **2.** m/f Abenteurer, -in m/f

avergonyir vt beschämen; **~-se** sich schämen (**de** wegen)

aversió f Abneigung f

avet m Tanne f

avi, àvia m/f Großvater m, Großmutter f; **els ~s** die Großeltern pl; Opa m col·loq, Oma f col·loq

avia/ció f aero Luftfahrt f, Flugwesen n; **~dor, -a** m/f Pilot, -in m/f, Flieger, -in m/f

aviat adv bald, früh

avicult/or, -a m/f Geflügelhalter, -in m/f; **~ura** f Vogelzucht f, Geflügelhaltung f

àvid, -a adj (be)gierig (**de** nach)

avinguda f Allee f, Boulevard m

avi/ó m Flugzeug n; **~oneta** f Kleinflugzeug n

av/ís m Benachrichtigung f; **~isar** vt benachrichtigen

avitualla/ment m Versorgung f, Verpflegung f; **~r** vt mil verproviantieren, versorgen

avorri/ment m Langeweile f, Überdruss m; **~r-se** sich langweilen

avorta/ment m 1. (espontani) Fehlgeburt f; 2. (provocat) Abtreibung f; **~r** vi 1. (espontani) eine Fehlgeburt haben; 2. (provocat) abtreiben

avui adv heute

axial adj m/f Achsen..., axial

axil·la f 1. anat Achsel(höhle) f; 2. bot (Blatt)Achsel f

axiom/a m Axiom n; **~àtic, -a** adj axiomatisch

Azerbaidjan m Aserbaidschan n

B

b B f b, B n

babil/oni, -ònia 1. adj babylonisch, aus Babylonien; **2.** m/f Babylonier, -in m/f; **~*ònia** f Babylonien n; **~ònic, -a** adj 1. babylonisch; 2. fig üppig, prunkvoll

bacallà m peix Kabeljau m, Dorsch m; **~ sec** Stockfisch m

bacanal f 1. Bacchanal n; 2. (orgia) Orgie f

bacil m biol Bazillus m

bacil·lar adj m/f biol Bazillen..., bazillär

bacteri m Bakterie f; **~à, -ana** adj bakteriell; **~al** adj m/f bakteriell; **~cida 1.** adj m/f bakterizid; **2.** m Bakterizid m; **~oleg, -òloga** m/f Bakteriologe, -in m/f; **~ologia** f Bakteriologie f; **~ològic, -a** adj bakteriologisch

badall m Gähnen n; **~ar** vi gähnen
bàdminton m esp Badminton n
baf m 1. Dampf m, Dunst m; 2. Ausdünstung f; **~arada** f Dunstschwaden m
bagatel·la f mús Bagatelle f
bagatge m (Reise)Gepäck n
baieta f Scheuerlappen m, Scheuertuch n; ♦ **passar la ~** den Boden aufwischen
baioneta f Bajonett n, Seitengewehr n
baix, -a 1. adj 1. klein; 2. niedrig; **2.** m 1. mús Bass m; 2. mús Bassstimme f; **~a** f 1. Rückgang m, Abnahme f; 2. econ Baisse f; 3. adm Abmeldung f; 4. med Krankmeldung f; ♦ **donar de ~a** abmelden, med krank schreiben; **donar-se de ~a** jur s. abmelden, med ausscheiden; **~ada** f 1. Abstieg m; 2. auto Talfahrt f; 3. (esquí) Abfahrt f; **~ar 1.** vi heruntergehen, -kommen, -fahren, -führen, -steigen; **2.** vt 1. herunternehmen, -bringen, -holen, -lassen; 2. (l'escala) hinuntergehen; 3. (els preus) senken
bajoca f 1. bot Schote f; 2. (mongeta tendra) (grüne) Bohne f
bala f 1. Ballen m; 2. Kugel f, Geschoss n
balada f Ballade f
balalaica f mús Balalaika f
balan/ç m 1. Schwanken n; 2. com Bilanz f; **~ça** f 1. Waage f; 2. astrol Waage f; **~cejar 1.** vi s. wiegen, schaukeln, schwanken, pendeln; **2.** vt schaukeln, wiegen; **~cí** m Schaukelstuhl m

balbuc/eig m 1. Stammeln n; 2. (nens) Lallen n; **~ejar** vt/i 1. stammeln, lallen; 2. nuscheln; **~ient** adj m/f stammelnd
balc/ànic, -a adj balkanisch, Balkan...; **~*ans** mpl Balkan m
balcó m Balkon m
balda f 1. (Tür-, Fenster-)Riegel m; 2. Türklopfer m
baldraca f bal spanischer Wassertrinkkrug aus Ton
balear 1. adj m/f balearisch; **2.** m/f Baleare, -in m/f; **3.** m ling Balearisch n; **~*s** fpl Balearen pl
balena f zool Wal m
ball m 1. Tanz m; 2. (festa) Ball m; **~ de disfresses** Kostümball m; **~able** adj m/f tanzbar; **~ar** vt/i tanzen; **~arí, -ina** m/f Tänzer, -in m/f
ballesta f 1. hist Armbrust f; 2. tecn (Blatt)Feder f
ballet m Ballett n
balneari m 1. (Heil)Bad n; 2. Kurort m
bàlsam m Balsam m
balsàmic, -a adj balsamisch
bàltic, -a 1. adj baltisch, Ostsee...; **2.** m/f Balte, -in m/f
baluard m Bollwerk n, Bastion f
bambú m bot Bambus m
banal adj m/f banal; **~itat** f Banalität f; **~itzar** vt banalisieren
banana f Banane f
banc m 1. Sitzbank f; 2. (peixos) Schwarm m; 3. econ Bank f; **~ de dades** informàt Datenbank f; **~arrota** f 1. Bankrott m; 2. Pleite f col·loq

banda 1. f Seite f; **2. d'altra ~** adv anderseits, zum andern, auf der anderen Seite; **d'una ~** einerseits; **per la meva ~** meinerseits; ♦ **deixar de ~** (una cosa) etw beiseite lassen; (algú) j-n beiseite schieben

bandarra m/f Arschloch n vulg

bandera f Fahne f, Flagge f

bandit, -ida m/f 1. Straßenräuber, -in m/f; 2. hist Bandit, -in m/f

bàndol m Partei f, Lager n, Seite f

bandoler m Straßenräuber m; **~a** f 1. Schulterriemen m; 2. Straßenräuberin f

banquer, -a m/f Banker, -in m/f

banquet m 1. Festessen n, Bankett n; 2. Bänkchen n

bany m Bad, Badezimmer n; **~ maria** gastr Wasserbad n; **~a** f Horn n; **~ador** m 1. (lloc) Badestelle f; 2. (roba) Badeanzug m; **~ar** vt baden; **~ar-se** sich baden; **~era** f Badewanne f; **~ista** m/f Badende, -r f/m

baptism/al adj m/f Tauf...; **~e** m Taufe f

bar m 1. Snackbar f, Kneipe f; 2. fís Bar n

baralla f 1. Streit m, Zank m; 2. joc Kartenspiel m; **~r** vt joc mischen; **~r-se** sich streiten

barana f Geländer n

barat, -a adj billig, preiswert; **~ar** vt tauschen, barattieren

barba f Bart m; **per ~** pro Kopf pro Nase col·loq

barbacoa f Grill m, Barbecue n

bàrbar, -a 1. adj barbarisch; **2.** m/f Barbar, -in m/f

barbari/sme m ling Barbarismus m; **~tat** f 1. Barbarei f; 2. große Menge f

barb/er m Herrenfriseur m; **~eria** f Herrenfriseurgeschäft n; **~ut, -uda 1.** adj bärtig; **2.** m Bartträger m

barca f Boot n, Kahn m

Barcelon/a f Barcelona n; **~*ès, -esa 1.** adj barcelonesisch, aus Barcelona; **2.** m/f Barceloniner, -in m/f; **~í, -ina 1.** adj barcelonesisch, aus Barcelona; **2.** m/f Barceloniner, -in m/f

bardissa f Dornengestrüpp n

barnús m Bademantel m

baró m Baron m, Freiherr m

bar/òmetre m Barometer n; **~omètric, -a** adj barometrisch, Barometer...

baron/essa f Baronin f; **~ia** f Baronie f

barra f 1. Stange f; 2. anat Kiefer m; 3. col·loq Dreistigkeit f, Frechheit f; ♦ **tenir ~** unverschämt sein; **~ca** f 1. Hütte f; 2. val schilfgedecktes Bauernhaus n; 3. Baracke f; **~nc** m Steilhang m, Schlucht f; **~nquisme** m Canyoning n

barreja f Mischung f, Gemisch n; **~r** vt mischen

barrera f 1. Sperre f; 2. ferroc Schranke f

barret m Hut m; **~ de copa** Zylinder m; **~ina** f die phrygische Mütze f (der Katalanen)

barri m (Stadt)Viertel n; **~ residencial** Wohnviertel n; **~s baixos** Elends-, Unterwelt-viertel n; ♦ **anar-se'n a**

barricada

l'altre ~ seine letzte Reise antreten, sterben
barricada f Barrikade f
barril m 1. Fass n; 2. Tonne f
barrinar 1. vi bal vulg ficken; **2.** vt nachdenken
barroc, -a 1. adj 1. barock, Barock...; 2. fig verschnörkelt, überladen; **2.** m Barock n, Barockstil m
barrufet m Kobold m
bas/alt m Basalt m; **~àltic, -a** adj basaltisch, Basalt...
basar 1. m 1. Basar m; 2. Warenhaus n; **2.** vt 1. gründen, stützen; 2. fig aufbauen, basieren (**en** auf)
basc, -a 1. adj baskisch; **2.** m/f Baske m, Baskin f; **3.** m ling Baskisch n
bàscula f (Stand)Waage f
base f 1. Basis f; 2. fig Grundlage f; 3. quím Base f; **2.** m/f esp Verteidigungsspieler, -in m/f
bàsic, -a adj grundlegend
Basilea f Basel n
basílica f Basilika f
basquetbol t. bàsquet m esp Basketball m
bassa f 1. Teich m; 2. Wasserbecken n
bast, -a 1. adj ungeschlacht, grob, derb; **2.** f Heftnaht f; **~ant** adv ziemlich; **~ar** vi (aus)reichen, genügen
bastard, -a 1. adj 1. unehelich; 2. fig verfälscht, unecht; **2.** m/f unehelicher Sohn m, uneheliche Tochter f; **3.** m hist Bastard m
bast/ó m (Spazier)Stock m; **~onada** f Stockschlag m; **~onejar** vt prügeln

bata f 1. Schlafrock m; 2. (de feina) (Arbeits)Kittel m
batalla f 1. mil Schlacht f; 2. Kampf m
bate/c m (cor, pols) Schlag m, Schlagen n; **~gar** vi 1. (cor, pols) schlagen; 2. klopfen, pochen
bate/ig m Taufe f; **~jar** vt taufen
bateria 1. f 1. tecn Batterie f; 2. mús Schlagzeug n; **2.** m/f Schlagzeuger, -in m/f
batibull m Gewirr n, Trubel m
batlle, -ssa m/f Bürgermeister, -in m/f
batre vt schlagen
batuta f mús Taktstock m
batxillerat m Abitur n, Reifeprüfung f
bava f 1. Geifer m; 2. (cargol) Schleim m
bav/arès, -esa 1. adj 1. bay(e)risch; 2. ling bairisch; **2.** m/f Bayer, -in m/f; **3.** m ling Bairisch n; **~*iera** f Bayern n
be 1. f (nom lletra) b, B n; **2.** m zool Schaf n
bé ben + adj 1. adv gut; **2.** m das Gute n
beat, -a 1. adj selig; **2.** m/f Selige, -r f/m; **~eria** f desp Frömmelei f; **~ificació** f Seligsprechung f; **~ificar** vt selig sprechen
bebè m Baby n; **~ proveta** Retortenbaby n
bec m Schnabel m
beca f Stipendium n; **~ri, -ària** m/f Stipendiat, -in m/f
begu/da f Getränk n; **~t, -uda** adj betrunken
beisbol m esp Baseball m
beix adj inv beige
beixamel f gastr Bechamelsoße f

belga 1. *adj m/f* belgisch; 2. *m/f* Belgier, -in *f*

Bèlgica *f* Belgien *n*

Belgrad *f* Belgrad *n*

bell, -a 1. *adj* schön; **al ~ mig** genau in der Mitte; 2. *m* das Schöne *n*; 3. *f* die Schöne *f*; **~esa** *f* Schönheit *f*

bèl·lic, -a *adj* kriegerisch, Kriegs...

bemoll *m mús* b *n*

bena *f med* Binde *f*

benedicció *f* 1. Segen(sspruch) *m*; 2. *relig* (Ein)Segnung *f*, Weihe *f*

ben/efactor, -a 1. *adj* wohltätig, barmherzig; 2. *m/f* Wohltäter, -in *m/f*; **~èfic, -a** *adj* wohltätig; **~efici** *m* Wohltat *f*; **en ~efici de** zum Wohl(e); **~eficiar** *vt* wohl tun; **~eficiós, -osa** *adj* vorteilhaft

benei/r *vt* (ein)segnen; **~t, -a** *adj fig* einfältig, naiv, simpel

benesta/nt *adj m/f* wohlhabend; **~r** *m* 1. Wohlstand *m*; 2. Wohlbefinden *n*

ben/èvol, -a *adj* wohlgesinnt, wohlwollend; **~igne, -a** *adj* 1. gütig, sanft; 2. *med* gutartig

benv/ingut, -uda *adj* willkommen; **~olgut, -uda** *adj* lieb, geliebt

benzina *f* Benzin *n*

berber 1. *adj m/f* berberisch; 2. *m/f* Berber, -in *m/f*; 3. *m ling* Berbersprache *f*

berenar 1. *vi* vespern; 2. *bal* frühstücken; 2. *m* 1. Zwischenmahlzeit *f*; 2. *bal* Frühstück *n*

Berl/ín *m* Berlin *n*; **~*inès, -esa** 1. *adj* berlinerisch; 2. *m/f* Berliner, -in *m/f*

bermudes *mpl* Bermudas, Bermudashorts *mpl*

Bern/a *f* Bern *n*; **~ès, -esa** 1. *adj* Berner; 2. *m/f* Berner, -in *m/f*

berruga *f* Warze *f*

bes *m* Kuss *m*; **~amans** *mpl* Handkuss *m*; **~ar** *vt* küssen; **~ar-se** sich küssen

bes/avi, -àvia *m/f* Urgroßvater *m*, Urgroßmutter *f*; **~nét, -a** *m/f* Urenkel, -in

bess/ó, -ona 1. *adj* Zwillings...; 2. *m/f* Zwillingsbruder *m*, Zwillingsschwester *f*; **~ons** *mpl astrol* Zwillinge *mpl*

bèstia *f* 1. Tier *n*; 2. *desp* (*persona*) Bestie *f*

besti/al *adj m/f* bestialisch; **~alitat** *f* Bestialität *f*; **~esa** *f col·loq* Dummheit *f*

beta *f* Beta *n*

betum *m* 1. *quím* Bitumen *n*; 2. Schuhcreme *f*

be/ure *vt/i* 1. (*persones*) trinken; 2. (*animals*) saufen; **~vedor, -a** *m/f* Trinker, -in *m/f*

bianual *adj m/f* zweimal jährlich, halbjährlich

biatló *m esp* Biathlon *n*

biberó *m* Babyflasche *f*

Bíbli/a *f* Bibel *f*; **~*c, -a** *adj* biblisch, Bibel...

bibli/òfil, -a *m/f* Bibliophile, -r *f/m*; **~ofília** *f* Bibliophilie *f*; **~ògraf, -a** *m/f* Bibliograf, -in *m/f*; **~ografia** *f* Bibliografie *f*; **~ogràfic, -a** *adj* bibliografisch

biblioteca *f* 1. Bibliothek *f*; 2. (*sala*

bicameral

pública amb llibres) Bücherei *f*; 3. (*moble*) Bücherschrank *m*; **~ri, -ària** *m/f* Bibliothekar, -in *m/f*
bicameral *adj m/f pol* Zweikammer...
bicarbonat *m* 1. *med* Natron *n*; 2. *quím* Bikarbonat *n*
bicèfal, -a *adj* doppelköpfig
bíceps *m anat* Bizeps *m*
bicic/leta *f* Fahrrad *n*; **~ròs** *m* Fahrrad-Cross *m*
bidet *m* Bidet *n*
bidó *m* 1. (Blech)Kanister *m*; 2. Tonne *f*
bielorús, -russa 1. *adj* weißrussisch, belorussisch; 2. *m/f* Weißrusse, -in *m/f*, Belorusse, -in *m/f*; **~*sia** *f* Weißrussland *n*
bienn/al 1. *adj m/f* zweijährig; 2. *f* Biennale *f*; **~i** *m* Biennium *n*
bifàsic, -a *adj electr* zweiphasig
bifurca/ció *f* 1. (*camí, riu*) Gabelung *f*; 2. (*carretera*) Abzweigung *f*; **~r-se** sich gabeln, sich teilen
biga *f* 1. (*fusta*) Balken *m*; 2. (*metall*) Träger *m*
bigàmia *f* Bigamie *f*
bigoti *m* Schnurrbart *m*
bijuteria *f* Modeschmuck *m*
bilabial *adj m/f ling* bilabial
bilateral *adj m/f* zweiseitig, bilateral
biliar *adj m/f med* Gallen...
bilingü/e *adj m/f* zweisprachig; **~isme** *m* Bilinguismus *m*, Zweisprachigkeit *f*
bilió *f* Billion *f*
bilirubina *f med* Bilirubin *n*
bilis *f anat* Galle *f*
billar *m* 1. Billard *n*; 2. Billardsalon *m*

bime/nsual *adj m/f* vierzehntägig; **~stral** *adj m/f* zweimonatlich
binoc/le *m* Fernglas *n*, Binokel *n*; **~ular** *adj m/f* binokular
binomi *m mat* Binom *n*
bi/odiversitat *f* Biodiversität *f*, Artenvielfalt *f*; **~ofísica** *f* Biophysik *f*; **~ògraf, -a** *m/f* Biograf, -in *m/f*; **~ografia** *f* Biographie *f*; **~ogràfic, -a** *adj* biografisch; **~òleg, -òloga** *m/f* Biologe, -in *m/f*; **~ologia** *f* Biologie *f*; **~ològic, -a** *adj* biologisch
biònica *f* Bionik *f*
biòpsia *f* Biopsie *f*
bioquímic, -a 1. *adj* biochemisch; 2. *m/f* Biochemiker, -in *m/f*; **~a** *f* Biochemie *f*
bioritme *m* Biorhythmus *m*
biosfera *f* Biosphäre *f*
biosíntesi *f* Biosynthese *f*
biparti/ció *f* Zweiteilung *f*; **~disme** *m pol* Zweiparteiensystem *n*
bipolar *adj m/f* zweipolig, bipolar; **~itat** *f* Zweipoligkeit *f*, Bipolarität *f*
birmà, -ana 1. *adj* birmanisch; 2. *m/f* Birmane, -in *m/f*; **~*nia** *f* Birma *n*
bis 1. *adv mús* da capo, noch einmal; 2. *m mús* Zugabe *f*
bisb/at *m* 1. *relig* Bistum *n*; 2. *relig* Bischofsamt *n*; **~e** *m* Bischof *m*
bisecció *f geom* Halbierung *f*
bisexual 1. *adj m/f* bisexuell; 2. *m/f* Bisexuelle, -r *f/m*; **~itat** *f* Bisexualität *f*
bisó *m zool* Bison *m*
bistec *m* Steak *n*

bisturi *m med* Skalpell *n*
bitllet *m* 1. (*diners en paper*) (Geld)Schein *m*; 2. (*loteria*) (Lotterie)Los *n*; 3. *transp* Fahrkarte *f*
bitxo *m* scharfer Paprikastrauch *m*
bixest: any ~ *adj m/f* Schaltjahr *n*
bla, -na *adj* weich
blan/c, -a 1. *adj* weiß; 2. *f mús* halbe Note *f*; **~cor** *f* Weiße *f*; **~quejar** *vt* weiß machen, weißen
blasf/emar 1. *vi* fluchen, lästern, blasphemieren; 2. *vt* verfluchen, blasphemieren; **~èmia** *f* Blasphemie *f*, (Gottes)Lästerung *f*
blasó *m* Wappen *n*
blat *m* Weizen *m*; **~ de moro** Mais *m*
bla/u, -ava *adj* blau; **~vor** *f* Bläue *f*
bleda *f* 1. *bot* Mangold *m*; 2. *fig* blöde Gans/Kuh, Zimperliese *f*
blinda/r *vt mil* panzern; **~t, -ada** *adj* gepanzert, Panzer...; **~tge** *m* Panzerung *f*
blo/c *m* (Schreib)Block *m*; **~queig** *m* Blockierung *f*; **~quejar** *vt* 1. blockieren; 2. (ab)sperren; 3. *eco* stoppen; 4. *esp* blocken; 5. (*pilota*) stoppen; 6. *ferroc* blocken, sperren
bo, -na 1. *adj* gut; 2. *m* 1. Gutschein *m*, Bon *m*; 2. *econ* Schuldverschreibung *f*; **~ del tresor** *fin* Schatzanweisung *f*
boa *f zool* Boa *f*
boc *m* (Ziegen)Bock *m*
boca *f* 1. Mund *m*; 2. (*animal*) Maul *n*, Schnauze *f*; **~badat, -ada** *adj* 1. mit offenem Mund; 2. *fig* verblüfft
bocoi *m* Weinfass *n*

boda *f* Hochzeit *f*
bodega *f nav* Frachtraum *m*, Laderaum *m*
bogeria *f* Verrücktheit *f*, Wahnsinn *m*, Irrsinn *m*
boh/emi, -èmia 1. *adj* böhmisch; 2. *m/f* Böhme, -in *m/f*; **~*èmia** *f* Böhmen *n*
boia *f nav* Boje *f*
boicot *m* Boycott *m*
boig, boja *adj* verrückt, wahnsinnig, irr(e)
boina *f* Baskenmütze *f*
boínder *m bal* Erker *m*
boir/a *f* 1. Nebel *m*; 2. Dunst *m*; **~ada** *f* Nebelfeld *n*; **~ina** *f* leichter Nebel *m*; **~ós, -osa** *adj* nebelig
boix *m bot* Buchsbaum *m*
bol *m* Schale *f*, Nupf *m*
bola *f* 1. Kugel *f*; 2. *fig* Lüge *f*
bolet *m bot* Pilz *m*
bol/i *m col·loq* Kuli *m*; **~ígraf** *m* Kugelschreiber *m*
Bolívia *f* Bolivien *n*; **~*ivià, -ana** 1. *adj* bolivianisch; 2. *m/f* Bolivianer, -in *m/f*
Bolonya *f* Bologna *n*
bolquer *m* Windel *f*
bomba *f* Bombe *f*
Bombai *f* Bombay *n*
bombarde/ig *m mil* Bombardierung *f*, Bombardement *n*; **~ig aeri** Luftangriff *m*; **~jar** *vt* bombardieren
bomber, -a *m/f* Feuerwehrmann, Feuerwehrfrau *f*
bombeta *f* (Glüh)Birne *f*
bombo *m* 1. *mús* Trommel *f*; 2. *mús* Pauke *f*; 3. (*loteria*) Lostrommel *f*

bombolla

bombo/lla f (Luft)Blase f; **~na** f Glasballon m; **~na de gas** Gasflasche f
bon/ança f meteo Windstille f; **~dat** f 1. Güte f; 2. Großmut m, Gutherzigkeit f
bonic, -a adj 1. hübsch; 2. schön; 3. anmutig
bonifica/ció f Vergütung f, Gutschrift f; **~r** vt 1. (abonar) gutschreiben; 2. com vergüten
bonsai m Bonsai m
bony m Beule f
bord, -a 1. adj 1. unehelich; 2. hist Bastard...; 2. m nav Bord m; **a ~** an Bord; **~a** f nav Reling f, Bord m; **~ar** vi bellen, anschlagen
borde/lès, -esa 1. adj aus Bordeaux; 2. m/f Bordelese, -sin m/f; **~*us** m Bordeaux n
borinot m. zool Hummel f; 2. fig Nervensäge f
borrasc/a f Sturm m, Unwetter n; **~ós, -osa** adj stürmisch
borratx/era f Betrunkenheit f, Suff m col·loq; **~o, -a** 1. adj betrunken, besoffen col·loq; 2. m/f Trinker, -in m/f
borrec, -ega m/f 1. Lamm n; 2. col·loq Schafskopf m; 3. mús Dudelsack m
borrós, -osa adj 1. undeutlich; 2. foto unscharf
borsa f Börse f; **~ d'estudi** Stipendium n; **~ de treball** Arbeitsvermittlung f; **~ de valors** Wertpapierbörse f; ♦ jugar a la **~** an der Börse spekulieren; **~ri, -ària** adj Börsen...
bosc m Wald m
Bòsnia f Bosnien n

bosnià, -ana 1. adj bosnisch; 2. m/f Bosnier, -in m/f
bossa f Tasche f
bot m 1. Sprung m; 2. nav Boot n; **~a** f Stiefel m
bóta f Fass n
botànic, -a 1. adj botanisch; 2. m/f Botaniker, -in m/f; **~a** f Botanik f
botar vt/i überspringen, aufspringen
botella f Flasche f
botí m Beute f
botifarra f (Brat)Wurst f
botig/a f Laden m; **~uer, -a** m/f Ladeninhaber, -in m/f
botó m 1. Knopf m; 2. bot Knospe f
bo/u m 1. Rind m; 2. Ochse m; **~ví, -ina** adj Rinder...
box/a f esp Boxen n; **~ejador, -a** m/f esp Boxer, -in m/f
braç m Arm m; **~a** f esp Brustschwimmen n; **~alet** m Armband n
bragueta f Hosenschlitz m
bram m 1. Gebrüll, Brüllen n; 2. (cérvol) Röhren n; 3. (persona) Wüten, Toben n; 4. (vent) Heulen n; **~ar** vi 1. (animal) brüllen; 2. (cérvol) röhren; 3. (persona) wüten, toben; 4. (vent) heulen
branca f bot Ast m
br/ànquia f zool Kieme f; **~anquial** adj m/f Kiemen...
bras/a f 1. (de llenya) (Holz)Glut f; 2. (de carbó) (Kohlen)Glut f; **~er** m Kohlenbecken n
Brasil m Brasilien n; **~*er, -a** 1. adj brasilianisch; 2. m/f Brasilianer, -in m/f

brau, -ava 1. adj 1. mutig; 2. (mar) stürmisch; **2.** m Stier m

bravo interj bravo!

brega f Streit m

bressol m Wiege f

bretxa f 1. mil Bresche f; 2. min Breccie f, Brekzie f; 3. Lücke f, Öffnung f

bre/u adj m/f kurz; **~vetat** f Kürze f

bric m Tetrapak m

bricolatge m Heimwerken n, Basteln n

brigada f 1. mil Brigade f; 2. (treballadors) Trupp m

brilla/nt 1. adj m/f 1. strahlend, leuchtend; 2. fig glanzend, Glanz...; 3. fig hervorragend; **2.** m Brillant m; **~ntina**, **~ntor** f Brillantine f; **~ntor** f Glanz m; **~r** vi 1. funkeln, strahlen, leuchten; 2. fig glänzen, scheinen

brind/ar vi anstoßen (**amb** mit); **~is** m Trinkspruch m

brisa f Brise f

britànic, -a 1. adj britisch; **2.** m/f Brite m, Britin f

broca f 1. tecn (Drill)Bohrer m; 2. Zwecke m, Schuhnagel m

broda/dor, -a m/f Sticker, -in m/f; **~r** vt sticken

brolla/dor m Wasserstrahl m; **~r** vi quellen, ausfließen

brom m quím Brom n

brom/a f 1. Scherz m, Spaß m, Witz m; 2. Schaum m; 3. Nebel m, Dunst m; **~ejar** vi spaßen, scherzen

bromera f Schaum m

bromista 1. adj m/f lustig, humorvoll; **2.** m/f Spaßmacher, -in m/f, Spaßvogel m

bronqui m anat Bronchie f; **~tis** f med Bronchitis f

bronze m Bronze f; **~jar** vt 1. bronzieren; 2. (sol) bräunen

brossa f Abfall m, Müll m; **~ a l'ull** Fremdkörper m im Auge

brossat m bal col·loq Schläger m

brot m Sproß m; **~ar** vi sprießen

brotxa f 1. (pintura) Rundpinsel m; 2. (d'afaitar) Rasierpinsel m

brou m Brühe f

bru, -na adj 1. schwarzgrau; 2. dunkelhaarig

Bruges m Brügge n

bruixa f 1. Hexe f; 2. Zauberin f

brúixola f Kompass m

bruixot m 1. Hexenmeister m; 2. Zauberer m

brusa f Bluse f

brusc, -a adj 1. brüsk, schroff; 2. plötzlich

Brussel·les f Brüssel n

brut, -a adj schmutzig, dreckig col·loq

brutal adj m/f brutal, roh; **~itat** f Brutalität f

brut/edat f Schmutzigkeit f; **~ícia** f 1. Schmutz m, Dreck m col·loq; 2. Schmutzigkeit f; ♦ **dir ~ícies** anstößig reden

bucal adj m/f Mund...

Bucarest f Bukarest n

bucòlic, -a adj bukolisch, Hirten..., Schäfer...

Buda m Buddha m

Budapest f Budapest n

budell m Darm m

budisme m Buddhismus m

búfal

búfal *m zool* Büffel *m*
bufanda *f* Schal *m*, Halstuch *n*
bufet *m* 1. Anrichte *f*, Büfett *n*; 2. *jur* Anwaltskanzlei *f*; 3. Ohrfeige *f*, Backpfeife *f*
bufetada *f* Ohrfeige *f*, Backpfeife *f*
buf/ó *m hist* Spaßmacher *m*, Hofnarr *m*; **~onada** *f* Drolerie *f*, Narrenstreich *m*
bugad/a *f* große Wäsche *f*; **~eria** *f* Wäscherei *f*
bugia *f* 1. Kerze *f*; 2. *auto* Zündkerze *f*
bui/dar *vt* (aus)leeren; **~dar-se** sich leeren; **~t, -ida** *adj* leer, hohl
búlgar, -a 1. *adj* bulgarisch; 2. *m/f* Bulgare *m*, Bulgarin *f*; 3. *m ling* Bulgarisch *n*
Bulgària *f* Bulgarien *n*
bulímia *f med* Bulimie *f*, Heißhunger *m*
bull/ent *adj m/f* kochend; **~ir 1.** *vt* (auf)kochen (lassen), auskochen; 2. *vi* sieden, kochen
bunyol *m gastr* eine Art Krapfen *m*
burg/ès, -esa 1. *adj* bürgerlich, *desp* spießig, spießbürgerlich; 2. *m/f* 1. Bürger, -in *m/f*; 2. *desp* Spießer, -in, Spießbürger, -in *m/f*; **~esia** *f* Bürgertum *n*
burilla *f* Zigarettenstummel *m*
burla *f* 1. Spott *m*; 2. Scherz *m*, Spaß *m*; 3. Täuschung *f*; **~r-se** Spaß machen
bur/ocràcia *f* Bürokratie *f*; **~òcrata** *m/f* Bürokrat, -in *m/f*; **~ocràtic, -a** *adj* bürokratisch; **~ocratisme** *m* Bürokratie *m*; **~ocratitzar** *vt* bürokratisieren

burr/a *f zool* Eselin *f*; **~ada** *f* Dummheit *f*; **~o** *m* 1. *zool* Esel *m*; 2. (*persona ximple*) Esel *m*
bus *m* 1. Taucher, -in *m/f*; 2. *auto* (Auto)bus *m*, Omnibus *m*
busca *f* 1. Krümel *m*; 2. (*rellotge*) Uhrzeiger *m*; **~r** *vt* suchen
bust *m* 1. (*escultura*) Büste *f*; 2. *anat* Oberkörper *m*
bústia *f* Briefkasten *m*, Postkasten *m*
butà *m quím* Butan(gas) *n*
butaca *f* 1. (Lehn)Sessel *m*, Lehnstuhl *m*; 2. *teat* Parkettplatz *m*, Parkettsitz *m*
butaner, -a *adj* Butan...
butllet/a *f* Zettel *m*, Schein *m*, Beleg *m*; **~í** *m* 1. (amtlicher) Bericht *m*; 2. Bulletin *n*
butxaca *f* Tasche *f*

C

c C f c, C n
cabalós, -osa *adj* 1. (*ric*) begütert, reich, wohlhabend; 2. (*riu*) wasserreich
cabana *f* Hütte *f*
cabanya *f* Hütte *f*
cabaret *m* Kabarett *n*, Nachtclub *m*
cabàs *m* Korb *m*; **a cabassos** in Unmengen *fig*
cabdal *adj m/f* hauptsächlich
cabdell *m* Knäuel *m*; **~ar** *vt* aufwickeln; **~ar-se** sich knäueln
cabdill *m* (An)Führer *m*
cabeça *f* Knolle *f*, Zwiebel *f*; **~ d'alls**

Knoblauchknolle f; **~da** f Zaumzeug n
cabell m Haar n; **~ d'àngel** Kürbiskonfitüre f; ♦ **estirar-se els ~s** s. die Haare raufen; **~era** f Haare n
cabina f Kabine f; **~ telefònica** Telefonzelle f
cable m 1. Kabel n; 2. nav Tau n
cabòria f Sorge f
cabra f Ziege f; ♦ **estar com una ~** spinnen, nicht ganz dicht sein
cabre vi (hinein) passen, Platz haben
cabr/it m Zicklein n; **~ó** m 1. zool Ziegenbock m; 2. vulg Scheißkerl m, Arschloch n
cabronada f vulg Sauerei f
cabu/da f Fassungsvermögen n; **~t, -uda 1.** adj 1. großköpfig; 2. fig dickköpfig; **2.** m peix Rote(r) Sägebarsch m
caca f infant Aa n, col·loq Kacke f; ♦ **fer ~** infant Aa machen
caça f Jagd f; **~ major** Hochjagd f; **~ menor** Niederjagd f; **~dor, -a 1.** adj jagd...; **2.** m/f Jäger, -in m/f; **3.** f Jacke f, Blouson m; **~r** vt jagen
cacatua f Kakadu m
cacau m Kakao m
cacauet m Erdnuss f
cacera f Jagd f
caciquisme m Cliquenwirtschaft f, Bonzentum n
cacof/onia f Missklang m; **~ònic, -a** adj schlechtklingend
cactus m Kaktus m
cada adj inv jede; **~ dia** jeden Tag, täglich; **~ un** jeder; **~scú** pron jede; **~scun, -una** adj jede
cadafal m Podium n
cad/àver m Leiche f; **~avèric, -a** adj Leichen...
cadena f 1. Kette f; **reacció en ~** Kettenreaktion f; **treball en ~** Fließbandarbeit f; 2. TV Programm n, Sender m; 3. auto Schneekette f; **~ perpètua** jur lebenslängliche Freiheitsstrafe f
cadència f mús Kadenz f
cadernera f zool Stieglitz m
cadet m mil Kadett m
cadira f Stuhl m; **~ de rodes** med Rollstuhl m; **~ elèctrica** elektrischer Stuhl m; **~ plegable** Klappstuhl m
cadmi m quím Cadmium n
caduc, -a adj 1. vergänglich; 2. constr baufällig; 3. (persona) altersschwach; 4. (arbre) Laub abwerfend; **~ar** vi verfallen, ablaufen; **~itat** f 1. Hinfälligkeit f; 2. Vergänglichkeit f
caf/è m 1. Kaffee m; **~è amb llet** Milchkaffee m; **~è descafeïnat** koffeinfreier Kaffee m; 2. (local) Café m; **~eïna** f Koffein n; **~etera** f 1. Kaffeekanne f; 2. Kaffeemaschine f; **~eteria** f Cafeteria f
cagacalces m vulg Feigling m, Schisser m
caga/da f vulg Scheißen n; **~ner, -a 1.** m/f vulg Scheißer, -in m/f; **2.** m eine der Krippenfiguren; **~r** vi vulg scheißen, kacken; **~r-la** col·loq kaputtmachen; ♦ **~r-se de por** col·loq s. vor Angst in die Hose machen

cagueta *m vulg* Feigling *m*, Schisser *m*
caiac *m esp* Kajak *m*
caiguda *f* Fall *m*, Sturz *m*
caiman *m zool* Kaiman *m*
Caire *m* Kairo *n*
caire *m* 1. Kante *f*; 2. *fig* Aspekt
caix/a *f* 1. Kiste *f*, Kasten *m*, Schachtel *f*; 2. *fin* Kasse *f*; **~a d'estalvis** Sparkasse *f*; **~a enregistradora** Kasse *f*; **~er, -a** *m/f* Kassierer, -in *m/f*; **~er automàtic** Geldautomat *m*
caixmir *m tèxtil* Kaschmir *m*
caixó *m* Kästchen *n*
cal *V.* **can** Kontraktion von "ca" (casa) und dem Artikel "el"
cala *f* Bucht *f*
calabós *m* Kerker *m*, Gefängnis *n*
calaix *m* Schublade *f*; **~ de sastre** Sammelsurium *n*; **~era** *f* Kommode *f*
calamar *m zool* Kalmar *m*
calamitat *f* 1. Katastrophe *f*; 2. Unheil *n*
calar 1. *vt* durchnässen; **~ el motor** den Motor abwürgen; 2. *vi* 1. tief sein; 2. *nav* Tiefgang haben; 3. durchdringen, eindringen
calavera *f* 1. Schädel *m*; 2. Skelett *n*
calb, -a 1. *adj* kahl, kahlköpfig; 2. *m/f* Glatzkopf *m*; 3. *f* Glatze *f*
calç *f* Kalk *m*
calça *f* Strumpf *m*
calçada *f* Fahrbahn *f*
calçador *m* Schuhlöffel *m*
calcar *vt* 1. abpausen, durchpausen; 2. (*imitar*) nachahmen
calçar *vt* 1. (*calçat*) anziehen; 2. *tecn* verkeilen

calcari, -ària *adj* kalkig, Kalk...
calçat *m* Schuhe *mpl*
calci *m* Kalzium *n*; **~ficació** *f* 1. Kalkablagerung *f*; 2. *med* Verkalkung *f*; **~ficar** *vt* verkalken lassen
calcina/ció *f quím* Kalzination *f*; **~r** *vt quím* kalzinieren
calcomania *f* Abziehbild *n*
calçot *m* (Frühlings)Zwiebelspross *m*; **~ada** *f gastr* Zwiebelsprossgrillade *f*
calçotets *mpl* (Herren)Unterhose *f*
càlcul *m* 1. Rechnen *n*, Rechnung *f*; 2. *med* Stein *m*
calcula/ble *adj m/f* berechenbar, kalkulierbar; **~ció** *f* Berechnung *f*, Kalkulation *f*; **~dora** *f* Taschenrechner *m*; **~r** *vt* (aus)rechnen
calde/jar *vt* (*terra, aire*) erwärmen; **~ra** *f* Kessel *m*
caldo *m* Brühe *f*, Suppe *f*
caldre *vi* nötig sein, brauchen
calefacció *f* Heizung *f*
calendari *m* Kalender *m*
calent, -a *adj* 1. warm, heiß; 2. (*sexe*) erregt, geil
calés *mpl col·loq* Zaster *m*, Moneten *pl*
calessa *f* Kalesche *f*
calf/ar *vt* 1. *val* (er)wärmen; 2. erhitzen; **~red** *m* 1. Schauder *m*; 2. *med* Schüttelfrost *m*
calibra/dor *m tecn* Kaliber(maß) *n*; **~r** *vt* kalibrieren
càlid, -a *adj* 1. warm, heiß; 2. *fig* warm, herzlich
calidoscopi *m* Kaleidoskop *n*
Califòrnia *f* Kalifornien *n*

calitja f Dunst m

calla/r 1. vt verschweigen, bewahren; **2.** vi schweigen, den Mund halten; **~t, -ada** adj 1. (persona) schweigsam, still; 2. (cosa) still

cal·ligr/afia f Kalligraphie f, Schönschreibkunst f; **~àfic, -a** adj kalligraphisch; **~ama** m lit visuelle(s) Gedicht n

callista m/f Fußpfleger, -in m/f

calma f 1. Ruhe f; 2. (serenitat) Gelassenheit f; **~nt** m Beruhigungsmittel n; **~r** 1. vt 1. beruhigen; 2. (dolor) lindern, stillen; **2.** vi (vent) abflauen

caló m ling Zigeunersprache f

cal/or f 1. (d'un cos) Wärme f; 2. (clima) Hitze f; **fa ~or** es ist heiß; **tinc ~or** mir ist (es) heiß; **~oria** f Kalorie f; **~òric, -a** adj kalorisch; **~orós, -osa** adj 1. warm, heiß; 2. fig warm, herzlich

cal/úmnia f Verleumdung f; **~umniador, -a** 1. adj verleumderisch; 2. m/f Verleumder, -in m/f; **~umniar** vt verleumden

calvari m 1. relig Kalvarienberg m; 2. fig Leidensweg m

calvície f Kahlköpfigkeit f

calvinis/me m Kalvinismus m; **~ta** 1. adj kalvinistisch; 2. m/f Kalvinist, -in m/f

calze m relig Kelch m

cama f Bein n

camaleó m zool Chamäleon n

camamilla f 1. Kamille f; 2. (infusió) Kamillentee m

camarada m/f 1. Kamerad, -in m/f, Kollege m, Kollegin f; 2. pol Parteifreund, -in m/f, Genosse m, Genossin f

cambr/a f (Schlaf)Zimmer n, Raum m; **~a d'aire** Schlauch m; **~a de bany** Badezimmer n; **~a de comerç** Handelskammer f; **música de ~a** Kammermusik f; **~er, -a 1.** m/f Kellner, -in m/f, Ober m; **2.** f Zimmermädchen n

camell m 1. zool Kamel n; 2. arg drog Pusher, -in m/f, Dealer, -in m/f

càmera 1. f 1. foto Fotoapparat m; 2. (vídeo) Videokamera f; 3. cine Filmkamera f; **a ~ lenta** in Zeitlupe f; **2.** m/f Kameramann m, Kamerafrau f

Camerun m Kamerun n; **~ès, -esa 1.** adj kamerunisch, aus Kamerun; **2.** m/f Kameruner, -in m/f

cam/í m Weg m; **a mig ~í** auf halbem Weg(e); **~í de** in Richtung, auf dem Weg nach; **~í de cabres** holpriger Weg; **de ~í** auf dem Weg, unterwegs; **fer ~í** weitergehen; **pel bon ~í** auf dem rechten Weg; **pel mal ~í** auf dem Abweg, auf der schiefen Bahn; Pfad m; **~inar** vi (zu Fuß) gehen; **~inar de puntetes** auf Zehenspitzen gehen

cami/ó m auto Last(kraft)wagen m, Lkw m; **~oner, -a** m/f Lastwagenfahrer, -in m/f, Lkw-Fahrer, -in m/f; **~oneta** f Lieferwagen m

camis/a f Hemd n; **~a de força** Zwangsjacke f; ♦ **canviar de ~a** fig sein Mäntelchen nach dem Wind drehen; **~eta** f 1. (exterior) T-Shirt n;

2. (*interior*) Unterhemd *n*; 3. *esp* Trikot *n*

camp *m* 1. Feld *n*; ~ **a través** querfeldein; ~ **de batalla** Schlachtfeld *n*; ~ **de concentració** Konzentrationslager *n*; ~ **d'esports** Sportplatz *m*; ~ **de futbol** Fußballplatz *m*; 2. *agric* Acker *m*; 3. *fig* Gebiet *n*, Bereich *m*; ♦ **fotre el ~** *centr vulg* abhauen; **~ament** *m* (Feld)Lager *n*

campan/a *f* Glocke *f*; ♦ **fer ~a** schwänzen, blau machen; **fer volta de ~a** *auto* s. überschlagen; **~ar** *m* Glockenturm *m*, Kirchturm *m*; **~eta** *f* 1. Schelle *f*; 2. *anat* Zäpfchen *n*; 3. (*timpà*) Trommelfell *n*; 4. *bot* Glockenblume *f*

campanya *f* 1. Feldzug *m*; 2. *pol* Kampagne *f*; ~ **electoral** Wahlkampf *m*; ~ **publicitària** Werbekampagne *f*

camperol, -a 1. *adj* ländlich, bäuerlich; 2. *m/f* Bauer *m*, Bäuerin *f*

càmping *m* Campingplatz *m*, Zeltplatz *m*; ♦ **fer ~** campen, zelten

campi/ó, -ona *m/f* 1. Sieger, -in *m/f*; 2. *esp* Champion *m*, Meister, -in *m/f*; **~onat** *m* Meisterschaft *f*

camufla/ment *m* Tarnung *f*; **~r** *vt* tarnen; **~tge** *m* Tarnung *f*

can *contr* Kontraktion von "ca" (casa) und dem Artikel "en"; ~ **Roig** Das Haus der Familie Roig

Canad/à *m* Kanada *n*; **~*enc, -a** 1. *adj* kanadisch; 2. *m/f* Kanadier, -in *m/f*

canal 1. *m* 1. Kanal *m*; 2. *TV* Leitung *f*; 2. *f* 1. Rohr *n*, Leitung *f*; 2. (*de la teulada*) Dachrinne *f*; ♦ **obrir en ~** aufschlitzen

canalla 1. *f* Kinder *pl*; 2. *m/f* Schurke, -in *m/f*, Schuft *m*

canapè *m* 1. (*menjar*) Happen *m*; 2. (*seient*) Kanapee *n*, Sofa *n*

can/ari, -ària 1. *adj* kanarisch; 2. *m/f* Kanarier, -in *m/f*; **~*àries** *fpl* Kanarische Inseln, Kanaren

cancel·la/ció *f* 1. Streichung *f*; 2. (*cita*) Absage *f*; 3. *fin* Löschung *f*; **~r** *vt* 1. aufheben, rückgängig machen; 2. (*un compromís*) absagen, ausfallen lassen; 3. (*un compte*) löschen; 4. *informàt* abbrechen

canç/ó *f* Lied *n*; **~ó de bressol** Wiegenlied *n*; **~ó de moda** Schlager *m*; **~ó popular** Volkslied *n*; **~oner** *m* 1. *mús* Liederbuch *n*; 2. *lit* Liederhandschrift *f*

càndid, -a *adj* 1. (*blanc*) blütenweiß; 2. (*persona*) naiv, einfältig

candidat, -a *m/f* Bewerber, -in *m/f*, Kandidat, -in *m/f*

candidesa *f* Naivität *f*, Einfalt *f*

canella *f* *anat* Schienbein *n*

caneló *m* 1. *gastr* Cannelloni *pl*; 2. Dachrinne *f*

canelobre *m* Kandelaber *m*, Kerzenleuchter *m*

cangur 1. *m* *zool* Känguru *n*; 2. *m/f* *fig* Babysitter, -in *m/f*

caní, -ina *adj* Hunde...

can/íbal 1. *adj m/f* kannibalisch; 2. *m/f* Kannibale, -in *m/f*, Menschenfresser, -in *m/f*; **~ibalesc, -a** *adj* kannibalisch; **~ibalisme** *m* Kannibalismus *m*

canó *m* 1. Rohr *n*, Röhre *f*; 2. *mil* Kanone *f*; 3. *(del fusell)* Lauf *m*; **a boca de ~** aus kürzester Entfernung; **carn de ~** Kanonenfutter *n fig*

canoa *f* Kanu *n*

canonada *f* 1. Rohrleitung *f*, Wasserleitung *f*; 2. *mil* Kanonenschuss *m*

cansalada *f* Speck *m*; **~ fumada** Räucherspeck *m*

cansa/ment *m* Müdigkeit *f*, Ermüdung *f*; **~r** *vt* 1. ermüden; 2. *(avorrir)* langweilen

cant *m* Singen *n*, Gesang *m*

càntabre, -a *m/f* Kantabrer, -in *m/f*

cantàbric, -a *adj* kantabrisch

canta/nt 1. *adj m/f* singend; 2. *m/f* Sänger, -in *m/f*; **~r 1.** *vt* 1. singen; 2. *fig* verraten; **~r les veritats (a algú)** jemandem gründlich die Meinung sagen; 2. *vi* 1. singen; 2. *col·loq* stinken; **~utor, -a** *m/f* Liedermacher, -in *m/f*

càntic *m relig* Lobgesang *m*

cantimplora *f* Feldflasche *f*

cantina *f* Kantine *f*

cant/ó *m* 1. (Straßen)Ecke *f*; 2. *fig* Seite *f*; 3. *geol* Kanton *m*; 4. *adm* Kanton *m*; **~onada** *f* (Straßen)Ecke *f*

canvi *m* 1. (Ver)Änderung *f*; **en ~** *(compensació)* dafür; *(pel contrari)* dagegen; 2. *(substitució)* Austausch *m*, Umtausch *m*; 3. *(diners)* Kleingeld *n*, Wechselgeld *n*; 4. *tecn* Schaltung *f*; **~ de marxes** Gangschaltung *f auto*; **~able** *adj m/f* 1. austauschbar; 2. veränderbar; **~ant** *adj m/f* 1. wechselnd; 2. veränderlich; **~ar 1.** *vt* 1. (ver)ändern; 2. *(substitució)* austauschen, umtauschen; 3. *(diners)* wechseln, umtauschen; 2. *vi* 1. *(alterar)* ändern; 2. *auto* schalten

canya *f bot* Rohr *n*; **~ de pescar** Angelrute *f*; **~ de sucre** Zuckerrohr *n*

caoba *f bot* Mahagonibaum *m*

ca/os *m* Chaos *n*; **~òtic, -a** *adj* chaotisch

cap 1. *adj inv* kein; 2. *prep* nach; **al ~ de** nach, in; **~ aquí** hierher; **~ allà** dorthin; 3. *m* 1. *anat* Kopf *m*; **~ per amunt** aufrecht, nach oben; **~ per avall** umgekehrt, nach unten; **de ~ a peus, de ~ a ~** von Kopf bis Fuß, vollkommen; **no tenir ~ ni peus** weder Hand noch Fuß haben *fig*; **per ~** pro Kopf, pro Person; 2. Chef, -in *m/f*, Oberhaupt *n*; 3. *geol* Kap *n*; 4. *(extrem)* Ende *n*; **al ~ i a la fi** schließlich; **~ de setmana** Wochenende *n*; **de ~ a ~** vom Ende bis zum andern; **~ d'any** Neujahrstag *n*; ♦ **rodar el ~** jemandem schwindelig sein; **tenir mal de ~** Kopfschmerzen haben

capa *f* 1. Umhang *m*; 2. *(estrat)* Schicht *f*

capa/ç *adj m/f* 1. *(aptitud)* fähig, befähigt; 2. *(talent)* begabt; ♦ **ésser ~ç de** fähig, imstande sein zu; **~citat** *f* 1. *(contingut)* Fassungsvermögen *n*, Kapazität *f*; 2. *(aptitud)* (Leistungs) Fähigkeit *f*, Kapazität *f*, Eignung *f*; 3. *(talent)* Talent *n*, Befähigung *f*

capatàs *m* Vorarbeiter *m*
cap/çalera *f* 1. (*llit*) Kopfende *n*; 2. (*text*) Kopf *m*; **~damunt** *adv:* al **~damunt** (ganz) oben; **~davall** *adv* 1. al **~davall** (ganz) unten; 2. *fig* am Ende, schließlich; **~davant** *adv:* al **~davant** vorn(e)
capell *m bal* Hut *m*
capella *f* Kapelle *f*
capellà *m* Priester *m*, Pfarrer *m*
capficar-se nachgrübeln, sich den Kopf zerbrechen
capgirar *vt* 1. umdrehen, umkehren; 2. durcheinanderbringen, verdrehen
capicua *m* symmetrische Zahl *f*
capil·lar *adj m/f* 1. Haar...; 2. *med* kapillar
capità, -ana *m/f* 1. *mil* Hauptmann *m*; 2. *nav* Kapitän, -in *m/f*, Kommandant, -in *m/f*; 3. *aero* Flugkapitän, -in *m/f*; 4. *esp* Mannschaftskapitän, -in *m/f*; 5. (*d'un grup, d'una banda*) Anführer, -in *m/f*
capital 1. *adj m/f* Haupt..., hauptsächlich; 2. *f* Hauptstadt *f*; 3. *m* Kapital *n*, Vermögen *n*; **~isme** *m* Kapitalismus *m*; **~ista** 1. *adj m/f* kapitalistisch; 2. *m/f* Kapitalist, -in *m/f*; **~itzar** *vt* kapitalisieren
capitell *m arquit* Kapitell *n*
capítol *m* Kapitel *n*
capitoli *m arquit* Kapitol *n*
capitula/ció *f* Kapitulation *f*; **~r** 1. *adj m/f relig* Kapitel...; **sala ~r** Kapitelsaal *m*; 2. *m* 1. *relig* Kapitular *m*; 2. *adm* Stadtrat *m*; 3. *vi* (*rendir-se*) kapitulieren

capoll *m* 1. Knospe *f*; 2. *anat vulg* Vorhaut *f*
capot *m auto* Motorhaube *f*
caprici *m* Laune *f*
capricorn *m astrol* Steinbock *m*
capritx *m* Laune *f*; **~ós, -osa** *adj* launisch, kapriziös
capsa *f* Schachtel *f*, Karton *m*; **~ de música** Spieldose *f*
càpsula *f* Kapsel *f*
capta/ire *m/f* Bettler, -in *m/f*; **~r** 1. *vt* 1. *telec* empfangen; 2. *foto* einfangen; 3. (*comprendre*) begreifen, kapieren; 2. *vi* betteln
capti/u, -iva 1. *adj* gefangen; 2. *m/f* Gefangene, -r *f/m*; **~vador, -a** *adj* bezaubernd, reizend; **~var** *vt* 1. gefangen nehmen, gefangen halten; 2. *fig* (*fascinar*) bezaubern, entzücken; 3. (*seduir*) verführen
captura *f* Beute *f*; **~r** *vt* 1. (*una presa*) erbeuten, ergreifen; 2. (*caçar, pescar*) fangen; 3. (*policia*) festnehmen
caputxa *f* Kapuze *f*
capvespre *m* Abenddämmerung *f*
caqui 1. *adj inv* khakifarben; 2. *m* Khakifrucht *f*
car, -a 1. *adj* teuer; 2. *conj* weil, denn
cara *f* 1. Gesicht *n*; **de ~** von vorne; **de ~ a ~** in Richtung auf; *fig* im Hinblick auf; 2. (*expressió*) Miene *f*; **fer ~ de** aussehen so, als ob; 3. (*aspecte*) Aussehen *n*; **fer bona/mala ~** gut/schlecht aussehen; 4. (*costat*) Seite *f*; 5. (*d'una moneda*) Kopf *m*; **a ~ o creu** Kopf oder Zahl
car/àcter *m* Charakter *m*, Wesen *n*;

~acterístic, -a adj charakteristisch, bezeichnend (**per** für); **~aterística** f 1. (atribut) Merkmal n, Kennzeichen n; 2. (particularitat) Eigenart f; **~acteritzar** vt 1. charakterisieren, kennzeichnen; 2. teat darstellen

carall m vulg (membre viril) Schwanz m; **~!** Verdammt! Unglaublich!

caram interj 1. col·loq (positiu) Donnerwetter!; 2. col·loq (negatiu) verflucht!, verdammt!

caramel m Bonbon n

caravana f 1. auto Wohnwagenanhänger m; 2. Karawane f

caravel·la f nav Karavelle f

carbass/a 1. adj inv (color) orange (farben); 2. f Kürbis m; **~ó** m Zucchini f

carb/ó m Kohle f; **~oner, -a** 1. adj Kohle(n)...; 2. m/f Kohlenhändler, -in m/f, Köhler, -in m/f; **~oni** m quím Kohlenstoff m

carbur m quím Karbid n; **~ació** f auto Vergasung f; **~ador** m tecn Vergaser m; **~ant** m quím Kraftstoff m, Treibstoff m; **~ar** 1. vt quím vergasen; 2. vi col·loq laufen, funktionieren

carca 1. adj inv desp stockkonservativ; 2. m/f Stockkonservative, -r f/m

carcassa f Gerippe n, Skelett n

card m bot Distel f; **~ar** 1. vt kämmen; 2. vi vulg ficken, vögeln

cardenal m Kardinal m

cardíac, -a adj Herz..., med Kardio...

cardinal adj m/f wesentlich, Haupt...

cardi/òleg, -òloga m/f Kardiologe,-in m/f, Herzspezialist, -in m/f; **~ologia** f med Kardiologie f; **~òpata** m/f med Herzkranke, -r f/m; **~opatia** f med Herzleiden pl; **~opulmonar** adj m/f anat Herz-Lungen...; **~ovascular** adj m/f anat kardiovasculär

car/ència f Mangel m, Entbehrung f; **~estia** f Mangel m

careta f Maske f, Larve f

cargol m 1. zool Schnecke f; 2. tecn Schraube f; **escala de ~** Wendeltreppe f

caricatur/a f Karikatur f; **~ista** m/f Karikaturist, -in m/f

carícia f Liebkosung f

càries f med Karies f

carism/a m Charisma n; **~àtic, -a** adj charismatisch

caritat f 1. (al proïsme) Nächstenliebe f; 2. (donatiu) Almosen n; 3. (generositat) Wohltätigkeit f

Carlemany m hist Karl der Große

carmelit/a 1. adj m/f Karmeliter...; 2. m/f Karmelit, -in m/f; **~à, -ana** adj Karmeliter...

carm/esí, -ina 1. adj karmesinrot, bordeauxrot; 2. m Karmesin m; **~í** 1. adj inv karminrot; 2. m Karmin n

carn f Fleisch n; **~ picada** Hackfleisch n; **en ~ i ossos** wie er leibt und lebt, leibhaftig; ♦ **ésser ~ i ungla** ein Herz und eine Seele sein

carn/aval m Karneval m, Fasching m; **~estoltes** m 1. Karneval m, Fa-

carnet

sching m; 2. (ninot de palla) Strohpuppe f
carnet m Ausweis m; **~ d'identitat** Personalausweis m
carn/ísser, -a 1. adj Fleisch fressend; **2.** m/f 1. Metzger, -in m/f, Fleischer, -in m/f; 2. desp (cirurgià) Metzger, -in m/f; **~isseria** f 1. Metzgerei f, Fleischerei f; 2. fig (matança) Blutbad n, Gemetzel n; **~ívor, -a 1.** adj 1. Fleisch fressend; 2. biol karnivor; **2.** m/f Karnivore m/f, Fleischfresser, -in m/f
carpa f zool Karpfen m
carpeta f (Akten)Mappe f
carraca f 1. (vehicle lent) Klapperkasten m; 2. (objecte inútil) Schrott m
carrasca f bot Steineiche f
càrrec m Stellung f, Amt n; a **~ de** unter der Leitung von; ♦ **fer-se ~ de** die Verantwortung für etwas übernehmen
càrrega f 1. Ladung f, Last f; 2. (obligació) Verpflichtung f; 3. fig Last f, Bürde f
carregar vt 1. aufladen; 2. (arma) laden
carrer m Straße f; **~ major** Hauptstraße f; **~a** f 1. Lauf m, Laufen n; 2. esp (pista) Laufbahn f; 3. (universitat) Studium n; 4. esp (Wett)Rennen n; **~ó** m Gasse f; **~ó sense sortida** Sackgasse f
carr/eta f Karre f, Karren m, Wagen m; **~eter, -a** m/f 1. transp Fuhrmann, -männin m/f; 2. (constructor de carretes) Wagenmacher, -in m/f; **~etera** f (Land)Straße f; **~il** m 1. (carretera) Fahrspur f; 2. ferroc Schiene f, Gleis n; **~o** m Wagen m, Karren m
carronyaire m zool Aasgeier m
carr/ossa f Karosse f, Kutsche f; **~osseria** f auto Karosserie f; **~uatge** m Fuhrwerk n, Kutsche f
carta f 1. Brief m; **~ certificada** Einschreiben n; 2. (naip) (Spiel)Karte f; ♦ **donar ~ blanca (a una persona)** j-m freie Hand lassen
cartabó m Winkelmaß n
cartag/inès, -esa 1. adj karthagisch, aus Karthago; **2.** m/f Karthager, -in m/f; **~o** f Karthago n
cartell m 1. (anunci) Plakat n, Poster n; 2. (avís) Anschlag m
carter, -a 1. m/f Briefträger, -in m/f; **2.** f Brieftasche f, Aktentasche f
carterista m/f Taschendieb, -in m/f
cartesià, -ana 1. adj kartesianisch; **2.** m/f Kartesianer, -in m/f
cart/ílag m Knorpel m; **~ilaginós, -osa** adj knorpel(art)ig
cartilla f (quadern) Notizbuch n
cartó t. cartró m Pappe f, Karton m; **~ pedra** Pappmaschee n
cart/ògraf, -a m/f Kartograph, -in m/f; **~ografia** f Kartographie f; **~ogràfic, -a** adj kartographisch
cartolina f dünne Pappe f, dünner Karton m
cartutx m 1. Patrone f; 2. mil Kartusche f; **~era** f Patronentasche f
carxofa f bot Artischocke f
carxot m col·loq Ohrfeige f

cas m Fall m; **el ~ és que** es ist so, dass; **si de ~** falls; ♦ **fer al ~** zur Sache gehören; **fer ~ de** auf j-n hören; **fer ~ omís** unbeachtet lassen

casa f Haus n; **a ~** zu Hause; **a ~ de** bei; **~ de la vila** Rathaus n; **d'estar per ~** anspruchslos, bescheiden; **~l** m 1. Klubhaus n; 2. (casa gran) Stammsitz m, Familiensitz m

casa/ment m Hochzeit f; **~ment civil** Ziviltrauung f; **~r 1.** vt trauen; **2.** vi fig zusammenpassen

casc 1. m 1. Helm m; 2. (envàs) Leergut n, Pfandflasche f; **2. ~s** mpl Kopfhörer m

cascada f Wasserfall m, Kaskade f

cascar vt zerquetschen, zerdrücken

cascavell m Glöckchen n, Schelle f

casella f Feld n

caserna f mil Kaserne f

casino m (Klub)Lokal n; **~ de joc** Spielkasino n

casolà, -ana adj häuslich, Haus...

caspa f Schuppen pl

casserola f Kasserolle f

casset 1. f Kassette f; **2.** m Kassettenrecorder m

cassola f irdener Tiegel m

cast, -a adj keusch, enthaltsam; **~a** f Stamm m, Geschlecht n; **de bona ~a** reinrassig

castany, -a 1. adj kastanienbraun; **2.** f 1. Kastanie f; 2. (bufetada) Ohrfeige f; ♦ **treure les ~es del foc** die Kastanien aus dem Feuer holen; **~er** m Kastanienbaum m

castanyoles fpl Kastagnetten fpl

castell m 1. Burg f, Kastell n; 2. (palau) Schloss n; **~ de focs (artificials)** Feuerwerk n

Castell/a f Kastilien n; **~*à, -ana 1.** adj spanisch, kastilisch; **2.** m/f Kastilier, -in m/f; **3.** m ling Kastilisch(e) n, Spanisch(e) n

Castell/ó de la Plana m Castelló n de la Plana; **~*onenc, -a 1.** adj castellonenkisch, aus Castelló de la Plana; **2.** m/f Castellonenker, -in m/f

càstig m Bestrafung f, Strafe f

castigar vt (be)strafen

castor m zool Biber m

casual adj m/f zufällig; **~itat** f Zufall m, Zufälligkeit f; **per ~itat** zufällig (erweise); **quina ~itat!** so ein Zufall!

cataclisme 1. geol Kataklymus m; 2. (desastre) Katastrophe f

catacumbes fpl Katakomben fpl

catal/à, -ana 1. adj katalanisch; **2.** m/f Katalane, -in m/f; **3.** m ling Katalanisch(e) n; **~anista 1.** adj m/f ling katalanistisch; **2.** m/f Katalanist, -in m/f; **~anística** f Katalanistik f; **~anitat** f Katalanität f; **~anització** f Katalanisierung f; **~anitzar** vt katalanisieren; **~anoparlant** adj m/f katalanischsprachig

catàleg m Katalog m

catalitza/dor m Katalysator m; **~r** vt katalysieren

cataloga/ció f Katalogisierung f; **~r** vt katalogieren

Catalunya f Katalonien n

cataplasma m med Kataplasma n, Wickel m

cat/àstrofe f Katastrophe f, Unglück n; **~astròfic, -a** adj katastrophal

catecisme m relig Katechismus m

càtedra f Lehrstuhl m, Professur f

catedral f Kathedrale f, Dom m, Münster n

catedràtic, -a m/f Professor, -in m/f

categ/oria f 1. Klasse f, Art f; 2. Kategorie f; 3. Rang m; **de ~oria** hochgestellt, bedeutend, von Rang; **~òric, -a** adj kategorisch; **~orització** f Kategorisierung f; **~oritzar** vt kategorisieren

catequ/esi f relig Katechese f; **~ista** m/f Katechet, -in m/f

catifa f Teppich m

cat/òlic, -a 1. adj katholisch; **2.** m/f Katholik, -in m/f; **~olicisme** m Katholizismus m

cau m 1. zool Bau m, Höhle f; 2. fig (habitació) Bude f; ♦ **parlar a ~ d'orella** ins Ohr flüstern

Caucas m Kaukasus m

caure vi 1. (hin)fallen, stürzen; 2. (d'un arbre) (herunter)fallen; 3. (perdre l'equilibri) umfallen; 4. (cabells, dents) ausfallen; ♦ **~ a trossos** in Stücke gehen, zerbrechen; **~-hi** auf etwas kommen fig

causa f Ursache f, Grund m; **a ~ de** wegen; **~r** vt verursachen, anrichten

cautxú m bot Kautschuk m

cava 1. m (xampany) katalanischer Sekt m; **2.** f (celler) (Wein)Keller m

caval/car vt/i reiten; **~l** m 1. Pferd n; **a ~l** zu Pferd(e), rittlings; **a ~l de** fig zwischen; 2. (escacs) Springer m, Pferd n; **~ler** m 1. (genet) Reiter m; 2. (senyor) Herr m; 3. hist Ritter m; 4. (galant) Kavalier m, Ehrenmann m; **~let 1.** m 1. Gestell n, Bock m; 2. (quadre, pintura) Staffelei f; **2. ~s** mpl Karussell n

cavar vt graben

caverna f (cova) Höhle f

caviar m Kaviar m

cavil·lar vt (nach)grübeln, brüten (über)

cavitat f 1. Hohlraum m; 2. med Höhle f; **~ abdominal** Bauchhöhle f; **~ nasal** Nasenhöhle f

ce f (nom lletra) c, C n; **~ trencada** c mit Cedille (ç)

ceba f Zwiebel f

cec, cega 1. adj blind; **2.** m/f Blinde, -r f/m; **a cegues** fig blindlings

cedir 1. vt 1. (donar) abgeben (a an); 2. (transferir) abtreten, überlassen; **2.** vi 1. (acceptar) nachgeben, sich beugen; 2. (disminuir) abnehmen; 3. (renunciar) verzichten; ♦ **~ el pas** den Vortritt lassen

cedre m bot Zeder f

cèdula f 1. (document) Schein m, Urkunde f, Dokument n; **~ hipotecària** fin Pfandbrief m; Hypothekenobligation f; **~ d'inversions** fin Investitionsbrief m; 2. (fitxa) Archivzettel m

ceguesa f Blindheit f

cel m Himmel m; **~ ras** Zwischendecke f; **a ~ obert** im Freien

celebra/ció f Feier f; **~r** vt feiern

cèlebre adj m/f berühmt

celest/e adj m/f himmlisch; **blau ~e**

Himmelblau n; **~ial** adj m/f himmlisch
celiandre m bot Koriander m
cella f Augenbraue f; ♦ **ficar-se una cosa entre ~ i ~** fig sich etwas in den Kopf setzen
cel·la f (monestir, presó) Zelle f
celler m 1. Weinkellerei f; 2. (soterrani) Keller m
cèl·lula f biol, electr Zelle f
cel·lulitis f med Zellulitis f
cel·luloide m quím Zelluloid n
cel·lulosa f quím Zellulose f
celobert m constr Luftschacht m
celt/a 1. adj m/f keltisch; 2. m/f Kelte, -in m/f; **~iber, -a** m/f Keltiberer, -in m/f
cèltic, -a 1. adj keltisch; 2. m ling Keltisch n
cementiri m Friedhof m
cendr/a 1. f Asche f; 2. **~es** fpl (restes mortals) sterbliche Hülle f; **~er** m Aschenbecher m
censura f Zensur f; **~r** vt 1. zensieren; 2. (blasmar) kritisieren, verurteilen
cent adj m/f hundert; **per ~** Prozent n; **~cames** m zool Tausendfüßler m; **~enar** m Hundert n; **~èsim, -a** 1. adj hundertstel; 2. m/f Hundertstel n
cèntim 1. m Cent m; 2. mpl col·loq Geld n
centímetre m Zentimeter m
centpeus m zool Tausendfüßler m
centra/l 1. adj m/f Zentral..., Mittel...; 2. f Zentrale f, Hauptstelle f; **~leta** f (telèfon) Hausvermittlung f; **~r** vt zentrieren; **~r-se** sich zentrieren
centre m Zentrum n, Mitte f; **~africà, -ana** adj zentralafrikanisch; **~americà, -ana** adj mittelamerikanisch; **~campista** m/f esp Mittelfeldspieler, -in m/f
cèntric, -a adj Zentral..., Mitte...
cenyir vt (um)gürten, umschnallen
cep m 1. Weinstock m; 2. (parany) Falle f
cera f Wachs n
ceràmica f 1. Keramik f; 2. (fabricació) Töpferhandwerk n
cerca f Suche f; **~r** vt suchen
cercle m 1. Kreis m; 2. fig Klub m, Kreis m; **~ viciós** Teufelskreis m
cereal m Getreide n, Korn n
cerimònia f Zeremonie f, Feierlichkeit f
cert, -a adj 1. wahr, sicher, gewiss; 2. (determinat) bestimmt; **~ificar** vt 1. bescheinigen, bestätigen; 2. (una carta) einschreiben; **~ificat** m Zertifikat n, Bestätigung f; **~ificat mèdic** ärztliches Attest n
cervell m 1. Gehirn n; 2. gastr Hirn n
cervesa f Bier n; **~ clara** helles Bier n; **~ negra** dunkles Bier n
cérvol m zool Hirsch m
cessar 1. vt beenden; 2. vi aufhören
ciber/cafè m Internetcafé n; **~espai** m Cyberraum m, Internet n; **~nauta** m/f Cybernaut, -in m/f
cicatri/tzar vt heilen lassen; 2. vi vernarben, verheilen; **~tzar-se** vernarben, verheilen; **~u** f Narbe f

cicle *m* Zyklus *m*, (Kreis)Lauf *m*; **~ de conferències** Vortragsreihe *f*
cíclic, -a *adj* zyklisch
ciclista 1. *adj m/f* Rad...; **2.** *m/f* Radfahrer, -in *m/f*
cicló *m meteo* Wirbelsturm *m*, Zyklon *m*
ciclomotor *m* Moped *n*, Mofa *n*
ci/ència *f* Wissenschaft *f*; **ciència-ficció** Sciencefiction *f*; **~entífic, -a 1.** *adj* wissenschaftlich; **2.** *m/f* Wissenschaftler, -in *m/f*
cigala *f* **1.** *zool (insecte)* Zikade *f*, Baumgrille *f*; **2.** *crust* Bärenkrebs *m*; **3.** *vulg (penis)* Schwanz *m*
cigarret *m* Zigarette *f*
cigne *m* Schwan *m*
cigonya *f* Storch *m*
cigró *m* Kichererbse *f*
cilindre *m* Zylinder *m*
cim *m* Gipfel *m*, Spitze *f*
ciment *m* Zement *m*; **~ar** *vt tecn* zementieren
cimera *f* Gipfelkonferenz *f*
cinc *adj inv* fünf
cinema *m* Kino *n*
cínic, -a *adj* zynisch
cinqu/anta *adj inv* fünfzig; **~è, -ena** *adj* fünfte
cinta *f* Band *n*, Streifen *m*; **~ adhesiva** Klebeband *n*; **~ mètrica** Maßband *n*; **~ verge** unbespielte Kassette *f*
cintur/a *f* Taille *f*; **~ó** *m* Gürtel *m*; **~ó de seguretat** Sicherheitsgurt *m*; ♦ **posar-se el ~ó** *auto* sich anschnallen
circ *m* Zirkus *m*

circu/it *m* **1.** Umkreis *m*; **2.** *esp* Rennstrecke *f*; **3.** Stromkreis *m*, Schaltkreis *m*; **~lació** *f* **1.** Kreislauf *m*; **~lació sanguínia** Blutkreislauf *m*; **2.** *auto* Verkehr *m*; **~lació urbana** Stadtverkehr *m*; **lliure ~lació** *pol* Freizügigkeit *f*; ♦ **posar en ~lació** in Umlauf bringen; **retirar de la ~lació** aus dem Verkehr ziehen; **~lar 1.** *adj m/f* kreisförmig, Kreis...; **2.** *f* Rundschreiben *n*; **3.** *vi* **1.** zirkulieren; **2.** *auto* verkehren, fahren; **3.** *econ* im Umlauf sein
circumferència *f* Umfang *m*, Umkreis *m*
circumstància *f* Umstand *m*
cirer/a *f* Kirsche *f*; **~er** *m* Kirschbaum *m*
ciri *m* Kerze *f*
ciríl·lic, -a *adj* kyrillisch
cirrosi *f med* Zirrhose *f*; **~ hepàtica** *med* Leberzirrhose *f*
cirurgià, -ana *m/f* Chirurg, -in *m/f*
cistell *m* Korb *m*; **~a** *f* Korb *m*
cistercenc, -a 1. *adj* Zisterzienser...; **2.** *m/f* Zisterzienser, -in *m/f*
cisterna *f* Zisterne *f*
cita *f* Verabredung *f*; ♦ **concertar una ~** einen Termin vereinbaren; **~r** *vt* **1.** zitieren, anführen; **2.** *jur* (vor)laden
cítara *f mús* Zither *f*
citologia *f biol* Zytologie *f*
cítric, -a 1. *adj* zitrisch; **2.** *m* Zitrusfrucht *f*
ciuta/dà, -ana 1. *adj* städtisch; **2.** *m/f* Städter, -in *m/f*, Bürger, -in *m/f*; **~da-**

nia f jur Staatsangehörigkeit f; **~della** f Zitadelle f; **~t** f Stadt f

Ciutat del Cap f Kapstadt f

civada f bot Hafer m

civi/l adj m/f bürgerlich, zivil, Zivil...; **~lització** f Zivilisation f, Kultur f; **~sme** m Bürgersinn m, Gemeinsinn m

clam m 1. Geschrei n; 2. (queixa) Klage f; **~ar 1.** vt fordern, verlangen; **2.** vi (cridar) schreien; **~or** m/f Geschrei n

clan m Klan m

clandestí, -ina adj heimlich, geheim

clar, -a 1. adj hell, klar; **2.** f Eiweiß n; **3.** adv klar; **és ~!** Klar!, Natürlich!, Selbstverständlich!; **~aboia** f Dachluke f, Oberlicht n; **~ejar** vi hell werden, Tag werden; **~iana** f 1. Aufheiterung f; 2. (del bosc) Lichtung f

clarinet m Klarinette f

clarividència f Hellsichtigkeit f, Scharfsinn m

claror f Licht n, Schein m

classe f 1. Art f, Sorte f; **~ social** (Gesellschafts)Schicht f; 2. (lliçó) Klasse f, Unterricht m; **~ particular** Privatstunde f; 3. (aula) Klassenzimmer n; ♦ **fer ~** unterrichten, eine Stunde halten

clàssic, -a 1. adj klassisch; **2.** m Klassiker m

classifica/ció f Sortierung f, Klassifizierung f; **~r** vt klassifizieren, einteilen

clatell m Nacken m, Genick n

clau 1. f Schlüssel m; **~ anglesa** tecn Engländer m; **~ de do** mús C-Schlüssel m; **~ de fa** mús Bassschlüssel m; **~ de sol** mús Violinschlüssel m; **~ mestra** Hauptschlüssel m; Generalschlüssel m; **2.** m Nagel m; **3. ~s** fpl Schlüsselbund m

claudicar vi 1. aufgeben, aufhören; 2. (faltar als principis) seine Grundsätzen untreu werden

clauer m Schlüsselanhänger m

claustre m 1. Kreuzgang m; 2. (de professors) Lehrerkonferenz f

claustrofòbia f Klaustrophobie f

clàusula f Klausel f

clausura f 1. relig Klausur f; 2. (acció) Schließung f, Schluss m; **~r** vt schließen

clavar vt 1. festnageln, annageln; 2. (un clau) einschlagen; 3. (fixar) befestigen; 4. (un cop) versetzen, verpassen

clavecí m mús Clavicembalo n

claveguera f Kloake f, Abwasserkanal m

clavell m bot Nelke f; **~ina** f bot Gartennelke f

clavic/èmbal m mús Clavicembalo n; **~ordi** m mús Klavichord n

clavícula f anat Schlüsselbein n

clavilla f 1. Stift m, Bolzen m; 2. mús Wirbel m; 3. elev Stecker m

clàxon m auto Hupe f; ♦ **tocar el ~** hupen

clem/ència f Milde f, Gnade f; **~ent** adj m/f mild, gnädig

clenxa f Scheitel m

clept/òman, -a 1. adj psicol kleptomanisch; **2.** m/f psicol Klepto-

clerecia 340

mane, -in *m/f*; **~omania** *f* Kleptomanie *f*
cler/ecia *f* Geistlichkeit *f*, *catòl* Klerus *m*; **~gue** Kleriker *m*; **~icat** *m* Geistlichkeit *f*, *catòl* Klerus *m*
clicar *vi* klicken
client, -a *m/f* 1. Kunde, -in *m/f*; 2. (*d'un advocat*) Mandant, -in *m/f*; **~ela** *f* 1. Kundschaft *f*; 2. (*d'un advocat*) Klientel *f*
clim/a *m* Klima *n*; **~àtic, -a** *adj* klimatisch; **~atització** *f* Klimaanlage *f*; **~atitzar** *vt* klimatisieren; **~atitzat, -ada** *adj* klimatisiert; **~atologia** *f* Klimatologie *f*; **~atològic, -a** *adj* klimatologisch
clímax *m* Klimax *f*
clínic, -a *adj* klinisch; **~a** *f* Klinik *f*, Krankenhaus *n*
clip *m* 1. Büroklammer *f*; 2. *TV* (Video)Clip *m*
clixé *m* Klischee *n*
cloenda *f* Schlusswort *n*
clona/ció *f biol* Klonierung *f*; **~r** *vt biol* klonen, klonieren; **~tge** *m biol* Klonierung *f*
clorofil·la *f bot* Blattgrün *n*, Chlorophyll *n*
clos, -a *adj* eingezäunt
closca *f zool* Panzer *m*
clot *m* Loch *n*, Grube *f*
cloure *vt* abschließen, verschließen
club *m* Verein *m*; **~ esportiu** Sportverein *m*; **~ nàutic** Jachtklub *m*; **~ nocturn** Nachtlokal *n*
coàgul *m med* Gerinnsel *n*
coala *m zool* Koala *m*

coalició *f pol* Koalition *f*
coartada *f* Alibi *n*
coautor, -a *m/f* 1. (*d'una obra*) Mitverfasser, -in *m/f*; 2. *jur* Mittäter, -in *m/f*
coaxial *adj m/f* koaxial
cobai *m zool* Meerschweinchen *n*
cobalt *m quím* Kobalt *n*
cobert, -a 1. *adj* bedeckt; **a ~ de** geschützt, sicher vor; **2.** *m* Schuppen *m*, Vordach *n*; **3.** *f* 1. Bedeckung *f*, Hülle *f*; 2. *arquit* Bedachung *f*, Dach *n*; 3. (Buch)Deckel *m*; 4. (*mar*) Deck *n*; 5. *auto* (Reifen)Decke *f*; **~or** *m* Decke *f*
cobla *f* 1. Strophe *f*; 2. (*sardana*) Cobla *f*
cobra/dor, -a *m/f* 1. Schaffner, -in *m/f*; 2. *com* Kassierer, -in *m/f*; **~ment** *m* (Ein)Kassieren *n*; **~r** *vt* 1. (*guanyar*) verdienen; 2. (*rebre un pagament*) kassieren; 3. (*adquirir*) gewinnen, erwerben
cobr/ellit *m* Tagesdecke *f*; **~etaula** *f* Tischdecke *f*; **~ir** *vt* 1. abdecken, bedecken; 2. (*ingressos*) decken; 3. (*protegir*) (ab)decken
coca *f* 1. (Blech)Kuchen *m*, Fladen *m*; 2. *bot* Kokastrauch *m*
cocaïna *f* Kokain *n*
cocaïnòman, -a *m/f* Kokainsüchtige, -r *f/m*, Kokainabhängige, -r *f/m*
cocció *f* Abkochen *n*, Garkochen *n*
coco *m* 1. Kokosnuss *f*; 2. *col·loq* gescheiter Kerl *m*
cocodril *m zool* Krokodil *n*
còctel *m* Cocktail *m*
codi *m* 1. Kode *m*; 2. *jur* Gesetzbuch *n*;

~ficar vt 1. kodieren, *informàt* verschlüsseln; 2. *jur* kodifizieren
codony m Quitte f; **~at** m Quittengelee n
coeficient m Koeffizient
coet m Rakete f
coetani, -ània 1. *adj* zeitgenössisch; 2. m/f Zeitgenosse, -in m/f
còfia f Haube f
cofre m Truhe f, Kasten m
cognom m Nachname m, Familienname m
cogombre m Gurke f
coher/ència f Zusammenhang m, Kohärenz f; **~ent** *adj* m/f zusammenhängend, kohärent
cohesi/ó f Zusammenhalt m, Kohäsion f; **~u** *adj* m/f kohäsiv
coincid/ència f 1. Zusammenfall n; 2. (*cita*) Zusammentreffen n; **~ir** vi zusammentreffen, koinzidieren
coit m Geschlechtsakt m, Koitus m
coix, -a 1. *adj* 1. hinkend; 2. (*moble*) wackelig; 2. m/f hinkender Mensch; **~ejar** vi 1. hinken, humpeln; 2. (*moble*) wackeln
coix/í m Kissen n; **~inera** f Kissenbezug m
col f Kohl m; **~ de Brussel·les** Rosenkohl m
cola f 1. (*adhesiu*) Kleber m, Klebstoff m; 2. (*beguda*) Cola f
cola/dor m Sieb m, Seiher m; **~r** vt durchseihen, filtern
còlera 1. f Wut f, Zorn m; 2. m Cholera f
colesterol m Cholesterin n

colgar vt 1. (*de terra*) vergraben, begraben; 2. (*cobrir d'aigua*) bedecken, zudecken
colibrí m *zool* Kolibri m
còlic m *med* Kolik f
coliflor f Blumenkohl m
colitis f *med* Kolitis f, Dickdarmentzündung f
coll m 1. *anat* Hals m; 2. (*de camisa*) Kragen m; 3. (*d'ampolla*) Hals m; 4. (*de muntanya*) Pass m
colla f Gruppe f, Clique f
col·labora/dor, -a m/f Mitarbeiter, -in m/f; **~r** vi mitarbeiten, zusammenarbeiten
col·lapse m 1. Kollaps m; 2. *fig* Zusammenbruch m
collar m 1. (*corretja*) Halsband n; 2. (*collaret*) Halskette f; **2.** vt 1. anschrauben, festschrauben; 2. *fig* unterwerfen
col·lateral *adj* m/f seitlich
col·lec/ció f Sammlung f; **~cionar** vt sammeln; **~tiu, -iva** 1. *adj* gemeinsam, kollektiv; 2. m Kollektiv n
col·lega m/f Kollege, -in m/f
col·legi m 1. (*escola*) Schule f; 2. (*corporació*) Berufsgenossenschaft f, Kollegium n
col·lidir vi zusammenstoßen (**amb** mit), kollidieren (**amb** mit)
collir vt 1. pflücken, ernten; 2. *fig* aufheben, aufnehmen
col·liri m Augentropfen mpl
col·lisió f Zusammenstoß m, Kollision f
collita f Ernte f

colló 1. *m vulg* Ei *n*; **2. collons!** *interj* Donnerwetter!, verdammt!; ♦ **tenir collons** Schneid haben; **tocar els collons** auf den Wecker gehen

col·loca/ció *f* 1. Aufstellung *f*; 2. *(càrrec)* Stelle *f*, (An)stellung *f*; **~r** *vt* hinstellen, aufstellen

collonut, -uda *adj col·loq* geil, toll

col·loqui *m* Gespräch *n*, Kolloquium *n*, Besprechung *f*

Colom *m* Kolumbus *m*

colom *m* Taube *f*; **~ missatger** Brieftaube *f*

Col·lòmbia *f* Kolumbien *n*; **~*ombià, -ana 1.** *adj* kolumbianisch; **2.** *m/f* Kolumbianer, -in *m/f*

còlon *m anat* Kolon *n*, Grimmdarm *m*

Colònia *f* Köln *n*

colònia 1. *f* 1. *(població)* Kolonie *f*, Siedlung *f*; 2. *(perfum)* Kölnisch Wasser *n*; **2. colònies** *fpl* Ferienkolonie *f*

coloni/al *adj m/f* kolonial; **~alisme** *m* Kolonialismus *m*; **~alista 1.** *adj m/f* kolonialistisch; **2.** *m/f* Kolonialist, -in *m/f*; **~tzació** *f* Kolonisierung *f*, Kolonisation *f*; **~tzador, -a 1.** *adj* kolonisierend; **2.** *m/f* Kolonist, -in *m/f*; **~tzar** *vt* kolonisieren

color *m* Farbe *f*; **de ~** farbig; **de tots (els) ~s** vielfarbig; **~et** *m* Rouge *n*

col·lós *m* Koloss *m*; **~ossal** *adj m/f* kolossal, riesig

colp *val m* 1. Schlag *m*; 2. *(xoc)* Stoß *m*; **~ejar** *vt* schlagen, klopfen; **~ir** *vt* 1. schlagen; 2. *fig* ergreifen, erschüttern

column/a *f* 1. Säule *f*; **~a vertebral** *anat* Wirbelsäule *f*; 2. *period* Kolumne *f*; 3. *informàt* Spalte *f*; 4. *mil* Kolonne *f*; **~ista** *m/f* Kolumnist, -in *m/f*

colze *m anat* Ell(en)bogen *m*; ♦ **xerrar pels ~s** *fig* wie ein Wasserfall reden

colzo *m bal anat* Ell(en)bogen *m*

com 1. *adv* wie; **~ a** als; **~ més... més** je mehr..., desto mehr...; **~ que** weil, da; **2.** *interj* wie?; **3.** *m* Wie *n*

coma 1. *m med* Koma *n*; **2.** *f ling* Komma *n*

comanda *f* Auftrag *m*, Bestellung *f*; **~ment** *m* 1. Kommando *n*; 2. *tecn* Steuerung *f*, Bedienung *f*; **~ment a distància** Fernbedienung *f*; **~nt, -a** *m/f* Kommandant, -in *m/f*

comarca *f* 1. *geogr (regió)* Gebiet *n*; 2. *adm* (Land)Kreis *m*

combat *m* Kampf *m*; **~re 1.** *vt* bekämpfen; **2.** *vi* kämpfen

combina/ció *f* 1. Zusammenstellung *f*; 2. *(roba interior femenina)* Unterrock *m*; **~r** *vt* zusammenstellen, verbinden

comboi *m* Konvoi *m*

combregar 1. *vt relig* die Kommunion reichen; **2.** *vi* 1. *relig* zur Kommunion gehen, kommunizieren; 2. *(estar d'acord)* übereinstimmen

combustible 1. *adj m/f* brennbar; **2.** *m* Brennstoff *m*

com/èdia *f* Komödie *f*, Schauspiel *n*, Lustspiel *n*; **~ediant, -a** *m/f* Schauspieler, -in *m/f*, Komödiant, -in *m/f*

comença/ment *m* Anfang *m*, Beginn

competència

m; **al ~ment** am Anfang; **des del ~ment** von Anfang an; **~r** *vt/i* anfangen, beginnen (**a** zu)
comensal *m/f* Tischgenosse, -in *m/f*
comentar *vt* kommentieren, besprechen, auslegen; **~i 1.** *m* Kommentar *m*, Erläuterung *f*, Erklärung *f*; **~i de textos***ling* Textanalyse *f*; **cap ~i!** kein Kommentar!; **2. comentaris** *mpl* Geklatsche *n*
comer/ç *m* 1. *econ* Handel *m*; 2. (*tenda*) Geschäft *n*, Laden *m*; **~cial** *adj m/f* Handels..., Geschäfts..., kommerziell; **~ciant** *m/f* Händler, -in *m/f*, Kaufmann *m*, Kauffrau *f*; **~ciar** *vi* handeln (**amb** mit)
comestible 1. *adj m/f* essbar; **2.** *m* Lebensmittel *n*; **botiga de ~s** Lebensmittelgeschäft *n*
cometa *m astron* Komet *m*
cometre *vt* begehen, tun
comiat *m* Abschied *m*, Verabschiedung *f*
còmic, -a 1. *adj* komisch, lustig; **2.** *m/f* Komiker, -in *m/f*; **3.** *m* (*revista*) Comic(heft) *n*
comissari, -ària *m/f* 1. Beauftragte, -r *f/m*; 2. (*de policia*) Komissar, -in *m/f*; **~a** *f* Kommissariat *n*, Polizeirevier *n*
comi/ssió *f* 1. *pol* Ausschuss *m*; 2. *com* Provision *f*; 3. Auftrag *m*; **~tè** *m* Ausschuss *m*, Komitee *n*; **~tiva** *f* Begleitung *f*, Gefolge *n*
commemora/ció *f* Gedenken *n*; **~r** *vt* gedenken
commo/cionar *vt* bewegen, erschüttern; **~ure** *vt* erschüttern, bewegen
còmode, -a *adj* bequem, leicht
comoditat *f* Bequemlichkeit *f*, Gemütlichkeit *f*
compacte, -a *adj* 1. (*unit*) kompakt, fest; 2. (*dens*) dicht
company, -a *m/f* Kollege, -in *m/f*, Kamerad, -in *m/f*; **~ia** *f* 1. Gesellschaft *f*, Begleitung *f*; 2. *mil* Kompanie *f*; 3. *teat* Truppe *f*; ♦ **fer ~ia** Gesellschaft leisten
compara/ció *f* Vergleich *m*; **en ~ció de** im Vergleich zu; **~r** *vt* vergleichen (**amb** mit)
comparèixer *vi* 1. erscheinen; 2. *jur* erscheinen, komparieren
comparti/ment *m* 1. Abteilung *f*, Fach *n*; 2. *ferroc* Abteil *n*; 3. *aero* Raum *m*; **~r** *vt* teilen
compàs *m* 1. (*dibuix*) Zirkel *m*; 2. *mús* Takt *m*; 3. *aero* Kompass *m*
compassió *f* Mitleid *n*
compatib/ilitzar *vt* kompatibel machen; **~le** *adj m/f* 1. zusammenpassend, vereinbar, verträglich; 2. *informàt* kompatibel (**amb** mit)
compatriota *m/f* Landsmann *m*, Landsmännin *f*
compensa/ció *f* 1. (*equilibri*) Ausgleich *m*; 2. (*indemnització*) Entschädigung *f*; **~r** *vt* ausgleichen, aufwiegen, entschädigen
compet/ència *f* 1. Zuständigkeit *f*, Kompetenz *f*; 2. *com* (*rivalitat*) Konkurrenz *m*, Wettbewerb *m*; **~ent** *adj m/f* 1. zuständig, befugt; 2. (*capaç*)

complaure

fähig, kompetent, sachkundig; **~ició** f 1. Wettbewerb m; 2. esp Wettkampf m, Konkurrenz f; **~ir** vi konkurrieren

complaure vt gefallen, befriedigen, gefällig sein

complement m Ergänzung f, Komplement n; **~ari, -ària** adj ergänzend, komplementär

complet, -a adj 1. vollständig, ganz, vollkommen; 2. (ple) voll(besetzt); **per ~** völlig, ganz und gar; **~ar** vt ergänzen, vervollständigen, komplettieren

complex, -a 1. adj vielschichtig, kompliziert; 2. m Komplex m

complica/ció f 1. Schwierigkeit f; 2. med Komplikation f; **~r** vt erschweren, komplizieren

compli/dor, -a adj gewissenhaft, zuverlässig; **~ment** m 1. Erfüllung f; 2. (expressió) Kompliment n; **~r** 1. vt erfüllen, ausführen; **~r anys** Geburtstag haben; 2. vi 1. eine Pflicht tun; 2. (acabar) ablaufen, zu Ende gehen

complot m Komplott n, Verschwörung f

compon/dre vt 1. zusammensetzen; 2. mús komponieren; 3. lit verfassen; **~ent** 1. adj m/f zusammensetzend; 2. m tecn Bestandteil m, quím Komponente f

comporta f Schleusentor n

comporta/ment m Betragen n, Benehmen n; **~r** vt ertragen, erdulden

composició f 1. Zusammensetzung f; 2. mús Komposition f

344

compositor, -a m/f Komponist, -in m/f

compost, -a 1. adj zusammengesetzt; 2. m 1. agric Kompost m; 2. quím Verbindung f; 3. ling Kompositum n

compota f Kompott n

compra f (Ein)Kauf m, Anschaffung f; **~dor, -a** m/f (Ein)Käufer(in) m/f; **~r** vt (ein)kaufen

compren/dre vt 1. (entendre) verstehen, begreifen; 2. (contenir) umfassen, einschließen; **~sible** adj m/f verständlich, begreiflich; **~sió** f 1. (facultat) Auffassungsvermögen n; 2. (condescendència) Verständnis n

compresa f Kompresse f

comprimi/r vt 1. zusammenpressen; 2. fís komprimieren; 3. (gas) zusammendrücken; 4. informàt komprimieren; **~t, -ida** 1. adj Druck...; 2. m med Tablette f

comprom/etre vt 1. (prometre) versprechen; 2. (posar en un compromís) gefährden, kompromittieren; **~ís** m 1. (obligació) Verpflichtung f; 2. (situació crítica) Verlegenheit f; 3. (cita) Verabredung f, Termin m; ♦ **posar en un ~ís** kompromittieren, in Verlegenheit bringen

comprova/ció f 1. (control) Überprüfung f; 2. (verificació) Nachweis m; 3. (constatació) Feststellung f; **~r** vt 1. kontrollieren, (nach)prüfen, überprüfen; 2. (verificar) bestätigen, nachweisen, feststellen

compt/abilitat f Buchhaltung f, Buchführung f; **~able** 1. adj m/f zählbar; 2. m/f Buchhalter, -in m/f; **~ador** m (*aparell*) Zähler *m*; **~agotes** *m* Tropfenzähler *m*; **~ar 1.** *vt* (*numerar*) (ab)zählen; **2.** *vi* 1. (*fer comptes*) zählen; 2. (*calcular*) rechnen; **~e** *m* 1. (*càlcul*) Rechnen *n*; **a ~e** als Anzahlung; **en ~ de** anstelle von; **més del ~e** übermäßig; 2. (*rebut*) Rechnung *f*; **pel seu ~e** auf eigene Rechnung; 3. (*atenció*) Vorsicht, Achtsamkeit *f*, 4. (*bancari*) Konto *n*; ♦ **sortir a ~e** sich lohnen, sich bezahlt machen; **tenir en ~e** berücksichtigen, bedenken

compulsa *f jur* Beglaubigung *f*; **~r** *vt* 1. vergleichen; 2. *jur* beglaubigen

comt/at *m* Grafschaft *f*; **~e, -essa** *m/f* Graf *m*, Gräfin *f*

comú, -una 1. *adj* 1. gemeinsam; **en ~** gemeinsam, zusammen; 2. (*públic*) gemeinschaftlich; 3. (*ordinari*) gewöhnlich, normal; **2.** *f* (*lavabo*) Toilette *f*; **3.** *m* Allgemeinheit *f*; **sentit ~** gesunder Menschenverstand

comunica/ció *f* 1. Mitteilung *f*, Verbindung *f*; 2. *tecn* Kommunikation *f*; **~r 1.** *vt* mitteilen, verbinden; **2.** *vi* 1. verbunden sein; 2. (*telèfon*) besetzt sein

comunió *f* 1. Gemeinschaft *f*; 2. *relig* Kommunion *f*

comunisme *m pol* Kommunismus *m*

comunitat *f* Gemeinschaft *f*

conca *f geol* (Fluss)Becken *n*

còncau, -ava *adj* konkav

concebre *vt* 1. (*engendrar*) empfangen; 2. *fig* ausdenken

concedir *vt* verleihen, gewähren, zugestehen

conc/entrar *vt* 1. konzentrieren; 2. (*reunir*) (ver)sammeln; **~èntric, -a** *adj* konzentrisch

concep/ció *f* 1. Empfängnis *f*, *med* Konzeption *f*; 2. (*interpretació*) Auffassung *f*; **~te** *m* Begriff *m*, Konzept *n*; **en cap ~te** unter keinen Umständen; **en ~te de** als; **en tots (els) ~tes** in jeder Hinsicht

concernir *vt* angehen, betreffen

concert *m* 1. *mús* Konzert *n*; 2. *econ* Vereinbarung *f*; **~ar** *vt* 1. (*acordar*) vereinbaren, abmachen; 2. *ling* übereinstimmen

concessi/ó *f* 1. (*acció*) Bewilligung *f*, Erteilung *f*; 2. (*efecte*) Erlaubnis *f*, Genehmigung *f*; **~onari, -ària 1.** *adj* Konzessions...; **2.** *m/f* Konzessionär, -in *m/f*

concl/oure 1. *vt* 1. (ab)schließen, beenden; 2. (*resoldre*) entscheiden, folgern; **2.** *vi* enden; **~usió** *f* 1. (*deducció*) Schlussfolgerung *f*, Konklusion *f*; 2. (*final*) (Ab)Schluss *m*; **en ~usió** schließlich

conc/ordança *f* 1. Übereinstimmung *f*; 2. *ling* Kongruenz *f*; **~ordar** *vi* 1. übereinstimmen; 2. *ling* kongruiren; **~òrdia** *f* Eintracht *f*

concret, -a *adj* real, konkret; **~ar** *vt* konkretisieren; **~ar-se** sich beschränken (**a** auf)

concurrència *f* 1. Andrang *m*, Zulauf *m*; 2. (*assistència*) Beteiligung *f*; 3. (*rivalitat*) Rivalität *f*, Konkurrenz *f*; 4. (*públic*) Publikum *n*

concurs *m* 1. Wettbewerb *m*, Quiz *n*;

condecoració

2. *esp* Wettkampf *m*; 3. *(ajuda)* Unterstützung *f*, Mitarbeit *f*, Mitwirkung *f*

condecora/ció *f* Auszeichnung *f*, Orden *m*; **~r** *vt* auszeichnen

condemna *f* 1. Verurteilung *f*; 2. *jur* Strafe *f*; **~r** *vi* verurteilen (**a** zu)

condensa/ció *f* Kondensierung *f*; **~r** *vt* 1. kondensieren; 2. *fig (abreujar)* zusammenfassen, komprimieren

condició *f* 1. Bedingung *f*, Voraussetzung *f*; 2. *(circumstància)* Umstand *m*; **amb la ~ que** unter der Voraussetzung, dass

condiment *m* Gewürz *n*; **~ar** *vt* würzen

conducta *f* Benehmen *n*, Betragen *n*

condu/cte *m* 1. *(tub)* Rohr *n*; 2. *anat* Gang *m*, Kanal *m*; **~ctor, -a 1.** *adj* leitend; **2.** *m/f* Fahrer, -in *m/f*; **~ir 1.** *vt* 1. *(manar)* führen, leiten; 2. *auto* fahren, steuern; 3. *(dur)* bringen; **2.** *vi auto* fahren

con/egut, -uda 1. *adj* bekannt; **2.** *m/f* Bekannte, -r *f/m*; **~eixement** *m* 1. Kenntnis *f*; 2. *(consciència)* Bewusstsein *n*; **~eixença** *f* 1. Kenntnis *f*, Wissen *n*; 2. *(entre persones)* Bekanntschaft *f*; **~èixer** *vt* 1. kennen; 2. *(saber)* können; 3. *(fer coneixença)* kennen lernen; ♦ **fer ~èixer** bekannt machen

confecci/ó *f* 1. *(producció)* Herstellung *f*, (An)Fertigung *f*; 2. *tèxtil* Konfektion *f*; **~onar** *vt* 1. *(produir)* herstellen, (an)fertigen; 2. *tèxtil* konfektionieren; 3. *(pla)* aufstellen

conferència *f* 1. *(discurs)* Vortrag *m*; 2. Konferenz *f*, Besprechung *f*; 3. *(telefònica)* Ferngespräch *n*

confess/ar *vt* 1. *(admetre)* (ein)gestehen, zugeben; 2. *(descobrir)* preisgeben, verraten; 3. *relig* beichten; **~ió** *f* 1. Geständnis *n*; 2. *(sagrament)* Beichte *f*; 3. *relig* Konfession *f*

confeti *m* Konfetti *n*

confia/nça *f* 1. Vertrauen *n*; **de ~nça** vertrauenswürdig; **en ~nça** im Vertrauen; 2. *(esperança)* Zuversicht *f*; 3. *(familiaritat)* Vertrautheit *f*; **~r 1.** *vt* anvertrauen; **2.** *vi* vertrauen

confidència *f* 1. Vertraulichkeit *f*; 2. *(revelació)* Enthüllung *f*

confirmar *vt* 1. bestätigen; 2. *relig (catòlica)* firmen; *(evangèlica)* konfirmieren

confit *m* Zuckermandel *f*; **~ar** *vt* 1. zuckern; 2. *(fruita)* einmachen; **~ura** *f* Konfitüre *f*

conflict/e *m* Konflikt *m*, Streit *m*; **~iu, -iva** *adj* Konflikt...

confondre *vt* verwechseln, durcheinanderbringen

conform/ar 1. *vt* 1. *(formar)* formen; 2. *(ajustar)* anpassen (**an**); 3. *(contentar)* zufrieden stellen (**amb** mit); **2.** *vi* übereinstimmen (**amb** mit); **~e 1.** *adj m/f* übereinstimmend, gleich; **2. ~!** *interj* Einverstanden!; ♦ **estar ~e** einverstanden sein

confort *m* 1. *(consol)* Stärkung *f*, Tröstung *f*; 2. *(benestar)* Komfort *m*; **~able** *adj m/f* komfortabel, bequem

conf/ús, -usa adj verwirrt, wirr; **~usió** f Verwirrung f, Konfusion f

congela/dor m 1. (part de la nevera) Gefrierfach n, Eisfach n; 2. (electrodomèstic) Gefrierschrank m; **~r** vt 1. erfrieren; 2. econ (els preus) einfrieren

conglomerat m 1. Konglomerat n; 2. fig Gemisch n, Gemenge n

Congo m Kongo m; **~*lès, -esa** 1. adj kongolesisch; 2. m/f Kongolese, -in m/f

congratula/ció f Glückwunsch m; **~r** vt beglückwünschen; **~r-se** sich freuen (de über)

congr/egació f 1. (reunió) Versammlung f; 2. relig Kongregation f; **~egar** vt versammeln; **~és** m Kongress m

conill m Kaninchen n; **~ porquí/ d'Índies** zool Meerschweinchen n

conjunt, -a 1. adj gemeinsam; 2. m Ganzes n, Gesamtheit f

conne/ctar vt 1. verbinden; 2. (endollar) anschließen; 3. (engegar) einschalten, anschalten; **~xió** f 1. Verbindung f; 2. tecn Anschluss m

conqu/erir vt erobern; **~esta** f Eroberung f; **~istar** vt erobern

conre/ador, -a m/f Landwirt, -in m/f; **~ar** vt 1. (la terra) bebauen, bestellen; 2. (plantes) anbauen, pflegen; 3. (fomentar) ausbilden, fördern; **~u** m 1. agric Anbau m, Pflanzung f; 2. fig Ausbildung f, Förderung f

consanguini, -ínia adj blutsverwandt; **~tat** f Blutsverwandtschaft f

consci/ència f 1. Bewusstsein n, Gewissen n; 2. (responsabilitat) Gewissenhaftigkeit f; **~enciar** vt 1. sensibilisieren (de für); 2. (persuadir) überzeugen (de von); **~enciar-se** 1. sensibilisiert werden (de für); 2. (convèncer) sich überzeugen (de von); **~ent** adj m/f 1. bewusst; 2. (de si mateix) selbstbewusst

consecutiu, -iva adj 1. aufeinander folgend; 2. ling konsekutiv

consell m 1. (recomanació) Rat(schlag) m; 2. (organisme) Rat m; 3. (reunió) Ratsversammlung f; **~er, -a** m/f 1. Ratgeber, -in m/f, Berater, -in m/f; 2. (membre d'un consell) Ratsmitglied n, Rat m, Rätin f; **~eria** f Ministerium n

conse/ns m Übereinstimmung f, Konsens m; **~nsual** adj m/f übereinstimmend, konsensuell; **~nsuar** vt pol beschließen; **~ntiment** m Zustimmung f, Einwilligung f; **~ntir 1.** vt erlauben, genehmigen, dulden; 2. vi 1. zulassen, gestatten, dulden; 2. einwilligen, zustimmen; **~qüència** f Konsequenz f, Folge f; **a ~qüència de** als Folge von; **en ~qüència** folglich, infolgedessen

conserge m/f 1. Hausmeister, -in m/f; 2. (d'un lloc públic) Pförtner, -in m/f; 3. (d'un hotel) Portier(sfrau) m/f

conserva f (envàs) Konserve f; **en ~** konserviert; **~ció** f Erhaltung f, (Auf)Bewahrung f; **~r** vt 1. erhalten, bewahren; 2. (aliments) einmachen, konservieren

considera/ble adj m/f beträchtlich,

consigna 348

beachtlich; **~r** vt 1. (*reflexionar*) überdenken, erwägen; 2. (*jutjar*) halten (**+ CD** für), betrachten (**com** als)

consigna f 1. Losung f, Weisung f; 2. *mil* Parole f; 3. *ferroc* Gepäckaufbewahrung f; **~r** vt 1. anweisen; 2. *com* konsignieren; 3. *jur* hinterlegen

consist/ent adj m/f 1. bestehend (aus); 2. (*sòlid*) fest, hart; **~ir** vi 1. bestehen (**en** in); 2. (*radicar*) beruhen (**en** auf)

consol m Trost m, Tröstung f

cònsol m/f *pol* Konsul, -in m/f

consola/dor, -a 1. adj tröstlich; **2.** m Vibrator m, Massagestab m; **~r** vt trösten

consonant 1. adj m/f 1. übereinstimmend; 2. (*que rima*) (sich) reimend; **2.** f *ling* Konsonant, Mitlaut m

conspira/ció f Verschwörung f, Konspiration f; **~r** vi sich verschwören (**contra** gegen)

Constança f Konstanz n

constant adj m/f (be)ständig (**en** in), konstant (**en** in)

Constantinoble f Konstantinopel n

consta/r vi 1. bestehen (**de** aus); 2. (*ésser cert*) feststehen, gewiss sein; **~tar** vt feststellen, konstatieren

constel·lació f *astrol* Sternbild n, Konstellation f

constipa/r vt verstopfen; **~r-se** sich erkälten; **~t** m med Erkältung f

constitu/ció f 1. (*composició*) Beschaffenheit f; 2. (*complexió*) Konstitution f; 3. *pol* Verfassung f; **~ir** vt 1. (*formar*) bilden; 2. (*ésser*) darstellen; 3. (*establir*) gründen; 4. (*designar*) einsetzen (als)

constru/cció f 1. Bau m, Konstruktion f; 2. (*sector*) Bauwesen n; **~ir** vt 1. (er)bauen, errichten; 2. *ling* bilden

consult/a f 1. Beratung f, Rücksprache f; 2. *med* (*sala*) Praxis f; **~ar** vt 1. befragen, um Rat fragen; 2. (*un llibre*) nachschlagen (**+ CD** in); **~oria** f Beratungsstelle f

consum m Verbrauch m, Konsum m; **~ició** f Verzehr m; **~idor, -a** m/f Verbraucher, -in m/f; **~ir** vt 1. (*gastar*) verbrauchen; 2. (*menjar*) verzehren; **~isme** m Konsumverhalten n

conta/ctar vi kontaktieren, Kontakt aufnehmen (**amb** mit); **~cte** m Berührung f, Kontakt m; **~gi** m Ansteckung f; **~giar** vt anstecken; **~giar-se** sich anstecken; **~giós, -osa** adj ansteckend

contamina/ció f (*medi ambient*) Verseuchung f, Kontamination f; **~ció acústica** Lärmbelästigung f; **~ció ambiental** Umweltverschmutzung f; **~ció atmosfèrica** Luftverschmutzung f; **~ció radioactiva** radioaktive Veseuchung f; **~r** vt verseuchen

cont/ar vt erzählen, berichten; **~e** m 1. Märchen n; 2. *lit* Erzählung f, (Kurz) Geschichte f

contempla/ció f 1. (*observació*) Betrachtung f, 2. *relig* Kontemplation f; **~r** vt 1. betrachten, anschauen; 2. *relig* meditieren, nachsinnen

conteni/dor m Container m, Behälter m; **~r** vt 1. enthalten, beinhalten; 2.

(*constar*) haben, bestehen (**+ CD** aus); 3. (*refrenar*) zurückhalten

content, -a *adj* 1. zufrieden; 2. (*alegre*) vergnügt, froh

contesta *f* Antwort *f*; **~ció** *f* Antwort *f*; **~r 1.** *vt* 1. (*respondre*) (be)antworten; 2. (*oposar-se*) bestreiten; **2.** *vi* (*replicar*) widersprechen

context *m* Zusammenhang *m*, Kontext *m*; **~ualitzar** *vt* zusammenhängen

contin/ent 1. *adj m/f* enthaltsam; **2.** *m* Erdteil *m*, Kontinent *m*; **~gut** *m* Inhalt *m*

continu, -ínua *adj* anhaltend, fortlaufend, ständig; **~ació** *f* Fortsetzung *f*, Fortdauer *f*; **a ~ació** im Anschluss; **~ar 1.** *vt* fortsetzen, fortführen; **2.** *vi* andauern, weitergehen; **~ïtat** *f* Kontinuität *f*, Fortdauer *f*

contorn *m* Umriss *m*, Kontur *f*

contorsió *f* 1. (*de la cara*) Verzerrung *f*; 2. (*gest afectat*) Verrenkung *f*

contra 1. *prep* gegen; **en ~** dagegen; **2. els pros i els contres** *m* das Für und Wider; **3.** *f* Widerstand *m*; ♦ **fer/portar la ~** *col·loq* j-m widersprechen, j-m Kontra geben

contrabaix 1. *m* Kontrabass *m*; **2.** *m/f* (*músic*) Kontrabassist, -in *m/f*

contraban *m* Schmuggel *m*; **~dista** *m/f* Schmuggler, -in *m/f*

contracció *f* Kontraktion *f*

contractar *vt* 1. (*fer un contracte*) (ab)schließen; 2. (*per a una feina*) einstellen; 3. (*encarregar*) beauftragen

contradi/cció *f* Widerspruch *m*; **~r** *vt* widersprechen

contrari, -ària 1. *adj* entgegengesetzt; **2.** *m/f* Gegner, -in *m/f*; **3.** *m* Gegenteil *n*; **al ~** im Gegenteil

contrarietat *f* 1. Gegensätzlichkeit *f*; 2. (*obstacle*) Hindernis *n*

contrasenya *f* 1. Kennwort *n*; 2. *informàt* Passwort *n*

contrast *m* Gegensatz *m*, Kontrast *m*; **~ar 1.** *vt* prüfen; **2.** *vi* kontrastieren, im Gegensatz stehen zu

contratemps *m* Zwischenfall *m*

contreure *vt* 1. (*relacions*) schließen; 2. (*malaltia*) sich zuziehen; 3. (*reduir*) zusammenziehen, kontrahieren

contribu/ció *f* 1. (*aportació*) Beitrag *m*, Anteil *m*; 2. (*impost*) Steuer *f*, Abgabe *f*; **~ir** *vi* beitragen (**a** zu), mithelfen (**a** bei)

contrincant *m/f* Gegner, -in *m/f*, Rivale, -in *m/f*

control *m* Kontrolle *f*, Aufsicht *f*; **~ar** *vt* kontrollieren, beaufsichtigen

controvèrsia *f* Kontroverse *f*

contusió *f med* Quetschung *f*, Kontusion *f*

convalescent 1. *adj m/f* genesend, rekonvaleszent; **2.** *m/f* Genesende, -r *f/m*, Rekonvaleszent, -in *m/f*

convalidar *vt* (*estudis*) anerkennen

conv/èncer *vt* überzeugen; **~enciment** *m* Überzeugung *f*

conveni/ència *f* Zweckmäßigkeit *f*, Angemessenheit *f*; **~ent** *adj m/f* angemessen, passend; **~r 1.** *vt* vereinbaren, abmachen; **2.** *vi* 1. angebracht sein, nützlich sein; 2. (*estar d'acord*) übereinstimmen

convent *m* Kloster *n*, Konvent *m*

conversa *f* Gespräch *n*, Unterhaltung *f*; **~r** *vi* sich unterhalten

convertir *vt* 1. verwandeln (**en** in); 2. *com* umwandeln (**a** zu); 3. *relig* bekehren (**a** zu)

convex, -a *adj* konvex

convidar *vt* einladen (**a** zu)

conviure *vi* zusammenleben, zusammenwohnen (**amb** mit)

convocar *vt* aufrufen, zusammenrufen

convulsió *f* 1. *med* Konvulsion *f*, (Schüttel)Krampf *m*; 2. *geol* Erschütterung *f*

cony 1. *m vulg* Fotze *f*; 2. **~!** *interj* verflucht!, verdammt!, Scheiße!

conya *f* 1. *col·loq* Spaß *m*; **de ~** super; 2. (*molèstia*) Mist *m*, Scheiße *f*

conyac *m* Kognak *m*, Weinbrand *m*

cooficial *adj m/f* (*llengua*) kooffiziell; **~itat** *f* Gleichberechtigung *f* von zwei Sprachen

coopera/ció *f* 1. Zusammenarbeit *f*; 2. *econ* Kooperation *f*; **~r** *vi* 1. zusammenarbeiten; 2. *econ* kooperieren; 3. (*participar*) mitarbeiten, mithelfen (**en** bei); **~tiva** *f* Genossenschaft *f*, Kooperative *f*

coordenada *f mat* Koordinate *f*

coordina/ció *f* 1. Koordination *f*; 2. *ling* Nebenordnung *f*; **~dor, -a** 1. *adj* koordinierend; 2. *m/f* Koordinator, -in *m/f*; **~r** *vt* koordinieren, aufeinander abstimmen (**amb** mit)

cop *m* 1. Schlag *m*; **a ~ de** mit viel, durch ständiges; **~ d'estat** Staatsstreich *m*; Putsch *m*; **~ d'ull** Blick *m*; **de ~** schlagartig, auf einmal; 2. (*de peu*) Tritt *m*; 3. (*vegada*) Mal *n*; ♦ **donar un ~ de mà** mit Hand anlegen

copa *f* 1. Glas *n*; 2. *esp* Pokal *m*

Copenhaguen *f* Kopenhagen *n*

Copèrnic *m* Kopernikus *m*

còpia *f* Kopie *f*, Abschrift *f*

copiar *vt* 1. kopieren; 2. (*plagiar, examen*) abschreiben

cor *m* 1. *anat* Herz *n*; **atac de ~** *med* Herzanfall *m*; 2. *mús* Chor *m*

coral 1. *adj m/f* 1. *mús* Chor..., choral; 2. (*color*) korallen(rot); **2.** *f* Chor(verein) *m*; **3.** *m zool* Korallentier *n*, Koralle *f*

coratge *m* Mut *m*, Courage *f*

corb, -a 1. *adj* krumm, gebogen; **2.** *f* Kurve *f*; **3.** *m zool* Rabe *m*

corbata *f* Krawatte *f*

corc/ar *vt* zerfressen; **~ó** *m* Holzwurm *m*

corda *f* 1. Seil *n*, Strick *m*; 2. *mús* Saite *f*; 3. *anat* Sehne *f*; **cordes vocals** Stimmbänder *pl*; **~r** *vt* 1. (*roba*) (zu)schließen; 2. (*botons*) (zu)knöpfen; 3. (*sabates*) (zu)schnüren

corder, -a 1. *m/f* Seiler, -in *m/f*; **2.** *m* Lamm *n*

cordialitat *f* Herzlichkeit *f*, Freundlichkeit *f*

cordó *m* 1. Schnur *f*; 2. (*de sabata*) Schnürsenkel *m*

Còrdova *f* Cordoba *n*

Core/a *f* Korea *n*; **~à, -ana** 1. *adj* koreanisch; **2.** *m/f* Koreaner, -in *m/f*; **3.** *m ling* Koreanisch *n*

coriandre *m bot* Koriander *m*

Corint f Korinth n; **~*i, -íntia 1.** adj korinthisch, aus Korinth; **2.** m/f Korinther, -in m/f

corista m/f Chorsänger, -in m/f

cornella f zool Krähe f

córner m esp (futbol) Eckball m, Eckstoß m

corneta 1. f Flügelhorn n; **2.** m/f Flügelhornspieler, -in m/f

còrnia f anat Hornhaut f

cornisa f arquit Gesims n

Cornualla f Cornwall n

cornucòpia f 1. (corn) Füllhorn n; 2. (mirall) Spiegel m

cornut, -uda 1. adj 1. gehörnt; 2. (marit) betrogen; **2.** m/f Gehörnte, -r m/f, betrogener Ehemann m

corona f 1. Krone f; 2. (de flors) Kranz m

coronel m mil Oberst m

coroneta f Haarwirbel m, Tonsur f

corp/oral adj m/f körperlich, Körper...; **~ulent, -a** adj korpulent, beleibt

corral m Stall m, Pferch m

correc/ció f Verbesserung f, Korrektur f; **~te, -a** adj 1. richtig, ordentlich; 2. fehlerfrei, korrekt

corredís, -issa adj Schiebe...

corredor, -a 1. m/f 1. (a peu) Läufer, -in m/f; 2. (en vehicle) Rennfahrer, -in m/f; 3. com Makler, -in m/f; **2.** m Flur m, Gang m, Korridor m

corredoria f 1. (ofici) Maklergeschäft n; 2. (comissió) Maklergebühr f

corregir vt verbessern, korrigieren

correguda f Lauf m, Rennen n

correla/ció f Wechselbeziehung f; **~tiu, -iva** adj wechselseitig; **~tivament** adv wechselseitig

corrent 1. adj m/f 1. gewöhnlich, üblich; 2. (dia, mes) laufend; **al ~** auf dem laufenden; **2.** m 1. electr Strom m; 2. (d'un riu) Strömung f; **aigua ~** fließendes Wasser; 3. (d'aire) (Luft)zug m; 4. fig (moda) Tendenz f

córrer 1. vt 1. laufen, rennen; 2. (cortines) zuziehen; **2.** vi 1. laufen, rennen; 2. (donar-se pressa) sich beeilen; ♦ **deixar ~** aufgeben, es sein lassen

correspon/dència f 1. correu Post f, Korrespondenz f; 2. (equivalència) Entsprechung f; 3. (conformitat) Übereinstimmung f; **~dre** vi entsprechen, korrespondieren; **~ent** adj m/f entsprechend, korrespondierend; **~sal** m/f 1. period Korrespondent, -in m/f, Berichterstatter, -in m/f; **~sal de guerra** Kriegsberichterstatter, -in m/f; 2. com Vertreter, -in m/f; **~salia** f period Korrespondentenbüro n

corretja f 1. (cinturó) Gurt m; 2. tecn Riemen m

correu m Post f

corrida f taur Stierkampf m, Corrida f

corriola f tecn Riemenscheibe f

corr/ompre vt 1. (subornar) bestechen, korrumpieren; 2. (podrit) verderben; **~upció** f 1. (suborn) Bestechung f, Korruption f; 2. (seducció) Verführung f; **~upció de menors** Verführung Minderjähriger; **~upte, -a** adj (subornat) bestechlich, korrupt

Còrsega f Korsika n
cort f 1. Hof f; 2. jur Gericht n; ♦ **fer la ~** den Hof machen; **~ès, -esa** adj höflich
cortina f Vorhang m
cortisona f med Kortison n
Corunya f A Coruña n
cos m 1. Körper m; 2. (corporació) Körper m, Korps n; 3. (objecte) Körper m, Gegenstand m
cosa f Sache f, Ding n; **alguna ~** etwas
cosac, -a 1. adj Kosaken...; 2. m/f Kosak, -in m/f
cosecant f mat Kosekans m
cosí, -ina m/f Cousin, -e m/f, Vetter m; **~ germà** Vetter ersten Grades
cosinus m mat Kosinus m
cosir vt nähen
cosmètic, -a 1. adj kosmetisch; 2. m Schönheitsmittel n; 3. f Kosmetik f, Schönheitspflege f
cossi m Waschtrog m
cost m Kosten pl; **a preu de ~** zum Selbstkostenpreis
costa f 1. geol (litoral) Küste f, elev Gestade n; 2. (pendent) Hang m; **a ~ de** auf Kosten von
Costa d'Ivori f Elfenbeinküste f
costar vt/i 1. kosten; 2. fig Mühe kosten, Mühe machen
Costa/ Rica f Costa Rica f; **~*-riqueny, -a** 1. adj costaricanisch, aus Costa Rica; 2. m/f Costaricaner, -in m/f
costat m Seite f; **al ~ de** neben, bei; **de ~** seitlich, von der Seite; ♦ **fer ~** fig zur Seite stehen

costella f med Rippe f
costerut, -uda adj 1. steil; 2. fig schwer, schwierig
costós, -osa adj teuer, kostspielig
costum m 1. (hàbit) (An)Gewohnheit f; **de ~** gewöhnlich, normalerweise; 2. (tradició) Sitte f, Brauch m; ♦ **tenir per ~** pflegen zu
costura f 1. Naht f; 2. (confecció) Nähen n
cotitza/ció f econ Kurs m, Notierung f; **~r** 1. vt 1. fin notieren; 2. (valorar) schätzen; 2. vi Beiträge zahlen
cotó m Baumwolle f
cotorra f 1. Papagei m; 2. fig (persona) Plappermaul n, Quasselstrippe f
cotx/e m Auto n, Wagen m; **~o** m bal Auto n, Wagen m
coure 1. vt 1. kochen; 2. (bullir) sieden; 3. (al forn) backen; 2. vi kochen, gar werden
cova f Höhle f
covar 1. vt 1. (aus)brüten; 2. fig (nach) grübeln (+ CD über); 2. vi 1. brüten; 2. (l'odi) schwelen
covard, -a 1. adj feig(e); 2. m/f Feigling m
Cracòvia f Krakau n
cranc m crust Krebs m
crani m anat Schädel m
cràpula m/f Lump m, Kanaille f
cràter m Krater m
crea/ció f 1. Schöpfung f, (Er)Schaffung f; 2. (d'una institució) Einrichtung f; 3. (de moda) Kreation f; **~dor, -a** 1. adj schöpferisch; 2. m/f Schöp-

Croàcia

fer, -in m/f; **~r** vt 1. (er)schaffen, kreieren; 2. (fundar) gründen; 3. (causar) verursachen
crèdit m 1. econ Kredit m; 2. Glaubwürdigkeit f; 3. Zuversicht f
cre/ença f Überzeugung f, Glaube m; **~ient** 1. adj m/f gläubig; 2. m/f Gläubige, -r f/m
cr/eixement m Wachstum n, Wachsen n; **~éixer** vi 1. wachsen; 2. (el nivell) (an)steigen
crema 1. adj inv cremefarben; 2. f 1. (nata) Sahne f, Rahm m; 2. (dolços) Creme f; 3. (cosmètica) Creme f; **~da** f Verbrennung f
cremallera f Reißverschluss m
cremar 1. vt verbrennen, abbrennen; 2. vi brennen
crepuscle m 1. Dämmerung f; 2. fig Niedergang m
cresta f Kamm m
crestomatia m lit Chrestomathie f
Cret/a f Kreta n; **~*enc, -a** 1. adj kretisch, aus Kreta; 2. m/f Kreter, -in m/f
cretí, -ina 1. adj schwachsinnig; 2. m/f Kretin m
creu f 1. Kreuz n; 2. (d'una moneda) Rückseite f; cara o **~**? Kopf oder Zahl?; ♦ **fer-se'n ~s** über etwas wundern; **~ar** vt kreuzen, überqueren; **~er** m Kreuzfahrt f
creure vt/i glauben; ♦ **fer ~** glauben machen, einreden
cria f 1. (criar) Zucht f; 2. (bebè) Säugling m; 3. (d'animal) Junge(s) n; **~r** 1. vt 1. (educar) aufziehen, großziehen; 2. (cuidar) züchten; 2. vi Junge bekommen; **~t, -ada** m/f Diener, -in m/f, Hausmädchen n; **~tura** f 1. (ésser) Kreatur f, Geschöpf n; 2. (bebè) Säugling m
crida f 1. (veu) (Auf)Ruf m; 2. (pública) Ausruf m, Bekanntmachung f; 3. (telèfon) Anruf m; 4. (a la porta) Klopfen n; 5. mil Appell m; **~ner, -a** 1. adj 1. laut; 2. (color) grell, schreiend; 2. m/f Schreihals m; **~r** 1. vt 1. (veu alta) schreien; 2. rufen; 3. (pel nom) aufrufen; 2. vi schreien, rufen; ♦ **~r l'atenció** die Aufmerksamkeit wecken
crim m Verbrechen n; **~inal** 1. adj m/f 1. (delinqüent) verbrecherisch, kriminell; 2. (policia) Kriminal...; 2. m/f Verbrecher, -in m/f, Kriminelle, -r f/m; **~inalitat** f Kriminalität f; **~inologia** f Kriminologie f
crioll, -a 1. adj kreolisch; 2. m/f Kreole, -in m/f
criquet m esp Kricket n
crisi f Krise f
Crist m Christus m
cristal/l m 1. Kristall m; 2. (vidre) Glas n; **~·lí, -ina** adj kristallin, Kristall...
cristi/à, -ana 1. adj christlich; 2. m/f Christ, -in m/f; **~anisme** f 1. (fe) Christlichkeit f; 2. (església) Christentum n
crit m Schrei m, Ruf m
criteri m Kriterium n, Kennzeichen n
cr/ítica f Kritik f; **~iticar** 1. vt kritisieren; 2. vi (parlar malament) lästern
Cro/àcia f Kroatien n; **~*at, -a** 1. adj

crom

kroatisch; **2.** *m/f* Kroate, -in *m/f*; **3.** *m ling* Kroatisch *n*
crom *m quím* Chrom *n*
cromo *m* Sammelbildchen *n*
crònica *f* Chronik *f*
cron/ometrar *vt* stoppen; **~òmetre** *m* **1.** Chronometer *n*; **2.** *esp* Stoppuhr *f*
croquet *m esp* Krocket *n*
croqueta *f gastr* Krokette *f*
croquis *m* Skizze *f*, Entwurf *m*
crosta *f* Kruste *f*
cru, -a *adj* **1.** (*natural*) roh; **2.** *fig* (*difícil*) hart
crucial *adj m/f* **1.** (*decisiu*) entscheidend; **2.** (*en forma de creu*) kreuzförmig
crucifi/car *vt* **1.** kreuzigen; **2.** *fig* quälen; **~x** *m* Kruzifix *n*
cruel *adj m/f* grausam
cruïlla *f* Wegkreuzung *f*, Straßenkreuzung *f*
cruixir *vi* **1.** (*paper*) knistern, rascheln; **2.** (*dents*) knirschen
crupier *m* Croupier *m*
cu *f* (*nom lletra*) q, Q *n*
cua *f* **1.** *anat* Schwanz *m*; **2.** (*cavall*) Schweif *m*; **3.** (*peix*) Schwanzflosse *f*; **4.** (*filera de gent*) Schlange *f*; **fer ~** Schlange stehen
cub *m* **1.** *geom* Würfel *m*; **2.** *mat* dritte Potenz *f*
Cub/a *f* Kuba *n*; **~à, -ana 1.** *adj* kubanisch; **2.** *m/f* Kubaner, -in *m/f*
cúbic, -a *adj* **1.** (*forma*) würfelförmig; **2.** *mat* kubisch, Kubik...
cuc *m* Wurm *m*; **~a** *f* **1.** *zool* Käfer *m*,

Tierchen *n*; **~a de llum** Glühwürmchen *n*; **2.** *col·loq* (*penis*) Schwanz *m*; **3.** *col·loq* Geld *n*
cucurutxo *m* **1.** (*de paper*) Papiertüte *f*; **2.** (*de gelat*) Eistüte *f*; **3.** *relig col·loq* (*barret de Setmana Santa*) Büßermütze *f*
cucut *m zool* Kuckuck *m*
cuidar 1. *vt* versorgen, pflegen, betreuen; **2.** *vi* aufpassen (**de** auf), sorgen (**de** für)
cuin/a *f* **1.** (*habitació*) Küche *f*; **2.** (*electrodomèstic*) Herd *m*; **3.** (*art*) Küche *f*, Kochkunst *f*; **~ar 1.** *vt* kochen, zubereiten; **2.** *vi* kochen; **~er, -a** *m/f* Koch *m*, Köchin *f*
cuir *m* Leder *n*
cuixa *f anat* (Ober)Schenkel *m*
cul *m anat* Gesäß *n*, Hintern *m col·loq*, Po(po) *m col·loq*, Arsch *m vulg*; ♦ **anar de ~** *col·loq* viel zu tun haben; **donar pel ~** *vulg* j-n arschficken; **llepar el ~** *vulg* j-n am Arsch lecken
culinari, -ària *adj* kulinarisch
culler/a *f* Löffel *m*; **~ada** *f* Esslöffel *m*; ♦ **ficar ~ada** *col·loq* sich einmischen, seinen Senf dazugeben; **~eta** *f* Teelöffel *m*, kleiner Löffel *m*
culpa *f* Schuld *f*; **per ~ de** wegen, aufgrund; ♦ **tenir la ~ de** an etwas Schuld sein; **~ble 1.** *adj m/f* **1.** schuldig; **2.** *jur* strafbar; **2.** *m/f* Schuldige, -r *f/m*; **~r** *vt* beschuldigen, anklagen
cult/e, -a 1. *adj* gebildet, kultiviert; **2.** *m* **1.** (*veneració*) Kult *m*; **2.** *relig*

Kult(us) *m*, Gottesdienst *m*; **~iu** *m* agric Anbau *m*, Pflanzung *f*; **~ivar** *vt* 1. agric anbauen, anpflanzen, kultivieren; 2. (*conservar*/*cuidar*) kultivieren, pflegen; **~ivat, -ada** *adj* kultiviert, gebildet; **~ura** *f* Kultur *f*

cuneta *f* Straßengraben *m*

cunyat, -ada *m*/*f* Schwager *m*, Schwägerin *f*

cúpula *f* arquit Kuppel *f*

cura *f* 1. Sorgfalt *f*, Mühe *f*; **a ~ de** von ... besorgt; 2. (*d'un malalt*) Pflege *f*; 3. *med* Behandlung *f*; **~r** 1. *vt* 1. sorgen (**+ CD** für), pflegen; 2. *med* behandeln; 2. *vi* sich kümmern (**de** um)

curi/ós, -osa 1. *adj* 1. (*indiscret*) neugierig; 2. (*digne de veure*) sehenswert, merkwürdig; 3. (*rar*) kurios; 2. *m*/*f* Neugierige, -r *f*/*m*; **~ositat** *f* 1. (*indiscreció*) Neugier(de) *f*; 2. (*digne de veure*) Sehenswürdigkeit *f*, Merkwürdigkeit *f*; 3. (*pulcritud*) Sauberkeit *f*, Sorgfalt *f*

currículum *m* Lebenslauf *m*

curs *m* 1. (*escolar, universitari*) Kurs *m*; 2. (*transcurs*) (Ver) Lauf *m*, Ablauf *m*

cursa *f esp* (Wett)Lauf *m*, Rennen *n*

cursi *adj m*/*f* kitschig

curt, -a *adj* kurz

curtcircuit *m electrón* Kurzschluss *m*

curtmetratge *m cine* Kurzfilm *m*

curv/atura *f* Krümmung *f*; **~ilini, -ínia** *adj* krummlinig

cus, -ssa *m*/*f bal* Hund *m*

cutis *m* (Gesichts)Haut *f*

D

d D *f* d, D *n*

dàctil *m lit* Daktylus *m*

dada *f* Angabe *f*

daga *f* Dolch *m*

dàlia *f bot* Dahlie *f*

dalla *f* Sense *f*; **~r** *vt* mähen

Dalmàcia *f* Dalmatien *n*

dàlmata 1. *adj m*/*f* dalmatinisch; 2. *m*/*f* Dalmatiner -in *m*/*f*; 3. *m ling* Dalmatisch *n*

dalt *adv* oben; **~ de tot** ganz oben

daltonià, -ana *adj* farbenblind

dama 1. *f* Dame *f*; **~ d'honor** (*d'una reina*) Hofdame *f*; (*d'una núvia*) Brautjungfer *f*; 2. *fpl* Damespiel *n*

damàs *m tèxtil* Damast *m*

Damasc *f* Damaskus *n*

damnificar *vt* (be)schädigen

damunt 1. *adv* darauf, darüber; **per ~** oberflächlich; **per ~ de tot** vor allen Dingen; 2. *prep* auf, über

dandi *m* Dandy *m*

danès, -esa 1. *adj* dänisch; 2. *m*/*f* Däne, -in *m*/*f*; 3. *m* 1. *ling* Dänisch *n*; 2. (*gos*) Dogge *f*

dansa *f* Tanz *m*; **~ire** *m*/*f* Tänzer, -in *m*/*f*; **~r** *vi* tanzen

dantesc, -a *adj* dantisch, dantesk

Danubi *m* Donau *f*; **~*à, -ana** *adj* Donau...

dany *m* 1. Schaden *m*; 2. (*pèrdua*) Verlust *m*; **~ar** *vt* beschädigen

dard *m* 1. (*llança*) Spieß *m*; 2. *joc* Darts *mpl*

darrer, -a *adj* letzte(r); **~e 1.** *adv* hin-

dàrsena

ten, dahinter; **2.** *prep* hinter; **3.** *m* **1.** Hinterteil *n*; **2.** *anat* Hintern *m*; ♦ **anar ~e (una persona)** hinter j-m her sein

dàrsena *f nav* Hafenbecken *n*

darwini/à, -ana *adj* darwinistisch, Darwin...; **~sme** *m* Darwinismus *m*; **~sta** *m/f* Darwinist, -in *m/f*

data *f* Datum *n*; **~r** *vt* datieren

dàtil *m* Dattel *f*

datiu *m ling* Dativ *m*

dau *m* Würfel *m*

daura/da t. orada *f peix* Goldbrasse *f*; **~r** *vt* **1.** vergolden; **2.** *gastr* anbräunen

davant 1. *adv* vorn(e), davor; **2.** *prep* vor; **3.** *m* Vorderteil *n*; **~al** *m* Schürze *f*; **~er, -a 1.** *adj* vordere(r), Vorder...; **2.** *m/f esp* Stürmer, -in *m/f*

de 1. *prep* von, aus; **2.** *f (nom lletra)* d, D *n*

debades *adv* umsonst, vergeblich

debat *m* Debatte *f*; **~re** *vt* debattieren, erörtern

dèbil *adj m/f* schwach

debilita/r *vt* schwächen; **~t** *f* Schwäche *f*

debò *adv:* **de ~** wirklich ernstlich

dècada *f* Dekade *f*, Jahrzehnt *n*

decad/ència *f* **1.** Dekadenz *f*; **2.** *(d'una època)* Niedergang *m*, Verfall *m*; **~ent** *adj m/f* dekadent, heruntergekommen

decantar *vt* **1.** neigen; **2.** *(líquid)* abgießen

decapitar *vt* enthaupten, köpfen

decasíl·lab, -a 1. *adj lit* zehnsilbig; **2.** *m lit* Dekasyllabus *m*

decaure *vi* **1.** *(salut)* herunterkommen, sich verschlechtern; **2.** *fig (ànim)* abnehmen, verfallen

decebre *vt* enttäuschen

decent *adj inv* anständig

decepció *f* Enttäuschung *f*

decidi/r *vt* entscheiden, beschließen; **~t, -ida** *adj* **1.** *(una persona)* entschlossen; **2.** *(una cosa)* entschieden, beschlossen

dècim, -a 1. *adj* zehnte; **2.** *m (loteria)* Zehntellos *n*; **3.** *f (de segon)* Zehntelsekunde

decimal 1. *adj m/f* dezimal, Dezimal...; **2.** *m* Dezimalzahl *f*

decisi/ó *f* Entscheidung *f*, Entschluss *m*; **~u, -iva** *adj* entscheidend, ausschlaggebend

declamar *vt/i* vortragen, deklamieren

declara/ció *f* Erklärung *f*; **~r 1.** *vt* **1.** erklären; **2.** *(ingressos)* deklarieren; **3.** *(béns)* angeben, anmelden; **2.** *vi (testimoni)* aussagen

decora/ció *f* **1.** *(ornament)* Dekoration *f*, Ausschmückung *f*; **2.** *(d'interiors)* Einrichtung *f*; **~r** *vt* **1.** *(adornar)* dekorieren, (aus)schmücken; **2.** *(amb mobles)* einrichten; **~t** *m teat* (Bühnen)Dekoration *f*

decréixer *vi* abnehmen, zurückgehen

decrèpit, -a *adj* **1.** *(persona)* altersschwach; **2.** *(societat)* dekadent

decret *m* Verordnung *f*, Erlass *m*; **~ llei** gesetzesvertretende Verordnung *f*; **~ar** *vt* verordnen, anordnen, dekretieren

dedica/ció *f* Widmung *f*; **~r** *vt* widmen

dedu/cció f 1. Folgerung f; 2. econ Abzug m; **~ir** vt 1. folgern (**de** aus), schließen (**de** aus); 2. econ (descomptar) abziehen (**de** von); 3. (impostos) absetzen

deessa f Göttin f

defecte m 1. (mancança) Mangel m; 2. (error) Fehler m, Schaden m

defens/a f 1. (d'atacs) Verteidigung f; 2. (protecció) Schutz m; 3. esp Abwehr f; **~ar** vt 1. (d'atacs) verteidigen (**+ CD** vor); 2. (protegir) (be)schützen (**+ CD** vor); 3. (opinions) eintreten (**+ CD** für); **~or, -a 1.** adj verteidigend, Verteidigungs...; **2.** m/f Verteidiger, -in m/f

deferència f Ehrerbietung f

deficient 1. adj m/f mangelhaft; **2. ~ mental** m/f geistig Behinderte, -r, f/m

dèficit m econ Defizit n, Fehlbetrag m

deficitari, -ària adj defizitär

defini/ció f 1. Definition f; 2. TV Auflösung f; **~r** vt 1. definieren; 2. (determinar) abgrenzen, festlegen; **~tiu, -iva** adj endgültig, definitiv; **en ~tiva** letzten Endes

deflagra/ció f quím Verpuffung f; **~r** vt/i schnell abbrennen, verpuffen

deforma/ció f 1. Entstellung f; 2. med Missbildung f; **~r** vt 1. verformen; 2. (imatge, so) verzerren; 3. (desfigurar) entstellen; 4. tecn verspannen

defraudar vt 1. (estafar) betrügen, hintergehen; 2. (decebre) enttäuschen; 3. (diners) hinterziehen, unterschlagen

defugir vt (ver)meiden, umgehen

defunció f Tod m, Todesfall m

degà, -ana m/f Dekan, -in m/f

degenera/ció f Degeneration f, Verfall m; **~r** vi 1. entarten; 2. med degenerieren; 3. fig verfallen, heruntergekommen

degollar vt 1. (decapitar) enthaupten, köpfen; 2. (animals) (ab)schlachten

degrada/ció f (humiliació) Demütigung f; **~nt** adj m/f demütigend, erniedrigend; **~r** vt 1. (destituir) degradieren; 2. (humiliar) demütigen

degusta/ció f Degustation f; **~ció de vins** Weinprobe f; **~r** vt (ver)kosten

deixalles fpl 1. Überbleibsel n; 2. (brossa) Abfall m

deixar vt 1. lassen; 2. (abandonar) verlassen; 3. (un rastre) hinterlassen; 4. (diners) verleihen; 5. (dipositar) hinlegen; 6. (renunciar) aufgeben; **~ de** aufhören zu; **no ~ de** nicht versäumen zu, nicht vergessen zu

deixeble, -a m/f 1. (alumne) Schüler, -in m/f; 2. (seguidor) Jünger, -in m/f, Anhänger, -in m/f

dej/ú, -una adj nüchtern; **~unar** vi fasten; **~uni** m Fasten n

del de + el prep von, aus

delatar vt 1. verraten; 2. (denunciar) anzeigen

delega/ció f Delegation f, Abordnung f; **~r** vt 1. (encarregar) delegieren, beauftragen; 2. (transferir) übertragen; **~t, -ada 1.** adj delegiert, beauftragt; **2.** m/f Delegierte, -r f/m, Beauftragte, -r f/m

delibera/ció f Beratschlagung f, Überlegung f; **~r 1.** vt beschließen; **2.** vi beratschlagen (über)

delicat, -ada adj 1. fein, zart; 2. (fràgil) zerbrechlich

del/ícia f Wonne f, Entzücken n; **~iciós, -osa** adj köstlich, entzückend

delicte m Straftat f, Delikt n, Verbrechen n

delimita/ció f Abgrenzung f, Begrenzung f; **~r** vt abgrenzen

delinqüent 1. adj straffällig, verbrecherisch; **2.** m/f Verbrecher, -in m/f, Straftäter, -in m/f

deliri m med Delirium n

delit m 1. Lust f, Freude f; 2. (ànim) Elan m

delta m geol Delta n; **ala ~** esp Flugdrachen m

demà 1. adv morgen; **2.** m 1. Zukunft f; 2. Morgen m, Vormittag m; **~ passat** übermorgen

demacrat, -ada adj abgemagert

demagògia f Demagogie f

deman/ar vt 1. bitten (**+ CD** um); 2. (exigir) verlangen, erfordern; **~da** f 1. (petició) Bitte f, Forderung f; 2. jur Antrag m; 3. com Nachfrage f

dement 1. adj/m/f schwachsinnig; **2.** m/f Schwachsinnige, -r f/m

democr/àcia f Demokratie f; **~àtic, -a** adj demokratisch; **~atitzar** vt demokratisieren

dem/ògraf, -a m/f Demograph, -in m/f; **~ografia** f Bevölkerungswissenschaft f, Demografie f; **~ogràfic, -a** adj demografisch, Bevölkerungs...

demoli/ció f Abbruch m, Niederreißen n, Demolierung f; **~r** vt abreißen, abbrechen, demolieren

demostra/ció f 1. Beweis m; 2. Darlegung f, Vorführung f; **~r** vt 1. (provar) beweisen; 2. (mostrar) zeigen

denegar vt ablehnen, abschlagen

denomina/ció f Benennung f; **~r** vt benennen

dens, -a adj dicht; **~itat** f Dichte f

dent f Zahn m; **~adura** f med Gebiss n; **~adura artificial/postissa** med künstliches Gebiss n; Zahnprothese f; **~at, -ada** adj gezahnt; **~ició** f Zahnen n, Dentition f med; **~ifrici** m Zahnpasta f; **~ista** m/f Zahnarzt m, Zahnärztin f

den/úncia f 1. (acció) Anzeige f; 2. Kündigung f; **~unciar** vt anzeigen

departament m 1. Abteilung f, 2. adm Bezirk m; 3. ferroc Abteil n; 4. univ Fachbereich m

depend/ència f Abhängigkeit f; **~ent, -a** m/f Angestellte, -r f/m, Verkäufer, -in m/f; **~re** vi abhängen (**de** von); (això) **depèn!** das kommt darauf an

depila/ció f 1. Enthaarung f; 2. med Haarausfall m; **~r** vt enthaaren

deplorar vt bedauern, beklagen

deporta/ció f Deportation f; **~r** vt deportieren

depredador, -a 1. adj räuberisch, Raub...; **2.** m/f Raubtier n

depr/essió f 1. (tristesa) Depression f; 2. geol Senke f; 3. econ Depression f; 4. meteo Tief n; **~essiu, -iva**

descendent

adj 1. deprimierend; 2. depressiv; **~iment** *adj m/f* niederdrückend, deprimierend; **~imir** *vt* deprimieren, (herunter)drücken); **~imir-se** 1. einsinken; 2. deprimiert werden

depura/ció *f* Reinigung *f*; **~r** *vt* 1. reinigen; 2. *informàt* debuggen, bereinigen; 3. *pol* säubern

deriva/ció *f* 1. Ableitung *f*; 2. *ling* Derivation *f*; 3. *tecn* Nebenleitung *f*; **~r** 1. *vt* ableiten; 2. *vi* 1. (*procedir*) hervorgehen (**de** aus); 2. *nav* abdriften

dermatòleg, -òloga *m/f med* Dermatologe, -in *m/f*, Hautarzt *m*, Hautärztin *f*

derrapar *vi auto* schleudern

derrota *f* Niederlage *f*; **~r** *vt* besiegen, schlagen

des 1. **~ de** *prep* von, seit; 2. **~ que** seit(dem)

desacord *m* Umstimmigkeit *f*

desacreditar *vt* diskreditieren, in Verruf bringen

desafiar *vt* herausfordern (**a** zu)

desafinar *vt mús* (*cantar*) falsch singen; (*tocar*) falsch spielen; (*instrument*) verstimmen

desagra/dable *adj m/f* unangenehm; **~dar** *vi* missfallen; **~ït, -ïda** *adj* undankbar

desallotja/ment *m* 1. Austreibung *f*, Vertreibung *f*; 2. Räumung *f*; **~r** *vt* (*casa, sala*) räumen

desanimar *vt* entmutigen

desapar/èixer *vi* verschwinden; **~ició** *f* Verschwinden *n*

desapercebut, -uda *adj* unbemerkt

desaprova/ció *f* Missbilligung *f*; **~r** *vt* missbilligen

desarma/ment *m* 1. Entwaffnung *f*; 2. *mil* Abrüstung *f*; **~r** 1. *vt* entwaffnen; 2. *vi* abrüsten

desastr/e *m* Katastrophe *f*, Unglück *n*; **~ós, -osa** *adj* katastrophal, verheerend

desavantatge *m* Nachteil *m*

desbandada *f* wilde Flucht *f*

desbordar *vt* überfluten; **~-se** überlaufen

descafeïnat, -ada *adj* koffeinfrei, entkoffeiniert

descalç, -a *adj* barfuß, barfüßig

descans *m* 1. Ruhe *f*, Erholung *f*; 2. (*pausa*) Pause *f*; 3. *esp* Halbzeit *f*; **~ar** 1. *vt* (*recolzar una cosa*) stützen (**sobre** auf); 2. *vi* 1. (*reposar*) ausruhen; 2. (*dormir*) schlafen

descapotable 1. *adj auto* aufklappbar; 2. *m auto* Kabrio(lett) *n*

descarat, -ada *adj* unverschämt, frech

desc/àrrega *f* 1. *electr* Entladung *f*; 2. Abladen *n*; **~arregar** 1. *vt* 1. (*càrrega*) ausladen; 2. (*arma, bateria*) entladen; 3. (*desfogar-se*) auslassen; 4. *informàt* herunterladen, downloaden; 2. *vi meteo col·loq* (*tormenta*) sich entladen

descarrilar *vi ferroc* entgleisen

descen/dent 1. *adj m/f* abfallend, absteigend; 2. *m/f* Nachkomme *m*; **~dir** *vi* 1. (*per una escala*) herabsteigen; 2. (*d'una persona/família*) abstammen; **~s** *m* 1. Abhang *m*; 2. *esp* Abstieg *m*; 3. (*dels preus*) Rückgang *m*

descobri/ment *m* Entdeckung *f*; **~r** *vt* 1. entdecken; 2. (*destapar*) aufdecken; 3. (*revelar*) enthüllen

descodifica/ció *f* Dekodierung *f*; **~r** *vt telec* dekodieren

descompo/ndre *vt quím* zersetzen, zerlegen (**en** in); **~sició** *f* 1. *quím* Zersetzung *f*; 2. *informàt* Zerlegung *f*; 3. *med* (*diarrea*) Durchfall *m*; 4. (*putrefacció*) Verfaulen *n*

descompt/ar *vt* 1. *com* abrechnen; (*restar*) abziehen (**de** von); 2. *econ* diskontieren; 3. (*descartar*) ausschließen; **per ~at** selbstverständlich; **~e** *m* 1. Rabatt *m*, Abrechnung *f*, Ermäßigung *f*; 2. *fin* Diskont *m*

desconcertar *vt* verwirren

descon/eixement *m* Unkenntnis *f*, Unwissenheit *f*; **~èixer** *vt* nicht wissen, nicht kennen

desconfia/nça *f* Misstrauen *n*; **~r** *vi* misstrauen

descongela/ció *f* Entfrostung *f*; **~r** *vt* 1. auftauen; 2. (*la nevera*) abtauen

desconnectar 1. *vt* 1. (*aparell*) ausschalten, abschalten; 2. (*telèfon*) abstellen; 2. *vi fig* (*desconcentrar-se*) abschalten

descordar *vt* aufknöpfen

descosi/r *vt* auftrennen; **~t, -ida** *adj* unzusammenhängend

descri/pció *f* Beschreibung *f*; **~ure** *vt* beschreiben

descui/dat, -ada *adj* 1. ahnungslos; 2. nachlässig, unsorgfältig; **~t** *m* Versehen *n*, Unachtsamkeit *f*

desdir *vi* nicht entsprechen

desè, -ena *adj* zehnte(r)

desembarca/da *f* 1. Ausschiffung *f*; 2. Landung *f*; **~dor** *m* 1. Landungsplatz *m*; 2. Landungsbrücke *f*; **~ment** *m* 1. Ausschiffung *f*; 2. Landung *f*; **~r** *vi* landen, an Land gehen

desemboca/dura *f* (Ein)Mündung *f*; **~r** *vi* 1. (*riu*) einmünden (**en** in); 2. (*situació*) führen (**en** zu)

desembolicar *vt* auspacken

desembre *m* Dezember *m*

desembussar *vt* (*tub*) frei machen

desemmascarar *vt* 1. entlarven, demaskieren; 2. *fig* die Maske vom Gesicht reißen; **~-se** sich demaskieren

desempallegar-se abschütteln, loswerden

desemparat, -ada *adj* verlassen, schutzlos, hilflos

desempatar *vi* 1. entscheiden; 2. *esp* um die Entscheidung spielen

desenganxar *vt* 1. ablösen, loslösen; 2. (*vehicle*) abhängen

desenllaç *m* Ende *n*, Ausgang *m*

desenrotllar *vt* aufrollen

desentendre's nichts zu tun haben wollen; ♦ **fer(-se) el desentès** sich dumm stellen

desenterrar *vt* ausgraben

desenvolupa/ment *m* Entwicklung *f*; **~r** *vt* entwickeln

desequilibri *m* 1. Ungleichgewicht *n*; 2. (*desproporció*) Missverhältnis *n*; 3. *med* (*trastorn*) Verstörung *f*

deserció *f* 1. Verlassen *n*; 2. *mil* Fahnenflucht *f*, Desertion *f*

desert, -a 1. *adj* öde, wüst; **2.** *m* Wüste *f*

desertar 1. *vt* (*lloc*) verlassen; **2.** *vi mil* desertieren, Fahnenflucht begehen

desespera/nça *f* Hoffnungslosigkeit *f*, Verzweiflung *f*; **~nçador, -a** *adj* entmutigend, niederschmetternd; **~nt** *adj m/f* entmutigend, niederschmetternd; **~r 1.** *vt* 1. (*perdre l'esperança*) entmutigen; 2. (*perdre els nervis*) nerven; **2.** *vi* verzweifeln (**de** an)

desfalc *m* Unterschlagung *f*, Veruntreuung *f*; **~ar** *vt* unterschlagen, veruntreuen

desfe/r *vt* zerlegen; **~ta** *f* Niederlage *f*

desfici *m* 1. Unruhe *f*, Erregung *f*; 2. Unrast *f*; **~ar** *vt* erregen, beunruhigen; **~ar-se** sich erregen, sich beunruhigen; **~ós, -osa** *adj* 1. erregt, unruhig; 2. rastlos, ruhelos

desfila/da *f* 1. Vorbeiziehen *n*; 2. *mil* Parade *f*, Aufmarsch *m*, Defilee *n*; **~r** *vi* 1. vorbeiziehen; 2. *mil* vorbeimarschieren

desfogar *vt* Erleichterung verschaffen

desgast *m* Abnutzung *f*; **~ar** *vt* (*espatllar*) abnutzen; (*calçat*) ablaufen; (*tela*) abwetzen

desgavell *m* Durcheinander *n*

desglaç *m* 1. Schneeschmelze *f*, Eisschmelze *f*; 2. *pol* Tauwetter *n*

desgr/àcia *f* Unglück *n*, Pech *n*; **per ~àcia** leider; **~aciat, -ada** *adj* unglücklich; **~at** *m* Missfallen *n*; **a ~at** widerwillig; **a ~at de** trotz

desguàs *m* Abfluss *m*

deshabita/r *vt* verlassen, räumen; **~t, -ada** *adj* unbewohnt

desheretar *vt* enterben

deshonest, -a *adj* 1. (*fals, trampós*) unehrlich; 2. (*immoral*) unanständig, unmoralisch

deshonrar *vt* entehren

desig *m* Wunsch *m*

designa/ció *f* 1. Bezeichnung *f*; 2. Bestimmung *f*, Ernennung *f*; **~r** *vt* 1. bezeichnen (**+ CD** als); 2. (*nomenar*) ernennen (**+ CD** zu)

desigual *adj m/f* ungleich, verschieden; **~tat** *f* 1. Unterschiedlichkeit *f*, Verschiedenheit *f*; 2. *mat* Ungleichheit *f*

desil·lusi/ó *f* Enttäuschung *f*, Desillusion *f*; **~onar** *vt* enttäuschen

desinfec/ció *f* Desinfizierung *f*, Desifektion *f*, Entseuchung *f*; **~tar** *vt* desinfizieren

desinflar *vt* 1. (*treure l'aire*) die Luft herauslassen (**+ CD** aus); 2. (*una inflamació*) zum Abschwellen bringen

desintegrar *vt* 1. desintegrieren, auflösen; 2. *fis* spalten

desinterès *m* 1. Desinteresse *f* (**per** an), Gleichgültigkeit *f*, Interesselosigkeit *f*; 2. (*generositat*) Selbstlosigkeit *f*

desistir *vi* aufgeben, ablassen (**de** von)

desitj/ar *vt* 1. wünschen; 2. (*una persona*) begehren; **~ós, -osa** *adj* begierig

deslligar *vt* aufbinden, lösen

deslliurar *vt* befreien (**de** von)

desmai *m* 1. Ohnmacht *f*; 2. *zool* Trauer-

desmentir 362

weide f; **~ar** vi (*desanimar*) entmutigen; **~ar-se** ohnmächtig werden

desmentir vt dementieren, (ab)leugnen

desmesurat, -ada adj maßlos

desmoralitzar vt entmutigen, demoralisieren

desmuntar vt auseinander nehmen, demontieren

desnivell m 1. (*d'altura*) Höhenunterschied m; 2. (*desequilibri*) Gefälle n; 3. (*d'una superfície*) Neigung f

desobeir 1. vt 1. (*una autoritat*) nicht gehorchen; 2. (*una ordre*) nicht befolgen; **2.** vi ungehorsam sein, nicht gehorchen

desocupat, -ada 1. adj 1. unbeschäftigt; 2. (*en atur*) arbeitslos; 3. (*vivenda*) unbewohnt; **2.** m/f Arbeitslose, -r f/m

desodorant m Deodorant n, Deo n col·loq

desolat, -ada adj 1. (*destruït*) verwüstet; 2. (*desconsolat*) erschüttert

desord/enar vt in Unordnung bringen; **~re** m Unordnung f, Chaos n

desorienta/ció f 1. Irreführung f; 2. Richtungslosigkeit f; **~r** vt irreführen, verwirren

despatx m Büro n; **~ar** vt 1. (*assumptes*) erledigen; 2. (*clients*) bedienen; 3. (*enviar*) abschicken, absenden; 4. (*resoldre*) regeln; 5. (*vendre*) verkaufen

despectiu, -iva adj 1. geringschätzig, abfällig; 2. *ling* pejorativ, abwertend

despenjar vt 1. abhängen; 2. (*el telèfon*) abnehmen, abheben

despentinar vt das Haar zerzausen

desperfecte m Schaden m, Beschädigung f

despert, -a adj 1. wach; 2. *fig* klug; **~ador** m Wecker m; **~ar** vt 1. (auf) wecken; 2. (*l'interès*) (er)wecken

despes/a f Ausgabe f; **~es** fpl Spesen pl, Kosten pl

despista/r vt irreleiten, ablenken; **~t, -ada** adj verwirrt, zerstreut

despit m Groll m, Verbitterung f

desplaça/ment m 1. (Fort)Bewegung m; 2. Reise f, Fahrt f; 3. *fís* Verschiebung f; **~r** vt 1. verschieben; 2. (*suplantar*) verdrängen

desplegar vt 1. auffalten; 2. (*una cadira*) aufklappen

desplomar-se einstürzen

despobla/ció f Entvölkerung f; **~ment** m Entvölkerung f; **~t, -ada** adj unbewohnt, entvölkert

desposse/ir vt enteignen; **~ssió** f Enteignung f

dèspota m/f Despot, -in m/f, Tyrann, -in m/f

desprendre vt 1. (*deixar anar*) abmachen; 2. (*deduir*) schließen (**de** aus)

despreocupa/ció f Unbekümmertheit f; **~t, -ada** adj unbekümmert

després adv dann, nachher, danach; **~ de** nach; **~ que** nachdem

desproporci/ó f Missverhältnis n; **~onat, -ada** adj unverhältnismäßig

desproveït, -ïda adj nicht versorgt (**de** mit)

despullar vt ausziehen

destacar 1. *vt* hervorheben; **2.** *vi* hervorragen, überragen

destapar *vt* 1. (*obrir*) öffnen; 2. (*desabrigar*) aufdecken

desterra/ment *m* Verbannung *f*; **~r** *vt* verbannen

destí/ *m* Schicksal *n*; **~inació** *f* 1. Bestimmung *f*; 2. Reiseziel *n*; **~inar** *vt* 1. (*enviar*) versetzen; 2. (*dedicar*) bestimmen (**a** für); 3. (*designar*) ernennen, berufen

destitu/ció *f* Absetzung *f*; **~ir** *vt* absetzen

destorb *m* 1. Störung *f*; 2. (*obstacle*) Hindernis *n*; **~ar** *vt* stören, behindern

destral *f* Axt *f*

destresa *f* Geschick *n*

destriar *vt* (ab)sondern

destr/ossar *vt* kaputtmachen, zerstören; **~ucció** *f* Zerstörung *f*; **~uir** *vt* zerstören, vernichten

desvergonyit, -ida 1. *adj* unverschämt; **2.** *m/f* unverschämte Person *f*

desvetllar *vt* wach halten, wecken; **~-se** aufwachen

desvia/ció *f* 1. Abweichung *f*; 2. (*circulació*) Umleitung *f*; **~r** *vt* umleiten, umlenken

desxifrar *vt* 1. entziffern, entschlüsseln; 2. (*un codi*) dechiffrieren

detall *m* Detail *n*, Einzelheit *f*; **al ~** ausführlich, genau; **~ar** *vt* einzel angeben

detect/ar *vt* entdecken, erkennen, feststellen; **~iu, -iva** *m/f* Detektiv, -in *m/f*

deten/ció *f* 1. Verhaftung *f*, Festnahme *f*; 2. (*parada*) Anhalten *n*; **~iment** *m* Ausführlichkeit *f*; **amb ~iment** ausführlich; (*massa a poc a poc*) umständlich; **~ir** *vt* 1. (*policia*) verhaften, festnehmen; 2. (*parar*) anhalten, aufhalten

detergent *m* Reinigungsmittel *n*, Waschmittel *n*

deteriora/ció *f* 1. Verschlechterung *f*, Verschlimmerung *f*; 2. Beschädigung *f*; **~r** *vt* verschlechtern, beschädigen; **~r-se** sich verschlechtern

determina/ció *f* 1. (*decisió*) Entschluss *m*; 2. (*fixació*) Bestimmung *f*, Beschluss *m*; **~r** *vt* 1. (*decidir*) beschließen, entschließen; 2. (*fixar*) festlegen, bestimmen

detestar *vt* verabscheuen

detonació *f* Detonation *f*, Knall *m*

Déu *m* Gott *m*; **~ meu!** mein lieber Gott!; **~ n'hi do!** nicht schlecht!; **tot ~*** *col·loq* jeder(mann); **per l'amor de ~!** um Gottes Willen

deu 1. *adj inv* zehn; **2.** *m* Zehn *f*; **~re 1.** *m* Pflicht *m*, Verpflichtung *f*; **2.** *vt* 1. (*estar obligat*) müssen; 2. (*haver de donar*) schulden; **~te** *m* Schuld *f*

devalua/ció *f* Abwertung *f*; **~r** *vt* abwerten

devasta/ció *f* Verwüstung *f*; **~r** *vt* verwüsten

devoció *f* 1. Verehrung *f*; 2. *relig* Frömmigkeit *f*

devolució *f* Rückgabe *f*, Rückzahlung *f*

devorar *vt* verschlingen

devot, -a 1. *adj* 1. ergeben; 2. *relig* fromm, gläubig; **2.** *m/f* 1. (*admirador*)

Anhänger, -in m/f; 2. *relig* (*creient*) Gläubige, -r f/m

dia m Tag m; **de ~** tagsüber; **del ~** des Tages, von heute; **un ~ és un ~** einmal ist keinmal; ♦ **viure al ~** in den Tag hinein leben

diabetis f *med* Diabetes m, Zuckerkrankheit f

diable m Teufel m, Dämon m

diada f (Fest)Tag m, Gedenktag m

diadema f Diadem n, Stirnreif m

diafragma m 1. *anat* Zwerchfell n; 2. (*contraceptiu*) Diaphragma n, Pessar n; 3. *fis* Diaphragma n

diagonal 1. *adj* m/f diagonal; **2.** f Diagonale f

diagrama m Diagramm n, Schaubild n

dialecte m Dialekt m, Mundart f

di/àleg m 1. Gespräch n; 2. *lit* Dialog m; **~alogar** *vi* miteinander sprechen, einen Dialog führen

diamant m Diamant m

diàmetre m Durchmesser m

diana f 1. *mil* Weckruf m; 2. (*tir*) Zielscheibe f

diapositiva f foto Dia(positiv) n

diari, -ària 1. *adj* täglich; **2.** m 1. Tagebuch n; 2. (*premsa*) Zeitung f

diarrea f Durchfall m, *med* Diarrhö f

dibuix m 1. Zeichnung f; 2. (*art*) Zeichenkunst f; **~os animats** Zeichentrickfilm m; **~ant** f Zeichner, -in m/f; **~ar** *vt* zeichnen

dic m Damm m

diccionari m Wörterbuch n, Lexikon n

dicta/dor, -a m/f *pol* Diktator, -in m/f; **~dura** f *pol* Diktatur f; **~r** *vt* 1. diktieren; 2. (*una llei*) erlassen

didal m Fingerhut m

dieta f 1. Diät f, Schonkost f; 2. (*retribució*) Tagegeld n; ♦ **estar/posar-se a ~** Diät halten

difama/ció f Verleumdung f, Diffamation f; **~r** *vt* diffamieren, verleumden

difer/ència f Unterschied m; **~ent** *adj* m/f unterschiedlich, verschieden (**de** von); **~ir 1.** *vt* aufschieben, verschieben; **2.** *vi* verschieden sein

dif/ícil *adj* m/f schwer, schwierig; **~icultar** *vt* erschweren; **~icultat** f Schwierigkeit f

difondre *vt* 1. (*coses*) ausbreiten; 2. (*notícies*) verbreiten

difunt, -a 1. *adj* verstorben; **2.** m/f Verstorbene, -r f/m; **missa de ~s** Totenmesse f

difusió f Verbreitung f

dige/rir *vt* verdauen; **~stió** f Verdauung f; **~stiu, -iva** *adj* verdaulich, Verdauungs...; **aparell ~stiu** *anat* Verdauungsapparat m

dign/atari, -ària m/f Würdenträger, -in m/f; **~e, -a** *adj* 1. würdig, wert; 2. (*adequat*) passend, angemessen; **~itat** f Würde f

dijous m Donnerstag m

dilata/ció f 1. (Aus)Dehnung f; 2. Erweiterung f; 3. *fis* Dilatation f; **~r** *vt* (aus)dehnen, erweitern

dilema m Dilemma n

dilig/ència f 1. (*agilitat*) Eifer m; 2. (*exactitud*) Genauigkeit f, Sorgfalt f; **~ent** *adj* m/f 1. (*àgil*) flink;

2. (*amb cura*) sorgfältig, aufmerksam
dilluns *m* Montag *m*
dilucidar *vt* aufklären
diluir *vt* 1. (*sòlid*) (auf)lösen; 2. (*líquid*) verdünnen
diluvi *m* Sintflut *f*; **~ar** *vi* gießen, stark regen
dim/arts *m* Dienstag *m*; **~ecres** *m* Mittwoch *m*; **~ecres de cendra** Aschermittwoch *m*
dimensió *f* 1. (*extensió*) Ausdehnung *f*, Dimension *f*; 2. (*tamany*) Ausmaß *n*, Umfang *m*
diminut, -a *adj* winzig
dimitir *vt* zurücktreten
dimoni *m* Teufel *m*, Dämon *m*; **del ~** verteufelt
Dinamarca *f* Dänemark *n*
dinàmic, -a 1. *adj* dynamisch; 2. *f* Dynamik *f*
dinamita *f* Dynamit *n*
dinar 1. *m* 1. Mittagessen *n*; 2. *econ* (*moneda*) Dinar *m*; 2. *vi* (zu) Mittag essen
dinastia *f* Dynastie *f*
diner *m* Geld *n*
dins *t. dintre adv* darin, drinnen
dióptria *f* Dioptrie *f*
diplom/a *m* Diplom *n*; **~àcia** *f* Diplomatie *f*; **~àtic, -a 1.** *adj* diplomatisch; **2.** *m/f* Diplomat, -in *m/f*
dip/òsit *m* 1. (*acció*) Hinterlegung *f*; 2. (*recipient*) Tank *m*; 3. (*lloc*) Lager *n*; **~òsit de cadàvers** Leichenschauhaus *n*; **~ositar** *vt* 1. (*col·locar*) absetzen (**a** auf); 2. *fin* hinterlegen

diputat, -ada *m/f* Abgeordnete, -r *f/m*
dir 1. *vt* (*expressar*) sagen; **digui?** Sie wünschen?(*telèfon*) Hallo?; **dit i fet** gesagt, getan; **és a ~** das heißt; **no cal ~** selbstverständlich; **per ~-ho així** sozusagen; **vols ~?** meinst du?; **2.** *m* Gerede *n*; **és un ~** Das ist so eine Redensart
direc/ció *f* 1. Richtung *f*; 2. *teat* Regie *f*; 3. Leitung *f*, Direktion *f*; **~ció assistida** *auto* Servolenkung *f*; **~te, -a** *adj* direkt, unmittelbar; **~tor, -a** *m/f* 1. Direktor, -in *m/f*, Leiter, -in *m/f*; 2. *cine* Regisseur, -in *m/f*; 3. *mús* Dirigent, -in *m/f*
dirig/ent 1. *adj m/f* Führungs...; **2.** *m/f* Führer, -in *m/f*; **~ible 1.** *adj m/f* lenkbar, steuerbar; **2.** *m aero* Luftschiff *n*; **~ir** *vt* 1. leiten; 2. (*una carta*) richten (**a** an); 3. (*la vista*) richten (**a** auf); 4. *teat* Regie führen; 5. *mús* dirigieren
disba/rat *m* Unsinn *m*, Quatsch *m*; **~uxa** *f* Ausschweifung *f*
disc *m* 1. Scheibe *f*; 2. *mús* Schallplatte *f*; **~ dur** *informàt* Festplatte *f*; 3. *esp* Diskus *m*
discernir *vt* unterscheiden (können)
disciplina *f* Disziplin *f*
discontinu, -ínua *adj* unzusammenhängend; (*línia*) gestrichelt, unterbrochen
discòrdia *f* Zwietracht *f*
discoteca *f* Diskothek *f*
discre/ció *f* 1. Diskretion *f*; 2. Verschwiegenheit *f*; 3. Takt *m*; **~par** *vi* nicht übereinstimmen (**amb** mit); **~t, -a** *adj* diskret, unauffällig

discrimina/ció f 1. Unterscheidung f; 2. *sociol* Diskriminierung f; **~ció racial** Rassendiskriminierung f; **~r** vt 1. (*coses*) unterscheiden; 2. (*persones*) diskriminieren

disculpa f Entschuldigung f; ♦ **demanar ~es** Entschuldigung bitten; **~r** vt 1. (*perdonar*) entschuldigen, verzeihen; 2. (*justificar*) rechtfertigen

discu/rs m Rede f; **~ssió** f Diskussion f, Auseinandersetzung f; **~tir 1.** vt bestreiten; **2.** vt/i diskutieren

disfressa f Verkleidung f; **~r** vt verkleiden

disgust m Ärger m; **~ar** vt missfallen

dislèxia f med Legasthenie f

disloca/ció f 1. med Dislokation f; 2. mil Dislozierung f; **~r** vt med verrenken

disminu/ir 1. vt vermindern; **2.** vi abnehmen, zurückgehen; **~ït, -ïda 1.** adj (*discapacitat*) behindert; **2.** m/f Behinderte, -r f/m

disparar vt (ab)schießen (**a** auf)

dispersar vt zerstreuen

dispo/nible adj m/f verfügbar; **~sar 1.** vt (an)ordnen, herrichten; **2.** vi verfügen (**de** über); **~sició** f 1. (*col·locació*) Anordnung f; 2. (*talent*) Begabung f; 3. (*disponibilitat*) Verfügung f; ♦ **estar a ~sició de** j-m zur Verfügung stehen; **estar en ~sició de** in der Lage sein; **~sitiu** m Vorrichtung f

disputa f Streitgespräch n, Kontroverse f, Disput m; **~r 1.** vt bestreiten; **2.** vi streiten (**de** über)

disquet m *informàt* Diskette f; **~era** f *informàt* Laufwerk n

dissabte m Samstag m

dissecar vt 1. *anat* (*un cos humà*) sezieren; 2. (*animal mort*) ausstopfen

disseny m 1. Entwurf m; 2. (*activitat*) Design n

dissi/mular vt verbergen, verstecken; **~par** vt zerstreuen, vertreiben

dissol/dre vt auflösen; **~ució** f 1. Auflösung f; 2. *quím* Lösung f; **~ut, -a** adj zügellos, sittenlos

diss/ortat, -ada adj unglücklich; **~uadir** vt umstimmen

distància f Entfernung f; **a ~** aus der Ferne; Fern...

distin/ció f 1. Unterscheidung f; 2. (*premi*) Auszeichnung f; 3. (*elegància*) Vornehmheit f; **~gir** vt 1. unterscheiden; 2. (*premiar*) auszeichnen; **~t, -a** adj unterschiedlich, verschieden; **~tiu, -iva 1.** adj unterscheidend, Unterscheidungs...; **2.** m Kennzeichen n

distr/acció f 1. (*manca d'atenció*) Unaufmerksamkeit f; 2. (*entreteniment*) Ablenkung f; **~et, -a** adj 1. (*desatent*) zerstreut; 2. (*entretingut*) unterhaltsam; **~eure** vt 1. (*desviar*) ablenken; 2. (*entretenir*) unterhalten

distribu/ció f Verteilung f; **~ir** vt verteilen

disturbi m Unruhe f

dit m 1. Finger m; **~ gros** Daumen m; 2. (*del peu*) Zehe f

dita f Spruch m

diumenge m Sonntag m; **~ de Rams** *relig* Palmsonntag m

diürn, -a adj täglich, Tages...

divagar vi 1. umherschweifen; 2. *fig* (*d'un tema*) abschweifen

divendres m Freitag m; **~* Sant** *relig* Karfreitag m

divers, -a adj 1. verschieden(artig); 2. (*variat*) vielseitig

diversió f Vergnügen n, Unterhaltung f

diversitat f Vielfalt f

diverti/r vt amüsieren, unterhalten; **~t, -ida** adj lustig, amüsant

diví, -ina adj göttlich

divid/end m 1. *mat* Dividend m; 2. *econ* Dividende f; **~ir** vt 1. teilen; 2. (*separar*) trennen; 3. (*agrupar*) einteilen (**en** in); 4. *mat* teilen (**per** durch), dividieren (**per** durch)

divis/a f 1. (*lema*) Devise f, Motto n; 2. (*moneda*) Devise f; **~ió** f 1. Teilung f; 2. *mat* Teilung f; 3. *mil* Division f; 4. *esp* Liga f; **~or** m *mat* Teiler m

divorci m 1. *jur* (Ehe)Scheidung f; 2. (*discrepància*) Diskrepanz f; **~ar-se** sich scheiden lassen (**de** von)

divulga/ció f 1. Verbreitung f, Bekanntmachung f; 2. Popularisierung f; **~r** vt verbreiten, bekannt machen

do m 1. Begabung f, Talent n; **~ de llengües** Sprachbegabung f; 2. *mús* C n; **~ bemoll** Ces n; **~ major** C-Dur n; **~ menor** c-Moll n; **~ natural** C n; **~ sostingut** Cis n

dobl/ar vt 1. biegen; 2. (*duplicar*) verdoppeln; 3. *cine* synchronisieren; **~atge** m *cine* Synchronisierung f, Synchronisation f; **~e 1.** adj m/f 1. doppelt; 2. *fig* (*robust*) robust; **2.** m/f 1. Doppelgänger, -in m/f; 2. *cine* Double n; **3.** m 1. Doppelte n; 2. (*tennis*) Doppel n; **~egar** vt 1. biegen; 2. (*un paper*) falten

dòcil adj m/f fügsam

docilitat f 1. Fügsamkeit f; 2. Folgsamkeit f

doct/e, -a adj gelehrt; **~or, -a** m/f 1. Doktor, -in m/f; 2. Arzt m, Ärztin f; **~rina** f Doktrin f

document m Dokument n; **~* Nacional d'Identitat** Personalausweis m; **~ació** f 1. Dokumentation f; 2. (*personal, del cotxe*) Papiere pl; **~al 1.** adj m/f dokumentarisch; **2.** m Dokumentarfilm m; **~ar** vt dokumentieren

dofí m *zool* Delphin m

dogm/a m Dogma n; **~àtic, -a** adj dogmatisch

dol m Trauer f; ♦ **estar de ~** trauern

dòlar m *econ* Dollar m

dolç, -a 1. adj 1. (*sabor*) süß; 2. (*suau*) sanft; **2.** m Süßigkeit f; **~or** f 1. (*sabor*) Süße f; 2. (*suavitat*) Sanftheit f

dol/dre vi schmerzen; **~ença** f Mitleid n (**de** mit); **~ent, -a 1.** adj schlecht; **2.** m/f Böse m

doll m Strahl m

dolor m 1. Schmerz m; **~s de part** Geburtswehen fpl; 2. *med* Rheuma n; **~ós, -osa** adj schmerzhaft

doma/dor, -a m/f Tierbändiger, -in m/f; **~r** vt zähmen, bändigen; (*cavall*) zureiten

domàs m *tèxtil* Damast m

dom/èstic, -a adj Haus...; **~esticar** vt zähmen, bändigen

domicili *m* Wohnsitz *m*; ♦ **repartir a ~** zustellen

domin/ació *f* 1. Herrschaft *f*, Beherrschung *f*; 2. *lit* Domination *f*; **~ar 1.** *vt* beherrschen; **2.** *vi* herrschen (**sobre** über); **~i** *m* 1. (*acció de dominar*) Beherrschung *f*; 2. (*poder*) Herrschaft *f*; 3. (*territori*) Gebiet *n*

dòmino *m joc* Domino *n*

dona *f* Frau *f*; **~ de fer feines** Haushaltshilfe *f*; Putzfrau *f*

dona/ció *f* 1. *jur* Schenkung *f*; 2. (*ajut*) Spende *f*; **~r 1.** *vt* 1. geben; 2. (*fer donació*) spenden; **2.** *vi* (*finestra, porta*) in eine Richtung aufgehen; **~tiu** *m* Spende *f*

doncs *conj* also, aber

dopa/r *vt esp* dopen; **~tge** *m* Doping *n*

dòping *m* Doping *n*

dormi/r *vi* schlafen; **~tori** *m* Schlafzimmer *n*

dors *m* Rückseite *f*; **~al 1.** *adj m/f* 1. Rücken...; 2. *ling* dorsal; **2.** *m esp* Rückennummer *f*

dos, dues 1. *adj* zwei; **2.** *m* Zwei *f*

dosi *f* Dosis *f*; **~ficar** *vt* dosieren

dossier *m* Dossier *n*, Akte *f*

dot *f* Mitgift *f*; **~ar** *vt* 1. j-m die Mitgift geben; 2. ausstatten, ausrüsten; 3. (*institució*) Mittel zuweisen; 4. (*premi*) dotieren (**amb** mit)

dotze 1. *adj inv* zwölf; **2.** *m* Zwölf *f*; **~na** *f* Dutzend *n*

dra/c *m* Drache *m*; **~gó** *m zool* Gecko *m*

dram/a *m* Drama *n*; **~àtic, -a** *adj* dramatisch; **~aturg, -a** *m/f* Dramatiker, -in *m/f*; **~atúrgia** *f* Dramaturgie *f*

drap *m* Tuch *n*; **a tot ~** mit vollen Segeln

drassana *f nav* Werft *f*

drena/r *vt* 1. entwässern; 2. *med* dränieren; **~tge** *m* Drainage *f*, Entwässerung *f*

Dresden *f* Dresden *n*

dret, -a 1. *adj* gerade; **a la ~a** rechts; **2.** *m* 1. Recht *n*; **~ administratiu** Verwaltungsrecht *n*; **~ civil** Zivilrecht *n*; **~ de vot** Stimmrecht *n*; **~ internacional** Völkerrecht *n*; **~ penal** Strafrecht *n*; 2. (*estudis*) Jura; ♦ **posar-se ~** aufstehen, sich aufrichten

drog/a *f* Droge *f*; **~oaddicte, -a 1.** *adj* drogenabhängig; **2.** *m/f* Drogenabhängige, -r *f/m*

drogueria *f* Drogerie *f*

dromedari *m zool* Dromedar *n*

duan/a *f* 1. Zoll *m*; 2. (*oficina*) Zollamt *n*; **~er, -a** *m/f* Zollbeamter *m*

dubitatiu, -iva *adj* zweifelnd

Dublín *f* Dublin *n*

dubt/ar 1. *vt* bezweifeln; **2.** *vi* zweifeln (**de** an); **~e** *m* Zweifel *m*; **sens ~e** zweifellos, ohne Zweifel

duc, -duquesa *m/f* Herzog, -in *m/f*

duel *m* Duell *n*

duna *f* Düne *f*

du/o *m mús* Duo *n*; ♦ **cantar a duo** im Duett singen; **~plicar** *vt* 1. verdoppeln; 2. *lit* duplizieren; **~plicat, -ada** *adj* (ver)doppelt; **per duplicat** in doppelter Ausfertigung

dur 1. *adj* hart; **2.** *vt* 1. (*transportar*) tragen; 2. (*roba*) anhaben, tragen; ♦ **anar ~** klemmen; **~ d'orella** schwerhörig

dura/ció f Dauer f; **~da** f Dauer f
durant prep während
durar vi dauern
duresa f Härte f
duro m obsol (moneda) Fünfpesetenstück n
dutxa f Dusche f; **~r** vt duschen

E

e E f e, E n
ebullició f 1. (líquid) Sieden n; 2. fig (agitació) Aufruhr m
eclipsi m astron Finsternis f
eco m Echo n
ecologi/a f Ökologie f; **~sta 1.** adj m/f Umweltschutz... m/f; **2.** m/f Umweltschützer, -in m/f
econ/omia f 1. Wirtschaft f; 2. (ciència) Wirtschaftswissenschaft f; 3. (estalvi) Sparsamkeit f; **~òmic, -a** adj 1. wirtschaftlich; 2. (barat) (preis)günstig
edat f Alter n; **a la ~ de** im Alter von; **~ de pedra** Steinzeit f; **~ mitjana** Mittelalter n; **~ moderna** Neuzeit f; **major d'~** volljährig; **menor d'~** minderjährig; **tercera ~** Rentenalter n
edició f 1. (impressió) Ausgabe f; **~ príncpes** Erstausgabe f; 2. (conjunt d'exemplars) Auflage f
edific/ar vt (er)bauen, errichten; **~i** m Gebäude n
Edimburg f Edinburg n
edit/ar vt 1. (publicar) herausgeben; 2. informàt bearbeiten; **~or, -a** m/f Herausgeber, -in m/f, Verleger, -in m/f; **~orial 1.** adj m/f verlegerisch, Verlags...; 2. f Verlag m; 3. m period Leitartikel m
edredó m Federbett n
educa/ció f 1. Erziehung f; 2. (comportament) Benehmen n; **~r** vt erziehen; **~t, -ada** adj gebildet; **ben ~t** wohlerzogen; **mal ~t** schlecht erzogen
edulcorant 1. adj m/f süßend; **2.** m Süßstoff m
efa f (nom lletra) f, F n
efect/e m Wirkung f; **~e hivernacle** Treibhauseffekt m; **en ~e** in der Tat f; ♦ **em fa l'~e que** ich habe den Eindruck, dass...; **fer bon ~e** einen guten Eindruck machen; **fer ~e** wirken; **~iu, -iva 1.** adj wirkungsvoll, wirksam; **2.** m (diners) Bargeld n; **~ivament** adv tatsächlich; **~uar** vt ausführen, vollziehen, verwirklichen
efervesc/ència f 1. Aufbrausen n; 2. fig Aufregung f; **~ent** adj m/f sprudelnd
efic/aç adj m/f 1. wirksam; 2. (persona) tatkräftig; **~àcia** f Wirksamkeit f; **~iència** f Leistungsfähigkeit f; **~ient** adj m/f 1. leistungsfähig; 2. (persona) tatkräftig, tüchtig
efígie f Bildnis n
efímer, -a adj kurzlebig, flüchtig
egip/ci, -ípcia 1. adj ägyptisch; **2.** m/f Ägypter, -in m/f; **~*te** m Ägypten n
egoista 1. adj m/f egoistisch, selbstsüchtig; **2.** m/f Egoist, -in m/f
egua f zool Stute f

eina f Werkzeug n
Eiviss/a f Ibiza n; **~*enc, -a 1.** adj aus Ibiza; **2.** m/f Einwohner, -in, m/f von Ibiza
eix m Achse f
eixamplar vt 1. (aus)dehnen, erweitern; 2. (roba) weiter machen
eixir vi 1. val hinausgehen; 2. ferroc abfahren; 3. (persona) weggehen; 4. (sol) aufgehen
eixugar vt 1. trocknen; 2. (amb un drap) abtrocknen
ejaculació f Ejakulation f, Samenerguss m
el, la art der, die
ela f (nom lletra) l, L n
elabora/ció f Ausarbeitung f, Herstellung f; **~r** vt herstellen, verarbeiten
el/àstic, -a 1. adj elastisch, dehnbar; **2.** m Gummiband n; **~asticitat** f Elastizität f
Elba m Elbe f
elec/ció 1. f Wahl f; **2. -cions** fpl pol Wahlen fpl; **~tor, -a 1.** adj wahlberechtigt; **2.** m/f pol Wahlberechtigte, -r f/m, Wähler, -in m/f; **~torat** m pol Wählerschaft f
el/èctric, -a adj elektrisch, Elektro...; **~ectricista** m/f Elektriker, -in m/f; **~ectricitat** f Elektrizität f; **~ectrificació** f Elektrifizierung f; **~ectrificar** vt elektrifizieren; **~ectritzant** adj m/f elektrisierend; **~ectritzar** vt elektrisieren; **~ectritzar-se** elektrisiert werden
electr/ó m fís Elektron n; **~oacústic, -a** adj elektroakustisch; **~oacústica** f Elektroakustik f; **~ocardiograma** m med Elektrokardiogramm m; **~ocució** f 1. Tod m durch (Strom) Schlag; 2. jur Tötung f durch den elektrischen Stuhl; **~ocutar** vt 1. durch elektrischen Strom töten; 2. jur auf dem elektrischen Stuhl hinrichten; **~ocutar-se** vt durch einen (Strom) Schlag getötet werden
elèctrode m Elektrode f
electrodinàmic, -a adj elektrodynamisch; **~a** f Elektrodynamik f
electrodomèstic m Elektrogerät n
electroencefalograma m med Elektroenzephalogramm n
electròli/si f Elektrolyse f; **~t** m Elektrolyt m
electrònic, -a adj elektronisch; **~a** f Elektronik f
elefant m zool Elefant m
eleg/ància f Eleganz f; **~ant** adj m/f elegant
elegir vt wählen
element m Element n
elemental adj m/f elementar, grundlegend
eleva/ció f Erhöhung f; **~r** vt erhöhen
elimina/ció f 1. Beseitigung f; 2. Ausschluss m; 3. mat Elimination f; 4. med Ausscheidung f, Elimination f; 5. col·loq (matar) Eliminierung f, Beseitigung f; **~r** vt beseitigen; **~tòria** f 1. esp Ausscheidungskampf m; 2. (examen) Auswahlprüfung f
elit f Elite f
ell, -a pron er, sie, es

elogi m Lob n; **~ar** vt loben; **~ós, -osa** adj lobend, anerkennend

eloqü/ència f Beredtheit f, lit Eloquenz f; **~ent** adj m/f 1. beredt; 2. fig viel sagend

eludir vt ausweichen, umgehen

ema f (nom lletra) m, M n

emanar 1. vt ausstrahlen; 2. vi ausströmen

embafa/dor, -a adj 1. (massa dolç i greixós) widerlich; 2. fig lästig; **~ment** m Überdruss m; **~r** vt 1. zu süß/zu fett sein; 2. (una persona) lästig sein; **~r-se** e-r Sache überdrüssig werden

embala/r vt verpacken; **~tge** m Verpackung f

embar/às m 1. med Schwangerschaft f; 2. (molèstia) Hindernis n, Störung f; **~assat, -ada** 1. adj schwanger; 2. f Schwangere f

embarca/ció f Wasserfahrzeug n; **~r** 1. vt einschiffen; 2. vi an Bord gehen

embarga/ment m Beschlagnahme f; **~r** vt beschlagnehmen

embassa/ment m Stauung f, Stau m; **~r** vt aufstauen

embelli/ment m Verschönerung f; **~r** vt verschönern

embenar vt verbinden

emblanquinar vt tünchen

emblema m Emblem n, Abzeichen n

embolcall m 1. Hülle f; 2. Windel f; **~ar** vt einhüllen

embòlia f med Embolie f

embolic m Verwicklung f, Verwirrung f; ♦ **fer-se un ~** nicht zurecht kommen; **~ar** vt 1. (una cosa) einpacken; 2. (complicar) verwirren

emborratxar vt 1. (algú) betrunken machen; 2. (pastís) Alkohol zugeben

emboscada f Hinterhalt m

embotella/ment m (Flaschen)Abfüllung f; **~r** vt in Flaschen abfüllen

embotit m gastr Wurst f

embranzida f Schwung m, Tempo n

embria/c, -aga adj betrunken; **~gar** vt/i betrunken machen

embrió m biol Embryo m

embruixar vt 1. verhexen; 2. (agradar) bezaubern

embrutar vt beschmutzen (**amb** mit), beflecken (**amb** mit)

embús m 1. Verstopfung f; 2. auto Stau m

embut m Trichter m

embutxacar-se in die Tasche stecken

emerg/ència f Notfall m; **~ent** adj m/f 1. auftauchend; 2. jur (danys) entstehend; **~ir** vi auftauchen (**de** aus)

emèrit, -a adj emeritiert

emetre vt 1. ausstrahlen; 2. (sons) hervorbringen

èmfasi m/f 1. (insistència) Nachdruck m; 2. lit Emphase f

emfatitzar t. emfasitzar vt betonen

emfit/eusi f jur Erbpacht f; **~euta** m/f jur Erbpächter, -in m/f; **~èutic, -a** adj Erbpacht...

emigra/ció f Auswanderung f; **~nt** 1. adj m/f auswandernd, emigrierend; 2. m/f Auswanderer -in m/f, Emigrant -in m/f; **~r** vi auswandern (**a** nach), emigrieren (**a** nach)

eminència 372

emin/ència f 1. geol Anhöhe f; 2. (virtut) Würde f; 3. relig (títol) Eminenz f; 4. (talent) Meister m; **~ent** adj m/f 1. (elevat) hoch; 2. (excel·lent) herausragend, hervorragend

emiss/ari, -ària m/f Agent, -in m/f, Abgesandte, -r f/m; **~ió** f 1. fís Ausstrahlung f; 2. telec Sendung f; **~ió radiofònica** Rundfunksendung f; **~ió televisiva** Fernsehsendung f

emmagatzemar vt 1. (mercaderies) (ein)lagern; 2. informàt speichern

emmarcar vt einrahmen

emmascarar vt 1. verrußen; 2. fig (ocultar) verschleiern

emo/ció f Emotion f, Rührung f; **~cionar** vt rühren, ergreifen; **~tiu, -iva** adj rührend, bewegend

empadrona/ment m (An)Meldung f; **~r-se** sich anmelden

empaitar vt jagen, verfolgen

empaperar 1. vt 1. (un objecte) verpacken; 2. jur col·loq vor Gericht bringen; 2. vt/i (parets) tapezieren

empaquetar vt verpacken

emparar vt beschützen

empat m 1. (situació) Gleichstand m; 2. esp (resultat) Unentschieden n; 3. pol Stimmengleichheit f; **~ar** vi esp unentschieden enden

empatx m Magenverstimmung f; **~ar** vt j-m den Magen überladen/verderben; **~ar-se** 1. sich überessen (**de** an); 2. sich den Magen überladen/verderben (**amb** mit)

empelt m Pfropfen n; **~ador** m agric Pfropfmesser m; **~ament** m Pfropfen n; **~ar** vt pfropfen

emp/enta f 1. Stoß m; 2. fig Schwung m; **~ènyer** vt schieben

empenyorar vt verpfänden

emperador, -driu 1. m/f pol Kaiser, -in m/f; 2. m zool Schwertfisch m

empipar vt ärgern, belästigen

empíric, -a 1. adj empirisch; 2. m/f Empiriker, -in m/f

empitjorar vt verschlechtern

emplaça/ment m Standort m; **~r** vt 1. aufstellen, plazieren; 2. (monument) e-n Platz zuweisen

empleat, -ada m/f Angestellte, -r f/m

emplomar vt 1. plombieren; 2. tecn verbleien

empobrir vt verarmen

emportar-se mitnehmen

emprar vt verwenden, benutzen

empremta f Abdruck m; **~ digital** Fingerabdruck m

empren/dre vt unternehmen; **~edor, -a** adj unternehmungslustig, aktiv

emprenyar vt vulg ärgern

empresa f 1. Firma f, Unternehmen n; 2. (projecte) Vorhaben n; **~ri, -ària** m/f 1. com Unternehmer, -in m/f; 2. teat Intendant, -in m/f

empresonar vt einsperren

empunyar vt ergreifen

emulsió f Emulsion f

en prep in, auf; **~ català** auf Katalanisch; zu; **~ honor a** zu Ehren von; an; **creure ~ Déu** an Gott glauben

ena f (nom lletra) n, N n

enamora/dís, -issa adj entflammbar,

endins

schnell verliebt; **~ment** *m* 1. Verliebtmachen *n*; 2. Verliebtheit *f*; **~r** *vt* 1. (*conquerir*) verliebt machen, entflammen; 2. (*agradar*) lieben, bezaubern; **~r-se** sich verlieben; **~t, -ada** 1. *adj* verliebt; 2. *m/f* Verliebte, -r *f/m*

encabir *vt* (hinein)stecken (**en** in)

encadenar *vt* anketten (**a** an)

encaixar 1. *vt* 1. einpassen (**a** in); 2. (*una crítica*) einstecken; 2. *vi* passen

encallar-se 1. festsitzen, klemmen; 2. *nav* auflaufen, stranden

encaminar *vt* auf den Weg bringen

encant *m* Reiz *m*, Charme *m*; **~ar** *vt* 1. verzaubern; 2. (*agradar molt*) begeistern, entzücken; **~at, -ada** *adj* 1. verzaubert; 2. (*distret*) zerstreut; **~eri** *m* Verzauberung *f*

encapçalar *vt* 1. (*un escrit*) einleiten; 2. (*un grup*) anführen

encapritxar-se versessen sein (**amb** auf)

encara *adv* noch; **~ que** obwohl, auch wenn

encarar *vt* gegenüberstellen

encarir *vt* verteuern

enc/àrrec *m* 1. (*treball*) Auftrag *m*; 2. *com* (*comanda*) Bestellung *f*; **~arregar** *vt* 1. (*treball*) in Auftrag geben; 2. *com* (*demanar*) bestellen

encegar *vt* 1. (*llum*) blenden; 2. *fig* verblenden

encen/dre *vt* 1. (*flama*) anzünden; 2. (*un aparell*) einschalten; 3. (*llum*) anschalten; **~edor** *m* Feuerzeug *n*; (*gas*) Anzünder *m*

encerar *vt* wachsen

encerclar *vt* einkreisen

encert *m* 1. Treffsicherheit *f*; 2. Richtigkeit *f*; 3. (*loteria*) Richtige *f*; 4. *val* Zufall *m*; **~ar** *vt* 1. treffen; 2. (*endevinar*) erraten

encetar *vt* 1. anschneiden; 2. *med* aufscheuern

enciam *m* Kopfsalat *m*

enciclop/èdia *f* Enzyklopädie *f*, Konversationslexikon *n*; **~èdic, -a** *adj* 1. enzyklopädisch; 2. allgemein wissenschaftlich; **~edista** *m/f* Enzyklopädiker, -in *m/f*

enc/ís *m* Zauber *m*; **~isar** *vt* verzaubern

encolar *vt* leimen

encomanar *vt* 1. (*confiar*) anvertrauen; 2. (*contagiar*) anstecken

encoratjar *vt* ermutigen

encorbar *vt* biegen, krümmen

encreua/ment *m* Kreuzung *f*; **~r** *vt* kreuzen

encuriosir *vt* neugierig machen

endarreri/r *vt* zurückstellen; **~t, -ida** *adj* 1. (*de temps*) verspätet; 2. (*persona*) zurückgeblieben

endavant *adv* vorwärts, vorne; **d'ara ~** von jetzt an; ♦ **pagar per ~** im Voraus zahlen

enderroc *m* Einsturz *m*; **~ar** *vt* niederreißen

endevina/lla *f* Rätsel *n*; **~r** *vt* 1. (*encertar*) (er)raten; 2. (*el futur*) wahrsagen

endins *adv* innen, hinein; **mar ~** seewärts; **terra ~** landeinwärts; **~ar** *vt* hineinstecken

endívia f 1. bot Endiviesalat m; 2. Chicorée m
endolcir vt süßen
endossar vt aufhalsen
endreçar vt aufräumen, zurechtmachen
endurir vt verhärten
enemic, -iga 1. adj feindlich; 2. m/f Feind, -in m/f
en/ergètic, -a adj energetisch, Energie...; **~ergia** f Energie f; **energia eòlica** Windenergie f; **energia solar** Sonnenenergie f; **~èrgic, -a** adj energisch, kräftig
energumen, -úmena m/f Besessene, -r f/m
enervant adj m/f entnervend
en/fadar vt ärgern; **~fadar-se** sich ärgern; **~senyament** m 1. Bildungswesen n; 2. Unterricht m; **~senyar** vt 1. lehren, beibringen; 2. (mostrar) zeigen; 3. (una matèria) unterrichten
enfangar vt (mit Schlamm) beschmutzen
enfeinat, -ada adj beschäftigt
enfilar vt 1. (una agulla) einfädeln; 2. (un camí) einschlagen
enfocar vt 1. foto einstellen; 2. (un assumpte) angehen
enfonsar vt 1. nav versenken; 2. (un edifici) abreißen; 3. fig (un projecte) zugrunde richten
enfortir vt stärken
enfosquir vt verdunkeln
enfront 1. adv gegenüber; **2. ~ de** prep gegenüber (**de** von); **~ar** vt 1. (encarar) gegenüberstellen; 2. (fer front) sich stellen; 3. (enemistar) entzweien

enfurrunyar-se schmollen
engabiar vt einsperren
engalanar vt verzieren (**amb** mit)
enganx/ar vt 1. (subjectar) anhaken; 2. (pegar) kleben; 3. (enxampar) ertappen; **~ar-se** hängen bleiben; **~ós, -osa** adj klebrig
engany m 1. (mentira) Betrug m; 2. (error) Irrtum m; 3. (il·lusió) Täuschung f; **~ar** vt 1. (mentir) betrügen; 2. (desorientar) täuschen; **~ifa** f col·loq Schwindel m
engarjolar vt einlochen
engegar vt 1. (una màquina) einschalten; 2. auto starten; 3. (iniciar) anfangen
engelosir vt eifersüchtig machen
engendrar vt zeugen
enginy m 1. Scharfsinn m; 2. (inventiva) Erfindungsgabe f; **~er, -a** m/f Ingenieur, -in m/f
englobar vt 1. (incloure) umfassen; 2. (reunir) einbeziehen (**en** in); 3. (resumir) zusammenfassen
engolir vt schlucken
engonal m anat Leiste f
engranatge m Getriebe n
engrandir vt vergrößern
engrapar vt heften
engreixar-se dick werden, zunehmen
engrescar vt begeistern
enguany adv dieses Jahr
enhorabona f Glückwunsch m; ♦ **donar l'~** beglückwünschen (**per** zu)
enigma m Rätsel n
enjogassat, -ada adj verspielt

enjoiar vt Schmuck anlegen; **~-se** sich mit Juwelen schmücken

enlair/ar vt erheben; **~e** adv hinauf, hoch; **mans ~e!** Hände hoch!

enllà adv hinweg, weit; **el més ~** das Jenseits; **~ de** jenseits von

enllaç m 1. Verbindung f; 2. (*matrimonial*) Vermählung f; 3. *ferroc* Anschluss m; **~ar** vt 1. verbinden; 2. *ferroc* Anschluss haben (**amb** an)

enllestir vt fertig machen

enlloc adv nirgends, nirgendwo

enllu/ernar vt blenden; **~menat** m Beleuchtung f

enmig 1. adv in der Mitte, mittendrin; **2. ~ de** prep inmitten von

ennegrir vt schwärzen

ennuvolat, -ada adj bewölkt

enorme adj m/f enorm, gewaltig, riesig

enquaderna/ció f 1. (Ein)Bindung f; 2. (*llibre*) Buchbinderei f; **~r** vt binden

enquesta f Umfrage f

enrampar-se sich verkrampfen

enredar vt 1. komplizieren; 2. (*en un afer*) verwickeln

enregistrar vt 1. eintragen; 2. (*gravar*) aufnehmen

enreixat m Gitterwerk n

enrere adv rückwärts, hinten

enrevessat, -ada adj verzwickt

enriquir vt 1. (*fer ric*) reich machen; 2. (*engrandir*) bereichern; 3. (*ornamentar*) verzieren

enrogir vt röten

enrolar vt 1. *nav* anheuern; 2. *mil* einberufen

enroscar vt 1. winden; 2. (*una tapa*) schrauben

enrotllar vt rollen

ens m 1. *filos* Wesen n; 2. (*institució*) Einrichtung f

ensabonar vt 1. einseifen; 2. *col·loq* schmeicheln

ensaïmada f aus geschmalztem Teig zubereitete Schnecke

ensenya f Abzeichen n, Kennzeichen n

ensordir vt (*soroll*) betäuben

ensorra/da f 1. *constr* Zusammensturz m; 2. *fig* Zusammenbruch m; **~ment** m 1. *constr* Zusammensturz m; 2. *fig* Zusammenbruch m; **~r** vt 1. im Sand vergraben; 2. *nav* auf Sand laufen lassen; 3. (*construcció*) niederreißen; **~r-se** im Sand einsinken

ensucrar vt 1. zuckern; 2. *fig* versüßen

ensurt m Schreck(en) m

enten/dre vt verstehen; **~edor, -a** adj verständlich; **~iment** m Verstand m

enter, -a adj ganz, vollständig

enterbolir vt trüben

enterra/ment m Begräbnis n; **~r** vt begraben

entès, -esa 1. adj klug, bewandert (**en** in); **entesos!** einverstanden!; **2.** m/f Kenner, -in m/f

entestar-se beharren (**a** auf)

entitat f 1. *filos* Wesen n; 2. Körperschaft f, Vereinigung f

entona/ció f 1. *mús* Anstimmen n; 2. *ling* Intonation f; 3. (*color*) Abtönung f; **~r** vt anstimmen

entorn m Umgebung f

entossudir-se sich versteifen (**en** auf)

entrada *f* 1. Eingang *m*; 2. *(d'un espectacle)* Eintrittskarte *f*; **~ gratuïta** Eintritt *m* frei; 3. *(d'un pagament)* Anzahlung *f*

entranyes *fpl* Eingeweide *pl*

entrar 1. *vt* hineinbringen (**+ CD** in); 2. *vi* 1. *(passar)* eintreten, hineingehen; 2. *(roba)* passen; 3. *mús* einsetzen; 4. *informàt* (sich) einloggen; 5. *(vehicles)* hineinfahren

entre *prep* zwischen, unter

entrecot *m gastr* Entrecote *n*

entregar *vt* 1. abgeben (**a** bei), aushändigen; 2. *com* abliefern (**a** bei); 3. *(premi)* verleihen

entrellaçar *vt* verflechten

entrena/dor, -a *m/f esp* Trainer, -in *m/f*; **~r** *vt* trainieren

entreobrir *vt* halb öffnen

entrepà *m* belegtes Brötchen *n*

entresòl *m constr* Zwischengeschoss *n*

entreteni/ment *m* 1. *(diversió)* Unterhaltung *f*; 2. *(passatemps)* Zeitvertreib *m*; **~r** *vt* 1. *(retenir)* aufhalten; 2. *(divertir)* unterhalten

entrevista *conj* 1. *informàt* Interview *n*; 2. *(reunió)* Besprechung *f*; **~dor, -a** *m/f* Interviewer, -in *m/f*; **~r** *vt* befragen, interviewen; **~r-se** besprechen, unterreden (**amb** mit)

entristir *vt* betrüben

entusiasm/ar *vt* begeistern; **~e** *m* Begeisterung *f*

enuig *m* Verdruss *m*

enumera/ble *adj m/f* aufzählbar; **~ció** *f* Aufzählung *f*; **~r** *vt* aufzählen

enuncia/r *vt* 1. *ling* aussagen; 2. *filos* exponieren; **~t** *m* 1. Wortlauf *m*; 2. *ling* Aussage *f*

enutj/ar *vt* ärgern; **~ar-se** sich ärgern; **~ós, -osa** *adj* ärgerlich

envà *m* Trennwand *f*

envair *vt* 1. einfallen; 2. *mil* überfallen; 3. *fig (la tristesa)* überkommen

envasa/ment *m* 1. Abfüllung *f*; 2. Verpackung *f*; **~r** *vt* abfüllen

enveja *f* Neid *m*; ♦ **fer ~** neidisch machen; **tenir ~** jemandem beneiden; **~r** *vt* beneiden

envelli/ment *m* 1. Altern *n*, Altwerden *n*; 2. *tecn* Alterung *f*; 3. *(demografia)* Überalterung *f*; **~r** *vi* altern

envergadura *f* 1. *(dimensió)* Ausmaß *n*; 2. *(importància)* Bedeutung *f*

enverinar *vt* vergiften

envernissar *vt* lackieren

envers *prep* gegenüber

envestir *vt* angreifen

enviar *vt* schicken, senden

envoltar *vt* umgeben (**de** mit)

enxampar *vt* erwischen

enyor *m* Sehnsucht *f*; **~ança** *f* Sehnsucht *f*, Heimweh *n*; **~ar** *vt* 1. sich sehnen (**+ CD** nach); 2. *(sentir nostàlgia)* Heimweh haben (**de** nach)

ep *interj* he!, hallo!

epidèmia *f* Epidemie *f*, Seuche *f*

epifania *f relig* Epiphanie *f*

epíleg *m* 1. Epilog *m*; 2. *(de llibre)* Nachwort *n*

epilèpsia *f* Epilepsie *f*

episodi *m* Episode *f*

època *f* Epoche *f*; **en aquella ~** damals

Equa/dor *m* Ecuador *m*; **~*dor** *m geol*

Äquator *m*; ~***torià, -ana 1.** *adj* ecuadorianisch; **2.** *m/f* Ecuadorianer, -in *m/f*; ~***torial** *adj m/f* äquatorial
eqüestre *adj m/f* Reiter...
equilàter, -a *adj geom* gleichseitig
equilibr/ar *vt* 1. ausgleichen; 2. (*pneumàtics*) auswuchten; ~**i** *m* Gleichgewicht *n*; ~**ista** *m/f* (*espectacle*) Seiltänzer, -in *m/f*
equip *m* 1. (*persones*) Team *n*; 2. (*utensilis*) Ausrüstung *f*; 3. *mús* Anlage *f*; ~**ament** *m* Einrichtung *f*, Ausstattung *f*; ~**ar** *vt* 1. ausrüsten (**amb** mit); 2. (*roba, una casa*) ausstatten (**amb** mit); ~**atge** *m* Gepäck *n*; ~**atge de mà** Handgepäck *n*
equitació *f esp* Reitsport *m*
equitatiu, -iva *adj* fair, gerecht, angemessen
equival/ència *f* 1. Gleichwertigkeit *f*; 2. *ling* Äquivalenz *f*; ~**ent 1.** *adj m/f* 1. gleichwertig; 2. *ling* äquivalent; **2.** *m* 1. Gegenwert *m*; 2. *ling* Äquivalent *n*; ~**er** *vi* 1. (*correspondre*) entsprechen; 2. (*igualar*) gleichkommen
equ/ívoc, -a 1. *adj* mehrdeutig, zweideutig; **2.** *m* Zweideutigkeit *f*; ~**ivocació** *f* Irrtum *m*; **per** ~**ivocació** aus Versehen; ~**ivocar** *vt* verwechseln; ~**ivocar-se** sich irren
era *f* 1. Ära *f*, Zeitalter *n*; 2. (*de batre*) Tenne *f*
erecte, -a *adj* aufrecht, steif
eriçó *m* Igel *m*; ~ **de mar** Seeigel *m*
Eritrea *f* Eritrea *n*
erm, -a *adj* öde
ermita *f* Kapelle *f*

erosi/ó *f* Erosion *f*; ~**onar** *vt* 1. *geol* auswaschen, erodieren; 2. (*pell*) abschürfen; ~**u, -iva** *adj* erodierend, Erosions...
er/òtic, -a *adj* erotisch; ~**otisme** *m* Erotik *f*
erra *f* (*nom lletra*) r, R *n*
err/ada *f* Fehler *m*; ~**ar 1.** *vt* (*no encertar*) verfehlen; **2.** *vi* 1. (*equivocar-se*) sich irren (**en** in); 2. (*vagar*) umherziehen; ~**ata** *f* Druckfehler *m*; ~**or** *m* Irrtum *m*, Fehler *m*
eruct/ació *f* Aufstoßen *n*, Rülpsen *n col·loq*; ~**ar** *vi* aufstoßen, rülpse n *col·loq*; ~**e** *m* Rülpser *m*
erudit, -a 1. *adj* 1. gebildet, gelehrt; 2. (*savi*) weise; **2.** *m/f* 1. Gelehrte, -r *f/m*; 2. (*savi*) Weise, -r *f/m*
eruga *f zool* Raupe *f*
erupció *f* 1. *geogr* Eruption *f*; 2. *med* Ausschlag *m*
esbalair *vt* verblüffen
esbarjo *m* 1. Ausspannung *f*; 2. (*a l'escola*) Freistunde *f*
esbarzer *m bot* Brombeerstrauch *m*
esborra/dor *m* Tafelschwamm *m*, Tafellappen *m*; ~**ny** *m* Konzept *n*; ~**r** *vt* 1. (durch)streichen; 2. (*amb goma*) ausradieren; 3. *informàt* löschen; 4. (*petjades*) beseitigen
esbrinar *vt* herausfinden
escabrós, -osa *adj* 1. heikel, schwierig; 2. schlüpfrig
escaient *adj m/f* angemessen, passend
escaiola *f* Gips *m*
escala *f* 1. Treppe *f*; ~ **de cargol** Wendeltreppe *f*; ~ **mecànica** Rolltreppe *f*;

escaldar

2. (de mà) Leiter f; 3. mús Tonleiter f; 4. (mesura) Maß n; **a gran ~** in großem Umfang; **~dor, -a** 1. adj Bergsteiger...; 2. m/f esp Bergsteiger, -in m/f; **~r** 1. vt (hinauf)steigen (auf), hochklettern; 2. vi 1. (muntanyes) bergsteigen; 2. fig aufsteigen

escaldar vt verbrühen

escalf/ador m Heizgerät n; **~ar** vt erwärmen, erhitzen; **~or** f Wärme f, Hitze f

escal/inata f Freitreppe f; **~onar** vt abstufen, staffeln

escalopa f gastr Schnitzel n

escamot m Schar f; **~ejar** vt verschwinden lassen

escampar vt 1. (ver)streuen; 2. (difondre) verbreiten

escandalitzar 1. vt (indignar) empören, Anstoß erregen; 2. vi Lärm machen

escandin/au, -ava 1. adj skandinavisch; 2. m/f Skandinavier, -in m/f; **~*àvia** f Skandinavien n

escàndol m 1. (provocació) Skandal m; 2. (soroll) Lärm m

escanyar vt erdrosseln

escaparata f Vitrine f, Schaukasten m

escapar-se vi 1. ausbrechen (**de** aus); 2. (gas, aigua) entweichen

escarabat m zool Käfer m

escarlata adj inv scharlachrot

escarment m Abschreckung f; **~ar** 1. vt eine Lehre sein; 2. vi dazulernen; **~ar-se** klug werden, Lehrgeld zahlen

escarnir vt verspotten

escarola f bot Endiviensalat m

escarpat, -ada adj steil

escarransit, -ida adj kümmerlich

esc/às, -assa adj knapp, spärlich; **~assejar** 1. vt knausern (**+ CD** mit); 2. vi knapp sein; **~assetat** f Knappheit f; **~atimar** vt geizen (**+ CD** mit)

escaure vi passen

escena f 1. (escenari) Bühne f; **posada en ~** Inszenierung f; 2. (part de l'obra) Szene f; **~ri** m Bühne f

esclafar vt zerdrücken

esclarir-se (cel) aufhellen

esclat m 1. Knall m; 2. fig Glanz m; **~ar** vi 1. (explotar) platzen; 2. (guerra, tormenta) ausbrechen

escla/u, -ava 1. adj versklavt; 2. m/f Sklave, -in m/f; **~vitud** f 1. Sklaverei f; 2. fig Knechtschaft f; **~vitzar** vt 1. versklaven; 2. fig knechten

escletxa f Riss m

escó m pol Sitz m

esc/ocès, -esa 1. adj schottisch; 2. m/f Schotte, -in m/f; 3. m Schottisch(e) n; **~*òcia** f Schottland n

escodrinyar vt untersuchen

escol/a f Schule f; **~à, -ana** m/f 1. relig Ministrant, -in m/f; 2. mús Chorknabe f; **~ar** 1. adj m/f schulisch, Schul...; 2. m/f Schüler, -in m/f; **~aritat** f Schulbildung f

escollir vt (aus)wählen, aussuchen

escolta m/f Pfadfinder, -in m/f

escoltar vt 1. hören; 2. (atentament) zuhören

escombra f Besen m; **~r** vt kehren, fegen

escopeta f Flinte f, Gewehr n
escopir vt/i (aus)spucken
escorcoll m Durchsuchung f; **~ador, -a 1.** adj durchsuchend; **2.** m/f Durchsucher, -in m/f; **~ar** vt durchsuchen
escòria f 1. Schlake f; 2. fig Abfall m
escorp/í m zool Skorpion; **~ió** m astrol Skorpion m
escórrer vt (roba) auswringen; **~-se 1.** abfließen; **2.** vulg (orgasme) kommen
escorta f 1. mil Eskorte f; 2. (guardaespatlles) Leibwächter, -in m/f
escorxa/dor m Schlachthof m; **~r** vt abhäuten
escot m 1. (en el coll) (Hals)ausschnitt m; 2. (bust) Dekolletee n; 3. (diners) Anteil m
escotilla f nav (Schiffs)Luke f
escridassar vt anschreien
escri/ptor, -a m/f Schriftsteller, -in m/f; **~ptori** m Schreibtisch m; **~ptura** f Schrift f; **la Sagrada ~*ptura** die Heilige Schrift; **~pturar** vt jur beurkunden; **~t** m Schreiben n; **~ure** vt 1. schreiben; **~ure a màquina** tippen; 2. (redactar) verfassen, schreiben; **~vent, -a** m/f Schreiber, -in m/f
escrot m anat Hodensack m
escrú, -ua adj bal barsch, brüsk
escr/úpol m Skrupel m; **~upolós, -osa** adj gewissenhaft, genau
escrut/ar vt 1. prüfen; 2. (vots) zählen; **~ini** m 1. (control) Prüfung f; 2. (de vots) Stimmenzählung f
escudella f gastr Suppengericht n (mit Fleischeinlage)
escuder m hist (Schild)Knappe m

esgrima

escull m geol Klippe f; **~era** f Wellenbrecher m
escul/pir vt 1. (modelar) behauen; 2. (gravar) (ein)gravieren (in); **~tor, -a** m/f Bildhauer, -in m/f; **~tura** f Skulptur f
escuma f Schaum m
escuradents m Zahnstocher m
escurar vt reinigen
escut m 1. (arma) (Schutz)Schild m; 2. (emblema) Wappen n
esdeveni/ment m Ereignis n, Begebenheit f; **~r** vi 1. geschehen, sich ereignen; 2. werden
esf/era f 1. mat Kugel f; **~era terrestre** Erdkugel f; 2. (del rellotge) Zifferblatt n; 3. (àmbit) Sphäre f, Bereich m; 4. (classe social) Gesellschaftsschicht f; **les altes ~eres** Oberschicht f; **~èric, -a 1.** adj (rodó) kugelförmig; **2.** m esp (Spiel)Ball m
esfinter m anat Ringmuskel m, Schließmuskel m
esfondrar vt einschlagen, niederreißen; **~-se** einstürzen
esforç m Anstrengung f, Mühe f; **sense ~** mühelos; **~ar-se** sich anstrengen
esgarrif/ar vt erschüttern; **~ós, -osa** adj erschütternd
esglai m Schreck(en) m; **~ar** vt erschrecken
esgla/ó m Stufe f; **~onar** vt abstufen
església f Kirche f
esgotar vt erschöpfen
esgrima f 1. esp Fechtsport m, Fechten n; 2. (art) Fechtkunst f

esgrimir

esgrimir *vt* 1. schwingen; 2. (*arguments*) vorbringen
esguard *m* Blick *m*
esla/u, -ava 1. *adj* slawisch; 2. *m/f* Slawe, -in *m/f*; **~visme** *m* Slawismus *m*; **~vista** *m/f* Slawist, -in *m/f*; **~vística** *f* Slawistik *f*
eslògan *m* Slogan *m*
eslov/ac, -a 1. *adj* slowakisch; 2. *m/f* Slowake, -in *m/f*; 3. *m ling* Slowakisch *n*; **~*àquia** *f* Slowakei *f*
eslovè, -ena 1. *adj* slowenisch; 2. *m/f* Slowene, -in *m/f*; 3. *m ling* Slowenisch *n*; **~*nia** *f* Slowenien *n*
esmalt *m* 1. (*vernís*) Schmelz *m*; 2. (*metall*) Email *n*; 3. (*porcellana*) Glasur *f*; 4. (*de les dents*) Zahnschmelz *m*; 5. (*d'ungles*) Nagellack *m*
esmena *f* Verbesserung *f*; **~r** *vt* verbessern
esmolar *vt* schleifen
esmortèric, -a *adj* esoterisch
esmòquing *m* Smoking *m*
esmorteir *vt* abschwächen, dämpfen
esmorzar 1. *m* Frühstück *m*; 2. *vi* frühstücken
esnob 1. *adj m/f* snobistisch; 2. *m/f* Snob *m*
esòfag *m anat* Speiseröhre *f*
esotèric, -a *adj* esoterisch
espacial *adj m/f* räumlich, Raum...
espagueti *m gastr* Spaghetti *pl*
espai *m* Raum *m*; **~ós, -osa** *adj* geräumig, weiträumig
espant *m* Schreck(en) *m*, Entsetzen *n*; **~all** *m* Vogelscheuche *f*; **~amosques** *m* Fliegenwedel *m*; **~aocells** *m* Vogelscheuche *f*; **~ar** *vt* erschrecken; **~ós, -osa** *adj* schrecklich, entsetzlich
Espany/a *f* Spanien *n*; **~*ol, -a** 1. *adj* spanisch; 2. *m/f* Spanier, -in *m/f*; 3. *m ling* Spanisch(e) *n*
esparadrap *m med* Heftpflaster *n*
espardenya *f* katalanischer Leinenschuh *m* (mit Hanfsohle)
espàrrec *m bot* Spargel *m*
espart *m* 1. *bot* Esparto(gras) *n*; 2. Espartogras *n*, Esparto *m*; **~*a** *f* Sparta *n*; **~à, -ana** 1. *adj* spartanisch; 2. *m/f* Spartaner, -in *m/f*
esparver *m zool* Sperber *m*
espasa *f* 1. Schwert *n*, Degen *m*; 2. (*persona*) Fechter, -in *m/f*; 3. *taur* Matador *m*; 4. *zool* Schwertfisch *m*; ♦ **estar entre l'~ i la paret** in der Klemme sitzen
espasme *m med* Krampf *m*, Verkrampfung *f*
espatlla *f anat* Rücken *m*; ♦ **arronsar les espatlles** mit den Schultern zucken; **~r** *vt* verderben, kaputt machen
espàtula *f* Spachtel *m*, Spatel *m*
espavila/r *vt* 1. munter machen; 2. (*foc*) schüren; **~t, -ada** *adj* aufgeweckt, clever
espècia *f* Gewürz *n*
especial *adj m/f* besonders, speziell; **~ista** *m/f* 1. Spezialist, -in *m/f*; 2. *med* Facharzt, Fachärztin *f*; **~itzar-se** sich spezialisieren (**en** auf)
espècie *f* Art *f*, Spezies *f*
espec/ífic, -a *adj* spezifisch; **~ificar** *vt* ausführen, *elev* spezifizieren
espècimen *m* Probestück *n*, Muster *m*

especta/cle m Schauspiel n, Show f, Vorstellung f; ♦ **fer un ~cle** eine Szene machen, Aufsehen erregen; **~cular** adj m/f spektakulär, sensationell; **~dor, -a** m/f Zuschauer, -in m/f

espectre m 1. (*fantasma*) Gespenst n; 2. *fís* Spektrum n

especula/ció f Spekulation f; **~r** vi spekulieren

espelma f Kerze f

espera f Wartezeit f; **~nça** f Hoffnung f; **~nça de vida** Lebenserwartung f; **~r 1.** vt warten (**+ CD** auf), erwarten; **2.** vi 1. warten; 2. (*confiar*) hoffen

esperit m 1. Geist m; **~* Sant** *relig* der Heilige Geist; 2. *quím* Extrakt m; **~ de vi** Spiritus m; **~at, -ada** adj besessen

esperma f Sperma n; **~tozoide** m Spermatozoon n

espès, -essa adj dick(flüssig)

espia m/f Spion, -in m/f; **~r** vt auspionieren, bespitzeln

espiga f *bot* Ähre f

espina f 1. Dorn m, Stachel m; **~ dorsal** *anat* Rückgrat n; 2. (*de peix*) Gräte f; ♦ **fer mala ~** verdächtig vorkommen

espinac m *bot* Spinat m

espiral 1. adj m/f spiralförmig, Spiral...; **2.** f Spirale f

espiritual adj m/f geistig

esplai m Entspannung f; **~ar** vt freimütig äußern

esplanada f Esplanade f

espl/èndid, -a adj 1. prächtig, herrlich; 2. (*generós*) großzügig; **~endor** f Pracht f, Glanz m

espolsar vt abstauben

espondeu m *lit* Spondeus m

esponja f Schwamm m

espontan/eïtat f 1. Ungezwungenheit f, Spontaneität f; 2. Ursprünglichkeit f; **~i, -ània** adj spontan, Spontan..., ungezwungen

esport m Sport m; **~ista 1.** adj m/f sportlich; **2.** m/f Sportler, -in m/f; **~iu, -iva** adj sportlich

espòs, -osa m/f Gatte, -in m/f, Ehemann, -frau m/f

esprai m Spray m

esprémer vt auspressen

esprint m *esp* Sprint m, Spurt m; ♦ **fer un ~** sprinten

espuma f Schaum m

espurna f Funke m

esquadra f 1. *mil* Trupp m; 2. *nav* Geschwader n

esquarterar vt vierteilen

esquela f kurze Mitteilung f; **~ mortuòria** Todesanzeige f

esquel/et m *anat* Skelett n, Gerippe n; **~ètic, -a** adj 1. *anat* Skelett...; 2. (*prim*) klapperdürr

esquema m Schema n

esquena f *anat* Rücken m; ♦ **donar l'~** den Rücken kehren; **tirar-s'ho tot a l'~** alles auf die leichte Schulter nehmen

esquerda f Spalte f, Ritze f

esquerp, -a adj herb, unfreundlich

esquerr/à, -ana 1. adj 1. linkshändig; 2. *pol* linksgerichtet; **2.** m/f *pol* Linke, -r f/m; **~e, -a 1.** adj linke; **2.** f Linke f

esqu/í m *esp* Ski m; **~í aquàtic** *esp*

esquilar

Wasserski *m*; **~iador, -a** *m/f* Skiläufer, -in *m/f*; **~iar** *vi* Ski fahren, Ski laufen
esquilar *vt* scheren
esquimal 1. *adj m/f* eskimoisch; **2.** *m/f* Eskimo *m*, Eskimofrau *f*
esquirol *m* 1. *zool* Eichhörnchen *n*; 2. Streikbrecher, -in *m/f*
esquivar *vt* 1. (*un cop*) ausweichen; 2. (*un problema*) vermeiden, umgehen
esquizofrènia *f psicol* Schizophrenie *f*
essa *f* s, S *n*; ♦ caminar fent ~es im Zickzack gehen
essencial *adj m/f* wesentlich, grundlegend, essenziell
ésser 1. *m* Wesen *n*; **2.** *vi* sein
est *m* Osten *m*
estable 1. *adj m/f* stabil, sicher, beständig; **2.** *m* Stall *m*
establi/ment *m* 1. Gründung *f*, Errichtung *f*; 2. (*botiga*) Geschäft *n*, Laden *m*; **~r** *vt* gründen, errichten; **~r-se** sich niederlassen
estaca *f* Pfahl *m*
estaci/ó *f* 1. (*de trens*) Bahnhof *m*; **~ó central** (*de trens*) Hauptbahnhof *m*; **~ó d'autobusos** Busbahnhof *m*; **~ó de metro** U-Bahn-Station *f*; **~ó de servei** Tankstelle *f*; 2. (*de l'any*) Jahreszeit *f*; **~onament** *m* 1. (*immobilitat*) Stehenbleiben *n*; 2. *auto* Parken *n*; **~onari, -ària** *adj* stationär, gleichbleibend
estad/a *f* Aufenthalt *m*; **~i** *m* 1. *esp* Stadion *n*; 2. *med* Stadium *m*

estafa *f* Betrug *m*, Schwindel *m*; **~r** *vt* betrügen, prellen
estalvi, -àlvia 1. *adj* heil, unversehrt; **2.** *m* Sparen *n*; **caixa d'~s** Sparkasse *f*; **~ar** *vt* sparen
estampa *f* Bild *n*, Druck *m*; **~r** *vt* 1. bedrucken; 2. (*fer un dibuix*) prägen
estanc, -a 1. *adj* wasserdicht; **2.** *m* Tabak(waren)laden *m*
estàndard 1. *adj m/f* Standard...; **2.** *m* Standard *m*
estany *m* 1. *geol* (*d'aigua*) Teich *m*; 2. *quím* Zinn *n*
estar *vi* sein, stehen; **com estàs?** wie geht es dir?
estat *m* 1. Zustand *m*; **~ d'ànim** Stimmung *f*; 2. (*de salut*) Befinden *n*; 3. *pol* Staat *m*; ♦ **estar en ~** schwanger sein
Estats Units *mpl* Vereinigte Staaten *pl*
estàtua *f* Statue *f*
estatura *f* Größe *f*, Statur *f*
estatut *m* Satzung *f*, Statut *n*
estavellar *vt* zerschmettern; **~-se** *auto* fahren (**contra** gegen)
estel *m* 1. Drachen *m*; 2. *astron* (*estrella*) Stern *m*
estenalles *fpl tecn* Zange *f*
esten/dre *vt* 1. ausbreiten; 2. (*la roba*) aufhängen; **~edor** *m* Wäscheleine *f*
estepa *f geol* Steppe *f*
estèril *adj m/f* steril, unfruchtbar
esternu/dar *vi* niesen; **~t** *m* Niesen *n*
estès, -esa *adj* 1. weit, ausgestreckt; 2. *fig* verbreitet
estigma *m* Stigma *n*

estil *m* Stil *m*; **a l'~ de** nach Art von; **per l'~** so ähnlich

estima/ció *f* 1. (*avaluació*) Schätzung *f*; 2. (*valorar*) Wertschätzung *f*; **~r** *vt* 1. lieben; 2. (*apreciar*) schätzen; 3. (*valorar*) schätzen (**en** auf), taxieren (**en** auf)

est/ímul *m* 1. (*incentiu*) Motivation *f*, Ansporn *m*; 2. *med* Reiz *m*; **~imulació** *f* 1. Anregung *f*; 2. *med* Stimulation *f*; **~imulador, -a** *adj* anregend, stimulierend; **~imulant** *adj m/f* anregend; **~imular** *vt* 1. anregen, anreizen; 2. *med* stimulieren

estira/ment *m* 1. (Aus)Ziehen *n*; 2. *med* Dehnung *f*, Streckung *f*; **~r** *vt* 1. ziehen, dehnen; **a tot ~r** höchstens; 2. (*cames, braços*) (aus)strecken

estiu *m* Sommer *m*; **~ejar** *vi* den Sommer verbringen

Estocolm *f* Stockholm *n*

estofat *f gastr* Schmorfleisch *n*

esto/ic, -a 1. *adj* stoisch; 2. *m/f* Stoiker, -in *m/f*, **~ïcisme** *m* 1. *filos* Stoizismus *m*; 2. Gelassenheit *f*

estoig *m* Etui *n*

estómac *m* Magen *m*

estona *f* Weile *f*; ♦ **passar l'~** sich die Zeit vertreiben

Est/ònia *f* Estland *n*; **~*onià, -ana** 1. *adj* estnisch, estländisch; 2. *m/f* Este, -in *m/f*, Estländer, -in *m/f*; 3. *m ling* Estnisch *n*

estora *f* Matte *f*

estrada *f* Podium *n*

estra/folari, -ària *adj* exzentrisch, ausgefallen; **~mbòtic, -a** *adj* exzentrisch, verschroben

estranger, -a 1. *adj* ausländisch, Auslands..., fremd; 2. *m/f* Ausländer, -in *m/f*, Fremde, -r *f/m*; 3. *m* Ausland *n*

estrangular *vt* 1. erwürgen, strangulieren; 2. *tecn* abklemmen

estrany, -a 1. *adj* 1. (*rar*) fremd; 2. (*peculiar*) sonderbar, merkwürdig; 2. *m/f* Fremde, -r *f/m*, Unbekannte, -r *f/m*; **~ar** *vt* (*sorprendre*) erstaunen; **~ar-se** sich wundern (**de** über)

Estrasburg *f* Straßburg *n*

estrat *m* Schicht *m*

estrat/agema *m* 1. List *f*; 2. *mil* Strategie *f*; **~eg** *m* Stratege *m*; **~ègia** *f* Strategie *f*; **~ègic, -a** *adj* 1. strategisch; 2. *fig* taktisch

estrella *f* 1. *astron* Stern *m*; 2. (*de cine*) Star *m*; **~t, -ada** *adj* 1. gestirnt; 2. sternklar; 3. sternförmig

estrena 1. *f* 1. erster Gebrauch *m*, Einweihung *f*; 2. *cine* Erstaufführung *f*, Premiere *f*; 2. **~es** *fpl* Geschenk *n*, Zuwendung *f*; **~r** *vt* 1. zum ersten Mal verwenden; 2. (*espectacle*) zum ersten Mal aufführen, uraufführen

estr/ènyer *vt* (*la mà*) drücken; **~enyiment** *m* 1. Verengung *f*; 2. Druck *m*

estr/ep *m* Steigbügel *m*; ♦ **perdre els ~eps** die Nerven verlieren; **~èpit** *m* Getöse *n*

estrès *m* Stress *m*

estret, -a 1. *adj* eng, schmall; 2. *m geol* Meerenge *f*; **~or** *f* 1. Enge *f*; 2. (*man-*

cança) Knappheit *f*; 3. *med* Stenose *f*, Verengung *f*
estri *m* Werkzeug *n*
estrident *adj m/f* schrill, grell
estripar *vt* aufreißen
estrofa *f* Strophe *f*
estruç *f zool* Strauß *m*
estructura *f* Struktur *f*, Aufbau *m*; **~ció** *f* 1. Strukturierung *f*; 2. Gliederung *f*; **~l** *adj m/f* 1. strukturell, Struktur...; 2. *ling* strukturell; **~lisme** *m ling* Strukturalismus *m*; **~lista** 1. *adj m/f* strukturalistisch; 2. *m/f* Strukturalist, -in *m/f*
estuari *f geol* Trichtermündung *f*
estudi *m* 1. Lernen *n*; 2. (*carrera*) Studium *n*; 3. (*taller*) Atelier *n*, Studio *n*; 4. (*sala*) Studierzimmer *n*; 5. *mús* Etüde *f*; **~ant, -a** *adj m/f* 1. (*d'escola*) Schüler, -in *m/f*; 2. (*d'universitat*) Student, -in *m/f*; **~ar** *vt* 1. (*aprendre*) lernen; 2. *univ* studieren; 3. (*investigar*) erforschen; 4. (*reflexionar*) überdenken
estufa *f* Ofen *m*
estupefacte, -a *adj* perplex, verblüfft, sprachlos
estupend, -a *adj* wunderbar, fabelhaft, großartig, toll *col·loq*
est/úpid, -a 1. *adj* dumm, stupide, blöd; 2. *m/f* Idiot, -in *m/f*, Dummkopf *m*; **~upidesa** *f* 1. Dummheit *f*; 2. Blödsinn *m*; **~upor** *m/f* 1. *med* Benommenheit *f*, 2. (*admiració*) Erstaunen *n*; 3. (*espant*) Entsetzen *n*
esva/ïda *f* 1. Niederlage *f*; 2. *mil* Auflösung *f*; **~ïment** *m* 1. Niederlage *f*; 2. *mil* Auflösung *f*; **~ir** *vt* verscheuchen; **~ir-se** 1. (*dubte*) verschwinden; 2. (*defallir*) ermüden
esvelt, -a *adj* schlank
etapa *f* Etappe *f*, Abschnitt *m*
etcètera *adv* und so weiter, et cetera
èter *m quím* Äther *m*
eteri, -èria *adj* ätherisch
etern, -a *adj* ewig; **~itat** *f* Ewigkeit *f*; **~itzar** *vt* verewigen; **~itzar-se** e-e Ewigkeit dauern
ètic, -a *adj* ethisch, Ethik...; **~a** *f* 1. *filos* Ethik *f*; 2. (*moral*) Ethos *n*
etim/òleg, -òloga *m/f* Etymologe, -in *m/f*; **~ologia** *f* Etymologie *f*; **~ologista** *m/f* Etymologe, -in *m/f*
et/íop 1. *adj m/f* äthiopisch; 2. *m/f* Äthiopier, -in *m/f*; **~*iòpia** *f* Äthiopien *n*; **~iòpic, -a** 1. *adj* äthiopisch; 2. *m/f* Äthiopier, -in *m/f*
etiqueta *f* Etikett *n*
ètnia *f* Ethnie *f*
eucaliptus *m bot* Eukalyptus *m*
eucar/istia *f relig* Eucharistie *f*; **~ístic, -a** *adj* eucharistisch
eufòri/a *f* Euphorie *f*, Hochstimmung *f*; **~c, -a** *adj* euphorisch
Europ/a *f* Europa *n*; **~*eisme** *m* Europabewegung *f*; **~*eista** *m/f* Anhänger, -in *m/f* des Europabewegung; **~*eïtzació** *f* Europäisierung *f*; **~*eïtzar** *vt* europäisieren; **~*eïtzar-se** sich europäisieren; **~*eu, -ea** 1. *adj* europäisch; 2. *m/f* Europäer, -in *m/f*
Eurovisió *f TV* Eurovision *f*
èuscar, -a 1. *adj m/f ling* baskisch; 2. *m ling* Baskisch *n*

evacua/ció f 1. Räumung f; 2. Evakuierung f; **~r** vt 1. (persones) evakuieren; 2. mil räumen; 3. med (deposició intestinal) abführen

evadir vt vermeiden, ausweichen, umgehen; **~-se** vt 1. entweichen, ausbrechen; 2. fig sich zerstreuen, sich ablenken

evang/eli m relig Evangelium m; **~èlic, -a** adj evangelisch; **~elista** m Evangelist m; **~elitzar** vt evangelisieren

evapora/ció f Verdampfung f, Verdunstung f; **~r** vt verdampfen lassen, verdunsten lassen; **~r-se** 1. (vapor) verdampfen, verdunsten; 2. (desaparèixer) verschwinden

evasió f 1. Umgehung f; 2. jur Entweichen n, Flucht f; 3. fig Zerstreuung f

eviden/ciar vt darlegen, deutlich machen; **~t** adj m/f offensichtlich, offenbar

evitar vt vermeiden, abwenden

evoca/ció f 1. Aufrufung f; 2. lit Evokation f; **~r** vt 1. (esperits) anrufen, beschwören; 2. (records) wachrufen, erinnern (**+ CD** an)

evoluci/ó f 1. Entwicklung f; 2. biol Evolution f; 3. filos Evolutionismus m; **~onar** vi sich entwickeln

exacerba/ció f 1. Verschlimmerung f; 2. psicol Erbitterung f; **~r** vt verschlimmern, erbittern; **~r-se** 1. wütend werden; 2. (una malaltia) sich verschlimmern

exact/e, -a adj exakt, korrekt, richtig; **~itud** f Genauigkeit f, Exaktheit f

exagera/ció f Übertreibung f; **~r** vt übertreiben; **~t, -ada** adj übertrieben

exalta/ció f 1. Erhöhung f, Erhebung f; 2. Begeisterung f; 3. Erregung f; 4. lit Exaltation f; **~r** vt 1. erhöhen, erheben; 2. begeistern; 3. erregen; **~r-se** 1. sich begeistern; 2. sich erregen; **~t, -ada** adj exaltiert, aufgeregt, überspannt

exam/en m 1. (prova) Prüfung f, Test m; 2. med Untersuchung f; 3. (inspecció) Überprüfung f, Inspektion f; 4. (investigació) Untersuchung f, Nachforschung f; **~inar** vt 1. (prova) prüfen; 2. med untersuchen; 3. (inspeccionar) überprüfen, inspizieren; 4. (investigar) untersuchen, erforschen

exaspera/ció f 1. Erbitterung f; 2. med Verschlimmerung f; **~nt** adj m/f erbitternd; **~r** vt erzürnen, verschlimmern; **~r-se** sich aufregen, wütend werden

excava/ció f 1. (acció) (Aus)Graben n; 2. arqueol Ausgrabung f; **~r** vt 1. graben; 2. arqueol ausgraben; 3. agric umgraben

excep/ció f Ausnahme f; **a ~ció de** mit Ausnahme von; **~cional** adj m/f außergewöhnlich; **~te** prep außer

exc/és m 1. Übermaß n (**en** an); 2. (abús) Maßlosigkeit f; **~essiu, -iva** adj exzessiv, übermäßig

excita/ble adj m/f erregbar, reizbar; **~ció** f 1. Erregung f; 2. Anreiz m; **~dor, -a** adj erregend; **~nt 1.** adj m/f erregend; **2.** m med Reizmittel n; **~r** vt 1. (posar nerviós) aufregen; 2. (sexualment) erregen; **~r-se** sich aufregen

exclama/ció f Ausruf m; **~r** vt (aus)rufen

excl/oure vt ausschließen (**de** aus); **~usiu, -iva** adj ausschließlich, exklusiv

exclusi/ó f 1. Ausschluss m; 2. Ausschließung f; **~vitat** f Exklusivität f

excrement m Exkrement n

excursió f 1. Ausflug m; 2. (a peu) Wanderung f; 3. (viatge d'estudis) Exkursion f

excusa f 1. (pretext) Ausrede f; 2. (disculpa) Entschuldigung f; **~r** vt 1. (justificar) rechtfertigen; 2. (disculpar) entschuldigen

execu/ció f 1. Ausführung f; 2. jur Bestrafung f; **~table** adj m/f 1. ausführbar; 2. jur vollstreckbar; 3. mús spielbar

executar vt 1. (realitzar) ausführen; 2. jur vollstrecken; 3. jur (pena de mort) hinrichten; 4. mús spielen

exeg/esi f bíbl Exegese f, (Bibel)Auslegung f; **~eta** m Exeget m, Bibelausleger m; **~ètic, -a** adj exegetisch

exempl/ar 1. adj m/f vorbildlich, musterhaft; **2.** m Exemplar n; **~e** m Beispiel n, Vorbild n; **per ~e** zum Beispiel; **~ificar** vt erläutern, lit exemplifizieren

exerci/ci f 1. (realització) Ausübung f; 2. (deures) Übung f; 3. esp (Leibes)Übung f; ♦ **fer ~ci** Sport treiben; **~r** vt 1. (realitzar) ausüben; 2. (treballar) arbeiten (**de** als)

ex/èrcit m mil Heer n, Armee f; **~ercitar** vt 1. (desenvolupar) trainieren, üben; 2. (treballar) ausüben

exhala/ció f 1. med Exhalation f; 2. Ausatmung f; **~r** vt 1. ausströmen; 2. (sospir, queixa) ausstoßen; **~r-se** ausströmen

exhauri/ble adj m/f erschöpfbar, erschöpflich; **~ment** m Erschöpfung f; **~r** vt 1. ausschöpfen; 2. (mercaderies) ausverkaufen; **~t, -ida** adj (llibre) vergriffen

exhibi/ció f 1. Vorzeigen n; 2. Vorführung f, Ausstellung f; **~cionisme** m Exhibitionismus m; **~cionista** m/f psicol Exhibitionist, -in m/f; **~r** vt vorzeigen, ausstellen

exhort m jur Rechtshilfeersuchen n; **~ació** f Ermahnung f; **~ar** vt ermahnen (**a** zu); **~atiu, -iva** adj Ermahnungs...; **~atori, -òria** adj Ermahnungs...

exhuma/ció f Exhumierung f; **~dor, -a 1.** adj ausgrabend; **2.** m/f Ausgräber, -in m/f; **~r** vt 1. (cadàver) exhumieren, ausgraben; 2. fig ausgraben

exig/ència f 1. Forderung f, Anspruch m; 2. Bedarf m, Bedürfnis n; **~ent** adj m/f anspruchsvoll; **~ir** vt 1. (sol·licitar) fordern; 2. (reclamar) erfordern, verlangen

exili m Exil n; **~ar** vt verbannen, lit exilieren; **~ar-se** ins Exil gehen; **~at, -ada 1.** adj verbannt, lit exiliert; **2.** m/f Verbannte, -r f/m

exist/ència f 1. (vida) Existenz f, Leben n; 2. filos Dasein n, Existenz f; **~ir** vi existieren, leben

èxit m Erfolg m

exorci/sme m Exorzismus m; **~sta** m/f

extinció

Exorzist, -in *m/f;* **~tzar** *vt* exorzi(si)eren

ex/òtic, -a *adj* exotisch; **~otisme** *m* Exotik *f*

expan/dir *vt* ausdehnen, verbreiten; **~sió** *f* Ausdehnung *f,* Expansion *f*

expe/ctació *f* Erwartung *f;* **~dició** *f* 1. *(viatge)* Expedition *f;* 2. *com* Spedition *f,* Versand *m;* **~dir** *vt* absenden

exper/iència *f* 1. *(pràctica)* Erfahrung *f;* 2. *(vivència)* Erlebnis *n;* **~iment** *m* Experiment *n;* **~imentar 1.** *vt* 1. *(provar)* ausprobieren; 2. *(sentir)* fühlen, spüren; **2.** *vi* experimentieren (**amb** mit); **~imentat, -ada** *adj* erfahren (**en** in); **~t, -a 1.** *adj* sachkundig, erfahren; **2.** *m/f* Experte, -in *m/f*

expl/icació *f* Erklärung *f;* **~icar** *vt* 1. *(aclarir)* erklären, erläutern; 2. *(exposar)* unterrichten; 3. *(donar motius)* begründen; 4. *(justificar)* rechtfertigen; **~ícit, -a** *adj* ausdrücklich, explizit

explora/ble *adj m/f* erforschbar; **~ció** *f* 1. (Er)Forschung *f;* 2. *med* Untersuchung *f;* 3. *mil* Erkundung *f;* **~dor, -a 1.** *adj* Untersuchungs..., **~r** *vt* 1. *(investigar)* erforschen, erkunden; 2. *med* untersuchen; 3. *informàt* scannen

explo/sió *f* Explosion *f;* **~siu, -iva 1.** *adj* explosiv; **2.** *m* Sprengstoff *m;* **~tació** *f* 1. Nutzung *f;* 2. *(empresa)* Betrieb *m;* **~tació agrícola** Landwirtschaftsbetrieb *m;* 3. *min* Abbau *m;* **~tació minera** Bergbau *m;* 4. *(abús)* Ausbeutung *f;* **~tar** *vt* 1. *(recursos)* nutzen; 2. *(empresa)* betreiben; 3. *min* abbauen, ausbeuten; 4. *(abusar)* ausbeuten

expo/nent *m* Exponent *m;* **~rtació** *f* Export *m,* Ausfuhr *f;* **~rtador, -a** *adj* exportierend, ausführend; **~rtar** *vt* exportieren (**a** nach), ausführen (**a** nach); **~sar** *vt* 1. *(mostrar)* darlegen; 2. *(parlar)* vortragen; 3. *(sometre)* aussetzen; 4. *(exhibir)* ausstellen; **~sició** *f* 1. *(explicació)* Darstellung *f,* 2. *(exhibició)* Ausstellung *f*

express/ament *adv* vorsätzlich, absichtlich; **~ar** *vt* ausdrücken; **~ió** *f* Ausdruck *m*

expuls/ar *vt* 1. vertreiben (**de** aus); 2. *jur (d'un lloc)* ausweisen, abschieben; **~ió** *f* 1. Vertreibung *f;* 2. *jur* Ausweisung *f;* 3. *esp* Platzverweis *m*

exquisit, -ita *adj* exquisit, köstlich

èxtasi *m* Verzückung *f,* Ekstase *f*

extasiar *vt* verzücken, in Ekstase versetzen; **~-se** in Verzückung geraten (**amb** über)

extens, -a *adj* weit, ausgedehnt; **~ió** *f* Ausdehnung *f,* Umfang *m;* **~iu, -iva** *adj* extensiv

exter/ior 1. *adj m/f* äußere, Außen..., extern; **2.** *m* 1. *(fora)* Äußere(s) *n;* 2. *(estranger)* Ausland *n;* 3. *(aparença)* Aussehen *n;* **~iorització** *f* Äußerung *f;* **~ioritzar-se** ausbrechen, zum Ausdruck kommen; **~iorment** *adv* äußerlich; **~n, -a** *adj* äußerlich, Außen...

extin/ció *f* 1. *(apagat)* Löschen *n;* 2. *(acabament)* Erlöschen *n;* 3. *ecol* Aussterben *n;* **~gir** *vt* 1. *(apagar)*

extirpació

löschen; 2. (*acabar*) auslöschen; **~tor** *m* Feuerlöscher *m*

extirpa/ció *f* 1. Ausreißen *n*; 2. *fig* Ausrottung *f*; 3. *med* Entfernung *f*, Exstirpation *f*; **~r** *vt* 1. ausrotten; 2. *med* herausoperieren, operativ entfernen

extra 1. *adj m/f* außergewöhnlich, Extra..., Sonder...; **2.** *m* (*complement*) Extra *n*; **3.** *m/f cine* Statist, -in *m/f*; ♦ **fer hores ~es** Überstunden machen

extracció *f* 1. (Heraus)Ziehen *n*; 2. *min* Förderung *f*; 3. *quím* Extraktion *f*

extraordinari, -ària *adj* außerordentlich, hervorragend

extraterrestre 1. *adj m/f* außerirdisch, extraterrestrisch; **2.** *m/f* Außerirdische, -r *f/m*

extravagant *adj m/f* extravagant, überspannt

extraviar *vt* 1. (*despistar*) vom Weg abbringen; 2. (*perdre*) verlieren; **~-se** sich verlaufen

extrem, -a 1. *adj* äußerste, extrem; **en ~** aufs äußerste; **2.** *m* 1. Extrem *n*; 2. Ende *n*; **~itat** *f* 1. Extrem *n*; 2. Ende *n*; 3. *anat* Extremitäten *fpl*, Gliedmaßen

extreure *vt* 1. (heraus)ziehen; 2. *min* abbauen, fördern; 3. *mat* ziehen; 4. *quím* extrahieren, ausziehen

F

f F *f* f, F *n*

fa *m mús* F *n*; **~ bemoll** Fes *n*; **~ major** F-Dur *n*; **~ menor** f-Moll *n*; **~ natural** F *n*; **~ sostingut** Fis *n*

fàbrica *f* 1. Fabrik *f*; 2. *constr* Ziegelmauer *f*

fabricar *vt* 1. herstellen, fertigen; 2. (*construir*) erbauen

fabul/ació *f* 1. Fabeln *n*; 2. Fabelei *f*; 3. *psicol* Konfabulation *f*; **~ista** *m/f* Fabeldichter, -in *m/f*; **~ós, -osa** *adj* 1. (*extraordinari*) fabelhaft, großartig; 2. (*fictici*) erdichtet

façana *f* 1. (*d'un edifici*) Fassade *f*; 2. (*aparença*) Erscheinung *f*

fac/eta *f* Facette *f*; **~ial** *adj m/f* Gesichts...

fàcil *adj m/f* leicht, einfach

facilita/r *vt* 1. (*afavorir*) erleichtern; 2. (*subministrar*) besorgen, verschaffen; **~t** *f* Leichtigkeit *f*

facsímil *m* Faksimile *n*

factible *adj m/f* machbar, möglich, durchführbar

fàctic, -a *adj filos* faktisch

factor *m* Faktor *m*; **~ia** *f* Handelsniederlassung *f*

factura *f* Rechnung *f*; **~ció** *f* 1. *econ* Berechnung *f*; 2. (*equipatge*) Aufgabe *f*; **~r** *vt* 1. *econ* berechnen, fakturieren; 2. (*equipatge*) aufgeben

faculta/r *vt* ermächtigen; **~t** *f* 1. (*aptitud*) Fähigkeit *f*; 2. *jur* Macht *f*, Befugnis *f*; 3. *univ* Fakultät *f*; **~tiu, -iva 1.** *adj* fakultativ; **2.** *m/f* Arzt, Ärztin *m/f*

fada *f* Fee *f*

faig *m bot* Buche *f*

faisà *m zool* Fasan *m*

faixa *f* 1. Korsett *n*, Mieder *n*; 2. *med* Bauchbinde *f*; 3. *mil* Schärpe *f*

falcó m zool Falke m
falda f 1. (roba) Rock m; 2. (part del cos) Schoß m; 3. (de muntanya) (Berg)Abhang m
falla f 1. Fehlen n; 2. geol Erdriss m; 3. (a València) Pappmascheefigur f
fallar 1. vt verfehlen; 2. vi versagen
faller, -a 1. adj Falles...; 2. m/f Fallesvereinsmitglied n
fàl·lic, -a adj phallisch, Phallus...
falli/da f 1. (avaria) Versagen n; 2. econ Bankrott m; **~r** vi 1. versagen; 2. jur fallieren, Bankrott machen; **~t, -ida** adj 1. verfehlt; 2. jur bankrott
fals, -a adj falsch, unrichtig, unecht; **~edat** f 1. Falschheit f; 2. Unwahrheit f; **~ejar** vt 1. verfälschen, entstellen; 2. (promesa) brechen; **~et** m el más Falsett n; **~ificació** f Fälschung f; **~ificador, -a** m/f Fälscher, -in m/f; **~ificar** vt fälschen
falta f 1. (mancança) Mangel m, Fehlen n; 2. (equivocació) Fehler m; 3. jur Übertretung f; 4. esp Foul(spiel) n; ♦ **fer ~** fehlen, nötig sein; **~r** vi fehlen; ♦ **trobar a ~r** vermissen
fam f Hunger m
fama f Ruhm m
fam/ília f Familie f; **~iliar** 1. adj m/f familiär; 2. m/f (Familien)Angehörige, -r f/m, Verwandte, -r f/m; **~iliaritat** f Vertrautheit f; **~iliaritzar** vt vertraut machen (**amb** mit); **~iliaritzar-se** vertraut machen (**amb** mit)
famolenc, -a adj hungern
famós, -osa adj berühmt
fan m/f Fan m

fanal m Laterne f
fan/àtic, -a 1. adj fanatisch; 2. m/f Fanatiker, -in m/f; **~atisme** m Fanatismus m
fanfarr/ó, -ona 1. adj prahlerisch, aufschneiderisch; 2. m/f Aufschneider, -in m/f; **~onada** f Aufschneiderei f, Prahlerei f; **~onejar** vi aufschneiden, prahlen; **~oneria** f 1. Prahlsucht f; 2. Aufschneiderei f
fang m Schlamm m
fant/asia f Phantasie f; **~asma** m/f 1. Geist m, Gespenst n; 2. col·loq (fanfarró) Angeber, -in m/f; **~asmada** f Ammenmärchen n; **~asmagòric, -a** adj phantasmagorisch; **~asmal** adj m/f gespensterhaft, gespenstisch; **~àstic, -a** adj fantastisch
faquir m Fakir m
far m 1. nav Leuchtturm m; 2. auto Scheinwerfer m
faraó, -ona m/f hist Phrarao, -nin m/f
farfallós, -osa adj stammelnd
farigola f bot (Garten)Thymian m
farina f gastr Mehl n
faring/e f anat Rachen m, Schlund m; **~itis** f med Rachenentzündung f, Pharyngitis f
fariseu, -a m/f Pharisäer, -in m/f
faristol m 1. (de peu) Notenpult n, Notenständer m; 2. (de taula) Lesepult n
fàrmac m med Pharmakon n, Arzneimittel n
farm/acèutic, -a 1. adj pharmazeutisch, Apotheken...; 2. m/f Apotheker, -in m/f, Pharmazeut, -in m/f; **~àcia**

farsa

f 1. (*tenda*) Apotheke *f*; 2. (*ciència*) Pharmazie *f*, Pharmazeutik *f*; **~aciola** *f* Hausapotheke *f*; **~acologia** *f* Pharmakologie *f*; **~acopea** *f* Pharmakopöe *f*, Arzneibuch *n*

farsa *f* 1. *teat* Komödiantentum *n*; (*sainet*) Schwank *m*; 2. (*engany*) Farce *f*, Schwindel *m*

fart, -a *adj* (über)satt; ♦ **estar ~ (d'una cosa)** (etwas) satt haben

fascicle *m* 1. (*publicació*) Faszikel *m*; 2. *anat* Faszikel *m*, (Muskel)Strang *m*

fascina/ció *f* Faszination *f*, Bezauberung *f*; **~dor, -a** *adj* faszinierend, bezaubernd; **~r** *vt* faszinieren

fase *f* Phase *f*, Etappe *f*

fàstic *m* Widerwille *m*

fastigós, -osa *adj* widerlich, ekelhaft

fastuós, -osa *adj* prachtvoll, pompös

fatal *adj m/f* schicksalhaft; **~isme** *m* Fatalismus *m*; **~ista** 1. *adj m/f* fatalistisch; 2. *m/f* Fatalist, -in *m/f*; **~itat** *f* 1. (Schicksals)Fügung *f*; 2. Missgeschick *n*, *lit* Fatalität *f*

fatiga *f* Ermüdung *f*, Erschöpfung *f*; **~r** *vt* ermüden, erschöpfen; **~r-se** (*esgotar*) ermüden

faula *f* Fabel *f*

fauna *f* Fauna *f*, Tierwelt *f*

fav/a 1. *adj m/f* zimperlich; 2. *f* 1. *bot* dicke Bohne *f*; 2. *anat col·loq* Schwanz *m*; 3. *m/f col·loq* Pflaume *f*; **~ada** *f* (*plat*) Saubohnen *fpl* mit Blutwurst; **~era** *f bot* Saubohne *f*

favor *m* Gefallen *m*; **a ~ de** zugunsten von; **per ~** bitte; **~able** *adj m/f* günstig (**a** für), vorteilhaft (**a** für); **~it, -a**

1. *adj* bevorzugt, Lieblings...; 2. *m/f* 1. Liebling *m*; 2. *esp* Favorit, -in *m/f*; **~itisme** *m* Bevorzugung *f*, Günstlingswirtschaft *f*

fax *m* Fax *n*

fe *f* 1. *relig* Glaube *m* (**en** an); 2. (*confianza*) Vertrauen *n* (**en** zu); **de bona ~** mit guter Absicht; **de mala ~** mit böser Absicht

feble *adj m/f* schwach

febre *f med* Fieber *n*; **~ aftosa** Maul- und Klauenseuche *f*

febrer *m* Februar *m*

fecal *adj m/f* fäkal

fècula *f gastr* Stärke *f*, Stärkemehl *n*

feculent, -a *adj* stärkehaltig

fecund, -a *adj* fruchtbar; **~ació** *f* Befruchtung *f*; **~ar** *vt biol* befruchten

federa/ció *f* 1. (*agrupació*) Verband *m*; 2. *pol* Föderation *f*; **~lisme** *m pol* Föderalismus *m*; **~lista** 1. *adj m/f* föderalistisch; 2. *m/f* Föderalist, -in *m/f*; **~t, -ada** *adj* föderiert, verbündet; **~tiu, -iva** *adj* föderativ

fefaent *adj m/f* 1. eindeutig; 2. *jur* beweiskräftig

fein/a *f* Arbeit *f*, Ausgabe *f*; **amb prou ~es** mühsam; **~er, -a** *adj* fleißig

feix *m* Bündel *n*

feixis/me *m pol* Faschismus *m*; **~ta** 1. *adj m/f* faschistisch; 2. *m/f* Faschist, -in *m/f*

feixuc, -uga *adj* 1. (*de pes*) schwer; 2. (*activitat*) mühsam

fel *m* Galle *f*

felí, -ina *adj* katzenartig, Katzen...

feli/ç *adj m/f* glücklich, zufrieden, froh;

~citació f Glückwunsch m, Gratulation f; **~citar** vt beglückwünschen (**per** zu), gratulieren (**per** zu); **~citat 1.** f 1. Glück n; 2. (*joia*) Freude f; **2. ~s!** interj (herzliche) Glückwünsche!
feligrès, -esa m/f Pfarrgemeindemitglied n
fel·lació f Fellatio f
fem m Dung m, Mist m
fem/ella f 1. *zool* Weibchen n; 2. *tecn* (*caragol*) (Schrauben)Mutter f; **~ení, -ina 1.** adj weiblich, feminin; **2.** m *ling* Femininum n; **~er** m Misthaufen m; **~ineïtat** f *jur* Fraueneigentum n; **~inisme** f Feminismus m; **~inista 1.** adj m/f feministisch; **2.** m/f Feminist, -in m/f; **~initat** f Weiblichkeit f; **~initzar** vt verweiblichen; **~initzar-se** verweiblichen
femoral adj m/f *anat* Oberschenkel...
fèmur m *anat* Oberschenkelknochen m
fen/ici, -ícia 1. adj phönizisch; **2.** m/f Phönizier, -in m/f; **3.** m *ling* Phönizisch n; **~*ícia** f *hist* Phönizien n
fènix m *mitol* Phönix m
fenoll m Fenchel m
fenomen m Phänomen n; **~al** adj m/f 1. phänomenal, Phänomen...; 2. (*extraordinari*) großartig, wunderbar; **~ologia** f *filos* Phänomenologie f; **~ològic, -a** adj phänomenologisch
fer vt machen, tun
fera f *zool* Raubtier n; ♦ **posar-se fet una ~** fuchsteufelswild werden
fèretre m Sarg m
feri/da f Wunde f, Verletzung f; **~r** vt verletzen

festa

ferm, -a adj fest, stabil, kraft
ferment m 1. Ferment n; 2. *fig* Keim m; **~abilitat** f Gärbarkeit f; **~able** adj m/f gärbar, gärfähig; **~ació** f Fermentation f, Gärung f; **~ar 1.** vt vergären, fermentieren; **2.** vi (ver)gären
ferocitat f 1. Wildheit f; 2. Grausamkeit f
Fèroe fpl Färöer pl
ferotge adj m/f wild, grausam
ferr/adura f Hufeisen n; **~alla** f Alteisen n, Schrott m; **~ament** m Beschlagen n; **~amenta** f 1. Eisenwerkzeug n; 2. Gerät n, Werkzeug n; **~er, -a** m/f (Huf)Schmied m; **~eria** f Schmiede f; **~eteria** f Eisenwarengeschäft n, Haushaltwarengeschäft n; **~o** m Eisen n
ferro/carril m 1. Eisenbahn f; **~carril de cremallera** Zahnradbahn f; 2. (*vies*) Schienen fpl; **~viari, -ària 1.** adj Eisenbahn...; **2.** m/f Bahnangestellte, -r f/m, Eisenbahner, -in m/f
fèrtil adj m/f fruchtbar
fertilit/at f 1. Fruchtbarkeit f; 2. *biol* Fertilität f; **~zable** adj m/f 1. düngbar; 2. fruchtbar zu machen; **~zació** f 1. *agric* Düngen n, Düngung f; 2. Fruchtbarmachung f; **~zant 1.** adj m/f düngend; **2.** m *agric* Düngemittel n; **~zar** vt 1. *agric* (*abonar*) düngen; 2. fruchtbar machen
fervor m 1. (*calor*) Glut f, Hitze f; 2. (*afany*) Eifer m
fesol m *bot* Bohne f
fesomia f Gesichtsausdruck m, Physiognomie f *elev*
fest/a f 1. (*celebració*) Fest n, Feier f; 2.

fet 392

(*dia*) Feiertag *m*, Festtag *m*; ♦ **fer ~a** feiern; **fer ~es** liebkosen; **~ejar 1.** *vt* umwerben, den Hof machen; **2.** *vi* verlobt sein; **~í** *m* Bankett *n*, Festessen *n*; **~iu, -iva** *adj* festlich, Feier..., Fest...; **dia ~iu** Feiertag *m*; **~ival** *m* Festival *n*; **~ivitat** *f* 1. Feierlichkeit *f*; 2. (*dia*) Festtag *m*

fet, -a 1. *adj* fertig; **2.** *m* 1. (*circumstància*) Tatsache *f*; 2. (*acte*) Tat *f*; 3. (*esdeveniment*) Ereignis *n*

fetal *adj m/f* fötal

fetge *m anat* Leber *f*

fètid, -a *adj* stinkend, übel riechend

fetus *m* Fötus *m*

fi 1. *f* (*final*) Ende *n*; **2.** *m* (*finalitat*) Zweck *m*, Ziel *n*; **3. -na** *adj* 1. (*suau*) fein; 2. (*prim*) dünn, fein

fia/nça *f* 1. (*dipòsit*) Kaution *f*; 2. *jur* Bürgschaft *f*; **~r** *vt* 1. (*confiar*) anvertrauen; 2. (*donar crèdit*) auf Kredit überlassen; **~r-se** sich verlassen (**de** auf), vertrauen

fibra *f* Faser *f*

ficar *vt* (hinein)stecken; **~-se** sich einmischen

fic/ció *f* Fiktion *f*; **~tici, -ícia** *adj* fiktiv

fidedigne, -a *adj* glaubwürdig

fidel 1. *adj m/f* treu; **2.** *m/f* 1. Getreue, -r *f/m*; 2. *relig* Gläubige, -r *f/m*

fideu *m gastr* Suppennudel *f*; **~ada** *f gastr* Fadennudelgericht *n* mit Zwiebeln, geriebenen Tomaten, Fisch und Meeresfrüchten

fiduciari, -ària 1. *adj* fiduziarisch, treuhänderisch; **2.** *m/f jur* Fiduziar, -in *m/f*, Treuhänder, -in *m/f*

fig/a *f* 1. *bot* Feige *f*; 2. *vulg* Fotze *f*; **~uera** *f bot* Feigenbaum *m*

figura *f* Figur *f*; **~r 1.** *vt* 1. (*representar*) darstellen; 2. *teat* spielen; **2.** *vi* 1. (*aparentar*) angeben; 2. (*trobar*) erscheinen; **~tiu, -iva** *adj* figurativ, gegenständlich

fil *m* 1. Faden *m*, Garn *n*; 2. *tèxtil* Leinen *n*; **~a** *f* Reihe *f*; **en ~a índia** im Gänsemarsch

filant/rop, -a *m/f* Philanthrop, -in *m/f*, Menschenfreund, -in *m/f*; **~opia** *f* Philanthropie *f*, Menschenliebe *f*; **~òpic, -a** *adj* philanthropisch, menschenfreundlich

filat/èlia *f* Philatelie *f*, Briefmarkenkunde *f*; **~èlic, -a** *adj* philatelisch; **~elista** *m/f* Philatelist, -in *m/f*, Briefmarkensammler, -in *m/f*

filera *f* Reihe *f*

filferro *m* (Eisen)Draht *m*

filharm/onia *f mús* Philharmonie *f*; **~ònic, -a** *adj* philharmonisch

filiació *f* 1. (*origen*) Abstammung *f*, Filiation *f*; 2. (*dades personals*) Personalien *fpl*; 3. *pol* Mitgliedschaft (**a** in)

filip/í, -ina 1. *adj* philippinisch; **2.** *m/f* Philippiner, -in *m/f*; **~*ines** *fpl* Philippinen *pl*

fill, -a *m/f* 1. (*petit*) Kind *n*; 2. Sohn, Tochter *m/f*; **~ adoptiu** Adoptivkind *n*; **~ de puta** *vulg* Saukerl *m*; **~ polític** Schwiegersohn *m*; **~ únic** Einzelkind *n*; **~astre, -a** *m/f* Stiefsohn *m*, Stieftochter *f*; **~ol, -a** *m/f* 1. (*petit*) Patenkind *n*; 2. Patensohn *m*, Patentochter *f*

fil·loxera f Reblaus f
film m Film m; **~ació** f 1. (d'un reportatge) Filmen n; 2. (d'una novel·la) Verfilmung f; **~ar** vt 1. (reportatge) filmen; 2. (pel·lícula) drehen
fílmic, -a adj filmisch, Film...
fil/òleg, -òloga m/f ling Philologe, -in m/f; **~ologia** f Philologie f; **~ològic, -a** adj philologisch
fil/òsof, -a m/f Philosoph, -in m/f; **~osofal** adj m/f philosophisch; **~osofar** vi philosophieren (**sobre** über); **~osofia** f 1. (ciència) Philosophie f; 2. (serenitat) Gelassenheit f
filtr/ació f Durchseihen n; **~ant** adj m/f filtrierend; **~ar** 1. vt 1. filtern; 2. (dades) auswählen; 2. vi 1. (líquid) durchsickern (**per** durch); 2. (llum) durchscheinen (**per** durch); **~ar-se** 1. (líquid) durchsickern; 2. (llum) durchscheinen; **~e** m Filter m
fimosi f med Phimose f
final 1. adj m/f abschließend, endgültig, End...; 2. m Ende n, Schluss m; 3. f esp Finale n; **~itat** f Zweck m, Ziel n; **~itzar** 1. vt beenden, beendigen; 2. vi 1. end(ig)en; 2. aufhören; **~ment** adv endlich, schließlich
finan/çament f Finanzierung f; **~çar** vt finanzieren; **~cer, -a** 1. adj finanziell; 2. m/f Finanzexpert, -in m/f
finca f Landgut n, Bauernhof m
finès, -esa 1. adj finnisch; 2. m/f Finne, -in m/f; 3. m ling Finnisch n
finestr/a f Fenster n; **~eta** f 1. Fensterchen n; 2. (taquilla, cotxe, vagó) Fenster n

fingi/ment m 1. Verstellung f; 2. Heuchelei f; 3. Vorspiegelung f; **~r** vt heucheln, vortäuschen
finl/andès, -esa 1. adj finnisch; 2. m/f Finne, -in m/f; 3. m ling Finnisch n; **~*àndia** f Finnland n
fins prep bis; **~ aviat!** bis bald!; **~ i tot** sogar, selbst
fiord m Fjord m
fira f (exposició) Messe f; **~ de mostres** Mustermesse f
firma f Unterschrift f
firmament m astron Firmament n
firmar vt unterschreiben, unterzeichnen
fiscal 1. adj m/f 1. fiskalisch, Fiscal...; 2. (impostos) steuerlich, Steuer...; 2. m/f jur Staatsanwalt m, Staatsanwältin f
fiscorn m mús Flügelhorn n
físic, -a 1. adj 1. physisch, körperlich; 2. fís physikalisch; 2. m/f Physiker, -in m/f; 3. f Physik f; **~a** f Physik f
fisiològic, -a adj physiologisch
fisioter/apeuta m/f Physiotherapeut, -in m/f, Krankengymnast, -in m/f; **~àpia** f Physiotherapie f
fissura f Spalte f, Riss m
fit/òfag, -a adj biol phytophag, Pflanzen fressend; **~ografia** f Pflanzenbeschreibung f; **~òleg, -òloga** m/f Botaniker, -in m/f; **~ologia** f Phytologie f, Pflanzenkunde f; **~osanitari, -ària** adj Pflanzenschutz...
fitx/a f 1. Karteikarte f, Zettel m; 2. joc Jeton m; **~ar** 1. vt 1. (registrar) in die Kartei aufnehmen; 2. (policia) die Personalien aufnehmen; 3. esp ver-

fix

pflichten; 2. *vi esp* sich verpflichten; 2. (*en el treball*) stechen; **~er** *m* 1. (*arxivador*) Kartei *f*, Zettelkasten *m*; 2. *informàt* Datei *f*

fix, -a *adj* 1. (*estable*) fest; 2. (*idea*) fix; 3. (*mirada*) starr; 4. (*assalariat*) fest angestellt; **~ació** *f* 1. Befestigung *f*; 2. *fig* Festlegung *f*, Bestimmung *f*; 3. *psicol* Fixation *f*; **~ar** *vt* 1. (*subjectar*) befestigen (**en** an); 2. (*la mirada*) heften (**en** auf); 3. (*preu*) festlegen; **~arse** 1. (*en un lloc*) sich niederlassen (**en** in); 2. (*atendre*) achten, aufpassen

flabiol *m mús* Hirtenflöte *f* (der Sardanakapelle)

flac, -a 1. *adj* 1. (*prim*) mager; 2. (*feble*) schwach, schlaff; 2. *f fig* Schwäche (**de** für)

flagrant *adj m/f* (*evident*) offenkundig

flama *f* Flamme *f*

flamenc, -a 1. *adj* flämisch; 2. *m/f* Flame, Flämin *m/f*; 3. *m* 1. *mús* Flamenco *m*; 2. *zool* Flamingo *m*; 3. *ling* Flämisch(e) *n*

flanc *m* Flanke *f*

Flandes *m* Flandern *n*

flauta *f* Flöte *f*; **~ dolça** Blockflöte *f*; **~ travessera** Querflöte *f*

fletxa *f* Pfeil *m*

flexi/ble *adj m/f* 1. (*objecte*) biegsam; 2. (*múscul*) elastisch; 3. (*persona*) flexibel; **~ó** *f* 1. (*del cos*) Beugen *n*; 2. *ling* Flexion *f*; **~onar** *vt* 1. beugen; 2. *ling* flektieren

floc *m* Flocke *f*

flor *f bot* (*planta*) Blume *f*; (*part de la planta*) Blüte *f*; **~a** *f* Flora *f*, Pflanzenwelt *f*

Flor/ència *f* Florenz *n*; **~*entí, -ina** 1. *adj* florentinisch; 2. *m/f* Florentiner, -in *m/f*

florir *vi* 1. (*planta*) blühen; 2. (*indústria*) florieren

florista *m/f* Florist, -in *m/f*

floritura *f mús* Fioritur *f*

flota *f* 1. *nav* Flotte *f*; 2. (*vehicles*) Fuhrpark *m*; **~ble** *adj m/f* schwimmfähig; **~dor** *m* 1. (*vaixells*) Rettungsring *m*; 2. (*per a nens*) Schwimmring *m*; **~r** *vi* 1. (*en aigua*) schwimmen, treiben; 2. (*en aire*) schweben

fluctua/ció *f* 1. Schwankung *f*; 2. *med* Fluktuation *f*; **~nt** *adj m/f* 1. schwankend; 2. fluktuierend; **~r** *vi* schwanken

flu/id, -a 1. *adj* 1. flüssig; 2. (*trànsit*) fließend; **2.** *m* 1. Flüssigkeit *f*; 2. *quím* Fluid *n*; 3. *electr* Strom *m*; **~ïdesa** *f* Flüssigkeit *f*; **~ir** *vi* fließen

fluix, -a 1. *adj* 1. locker, lose; 2. matt, müde; **2.** *m* Ausfluss *m*

fluor *m quím* Fluor *n*; **~ar** *vt* fluori(di)eren, fluorisieren; **~escència** *f* Fluoreszenz *f*; **~escent** 1. *adj m/f* fluoreszierend; 2. *m* Leuchtstoffröhre *f*

fluorhídric, -a *adj quím* Fluorwasserstoff...

fluor/osi *f med* Fluorose *f*; **~ur** *m quím* Fluorid *n*

fluvi/al *adj m/f* Fluss...; **~òmetre** *m* Wasserstandsmesser *m*, Pegel *m*

fòbia *f med* Phobie *f*

foc m 1. Feuer n; ~**s artificials** Feuerwerk n; 2. (incendi) Brand m
foca f zool Robbe f, Seehund m
foc/al adj m/f 1. fokal, Fokal...; 2. (òptica) Brenn...; ~**alització** f fis Fokussierung f; ~**alitzar** vt fokussieren; ~**us** m 1. fís Brennpunkt m; 2. (centre) Mittelpunkt m; 3. (llum) Scheinwerfer m
fofo, -a adj schwammig
foli m (Papier)Blatt n
folklore m Folklore f, Volkstum n
follar 1. vt (raïm) treten, keltern; 2. vi vulg ficken, vögeln
follet m Kobold m
folr/ar vt 1. (llibre) einbinden; 2. tèxtil füttern; ~**e** m 1. (llibre) Umschlag m; 2. tèxtil Futter n
foment m 1. fig Förderung f, Unterstützung f; 2. farm feuchtwarmer Umschlag m; ~**ar** vt 1. fördern, unterstützen; 2. (odi, enveja) schüren
fonament m 1. arquit Fundament n; 2. fig Grundlage f; ~**al** adj m/f fundamental, grundlegend; ~**alisme** m Fundamentalismus m; ~**alista** 1. adj m/f fundamentalistisch; 2. m/f Fundamentalist, -in m/f; ~**alment** adv grundlegend, grundsätzlich, im Grunde; ~**ar** vt fundamentieren
fonda f Gasthaus n
fond/ària f Tiefe f; ~**o, -a** adj tief
fondre vt 1. (desfer) schmelzen; 2. (donar forma) gießen; 3. (unir) verschmelzen, zusammenlegen; ~'**s** 1. (desfer-se) (zer)schmelzen; 2. (disoldre's) sich auflösen

fon/ema m ling Phonem n; ~**ètic, -a** adj phonetisch; ~**ètica** f ling Phonetik f
fònic, -a adj phonisch
fonoll m bot, gastr Fenchel m
fonol/ogia f ling Phonologie f; ~**ògic, -a** adj phonologisch
fon/òmetre m Phonometer n; ~**ometria** f Phonometrie f; ~**omètric, -a** adj phonometrisch
fons m 1. (d'un riu) Grund m; **a ~** gründlich; **en el ~** im Grunde genommen; 2. (d'una caixa) Boden m; 3. (d'un dibuix) Hintergrund m
font f 1. (manantial) Quelle f; 2. (construcció) Brunnen m
fora 1. adv außen, draußen; ~ **d'aquí!** raus hier!; 2. prep außer; ~ **de perill** außer Gefahr
foradar vt durchbohren
foraster, -a 1. adj 1. fremd; 2. (estranger) ausländisch; 2. m/f 1. Fremde, -r f/m; 2. (estranger) Ausländer, -in m/f
forat m Loch n
forca f Mistgabel f, Heugabel f
forç/a 1. adj inv recht viel, recht groß; 2. adv ziemlich, recht; 3. f Kraft f; ~**ar** vt 1. (obligar) zwingen (**a** zu); 2. (violar) vergewaltigen; 3. (una porta) aufbrechen; ~**ut, -uda** adj kräftig, stark
forense 1. adj m/f gerichtlich, forensisch; 2. m/f med Gerichtsmediziner, -in m/f
forest f lit Wald m, Forst m; ~**al** adj m/f forstlich, Forst...
forjar vt (metall) schmieden
forma f 1. Form f; **de totes formes** auf

formatge 396

jeden Fall; 2. (*manera*) Art *f*, Weise *f*; ♦ **estar en ~** in Form sein; **~ció** *f* 1. (*creació*) Entstehung *f*, Herausbildung *f*; 2. (*educació*) (Aus)Bildung *f*; **~l** *adj m/f* 1. formal; 2. (*oficial*) formell, seriös; **~litat** *f* 1. Förmlichkeit *f*; 2. Formalität *f*; **~lització** *f* Formalisierung *f*; **~litzar** *vt* 1. formalisieren; 2. formell machen; **~litzar-se** formell werden; **~r** *vt* 1. formen; 2. (*educar*) (aus)bilden; **~t** *m* Format *n*

formatge *m gastr* Käse *m*

formentere/nc, -a 1. *adj* formenterisch, aus Formentera; 2. *m/f* Formenterer, -in *m/f*; **~r, -a** 1. *adj* formenterisch, aus Formentera; 2. *m/f* Formenterer, -in *m/f*

formidable *adj m/f* toll, großartig

formig/a *f zool* Ameise *f*; **~ó** *m constr* Beton *m*; **~ueig** *m* 1. (*picor*) Kribbeln *n*; 2. (*multitud*) Gewimmel *n*; **~uer** *m* 1. (*de formigues*) Ameisenhaufen *m*; 2. (*de gent*) Gewimmel *n*

form/ós, -osa *adj* schön; **~*osa** *f* Formosa *f*

fórmula *f* Formel *f*

formula/ció *f* Formulierung *f*; **~r** *vt* 1. (*manifestar*) formulieren; 2. (*expressar*) ausdrücken; **~ri** *m* Formular *n*

forn *m* 1. (Back)Ofen *m*; 2. (*botiga*) Bäckerei *f*; **~er, -a** *m/f* Bäcker, -in *m/f*

fornica/ció *f* Unzucht *f*, *desp* Hurerei *f*; **~r** *vi* huren, Umzucht treiben

fornir *vt* versehen, beliefern

forquilla *t.* forqueta *f* Gabel *f*

forrellat *m* Riegel *m*

fort, -a *adj* 1. kräftig, stark; 2. (*soroll*) laut; **~alesa** *f* 1. Stärke *f*, Kraft *f*; 2. *mil* Festung(sanlage) *f*; **~ificació** *f* 1. Stärkung *f*; 2. *mil* Befestigung(sanlage) *f*; **~or** *f* (*mal olor*) Gestank *m*

fortuna *f* 1. (*sort*) Glück *n*; 2. (*destí*) Schicksal *n*; 3. (*riquesa*) Vermögen *n*

fosc, -a *adj* dunkel, unklar; **~or** *f* Dunkelheit *f*

fosfat *m quím* Phosphat *n*

fòsfor *m quím* Phosphor *m*

fosforesc/ència *f* Phosphoreszenz *f*; **~ent** *adj m/f* phosphoreszierend

fossa *f* 1. (*clot*) Grube *f*; 2. (*sepultura*) Grab *n*; 3. *anat* Höhle *f*; **fosses nassals** Nasenhöhlen *pl*; **~t** *m* Graben *m*

fòssil 1. *adj m/f* fossil; 2. *m* Fossil, -ien *n*

fot/o *f* Foto *n*; **~ocòpia** *f* (Foto)Kopie *f*; **~ocopiar** *vt* (foto)kopieren; **~ogènic, -a** *adj* 1. (*persona*) fotogen; 2. (*motiu*) bildwirksam; **~ògraf, -a** *m/f* Fotograf, -in *m/f*; **~ografia** *f* Fotografie *f*; **~ografiar** *vt* fotografieren

fot/re *vt* 1. *col·loq* (*furtar*) klauen; 2. *vulg* ficken; 3. tun, treiben; ♦ **~re el camp** abhauen; **~ut, -uda** *adj* 1. (*trist*) traurig; 2. (*objecte*) kaputt; 3. (*persona*) aufgeschmissen

frac/às *m* Scheitern *n*; **~assar** *vi* scheitern; **~assat, -ada** *adj* gescheitert

fracció *f* 1. (*part*) Bruchteil *m*; 2. (*divisió*) Zerteilen *n*; 3. *mat* Bruchzahl *f*; 4. *quím* Fraktion *f*

fractura *f* 1. (*trencat*) Bruch *m*; 2. *med* Fraktur *f*; **~r** *vt* (*ossos*) brechen; **~r-se** sich brechen

fragata *f nav* Fregatte *f*

fràgil *adj m/f* zerbrechlich

fragilitat f 1. Zerbrechlichkeit f; 2. Schwäche f

fragment m 1. (part) (Bruch)Stück n; 2. mús Fragment n; **~ar** vt 1. zerbrechen; 2. zerstückeln; 3. fig zersplittern; 4. lit fragmentieren; **~ari, -ària** adj fragmentarisch, bruchstückhaft; **~ar-se** 1. zerbrechen; 2. zersplittern

franc, -a 1. adj aufrichtig; 2. m 1. (antiga moneda francesa, belga) Franc m; (moneda suïssa) Franken m; 2. ling Fränkisch(e) n

França f Frankreich n

francament adv ganz offen

francès, -esa 1. adj französisch; 2. m/f Franzose, Französin m/f; 3. m ling Französisch n

franciscà, -ana 1. adj relig franziskanisch; 2. m/f relig Franziskaner, -in m/f

francòfon, -a adj frankophon

Franc/ònia f Franken n; **~*onià, -ana** 1. adj fränkisch; 2. m/f Franke m, Fränkin f; **~*onic, -a** 1. adj fränkisch; 2. m/f Franke m, Fränkin f

francoprovençal 1. adj m/f frankoprovenzalisch; 2. m ling Frankoprovenzalisch n

franel·la f tèxtil Flanell m

franja f Franse f, Gebietsstreifen m

Frankfurt 1. f Frankfurt n am Main; 2. m gastr Wiener (Würstchen)

franqueig m correu Porto n

franquesa f Aufrichtigkeit f

frare m relig Mönch m

frase f Satz m; **~ feta** Redewendung f; **~ologia** f ling Phraseologie f; **~olò-gic, -a** adj ling phraseologisch

fratern, -a adj Bruder..., Geschwister..., brüderlich; **~al** adj m/f brüderlich; **~itat** f Brüderlichkeit f; **~itzar** vi sich verbrüdern (**amb** mit)

frau m 1. Betrug m; 2. geogr Engstelle f; **~dulència** f Betrug m; **~dulent** adj m/f betrügerisch

fre m 1. (contenció) Zügel m; 2. tecn Bremse f

fred, -a 1. adj kalt; **sang ~a** Kaltblütigkeit f; 2. m Kälte f; **fa ~** es ist kalt; **~or** f Kälte f

frega/ll m Topfreiniger m; **~r** vt 1. abreiben; 2. (el sòl) wischen; 3. (plats) spülen, abwaschen

fregir vt braten, frittieren

frena/da f Bremsen n, Bremsung f; **~r** vt bremsen

frenètic, -a adj frenetisch

freqü/ència f 1. (repetició) Häufigkeit f; **amb ~ència** oft; 2. fís Frequenz f; **~ent** adj m/f häufig; **~entació** f häufiger Besuch m; **~entador, -a** m/f häufig gesehener Gast m; **~entar** vt 1. häufig besuchen; 2. (Weg) begehen; **~entat, -ada** adj 1. belebt; 2. (gut) besucht

fresc, -a 1. adj 1. frisch; 2. (desvergonyit) umverschämt, frech; 2. m (art) Fresko n; 3. f Frische f, Kühle f; ♦ **prendre la ~a** frische Luft schöpfen; **~or** f 1. Frische f; 2. Kühle f; 3. fig Unbekümmertheit f

Friburg m Freiburg n; **~ de Brisgòvia** Freiburg im Breisgau

fricció f Reibung f

frigi, frígia 1. adj phrygisch; **2.** m/f Phrygier, -in m/f

Frígia f Phrygien n; **~*d, -a** adj **1.** frostig; **2.** (persona) frigid(e)

frigorífic m Kühlschrank m

Frísia f Friesland n

frisó, -ona 1. adj **1.** friesisch; **2.** (dels Països Baixos) friesländisch; **2.** m/f **1.** Friese, -in m/f; **2.** (dels Països Baixos) Friesländer, -in m/f; **3.** m ling Friesisch n

Friül m Friaul n; **~ès, -esa 1.** adj friaulisch; **2.** m/f Friaule, -in m/f

frívol, -a adj oberflächlich

frivolit/at f **1.** Nichtigkeit f; **2.** Leichtfertigkeit f, Frivolität f; **~zar** vt etw frivol behandeln, frivolisieren

frondós, -osa adj blattreich, dicht

front m **1.** Stirn f; **2.** (part davantera) Vorderseite f; **3.** meteo Front f

frontó m **1.** arquit Giebel m; **2.** esp (Spiel)Wand f

fru/ctuós, -osa adj Frucht bringend, einträglich; **~it** m **1.** Frucht f; **2.** (rendiment) Ertrag m; **~ita** f Obst n; **~iter, -a 1.** adj Obst...; **2.** m/f Obsthändler, -in m/f; **~iteria** f Obstladen m

fúcsia 1. adj inv pink; **2.** f bot Fuchsie f; **3.** m (color) Pink n

fuel m Heizöl m

fuet m **1.** (corretja) Peitsche f; **2.** gastr Dauerwurst f

fuga f Flucht f; **~ç** adj m/f flüchtig, vergänglich; **~citat** f **1.** fig Vergänglichkeit f; **2.** quím Flüchtigkeit f

fugi/da f Flucht f; **~r** vi fliehen, flüchten; **~tiu, -iva 1.** adj flüchtig; **2.** m/f Flüchtling m, Ausbrecher, -in m/f

full m Blatt n; **~a** f bot (Laub)Blatt n, Blütenblatt n; **~araca** f (gefallenes) Laub n

fum m **1.** Rauch m; **2.** (vapor) Dampf m; **~ador, -a 1.** adj rauchend; **2.** m/f Raucher, -in m/f; **~ar** vt/i rauchen; **~at, -ada** adj geräuchert, Räucher...; **~igació** f **1.** Ausräuchern n; **2.** med Desinfektion f; **3.** agric Spritzung f; **~igador** m agric, med Rauchzerstäuber m; **~igar** vt ausräuchern, desinfizieren

fun/àmbul, -a m/f Seiltänzer, -in m/f; **~ambulesc, -a** adj seiltänzerisch; **~ambulisme** m Seiltanz m

funci/ó f **1.** Funktion f; **2.** (tasca) Tätigkeit f; **3.** teat Vorstellung f; **~onar** vi funktionieren; **~onari, -ària** m/f Beamter, Beamtin m/f

funda f **1.** Hülle f; **2.** (ulleres) Futteral n; **~ció** f **1.** Gründung f, Anlage f; **2.** fig Stiftung f; **~dor, -a** m/f **1.** Gründer, -in m/f; **2.** Stifter, -in m/f; **~r** vt gründen

fúnebre adj m/f **1.** Begräbnis..., Grab...; **2.** (idees) traurig, düster

funeral m Begräbnis n

funicular m Bergbahn f; (aeri) Seilbahn f

furgar vt **1.** herumwühlen; **2.** (foc) schüren; **3.** (amb un pal) (herum)stochern

furg/ó m Kastenwagen m; **~oneta** f Lieferwagen m, Kombi(wagen) m

fúria f **1.** Zorn m; **2.** (ímpetu) Wucht f

furiós, -osa adj wütend

furlà, -ana 1. adj friaulisch; **2.** m/f Friaule, -in m/f; **3.** m ling Friaulisch n

furor m Wut f

furt m Diebstahl m; **~ar** vt stehlen

fusell m Gewehr n

fusible m Sicherung f

fusió f **1.** (unió) Fusion f; **2.** (fundició) Schmelzen n; **~onar** vt fig vereinigen, verschmelzen; **~onar-se** fusionieren vi

fust/a f Holz n; **~er, -a** m/f Tischler, -in m/f, Schreiner, -in m/f; **~eria** f Tischlerei f, Schreinerei f

futbol m Fußball m; **~í** m joc Tischfußball m; **~ista** m/f Fußballspieler, -in m/f

futur, -a 1. adj (zu)künftig; **2.** m Zukunft f; **~isme** m Futurismus m; **~ista 1.** adj m/f futuristisch; **2.** m/f Futurist, -in m/f; **~òleg, -òloga** m/f Futurologe, -in m/f; **~ologia** f Futurologie f

G

g G f g, G n

gàbia f Käfig m

gabinet m **1.** (sala) Arbeitsraum m; **2.** pol Kabinett n

gaf/a f Klammer f, Krampe f; **~et** m Haken m

gai, -a 1. adj 1. fröhlich, lustig; 2. homosexuell; **2.** m Homosexuelle, -r f/m

gaire 1. adj inv (nicht) viel; **2.** adv (nicht) sehr viel, kaum; **~bé** adv beinahe, fast

gaita f mús Dudelsack m

gal/a f (festa) Gala f; **~à, -ana** adj anmutig, reizend; **~ant 1.** adj m/f galant, aufmerksam; **2.** m 1. Galan m; 2. teat Liebhaber

galàctic, -a adj astron galaktisch

galaic, -a adj galicisch; **~oportuguès, -esa 1.** adj galicisch-portugiesisch; **2.** m ling Galicisch-Portugiesisch n

galan/ia f Anmut f, Liebreiz m; **~or** f lit Anmut f, Liebreiz m; **~teig** m Hof m, Liebeswerben n; **~tejar** vt den Hof machen; **~teria** f Galanterie f

galàxia f Galaxie f, Milchstraße f

galera f **1.** nav Galeere f; **2.** zool Heuschreckenkrebs m

galerada f impr (Korrektur)Fahne f

galeria f **1.** Galerie f; **~ d'art** Kunstgalerie f; **2.** arquit Veranda f; **3.** min Stollen m; **4.** teat Galerie f

galeta f **1.** Keks m; **2.** col·loq Ohrfeige f

gàlib m **1.** ferroc Lademaß n, Ladelehre f; **2.** nav Mall n

galibar vt nav mallen

Galícia f Galicien n

galimaties m **1.** (llenguatge) Kauderwelsch n; **2.** (embolic) Durcheinander n

gall m zool Hahn m; **~ salvatge** zool Auerhahn m

gallec, -ega 1. adj galicisch; **2.** m/f Galicier, -in m/f; **3.** m ling Galicisch n

galleda f Eimer m, Kübel m

Gal·l/es f Wales n; **~*ès, -esa 1.** adj walisisch, aus Wales; **2.** m/f Waliser, -in m/f; **3.** m ling Walisisch n

Gàl·lia/a f: la **~a** Gal·lien n; **~c, -a** adj 1. gallisch; 2. lit französisch

gal·licisme *m ling* Gallizismus *m*
gallin/a 1. *adj m/f fig* feige; 2. *f zool* Huhn *n*, Henne *f*; **~a cega** *joc* Blindekuh *f*; 3. *m/f* Angsthase *m*, Feigling *m*; **~aire** *m/f* Geflügelhändler, -in *m/f*; **~assa** *f* Hühnermist *m*; **~er** *m* 1. (*corral*) Hühnerstall *m*; 2. *fig* (*cridòria*) Stimmengewirr *n*; 3. *teat* Olymp *m*
galop *m* Galopp *m*; **~ada** *f* Lauf *m* im Galopp; **~ant** *adj m/f* galoppierend, im Galopp; **~ar** *vi* galoppieren
galta *f anat* Wange *f*, Backe *f*
galvanitza/ció *f* 1. Galvanisierung *f*; 2. *med* Galvanisation *f*; **~r** *vt* galvanisieren
gamberr/ada *f* Rüpelei *f*; **~isme** *m* Halbstarkentum *n*; **~o, -a** *m/f* Halbstarke, -r *f/m*, Rüpel *m*
gamma *f* 1. Gamma *f*; 2. *mús* Tonleiter *f*, Skala *f*; **~ de colors** Farbskala *f*
gana *f* 1. (*tb en plural*) Lust *f*, Wunsch *m*; **de bona ~** gern; **de mala ~** ungern; 2. Hunger *m*, Appetit *m*; ♦ **passar ~** hungern
gandul, -a 1. *adj* faul, träge; 2. *m/f* Faulpelz *m*, Faulenzer, -in *m/f*; **~ejar** *vi* faulenzen; **~eria** *f* Faulenzerei *f*
ganga *f* 1. (*oferta*) günstiges Angebot *n*, Schnäppchen *n*; 2. *zool* Flughuhn *n*; 3. *min* Gangstein *m*
Ganges *m* Ganges *m*
gangli *m* Ganglion *n*
gangren/a *f med* Brand *m*, Gangrän *f*; **~ar-se** brandig werden; **~at, -ada** *adj* brandig; **~ós, -osa** *adj* brandig, gangränös
gàngster *m/f* Gangster, -in *m/f*

ganivet *m* Messer *n*; **~ada** *f* Messerstich *m*
Gant *f* Gent *n*
ganxo *m* Haken *m*
garanti/a *f* Garantie *f*; **~r** *vt* 1. garantieren; 2. *jur* gewährleisten
garatge *m* Garage *f*
garb/a *f bot* (*blat*) Garbe *f*; **~ell** *m* Sieb *n*; **~ella** *f* Kornsieb *n*; **~ellador, -a** *m/f* Kornsieber, -in *m/f*; **~elladures** *fpl* Aussiebsel *pl*; **~ellament** *m* Sieben *n*; **~ellar** *vt* 1. (*blat*) sieben; 2. (*seleccionar*) filtrieren
gardènia *f bot* Gardenie *f*
gargall *m* 1. Auswurf *m*, Schleim *m*; 2. *med* Sputum *n*; **~ejar** *vi* ausspukken, Schleim auswerfen; **~ós, -osa** *adj* 1. verschleimt; 2. ausspuckend
gargamell/a *f anat* Kehle *f*, Gurgel *f*; **~ó** *m anat* Zäpfchen *n*
gàrgara *f* Gurgeln *n*; ♦ **fer gàrgares** gurgeln
garjola *f* 1. *col·loq* (*presó*) Bau *m*, Loch *n*; 2. (*panxa*) Bauch *m*
garlanda *f* Girlande *f*
garr/afa *f* 1. (*amb coberta de mimbre*) Korbflasche *f*; 2. (*de vidre*) Karaffe *f*; **~eta** *f anat* Kniekehle *f*
garrof/a *f bot* Johannisbrot *n*; ♦ **guanyar-se les ~es** sich seinen Lebensunterhalt verdienen; **~er** *m bot* Johannisbrotbaum *m*; **~era** *f agric* Johannisbrotscheune *f*; **~erar** *m agric* Johannisbrotpflanzung *f*; **~í** *m* Johannisbrotsamen *m*
garrot *m* Knüppel *m*, Keule *f*; **~ada** *f* Knüppelhieb *m*

garrular *vi* zwitschern
gas *m fís* Gas *n*; **~ natural** Erdgas *n*
gasa *f tèxtil* Gaze *f*
gasela *f zool* Gazelle *f*
gas/ificació *f quím* Vergasung *f*; **~ificar** *vt* 1. *quím* vergasen; 2. *tèxtil* gasieren; **~oducte** *m* Gasfernleitung *f*; **~oil** *m* Dieselöl *n*, Gasöl *n*; **~oli** *m quím* Dieselöl *n*; **~olina** *f quím* Benzin *n*; **~olina normal** Normalbenzin *n*; **~olina súper** Super(benzin) *n*; **~olinera** *f* Tankstelle *f*; **~ós, -osa** 1. *adj* gashaltig; 2. *f* (Brause)Limonade *f*
gasta/dor, -a *adj* verschwenderisch; **~ment** *m* 1. Abnutzung *f*; 2. Verbrauch *m*; 3. Verschleiß *m*; **~r** *vt* 1. (*diners*) ausgeben; 2. (*temps*) investieren; 3. *electr* verbrauchen; **~r-se** 1. sich abnutzen; 2. verbraucht werden; 3. verschleißen
gàstric, -a *adj* Magen...
gastro/enteritis *f med* Gastroenteritis *f*, Magen-Darm-Entzündung *f*; **~intestinal** *adj m/f anat* gastrointestinal, Magen-Darm...
gastr/ònom, -a *m/f* Feinschmecker, -in *m/f*; **~onomia** *f* Gastronomie *f*; **~onòmic, -a** *adj* gastronomisch
gat *m* 1. Katze *f*; (*mascle*) Kater *m*; 2. *auto* Wagenheber *m*; 3. *bal* Betrunkener *m*; ♦ **estar com (el) ~ i (el) gos** wie Hund und Katze leben; **~ejar** *vi* krabbeln
gaudir *vi* 1. (*d'una cosa*) genießen; 2. (*una cosa*) sich erfreuen
gavardina *f tèxtil* Regenmantel *m*

gavina *f zool* Möwe *f*
ge *f* (*nom lletra*) g, G *n*
gegant 1. *adj m/f* riesig; 2. *m/f* 1. *mitol* Riese *m*; 2. (*persona*) Gigant *m*; 3. (*en una festa popular*) Riesenfigur aus Pappmaschee; **~í, -ina** *adj* riesig, riesenhaft, gigantisch
gel *m* Eis *n*; **~ada** *f* Frost *f*; **~ar** *vt/i* gefrieren; **~at, -ada** 1. *adj* eiskalt, gefroren; 2. *m* (Speise)Eis *n*, Eiscreme *f*
gel/atina *f* 1. (*substància*) Gelatine *f*; 2. *gastr* Sülze *f*; **~ea** *f* Gelee *n*; **~ea reial** Gelee royale *n*
gel/ós, -osa *adj* eifersüchtig (**de** auf); **~osia** *f* 1. Eifersucht *f*; 2. (*enveja*) Neid *m*; 3. (*persiana*) Jalousie *f*, Rollladen *m*
geme/c *m* Seufzer *m*; **~gar** *vi* 1. (*pena*) seufzen; 2. (*dolor*) stöhnen; 3. (*animal*) heulen
gemina/ció *f* 1. (*duplicació*) Verdoppelung *f*; 2. *ling* Gemination *f*; **~r** *vt* 1. verdoppeln; 2. *ling* geminieren; **~t, -ada** *adj* 1. verdoppelt; 2. *ling* geminiert
gèminis *m astrol* Zwillinge *mpl*
gemma *f* 1. Edelstein *m*; 2. *bot* Knospe *f*
gen *m biol* Gen *n*
gendarme *m* Gendarm *m*; **~ria** *f* Gendarmerie *f*, Landpolizei *f*
gendre *m* Schwiegersohn *m*
geneal/ogia *f* Genealogie *f*; **~ògic, -a** *adj* genealogisch
gener *m* Januar *m*
generable *adj m/f* erzeugbar

generació

generaci/ó *f* 1. *biol* Zeugung *f*; 2. (*descendents*) Generation *f*; **~onal** *adj m/f* Generationen...

generador, -a 1. *adj* 1. *biol* Zeugungs...; 2. erzeugend; **2.** *m electr* Generator *m*

general 1. *adj m/f* allgemein, generell; **en ~** im Allgemeinen; **2.** *m mil* General *m*; **~ista** *adj m/f* allgemein, Allgemein...; **~itat** *f* 1. Allgemeinheit *f*; 2. *adm* (*govern autonòmic*) Generalitat (autonome Regierung) *f*; **~ització** *f* Verallgemeinerung *f*, *lit* Generalisierung *f*; **~itzador, -a** *adj* verallgemeinernd; **~itzar** *vt/i* verallgemeinern, *lit* generalisieren; **~itzar-se** allgemein werden; **~ment** *adv* im Allgemeinen, allgemein, normalerweise

genera/r *vt* 1. (*produir*) erzeugen; 2. (*provocar*) hervorrufen; 3. *tecn* generieren; **~tiu, -iva** *adj* 1. Zeugungs...; 2. *ling* generativ; **~triu** *f geom* Erzeugende *f*

gènere *m* 1. *biol* Gattung *f*; 2. *ling* Genus *n*; 3. *com* Ware *f*; **~ de punt** Strickware *f*; 4. *lit* Gattung *f*; **~ èpic** Epik *f*; **~ líric** Lyrik *f*; 5. (*classe*) Sorte *f*

genèric, -a *adj* generisch, allgemein, Gattungs...

generós, -osa *adj* großzügig

gènesi *f* 1. Entstehung *f*; 2. *bibl* Genesis *f*, Schöpfungsgeschichte *f*

genet, -a *m/f* Reiter, -in *m/f*

geni *m* 1. (*caràcter*) Gemütsart *f*, Charakter *m*; 2. (*persona*) Genie *n*; ♦ **tenir mal ~/el ~ fort** jähzornig sein; **~al** *adj m/f* genial; **~alitat** *f* Genialität *f*; **~tal 1.** *adj m/f* Genital..., Geschlechts...; **2. ~s** *mpl med* Genitalien *pl*; **~tiu** *m ling* Genitiv *m*; **~üt, -üda** *adj* aufbrausend, jähzornig; **~va** *f anat* Zahnfleisch *n*

genocidi *m pol* Völkermord *m*

genoll *m anat* Knie *n*; **~era** *f* Knieschützer *m*

geno/ma *biol* Genom *n*; **~tipus** *m biol* Genotypus *m*

Gènova *f* Genua *n*

genovès, -esa 1. *adj* genuesisch; **2.** *m/f* Genuese, -in *m/f*

gen/s *adv* 1. (*una mica*) etwas, ein wenig; 2. (*res*) gar nicht, kein bisschen; **~t** *f* Leute *pl*; **~tada** *f* Gedränge *n*, Menschenmenge *f*; **~til 1.** *adj m/f* 1. (*amable*) höflich; 2. *relig* (*pagà*) heidnisch; **2.** *m/f relig* Heide, -in *m/f*; **~tilesa** *f* 1. Artigkeit *f*; 2. Liebenswürdigkeit *f*

genuflexió *f* 1. Kniefall *m*; 2. Genuflexion *f*, Kniebeuge *f*

genuí, -ïna *adj* 1. (*persona*) echt; 2. (*cosa*) authentisch

geobotànic, -a 1. *adj* geobotanisch; **2.** *m/f* Geobotaniker, -in *m/f*; **~a** *f* Geobotanik *f*

geocèntric, -a *adj* geozentrisch

geod/a *f min* Geode *f*; **~èsia** *f* Geodäsie *f*; **~èsic, -a** *adj* geodätisch; **~esista** *m/f* Geodät, -in *m/f*

geofísic, -a 1. *adj* geophysikalisch; **2.** *m/f* Geophysiker, -in *m/f*; **~a** *f* Geophysik *f*

geogr/afia *f* Geographie *f*, Erdkunde *f*; **~àfic, -a** *adj* geographisch

geol/ogia f Geologie f; **~ògic, -a** adj geologisch

geomagn/ètic, -a adj erdmagnetisch; **~etisme** m Geomagnetik f

geòmetra m/f Geometriefachgelehrte, -r f/m

geom/etria f mat Geometrie f; **~ètric, -a** adj geometrisch

geopolític, -a adj geopolitisch; **~a** f Geopolitik f

geoquímic, -a 1. adj geochemisch; **2.** m/f Geochemiker, -in m/f; **~a** f Geochemie f

Geòrgia f 1. (del Caucas) Georgien n; 2. (d'Amèrica) Georgia n

geperut, -uda 1. adj buck(e)lig; **2.** m/f Buck(e)lige, -r f/m

ger/ani m bot Geranie f; **~ent** m/f 1. econ (empresa) Geschäftsführer, -in; 2. banc Leiter, -in m/f; 3. teat Intendant, -in m/f

geri/atre, -a m/f Facharzt m, Fachärztin f, Geriater m; **~atria** f Geriatrie f, Altersheilkunde f; **~àtric, -a** adj geriatrisch

germ/à, -ana m/f Bruder m, Schwester f; **~anastre, -a** m/f Stiefbruder m, Stiefschwester f

germànic, -a 1. adj 1. germanisch; 2. (d'Alemanya) deutsch; **2.** m/f 1. Germane, -in m/f; 2. (d'Alemanya) Deutsche, -r f/m

germanor f Verbrüderung f

germ/en m 1. biol Keim m; 2. fig (origen) Ursprung f; **~inar** vi bot fig keimen

geront/òleg, -òloga m/f Gerontologe, -in m/f, Alternsforscher, -in m/f; **~ologia** f Gerontologie f, Alternsforschung f

gerr/a f Krug m; **~o** m 1. (Blumen)Vase f; 2. Krug m

gerundi m ling Gerundium n

gespa f Rasen m, Gras n

gessamí m bot Jasmin m

gest m Geste f, Gebärde f; ♦ **fer un mal ~** eine unglückliche Bewegung machen

gesta/ció f 1. (embaràs) Schwangerschaft f; 2. (d'un projecte) Reifungsprozess m, Ausarbeitung f; **~r** vt 1. med schwanger sein; 2. zool trächtig sein; 3. fig (heran)reifen lassen

gesticula/ció f 1. Gebärdenspiel n; 2. Gestikulierung f; **~r** vi gestikulieren

gesti/ó f 1. (diligència) Formalität f, Schritt m; 2. (d'empresa) Geschäftsführung f, Management n; 3. (tramitació) Betreibung f; **~ionar** vt 1. betreiben; 2. vermitteln, besorgen; **~or, -a 1.** adj geschäftsführend, Vermittler... (!); **2.** m/f Geschäftsführer, -in m/f, Vermittlungsagent, -in m/f; **~oria** f Agentur f für die Erledigung behördlicher Formalitäten

gestual adj m/f gestenhaft; **~itat** f Gebärdenspiel n

gimn/às m 1. Turnhalle f; 2. Fitnesscenter n; **~asta** m/f 1. esp Turner, -in m/f; 2. Gymnastiker m, Gymnastin f; **~àstic, -a 1.** adj gymnastisch, Turn...; **2.** f esp Gymnastik f; **~àstica** f Gymnastik f; **~àstica terapèutica** Heilgymnastik f; ♦ **fer ~àstica** turnen

Ginebra f Genf n; **~*** f Gin m
ginec/òleg, -òloga m/f med Gynäkologe, -in m/f; **~ologia** f Gynäkologie f, Frauenheilkunde f; **~ològic, -a** adj gynäkologisch
ginesta f bot Ginster m
gingiv/al adj m/f Zahnfleisch...; **~itis** f med Zahnfleischentzündung f
gir m 1. (volta) Drehung f; 2. econ Überweisung f; **~ bancari** Banküberweisung f; **~ postal** Postanweisung f; 3. ling (locució) (Rede)Wendung f; **~a** f 1. tèxtil Aufschlag m, Stulpe f; 2. (d'un artista) Tournee f; **~a mundial** Welttournee f; ♦ **anar de ~a** auf Tournee gehen
girafa f zool Giraffe f
gira/r 1. vt 1. (volta) drehen; 2. (diners) überweisen (**a** an); **2.** vi 1. sich drehen (**a** um); 2. (vehicle) abbiegen, abdrehen; **~-r-se** sich umdrehen; **~-sol** m bot Sonnenblume f
Giron/a f Girona n; **~í, -ina** 1. adj gironinisch, aus Girona; **2.** m/f Gironiner, -in m/f
gitano, -a 1. adj 1. Zigeuner...; 2. desp (trampós) schwindlerisch; **2.** m/f 1. Zigeuner, -in m/f; 2. desp (trampós) Schwindler, -in m/f
gla/ç m Eis n; **~çada** f meteo Frost m; **~çar** vt gefrieren (lassen); **~çar-se** 1. gefrieren; 2. (calçada) vereisen; 3. (llac, riu) zufrieren; 4. (plantes) erfrieren; 5. fig erstarren; **~cial** adj m/f eiskalt; **~çó** m Eiswürfel m
gladiador m Gladiator m
gladiol m bot Gladiole f

glàndula f anat Drüse f
glaucoma m med Glaukom n, grüner Star m
glicerina f quím Glyzerin n
gliptoteca f Glyptothek f
global adj m/f global, Gesamt..., umfassend; **~ització** f Globalisierung f; **~itzar** vt 1. verallgemeinern; 2. globalisieren
glòbul m 1. Kügelchen n; 2. Blutkörperchen n; **~s blancs** weiße Blutkörperchen n; **~s rojos/vermells** rote Blutkörperchen n
globular adj m/f 1. Kugel...; 2. kugelförmig
globulina f biol Globulin n
globus m 1. (esfera) Kugel f; **~ terraqüi** Erdkugel f; 2. (nens) Luftballon m; **~ aerostàtic** aero (Heißluft)ballon m
glop m Schluck m; **~ada** f Schluck m; **~eig** m Spülen n, Gurgeln n; **~ejar** vt schluckweise trinken
glòria 1. f 1. (fama) Ruhm m; 2. (paraís) Himmelreich n; **2.** m relig Gloria n
glorieta f Gartenlaube f
glori/ficable adj m/f rühmenswert, ruhmwürdig; **~ficació** f Verherrlichung f, Glorifizierung f; **~ficador, -a** 1. adj verherrlichend; **2.** m/f Verherrlicher, -in m/f; **~ficar** vt 1. verherrlichen, glorifizieren; 2. rühmen; 3. relig verklären; **~ós, -osa** adj 1. ruhmvoll, glorreich; 2. rühmlich, ehrenvoll; 3. relig verklärt
glossa f Glosse f, (Wort)Erklärung f; **~dor, -a** m/f Glossenschreiber, -in m/f; **~r** vt 1. auslegen, erklären,

erläutern; 2. glossieren; **~ri** *m* Glossar *n*

glotal *adj m/f* 1. *anat* Stimmritzen...; 2. *ling* glotal

glòtic, -a *adj anat* Stimmritzen...

glotis *f anat* Stimmritze *f*, Glottis *f*; **~tis** *f med* Stimmritzenentzündung *f*

glotó, -ona 1. *adj* gefräßig, verfressen; 2. *m/f* Nimmersatt *m*, Vielfraß *m*

gluc/èmia *f med* Blutzucker(spiegel) *m*; **~òlisi** *f biol* Glykolyse *f*; **~onat** *m quím* Gluconat *n*; **~osa** *f* 1. Traubenzucker *m*; 2. *quím* Glukose *f*

glutinós, -osa *adj* klebrig

gnom *m mitol* Gnom *m*

gnòmic, -a *adj* gnomenhaft

goig *m* Freude *f*, Spaß *m*; ♦ **fer ~** schön sein

gol *m esp* Tor *n*

gola *f anat* Rachen *m*

golafre 1. *adj m/f* gefräßig, verfressen; 2. *m/f* Vielfraß *m*, Nimmersatt *m*

goleja/da *f* Torschuss *m*; **~dor, -a** *m/f esp* Torjäger *m*; **~r** *vt/i* ein Tor schießen

golf *m geol* Golf *m*, Meerbusen *m*; **~ista** *m/f* Golfspieler, -in *m/f*, Golfer, -in *m/f*

golós, -osa 1. *adj* naschhaft, genäschig; 2. *m/f* Leckermaul *n*

goma *f* Gummi *m*; **~ d'esborrar** Radiergummi *m*

góndola *f* Gondel *f*

gondoler, -a *m/f* Gondoliere *m*

gongorisme *m lit* Gongorismus *m*

gorr/a *f* Mütze *f*; **~ejar** *vi* (herum)schmarotzen; **~er, -a** *m/f* Schmarotzer, -in *m/f*; **~eta** *f* Mützchen *n*; **~ista** *m/f* 1. Mützenmacher, -in *m/f*; 2. Schmarotzer, -in *m/f*

gos *m zool* Hund *m*

gosa/dia *f* 1. Kühnheit *f*; 2. *desp* Verwegenheit *f*; **~r** *vi* wagen

gossera *f* Hundehütte *f*

got, -oda 1. *adj* gotisch; 2. *m/f hist* Gote, -in *m/f*; 3. *m* Glas *n*

got/a *f* Tropfen *m*; **~ejar** *vi* tropfen; **~era** *f* 1. (*filtració*) Tropfen *n*; 2. (*esquerda, forat*) undichte Stelle *f*

gòtic, -a 1. *adj arquit* gotisch; 2. *m* 1. (*art*) Gotik *f*; 2. *ling* Gotisch(e) *n*

govern *m pol* Regierung *f*; **~able** *adj m/f* 1. regierbar, lenkbar; 2. *nav* steuerbar; **~ació** *f* Regierung *f*, Regieren *n*; **~ador, -a** 1. *adj* regierend; 2. *m/f* Gouverneur, -in *m/f*; **~ador civil** Zivilgouverneur; **~ador militar** Militärgouverneur; **~ament** *m* Regierung *f*, Regieren *n*; **~amental** *adj m/f* Regierungs...; **~ant** *m/f* Regierende, -r *f/m*, Regierungsmitglied *n*; **~ar** *vt* 1. *pol* regieren; 2. (*dirigir*) leiten; (*nau*) steuern; **~ar-se** sich beherrschen; **~atiu, -iva** *adj* Regierungs...

gra *m* 1. (*cereal*) Korn *n*; 2. (*cafè, cacau*) Bohne *f*; 3. *med* Pickel *m*

gr/àcia *f* 1. Anmut *f*; **gràcies!** danke!; **gràcies a Déu!** Gott sei Dank!; **moltes gràcies!** vielen Dank!; 2. (*acudit*) Witz *m*; 3. *relig* Gnade *f*; ♦ **donar les gràcies** (für etwas) danken, sich bedanken; **tenir gràcia** schön sein; **~aciós, -osa** *adj* 1. (*atractiu*) anmutig; 2. (*divertit*) witzig

grad/a *f* (Treppen)stufe *f*; **~ació** *f* 1.

graduable

Abstufung f; 2. Stufenfolge f; **~eria** f 1. Stufenfolge f; 2. (estadi) Ränge mpl

gradua/ble adj m/f tecn einstellbar; **~ció** f 1. Gradeinteilung f; 2. tecn Einstellung f; 3. enseny, quím Graduierung f; 4. (vi) Alkoholgehalt m; 5. mil Rang m; **~l** adj m/f allmählich; **~r** vt einstellen; **~r-se** graduieren; **~t, -ada 1.** adj 1. abgestuft; 2. graduiert; **2.** m/f Graduierte, -r f/m

graella f Grill m, Bratrost m

gr/àfic, -a 1. adj grafisch; **2.** m Grafik f, Schaubild m; **~afisme** m Grafik f; **~afit** m 1. (mineral) Graphit m; 2. (inscripció) Graffiti n; **~afític, -a** adj Graphit...

graf/òleg, -òloga m/f Graphologe, -in m/f; **~ologia** f Graphologie f; **~ològic, -a** adj graphologisch

gram m Gramm n

gram/àtic, -a m/f Grammatiker, -in m/f; **~àtica** f ling Grammatik f; **~atical** adj m/f grammati(kali)sch; **~aticalitat** f Grammatikalität f; **~aticalitzar** vt grammatikalisieren

gran adj m/f 1. (tamany) groß; 2. (edat) alt; 3. (adult) erwachsen; 4. (important) bedeutend, berühmt; ♦ **fer-se ~** wachsen, erwachsen werden

granada f 1. agric (fruit) Granatapfel m; 2. (projectil) Granate f

Gran Bretanya f Großbritannien n

grand/ària f Größe f; **~iós, -osa** adj großartig

grandiloqü/ència f (parlar) Geschwollenheit f; **~ent** adj m/f großsprecherisch

grandiositat f 1. Großartigkeit f; 2. Grandiosität f

gran/er m Kornkammer f; **~ger, -a** m/f 1. Bauer m, Bäuerin f; 2. Farmer, -in m/f

granit m (mineral) Granit m

granja f Bauernhof m

granota f 1. zool Frosch m; 2. tèxtil Arbeitsanzug m, Blaumann m

granul/ació f Granulation f, Körnen n; **~ador, -a** adj granulierend; **~ar 1.** adj m/f körnig; 2. vt körnen; **~ar-se** granulieren; **~at, -ada** adj 1. körnig; 2. granuliert; **~ós, -osa** adj 1. körnig; 2. granulös

graó m Stufe f

grapa f (d'animals) Klaue f, Tatze f; **~t** m Haufen m, Menge f

gras, -assa adj 1. fettig; 2. (persona) dick

grat, -a adj angenehm; **de bon ~** gern, freiwillig

gratacel m Wolkenkratzer m

gratar vt 1. kratzen; 2. (la terra) scharren

gratifica/ció f Belohnung f; **~dor, -a** adj 1. belohnenswert; 2. erfreulich; **~nt** adj m/f 1. belohnenswert; 2. erfreulich; **~r** vt belohnen

grat/is adv kostenlos, gratis; **~itud** f Dankbarkeit f; **~uït, -a** adj kostenlos; **~uïtat** f Unentgeltlichkeit f

gratula/ció f Gratulation f, Glückwunsch m; **~r** vt gratulieren, beglückwünschen; **~r-se** sich erfreuen; **~tori, -òria** adj Glückwunsch...

grau m Grad m

grava f Kies m
grava/ció f 1. Gravierung f; 2. Aufnahme f; **~dor, -a** m/f Graveur, -in m/f; **~men** m 1. jur Last f; 2. Belastung f; **~r** vt 1. (ein)gravieren; 2. jur belasten; 3. (enregistrar) aufnehmen, bespielen
gravetat f 1. (situació) Ernst m; 2. fís Schwerkraft f; 3. mús Tiefe f
gràvid, -a adj 1. schwer; 2. schwanger, gravid(e); 3. (animals) trächtig
gravi/desa f 1. med Schwangerschaft f, Gravidität f; 2. (animals) Trächtigkeit f; **~ditat** f 1. med Schwangerschaft f, Gravidität f; 2. (animals) Trächtigkeit f; **~tació** f fís Gravitation f; **~tacional** adj m/f fís Gravitations...; **~tar** vi fís gravitieren; **~tatori, -òria** adj fís Gravitations...
gravíssim, -a adj schlimm
gr/ec, -ega 1. adj griechisch; 2. m/f Grieche, -in m/f; 3. m ling Griechisch n; **~*ècia** f Griechenland n
greco/llatí, -ina adj griechisch-lateinisch; **~romà, -ana** adj griechisch-römisch
gregal m Nordostwind m
gregorià, -ana adj gregorianisch
greix m anat Fett n; **~ós, -osa** adj fettig
gremi m 1. (associació) Innung f; 2. hist Zunft f
grenl/andès, -esa 1. adj grönländisch, aus Grönland; 2. m/f Grönländer, -in m/f; **~*àndia** f Grönland n
greny/a f Strähne f; **~ut, -uda** adj 1. strähnig; 2. struppig

gres m 1. geol Sandstein m; 2. indús Steingut n
gresca f Spektakel n
greu adj m/f ernst, schwer; **em sap ~** es tut mir leid; **~ge** m Beleidigung f, Beschwerde f
grill m zool Grille f
grip f med Grippe f; **~al** adj m/f Grippe..., grippal
gripau m zool Kröte f
gris, -a adj 1. grau; 2. meteo trüb
groc, -ga adj gelb
groenlandès, -esa 1. adj grönländisch; 2. m/f Grönländer, -in m/f
grogós, -osa adj gelblich
groller, -a adj unhöflich, gewöhnlich, plump
gros, -ossa 1. adj 1. groß; 2. (persona) dick, korpulent; **2.** m Gros n, Hauptteil m; (loteria) **la ~sa de Nadal** Hauptgewinn m die Weihnachtslotterie f
grosella f bot Johannisbeere f
grosser, -a adj grob
grotesc, -a adj grotesk
grua f 1. tecn Kran m; 2. auto Abschleppwagen m; 3. zool Kranich m
gruixut, -uda adj dick
grum m (cera) Wachs m
gruny m 1. Grunzen n; 2. (ós) Brummen n; **~idor, -a** adj 1. brummig; 2. mürrisch; **~ir** vi grunzen
grup m Gruppe f
gruta f 1. (artificial) Grotte f; 2. (natural) Höhle f
guacamai m zool Ara m
guaita f 1. Lauern n, Spähen n; 2. mil

gual

Wachposten *m*; **~r** *vt* erspähen, belauern

gual *m* 1. (*riu*) Furt *f*; 2. Ausfahrt *f*

guanac *m zool* Guanako *n*

guant *m tèxtil* Handschuh *m*

guany *m* Gewinn *m*; **~ador, -a** 1. *adj* siegend, Sieges...; 2. *m/f* Gewinner, -in *m/f*; **~ar** *vt* 1. verdienen; 2. (*obtenir*) erlangen; 3. *joc* gewinnen

guapo, -a *adj* 1. *col·loq* schön; 2. (*persona*) hübsch

guarà *m zool* Eselshengst *m*

guarda 1. *f* Aufsicht *f*, Wache *f*; 2. *m/f* Wächter, -in *m/f*

guarda/agulles *m/f ferroc* Weichenwärter, -in *m/f*; **~barrera** *m/f* Schrankenwärter, -in *m/f*; **~bosc** *m/f* Förster, -in *m/f*; **~costes** *m nav* Küstenwachschiff *n*; **~cotxes** *m/f* Parkwächter, -in *m/f*; **~espatlles** 1. *m tèxtil* Stola *f*; 2. *m/f* Leibwächter, -in *m/f*; **~foc** *m* Ofenvorsetzer *m*; **~mobles** *m* Möbellager *n*; **~r** *vt* 1. (*vigilar*) bewachen; 2. (*protegir*) beschützen (*de* vor); 3. (*conservar*) aufbewahren; **~r silenci** Stillschweigen bewahren; **~-roba** *m teat* Garderobe *f*

guarderia *f* 1. (*bebès*) Kinderkrippe *f*; 2. (*més de tres anys*) Kindergarten *m*

gu/àrdia *m/f* 1. *mil* Wachposten *m*; 2. *mil* (*soldats*) Garde *f*; **~ardià, -ana** *m/f* Wächter, -in *m/f*; **~ardiola** *f* Sparbüchse *f*

guard/ó *m* Belohnung *f*, Preis *m*; **~onar** *vt* belohnen

guari/ble *adj m/f* heilbar; **~ment** *m* Genesung *f*, Heilung *f*; **~r** *vt* heilen; **~r-se** gesund werden

guarni/ció *f* 1. *mil* Garnison *f*; 2. *gastr* Beilage *f*; **~r** *vt* 1. ausstatten, versehen; 2. (*vaixell*) ausrüsten; 3. (*roba*) besetzen, garnieren; **~r-se** sich auftakeln, sich herausputzen

Guatemal/a *f* Guatemala *n*; **~*enc, -a** 1. *adj* guatemaltekisch, aus Guatemala; 2. *m/f* Guatemalteke, -in *m/f*

guatlla *f zool* Wachtel *f*

guèiser *m* Geiser *m*

güelf, -a 1. *adj* welfisch; 2. *m/f* Welfe, -in *m/f*

guepard *m zool* Gepard *m*

guerr/a *f* Krieg *m*; **~a civil** Bürgerkrieg *m*; **~a de preus** *econ* Preiskrieg *m*; **~a freda** *pol* kalter Krieg *m*; **~a mundial** Weltkrieg *m*; **~a santa** heiliger Krieg *m*; **~er, -a** 1. *adj* 1. kriegerisch; 2. *fig* streitlustig; 2. *m/f* Krieger, -in *m/f*

gueto *m* Getto *n*

guia 1. *f* 1. Führung *f*; 2. (*llibre*) Reiseführer *m*; 3. *tecn* Führungsschiene *f*; 2. *m/f* (*d'un grup*) Führer, -in *m/f*; **~ turístic** Fremdenführer, -in *m/f*; **~r** *vt* führen, leiten

guilla *f zool* Fuchs *m*

guillotina *f* Guillotine *f*; **~r** *vt* guillotinieren

guinda *f bot* Sauerkirsche *f*

Guine/a *f* Guinea *n*; **~*à, -ana** 1. *adj* guineisch, aus Guinea; 2. *m/f* Guineer, -in *m/f*

guineu *f zool* Fuchs *m*

gui/ó *m* 1. Standarte *f*, Fahne *f*; 2. *TV* Manuskript *n*; 3. *cine* Drehbuch *n*;

~onet *m ling* Bindestrich *m*; **~onista** *m/f* 1. Drehbuchautor, -in *m/f*; 2. Skriptverfasser, -in *m/f*
guipar *vt col·loq* gucken (**+ CD** auf), verstohlen blicken
Guip/úscoa *f* Gipuzkoa *n*; **~*uscoà, -ana** *adj* gipuzkoanisch, aus Gipuzkoa
guirigall *m* Stimmengewirr *n*
guisar *vt* kochen, schmoren
guitarr/a *f mús* Gitarre *f*; **~er, -a** *m/f* Gitarrenmacher, -in *m/f*, Gitarrenhändler, -in *m/f*; **~ista** *m/f mús* Gitarrist, -in *m/f*
guix *m* 1. (*material*) Gips *m*; 2. (*d'escriure*) Kreide *f*
gust *m* 1. (*sentit*) Geschmack(ssinn) *m*; 2. (*sabor*) Geschmack *m*, Genuss *m*; 3. (*plaer*) Vergnügen *n*; **de ~** gern, mit Vergnügen *n*; ♦ **tenir bon ~** guten Geschmack haben; **~ació** *f* Kosten *n*, Schmecken *n*; **~atiu, -iva** *adj* Geschmacks...; **~atori, -òria** *adj* Geschmacks...; **~ós, -a** *adj* köstlich, schmackhaft
gutural *adj m/f* 1. kehlig, Kehl...; 2. *ling* guttural, Guttural...
Guyana *f* Guyana *n*

H

h H *f* h, H *n*
hàbil *adj m/f* 1. (*astut*) schlau; 2. (*destre*) geschickt; 3. fähig; **dia ~** Arbeitstag *m*
habilita/ció *f* 1. *jur* Befähigung *f*; 2. Ermächtigung *f*; 3. (*espai*) Einrichten *n*; **~r** *vt* 1. (*autoritzar*) befähigen, ermächtigen; 2. (*espais*) umgestalten, einrichten; **~t** *f* 1. Geschicklichkeit *f*, Fähigkeit *f*; 2. (*astúcia*) Schläue *f*; 3. (*negocis*) Tüchtigkeit *f*; **~t, -ada** 1. *adj* befähigt, berechtigt; 2. *m* 1. *adm* Schatzmeister *m*; 2. *mil* Zahlmeister *m*
hàbit *m* 1. Gewohnheit *f*; 2. *relig* Ordenstracht *f*
habita/bilitat *f* Bewohnbarkeit *f*; **~ble** *adj m/f* bewohnbar; **~ció** *f* Zimmer *n*; **~ció doble** Doppelzimmer *n*; **~ció individual** Einzelzimmer *n*; **~cle** *m* 1. Wohnstätte *f*; 2. *lit* Wohnung *f*; **~nt** *m/f* Einwohner, -in *m/f*; **~r** 1. *vt* bewohnen; 2. *vi* wohnen (**a** in), leben
hàbitat *m biol* Habitat *n*
habitatge *m* Wohnraum *m*
habitu/ació *f* Gewöhnung *f*; **~al** *adj m/f* gewöhnlich, üblich; **~ar-se** sich etw angewöhnen; **~d** *f* Gewohnheit *f*
hac *f* (*nom lletra*) h, H *n*
hagio/grafia *f* Hagiographie *f*, Heiligengeschichte *f*; **~gràfic, -a** *adj* hagiographisch; **~latria** *f* Hagiolatrie *f*, Heiligenverehrung *f*
Haia *f*: **l'~** Den Haag *m*
Hait/í *m* Haiti *n*; **~*ià, -ana** 1. *adj* haitianisch, haitisch; 2. *m/f* Haitianer, -in *m/f*, Haitier, -in *m/f*
haixix *pl.* **-s** *m* Haschisch *n*
hàlit *m lit* Atem *m*
halitosi *f med* Mundgeruch *m*
halo *m* 1. *fís* Halo *m*; 2. *fig* Aureole *f*

halòfit

halòfit *m bot* Halophyt *m*, Salzpflanze *f*
halogen, -ògena 1. *adj quím* halogen; **2.** *m* Halogen *n*
halterofília *f esp* Gewichtheben *n*
ham *m* Angelhaken *m*
hamaca *f* Hängematte *f*
Hamburg *f* Hamburg *n*; ~**uès, -esa* **1.** *adj* hamburgisch; **2.** *m/f* Hamburger, -in *m/f*
hamburgues/a *f gastr* (*entrepà*) Hamburger *m*; (*sola*) Frikadelle *f*; **~eria** *f* Hamburgerlokal *n*
hàmster *m zool* Hamster *m*
handbol *m esp* Handball *m*
handicap *m* **1.** Handicap *n*; **2.** *esp* Vorgabe *f*
hangar *m* Hangar *m*, Flugzeughalle *f*
Hannover *f* Hannover *n*
haplo/grafia *f ling* Haplographie *f*; **~logia** *f ling* Haplologie *f*, Silbenverschmelzung *f*
harakiri *m* Harakiri *n*
harem *m* Harem *m*
harm/onia *f* **1.** (*consonància*) Harmonie *f*; **2.** *mús* Harmonielehre *f*; **3.** (*relació*) Eintracht *f*; **~ònic, -a** *adj* harmonisch; **~ònica** *f mús* Harmonika *f*; **~oniós, -osa** *adj* harmonisch; **~oniosament** *adv* harmonisch; **~onització** *f* Harmonisierung *f*; **~onitzar 1.** *vt mús* harmonisieren; **2.** *vi* harmonieren (**amb** mit); **~ònium** *m* Harmonium *n*
harpia *f* **1.** *mitol* Harpyie *f*; **2.** *zool* Harpyie *f*
hav/à, -ana 1. *adj* aus Havanna; **2.** *m* Havanna(zigarre) *f*; **~*ana** *f*: **l'~*ana** Havanna *n*; **~anera** *f mús* Habanera *f*
haver 1. *vi* haben, sein; **2.** *m* **1.** *fin* (*capital*) Haben *n*; **2.** (*compte corrent*) (Gut)Haben *n*
Hawaii *fpl* Hawaii *n*
hebdomadari, -ària 1. *adj* wöchentlich; **2.** *m* Wochenzeitung *f*
hebr/aic, -a *adj* hebräisch; **~aisme** *m* Hebraismus *m*; **~aista** *m/f* Hebraist, -in *m/f*; **~aïtzar** *vt* hebräisieren; **~aïtzar-se** hebräisch werden; **~eu, -ea 1.** *adj* hebräisch; **2.** *m/f* Hebräer, -in *m/f*; **3.** *m ling* Hebräisch *n*
hect/àrea *f* Hektar *m*; **~ogram** *m* Hektogramm *n*; **~olitre** *m* Hektoliter *m*; **~òmetre** *m* Hektometer *m*
hedonis/me *m filos* Hedonismus *m*; **~ta 1.** *adj m/f* hedonistisch; **2.** *m/f* Hedonist, -in *m/f*
hegem/onia *f* Hegemonie *f*, Vorherrschaft *f*; **~ònic, -a** *adj* hegemonisch
heli *m quím* Helium *n*
hèlice *f* **1.** *aero* (Luft)Schraube *f*; **2.** *nav* (Schiffs)Schraube *f*; **3.** *geom* Spirale *f*
helico/ïdal *adj m/f* schneckenförmig, schraubenförmig; **~ide 1.** *adj m/f* spiralig; **2.** *m geom* Spiralfläche *f*
helicòpter *m* Hubschrauber *m*
heliocèntric, -a *adj astron* heliozentrisch
heliogr/afia *f* Heliographie *f*; **~àfic, -a** *adj* heliographisch
helioscopi *m* Helioskop *n*
helioteràpia *f med* Heliotherapie *f*
hel·l/ènic, -a *adj* hellenisch; **~enisme**

m Hellenismus *m*; **~enista** *m/f* Hellenist, -in *m/f*; **~enístic, -a** *adj* hellenistisch; **~enitzar** *vt* hellenisieren; **~enitzar-se** sich hellenisieren

Hèlsinki *f* Helsinki *n*

helv/eci, -ècia 1. *adj* helvetisch; **2.** *m/f* Helvetier, -in *m/f*; **~*ècia** *f* Helvetien *n*; **~ètic, -a** *adj* helvetisch, schweizerisch

hem/atia *f med* rotes Blutkörperchen *n*; **~àtic, -a** *adj* Blut...; **~atites** *f min* Hämatit *m*, Blutstein *m*; **~atologia** *f med* Hämatologie *f*; **~atoma** *m med* Hämatom *n*, Bluterguss *m*

hemic/icle *m* Halbkreis *m*; **~íclic, -a** *adj bot* hemizyklisch

hemipl/egia *f med* Hemiplegie *f*; **~ègic, -a 1.** *adj* Hemiplegie...; **2.** *m/f* halbseitig Gelähmte, -r *f/m*

hemisf/eri *m* **1.** *geol* Erdhalbkugel *f*; **2.** *anat* Hemisphäre *f*; **~èric, -a** *adj* hemisphärisch, halbkugelig

hemistiqui *m lit* Halbvers *m*, Hemistichion *n*

hemofíli/a *m med* Bluterkrankheit *f*; **~c, -a 1.** *adj* bluterkrank; **2.** *m/f* Bluter, -in *m/f*

hemoglobina *f biol* Hämoglobin *n*

hemòlisi *f med* Hämolyse *f*

hemoptisi *f med* Blutspeien *n*, Hämoptysis *f*

hemorràgi/a *f med* Blutung *f*; **~c, -a** *adj* hämorrhagisch

hemorro/ïdal *adj m/f* hämorrhoidal; **~ide** *f* Hämorrhoide *f*

hendecasíl·lab, -a 1. *adj lit* elfsilbig; **2.** *m* Elfsilber *m*

hep/àtic, -a *adj* **1.** Leber...; **2.** *med* hepatisch; **~atitis** *f* Hepatitis *f*; **~atologia** *f med* Hepatologie *f*

hept/àedre *m geom* Heptaeder *n*; **~àgon** *m geom* Heptagon *n*; **~agonal** *adj m/f* siebeneckig; **~àmetre** *m* Heptameter *m*; **~asíl·lab, -a 1.** *adj* siebensilbig; **2.** *m* Silbensilber *m*

her/àldic, -a *adj* heraldisch, Wappen...; **~àldica** *f* Wappenkunde *f*, Heraldik *f*; **~aldista** *m/f* Heraldiker, -in *m/f*

herb/a *f* **1.** *(planta)* Gras *n*, Kraut *n*; **2.** *(prat)* Weideland *n*; **3.** *drog col·loq* Gras *n*; **~ívor, -a 1.** *adj zool* pflanzenfressend; **2.** *m zool* Herbivore *m*, Pflanzenfresser *m*; **~olari, -ària 1.** *adj* unbesonnen; **2.** *m/f farm* Heilkräuterhändler, -in *m/f*; **3.** *m farm (tenda)* Heilkräuterladen; **~orista** *m/f* Kräutersammler, -in *m/f*; **~orització** *f* Kräutersammeln *n*; **~oritzar** *vi* Kräuter sammeln

her/editari, -ària *adj* erblich, Erb...; **~ència** *f* **1.** Erbe *n*; **2.** *jur* Erbschaft *f*; **~etar** *vt* **1.** *(rebre)* erben; **2.** *(fer hereu)* beerben

her/etge *m/f relig* Ketzer, -in *m/f*; **~etgia** *f relig* Ketzerei *f*; **~ètic, -a** *adj* **1.** häretisch; **2.** *fig* ketzerisch

hereu, -eva *m/f* Erbe, -in *m/f*

hermafrodita 1. *adj m/f biol* zwittrig; **2.** *m/f* Zwitter *m*

hermenèutic, -a *adj* hermeneutisch, deutend; **~a** *f* Hermeneutik *f*

herm/ètic, -a *adj* hermetisch; **~etisme** *m lit* Hermetismus *m*

hèrnia f med (Eingeweide)Bruch m, Hernie f

herniat, -ada adj bruchleidend

hero/i, -oïna 1. m/f 1. Held, -in m/f; 2. mitol Halbgott, -göttin m/f; 3. lit Heros m, Heroin f; **2.** f drog Heroin n; **~ïcitat** f Heldenhaftigkeit f

heroïn/òman, -a 1. adj heroinsüchtig; **2.** m/f Heroinsüchtige, -r f/m; **~omania** f med Heroinsucht f

herpes m med Herpes m

hertz m fís Hertz n; **~ià, -ana** adj fís Hertz...

hesita/ció f lit Unschlüssigkeit f; **~r** vi lit zögern, zaudern

heterod/ox, -a adj heterodox; **~òxia** f Heterodoxie f, Irrlehre f

heterogen/eïtat f Heterogenität f, Verschiedenartigkeit f; **~i, -ènia** adj verschiedenartig, heterogen

heterònim, -a 1. adj ling heteronym; **2.** m Heteronym n

heterosexual 1. adj m/f heterosexuell; **2.** m/f Heterosexuelle, -r f/m; **~itat** f Heterosexualität f

heurístic, -a adj heuristisch; **~a** f Heuristik f

hex/àedre m geom Hexaeder n; **~àgon** m geom Sechseck n, Hexagon n; **~agonal** adj m/f hexagonal, sechseckig; **~agrama** m Hexagramm n; **~àmetre** m Hexameter m; **~asíl·lab, -a 1.** adj sechssilbig; **2.** m Sechssilber m

híbrid, -a 1. adj hybrid; **2.** adj biol Hibride m/f

hibrid/ació f biol Hybridisierung f; **~ar** vt biol hybridisieren; **~isme** m Mischbildung f

hidrat m quím Hydrat n; **~able** adj m/f hydratisierbar; **~ació** f Hydratation f, **~ar** vt quím hydratisieren

hidràulic, -a adj hydraulisch; **~a** f Hydraulik f

hidro/avió m Wasserflugzeug n; **~carbur** m quím Kohlenwasserstoff m; **~dinàmic, -a** adj hydrodynamisch; **~dinàmica** f Hydrodynamik f; **~elèctric, -a** adj hydroelektrisch

hidr/òfob, -a adj hydrophob; **~ofòbia** f Hydrophobie f

hidrogen m quím Wasserstoff m; **~ació** f Hydrierung f; **~ar** vt quím hydrieren

hidrogr/afia f Hydrographie f; **~àfic, -a** adj hydrographisch

hidròlisi f quím Hydrolyse f

hidrol/ogia f Hydrologie f; **~ògic, -a** adj hydrologisch

hidrom/assatge m Wassermassage f; **~etria** f Hydrometrie f; **~ètric, -a** adj hydrometrisch

hidro/sfera f Hydrosphäre f; **~stàtic, -a** adj hydrostatisch; **~stàtica** f Hydrostatik f; **~teràpia** f med Hydrotherapie f; **~termal** adj m/f hydrothermal

hidr/òxid m quím Hydroxyd n; **~ur** m quím Hydrid n

hiena f zool Hyäne f

higi/ene f Hygiene f; **~ènic, -a** adj hygienisch; **~enista** m/f Hygieniker, -in m/f; **~enitzar** vt hygienisch machen

Himàlaia m Himalaja m

himen *m anat* Hymen *n*, Jungfernhäutchen *n*

himn/e *m* Hymne *f*; **~ologia** *f* Hymnologie *f*

hind/ú *m/f* Hindu *m/f*; **~uisme** *m relig* Hinduismus *m*

hip/èrbaton *m ling* Hyperbaton *n*; **~èrbola** *f geom* Hyperbel *f*; **~èrbole** *f geom*, *ling* Hyperbel *f*; **~erbòlic, -a** *adj* hyperbolisch

hiperestèsi/a *f med* Hyperästhesie *f*; **~c, -a** *adj* hyperästhetisch

hipermercat *m* Supermarkt *m*

hipermetropia *f med* Hypermetropie *f*

hipertr/òfia *f med* Hypertrophie *f*; **~ofiar-se** sich krankhaft vergrößern; **~òfic, -a** *adj* 1. hypertrophiert; 2. hypertrophisch

hipisme *m* Reitsport *m*

hipn/osi *f* Hypnose *f*; **~òtic, -a** *adj* hypnotisch; **~otització** *f* Hypnotisieren *n*; **~otitzador, -a** 1. *adj* hypnotisierend; 2. *m/f* Hypnotiseur, -euse *m/f*; **~otitzar** *vt* hypnotisieren

hipocondr/i *m anat* Hypochondrium *n*; **~ia** *f med* Hypochondrie *f*; **~íac, -a** *adj* hypochondrisch

hipocorístic, -a 1. *adj ling* hypokoristisch; 2. *m* Hypokoristikum *n*

hipocràtic, -a *adj* hippokratisch

hip/ocresia *f* Heuchelei *f*; **~òcrita** 1. *adj m/f* scheinheilig, heuchlerisch; 2. *m/f* Heuchler, -in *m/f*

hipòdrom *m esp* Pferderennbahn *f*, Reithalle *f*

hipoglucèmia *f med* Hypoglykämie *f*, Unterzuckerung *f*

hipogrif *m mitol* Hippogryph *m*

hipopòtam *m zool* Nilpferd *n*

hipoteca *f* Hypothek *f*; **~ri, -ària** *adj* hypothekarisch

hipotenusa *f geom* Hypotenuse *f*

hip/òtesi *f* Hypothese *f*; **~otètic, -a** *adj* hypothetisch

hisenda *f* 1. (*finca*) Landgut *n*; 2. (*béns*) Vermögen *n*, Besitz *m*; 3. *fin* Steuerbehörde *f*, Finanzwesen *n*

hisp/ànic, -a *adj* 1. (*d'Hispània*) hispanisch; 2. (*d'Espanya*) spanisch; **~anisme** *m* Hispanismus *m*; **~anista** *m/f* Hispanist, -in *m/f*; **~anitzar** *vt* hispanisieren; **~anitzar-se** sich hispanisieren; **~anoamericà, -ana** *adj* spanisch-amerikanisch

hissar *vt* hissen; **~-se** sich hochziehen

histamina *f biol* Histamin *n*

hist/èria *f* Hysterie *f*; **~èric, -a** 1. *adj* hysterisch; 2. *m/f* Hysteriker, -in *m/f*; **~erisme** *m med* Hysterie *f*

hist/òleg, -òloga *m/f* Histologe, -in *m/f*; **~ologia** *f* Histologie *f*; **~ològic, -a** *adj* histologisch

histoquímica *f* Histochemie *f*

hist/òria *f* 1. Geschichte *f*; 2. (*narració*) Erzählung *f*; **~oriador, -a** *m/f* Historiker, -in *m/f*; **~orial** 1. *adj m/f* geschichtlich, historisch; 2. *m* geschichtlicher Rückblick *m*; **~orial mèdic** Krankengeschichte *f*; **~oriar** *vt* 1. geschichtlich darstellen; 2. illustrieren; **~oriat, -ada** *adj* illustriert; **~òric, -a** *adj* historisch, geschichtlich; **~oricisme** *m* Historizismus *m*; **~oricitat** *f* Geschichtlichkeit *f*,

histrió 414

Historizität f; **~orieta** f Anekdote f; **~orieta il·lustrada** Comic(strip) m; **~oriògraf, -a** m/f Historiograph, -in m/f; **~oriografia** f Historiographie f, Geschichtsschreibung f
histri/ó m teat Histrione m, Mime m; **~ònic, -a** adj Histrionen...
hitlerià, -ana 1. adj Hitler...; 2. m/f Hitleranhänger, -in m/f
hittita 1. adj m/f hethitisch; 2. m/f Hethiter, -in m/f; 3. m ling Hethitisch n
hivern m Winter m; **~acle** m agric Treibhaus n, Gewächshaus n; **~ada** f Winterzeit f; **~ar** vi überwintern
hola! interj hallo!
Holand/a f Holland n; **~*ès, -esa** 1. adj holländisch; 2. m/f Holländer, -in m/f; 3. m ling Holländisch n
holocaust m 1. Brandopfer n; 2. fig Holocaust m, Massenmord m
hol/ògraf, -a adj holographisch; **~ografia** f Holographie f, **~ogràfic, -a** adj holographisch
hom pron man; **~e** 1. m 1. (ésser humà) Mensch m; 2. (mascle) Mann m; 2. **~!** interj Mensch!, Mann!
homenat/ge m 1. Ehrung f; 2. (vassall) Huldigung f; **~jar** vt j-n ehren
home/òpata m/f Homöopath, -in m/f; **~opatia** f med Homöopathie f; **~opàtic, -a** adj homöopathisch
Hom/er m Homer m; **~*èric, -a** adj homerisch
homicid/a 1. adj m/f Mord...; 2. m/f 1. Mörder, -in m/f, Totschläger, -in m/f; 2. jur Täter, -in m/f; **~i** m 1. (voluntari) Mord m, Tötung f; 2. (involuntari) Totschlag m
hom/òfon, -a adj ling homophon; **~ofonia** f Homophonie f
homogen/eïtat f Homogenität f; **~eïtzar** vt homogenisieren; **~i, -ènia** adj homogen, einheitlich
homògraf, -a adj ling homograph
hom/òleg, -òloga adj 1. ähnlich; 2. biol homolog; **~ologació** f jur Bestätigung f; **~ologar** vt jur gerichtlich bestätigen
hom/ònim, -a 1. adj 1. gleichnamig; 2. ling homonym; 2. m/f Namensvetter m, Namensschwester f; 3. m Homonym n; **~onímia** f Homonymie f
homosexual 1. adj m/f homosexuell; 2. m/f Homosexuelle, -r f/m; **~itat** f Homosexualität f
homozigot adj m/f biol homozygot
hondure/ny, -a 1. adj honduranisch, aus Honduras; 2. m/f Honduraner, -in m/f; **~*s** m Honduras n
honest, -a adj 1. (honrat) ehrlich; 2. (cumplidor) pflichtbewusst; **~edat** f Ehrlichkeit f
hong/arès, -esa 1. adj ungarisch; 2. m/f Ungar, -in m/f; 3. m ling Ungarisch n; **~ria** f Ungarn n
honor m Ehre f; **~abilitat** f Ehrbarkeit f; **~able** adj m/f ehrenhaft; **~ari, -ària** adj ehrenamtlich, Ehren...; **~aris** mpl Honorar n; **~ífic, -a** adj ehrend
honr/a f Ehre f; **~ar** vt ehren; **~at, -ada** adj ehrlich, ehrenhaft, anständig; **~ós, -osa** adj ehrend

hoquei *m esp* Hockey *n*; **~ sobre herba** Feldhockey *n*; **~ sobre gel** Eishockey *n*

hora *f* 1. Stunde *f*; 2. (*rellotge*) Uhrzeit *f*; **quina ~ és?** wie viel Uhr ist es?, wie spät ist es?; 3. (*temps*) Zeit *f*

horabaixa *f bal* Abenddämmerung *f*

Horaci *m* Horaz *m*; **~*à, -ana** *adj* horazisch

horari, -ària 1. *adj* stündlich, Stunden...; 2. *m* 1. (*escolar*) Stundenplan *m*; **~ d'atenció** *univ* Sprechstunde *f*; 2. (*tren, bus*) Fahrplan *m*; 3. (*consulta*) Sprechzeiten *fpl*; **~ comercial** *com* Öffnungszeiten *fpl*

horitz/ó *m* Horizont *m*; **~ontal** 1. *adj m/f* horizontal, waag(e)recht; 2. *f* Horizontale *f*

hormona *f biol* Hormon *n*; **~l** *adj m/f* Hormon..., hormonal, hormonell

horòscop *m astrol* Horoskop *n*

horr/ible *adj m/f* schrecklich, furchtbar; **~ipilant** *adj m/f* haarsträubend; **~or** *m* 1. (*por*) Entsetzen *n*; 2. (*aversió*) Horror *m*; **~oritzar** *vt* entsetzen; **~oritzar-se** sich entsetzen; **~orós, -osa** *adj* entsetzlich, schrecklich

hort *m* 1. *agric* Gemüsegarten *m*; 2. (*fruiter*) Obstgarten *m*; **~a** *f agric* Gartenland *n*; **~alissa** *f agric* (Garten)Gemüse *n*

hortènsia *f bot* Hortensie *f*

hort/ícola *adj m/f* Gartenbau...; **~icultor, -a** *m/f* Gärtner, -in *m/f*; **~icultura** *f* Gartenbau *m*, Hortikultur *f*

hospici *m* Armenhaus *n*; **~à, -ana** *m/f* Armenhäusler, -in *m/f*

hospital *m med* Krankenhaus *n*, Hospital *n*; **~ari, -ària** *adj* gastfreundlich, gastlich; **~itat** *f* Gastfreundschaft *f*; **~ització** *f* Einweisung *f* ins Krankenhaus; **~itzar** *vt* ins Krankenhaus einweisen

host *f mil* Heer *n*

hostal/l *m* Gasthaus *n*; **~ler, -a** *m/f* (Gast)Wirt(in) *m/f*; **~tge** *m* Beherbergung *f*; **~tjar** *vt* beherbergen; **~tjar-se** herbergen, wohnen

hoste, -essa 1. *m/f* 1. (*allotjat*) Gast *m*; 2. (*allotjador*) Gastgeber, -in *m/f*; 2. *f* 1. (*fira, congrès*) (Messe)Hostess *f*; 2. (*vol*) Stewardess *f*

hòstia 1. *f* 1. *relig* Hostie *f*; 2. *vulg* (*bufetada*) Ohrfeige *f*; (*cop*) Schlag *m*; 2. *interj* 1. *col·loq* (*enuig*) Scheiße!; 2. *col·loq* (*entusiasme*) Mensch!

hostil *adj m/f* feindselig; **~itat** *f* Feindseligkeit *f*

hotel *m* Hotel *n*; **~er, -a** *adj* Hotel...; **~eria** *f* Hotelgewerbe *n*

hui *adv val* heute

huit *adj inv val* acht

hum/à, -ana 1. *adj* menschlich, Menschen...; 2. *m* (*ésser humà*) Mensch *m*; **~anament** *adv* menschlich; **~anisme** *m* Humanismus *m*; **~anista** *m/f* Humanist, -in *m/f*; **~anístic, -a** *adj* humanistisch; **~anitari, -ària** *adj* humanitär; **~anitat** *f* 1. Menschheit *f*; 2. (*qualitat*) Humanität *f*; **~anitzar** *vt* humanisieren; **~anitzar-se** menschlicher werden

humectant *adj m/f* befeuchtend

húmer *m anat* Oberarmknochen *m*, Humerus *m*

humidificador *m* Luftbefeuchter *m*

humil *adj m/f* 1. (*modest*) bescheiden; 2. (*socialment*) einfach; **~iació** *f* 1. Demütigung *f*; 2. Erniedrigung *f*; **~iant** *adj m/f* 1. demütigend; 2. erniedrigend; **~iar** *vt* 1. (*degradar*) demütigen; 2. (*avergonyir*) beschämen; **~iar-se** 1. sich beugen; 2. sich demütigen; 3. sich erniedrigen; **~itat** *f* 1. Demut *f*; 2. Niedrigkeit *f*

humit, -ida *adj* feucht; **~at** *f* Feuchtigkeit *f*

humor *m* 1. (*qualitat*) Humor *m*; 2. (*ànim*) Laune *f*; **~ista** *m/f* Humorist, -in *m/f*; **~ístic, -a** *adj* humoristisch

humus *m* Humus *m*

huracà *m* Orkan *m*

I

i I 1. *f* i, I *n*; 2. *conj* und

IAE Impost d'Activitats Econòmiques *m* Gewerbesteuer *f*

iambe *m* Jambus *m*, Jambe *f*

iàmbic, -a *adj* jambisch

ianqui 1. *adj m/f* Yankee...; 2. *m/f* Yankee *m/f*

iarda *f* Yard *n*

ib/er, -a *m/f* Iberer, -in *m/f*; **~*èria** *f* Iberien *n*; **~èric, -a** *adj* iberisch

Iberoam/èrica *f* Iberoamerika *n*; **~*ericà, -ana** 1. *adj* iberoamerikanisch; 2. *m/f* Iberoamerikaner, -in *m/f*

IBI Impost sobre Béns Immobles *m* Grundsteuer *f*

iceberg *m* Eisberg *m*

icònic, -a *adj* ikonisch, bildhaft

iconocl/asta *m/f* Ikonoklast, -in *m/f*; **~àstic, -a** *adj* ikonoklastisch

icon/ògraf, -a *m/f* Ikonograph, -in *m/f*; **~ografia** *f* Ikonographie *f*

ics *f* (*nom lletra*) x, X *n*

icterícia *f med* Gelbsucht *f*, Ikterus *m*

icti/òleg, -òloga *m/f* Ichthyologe, -in *m/f*; **~ologia** *f* Ichthyologie *f*, Fischkunde *f*; **~ològic, -a** *adj* ichthyologisch

idea *f* 1. (*pensament*) Idee *f*, Gedanke *m*; 2. (*concepte*) Vorstellung *f*, Bild *n*; **ni ~** keine Ahnung *f*; 3. *filos* Idee *f*, Begriff *m*

ideal 1. *adj m/f* 1. (*perfecte*) ideal, Ideal...; 2. (*imaginari*) ideell; **2.** *m* Ideal *n*; **~isme** *m* Idealismus *m*; **~ista** 1. *adj m/f* idealistisch; 2. *m/f* Idealist, -in *m/f*; **~itat** *f* Idealität *f*; **~ització** *f* Idealisierung *f*; **~itzar** *vt* idealisieren

idear *vt* sich ausdenken, erfinden

idèntic, -a *adj* identisch (a mit)

identi/ficable *adj m/f* identifizierbar; **~ficació** *f* Identifizierung *f*; **~ficar** *vt* identifizieren; **~ficar-se** 1. sich ausweisen; 2. sich identifizieren (amb mit); **~tat** *f* 1. (*coincidència*) Übereinstimmung *f*, Gleichheit *f*; 2. (*personalitat*) Identität *f*; 3. (*document*) Personalien *pl*

ideograma *m* Ideogramm *n*

ide/òleg, -òloga *m/f* Ideologe, -in *m/f*;

~ologia f Ideologie f; **~ològic, -a** adj ideologisch

id/il·li m 1. Idylle f; 2. (relació amorosa) Romanze f; **~íl·lic, -a** adj idyllisch

idiom/a m Sprache f; **~àtic, -a** adj 1. sprachlich; 2. ling idiomatisch

idiosincràsi/a f Idio(syn)krasie f; **~c, -a** adj 1. eigenartig; 2. idiosynkratisch

idiota 1. adj m/f idiotisch, blödsinnig, schwachsinnig; **2.** m/f 1. (estúpid) Idiot, -in m/f, Dummkopf m; 2. med Schwachsinnige, -r f/m

ídol m 1. (persona) Idol n; 2. (divinitat) Götze m; 3. (efigie) Götzenbild n

id/òlatra 1. adj m/f Götzen...; **2.** m/f Götzendiener, -in m/f; **~olatrar** 1. vt fig anbeten, vergöttern; 2. vi Götzen anbeten; **~olatria** f Idolatrie f, Götzendienst m

idon/eïtat f Eignung f; **~i, -ònia** adj geeignet, tauglich, passend

Iemen m Jemen m

ien m Yen m, Jen m

iglú m Iglu m

ign/ició f Verbrennung f; **~ífug, -a** adj tecn feuerfest

ignom/ínia f Schmach f, Schande f; **~iniós, -osa** adj schmachvoll

ignor/ància f Unwissenheit f, lit Ignoranz f; **~ant** 1. adj m/f 1. unwissend, ignorant; 2. (incult) ungebildet; **2.** m/f Ignorant, -in m/f; **~ar** vt 1. nicht kennen, nicht wissen; 2. (no fer cas) ignorieren

igual 1. adj m/f gleich; **2.** adv 1. gleich; **~ que** genauso wie; **per ~** gleich; 2. fig vielleicht; **3.** m mat Gleichheitszeichen n; ♦ **ésser ~** egal sein, gleichgültig sein; **~ació** f 1. Gleichmachung f; 2. Ausgleich m; **~ar** vt gleichmachen, gleichstellen; **~ar-se** sich ausgleichen; **~itari, -ària** adj egalitär; **~itarisme** m Egalitarismus m; **~ment** adv auch, gleichfalls, ebenfalls; **~tat** f 1. (uniformitat) Gleichheit f; 2. (semblança) Ähnlichkeit f; 3. mat Kongruenz f

iguana f zool Leguan m

illa f 1. geol Insel f, Eiland n elev; 2. (de cases) (Häuser)Block m

il·legal adj m/f ungesetzlich, illegal; **~itat** f Ungesetzlichkeit f, Illegalität f

il·legib/ilitat f Unlesbarkeit f; **~le** adj m/f unlesbar

il·leg/ítim, -a adj ungesetzlich; **~itimitat** f Unrechtmäßigkeit f

illenc, -a 1. adj Insel...; **2.** m/f Inselbewohner, -in m/f

il·lès, -esa adj unverletzt, unversehrt

il·l/ícit, -a adj unzulässig; **~icitud** f Unzulässigkeit f

il·limita/ble adj m/f unbegrenzbar; **~t, -ada** adj unbegrenzt

il·lògic, -a adj unlogisch

illot m Inselchen n, Eiland n

il·lumin/ació f 1. Beleuchtung f; 2. fig Illumination f; **~ar** vt erleuchten, beleuchten; **~at, -ada** m/f 1. Schwärmer, -in m/f; 2. obsol Illuminat m; **~isme** m Illuminatenlehre f

il·lús, -usa 1. adj weltfremd, verträumt; **2.** m/f Schwärmer, -in m/f

il·lus/ió f 1. Illusion f, Täuschung f; 2. (esperança) Hoffnung f; 3. (somni)

il·lustració

Traum *m*; ♦ **fer ~ió** sich freuen; **ferse ~ions** sich Illusionen machen; **~ionar** *vt* täuschen, *lit* illusionieren; **~ionar-se** sich Illusionen machen; **~ionisme** *m* 1. *filos* Illusionismus *m*; 2. Zauberkunst *f*; **~ionista** 1. *adj m/f* 1. illusionistisch; 2. Zauber(kunst)...; **2.** *m/f* 1. Illusionist, -in *m/f*; 2. Zauberkünstler, -in *m/f*; **~ori, -òria** *adj* illusorisch, trügerisch

il·lustra/ció *f* 1. Bild *n*, Illustration *f*; 2. *fig* Erläuterung *f*; **~dor, -a** 1. *adj* illustrierend; **2.** *m/f* Illustrator, -in *m/f*; **~r** *vt* illustrieren, bebildern; 2. veranschaulichen, erläutern; **~r-se** sich bilden; **~t, -ada** 1. *adj* bebildert, illustriert; **2.** *m/f obsol* Aufklärer, -in *m/f*

il·lustre *adj m/f* berühmt, glanzvoll

imagina/ble *adj m/f* denkbar, vorstellbar; **~ció** *f* Vorstellung *f*, Einbildung *f*; **~r** *vt* 1. sich vorstellen; 2. (*suposar*) vermuten, annehmen; **~ri, -ària** *adj* imaginär, erfunden, eingebildet; **~r-se** sich vorstellen

imam *m* Imam *m*

imant *m* Magnet *m*; **~ació** *f* Magnetisierung *f*; **~ar** *vt fís* magnetisieren

imatge *f* 1. Bild *n*; 2. (*prestigi*) Image *n*

imbècil *adj m/f* 1. blöd(e), dumm; 2. *med* imbezil, schwachsinnig; **~ecil·litat** *f* 1. Blödsinn *m*, Dummheit *f*; 2. *med* Imbezillität *f*

imberbe *adj m/f* bartlos

imita/ble *adj m/f* nachahmbar; **~ció** *f* Nachahmung *f*, Imitation *f*; **~dor, -a** 1. *adj* nachahmend; 2. *m/f* Nachahmer, -in *m/f*; **~r** *vt* 1. (*copiar*) nachmachen; 2. (*parodiar*) nachahmen, imitieren; 3. (*assemblar-se*) ähneln

immaculat, -ada *adj* unbefleckt, fleckenlos

immadur, -a *adj* unreif; **~esa** *f* Unreife *f*

imman/ència *f* Immanenz *f*; **~ent** *adj m/f* immanent

immediat, -a *adj* unmittelbar, sofortig, unverzüglich; **~ament** *adv* unmittelbar, sofort

immemor/able *adj m/f* uralt; **~ial** *adj m/f* uralt

immens, -a *adj* unermesslich, immens; **~itat** *f* 1. Unermesslichkeit *f*; 2. Unendlichkeit *f*

immerescut, -uda *adj* unverdient

immer/gir *vt* (ein)tauchen (**en** in); **~girse** (ein)tauchen (**en** in); **~s, -a** *adj* abgetaucht; **~sió** *f* (Ein)Tauchen *n*

immigra/ció *f* Immigration *f*, Einwanderung *f*; **~nt** *m/f* Immigrant, -in *m/f*, Einwanderer, -in *m/f*; **~r** *vi* immigrieren, einwandern

immillorable *adj m/f* unübertrefflich

immin/ència *f* nahes Bevorstehen *n*; **~ent** *adj m/f* nahe bevorstehend, imminent, drohend

imm/òbil *adj m/f* bewegungslos; **~obilitzar** *vt* 1. lähmen; 2. *med* ruhig stellen; 3. *com* (fest) anlegen

immobili/ari, -ària *adj* 1. Immobiliar...; 2. *com* Immobilien...; **~ària** *f* Immobilienunternehmen *n*

immobili/sme *m* Immobilismus *m*; **~tat** *f* Unbeweglichkeit *f*; **~tzació** *f*

implorar

1. Unbeweglichmachen *n*; 2. Festlegung *f*
immola/ció *f* Opferung *f*; **~r** *vt* opfern; **~r-se** sich (auf)opfern (**per** für)
immoral *adj m/f* unmoralisch; **~itat** *f* Unsittlichkeit *f*
immortal *adj m/f* unsterblich; **~itat** *f* Unsterblichkeit *f*; **~itzar** *vt* 1. unsterblich machen; 2. verewigen
immun/e *adj m/f* immun; **~itat** *f* Immunität *f*; **~itzar** *vt* immunisieren; **~odeficiència** *f* Immunschwäche *f* des Immunsystems; **~ologia** *f med* Immunitätsforschung *f*, Immunologie *f*
immuta/bilitat *f* Unveränderlichkeit *f*; **~ble** *adj m/f* unveränderlich; **~r** *vt* verändern, umwandeln; **~r-se** verstört werden
impaci/ència *f* Ungeduld *f*; **~ent** *adj m/f* ungeduldig; **~entar** *vt* ungeduldig machen; **~entar-se** ungeduldig werden
impact/ar *vi* einschlagen; **~e** *m* 1. (*tret*) Einschlag *m*; 2. (*emocional*) Schlag *m*; 3. (*efecte*) Wirkung *f*
impagable *adj m/f* unbezahlbar
imparcial *adj m/f* unparteiisch; **~itat** *f* Unparteilichkeit *f*
impecable *adj m/f* 1. (*nou*) tadellos, einwandrei; 2. (*correcte*) makellos
impedi/ment *m* (Ver)Hinderung *f*; **~r** *vt* 1. (*impossibilitar*) verhindern; 2. (*obstaculitzar*) behindern, aufhalten
impensable *adj m/f* undenkbar
impera/r *vi* herrschen; **~tiu, -iva 1.** *adj* befehlend, imperativisch; **2.** *m ling* Imperativ *m*

imperdible *f* Sicherheitsnadel *f*
imperfec/ció *f* Unvollkommenheit *f*; **~te, -a 1.** *adj* 1. (*persona*) unvollkommen; 2. (*cosa*) unvollständig; 3. *ling* imperfektisch; **2.** *m ling* Imperfekt *m*
imperi *m* Reich *n*, Imperium *n*; **~al** *adj m/f* herrschaftlich; **~alisme** *m pol* Imperialismus *m*; **~alista 1.** *adj m/f* imperialistisch; **2.** *m/f* Imperialist, -in *m/f*
impermeab/ilitat *f* Undurchlässigkeit *f*; **~ilització** *f tecn* Imprägnierung *f*; **~ilitzar** *vt* abdichten, imprägnieren; **~le 1.** *adj m/f* 1. (wasser)dicht, undurchlässig; **2.** *m* Regenmantel *m*
impersonal *adj m/f* unpersönlich; **~itat** *f* Unpersönlichkeit *f*
impertin/ència *f* Ungehörigkeit *f*, Frechheit *f*; **~ent 1.** *adj m/f* 1. (*insolent*) impertinent, unverschämt, frech; 2. (*inoportú*) unpassend, unangebracht; **2.** *m/f* unverschämte Person *f*
ímpetu *m* Schwung *m*, Elan *m*
impetuós, -osa *adj* ungestüm, stürmisch
implacable *adj m/f* unversöhnlich
implant *m med* Implantat *n*; **~ació** *f* 1. Einpflanzung *f*; 2. *med* Implantation *f*; **~ar** *vt* 1. (*establir*) errichten, aufbauen; 2. (*introduir*) einführen; 3. *med* einpflanzen, implantieren
impl/icació *f* 1. Einbeziehung *f*; 2. *jur* Verwicklung *f*; **~icar** *vt* 1. (*relacionar*) verwickeln; 2. (*contenir*) enthalten, beinhalten, implizieren; 3. (*significar*) bedeuten; **~ícit, -a** *adj* implizit
implorar *vt* anflehen, erflehen

imponent

imponent *adj m/f* beeindruckend, imponierend

import *m* Betrag *m*; **~ància** *f* 1. Bedeutung *f*, Wichtigkeit *f*; 2. (*prestigi*) Geltung *f*, Einfluss *m*; **~ant** *adj m/f* 1. bedeutend, wichtig; 2. (*persona*) berühmt, einflussreich; **~ar** 1. *vt* (*mercaderia*) importieren, einführen; 2. *vi* wichtig sein

importa/ble *adj m/f* einführbar; **~ció** *f* Einfuhr *f*, Import *m*

impos/ar *vt* 1. auflegen; 2. (*obligar*) auferlegen, aufbürden; 3. (*respecte*) einflößen; 4. *econ* einlegen; **~ició** *f* 1. Auferlegung *f*; 2. Nötigung *f*; 3. *econ* Einlage *f*

impossib/ilitar *vt* unmöglich machen; **~ilitat** *f* Unmöglichkeit *f*; **~ilitat, -ada** 1. *adj* körperbehindert; 2. *m/f* Körperbehinderte, -r *f/m*; **~le** 1. *adj m/f* 1. (*irrealitzable*) unmöglich; 2. (*insuportable*) unerträglich; 2. *m* Unmögliche(s) *n*

impost *m fin* Steuer *f*, Abgabe *f*; **~ sobre la renda** Einkommensteuer *f*

impostor, -a *m/f* Betrüger, -in *m/f*, Schwindler, -in *m/f*

impot/ència *f* 1. Ohnmacht *f*; 2. Impotenz *f*; **~ent** *adj m/f* 1. ohnmächtig, machtlos; 2. impotent

imprec/ís, -isa *adj* ungenau, unbestimmt; **~isió** *f* Ungenauigkeit *f*

impregna/ble *adj m/f* imprägnierbar; **~r** *vt* 1. imprägnieren; 2. (*penetrar*) durchtränken; **~r-se** sich voll saugen (**de** mit)

impr/emta *f* 1. (*tècnica*) (Buch)Druck *m*; 2. (*art*) Buchdruckerkunst *f*; 3. (*taller*) (Buch)Druckerei *f*; **~ès, -esa** 1. *adj* 1. (*lletra*) gedruckt; 2. (*paper*) bedruckt; 2. *inv* 1. (*full, llibre*) Druckerzeugnis *n*; 2. (*formulari*) Formular *n*, Vordruck *m*

imprescindible *adj m/f* unerlässlich, unumgänglich, unentbehrlich

impresentable *adj m/f* 1. nicht vorzeigbar; 2. *fig* schlampig

impressi/ó *f* 1. *impr* Druck *m*; 2. (*opinió*) Eindruck *m*; 3. *informàt* Ausdruck *m*; 4. *foto* Abzug *m*; **~onant** *adj m/f* beeindruckend, eindrucksvoll; **~onar** *vt* 1. beeindrucken, erschüttern; 2. *foto* belichten; **~onar-se** beeindruckt sein; **~onisme** *m* (*art*) Impressionismus *m*; **~onista** 1. *adj m/f* impressionistisch; 2. *m/f* Impressionist, -in *m/f*

imprevis/ible *adj m/f* unvorhersehbar; **~t, -a** 1. *adj* 1. unvorhergesehen; 2. (*inesperat*) unerwartet; 2. *m* Unvorhergesehenes *n*

imprimi/ble *adj m/f* druckfähig; **~r** *vt* 1. *impr* drucken (**en** auf); 2. *informàt* ausdrucken; 3. (*estampar*) aufdrucken, aufprägen

improbable *adj m/f* unwahrscheinlich

impronunciable *adj m/f* unaussprechbar

improvable *adj m/f* unwahrscheinlich

improvisa/ció *f* 1. Improvisieren *n*; 2. *mús* Improvisation *f*; **~r** *vt* improvisieren

imprud/ència *f* 1. Unüberlegtheit *f*; 2. Unklugheit *f*; 3. *jur* Fahrlässigkeit *f*;

~ent *adj m/f* 1. (*insensat*) unvernünftig, unklug; 2. (*incaut*) unvorsichtig; 3. *jur* fahrlässig

impugna/ble *adj m/f* anfechtbar; **~r** *vt* anfechten

impuls *m* 1. (*estímul*) Anstoß *m*, Antrieb *m*, Impuls *m*; 2. (*moviment*) Stoß *m*; **~ar** *vt* 1. (*estimular*) antreiben; 2. (*incitar*) veranlassen (zu), bewegen (zu); 3. (*arrossegar*) schieben

impur, -a *adj* 1. unrein; 2. *fig* unkeusch; **~esa** *f* 1. *relig* Unreinheit *f*; 2. (*brutícia*) Verunreinigung *f*

inaugura/ció *f* 1. Einweihung *f*; 2. Eröffnung *f*; **~r** *vt* einweihen, eröffnen

incandesc/ència *f* Weißglut *f*; **~ent** *adj m/f fís* weißglühend

incapa/ç *adj m/f* unfähig; **~citar** *vt* 1. unfähig machen; 2. *jur* unfähig erklären; **~citat** *f* 1. Unfähigkeit *f*; **~citat física** Körperbehinderung *f*; **~citat laboral** Arbeitsunfähigkeit *f*; **~citat mental** geistige Behinderung *f*; 2. *jur* mangelnde Berechtigung *f*

incendi *m* Brand *m*, Feuer *n*; **~ forestal** Waldbrand *m*; **~ar** *vt* 1. (*sense intenció*) entzünden; 2. (*amb intenció*) anzünden, in Brand stecken; **~ar-se** Feuer fangen

incenti/u *m* Anreiz *m*; **~var** *vt* reizen, anspornen, anregen (**a** zu)

incert, -a *adj* ungewiss, unsicher; **~esa** *f* 1. Ungewissheit *f*; 2. Unbestimmtheit *f*

incid/ència *f* Auswirkung *f*; **~ent** *m* Vorfall *m*, Zwischenfall *m*; **~ir** *vi* 1. (*en un error*) verfallen (**en** in); 2. (*produir-se*) Einfluss nehmen (**en** auf); 3. *fís* einfallen (**en** in); 4. (*tema*) hervorheben

incinera/ció *f* Einäscherung *f*; **~r** *vt* 1. verbrennen; 2. (*un mort*) einäschern

incisiu, -iva 1. *adj* schneidend; **2.** *f anat* Schneidezahn *m*, Inzisivzahn *m*

incitar *vt* ermuntern, anspornen

inclina/ció *f* 1. Neigung *f*; 2. (*reverència*) Verneigung *f*; 3. (*afecte*) Zuneigung *f*; **~r** *vt* neigen, beugen; **~r-se** sich beugen

incl/òs, -osa *adj* inbegriffen; **~oure** *vt* einschließen, beinhalten

incògnita *f* 1. *mat* Unbekannte *f*; 2. (*enigma*) Rätsel *n*; 3. (*secreto*) Geheimnis *n*

incoher/ència *f* Zusammenhanglosigkeit *f*, Inkohärenz *f*; **~ent** *adj m/f* unzusammenhängend, inkohärent

inc/omodar *vt* belästigen; **~òmode, -a** *adj* 1. unbequem; 2. unbehaglich; **~omoditat** *f* 1. Unbequemlichkeit *f*; 2. Unbehaglichkeit *f*

incomplet, -a *adj* unvollständig, unvollkommen

incongru/ència *f* 1. mangelnde Übereinstimmung *f*; 2. *mat* Inkongruenz *f*; **~ent** *adj m/f* 1. unvereinbar, ungehörig; 2. *ling* inkongruent

inconsci/ència *f* 1. Unbewusstheit *f*; 2. Bewusstlosigkeit *f*; **~ent** *adj m/f* 1. *med* bewusstlos; 2. (*insensat*) gedankenlos

inconveni/ència *f* 1. Unangebrachtheit *f*; 2. Unschicklichkeit *f*; **~ent 1.** *adj m/f* unangemessen; **2.** *m* Nachteil *m*, Schwachpunkt *m*

incorpora/ció f Eingliederung f, Aufnahme f; **~r** vt 1. (*integrar*) einbinden, eingliedern (**a** in); 2. (*a un grup*) aufnehmen (**a** in); 3. *mil* einziehen (**a** zu); **~r-se** 1. (*treball*) sich einfinden; 2. (*entrar en un grup*) sich anschließen

incr/èdul, -a 1. *adj* ungläubig; **2.** *m/f* 1. (*desconfiat*) Skeptiker, -in *m/f*; 2. *relig* Ungläubige, -r *f/m*; **~edulitat** f Ungläubigkeit f; **~eïble** *adj m/f* unglaublich, außergewöhnlich

increment *m* Erhöhung f, Zunahme f; **~ar** vt erhöhen, steigern

incuba/dora f *med* Brutkasten *m*, Inkubator *m*; **~r** vt (aus)brüten

inculpa/ció f Beschuldigung f; **~r** vt beschuldigen

incursió f Einfall *m*, Eindringen *n*

indec/ència f 1. Unanständigkeit f; 2. Gemeinheit f; **~ent** *adj m/f* 1. (*desvergonyit*) schamlos, unverschämt; 2. (*obscè*) unanständig, obszön; 3. (*brut*) anstößig; **~ís, -isa** *adj* unentschlossen, unentschieden; **~isió** f Unentschiedenheit f

indefens, -a *adj* wehrlos, schutzlos

indefinit, -ida *adj* 1. unbestimmt; 2. *ling* indefinit

indemnitza/ció f Entschädigung f; **~r** vt entschädigen (**per** für)

independ/ència f Unabhängigkeit f; **~ent** *adj m/f* unabhängig, selbstständig; **~itzar** vt unabhängig machen

indeterminat, -ada *adj* unbestimmt

índex *m* 1. (*d'un llibre*) Inhaltsverzeichnis *n*; 2. *anat* (*dit*) Zeigefinger *m*; 3. (*estadística*) Ziffer f, Quote f, Index *m*

indi, índia 1. *adj* 1. (*Índia*) indisch; 2. (*Amèrica*) indianisch; **2.** *m/f* 1. (*Índia*) Inder, -in *m/f*; 2. (*Amèrica*) Indianer, -in *m/f*

Índia f Indien *n*

índic, -a *adj* indisch

indic/ació f 1. (*senyal*) Zeichen *n*, Hinweis *m*; 2. (*consell*) Tipp *m*, Wink *m*; 3. *med* Anzeichen *n*, Symptom *n*; 4. Angabe f; **~ador, -a 1.** *adj* Hinweis...; **2.** *m* 1. Anzeiger *m*; 2. *quím* Indikator *m*; **~ar** vt 1. anzeigen, angeben; 2. (*informar*) hinweisen (**+ CD** auf); **~i** *m* (An)Zeichen *n*, Indiz *n*

indifer/ència f Gleichgültigkeit f, Indifferenz f; **~ent** *adj m/f* gleichgültig, desinteressiert

indígena 1. *adj m/f* eingeboren, einheimisch; **2.** *m/f* Eingeborene, -r *f/m*, Ureinwohner, -in *m/f*

indigestió f *med* Verdauungsstörung f

indign/ació f Entrüstung f, Empörung f; **~ar** vt empören; **~e, -a** *adj* unwürdig

indirecte, -a 1. *adj* indirekt, mittelbar; **2.** f *col·loq* Anspielung f

indispensable *adj m/f* unerlässlich, unabdingbar

individu, -ídua 1. *adj* unteilbar; **2.** *m/f* 1. Individuum *n*, Einzelwesen *n*; 2. *desp* Typ *m*, Kerl *m*; **~al** *adj m/f* individuell, einzigartig, Einzel...; **~alitat** f Individualität f; **~alitzar** vt individualisieren

indocumentat, -ada *adj* ohne Ausweispapiere

indon/esi, -èsia 1. *adj* indonesisch; **2.**

m/f Indonesier, -in *m/f*; **~*èsia** *f* Indonesien *n*

Indoxin/a *f* Indochina *n*; **~ès, -esa** 1. *adj* indochinesisch; 2. *m/f* Indochinese, -in *m/f*

indret *m* Ort *m*, Platz *m*, Stelle *f*

indultar *vt* begnadigen

indumentària *f têxtil* Kleidung *f*

ind/ústria *f* 1. (*sector*) Industrie *f*; 2. (*empresa*) Betrieb *m*, Unternehmen *n*; **~ustrial** 1. *adj m/f* industriell, gewerblich; 2. *m/f* Industrielle, -r *f/m*

inepte, -a *adj* unfähig

inesperat, -ada *adj* unerwartet, unvorhergesehen

inex/acte, -a *adj* ungenau, unrichtig, falsch; **~actitud** *f* Ungenauigkeit *f*; **~istència** *f* Nichtvorhandensein *n*, *lit* Inexistenz *f*; **~istent** *adj m/f* inexistent, nicht vorhanden

infl/ame *adj m/f* 1. ehrlos; 2. infam, niederträchtig; **~àmia** *f* 1. (*deshonra*) Schande *f*; 2. (*vilesa, maldat*) Gemeinheit *f*

infància *f* Kindheit *f*

infant *m* 1. Kind *n*; 2. (*príncep*) Infant *m*; 3. *mil* Infanterist *m*; **~a** *f* (*princesa*) Infantin *f*; **~eria** *f mil* Infanterie *f*; **~esa** *f* Kindheit *f*; **~il** *adj m/f* Kinder..., *desp* kindisch

infart *m* Infarkt *m*; **~ cerebral** Gehirninfarkt *m*; **~ de miocardi** Herzinfarkt *m*

infec/ció *f med* Infektion *f*; **~tar** *vt* 1. *med* (*contagiar*) infizieren, anstecken; 2. (*contaminar*) verseuchen; **~tar-se** 1. *med* (*contagiar-se*) sich infizieren, sich anstecken; 2. *med* (*inflamar-se*) sich entzünden; **~tat, -ada** *adj* infizierend, ansteckend; **~tiu, -iva** *adj* infizierend, ansteckend

inferior 1. *adj m/f* 1. (*més avall*) untere, niedere; 2. (*menys qualitat*) minderwertiger (**a** als); 3. (*menor importància*) niedriger (**a** als); 2. *m/f* Untergebene, -r *f/m*; **~itat** *f* 1. Unterlegenheit *f*; 2. Minderwertigkeit *f*

infermer, -a *m/f* Krankenpfleger *m*, Krankenschwester *f*

infern *m* 1. *relig* Hölle *f*; 2. *mitol* Unterwelt *f*; **~al** *adj m/f* höllisch, Höllen...

infidel *adj m/f* 1. untreu; 2. *relig* ungläubig; **2.** *m/f* Ungläubige, -r *f/m*; **~itat** *f* Untreue *f*

infiltra/ció *f* Einsickern *n*, Infiltration *f*; **~r** *vt* infiltrieren (**en** in); **~r-se** einsickern (**en** in)

infinit, -a 1. *adj* unendlich, endlos; 2. *m* Unendliche(s) *n*; **~at** *f* Unmenge *f*

infinitiu *m ling* Infinitiv *m*

inflació *m* 1. Aufpumpen *n*; 2. *econ* Inflation *f*

inflama/ble *adj m/f* entzündbar, brennbar; **~r** *vt* 1. *med* entzünden; 2. *fig* entflammen

inflar *vt* aufblasen; **~-se** anschwellen

inflexib/ilitat *f* 1. Unbiegsamkeit *f*; 2. *fig* Unbeugsamkeit *f*; **~le** *adj m/f* unbiegsam

influ/ència *f* Einfluss *m*; ♦ **tenir ~ències** Beziehungen haben; **~ir** 1. *vt* beeinflussen; 2. *vi* 1. (*contribuir*) beeinflussen; 2. (*actuar*) einwirken (auf)

informa/ció *f* Information *f* (**sobre**

informàtic 424

über), Auskunft f; **~nt** m/f ling Informant, -in m/f; **~r** vt informieren (**sobre** über), benachrichtigen

informàtic, -a 1. adj 1. Datenverarbeitungs..., EDV-...; 2. Computer...; **2.** m/f Informatiker, -in m/f; **~a** f Informatik f

inform/atiu, -iva 1. adj informativ, Informations...; **2.** m Nachrichtensendung f; **~e 1.** adj m/f unförmig; **2.** m Bericht m

infrac/ció f Verstoß m (**de** gegen), strafbare Handlung f; **~tor, -a 1.** adj zuwiderhandelnd; **2.** m/f 1. Zuwiderhandelnde, -r f/m; 2. jur Rechtsbrecher, -in m/f; 3. (trànsit) Verkehrssünder, -in m/f

infraestructura f Infrastruktur f

infusió f 1. med Infus n; 2. (Kräuter) Tee m

ingenu, -ènua adj naiv; **~ïtat** f Naivität f

ingerir vt 1. med einnehmen; 2. (beguda) trinken; (menjar) essen

ingrat, -a adj undankbar (**amb** gegenüber); **~itud** f Undank m

ingr/és m 1. (entrada) Eintritt m; 2. fig (acolliment) Aufnahme f; 3. econ Einnahme f; 4. (en un compte) Einzahlung f; **~essar 1.** vt 1. (en un compte) einzahlen; 2. med einliefern (**a** in); 3. (guanyar) verdienen; **2.** vi 1. eintreten (**a** in); 2. med eingeliefert werden

inhala/ció f Einatmung f; **~r** vt 1. (inspirar) einatmen; 2. med inhalieren

inici m Beginn m; **~al 1.** adj m/f anfänglich, Anfangs...; **2.** f Anfangsbuchstabe f; **~ar** vt 1. (començar) beginnen, anfangen; 2. (introduir) einführen (**en** in); 3. informát booten; **~ativa** f Initiative f, Anregung f

injec/ció f med Injektion f, Spritze f; **~tar** vt (ein)spritzen, injizieren

injust, -a adj ungerecht; **~ícia** f Ungerechtigkeit f

innoc/ència f Unschuld f; **~ent 1.** adj m/f unschuldig; **2.** m/f Unschuldige, -r f/m

innova/ció f Innovation f, Neuerung f; **~r 1.** vt erneuern; **2.** vi Neuerungen einführen

inofensiu, -iva adj harmlos, unschädlich

inorgànic, -a adj anorganisch

inoxidable adj m/f rostfrei, nicht rostend

inquiet, -a adj unruhig, aufgeregt; **~ud** f Unruhe f

inquilí, -ina m/f Mieter, -in m/f

inrevés m Rückseite f; **a l'~** umgekehrt

inscri/pció f 1. adm (registre) Anmeldung f; 2. (en una llista) Eintragung f (**en** in); 3. (text) Inschrift f; **~ure** vt 1. adm (registrar) anmelden (**a** für); 2. (allistar) eintragen (**a** in); 3. (gravar) einmeißeln (**a** in); **~ure's** sich anmelden

insect/e m Insekt n; **~icida 1.** adj inv Insekten tötend; **2.** m Insektizid n, Insektenbekämpfungsmittel n

insegur, -a adj unsicher; **~etat** f Unsicherheit f

ins/igne adj m/f 1. ausgezeichnet; 2. berühmt; **~ígnia** f Abzeichen n, Ehrenzeichen n, Insigne n

insinua/ció f Andeutung f, Anspielung f; **~r** vt andeuten

ins/ípid, -a adj geschmacklos, fade; **~ipidesa** f Geschmacklosigkeit f

insist/ència f Beharrlichkeit f, Nachdruck m; **~ent** adj m/f 1. beharrlich; 2. eindringlich; **~ir** vt 1. (perseverar) bestehen (en auf); 2. (exigir) drängen (en auf); 3. (recalcar) betonen

insolació f 1. meteo Sonneneinstrahlung f, Insolation f; 2. med Sonnenstich m, Insolation f

insolent adj m/f unverschämt, frech

insòlit, -a adj ungewöhnlich

insomni m Schlaflosigkeit f

inspec/ció f 1. Aufsicht f, Besichtigung f; 2. Überprüfung f; **~cionar** vt beaufsichtigen, kontrollieren, inspizieren; **~tor, -a** m/f Inspektor, -in m/f

inspira/ció f 1. (inhalació) Einatmung f; 2. med Inspiration f; 3. (artística) Eingebung f, Inspiration f; **~r** vt 1. (inhalar) einatmen; 2. (idees) inspirieren; **~r-se** sich inspirieren lassen

instància f 1. (sol·licitud) Gesuch n; 2. jur Instanz f

instant m Augenblick m; **a l'~** sofort; **~ani, -ània** 1. adj sofortig, augenblicklich; 2. f foto Momentaufnahme f

instint m Instinkt m; **~iu, -iva** adj instinktiv

institu/ció f Institution f, Einrichtung f; **~onalitzar** vt institutionalisieren; **~onalitzar-se** sich institutionalisieren

institut m 1. (corporació) Institut n; 2. (de secundària) Gymnasium n

instrucció f 1. (ensenyament) Unterricht m, Lehre f; 2. (formació) (Aus)Bildung f; 3. mil Anweisung f, Instruktion f

instrument m 1. (utensili) Instrument n, Werkzeug n; 2. mús (Musik)Instrument n

insuficient adj m/f ungenügend, unzureichend

insular adj m/f insular, Insel...

insuls, -a adj 1. (menjar) geschmacklos, fad(e); 2. (persona) langweilig, fad(e)

insult m Beleidigung f, Beschimpfung f; **~ar** vt beleidigen, beschimpfen

insuportable adj m/f unerträglich

integra/ció f 1. Einbau m; 2. pol Integration f; **~l 1.** adj m/f vollständig, einheitlich; **2.** f mat Integral n; **~r** vt 1. (constituir) bilden; 2. (en conjunt) integrieren; **~r-se** sich integrieren (a in)

íntegre, -a adj 1. (cosa) vollständig; 2. (persona) integer, unbestechlich

intempèrie f meteo schlechtes n Wetter, Ungunst f der Witterung

intenció f Absicht f, Vorsatz m; **amb ~** absichtlich; **segona ~** Hintergedanke m; **sense ~** unabsichtlich

intens, -a adj 1. intensiv; 2. (color) grell; **~itat** f Intensität f; **~iu, -iva** adj intensiv, Intensiv...

intent m Versuch m; **~ar** vt versuchen

intercalar vt einfügen

intercanvi m (Aus)Tausch m; **~ar** vt austauschen, auswechseln

interceptar vt 1. (missatge) abfangen;

interès

2. (*el pas*) hemmen; 3. (*conversació telefònica*) abhören
inter/ès *m* 1. (*importància*) Bedeutung *f*; 2. (*desig*) Interesse *n*; 3. *fin* Zinsen *mpl*; **~essant** *adj m/f* interessant; **~essar** *vt/i* interessieren; **~essar-se** sich interessieren (**en** für)
interior 1. *adj m/f* innere, Innen...; 2. *m* Innere(s) *n*, Innenseite *f*; **~isme** *m* Innenarchitektur *f*
interlocutor, -a *m/f* Gesprächspartner, -in *m/f*
intermedi, -èdia 1. *adj* Zwischen..., dazwischenliegend; 2. *m* Pause *f*; **~ari, -ària** 1. *adj* vermittelnd; 2. *m/f* Vermittler, -in *m/f*
interminable *adj m/f* unendlich, endlos
intermitent 1. *adj m/f* zeitweilig, aussetzend; 2. *m auto* Blinker *m*
intern, -a 1. *adj* innere, intern; 2. *m/f enseny* Internatsschüler, -in *m/f*
internacional *adj m/f* international
internar *vt* 1. (*entrar*) hineinbringen (**a** in); 2. (*hospital*) einweisen (**a** in); 3. *mil* internieren
inter/oceànic, -a *adj* interozeanisch; **~planetari, -ària** *adj* interplanetar(isch)
Interpol *f* Interpol *f*
int/èrpret *m/f* 1. (*actor*) Schauspieler, -in *m/f*; 2. (*traductor*) Dolmetscher, -in *m/f*; 3. *mús* Interpret, -in *m/f*; **~erpretació** *f* 1. *mús* Interpretation *f*; 2. *teat* Spiel *n*; 3. *jur* Auslegung *f*; 4. *ling* Dolmetschen *n*; **~erpretar** *vt* 1. (*un text*) auslegen; 2. (*traduir*) dolmet-

schen; 3. *teat* darstellen; 4. *mús* interpretieren
interroga/ció *f* 1. Frage *f*; 2. *ling* (*signe*) Fragezeichen *n*; **~nt** 1. *adj inv* fragend; **2.** *m* 1. Frage *f*; 2. *ling* (*signe*) Fragezeichen *n*; **~r** *vt* 1. (be)fragen; 2. (*policia*) verhören; **~tori** *m* Verhör *n*
interr/ompre *vt* 1. (*obstruir*) unterbrechen; 2. (*suspendre*) abbrechen; **~upció** *f* 1. (*obstrucció*) Unterbrechung *f*; 2. (*suspensió*) Abbruch *m*; **~uptor** *m electr* Schalter *m*
intersecció *f* 1. Schnittpunkt *m*, Schnittstelle *f*; 2. (*de carrers*) Kreuzung *f*
interval *m* 1. (*de temps*) Zeitraum *m*; **a ~s** in Abständen; 2. *mús* Intervall *n*
interven/ció *f* 1. Dazwischentreten *n*; 2. Vermittlung *f*; 3. *pol* Intervention *f*; 4. *med* Eingriff *m*; **~ir** 1. *vt* 1. *med* operieren; 2. (*incautar*) beschlagnahmen; 3. (*telèfon*) anzapfen; 4. (*correu*) unterschlagen; **2.** *vi* 1. (*prendre part*) teilnehmen (**en** an); 2. (*en conflicte*) eingreifen (**en** an); 3. (*mediar*) vermitteln
intestí *m anat* Darm *m*; **~ prim** Dünndarm *m*; **~ gros** Dickdarm *m*
íntim, -a *adj* 1. innerlich, innerste; 2. (*amic*) eng; 3. (*moment*) gemütlich
intimitat *f* 1. Innigkeit *f*; 2. Intimität *f*
intolera/ble *adj m/f* unerträglich; **~nt** *adj m/f* intolerant
intoxica/ció *f* Vergiftung *f*; **~r** *vt* vergiften
intrèpid, -a *adj* kühn, furchtlos
intriga *f* Intrige *f*; **~r** 1. *vt* beunruhigen; 2. *vi* intrigieren

introdu/cció f 1. Einführung f, Einleitung f; 2. Vorwort n; 3. *mús* Vorspiel n; **~ir** vt 1. einführen; 2. *(objecte)* hineinstecken; 3. *informàt (disquet)* einlegen; *(dades)* eingeben; **~ir-se** eindringen

intrús, -usa 1. *adj* eingedrungen; 2. m/f Eindringling m

intu/ició f 1. Intuition f; 2. Eingebung f; **~ir** vt (vor)ahnen

inunda/ció f Überschwemmung f; **~r** vt überschwemmen

inútil 1. *adj* m/f 1. unbrauchbar, unnütz; 2. *(esforç)* vergeblich; 3. *(sense sentit)* sinnlos; 2. m/f Taugenichts m

invàlid, -a 1. *adj* 1. ungültig; 2. *jur* nichtig; 3. *med* invalid(e); 2. m/f Invalide, -din m/f

invariable *adj* m/f 1. unveränderlich; 2. *mat* invariabel

invasió f Invasion f

inven/ció f Erfindung f; **~t** m Erfindung f; **~tar** vt erfinden; **~tar-se** erfinden, ausdenken; **~tor, -a** m/f Erfinder, -in m/f

invers, -a *adj* umgekehrt; **a la ~a** im Gegensatz; **~ió** f 1. Inversion f, Umkehrung f; 2. *econ* Investition f

invertebrat, -ada *adj* zool wirbellos

invertir vt 1. *(ordre)* umkehren; 2. *econ* anlegen; 3. *(temps)* investieren; 4. *informàt* invertieren

investiga/ció f Forschung f, Untersuchung f; **~dor, -a** 1. *adj* forschend; 2. m/f Forscher, -in m/f; **~r** vt (er)forschen, untersuchen, ermitteln

invisib/ilitat f Unsichtbarkeit f; **~le** *adj* m/f unsichtbar

invita/ció f 1. Einladung f; 2. Aufforderung f; **~r** vt einladen

involuntari, -ària *adj* unfreiwillig, unabsichtlich

invulnerab/ilitat f Unverwundbarkeit f; **~le** *adj* m/f unverletzbar

iode m *quím* Jod n

ioga m Yoga m

iogui m/f Yogi m

iogurt m *gastr* Joghurt m

iot m Jacht f

ira f Wut f, Zorn m

Iran m Iran m; **~*ià, -ana** 1. *adj* iranisch; 2. m/f Iraner, -in m/f; 3. m *ling* Iranisch n

Iraq m Irak m; **~*uià, -ana** 1. *adj* irakisch; 2. m/f Iraker, -in m/f

irascib/ilitat f Jähzorn m; **~le** *adj* m/f jähzornig

iris m 1. *meteo* Regenbogen m; 2. *anat* Iris f, Regenbogenhaut f; 3. *bot (lliri)* Iris f

Irland/a f Irland n; **~*ès, -esa** 1. *adj* irisch; 2. m/f Ire, -in m/f; 3. m *ling* Irisch n

ir/onia f Ironie f; **~ònic, -a** *adj* ironisch

irradia/ció f 1. Ausstrahlung f; 2. Irradiation f; **~r** 1. vt 1. *(emetre)* ausstrahlen; 2. *(radiació)* bestrahlen; 2. vi strahlen

irreal *adj* m/f irreal, unwirklich; **~itat** f 1. Irrealität f; 2. Unwirklichkeit f

irregular *adj* m/f unregelmäßig, irregulär; **~itat** f 1. Unregelmäßigkeit f; 2. *jur* Ordnungswidrigkeit f

irrita/ció f 1. *(excitació)* Aufregung

irrompre

f, Ärger m; 2. med Reizung f; **~r** vt 1. (excitar-se) ärgern, irritieren; 2. med reizen; **~r-se** (enutjar-se) sich aufregen
irr/ompre vi einbrechen, eindringen (**en** in); **~upció** f Einbruch m
isl/am m Islam m; **~àmic, -a** adj islamisch; **~amisme** m Islamismus m; **~amita** m/f Islamit, -in m/f; **~amització** f Islamisierung f; **~amitzar** vt islamisieren; **~amitzar-se** zum Islam übertreten
isl/andès, -esa 1. adj isländisch; 2. m/f Isländer, -in m/f; 3. m ling Isländisch n; **~*àndia** f Island n
isòsceles adj inv geom gleichschenklig
Israel m Israel n; **~lià, -ana** 1. adj israelisch; 2. m/f Israeli m/f; **~*ita** 1. adj m/f iraelitisch, jüdisch; 2. m/f Israelit, -in m/f, Jude, -in m/f; **~*ític, -a** adj israelitisch, jüdisch
Istanbul f Istanbul n
istme m geogr Landenge f
It/àlia f Italien n; **~*alià, -ana** 1. adj italienisch; 2. m/f Italiener, -in m/f; 3. m ling Italienisch n
itinerari, -ària 1. adj Weg...; 2. m 1. Strecke f; 2. ferroc (horari) (Zug)Fahrplan m; 3. aero (vol) Flugstrecke f
iugosl/au, -ava 1. adj jugoslawisch; 2. m/f Jugoslawe, -in m/f; **~*àvia** f Jugoslawien n

J

j J f j, J n
ja adv schon, bereits

jaciment m geol Lagerstätte f, Vorkommen n; **~ de petroli** Erdölvorkommen n
jacint m bot Hyazinthe f
jack m electrón Buchse f
jade m (mineral) Jade m/f
jaguar m zool Jaguar m
Jamaica f Jamaika n
Jap/ó m Japan n; **~*onès, -esa** 1. adj japanisch; 2. m/f Japaner, -in m/f; 3. m ling Japanisch n
jaqu/é m tèxtil Cut(away) m; **~eta** f Jacke f, Sakko m
jard/í m Garten m; **~í botànic** botanischer Garten m; **~í d'infants** Kindergarten m; **~iner, -a** 1. m/f Gärtner, -in m/f; 2. f Blumenkasten m; **~ineria** f Gartenarbeit f
jaure V. jeure
javelina f esp Speer m
jazz m mús Jazz m
Jehovà m bíbl Jehova m
jer/arquia f Hierarchie f, Rangordnung f; **~àrquic, -a** adj hierarchisch; **~arquització** f Hierarchisierung f; **~arquitzar** vt hierarchisieren
jeroglífic, -a 1. adj hieroglyphisch; 2. m 1. Hieroglyphe f; 2. (passatemps) Bilderrätsel n
jersei m Pullover m
Jerusalem f Jerusalem n
Jes/ucrist m Jesus Christus m; **~uïta** 1. adj m/f relig jesuitisch; 2. m Jesuit m; **~ús** m Jesus m
jeure vi 1. liegen; 2. ruhen
jo 1. pron ich; 2. m Ich n
joc m Spiel n; **~ de paraules** Wortspiel

juliol

n; ♦ **fer ~ amb** passen zu; **posar en ~** aufs Spiel setzen; **~ós, -osa** adj spaßig, witzig; **~ositat** f Spaßhaftigkeit f, Lustigkeit f; **~und, -a** adj lit fröhlich; **~unditat** f Fröhlichkeit f

joguina f Spielzeug n

joi/a f 1. Freude f, Wonne f; 2. Juwel n; 3. fig (persona) Schatz m; **~er, -a** 1. m/f Juwelier, -in m/f; 2. m Schmuckkästchen n; **~eria** f 1. (art) Juwelierkunst f; 2. (botiga) Juwelierladen m; **~ós, -osa** adj freudig

jonc m bot Binse f

jònec m junger Ochse m; **~ga** f Förse f

joni, jònia 1. adj ionisch; 2. m/f Ionier, -in m/f

jònic, -a 1. adj ionisch; 2. m ling Ionisch n

jonquera f Binsendickicht n

joquei m esp Jockey m

jordà, -ana 1. adj jordanisch; 2. m/f Jordanier, -in m/f; **~*nia** f Jordanien n

jorn m lit Tag m; **~ada** f Arbeitstag m; **~ada intensiva** durchgehende Arbeitszeit f; **mitja ~ada** halbtags

jornal m Tagelohn m; **~ejar** vi taglöhnern; **~er, -a** m/f Tagelöhner, -in m/f

jota f (nom lletra) Jot n

jou m Joch n

jove 1. adj m/f jung; 2. m/f Junge m, Mädchen n; 3. f (nora) Schwiegertochter f; **~nalla** f col·loq Jugend f; **~nívol, -a** adj lit jugendlich; **~ntut** f Jugend f

jovial adj m/f fröhlich, heiter, jovial; **~itat** f Heiterkeit f, Jovialität f

jubila/ble adj m/f pensionierbar; **~ció** f 1. adm Versetzung f in den Ruhestand; 2. Pensionierung f; 3. (diners) Pension f; **~r** vt pensionieren; **~r-se** in Pension/Rente gehen; **~t, -ada** m/f Rentner, -in m/f

jud/aic, -a adj jüdisch; **~aisme** m Judentum n; **~aïtzant** adj m/f judaisierend; **~aïtzar** 1. vt mosaisch machen; 2. vi die jüdische Religion annehmen; **~*ea** f Judäa n; **~*es** m Judas m

judic/ar vt beurteilen; **~atura** f Richteramt n; **~i** m 1. (facultat) Urteilsfähigkeit f; 2. (raó) Vernunft f; 3. (opinió) Meinung f, Urteil n; 4. jur Prozess m, Gerichtsverfahren n; **~ial** adj m/f gerichtlich

judo m esp Judo n; **~ka** m/f Judosportler, -in m/f, Judoka f

jue/ria f Judenviertel n, Ghetto n; **~u, -eva** 1. adj jüdisch; 2. m/f Jude m, Jüdin f

juga/da f 1. esp Spielzug m; 2. (aposta) Wette f; 3. (acció maliciosa) Streich m; **mala ~da** böser Streich m; **~dor, -a** m/f Spieler, -in m/f; **~r** 1. vt 1. (un joc) spielen; 2. (apostar) wetten; 2. vi 1. (passar el temps) spielen; 2. (fer broma) scherzen; **~r-se** 1. (arriscar) aufs Spiel setzen, riskieren; 2. (loteria) verlost werden

jugular 1. adj m/f anat Kehl...; 2. vt erwürgen

jui m 1. Gericht n, Prozess m; 2. Meinung f

juliol m Juli m

julivert *m bot* Petersilie *f*

jungla *f* Dschungel *m*

júnior 1. *adj m/f* junior; **2.** *m/f esp* Junior, -in *m/f*

junt, -a 1. *adj* zusammen, gemeinsam; **2.** *f* 1. (*reunió*) Sitzung *f*; 2. *tecn* Dichtung *f*; **~ura** *f tecn* Dichtung *f*, Verbindung(sstelle) *f*

juny *m* Juni *m*

Júpiter *m* Jupiter *m*

jura/ment *m jur* Eid *m*, Schwur *m*; **~r** *vt* schwören (**per** bei)

juràssic, -a 1. *adj* jurassisch, Jura...; **2.** *m* Juraformation *f*, Jura *m*

jur/at *m* 1. *jur* Geschworene, -r *f/m*; 2. (*d'un examen*) Prüfungskommission *f*; 3. (*d'un premi*) Jury *f*; **~ídic, -a** *adj* juristisch, rechtlich, Rechts...; **~ídicament** *adv* juristisch, rechtlich; **~isconsult, -a** *m/f* Rechtskundige, -r *f/m*; **~isdicció** *f* 1. *jur* Rechtsprechung *f*; 2. (*territori*) Gerichtsbezirk *m*; **~isdiccional** *adj m/f* gerichtlich, Gerichts...; **~isprudència** *f* 1. (*ciència*) Rechtswissenschaft *f*, Jurisprudenz *f elev*; 2. (*conjunt de judicis*) Rechtsprechung *f*; **~ista** *m/f* Jurist, -in *m/f*

just, -a 1. *adj* 1. (*persona*) gerecht; 2. (*cosa*) genau, treffend; 3. (*escàs*) knapp; 4. (*estret*) eng; **2.** *adv* genau, richtig; **tot ~** gerade, erst; **~ícia** *f* 1. (*qualitat*) Gerechtigkeit *f*; 2. *jur* Recht *n*; 3. (*poder judicial*) Justiz *f*; **~ificable** *adj m/f* 1. rechtfertigend; 2. *fig* vertretbar; **~ificació** *f* 1. Rechtfertigung *f*; 2. *com* Beleg *m*; 3. *jur* Beweisführung *f*; **~ificador, -a** *adj* rechtfertigend; **~ificant 1.** *adj m/f* rechtfertigend; **2.** *m* Beleg *m*; **~ificar** *vt* 1. (*disculpar*) rechtfertigen; 2. (*demostrar*) beweisen; **~ificar-se** sich rechtfertigen

jut/ge, -essa *m/f* Richter, -in *m*; **~ge de línia** *esp* Schiedsrichterassistent, -in *m/f*; **~ge de pau** Friedensrichter, -in *m/f*; **~jament** *m* Beurteilung *f*; **~jar** *vt* 1. (*opinar*) beurteilen; 2. *jur* richten; **~jat** *m* Gericht *n*

juvenil 1. *adj m/f* jugendlich, Jugend...; **2.** *m/f esp* Jugendmannschaft *f*

juxtapos/ar *vt* nebeneinander stellen; **~ició** *f* Nebeneinanderstellung *f*

K

k K *f* k, K *n*

kafkià, -ana *adj* kafkaesk

kàiser *m pol* Kaiser, -in *m/f*

kanti/à, -ana 1. *adj filos* kantisch; **2.** *m/f* Kantianer, -in *m/f*; **~sme** *m filos* Kantianismus *m*

kappa *f* Kappa *n*

karaoke *m* Karaoke *n*

karate *m esp* Karate *n*; **~ka** *m/f esp* Karateka *m/f*

karma *m relig* Karma(n) *n*

kart *m esp* Go-Kart *m*

kàrting *m esp* Go-Kart-Rennen *n*

kazakh 1. *adj m/f* kasachisch; **2.** *m/f* Kasache, -in *m/f*; **3.** *m ling* Kasachisch *n*; **~*stan** *m* Kasachstan *n*

Keny/a *f* Kenia *f*; **~à, -ana 1.** *adj* kenianisch; **2.** *m/f* Kenianer, -in *m/f*

Kíev f Kiew n
kilo/caloria f Kilokalorie f; **~gram** m Kilogramm n; **~hertz** m fís Kilohertz n
kilòmetre m Kilometer m
kilo/pond m fís Kilopond n; **~watt** m electr Kilowatt n
kirguís 1. adj m/f kirgisisch; **2.** m/f Kirgise, -in m/f; **~*izistan** m Kirgisistan n
kírie m mús Kyrie n
kitsch m Kitsch m
kiwi m 1. bot Kiwi f; 2. zool Kiwi m
kleenex® m Papiertaschentuch n, Tempo® m
krausis/me m filos Krausismus m; **~ta** m/f Krausist, -in m/f
Kremlin m Kreml m
kurd, -a 1. adj kurdisch; **2.** m/f Kurde, -in m/f; **3.** m ling Kurdisch n; **~*istan** m Kurdistan n
Kuwait m Kuwait n; **~*ià, -ana 1.** adj kuwaitisch; **2.** m/f Kuwaiter, -in m/f

L

l L f l, L n
la m mús A n; **~ bemoll** As n; **~ major** A-Dur n; **~ menor** a-Moll n; **~ natural** A n; **~ sostingut** Ais n
laber/int m Labyrinth n; **~íntic, -a** adj labyrinthisch
labia/l adj m/f labial, Lippen...; **~lització** f ling Labialisierung f; **~litzar** vt ling labialisieren; **~t, -ada** adj bot lippenförmig

làbil adj m/f schwankend, unsicher
labilitat f 1. Unsicherheit f; 2. Labilität f
labio/dental 1. adj m/f ling labiodental; **2.** f Labiodental(laut) m; **~velar 1.** adj m/f ling labiovelar; **2.** f Labiovelar(laut) m
labor f 1. Arbeit f; 2. (manualitat) Handarbeit f; **~able** adj m/f (terra) kultivierbar; (treball) **dia ~able** Werktag m; **~al** adj m/f Arbeits...; **~ar** vi (mit Ausdauer) arbeiten
laboratori m Labor(atorium) n
laboriós, -osa adj 1. arbeitsam, fleißig; 2. (cosa) schwierig
laboris/me m pol Labourbewegung f; **~ta 1.** adj m/f Labour...; **2.** m/f Labouranhänger, -in m/f
laca f 1. (pintura) Lack m; 2. (cotxe) Autolack m; 3. (cabell) Haarspray m; **~r** vt (cotxe, mobles) lackieren
lac/ònic, -a adj lakonisch, kurz; **~onisme** m Lakonismus m
lacr/ar vt versiegeln; **~e** m Siegellack m
lacrim/al adj m/f Tränen...; **~ogen, -ògena** adj mil tränenerregend
lact/ació f biol Laktation f; (persones) Stillen n; **~ància** f Stillzeit f; **~ant 1.** adj m/f stillend; **2.** m/f Säugling m; **~i, làctia** adj milchig, Milch...; **via ~** astron Milchstraße f; **~osa** f Laktose f, Milchzucker m
laic, -a 1. adj weltlich, Laien...; **2.** m/f Laie, -in m/f
lama m (sacerdot) Lama m
lambda f Lambda n; **~cisme** m med Lambdazismus m

lament *m* Wehklagen *n*; **~able** *adj m/f* 1. kläglich; 2. jämmerlich; **~ació** *f* Wehklagen *n*; **~ar** *vt* beklagen, bedauern; **~ar-se** sich beklagen (**de** über)

làmina *f* 1. Platte *f*; 2. (*de metall*) Blech *n*; 3. (*il·lustració*) Abbildung *f*

làmpada *f* Lampe *f*

lampist/a *m/f* 1. (*fabricant de llums*) Lampenhersteller, -in *m/f*; 2. (*venedor de llums*) Lampenverkäufer, -in *m/f*; 3. (*electricista*) Elektriker, -in *m/f*; 4. (*llauner*) Klempner, -in *m/f*; **~eria** *f* Elektrikerwerkstatt *f*

làpida *f* 1. Steintafel *f*; 2. (*sepulcre*) Grabstein *m*

lapida/ció *f* Steinigung *f*; **~r** *vt* steinigen; **~ri, -ària** *adj* lapidar, knapp, kurz

lapislàtzuli *m* Lapislazuli *m*

lap/ó, -ona 1. *adj* lappländisch; 2. *m/f* Lappländer, -in *m/f*, Lappe, -in *m/f*; 3. *m ling* Lappisch *n*; **~*ònia** *f* Lappland *n*

laps/e *m* Zeitspanne *f*; **~us** *m* Fehler *m*, Lapsus *m*

laring/e *f* Kehlkopf *m*, *med* Larynx *m*; **~itis** *f med* Kehlkopfentzündung *f*; **~òleg, -òloga** *m/f med* Laryngologe, -in *m/f*; **~ologia** *f med* Laryngologie *f*; **~otomia** *f med* Laringotomie *f*

larv/a *f* Larve *f*; **~at, -ada** *adj med* larviert, verkappt; **~iforme** *adj m/f* larvenartig

lasanya *f gastr* Lasagne *pl*

lasc/iu, -iva *adj* geil, wollüstig, laszive, lev; **~ívia** *f* Geilheit *f*, Wollust *f*, Laszivität *f* elev

làser *m fís* Laser *m*

lat/ència *f* Latenz *f*; **~ent** *adj m/f* latent

lateral *adj m/f* seitlich, Seiten...

latifundis/me *m* Latifundienwirtschaft *f*; **~ta** *m/f* Großgrundbesitzer, -in *m/f*

latitud *f geogr* Breite *f*; **~inal** *adj m/f* Breiten...; **~inari, -ària** *adj* latitudinarisch

lauda/ble *adj m/f lit* lobenswert; **~blement** *adv* lobenswerteise; **~r** *vt jur* schlichten; **~tori, -òria** *adj* lobend

lava *f* Lava *f*

lavabo *m* 1. (*pica*) Waschbecken *n*; 2. (*WC*) Toilette *f*; 3. *relig* (*cerimònia*) Lavabo *n*

lavanda *f* 1. *bot* Lavendel *m*; 2. (*perfum*) Lavendelwasser *n*

laxa/nt 1. *adj m/f* abführend; 2. *m* 1. Abführmittel *n*; 2. *med* Laxans *n*, Laxativ(um) *n*; **~r** *vt* 1. lockern; 2. *med* abführen, laxieren; **~tiu, -iva** *adj* abführend

laxitud *f* Schlaffheit *f*

lecitina *f quím* Lezithin *n*

lect/or, -a *m/f* 1. Leser, -in *m/f*; 2. (*en veu alta*) Vorleser, -in *m/f*; 3. *univ* Lektor, -in *m/f*; 4. *electròn* Lesegerät *n*, Abspielgerät *n*; **~ura** *f* 1. (*acció*) Lesen *n*; 2. (*obra*) Lektüre *f*

legal *adj m/f* gesetzlich, legal; **~isme** *m* Legalismus *m*; **~ista** *adj m/f* legalistisch; **~itat** *f* Legalität *f*; **~ització** *f* 1. Legalisierung *f*; 2. Beglaubigung *f*, **~itzar** *vt* 1. legalisieren; 2. beglaubigen

legat *m* Legat *m*

legi/ó f mil Legion f; **~onari, -ària** 1. adj Legions...; 2. m Legionär m

legionel·losi f med Legionärskrankheit f

leg/islació f Gesetzgebung f; **~islador, -a** 1. adj gesetzgebend; 2. m Gesetzgeber m; **~islar** vi Gesetze erlassen; **~islatiu, -iva** adj gesetzgebend; **~islatura** f Legislaturperiode f; **~ítim, -a** adj rechtmäßig; **~itimació** f Rechtmäßigkeitserklärung f; **~itimar** vt 1. legitimieren; 2. beglaubigen; **~itimitat** f 1. Rechtmäßigkeit f; 2. Legitimität f

leitmotiv m Leitmotiv n

lema m Lemma n; **~titzar** vt ling lemmatisieren

lent, -a 1. f Linse f; ~ **de contacte** Kontaktlinse f; 2. adj langsam; **~itud** f Langsamkeit f

leporí, -ina adj Hasen...

lepr/a f Lepra f; **~oma** m Leprom n; **~ós, -osa** 1. adj aussätzig, leprös; 2. m/f Aussätzige, -r f/m, Leprakranke, -r f/m; **~oseria** f Leprosorium n

lesbi/à, -ana 1. adj lesbisch; 2. f Lesbierin f; **~anisme** m lesbische Liebe f

lèsbic, -a adj lesbisch

lesi/ó f Verletzung f; **~onar** vt verletzen

letal adj m/f 1. tödlich; 2. med letal

let/argia f Lethargie f; **~àrgic, -a** adj lethargisch

let/ó, -ona 1. adj lettisch; 2. m/f Lette, -in m/f; 3. m ling Lettisch n; **~*ònia** f Lettland n

leucèmia f med Leukämie f

leuc/òcit m anat weißes Blutkörperchen n, Leukozyt m; **~osi** f med Leukämie f

Leviatan m bíbl Leviathan m

levita m bíbl Levit m

lev/itació f Levitation f; **~ític, -a** adj levitisch

lèxic, -a 1. adj 1. (vocabulari) lexisch; 2. (diccionari) lexikalisch; **2.** m 1. (vocabulari) Wortschatz m, Vokabular n, Lexik f; 2. (diccionari) Wörterbuch n, Lexikon n

lexic/al adj m/f lexikalisch; **~alització** f Lexikalisierung f; **~ó** m Lexikon n; **~ògraf, -a** m/f Lexikograph, -in m/f; **~ografia** f Lexikographie f; **~ogràfic, -a** adj lexikographisch; **~òleg, -òloga** m/f Lexikologe, -in m/f; **~ologia** f Lexikologie f; **~ològic, -a** adj lexikologisch

liana f bot Liane f

Líban m Libanon m

libanès, -esa 1. adj libanesisch; 2. m/f Libanese, -in m/f

libèl·lula f zool Libelle f

liberal 1. adj m/f 1. liberal, freiheitlich; 2. (generós) großzügig, freigebig; **2.** m/f Liberale, -r f/m; **~isme** m 1. Liberalismus m; 2. econ freie Wirtschaft f; **~itat** f Freigebigkeit f; **~ització** f Liberalisierung f; **~itzar** vt liberalisieren

Lib/èria f Liberia n; **~*erià, -ana** 1. adj liberisch; 2. m/f Liberianer, -in m/f

libi, líbia 1. adj libysch; 2. m/f Libyer, -in m/f

Líbi/a f Libyen n; **~*c, -a 1.** adj libysch; **2.** m ling Libysch n
libidin/al adj m/f libidinös; **~ós, -osa** adj lüstern; **~ositat** f Lüsternheit f
lícit, -a adj zulässig, erlaubt
licitud f Zulässigkeit f
licor m Likör m
líder m/f **1.** Führer, -in m/f; **2.** esp Tabellenführer, -in m/f; **3.** com Marktführer m
lidera/r vt leiten; **~tge** m Führung f
Lieja f Lüttich f
lígur 1. adj m/f ligurisch; **2.** m/f Ligurer, -in m/f; **3.** m ling Ligurisch n
Ligúria f Ligurien n
lil/a 1. adj inv lila; **2.** m (color) lila Farbe f, Lila n; **3.** f bot Flieder m; **~à 1.** adj inv lila; **2.** m **1.** lila Farbe f, Lila n; **2.** bot Flieder m
lil·liputenc, -a 1. adj liliputanisch; **2.** m/f Liliputaner, -in m/f
limbe m bot Limbus m
limf/a f anat Lymphe f; **~àtic, -a** adj lymphatisch; **~atisme** m med Lymphatismus m; **~òcit** m Lymphozyt m; **~oma** m med Lymphom n
liminar adj m/f einleitend
límit m Grenze f
limita/ció f **1.** Beschränkung f; **2.** Begrenzung f; **3.** econ Limitierung f; **~r 1.** vt begrenzen, einschränken; **2.** vi (an)grenzen (amb an); **~r-se** sich beschränken (a auf); **~t, -ada** adj **1.** begrenzt; **2.** beschränkt
linea/l adj m/f linienförmig, Linien...; **~ment** m Umrisslinie f
ling/ual adj m/f **1.** Zungen...; **2.** ling lingual; **~üista** m/f Linguist, -in m/f, Sprachwissenschaftler, -in m/f; **~üístic, -a** adj linguistisch, sprachwissenschaftlich
línia f **1.** Linie f; **2.** (de text) Zeile f; **3.** transp Linie f; **4.** (telèfon) Leitung f
linier m/f (futbol) Schiedsrichterassistent m
liniment m med Einreibemittel n, Liniment n
linòleum m Linoleum n
linxa/ment m Lynchen n; **~r** vt lynchen
Li/ó m Lyon n; **~*onès, -esa 1.** adj Lyoner...; **2.** m/f Lyoner, -in m/f
liposucció f Fettabsaugung f
liqua/ble adj m/f fis verflüssigbar; **~ció** f Seigerung f; **~dora** f gastr Entsafter m; **~r** vt **1.** gastr entsaften; **2.** seigern
liquen m bot Lichen m
líquid, -a 1. adj flüssig; **2.** m Flüssigkeit f
liquid/able adj m/f **1.** veflüssigbar; **2.** com liquidierbar; **~ació** f **1.** Flüssigmachen n; **2.** com Abrechnung f, Liquidation f, Ausverkauf m; **~ar** vt **1.** (pagar) begleichen; **2.** (resoldre) erledigen; **3.** (mercaderies) ausverkaufen; **4.** (una empresa) auflösen, liquidieren; **5.** fig (matar) töten; **~itat** f **1.** Flüssigkeit f; **2.** com Liquidität f
lira f **1.** (moneda) Lira f; **2.** mús Lyra f, Leier f
líric, -a 1. adj **1.** lit lyrisch; **2.** mús Opern...; **2.** m/f Lyriker, -in m/f; **3.** f lit Lyrik f
lirisme m lit Lyrismus m
liró, -ona 1. adj schlafmützig; **2.** m Siebenschläfer m

lis m bot Lilie f
Lisbo/a f Lissabon n; **~*eta 1.** adj m/f aus Lissabon; **2.** m/f Lissaboner, -in m/f; **~*nès, -esa 1.** adj aus Lissabon; **2.** m/f Lissaboner, -in m/f
litera/l adj m/f wörtlich, buchstäblich; **~litat** f Wörtlichkeit f; **~ri, -ària** adj literarisch; **~tura** f 1. Literatur f; 2. (bibliografia) Bibliografie f
liti m quím Lithium n
litiasi f med Steinleiden n
lític, -a adj 1. Stein...; 2. quím Lithium...
litig/ant adj m/f jur prozessführend; **~i** m 1. (discussió) Streit m; 2. (judici) Prozess m
lit/òfag, -a adj biol lithophag; **~ògraf, -a** m/f Lithograph, -in m/f, **~ografia** f Lithographie f; **~ografiar** vt lithographieren; **~ogràfic, -a** adj lithographisch; **~òleg, -òloga** m/f Lithologe, -in m/f, **~ologia** f Lithologie f; **~ològic, -a** adj lithologisch
litoral 1. adj m/f Küsten...; **2.** m Küste f, Küstengebiet n
litos/copi m med Lithoskop n; **~fera** f geol Lithosphäre f
litre m Liter m
lituà, -ana 1. adj litauisch; **2.** m/f Litauer, -in m/f; **3.** m ling Litauisch n; **~*nia** f Litauen n
litúrgi/a f Liturgie f; **~c, -a** adj liturgisch
lívid, -a adj 1. schwarzblau, dunkelviolett; 2. med livid
lividesa f Fahlheit f, Totenblässe f
llac m See m
llaç m 1. (nus) Schlinge f, Schlaufe f; 2. (cinta) Schleife f; 3. (lligam) Band n; **~ada** f Binde f, Band n; **~ar** vt zusammenbinden

llacuna f 1. (aigua salada) Lagune f; (aigua dolça) Teich m; 2. (omissió) Lücke f
lladr/adissa f Gebell n; **~ament** m Bellen n; **~ar** vi bellen; **~e** m/f 1. Dieb, -in m/f, Räuber, -in m/f; 2. Mehrfachstecker m; **~uc** m Bellen n, Gebell n
llagost/a f 1. (insecte) Heuschrecke f; 2. crust Languste f; **~ada** f 1. Heuschreckenschwarm m; 2. gastr Langustenessen n; **~í** m zool Garnele f
llàgrima f Träne f
llagrime/ig m 1. Tränen n; 2. med Tränenfluss m; **~jar** vi tränen; **~r** m anat Augenwinkel m
llama 1. m/f zool Lama n; **2.** f tèxtil Lamé m
llamin/adura f Süßigkeit f; **~ejar** vi naschen, Leckereien essen; **~er, -a 1.** adj 1. (de dolços) naschhaft; 2. (menjar) appetitanregend; **2.** m/f Leckermaul n; **~eria** f Naschhaftigkeit f
llamp m meteo Blitz m; **~ada** f 1. Lichtstrahl m; 2. Blitzstrahl m; **~ant** adj m/f 1. (nou) nagelneu; 2. (color) schreiend, grell; **~ar** vi (auf)blitzen; **~ec** m meteo Blitz m; **~egant** adj m/f blitzblank; **~egar** vi blitzen; **~egueig** m Blitzen n
llampurn/ar vi funkeln, glitzern; **~eig** m Funkeln n; **~ejar** vi flimmern
llana f tèxtil Wolle f
llança f Lanze f; **~dor, -a 1.** adj werfend; **2.** m/f Werfer, -in m/f, **~flames**

llanda

m mil Flammenwerfer *m*; **~granades** *m mil* Granatwerfer *m*; **~ment** *m* 1. Werfen *n*, Wurf *m*; **~ment de disc** *esp* Diskuswerfen *n*; 2. (*d'un coet*) Abschuss *m*, Start *m*; **~míssils** *m* Abschussbasis *f*; **~r** *vt* 1. werfen; 2. (*promoure*) einführen; **~r-se** sich stürzen (a auf)

llanda *f* Felge *f*

llangardaix *m zool* Eidechse *f*

llanterna *f* 1. (*fanal*) Laterne *f*; 2. (*de butxaca*) Taschenlampe *f*; **~ màgica** Laterna magica*cine*

llàntia *f* Petroleumlampe *f*

llanxa *f* Boot *n*; **~ ràpida** *mil* Schnellboot *n*

llaor *f lit* Lob *m*

llapis *m* Bleistift *m*

llar *f* 1. Kamin *m*; 2. (*casa*) Zuhause *f*, Heim *n*; **~ d'infants** *enseny* Kinderkrippe *f*

llarg, -a *adj* lang; **a la ~a** auf die Dauer; **al ~ de** (*espai*) entlang; (*temps*) im Laufe *f*; **~ada** *f* 1. Länge *f*; 2. (*duració*) Dauer *f*; **~arut, -uda** *adj* länglich; **~metratge** *m cine* Spielfilm *m*

llast *m* Ballast *m*

llàstima *f* Mitleid *n*; **quina ~!** (wie) schade!; ♦ **fer ~** leid tun

llastimós, -osa *adj* mitleiderregend

llatí/í, -ina 1. *adj* 1. (*del Laci*) latinisch; 2. (*del llatí*) lateinisch; 3. (*de la Romània*) Latino...; 4. *ling* romanisch; **2.** *m/f* 1. (*del Laci*) Latiner, -in *m/f*; 2. (*de la Romània*) Latino, -a *m/f*; **3.** *m ling* Latein *n*; **~inada** *f desp* lateinischer Ausdruck *m*; **~inisme** *m* Latinismus

m; **~inista** *m/f* Latinist, -in *m/f*; **~initat** *f* Latinität *f*; **~inització** *f* Latinisierung *f*; **~initzar** *vt* latinisieren

Llatinoam/èrica *f* Lateinamerika *n*; **~*ericà, -ana** 1. *adj* lateinamerikanisch; **2.** *m/f* Lateinamerikaner, -in *m/f*

llaun/a *f* Dose *f*; **~er, -a** *m/f* Klempner, -in *m/f*; **~eria** *f* Klempnerei *f*

llaura/dor, -a *m/f* 1. Landwirt, -in *m/f*; 2. Bauer *m*, Bäuerin *f*; **~r** *vt* ackern, pflügen

llaüt *m mús* Laute *f*

llava/dor, -a 1. *adj* waschend; **2.** *m* Waschtrog *m*; **~r** *vt val* (ab)waschen

llavi *m anat* Lippe *f*

llavor *f* Samen *m*, Keim *m*, Samenkorn *n*

llavors *adv* damals, dann

llebe/ig *m* Südwestwind *m*; **~tjada** *f* starker Südwestwind *m*

llebre *f zool* Hase *m*; ♦ **aixecar la ~** den Stein ins Rollen bringen

lleganya *f* Augenbutter *f*

llegar *vt* vermachen, vererben

llegenda *f* 1. *lit* Legende *f*; 2. (*mapa*) Legende *f*, Zeichenerklärung *f*; 3. (*moneda*) Umschrift *f*; **~ri, -ària** *adj* sagenhaft, legendenhaft

llegi/ble *adj m/f* lesbar; **~da** *f* Lesung *f*; **~r** *vt* 1. lesen; 2. (*en veu alta*) vorlesen; 3. (*interpretar*) deuten

llegítima *f jur* Pflichtteil *m*

llegua *f* (katalanische) Meile *f*; **~ marina** Seemeile *f*

llegum *m* Hülsenfrucht *f*; **~inós, -osa** *adj* hülsenfruchtartig

llei *f* Gesetz *n*; **~ seca** Prohibition *f*;

Alkoholverbot *n*; **~al** *adj m/f* treu, loyal; **~altat** *f* 1. Treue *f*; 2. Loyalität *f*

Lleida *f* Lleida *n*; **~*tà, -ana** 1. *adj* lleidatanisch, aus Lleida; 2. *m/f* Lleidataner, -in *m/f*; 3. *m ling* Lleidatanisch *n*

lleig, lletja *adj* hässlich

lleixiu *m* 1. *quím* Lauge *f*; 2. (*rentar*) Waschlauge *f*

llemosí, -ina 1. *adj* limousinisch; 2. *m/f* Limousiner, -in *m/f*; 3. *m ling* Limousinisch *n*

llenç *m tèxtil* Leinwand *f*

llença *f constr* Richtschnur *f*

llençar *vt* wegwerfen

llenceria *f* 1. (*roba interior*) Reizwäsche *f*; 2. (*botiga de teles*) Wäschegeschäft *n*

llençol *m* Bettuch *n*, (Bett)Laken *n*

lleng/o *f* 1. *bal anat* Zunge *f*; 2. *bal ling* Sprache *f*; **~ua** *f* 1. *anat* Zunge *f*; 2. *ling* Sprache *f*; ♦ **anar-se'n de la ~ua** sich verplappern; **estirar la ~ua** die Würmer aus der Nase ziehen; **mossegar-se la ~ua** sich auf die Zunge beißen

llenguado *m zool* Seezunge *f*

llenguatge *m* Sprache *f*

llengüeta *f* 1. (*sabata*) Lasche *f*; 2. (*flauta*) Zunge *f*

llentia *t. llentilla* 1. *bot* Linse *f*

llenya *f* (Brenn)Holz *n*

lle/ó, -ona 1. *m/f zool* Löwe, -in *m/f*; 2. *m astrol* Löwe *m*; **~opard** *m zool* Leopard *m*

llepa/da *f* Lecken *n*; **~r** *vt* (sch)lecken

llépol, -a 1. *adj* naschhaft; 2. *m/f* Leckermaul *n*

llepolia *f* Näscherei *f*

llesca *f* Scheibe *f*

llest, -a *adj* 1. (*ésser intel·ligent*) klug, schlau, aufgeweckt; 2. (*estar preparat*) fertig, bereit; 3. (*acabat*) erledigt

llet *f* 1. Milch *f*; **~ descremada** Magermilch *f*; **~ uperitzada** H-Milch *f*; 2. *vulg* Sperma *n*; ♦ **estar de mala ~** *vulg* schlecht gelaunt sein

lletania *f* Litanei *f*

lleter, -a 1. *adj* Milch...; 2. *m/f* Milchmann *m*, Milchfrau *f*; **~ia** *f* Milchgeschäft *n*

llet/gesa *f* Hässlichkeit *f*; **~jor** *f* Hässlichkeit *f*

lletr/a *f* 1. (*signe*) Buchstabe *f*; **al peu de la ~a** wortwörtlich; 2. (*escriptura*) (Hand)Schrift *f*; 3. (*carta*) Brief *m*; 4. *mús* Text *m*; 5. *fin* Wechsel *m*; **~a de canvi** Wechsel *m*; **~aferit, -ida** *m/f* Büchernarr, -närrin *m/f*; **~at, -ada** 1. *adj* gebildet, gelehrt; 2. *m/f jur* Anwalt, -wältin *m/f*; **~ejar** *vt* buchstabieren; **~ejar-se** in Briefwechsel stehen; **~ista** *m/f mús* Textdichter, -in *m/f*

lleu *adj m/f* 1. (*lleuger*) leicht; 2. (*no greu*) geringfügig; **~ger, -a** *adj* 1. leicht; **a la ~gera** leichtfertig, unbesonnen; 2. (*àgil*) flink, gewandt

llevant *m* 1. Osten *m*; 2. (*vent*) Ostwind *m*; **~ada** *f* starker Ostwind *m*; **~í, -ina** 1. *adj* levantinisch; 2. *m/f* Levantiner, -in *m/f*

llevar *vt* 1. (*treure*) wegnehmen; 2. (*aixecar*) hoch nehmen, hoch heben; **~-se** aufstehen

lli *m* 1. *bot* Flachs *m*, Lein *n*; 2. *tèxtil* Leinen *n*

lliberal *adj m/f* freigebig, freisinnig, *pol* liberal

llibert/ador, -a 1. *adj* befreiend; 2. *m/f* Befreier, -in *m/f*; **~ar** *vt* befreien; **~at** *f* Freiheit *f*; ♦ **posar en ~at** freilassen; **prendre's la ~at** sich die Freiheit nehmen; **~í, -ina** *adj* freizügig; **~inatge** *m* Libertinage *f*, Freizügigkeit *f*

llibre *m* Buch *n*; **~ de família** Familienbuch *n*; **~ de text** Lehrbuch *n*; **~ria** *f* 1. (*prestatgeria*) Bücherregal *n*; 2. (*botiga*) Buchhandlung *f*; **~ta** *f* 1. Heft *n*, Notizbuch *n*; 2. *econ* (*d'estalvis*) Sparbuch *n*; **~ter, -a** *m/f* Buchhändler, -in *m/f*; **~tista** *m/f* Libretist, -in *m/f*

llicència *f* Erlaubnis *f*, Genehmigung *f*, Lizenz *f*

llicencia/ment *m mil* Entlassung *f*; **~r** *vt* 1. *mil* entlassen; 2. das Lizentiat verleihen; **~r-se** als Lizentiat graduieren; **~t, -ada** *m/f* 1. *mil* Entlassene, -r *f/m*; 2. Akademiker, -in *m/f*; **~tura** *f* (Studien)Abschluss *m*

lliçó *f* Lektion *f*; ♦ **donar una ~** eine Lektion erteilen

lliga/cama *m* Strumpfhalter *m*; **~m** *m* 1. Band *n*; 2. *fig* (Ver)Bindung *f*; **~ment** *m anat* Band *n*; **~r** 1. *vt* 1. festbinden; 2. (*compromete's*) binden, verpflichten; **2.** *vi* 1. anbinden (**a** an); 2. *col·loq* anbändeln (**amb** mit); **~r-se** sich (ver)binden

llima *f* 1. (*instrument*) Feile *f*; 2. *bot* (*fruit*) Limette *f*

llimac *m zool* Nacktschnecke *f*

llimar *vt* feilen

llimbs *mpl* Vorhimmel *m*

llimon/a *f* Zitrone *f*; **~ada** *f* (Zitronen) Limonade *f*; **~er** *m* Zitronenbaum *m*

llinatge *m* 1. Abstammung *f*, Geschlecht *n*; 2. *bal* (*cognom*) Familienname *m*, Nachname *m*

llinda *f constr* Oberschwelle *f*, Türsturz *m*; **~r** *m* (Tür)Schwelle *f*

lliri *m bot* Lilie *f*

llis, -a *adj* 1. (*cabells, pell*) glatt; 2. (*tela, color*) einfarbig

llist/a *f* Liste *f*; ♦ **passar ~a** aufrufen; **~ó** *m* Leiste *f*

llit *m* Bett *n*; **~ de matrimoni** Doppelbett *n*; ♦ **anar-se'n al ~** ins Bett gehen; **~era** *f* 1. *ferroc* Liegewagenplatz *m*; 2. *med* Tragbahre *f*; 3. (*dos llits*) Etagenbett *n*; 4. *nav* Schlafkoje *f*

lliur/a *f* (*moneda*) Pfund *n*; **~ament** *m* Lieferung *f*; **~ança** *f* Zahlungsanweisung *f*; **~ar** *vt* ausliefern, übergeben; **~e** *adj m/f* frei; **a l'aire ~e** im Freien

lliurecanvis/me *m econ* Freihandelslehre *f*; **~ta** 1. *adj m/f* Freihandels...; 2. *m/f* Freihändler, -in *m/f*

lliurement *adv* frei

lliurepensador, -a *m/f* Freidenker, -in *m/f*

lloa/ble *adj m/f* lobenswert, löblich; **~dor, -a** *adj* lobend; **~nça** *f* Lob *n*; **~r** *vt* loben; **~r-se** sich rühmen, prahlen (**de** mit)

lloba *f zool* Wölfin *f*

llobarro *m zool* Wolfsbarsch *m*

llobat/era *f* Wolfshöhle *f*; **~ó** *m* Wolfsjunge *n*

lloc m 1. (geogràfic) Ort m, Platz m; 2. (seient) Platz m; **~ de treball** Arbeitsplatz m; 3. (de treball) Stelle f; **en ~ de** anstelle von, anstatt; **en primer ~** an erster Stelle f; ♦ **donar ~ a** Anlass geben zu; **fer ~** Platz machen; **posar-se al ~ de** sich in jedes Lage versetzen; **tenir ~** stattfinden
lloca f Glucke f
lloctinència f Stellvertretung f; **~ent** m Stellvertreter m
lloga/r f bal Lohn m, Entlohnung f; **~adís, -issa** adj vermietbar; **~ador, -a** m/f Vermieter, -in m/f; **~ament** m Vermieten n; **~ar** vt 1. (donar a lloguer) vermieten; 2. (prendre a lloguer) mieten; 3. (persones) anheuern, einstellen; **~ater, -a** m/f Mieter, -in m/f; **~uer** m Miete f
llom m 1. anat Lende f; 2. (d'un llibre) Buchrücken m; **~adura** f Ledenschmerz m
llombard, -a 1. adj lombardisch; 2. m/f Lombarde, -in m/f; **~*ia** f Lombardei f
llombrígol m anat Nabel m
llong, -a adj algue lang
llonganissa f gastr Hartwurst f
llop, lloba m/f Wolf m, Wölfin f
llorer m bot Lorbeerbaum m; **fulla de ~** Lorbeerblatt n
lloro m zool Papagei m
llosa f Steinplatte f
llossar vt schärfen
llotja f 1. arquit Atrium n; 2. com Warenbörse f; 3. teat Loge f
lluç m zool Seehecht m
lúdria f zool Fischotter m

llu/ent adj m/f leuchtend, funkelnd; **~entor** f Glanz m, Funkeln n; **~ir 1.** vt (exhibir) zur Schau stellen, zeigen; **2.** vi leuchten, funkeln, scheinen; **~ir-se** 1. (destacar-se) sich auszeichnen; 2. (irònic) sich blamieren
llufa f Furz m, Schleicher m
lluï/desa f 1. Glanz m; 2. Pracht f; **~ment** m 1. Glanz m; 2. Pracht f
lluita f 1. Kampf m; 2. esp Ringen n, Ringkampf m; **~r** vi 1. kämpfen; 2. esp ringen
llum 1. f Licht n; **2.** m Lampe f; ♦ **donar a ~** gebären; **sortir a la ~** ans (Tages)Licht kommen; **~i** m Streichholz n; **~inós, -a** adj leuchtend, strahlend; **~inositat** f Helligkeit f
lluna f Mond m; **~a de mel** Flitterwochen fpl; **~àtic, -a** adj launisch, grillenhaft
lluny adv weit, entfernt; **~ de** weit weg von, fern von; ♦ **arribar ~** es weit bringen; **~à, -ana (de)** adj fern (von); **~ania** f Entfernung f
llúpol m bot Hopfen m
llustr/ar vt 1. glänzend machen; 2. lüstrieren; **~e** m Glanz f; **~ós, -osa** adj glänzend
lobotomia f med Lobotomie f
lòbul m anat Lappen m
lobula/r adj m/f Lappen...; **~t, -ada** adj 1. lappig; 2. med lobulär
loca/ció f Vermietung f; **~l I 1.** adj m/f örtlich, lokal, Lokal...; **2.** m Raum m; **~litat** f 1. (població) Ortschaft f; 2. (espectacle) (Sitz)Platz m; **~litzable** adj m/f lokalisierbar; **~lització** f

locatiu

Lokalisierung f; **~litzar** vt lokalisieren; **~lment** adv örtlich

locatiu, -iva 1. adj ling Lokativ...; 2. m Lokativ m

loció f Lotion f

locomo/ció f 1. Fortbewegung f; 2. zool Lokomotion f, Ortsveränderung f; **~tiu, -iva** adj Fortbewegungs...; **~tivitat** f Fortbewegungskraft f; **~tor, -motriu** adj Bewegungs...; **~tora** f ferroc Lokomotive f

locu/ció f 1. ling Ausdrucksweise f, Ausdruck m, (Rede)Wendung f; 2. radio Sprechen n; **~tor, -a** m/f Sprecher, -in m/f; **~tori** m 1. telec Sprechzelle f; 2. (presó, convent) Sprechzimmer n

logar/itme m mat Logarithmus m; **~ítmic, -a** adj logarithmisch

lògi/a f Loge f; **~c, -a** 1. adj logisch; 2. m/f filos Logiker, -in m/f; 3. f Logik f; **~ca** f Logik f

logicis/me m filos Logizismus m; **~ta** adj m/f logizistisch

logop/eda m/f med Logopäde, -in m/f; **~èdia** f med Logopädie f

logotip m Logotype f

lona f tèxtil Segeltuch n

lond/inenc, -a 1. adj aus London; 2. m/f Londoner, -in m/f; **~*res** f London n

longitud f Länge f; **~inal** adj m/f Längen...

longobard, -a 1. adj langobardisch; 2. m/f Langobarde, -in m/f

loqua/ç adj m/f gesprächig; **~citat** f Redseligkeit f

Loren/a f Lothringen n; **~*ès, -esa** 1. adj lothringisch; 2. m/f Lothringer, -in m/f

lot 1. m (An)Teil m; 2. f Taschenlampe f

loteria f joc Lotterie f

Lovaina f Löwen n

lubrica/ció f Schmierung f; **~nt** adj m/f Schmier...

lubrifica/nt 1. adj m/f Schmier...; 2. m Schmiermittel n, Motoröl n; **~r** vt tecn schmieren

Lucerna f Luzern n

lúcid, -a adj 1. hell, klar; 2. (persona) scharfsinnig

lucidesa f Klarheit f

lucra/r-se desp gewinnen, profitieren; **~tiu, -iva** adj lukrativ

lúdic, -a adj spielerisch

lud/òpata m/f (Glücks)Spielsüchtige, -r f/m; **~opatia** f Spielsucht f; **~oteca** f Spielothek f

lúgubre adj m/f düster

lul·li/à, -ana adj lullianisch; **~sme** m Lullismus m, Lehre f des Ramon Llull; **~sta** adj m/f lullistisch

lumb/àlgia f med Lumbalgie f; **~ar** adj m/f med lumbal

luminesc/ència f fís Lumineszenz f; **~ent** adj m/f Lumineszenz...

luminotècni/a f Lichttechnik f; **~c, -a** 1. adj lichttechnisch; 2. m/f Lichttechniker, -in m/f

lunar adj m/f Mond...

lupa f Lupe f

lusità, -ana 1. adj lusitanisch, lit portugiesisch; 2. m/f Lusitanier, -in m/f; **~*nia** f Lusitanien n

lustr/ació f Lustration f; **~e** m Jahrfünft n
luteïna f biol Lutein n
Luter m Luther m; **~à, -ana 1.** adj relig lutherisch; **2.** m/f Lutheraner, -in m/f; **~*anisme** m relig Luthertum n
luxa/ció f med Verrenkung f, Luxation f; **~r** vt med verrenken, luxieren; **~r-se** med sich verrenken, sich luxieren
luxe m Luxus m, Pracht f; ♦ **permetre's el ~ de** sich den Luxus leisten
Luxemburg m Luxemburg n; **~*uès, -esa 1.** adj luxemburgisch; **2.** m/f Luxemburger, -in m/f; **3.** m ling Luxemburgisch n
luxós, -osa adj luxuriös, prächtig
lux/úria f Wollust f; **~uriant** adj m/f lit üppig; **~uriós, -osa** adj vollüstig

M

m M f m, M n
ma pl. mes adj poss f meine
mà f Hand f; **a ~** zur Hand; **~ d'obra** Arbeitskräfte pl; **~ de pintura** Anstrich m; ♦ **fer-se la ~** vulg wichsen
maça f Keule f
macabeu, -a 1. adj bíbl makkabäisch; **2.** m/f Makkabäer, -in m/f
macabre, -a adj makaber
macaco m zool Makak m
maçada f Keulenschlag m
macarró m Makkaroni pl
maced/oni, -ònia 1. adj makedonisch; **2.** m/f Makedonier, -in m/f; **~*ònia** f Makedonien n

macedònia f gastr Obstsalat m
macera/ció f **1.** Einlegen n; **2.** Mazeration f; **~r** vt **1.** (líquid) einlegen; **2.** (mortificar) kasteien; **~r-se** sich kasteien
maceta f constr Eisenhammer m
maco, -a adj hübsch, schön
maçó m Freimaurer m
macramé m Makramee n
macrobiòtic, -a adj makrobiotisch; **~a** f Makrobiotik f
macroc/èfal, -a adj makrozephal; **~efàlia** f Makrozephalie f
macrocosmos m Makrokosmos m
macroecon/omia f Makroökonomie f; **~òmic, -a** adj makroökonomisch
màcula f Makel m
Madagascar f Madagaskar n
madeixa f tèxtil Strang m, Docke f
madrastra f Stiefmutter f
Madri/d f Madrid n; **~*leny, -a 1.** adj aus Madrid; **2.** m/f Madrider, -in m/f
madrigal m mús Madrigal n
maduix/a f bot Walderdbeere f; **~era** (planta) Erdbeere f; **~ot** m bot Gartenerdbeere f
madur, -a adj reif, gereift; **~ació** f (Aus)Reifung f; **~ar 1.** vt **1.** (fer madur) reifen; **2.** (reflexionar) durchdenken; **2.** vi (esdevenir madur) reifen; **~esa** f Reife f
màfia f Mafia f
mafiós, -osa 1. adj Maffia...; **2.** m/f Mafioso, -a m/f
mag, -a m/f Zauberer, -in m/f, Magier, -in m/f
magatzem m Lager n; **grans ~s** Kauf-

magdalena

haus *n*; **~atge** *m* 1. (Ein)Lagerung *f*; 2. *jur* Lagergeld *n*; **~ista** *m/f* Lagerinhaber, -in *m/f*
magdalena *f* (*pastisseria*) Magdalena *f*
magenta *f* Magenta *n*
màgi/a *f* Zauberei *f*, Magie *f*; **~c, -a** *adj* zauberhaft, magisch, Zauber...
magist/eri *m* 1. Lehrtätigkeit *f*; 2. (*ofici*) Lehramt *n*; **~ral** *adj m/f* großartig, meisterhaft; **~rat, -ada** *m/f* 1. *jur* (*jutge*) Richter, -in *m/f*; 2. *jur* (*advocat*) Staatsanwalt *m*, Staatsanwältin *f*; **~ratura** *f jur* Richteramt *n*
magm/a *m* Magma *n*; **~àtic, -a** *adj* magmatisch
magn/ànim, -a *adj* großmütig; **~animitat** *f* Großmut *f*
magnat *m* Magnat *m*; **~ de les finances** Finanzmagnat *m*
magne, -a *adj* groß, bedeutend
magn/esi *m quím* Magnesium *n*; **~èsia** *f quím* Magnesia *f*; **~èsic, -a** *adj* magnesisch
magn/et *m* Magnet *m*; **~ètic, -a** *adj* magnetisch; **~etisme** *m* Magnetismus *m*; **~etització** *f* Magnetisierung *f*; **~etitzador, -a** *m/f* Magnetiseur, -in *m/f* magnetisierend; **~etitzant** *adj m/f* magnetisierend; **~etitzar** *vt* magnetisieren
magnet/o *f auto* Zündmagnet *m*; **~òfon** *m* Tonbandgerät *n*; **~òmetre** *m* Magnetometer *n*; **~omotriu** *adj m/f* magnetomotorisch; **~oscopi** *m TV* Videorecorder *m*; **~osfera** *f* Magnetosphäre *f*; **~oteràpia** *f* Magnetotherapie *f*

magn/ífic, -a *adj* herrlich, großartig, ausgezeichnet; **~ificar** *vi* erheben, loben; **~ificat** *m bíbl* Magnifikat *n*; **~ificència** *f* Herrlichkeit *f*; **~itud** *f* Größe *f*, Umfang *m*
magnòlia *f bot* Magnolie *f*
magrana *f bot* Granatapfel *m*
magre, -a *adj* mager
Magrib *m* der Maghreb *m*; **~*í, -ina** 1. *adj* maghrebinisch; 2. *m/f* Maghrebiner, -in *m/f*
Magúncia *f* Mainz *n*
maharaja *m* Maharadscha *m*
Mahom/a *m* Mohammed *m*; **~*età, -ana** 1. *adj* mohammedanisch; 2. *m/f* Mohammedaner, -in *m/f*; **~*etisme** *m relig* Islamismus *n*
mai *adv* nie(mals)
maia 1. *adj m/f* Maya...; 2. *m/f* Maya *m/f*; 3. *m* Mayasprache *f*
maièutic, -a *adj fis* mäeutisch; **~a** *f* Mäeutik *f*
maig *m* Mai *m*
maina/da *f* Kinderschar *f*; **~dera** *f* Kindermädchen *n*; **~tge** *m* Kind *n*
maionesa *f* Majonäse *f*
majest/at *f* Majestät *f*, Hoheit *f*; **~àtic, -a** *adj* majestätisch; **~uós, -osa** *adj* majestätisch, würdevoll; **~uositat** *f* Majestät *f*
majòlica *f* Majolika *f*
major *adj m/f* größer; **~ d'edat** volljährig; **persona ~** älterer Mensch
majoral, -a *m/f* Vorarbeiter, -in *m/f*, Oberhirte *m*
majordom, -a *m/f* Hausverwalter, -in *m/f*

majoria f Mehrheit f; **la ~ de** die meisten von

majorista 1. adj m/f Großhandels...; **2.** m/f Großhändler, -in m/f, Grossist, -in m/f

majorita/ri, -ària adj Mehrheits...; **~t** f Mündigkeit f, Volljährigkeit f

majorment adv hauptsächlich

majúscul, -a 1. adj 1. enorm, riesig; 2. (lletra) groß; **2.** f Großbuchstabe f

mal, -a 1. adj schlecht, übel; **2.** m 1. Böse n, Übel n; 2. (dolor) Schmerz m

malab/ar adj m/f malabarisch; **~àric, -a** adj malabarisch; **~arisme** m (Jongleur)Kunststück n; **~arista** m/f Jongleur, -in m/f

malaconsellar vt schlecht beraten

malacostuma/r vt verwöhnen; **~r-se** schlechte Gewohnheiten annehmen; **~t, -ada** adj verwöhnt

mal/ai, -a 1. adj malaiisch; **2.** m/f Malaie, -in m/f; **3.** m ling Malaiisch n; **~aisi, -àisia 1.** adj malaysisch; **2.** m/f Malaysier, -in m/f; **~àisia** f Malaysia n

malalt, -a 1. adj krank; **2.** m/f Kranke, -r f/m; **~ia** f Krankheit f; **~ís, -issa** adj kränklich

malament adv schlecht

malaquita f min Malachit m

malària f Malaria f

malaura/dament adv leider; **~nça** f Unglück n; **~t, -ada** adj 1. (sense sort) glücklos; 2. (infeliç) unglücklich

malaventur/a f Unglück n; **~at, -ada** adj unglücklich; **~ós, -osa** adj unheilvoll

malbarata/dor, -a 1. adj verschwenderisch; **2.** m/f Verschwender, -in m/f; **~r** vt 1. (diners) verschwenden, verprassen; 2. (temps) vergeuden

malbé adv: **fer ~** verderben, kaputt machen

malcarat, -ada adj mürrisch

malcria/desa f schlechte Erziehung f; **~r** vt schlecht erziehen; **~t, -ada** adj unerzogen, verwöhnt

maldat f Bosheit f

maldecap m Kopfzerbrechen n

maledic/ció f Verfluchung f; **~ència** f Lästerung f

mal/èfic, -a adj schädlich; **~eficència** f Boshaftigkeit f; **~efici** m Bezauberung f; **~eficiar** vt verzaubern

male/ir vi verfluchen; **~ït, -ïda** adj verflucht

malenconi/a f Melancholie f; **~ós, -osa 1.** adj melancholisch; **2.** m/f Melancholiker, -in m/f

malent/endre vt falsch verstehen, missverstehen; **~ès** m Missverständnis n

malesa f Bosheit f

malestar m 1. (físic) Unwohlsein n; 2. (psíquic) Unbehagen n

malet/a f Koffer m; **~er, -a 1.** m/f 1. Kofferfabrikant, -in m/f, Kofferhändler, -in m/f; 2. Kofferträger, -in m/f; **2.** m auto Kofferraum m; **~í** m Handkoffer m

mal/èvol, -a adj böswillig; **~evolència** f Böswilligkeit f

malfactor, -a m/f Übeltäter, -in m/f

malfeiner, -a adj schluderig, schlampig

malgasta/dor, -a adj vergeudend, verschwenderisch; **~r** vt 1. (diners) ver-

malgrat

schwenden, verprassen; 2. (*temps*) vergeuden
malgrat *prep* trotz; **~ que** obwohl
malhumorat, -ada *adj* schlecht gelaunt
mal/ícia *f* 1. (*maldat*) Boshaftigkeit *f*; 2. (*picardia*) Verschlagenheit *f*; **~iciada** *f* Ärger *m*; **~iciar** *vt* argwöhnen; **~iciós, -osa** *adj* boshaft; **~ifeta** *f* Missetat *f*
maligne, -a *adj* gemein, boshaft
malintencionat, -ada *adj* übel gesinnt
mal·leab/ilitat *f* Schmiedbarkeit *f*; **~ilitzar** *vt tecn* tempern; **~le** *adj m/f* schmiedbar
Mallor/ca *f* Mallorca *n*; **~*quí, -ina** 1. *adj* mallorquinisch, aus Mallorca; 2. *m/f* Mallorquiner, -in *m/f*; 3. *m ling* Mallorquinisch *n*
mallot *m* 1. *esp* Trikot *n*; 2. einteiliger Badeanzug *m*
malnom *m* Spitzname *m*
malparla/r *vi* lästern; **~t, -ada** *adj* frech, ordinär, respektlos
malpensat, -ada *adj* misstrauisch, argwöhnisch
malson *m* Alptraum *m*
maltès, -esa 1. *adj* maltesisch; 2. *m/f* Malteser, -in *m/f*; 3. *m ling* Maltesisch *n*
malthusi/à, -ana *m/f* Malthusianist, -in *m/f*; **~anisme** *m* Malthusianismus *m*
maltosa *f quím* Maltose *f*, Malzzucker *m*
maltracta/ment *m* Misshandlung *f*; **~r** *vt* 1. (*físicament*) misshandeln; 2. (*amb insults*) beschimpfen

maluc *m anat* Hüfte *f*
malva 1. *adj inv* lila, mauve; 2. *f bot* Malve *f*; ♦ **fer ~es** tot und begraben sein; **~ci, -àcia** *adj* Malven...
malvat, -ada *adj* ruchlos, gemein
malvendre *vt* verschleudern
malvera *f bot* Malve *f*
malversa/ció *f econ* Veruntreuung *f*; **~dor, -a** 1. *adj* veruntreuend; 2. *m/f* Veruntreuer, -in *m/f*; **~r** *vt* veruntreuen
malvist, -a *adj* unbeliebt, missliebig
malviure *vi* in schlechten Verhältnissen leben, vegetieren
mama *f* 1. Mutti *f*; 2. *anat* Brust *f*
mamar *vt* saugen; ♦ **donar ~** stillen
mamarratx/ada *f* Unfug *m*; **~o** *m* 1. *col·loq* (*persona*) Flasche *f*; 2. (*obra, acció*) Sudelei *f*
mamell/a *f anat* Brust *f*, Busen *m*; **~ut, -uda** *adj* vollbusig
mameluc *m* Mameluck *m*
mamífer 1. *adj m/f* Säuge...; 2. *m* Säugetier *n*
mamografia *f med* Mammographie *f*
mampara *f* Wandschirm *m*
mamut *m zool* Mammut *n*
manada *f* Geste *f*, Schlag *m*
mana/ment *m* 1. (*ordre*) Befehl *m*; 2. (*precepte*) Gebot *n*; **~r** *vt* befehlen
manatí *m zool* Seekuh *f*, Lamantin *m*
manc, -a *adj* einarmig, einhändig; **~ar** *vi* fehlen
mancomun/ar *vt* vereinigen; **~ar-se** sich vereinigen; **~itat** *f* Gemeinschaft *f*
mandant *m/f jur* Mandant, -in *m/f*

mandarí m Mandarin m
mandarin/a f bot Mandarine f; **~er** m bot Mandarinenbaum m
mandat m Mandat n; **~ari, -ària** m/f 1. jur Mandatar, -in m/f; 2. pol Volksvertreter, -in m/f
mandíbula f anat Kiefer m
mandioca f bot Maniok m
mandolina f mús Mandoline f
mandonguilla f gastr Fleischklößchen n
mandràgora f bot Mandragora f
mandrejar vi faulenzen
mandril m zool Mandrill m
mandrós, -osa adj faul
manduca f col·loq Futter n; **~r** vt/i col·loq essen, futtern
màne/c m Griff m; **~ga** f 1. (tub) Schlauch m; 2. (de vestit) Ärmel m
mane/ig m Handhabung f; **~jable** adj m/f handlich; **~jar** vt handhaben
manera f Art f, Weise f; **de cap ~** keineswegs; **de tota ~** auf jeden Fall m
manescal m Tierarzt m
maneta f Handgriff m
mang/anès m quím Mangan n; **~anesa** f min Mangandioxid n; **~ànic, -a** adj quím Mangan...; **~anina** f quím Manganin n; **~anós, -osa** adj quím Mangan...
manglar m bot Mangrove f
mango m 1. bot Mangobaum m; 2. (fruita) Mango f
mani/a f 1. med (bogeria) Wahn m; 2. (obsessió) Manie f; ♦ **tenir ~a** nicht leiden können; **~acodepressiu, -iva** adj manisch-depressiv; **~àtic,**
-a 1. adj manisch; 2. m/f Wahnsinnige, -r f/m
manicomi m Irrenanstalt f
manicura f Maniküre f
manieris/me m (art) Manierismus m; **~ta** 1. adj m/f manieristisch; 2. m/f Manierist, -in m/f
manifassejar vi einmischen (**en** in)
manifest m Manifest n; **~ació** f 1. Bekundung f; 2. pol Demonstration f; **~ant** adj m/f pol Demonstrant, -in m/f; **~ar** vt bekunden, zeigen; **~ar-se** 1. sich äußern; 2. pol demonstrieren
màniga f Ärmel m
manillar m Lenker m
manilles fpl Handschellen fpl
maniobra f auto Manöver n; **~bilitat** f Manövrierfähigkeit f; **~ble** adj m/f manövrierfähig; **~r** 1. vt manövrieren, steuern; 2. vi mil ein Manöver abhalten
manipula/ció f 1. Handhabung f; 2. Manipulation f; **~dor, -a** 1. adj manipulativ, manipulatorisch; 2. m/f Manipulant, -in m/f; **~r** vt manipulieren
manique/isme m 1. relig Manichäismus m; 2. pol Schwarzweißmalerei f; **~u, -a** m/f Manichäer, -in m/f
maniquí 1. m (figura) Modellpuppe f; 2. m/f (persona) Mannequin n, Model n
manlle/u m 1. (An)Leihen n; 2. ling Entlehnung f; **~var** vt sich leihen, sich borgen
manobre, -a m/f constr Maurergehilfe m
man/òmetre m tecn Manometer n; **~omètric, -a** adj manometrisch

manot/ada f Handstreich m; **~ejar** vi gestikulieren

mans, -a adj 1. (animal) zahm; 2. (aigua) still; 3. (dòcil) sanft

mansarda f 1. arquit Mansardendach n; 2. Mansarde f

mansió f 1. (domicili) Wohnsitz m; 2. (casa sumptuosa) Villa f

manta f Decke f

manteg/a f Butter f; **~ada** f gastr Buttergebäck n; **~ós, -osa** adj butterig

mantejar vt prellen

mantel/eta f Pelerine f; **~l** m tèxtil Cape n; **~lina** f tèxtil Mantille f

manteni/dor, -a 1. adj erhaltend; **2.** m/f Erhalter, -in m/f; **~ment** m 1. (aliment) Unterhalt m; 2. tecn Wartung f; **~r** vt (er)halten; **~r-se** 1. (sostenir) sich halten; 2. (continuar) bleiben

mantó m Umschlagtuch n

manual 1. adj m/f Hand...; **2.** m Handbuch n; **~ d'instruccions** Bedienungsanleitung f

manubri m 1. Kurbel f; 2. mús Drehorgel f

manufactura f Manufaktur f; **~r** vt handwerklich anfertigen

manumissió f Befreiung f, Freilassung f

manuscrit, -a 1. adj handschriftlich, handgeschrieben; **2.** m Manuskript n

manutenció f Verpflegung f

manxa f Luftpumpe f; **~r** vi pumpen

many/a f Geschicklichkeit f; ♦ **donar-se ~a** geschickt angehen; **tenir ~a** verwöhnt sein; **~à, -ana** m/f Schlosser, -in m/f; **~ós, -osa** adj geschickt, gewandt

maois/me m pol Maoismus m; **~ta 1.** adj m/f maoistisch; **2.** m/f Maoist, -in m/f

maonès, -esa 1. adj maonesisch, aus Maó; **2.** m/f Maoneser, -in m/f

maori 1. adj m/f maorisch; **2.** m/f Maori m/f; **3.** m ling Maori n

mapa m 1. (Land)Karte f; 2. (d'una ciutat) Stadtplan m; **~mundi** m Weltkarte f

maqueta f arquit Modell n

Maquiav/el m Macchiavelli m; **~*èl·lic, -a** adj machiavellistisch; **~*el·lisme** m Machiavellismus m

maquilla/dor, -a m/f 1. Schminker, -in m/f; 2. cine Maskenbildner, -in m/f; **~r** vt 1. schminken; 2. (dissimular) beschönigen; **~r-se** sich schminken; **~tge** m Schminken m

màquina f Maschine f; **a tota ~** mit Volldampf

maquin/ació f Verschwörung f; **~al** adj m/f maschinell; **~ar** vt aushecken; **~ària** f Maschinerie f; **~eta** f (Bleistift)Spitzer m; **~isme** m Machinismus m; **~ista** m/f 1. (constructor) Maschinenbauer, -in m/f; 2. (conductor) Maschinenführer, -in m/f; 3. Lokomotivführer m

mar f/m Meer n, See f; **alta ~** hohe See f; **~ Adriàtica** Adriatisches Meer n; **~ Antàrtica** Südliches Eismeer n; **~ Àrtica** Nordpolarmeer n; **~ Bàltica** Ostsee f; **~ brava** raue See f; **~ calma/tranquil·la** ruhige See f; **~ Cantàbrica** Golf m von Biskaya; **~ Carib** karibisches Meer n; **~ Càspia** kaspisches Meer *n*; **~ de fons** Dünung *f*; **~ del Nord** Nordsee *f*; **~ Egea** Ägäisches Meer *n*; **~ grossa** schwere See *f*; **~ interior** Binnenmeer *n*; **~ Jònica** Ionisches Meer *n*; **~ Mediterrània** Mittelmeer *n*; **~ Morta** Totes Meer *n*; **~ Negra** Schwarzes Meer *n*; **~ Roja** Rotes Meer *n*

marabú *m zool* Marabu *m*

maragd/a *f* Smaragd *m*; **~í, -ina** *adj* smaragdfarben

marasme *m* 1. *med* Marasmus *m*; 2. *fig* Niedergang *m*

marat/ó *f esp* Marathon(lauf) *m*; **~onià, -ana** *adj* Marathon...

marbr/e *m* Marmor *m*; **~era** *f* Marmorbruch *m*; **~ista** *m/f* Marmorarbeiter, -in *m/f*

marc *m* Rahmen *m*

març *m* März *m*

marca *f* 1. (*distintiu*) (Kenn)Zeichen *n*; 2. *com* Marke *f*; 3. *esp* Rekord *m*

marcador *m* Anzeigetafel *f*

marcapàs *m med* (Herz)Schrittmacher *m*

marcar *vt* 1. markieren, kennzeichnen; 2. (*telèfon*) wählen

marcià, -ana 1. *adj* Mars...; 2. *m/f* Marsbewohner, -in *m/f*

mare *f* Mutter *f*

marea *f* Gezeiten *pl*; **~ alta** Flut *f*; **~ baixa** Ebbe *f*; **~ negra** Ölpest *f*; **~ roja/vermella** Algenpest *f*; **~ viva** Springflut *f*

marededéu *f* Muttergottes *f*

maregassa *f* grobe See *f*

mare/ig *m* 1. Schwindelanfall *m*; 2. (*amb vòmit*) Übelkeit *f*; **~jar** *vt* 1. schwind(e)lig machen; 2. (*emmalaltir*) seekrank machen

marejada *f* hoher Seegang *m*

marejar-se seekrank werden

marejol *m* leichter Seegang *m*

maremàgnum *m* Durcheinander *n*

maresma *f* Marschland *n*

marfil *m* Elfenbein *n*

margalló *m bot* Zwergpalme *f*

margarida *f bot* Margerite *f*

margarina *f* Margarine *f*

marge *m* Rand *m*; **al ~** am Rande

margina/ció *f* Marginierung *f*; **~l** *adj m/f* Rand...; **~litat** *f* Marginalität *f*; **~r** *vt* 1. (*ignorar una cosa*) beiseite lassen, ausgrenzen; 2. (*ignorar algú*) ausschließen; 3. (*societat*) diskriminieren

marí, -ina 1. *adj* marin, Meeres..., See...; 2. *m/f* Seemann, Matrose *m*

marià, -ana *adj* marianisch

mariallüísa *f bot* Zitronenstrauch *m*

marida/r *vt* verheiraten, vermählen; **~r-se** sich verheiraten, sich vermählen; **~tge** *m* Verheiratung *f*, Vermählung *f*

marieta 1. *f zool* Marienkäfer *m*; 2. *m desp* Weichling *m*, Schwuler *m desp*

marihuana *f bot* Marihuana *n*

marina *f* 1. Marine *f*; 2. Küstenzone *f*

marina/da *f* Brise *f*; **~r** *vt gastr* marinieren; **~tge** *m* Seewesen *n*

mariner, -a 1. *adj* See...; 2. *m/f* Seemann *m*, Matrose *m*

marioneta *f* Marionette *f*

maris/c *m* Meeresfrucht *f*; **~queria**

marista

1. (*restaurant*) Meeresfrüchterestaurant *n*; 2. (*tenda*) Meeresfrüchtegeschäft *n*
marista *m* Marist *m*
marit *m* Ehemann *m*, Ehegatte *m*; **~al** *adj m/f* ehelich
marítim, -a *adj* maritim, See...
marmessor *m jur* Testamentsvollstrecker *m*; **~ia** *f jur* Amt *n* des Testamentsvollstreckers
marmota *f zool* Murmeltier *n*
maroma *f* Seil *n*
maror *f* grobe See *f*
marquès, -esa *m/f* Marquis -e *m/f*
marquesat *m* Marquisat *n*
marquesina *f* Regendach *n*
marqueter, -a *m/f* Intarsienarbeiter, -in *m/f*; **~ia** *f* Holzarbeit *f*, Intarsia *f*
marrà, -ana 1. *adj* 1. (*tossut*) trotzig; 2. (*brut*) dreckig; **2.** *m/f zool* Schwein *n*, Eber *m*; **3.** *m zool* (*be*) Widder *m*
marraix *m peix* Heringshai *m*
marrameu *m* Miauen *n*
marranada *f* Schweinerei *f*
Marràqueix *m* Marrakesch *m*
marró *adj m/f* braun
Marro/c *m* Marokko *n*; **~*quí, -ina 1.** *adj* marokkanisch; **2.** *m/f* Marokkaner, -in *m/f*
Marsell/a *f* Marseille *f*; **~*ès, -esa 1.** *adj* Marseiller; **2.** *m/f* Marseiller, -in *m/f*
marsupi *m zool* (Brut)Beutel *m*; **~al 1.** *adj m/f zool* Beutel...; **2.** *m zool* Beuteltiere *pl*
Mart *m* Mars *m*
marta *f zool* Marder *m*

martell *m* Hammer *m*; **~ada** *f* Hammerschlag *m*; **~eig** *m* Gehämmer *n*; **~ejar** *vt* hämmern
màrtir *m/f* Märtyrer, -in *m/f*
martiri *m* Martyrium *n*; **~tzador, -a 1.** *adj* marternd, folternd; **2.** *m* Folterer *m*; **~tzar** *vt* 1. martern; 2. *fig* foltern
marxa *f* 1. (*moviment*) Gang *m*; 2. *esp* Lauf *m*; 3. *mús* Marsch *m*; ♦ **posar en ~** in Gang setzen; **~nt, -a** *m/f* 1. fahrende, -r Händler, -in *m/f*; 2. Kunsthändler, -in *m/f*; **~r** *vi* 1. (*anar*) fortgehen; 2. (*de viatge*) abreisen; 3. (*funcionar*) funktionieren; 4. *mil* marschieren
marxis/me *m pol* Marxismus *m*; **~ta 1.** *adj m/f* marxistisch; **2.** *m/f* Marxist, -in *m/f*
mas *m* Gehöft *n*, Bauernhof *m*
mascara *f* Rußfleck *m*
màscara *f* Maske *f*
mascarada *f* Maskerade *f*
mascle *m zool* Männchen *n*
mascletada *f val* Abschuss von Raketen und Böllern an den Patronatsfesten
masclis/me *m* Machismo *m*; **~ta** *m/f* Macho *m*
mascota *f* Maskottchen *n*
mascul/í, -ina *adj* männlich, maskulin; **~initat** *f* Männlichkeit *f*; **~initzar** *vt* vermännlichen
masia *f* Gehöft *n*, Bauernhof *m*
masmorra *f* Kerker *m*
masoquis/me *m med* Masochismus *m*; **~ta 1.** *adj m/f* masochistisch; **2.** *m/f* Masochist, -in *m/f*

masover, -a m/f Pächter, -in m/f; **~ia** f Pachthof m

massa 1. adj inv zu viel; **2.** adv zu, zu sehr; **3.** f Masse f

massacr/ar vt massakrieren; **~e** f Massaker n, Blutbad n

massapà m Marzipan n

massatg/e m Massage f; **~ista** m/f Masseur, -euse m/f

massifica/ció f Vermassung f; **~r** vt zur Massenware werden, vermassen

massís, -issa 1. adj 1. massiv; 2. (persona) kräftig; **2.** m geol (Gebirgs) Massiv n

massiu, -iva adj massenhaft, massiv

mastega/da f Kauen n; **~dor, -a** adj kauend; **~ment** m Kauen n; **~r** vt kauen

mastí m Mastiff m, große Hunderasse f (vor allem Hirtenhunde)

mastica/ble adj m/f kaufbar; **~ció** f Kauen n

mastodont m zool Mastodon n

masturba/ció f Masturbation f; **~r** vt masturbieren; **~r-se** onanieren, masturbieren

masurca f Mazurka f

mat adj inv matt; **escac i ~!** Schachmatt n

matador, -a 1. adj tötend, mörderisch; **2.** m 1. Mörder m; 2. (animals) Schlächter; 3. taur Matador m

matal/às m Matratze f; **~asser, -a** m/f Matratzenmacher, -in m/f; **~asseria** f Matratzengeschäft n

matamosques m Fliegenklatsche f

mata/nça f Schlachten n; **~r** vt 1. töten, umbringen; 2. (bestiar) schlachten

mata-rates m Rattengift n

mata-segells m Briefstempel m

mateix, -a adj 1. derselbe, dieselbe, dasselbe; 2. der/die/das Gleiche; **ara ~** sofort, jetzt gleich

matemàtic, -a 1. adj mathematisch; **2.** m/f Mathematiker, -in m/f; **3.** f Mathematik f

matèria f 1. (material) Materie f, Stoff m; **primeres matèries** Rohstoffe pl; 2. (tema) Materie f, Inhalt m; 3. fís Materie f, Masse f

material 1. adj m/f materiell; **2.** m Material n; **~isme** m Materialismus m; **~ista 1.** adj m/f materialistisch; **2.** m/f Materialist, -in m/f; **~itat** f Körperlichkeit f; **~ització** f Materialisation f; **~itzar** vt materialisieren; **~itzar-se** sich materialisieren, sich verwirklichen

matern, -a adj mütterlich, Mutter...; **~al** adj m/f mütterlich; **~itat** f Mutterschaft f

mat/í m Morgen m, Vormittag m; **de bon ~í** am frühen Morgen; **~inada** f (Morgen)Dämmerung f, Tagesanbruch m; **~inador, -a** adj früh aufstehend; **~inal** adj m/f morgendlich; **~inar** vi früh aufstehen; **~inejar** vt früh aufstehen; **~iner, -a** m/f Frühaufsteher, -in m/f

mat/ís m 1. Schattierung f; 2. fig Nuance f; **~isar** vt 1. schattieren; 2. mús abtönen

matoll m bot Gestrüpp n

matri/arcal adj m/f matriarchalisch;

matrícula

~arcat m Matriarchat n; **~cida** m/f Muttermörder, -in m/f; **~cidi** m Muttermord m

matr/ícula f 1. (inscripció) Anmeldung f; 2. univ Immatrikulation f; 3. auto Nummernschild n; **~iculació** f 1. auto polizeiliche Anmeldung f; 2. Einschreibung f, Immatrikulation f; **~icular** vt 1. (inscriure's) anmelden; 2. univ immatrikulieren; **~icular-se** sich einschreiben, sich immatrikulieren

matrimoni m 1. (casament) Heirat f; 2. (parella) Ehepaar n; **~al** adj m/f ehelich

matriu f 1. anat Gebärmutter f; 2. mat Matrix f, Matrize f

matrona f Matrone f; **~l** adj m/f Matronen...

matusser, -a adj grob, unsauber; **~ia** f (manera de treballar) Grobheit f

matutí, -ina adj Morgen..., Vormittags...

matx m esp Match n

matxet m Machete f

matxucar vt zerknautschen; **~-se** knautschen

maurità, -ana 1. adj mauritanisch; 2. m/f Mauritanier, -in m/f; **~*nia** f Mauritanien n

mausoleu m Mausoleum n

maxil·lar 1. adj m/f Kiefer..., maxillar; 2. m Kiefer m

màxim, -a 1. adj maximal, Höchst...; 2. m Maximum n; 3. f Leitsatz m

maximal adj m/f maximal; **~isme** m pol Maximalismus m; **~ista** 1. adj m/f maximalistisch; 2. m/f Maximalist, -in m/f

màximament adv besonders

maximitzar vt maximieren

meandre m 1. arquit Mäander m; 2. (corva) Krümmung f, Kurve f; 3. (riu) Mäander m

Meca f: la **~** Mekka n

mec/ànic, -a 1. adj mechanisch; 2. m/f Mechaniker, -in m/f; 3. f Mechanik f; **~anicista** 1. adj m/f mechanistisch; 2. m/f Mechanist, -in m/f; **~anisme** m Mechanismus m; **~anització** f Mechanisierung f; **~anitzar** vt mechanisieren

mecan/ògraf, -a m/f Maschinenschreiber, -in m/f; **~ografia** f Maschinenschreiben n; **~ografiar** vt tippen

mecanoscrit, -a 1. adj maschinengeschrieben; 2. m Typoskript n

mecen/atge m Mäzenatentum n; **~es** m Mäzen m

medall/a f Medaille f; **~er, -a** m/f Medailleur, -in m/f; **~ó** m Medaillon n

medi m Umgebung f; **~ ambient** Umwelt f; **~ació** f Vermittlung f; **~ador, -a** 1. adj vermittelnd; 2. m/f Vermittler, -in m/f; **~al** adj m/f medial

mediambiental adj m/f Umwelt...

mediana f Medianwert m

mediant f mús Mediante f

medi/ateca f Mediathek f; **~àtic, -a** adj Medien...; **~atització** f pol Mediatisierung f; **~atitzar** vt pol mediatisieren

mediatriu f geom Mittelsenkrechte f

mèdic, -a adj ärztlich, Arzt...

medic/ació f med Medikation f, Behandlung f; **~ament** m Medikament *n*, Arznei *f*; **~ar** *vt med* verschreiben; **~ina** *f* Medizin *f*; **~inal** *adj m/f* medizinisch, Medizin...

medieval *adj m/f* mittelalterlich, mediäval; **~isme** *m* mittelalterliche(s) Gepräge *n*; **~ista** *m/f* Mediävist, -in *m/f*; **~ístic, -a** *adj* mediävistisch

mediocr/e *adj m/f* mittelmäßig; **~itat** *f* Mittelmäßigkeit *f*

medita/ció *f* Nachdenken *n*, Meditation *f*; **~r** *vt* meditieren (**sobre** über); **~tiu, -iva** *adj* 1. nachdenklich; 2. meditativ

mediterrani, -ània *adj* mediterran, Mittelmeer...; **la Mediterrània** das Mittelmeer

mèdium *m/f* (*espiritisme*) Medium *n*

medul·la *f anat* Knochenmark *n*; **~ espinal** Rückenmark *n*; **~r** *adj m/f* Rückenmark...

medusa *f zool* Qualle *f*, Meduse *f*

mefistofèlic, -a *adj* mephistophelisch

megacèfal, -a *adj* großköpfig; **~efàlia** *f* Großköpfigkeit *f*

megàfon *m* Megaphon *n*; **~afonia** *f* Lautsprecheranlage *f*

megàlit *m* Megalith *m*; **~alític, -a** *adj* megalithisch

megalòman, -a 1. *adj* größenwahnsinnig; 2. *m/f* Größenwahnsinnige, -r *f/m*; **~omania** *f* Megalomanie *f*, Größenwahnsinn *m*

meitat *f* 1. (*de dues parts*) Hälfte *f*; 2. (*enmig*) Mitte *f*

mel *f* Honig *m*

melan/esi, -èsia 1. *adj* melanesisch; 2. *m/f* Melanesier, -in *m/f*; 3. *m ling* Melanesisch *n*; **~*èsia** *f* Melanesien *n*

melangi/a *f* Melancholie *f*, Schwermut *f*; **~ós, -osa** *adj* melancholisch

melan/isme *m biol* Melanismus *m*; **~oma** *m med* Melanom *n*; **~osi** *f med* Melanose *f*

melic *m anat* (Bauch)Nabel *m*

melindrós, -osa *adj* zimperlich

meló *m* Melone *f*

mel/odia *f* Melodie *f*; **~òdic, -a** *adj* melodisch; **~odiós, -osa** *adj* melodiös, melodisch

melodram/a *m* Melodrama *n*; **~àtic, -a** *adj* melodramatisch

mel/òman, -a *m/f* Musikliebhaber, -in *m/f*; **~omania** *f* Musikleidenschaft *f*

melonar *m* Melonenpflanzung *f*

melós, -osa *adj* lieblich

melsa *f anat* Milz *f*

membran/a *f* Membrane *f*; **~ós, -osa** *adj* membranartig

membre *m* 1. *mat* Glied *n*; 2. (*soci*) Mitglied *n*; 3. *anat* Penis *m*, Glied *n*

mem/orable *adj m/f* denkwürdig; **~oràndum** *m* 1. Notiz *f*; 2. Memorandum *n*; **~orar** *vt* erinnern; **~oratiu, -iva** *adj* Gedenk...; **~òria** *f* 1. (*facultat*) Gedächtnis *n*; **de ~òria** auswendig; **en ~òria de** zum Gedenken an; 2. (*record*) Erinnerung *f*; 3. (*informe*) Bericht *m*; ♦ **fer ~òria** sich erinnern an; **~orial** *m* Erinnerungsschrift *f*; **~oritzar** *vt* 1. auswendig lernen; 2. *informàt* speichern

mena *f* Art *f*

menar vt (*bestiar*) führen
menci/ó f Erwähnung f; **~onar** vt erwähnen
mendic/ant adj m/f bettelnd; **~ar** vi betteln; **~itat** f Bettelei f
menest/er m Notwendigkeit f; ♦ **haver de ~er** brauchen; **ser ~er** brauchen; **~ral, -a** m/f Handwerker, -in m/f; **~ralenc, -a** adj handwerklich; **~ralia** f Handwerkerschaft f
menhir m Menhir m
mening/e f anat Hirnhaut f; **~ític, -a** 1. adj med meningitiskrank; 2. m/f Meningitiskranke, -r f/m; **~itis** f med Hirnhautentzündung f, Meningitis f
menisc m anat Meniskus m
menja/ble adj m/f essbar; **~da** f Essen n, Mahlzeit f; **~dor, -a** 1. adj essfreudig; 2. m 1. (*habitació*) Esszimmer n; 2. (*hotel*) Speisesaal m; 3. f (*per a animals*) Krippe f; **~r** 1. vt 1. essen; 2. (*animals*) fressen; 2. m Essen n; **~r-se** aufessen
menopausa f Menopause f, Wechseljahre pl
menor adj m/f kleiner, geringer; **~ d'edat** minderjährig
Menor/ca f Menorca n; **~*quí, -ina** 1. adj menorquinisch; 2. m/f Menorquiner, -in m/f; 3. m ling Menorquinisch n
menstrua/ció f Menstruation f, Monatsblutung f; **~l** adj m/f menstrual; **~r** vi menstruieren
mensual adj m/f monatlich, Monats...; **~itat** f Monatsgeld n
ment f Verstand m, Geist m

menta f bot Pfefferminze f
mental adj m/f geistig, mental; **~itat** f Mentalität f
menti/da f Lüge f; **sembla ~da!** unglaublich!; **~der, -a 1.** adj verlogen, lügenhaft; 2. m/f Lügner, -in m/f; **~r** vi lügen
mentó m anat Kinn n
mentol m quím Menthol n
mentre conj (*temporal*) während; **~ que** (*adversatiu*) während; **~stant** adv inzwischen, unterdessen
menú m Menü n
menut, -uda adj winzig
menys 1. adv weniger, am wenigsten; 2. prep außer; 3. m mat Minuszeichen n; **~preable** adj m/f verächtlich; **~preador, -a 1.** adj verachtend; 2. m/f Verächter, -in m/f; **~prear** vt verachten; **~preu** m Verachtung f
meravell/a f Wunder n; **~ar** vt in Bewunderung versetzen; **~ar-se** sich wundern (de über); **~ós, -osa** adj wunderbar
merca/deig m Handel m; **~dejar 1.** vt vermarkten; 2. vi handeln; **~der, -a** m/f Händler, -in m/f; **~deria** f Ware f; **~nt** adj m/f Handels...; **~ntil** adj m/f merkantil, kaufmännisch; **~ntilisme** m Merkantilismus m; **~t** m Markt m; **~t de valors** Wertpapierbörse f; **~t negre** Schwarzhandel m
mercè f Gnade f
mercenari, -ària 1. adj mil Söldner...; 2. m/f Söldner, -in m/f
merceria f Kurzwarenhandlung f
mercès! interj danke!

mercuri m quím Quecksilber n

merd/a f col·loq Scheiße f; ♦ **vés-te'n a la ~a!** vulg scher dich zum Teufel; **~er** m 1. fig (embolic) Schlamassel m; 2. (lloc) Saustall m; **~erada** f Kothaufen m

mer/eixedor, -a adj verdienstlich; **~eixement** m Verdienst n; **~èixer** vt verdienen; **~escut, -uda** adj (wohl)verdient

meridià, -ana 1. adj Mittags...; 2. m astron Meridian m

meridional 1. adj m/f südlich; 2. m/f Südländer, -in m/f

mèrit m Verdienst n

meritori, -òria 1. adj verdienstvoll; 2. m/f Volontär, -in m/f

merla f zool Amsel f

mes m Monat m

més 1. adv mehr; **a ~ a ~** außerdem; **si ~ no** zumindest; 2. m mat Pluszeichen n

mesada f (espai de temps) Monat m

mescla f Mischung f; **~r** vt (ver)mischen

mesocarpi m bot Mesokarpion n

mesocràcia f Mesokratie f

mesolític, -a 1. adj mesolitisch; 2. m Mesolithikum n

mesopot/ami, -àmia 1. adj mesopotamisch; 2. m/f Mesopotamier, -in m/f; **~*àmia** f Mesopotamien n; **~àmic, -a** adj mesopotamisch

mesozoic, -a 1. adj mesozoisch; 2. m Mesozoikum n

mesquí/, -ina adj kleinlich; **~inejar** vi knausern; **~ineria** f Knauserei f

mesquita f Moschee f

messeguer m agric Feldhüter m

messi/ànic, -a adj messianisch; **~anisme** m Messianismus m

mest/ís, -issa 1. adj mischrassig; 2. m/f Mischling m; **~issatge** m Rassenmischung f

mestral m 1. Nordwest(en) m; 2. (vent) Mistral m; **~ada** f starker Mistral m

mestre, -a 1. adj meisterlich, Meister...; 2. m/f 1. Meister, -in m/f; 2. (d'escola) Lehrer, -in m/f

mestressa f (ama) Herrin f; **~ de casa** Hausfrau f

mesura f Maß n; **amb ~** in Maßen; **sense ~** über die Maßen; ♦ **prendre mesures** Maßnahmen ergreifen; **~ble** adj m/f messbar; **~r** vt (ab)messen

meta f Ziel n

metabolisme m Metabolismus m

metacarp m anat Mittelhand f; **~ià, -ana** adj Mittelhand...

metafísic, -a 1. adj metaphysisch; 2. m/f Metaphysiker, -in m/f; **~a** f Metaphysik f

met/àfora f Metapher f; **~afòric, -a** adj metaphorisch

met/àfrasi f Metaphrase f; **~afràsic, -a** adj metaphrastisch

metalepsi f 1. ling Metalepsis f; 2. quím Ersatzreaktion f

metalingüística f Metalinguistik f

met/all m Metall n; **~àl·lic, -a** adj metallisch; **~al·lífer, -a** adj metallhaltig; **~al·lització** f Metallisierung f; **~al·litzar** vt metallisieren; **~al·lògraf, -a** m/f Metallograph, -in m/f; **~al·lografia** f Metallographie f; **~al·logràfic,**

metamòrfic

-a *adj* metallographisch; **~al·loide** *m* Metalloid *n*; **~al·lúrgia** *f* Metallurgie *f*; **~al·lúrgic, -a 1.** *adj* Metall...; **2.** *m/f* Metallarbeiter, -in *m/f*

metam/òrfic, -a *adj* metamorphisch; **~orfisme** *m* Metamorphismus *m*; **~orfisme** *f* Metamorphose *f*

metanol *m quím* Methanol *n*

metaplasme *m ling* Metaplasmus *m*

metaps/icologia *f* Metapsychologie *f*; **~íquic, -a** *adj* metapsychisch

metàstasi *f med* Metastase *f*

metatarsià, -ana *adj* Mittelfuß...

metàtesi *f* 1. *ling* Metathese *f*; 2. *quím* Doppelzersetzung *f*

meteor *m* 1. *astron* Meteor *m*; 2. *meteo* Himmelserscheinung *f*; **~it** *m* Meteorit *m*; **~ògraf** *m* Meteorograph *m*; **~ografia** *f* Meteorographie *f*; **~ogràfic, -a** *adj* meteorographisch; **~òleg, -òloga** *m/f* Meteorologe, -in *m/f*; **~ologia** *f* Wetterkunde *f*; **~ològic, -a** *adj* meteorologisch

metge, -essa *m/f* Arzt *m*, Ärztin *f*; **~ de capçalera** Hausarzt *m*; **~ especialista** Facharzt *m*; Fachärztin *f*; **~ forense** Gerichtsmediziner, -in *m/f*

meticul/ós, -osa *adj* kleinlich, pedantisch; **~ositat** *f* 1. Genauigkeit *f*; 2. Pedanterie *f*

metilè *m* Methylen *n*

mètode *m* Methode *f*

met/òdic, -a *adj* methodisch; **~odologia** *f* Methodologie *f*; **~odològic, -a** *adj* methodologisch

metoními/a *f* Metonymie *f*; **~c, -a** *adj* metonymisch

metrall/a *f* Schrot *m*; **~adora** *f* Maschinengewehr *n*; **~eta** *f* Maschinenpistole *f*

metre *m* Meter *m*

mètric, -a *adj* metrisch

metro *m transp* U-Bahn *f*; **~logia** *f* Metrologie *f*

metrònom *m mús* Metronom *n*

metr/òpoli *f* Metropole *f*; **~opolità, -ana 1.** *adj* 1. weltstädtisch; 2. hauptstädtisch; 3. *relig* Metropolitan...; **2.** *m* 1. *ferroc* U-Bahn *f*, Untergrundbahn *f*; 2. *relig* Metropolit *m*

metxa *f* Docht *m*

metzina *f* Gift *n*

meu, -eva 1. *adj* mein; **2.** *pron* mein

Mèxic *m* Mexiko *n*

mexicà, -ana 1. *adj* mexikanisch; **2.** *m/f* Mexikaner, -in *m/f*

mi *m mús* E *n*; **~ bemoll** Es *n*; **~ major** E-Dur *n*; **~ menor** e-Moll *n*; **~ natural** E *n*; **~ sostingut** E-is *n*

miasma *m* Miasma *n*

mica *f* 1. Stückchen *n*; **de ~ en ~** nach und nach; **gens ni ~** es gefällt mir gar nicht; **una ~** ein bisschen; 2. *min* Glimmer *n*; ♦ **fer miques** zerkrümeln

mico *m zool* Affe *m*; ♦ **fer el ~** sich lächerlich benehmen

microbi *m biol* Mikrobe *f*, Mikroorganismus *m*; **~ologia** *f* Mikrobiologie *f*

microbús *m* Kleinbus *m*

microc/èfal, -a *adj* mikrozephal; **~efàlia** *f* Mikrozephalie *f*; **~efalisme** *m* Mikrozephalie *f*

microcirurgia *f* Mikrochirurgie *f*

microclima *m* Mikroklima *n*

microcosmos *m* Mikrokosmos *m*
microfilm *m* Mikrofilm *m*
micròfon *m* Mikrofon *n*
micron/esi, -èsia *m/f* Mikronesier, -in *m/f*; **~*èsia** *f* Mikronesien *f*
microona *f electr* Mikrowelle *f*
microorganisme *m biol* Mikroorganismus *m*
microsc/opi *m* Mikroskop *n*; **~òpic, -a** *adj* mikroskopisch
mida *f* 1. (*mesura*) Messung *f*; 2. (*dimensió*) Maß *n*; **a ~** nach Maß; **fet a ~** maßgearbeitet; ♦ **prendre mides** abmessen
mig, mitja 1. *adj* halb; 2. *m* Mitte *f*; **de ~ a ~** völlig; **un i ~** eineinhalb
migdia *m* 1. Mittag *m*; **al ~** mittags; 2. *geogr* Süden *m*; **~da** *f* Mittagsschlaf *m*, Siesta *f*
migra/ció *f* 1. Migration *f*, Wanderung *f*; 2. *zool* Migration *f*; **~dor, -a** *adj* wandernd
migrany/a *f* Migräne *f*, **~ós, -osa** *adj* migräneartig
migra/r *vi* migrieren, wandern; **~tori, -òria** *adj* Wanderungs...
mil 1. *adj m/f* (ein)tausend; 2. *m* Tausend *n*
Mil/à *f* Mailand *n*; **~*anès, -esa** 1. *adj* mailändisch; 2. *m/f* Mailänder, -in *m/f*
míldiu *m* Mehltau *m*
mil/er *m* Tausend *m*; **~ió** *m* Million *f*
mil/ícia *f* Miliz *f*; **~icià, -ana** 1. *adj* Miliz...; 2. *m/f* Millizsoldat, -in *m/f*
miliona/da *f* Millionensumme *f*; **~ri, -ària** 1. *adj* Millionärs...; 2. *m/f* Millionär, -in *m/f*

milit/ància *f* Mitgliedschaft *f*; **~ant** 1. *adj m/f* militant; 2. *m/f* Aktivist, -in *m/f*; **~ar** 1. *adj m/f* militärisch, Militär...; 2. *m/f* Militär *m*; 3. *vi* 1. (*servei*) seinen Dienst tun; 2. *pol* ein aktives Mitglied sein; **~arisme** *m* Militarismus *m*; **~arista** 1. *adj m/f* militaristisch; 2. *m/f* Militarist, -in *m/f*; **~arització** *f* Militarisierung *f*; **~aritzar** *vt* militarisieren
milla *f* Meile *f*
mil·len/ari, -ària 1. *adj* tausendjährig; 2. *m* Jahrtausend *n*; **~ni** *m* Jahrtausend *n*
mil·liar *adj m/f* Meilen...
mil·l/igram *m* Milligramm *n*; **~ilitre** *m* Mililiter *n*; **~imetrat, -ada** *adj* Milimeter...; **~ímetre** *m* Millimeter *m*; **~imètric, -a** *adj* Millimeter..., millimetrisch
millor 1. *adj* besser; **el/la ~** der/die Beste; 2. *adv* besser; **~ dit** besser gesagt; **~ que ~** um so besser; ♦ **estar ~** sich besser fühlen; **~a** *f* Verbesserung *f*; **~able** *adj* verbesserungsfähig; **~ament** *m* Verbessern *n*; **~ar** *vt* (ver)bessern; **~ar-se** sich bessern
mim *m/f teat* Mime, -in *m/f*; **~ar** *vi* mimen, nachäffen
mim/esi *f* Mimesis *f*; **~ètic, -a** *adj* mimetisch; **~etisme** *m* 1. (*per agradar*) Schöntun *n*; 2. *zool* Mimikry *f*
mímic, -a 1. *adj* mimisch, schauspielerisch; 2. *f* Mimik *f*
mimosa *f bot* Mimose *f*
mina *f* 1. *min* Mine *f*, Bergwerk *n*; 2. *mil* Mine *f*

minaret *m* Minarett *n*
miner, -a 1. *adj* min bergmännisch, Minen...; **2.** *m/f* **1.** (*treballador*) Bergarbeiter, -in *m/f*; **2.** (*propietari*) Bergwerksbesitzer, -in *m/f*; **~al 1.** *adj m/f* mineralisch, Mineral...; **2.** *m* **1.** *geol* Mineral *n*; **2.** *min* Erz *n*; **~alitzable** *adj m/f* mineralisierbar; **~alització** *f* biol Mineralisation *f*; **~alitzador, -a** *adj* mineralisierend; **~alitzant** *adj m/f* mineralisierend; **~alitzar** *vt* mineralisieren; **~alogia** *f* Mineralogie *f*; **~alògic, -a** *adj* mineralogisch; **~alogista** *m/f* Mineraloge, -in *m/f*; **~ia** *f* Bergbau *m*, Bergwesen *n*
minia/r *vt* in Miniatur malen; **~tura** *f* Miniatur *f*
minicadena *f* Ministereoanlage *f*
minifaldilla *f* Minirock *m*
minifundi *m* agric Zwergbetrieb *m*
minigolf *m* Minigolf *n*
mínim, -a 1. *adj* Mindest...; com a ~ mindest; **2.** *m* Minimum *n*
minim/al *adj m/f* minimal; **~itzar** *vt* **1.** verharmlosen; **2.** econ minimieren
minist/eri *m* Ministerium *n*; **~erial** *adj m/f* ministerial, ministeriell; **~re, -a** *m/f* Minister, -in *m/f*
minoic, -a *adj* minoisch
minoria *f* Minderheit *f*
minso, -a *adj* dürftig, winzig
min/úcia *f* Kleinigkeit *f*; **~uciós, -osa** *adj* eingehend, *lit* minuziös; **~uciositat** *f* Kleinlichkeit *f*
minuend *m* mat Minuend *m*
minúscul, -a 1. *adj* winzig; **2.** *f* ling Kleinbuchstabe *m*

minusv/àlid, -a 1. *adj* behindert; **2.** *m/f* Behinderte, -r *f/m*; **~alidesa** *f* Behinderung *f*
minut *m* Minute *f*; **~a** *f* **1.** Urschrift *f*; **2.** *jur* Gebührenrechnung *f*; **~era** *f* Minutenzeiger *m*
minva *f* Mindern *n*, Verminderung *f*, Abnahme *f*; **~nt** *adj m/f* abnehmend; **~r** *vi* sinken
miny/ó, -ona 1. *m/f* Knabe *m*, Mädchen *n*; **2.** *f* (*serventa*) Dienstmädchen *n*; **~onada** *f* Dummerjungenstreich *m*; **~onejar** *vi* herumalbern; **~oneria** *f* Kinderei *f*
miocardi *m* anat Myokard *n*, Herzmuskel *m*
miocè, -ena 1. *adj* miozän; **2.** *m* geol Miozän *n*; **~nic, -a** *adj* miozän
miolar *vi* miauen
miop 1. *adj m/f* kurzsichtig; **2.** *m/f* Kurzsichtige, -r *f/m*; **~ia** *f* med Myopie *f*, Kurzsichtigkeit *f*
mirac/le *m* Wunder *n*; **~ulós, -osa** *adj* wunderbar
mirada *f* Blick *m*
mirador *m* **1.** Aussichtspunkt *m*; **2.** *arquit* Balkon *m*, Erkerfenster *n*
mirall *m* Spiegel *m*
mirament *m* Rücksicht(nahme) *f*
mirar 1. *vt* anschauen, gucken; **2.** *vi* blicken; **~-se** sich anschauen
miríada *f* Myriade *f*
misantr/op *m* Misanthrop *m*; **~opia** *f* Misanthropie *f*; **~òpic, -a** *adj* misanthropisch
miscel·lani, -ània 1. *adj* vermischt; **2.** *f* Sammlung *f*

míser, -a adj elend, miserabel
miserable adj m/f 1. (*pobre*) armselig, ärmlich; 2. (*lamentable*) miserabel, elend
misèria f Armut f, Elend n; **~ericòrdia** f 1. (*compassió*) Mitleid n; 2. (*perdó*) Gnade f; **~ericordiós, -osa** adj barmherzig
misog/in, -ògina 1. adj frauenfeindlich, misogyn; 2. m Frauenfeind m; **~ínia** f Frauenfeindlichkeit f, Misogynie f
missa f relig Gottesdienst m, Messe f; ♦ **dir la ~** die Messe lesen; **~l** m Messebuch n, Missal f
missatge m Botschaft f, Mitteilung f; **~r, -a** 1. adj Boten...; 2. m/f Bote, -in m/f, Kurier, -in m/f
míssil m mil Rakete f
missi/ó f 1. Mission f, Auftrag m; 2. relig Mission f; 3. mil Mission f, Einsatz m; **~oner, -a** m/f Missionar, -in m/f
mistela f Getränk aus Branntwein, Zuckerwasser und Zimt
misteri m Geheimnis n; **~ós, -osa** adj geheimnisvoll, rätselhaft
místic, -a 1. adj mystisch; 2. m/f Mystiker, -in m/f; **~a** f Mystik f
misticisme m Mystizismus m
misto m Streichholz n
mite m Mythos m, Mythus m
mític, -a adj mythisch
mitiga/ble adj m/f mildernd, abschwächbar; **~ció** f Milderung f; **~dor, -a** 1. adj mildernd; 2. m/f Abschwächer, -in m/f; **~r** vt abschwächen, mildern
míting m pol Treffen n

mitj/a f Strumpf m; ♦ **fer ~a** stricken; **~à, -ana** 1. adj 1. mittelmäßig; 2. mat durchschnittlich; 2. m Mittel n; **~ans de comunicació** Massenmedien pl; **per ~à de** mit Hilfe von
mitjança/nt prep mittels, durch; **~r** vi vermitteln
mitjanit f Mitternacht f
mitjó m Socke f
mito/condri m biol Mitochondrium n; **~logia** f Mythologie f, **~lògic, -a** adj mythologisch; **~logista** m/f Mythologe, -in m/f
mixt, -a adj gemischt, Misch...; **~ura** f Mixtur f; **~urar** vt (ver)mischen
mnemònic, -a adj mnemonisch
mnemotècnia f Mnemotechnik f
mnemotècnic, -a adj mnemotechnisch
mòbil 1. adj m/f mobil, beweglich; 2. m 1. fis Körper m; 2. (*teléfon*) Handy n; 3. (*crim*) Motiv n
mobiliari 1. m Mobiliar n, Möbel pl; 2. adj Mobiliar...
mobilit/at f Beweglichkeit f; **~zable** adj m/f mobilisierbar; **~zació** f 1. Mobilmachung f; 2. Mobilisierung f; **~zar** vt mil mobilisieren, einsetzen; **~zar-se** mobilisieren
mobl/ament m Möblierung f, Einrichtung f; **~ar** vt möblieren; **~e** m Möbelstück n, Möbel n
moc m Nasenschleim m, Rotz m col·loq; **~ador** m Taschentuch n; **~ar** vt schnauben; **~ar-se** sich schnäuzen
Moçambic m Mosambik n
mocassí m Mokassin m
moció f pol Antrag m

mocós, -osa 1. adj rotzig; **2.** m/f (nen) Rotznase f
moda f Mode f
modalitat f Modalität f
mode m Art f, Weise f
model/el 1. m Modell n; **2.** m/f **1.** (dona) Model n, Mannequin n; (home) Dressman m; **2.** foto Modell n; **~elar** vt formen, modelieren; **~elatge** m Modellieren n; **~èlic, -a** adj musterhaft, vorbildlich; **~elisme** m Modellbau m; **~elista** m/f Modellschneider, -in m/f
mòdem m informàt Modem n
modera/ció f **1.** Mäßigung f; **2.** fig Verminderung f; **~dor, -a 1.** adj mäßigend; **2.** m Mäßiger m; **~r** vt mäßigen; **~r-se** sich mäßigen
modern, -a adj modern; **~isme** m Modernismus m; **~ista 1.** adj m/f modernistisch; **2.** m/f Modernist, -in m/f; **~ització** f Modernisierung f; **~itzar** vt modernisieren; **~itzar-se** sich modernisieren
mod/est, -a adj bescheiden; **~èstia** f Bescheidenheit f
mòdic, -a adj gering, mäßig
modifica/bilitat f Veränderungsmöglichkeit f; **~ble** adj m/f einstellbar, modifizierbar; **~ció** f Veränderung f; **~dor, -a** adj Änderungs...; **~r** vt verändern, modifizieren; **~r-se** sich verändern
modisme m ling idiomatische Redensart f
modista m/f Damenschneider, -in m/f
mòdul m Modul m
modula/ció f Modulation f; **~dor, -a 1.** adj modulierend; **2.** m Modulationswandler m; **~r 1.** adj m/f modular; **2.** vt/i modulieren
mofar-se verspotten
mofeta f **1.** geol Mofette f; **2.** zool Stinktier n
moguin f bal bot Mahagonibaum m
mogut, -uda adj bewegt
Moisès m Moses m
moix, -a 1. m bal Katze f; (mascle) Kater m; **2.** adj **1.** (deprimit) niedergeschlagen; **2.** (insuls) langweilig, fad(e)
moixama f gastr luftgetrockneter Thunfisch m
moixó m zool (kleiner) Vogel m
mol m quím Mol n
mold/au, -ava 1. adj moldauisch; **2.** m/f Moldauer, -in m/f; **~*àvia** f Moldawien n
moldre vt mahlen
mol·lècula f quím Molekül n; **~ecular** adj m/f molekular
mol/est, -a adj lästig, störend; **~estador, -a** adj belästigend; **~estar** vt stören, belästigen; **~estar-se 1.** sich bemühen; **2.** (enfadar-se) sich ärgern; **~èstia** f **1.** Belästigung f; **2.** med (dolor) Beschwerde f
mol/í m Mühle f; **~í de vent** Windmühle f; **~iner, -a 1.** adj Mühlen...; **2.** m/f Müller, -in m/f; **~inet** m kleine Mühle f; **~inet de cafè** Kaffeemühle f
moll, -a 1. adj **1.** (bla) sanft, weich; **2.** (caràcter) mild, nachsichtig; **2.** m anat Damm m; **~a** f **1.** (de pa) Krume f; **2.** tecn Feder f; **~ó** m Grenzstein m
mol·luscs mpl zool Weichtiere pl

mols/a f Moos n; **~ós, -osa** adj bemoost; **~ut, -uda** adj fleischig
molt, -a 1. adj viel; **2.** adv sehr, viel; **per ~ que** wie sehr ... auch
mòlt, -a adj gemahlen
mòlta f Mahlen n
moment m Moment m, Augenblick m; **de ~** im Augenblick; **~ani, -ània** adj momentan, augenblicklich
mòmia f Mumie f
momifica/ció f Mumifizierung f; **~r** vt mumifizieren
mon pl. mos adj poss m mein
món m Welt f; **l'altre ~** das Jenseits; **res de l'altre ~** nichts Besonderes
mona f zool Affe m, Äffin f; ♦ **dormir la ~** seinen Rausch ausschlafen
monaca/l adj m/f mönchisch; **~t** m Mönchstum n
Mònaco m Monaco n
monada f 1. col·loq Drolligkeit f; 2. col·loq hübsche f Frau
monaquisme m Mönchstum n
mon/arca m/f Monarch, -in m/f; **~arquia** f Monarchie f; **~àrquic, -a 1.** adj monarchistisch; **2.** m/f Monarchist, -in m/f; **~arquisme** m Monarchismus m
monàstic, -a adj mönchisch, monastisch
moned/a f 1. Münze f; 2. (d'un país) Währung f; **~er** m Münzer m
monegasc, -a 1. adj monegassisch; **2.** m/f Monegasse, -in m/f
monestir m Kloster n
monetari, -ària adj monetär, Währungs...; **~sme** m Monetarismus m; **~tzació** f Monetisierung f; **~tzar** vt monetisieren
monge m Mönch m
mongeta f Bohne f; **~ tendra** grüne Bohne
mong/ol, -a 1. adj mongolisch; **2.** m/f Mongole, -in m/f; **3.** m ling Mongolisch n; **~*òlia** f Mongolei f; **~òlic, -a** adj med mongolisch; **~olisme** m med Mongolismus m; **~oloide** adj m/f med mongoloid
moniato m bot Süßkartoffel f
monitor, -a 1. m/f 1. esp Übungsleiter, -in m/f; **~ de natació** Schwimmlehrer, -in m/f; 2. Gruppenleiter, -in m/f; **2.** m informàt Monitor m, Bildschirm m
monjo, -a m/f Mönch m, Nonne f
monoatòmic, -a adj quím einatomig
monoblèpsia f med Monoblepsie f
monobloc 1. adj m/f Einblock...; **2.** m Zylinderblock m
monocarril m ferroc Einschienenbahn f
monocle m Monokel n
monocrom, -a adj einfarbig; **~àtic, -a** adj monochromatisch
monocular adj m/f monokular
monocultura f agric Monokultur f
mon/odia f mús Monodie f; **~òdic, -a** adj monodisch
mon/òfag, -a adj biol monophag; **~ofàgia** f Monophagie f
monofàsic, -a adj electr einphasig
monoftongar vt ling monophthongieren
mon/ògam, -a adj monogam; **~ogàmia** f Monogamie f

monog/ènesi f biol Monogenese f; **~enètic, -a** adj monogenetisch

monogr/afia f Monographie f; **~àfic, -a** adj monographisch

monograma m Monogramm n

mon/òleg m Monolog m; **~olingüe** adj m/f ling einsprachig; **~olingüisme** m Einsprachigkeit f

mon/òlit m Monolith m; **~olític, -a** adj monolithisch

monologar vi monologisieren

mon/òmetre m Monometer m; **~omètric, -a** adj monometrisch

monopatí m Rollerbrett n, Skateboard m

monopoli m econ Monopol n; **~sme** m Monopolismus m; **~sta** 1. adj m/f monopolistisch; 2. m/f Monopolist, -in m/f; **~tzació** f Monopolisierung f; **~tzar** vt monopolisieren

monòpter, -a adj zool einflügelig

monosíl·lab, -a adj monosyllabisch, einsilbig

monoteis/me m Monotheismus m; **~ta** 1. adj m/f monotheistisch; 2. m/f Monotheist, -in m/f

mon/òton, -a adj monoton, eintönig; **~otonia** f Monotonie f

monovolum m (Mini)Van m

monsenyor m Monsignore m

monstr/e m Monster n; **~uós, -osa** adj ungeheuerlich; **~uositat** f Ungeheuerlichkeit f

mont m Berg m

montenegr/í, -ina 1. adj montenegrinisch; 2. m/f Montenegriner, -in m/f; **~*o** m Montenegro n

monticle m Hügel m

monument m Denkmal n, Monument n; **~al** adj m/f monumental; **~alisme** m arquit Monumentalismus m; **~alitat** f Monumentalität f

moqueta f Teppichboden m

móra f 1. bot Brombeere f; 2. bot Maulbeere f

moral 1. adj m/f moralisch, sittlich; 2. f Moral f, Sittlichkeit f; **~isme** m Moralismus m; **~ista** 1. adj m/f moralistisch; 2. m/f Moralist, -in m/f; **~itat** f Moralität f, Sittlichkeit f; **~ització** f Moralisieren n; **~itzador, -a** 1. adj moralisierend; 2. m/f Moralprediger, -in m/f; **~itzar** vi moralisieren

morat, -ada 1. adj dunkelviolett; 2. m blauer Fleck m

morda/ç adj m/f 1. (corrosiu) ätzend; 2. (paraula) bissig; **~citat** f Bissigkeit f

mordassa f Knebel m

mordent m 1. tecn Beize f; 2. mús Mordent m

morè, -ena 1. adj 1. dunkelfarbig; 2. (de pell) braun; 3. (de cabell) dunkelhaarig; 2. f peix Muräne f

morera f bot Brombeerstrauch m

morfema m ling Morphem n

morfina f quím Morphin n

morfo/logia f Morphologie f; **~lògic, -a** adj morphologisch; **~sintaxi** f Morphosyntax f

mori/bund, -a 1. adj sterbend, med moribund; 2. m/f Sterbende, -r f/m; **~r** vi sterben; ♦ **~r-se de gana** verhungern

morisc, -a 1. adj Morisken...; **2.** m/f Moriske m/f

mormó, -ona 1. adj mormonisch; **2.** m/f Mormone, -in m/f

moro, -a 1. adj maurisch; **2.** m/f Maure, -in m/f

mor/ós, -osa adj (pagaments) säumig; **~ositat** f Säumigkeit f

morro m Maul n, Schnauze f

morsa f zool Walross n

mort, -a 1. adj tot, verstorben; **de mala ~** fig elend; **2.** m/f 1. Verstorbene, -r f/m; 2. (cadàver) Leiche f

mortadel·la f gastr Mortadella f

mort/al 1. adj m/f sterblich; **2.** m/f Sterbliche, -r f/m; **~aldat** f Sterblichkeit f; **~alitat** f Sterblichkeit f, Mortalität f; **~er** m 1. (vas) Mörser m; 2. mil Mörser m; 3. constr Mörtel m; **~ificació** f Abtötung f; **~ificador, -a** adj demütigend; **~ificar** vt fig demütigen

mos m 1. Biss m; 2. Bissen m

mosaic m Mosaik n

mosca f zool Fliege f

Mosco/u f Moskau n; **~*vita 1.** adj m/f moskauisch; **2.** m/f Moskauer, -in m/f

Mosel·la m Mosel f

mosquet/er m Musketier m; **~ó** m mil Karabiner m

mosquit m zool Stechmücke f; (tropical) Moskito m; **~era** f Moskitonetz n

moss/àrab 1. adj m/f hist mozarabisch; **2.** m/f Mozaraber, -in m/f; **3.** m ling Mozarabisch n; **~arabia** f mozarabische Gemeinde f; **~aràbic, -a** adj hist mozarabisch

mossega/da f Biss m; **~r** vt beißen

mossèn m relig Pfarrer m

mosso, -a m/f Bursche m, Mädchen n; **~ d'esquadra** Mitglied der katalanischen Regionalpolizei

most m (Wein)Most m

mostassa f Senf m

mostatxo m Schnurrbart m

mostr/a f Muster n; **~ar** vt (vor)zeigen; **~ari** m Musterkollektion f; **~ar-se** sich zeigen; **~eig** m Stichprobenerhebung f

mot m Wort n

motel m Motel n

motet m mús Motette f

motí m Aufstand m, Meuterei f

moti/u m 1. (causa) Grund m; **amb ~u de** anlässlich; 2. (crim) Motiv n; **~vació** f Begründung f, Motivierung f; **~var** vt motivieren (a zu)

motlle m (Guss)Form f

moto f Motorrad n; **~cicleta** f Moped n; **~ciclisme** m Motorradsport m; **~ciclista** m/f Motorradfahrer, -in; **~cròs** m Motocross f

motocultor m agric Motorpflug m

moton/au f nav Motorschiff n; **~àutica** f Motorwassersport m

motor, -triu 1. adj bewegend; **2.** m Motor m; **~ista** m/f esp Motorradfahrer, -in m/f; **~itzar** vt motorisieren; **~itzar-se** sich motorisieren; **~itzat, -ada** adj motorisiert

motricitat f Motrizität f

motxilla f Rucksack m

moure vt bewegen; **~'s** sich bewegen

movedís, -issa adj beweglich

movible 462

movi/ble *adj m/f* beweglich; **~ment** *m* Bewegung *f*; ♦ **posar-se en ~ment** sich in Bewegung setzen

muc/ílag *m bot* Pflanzenschleim *m*; **~ilaginós, -osa** *adj* schleimhaltig

muda *f* Wäsche *f* zum Wechseln; **~ble** *adj m/f* veränderlich; **~ment** *m* Umzug *m*; **~r** *vt* verändern; ♦ **~r la veu/de veu** Stimmbruch haben; **~r-se** 1. (*canviar-se de roba*) sich umziehen; 2. (*vestir bé*) sich fein anziehen; **~t, -ada** *adj* fein angezogen, elegant

mudèjar 1. *adj m/f* Mudejar...; 2. *m/f* Mudejar, -in *m/f*

mugir *vi* brüllen

mugró *m anat* Brustwarze *f*

mul, -a *m/f zool* Maulesel *m*, Maultier *n*

mulat, -ada 1. *adj* Mulatten...; 2. *m/f* Mulatte, -in *m/f*

mullar 1. *vt* 1. (*amb líquid*) nass machen; 2. (*el pa*) eintauchen; 2. *vi* (*en un assumpte*) verwickelt sein (**en** in); **~-se** 1. nass werden; 2. (*comprometre's*) Farbe bekennen

muller *f* Frau *f*, Ehefrau *f*, Gattin *f*

multa *f* Geldstrafe *f*, Geldbuße *f*

multicel·lular *adj m/f* vielzellig

multicopista *f* Vervielfältigungsgerät *n*

multiforme *adj m/f* vielgestaltig

multilateral *adj m/f* multilateral

multilingü/e *adj m/f* mehrsprachig; **~isme** *m* Mehrsprachigkeit *f*

multimèdia *adj m/f* multimedial, Multimedia...

multimilionari, -ària *m/f* Multimillionär, -in *m/f*

multinacional 1. *adj m/f* multinational; 2. *f* Multinationalkonzern *m*

múltiple 1. *adj m/f* mehrfach, vielfältig; 2. *m* Vielfache *n*

multiplica/ble *adj m/f* multiplizierbar; **~ció** *f* 1. Vervielfältigung *f*; 2. *mat* Multiplikation *f*; **~nd** *m mat* Multiplikand *m*; **~r** *vt* 1. (*augmentar*) vervielfachen; 2. *mat* multiplizieren (**per** mit); **~r-se** sich vermehren

multiracial *adj m/f* multirassisch

multitud *f* Menge *f*; **~inari, -ària** *adj* Massen...

mund/à, -ana *adj* 1. weltlich; 2. mondän; **~anal** *adj m/f* 1. weltlich; 2. mondän; **~anitat** *f* 1. Weltlichkeit *f*; 2. Mondänität *f*; **~ial** *adj m/f* weltweit, Welt...

Munic *f* München *n*

munici/ó *f* Munition *f*; **~onar** *vt* munitionieren

municip/al 1. *adj m/f* städtisch, Stadt..., Gemeinde...; 2. *m/f* Stadtpolizist, -in *m/f*; **~alitat** *f* Gemeindeverwaltung *f*; **~alització** *f* Kommunalisierung *f*; **~alitzar** *vt* kommunalisieren; **~i** *m* 1. (*població*) Gemeinde *f*; 2. (*ajuntament*) Rathaus *n*

muniquès, -esa 1. *adj* münchnerisch; 2. *m/f* Münchner, -in *m/f*

munir *vt mil* ausrüsten

munt *m* Haufen *m*; **~acàrregues** *inv* Lastenaufzug *m*; **~ada** *f* Aufstieg *m*; **~ament** *m* Aufsteigen *n*

muntany/a *f geol* Berg *m*; **alta ~a** Hochgebirge *n*; **~es russes** Achterbahn *f*; **~enc, -a** 1. *adj* gebirgig, bergig, Gebirgs...; **2.** *m/f* Bergsteiger, -in *m/f*; **~isme** *m* Bergsteigen *n*; **~ós, -osa** *adj* bergig

munta/r *vt* 1. steigen; 2. (*cavalcar*) reiten; 3. *tecn* aufbauen; **~tge** *m* 1. *tecn* Montage *f*, Aufbau *m*; 2. *teat* Inszenierung *f*

mur *m* Mauer *f*, Wand *f*; **~al 1.** *adj m/f* Wand...; **2.** *m* Wandbild *n*; **~alla** *f* Stadtmauer *f*

murmur/ació *f* Murren *n*; **~ador, -a 1.** *adj* klatschsüchtig; **2.** *m/f* Lästerzunge *f*; **~ar 1.** *vt* ins Ohr sagen; 2. *vi* 1. murmeln; 2. (*criticar*) lästern; **~i** *m* Gemurmel *n*

musaranya *f* *zool* Spitzmaus *f*

muscle *m* *anat* Schulter *f*

múscul *m* *anat* Muskel *m*

muscul/ar *adj m/f* Muskel...; **~atura** *f* Muskulatur *f*; **~ós, -osa** *adj* Muskel..., muskulös

museu *m* Museum *n*

músic, -a 1. *adj* Musik...; **2.** *m/f* 1. Musiker, -in *m/f*; 2. (*compositor*) Komponist, -in *m/f*; 3. *f* Musik *f*; **~a clàssica** klassische Musik *f*; **~a de cambra** Kammermusik *f*; **~a de fons** Hintergrundmusik *f*; **~a sacra** Kirchenmusik *f*

music/al *adj m/f* musikalisch, Musik...; **~alitat** *f* Musikalität *f*; **~ar** *vt* vertonen; **~ògraf, -a** *m/f* Musikkritiker, -in *m/f*; **~ografia** *f* Musikkritik *f*; **~òleg, -òloga** *m/f* Musikwissenschaftler, -in *m/f*, **~ologia** *f* Musikwissenschaft *f*

mussaca *f* Moussaka *f*

mussita/ció *f* Gemurmel *n*; **~r** *vi* murmeln, flüstern

mussol *m* 1. *zool* Steinkauz *m*; 2. *med* Gerstenkorn *n*

mussolina *f* *tèxtil* Musselin *m*

musti, mústia *adj* 1. (*flor*) welk; 2. (*trist*) bedrückt, traurig

místic, -iga *adj* 1. (*flor*) welk; 2. (*trist*) traurig

musulmà, -ana 1. *adj* moslemisch, muslimisch; **2.** *m/f* Muslim, -e *m/f*, Moslem *m*, Moslime *f*

mut, muda 1. *adj* stumm; **2.** *m/f* Stumme, -r *f/m*

muta/bilitat *f* *biol* Mutabilität *f*; **~ble** *adj m/f* *biol* mutabel; **~ció** *f* Mutation *f*; **~nt** *m* *biol* Mutant, -e *m/f*; **~r** *vi* mutieren

mutila/ció *f* Verstümmelung *f*; **~r** *vt* 1. (*cos*) verstümmeln; 2. (*retallar*) verkürzen; **~t, -ada** *m/f* Krüppel *m*

mutu, mútua *adj* gegenseitig

mutuali/sme *m* 1. *jur* Hilfskassenwesen *n*; 2. *biol* Mutualismus *m*; **~sta** *m/f* Hilfskassenmitglied *n*; **~tat** *f* Gegenseitigkeit *f*

N

n N *f* n, N *n*

nació *f* Nation *f*, Volk *n*; **~onal** *adj m/f* national, National..., Staats...; **~onalisme** *m* Nationalismus *m*; **~onalista 1.** *adj m/f* nationalistisch; **2.** *m/f* Nationalist, -in *m/f*, **~onalitat** *f* Staatsangehörigkeit *f*, Nationalität *f*; **~ona-**

lització f Nationalisierung f; **~onalitzar** vt nationalisieren, verstaatlichen; **~onalsocialisme** m Nationalsozialismus m; **~onalsocialista** 1. adj m/f nationalsozialistisch; 2. m/f Nationalsozialist, -in m/f

Nadal m Weihnachten n; **bon ~!** frohe Weihnachten!; **la nit de ~** der Heilige Abend m; **per ~** zu Weihnachten; **~*enc, -a** adj weihnachtlich

nad/iu, -a 1. adj einheimisch; 2. m/f Einheimische, -r f/m; **~ó** m Neugeborene(s) n

naftalina f Naphtalin n

naia f arquit Galerie f

nàiada f mitol Najade f

naip m joc Spielkarte f

naixe/ment m 1. Geburt f; 2. (Betlem) Weihnachtskrippe f; 3. (començament) Anfang m; **~nça** f Geburt f

nàixer t. néixer vi geboren werden

Namíbia f Namibia n

nan, -a 1. adj zwerg(en)haft; 2. m/f Zwerg, -in m/f

nansa f 1. Henkel m, Griff m; 2. peix Reuse f

nap m bot Rübe f

napa f tèxtil Nappa(leder) n

nàpia f col·loq (nas) Zinken m

napicol m weiße Rübe f

napoleònic, -a adj napoleonisch

napolità, -ana 1. adj neapolitanisch; 2. m/f Neapolitaner, -in m/f

Nàpols f Neapel n

narc/ís m bot Narzisse f; **~isisme** m psicol Narzissmus m; **~isista** 1. adj m/f narzisstisch; 2. m/f Narzisst, -in m/f

narc/olèpsia f med Narkolepsie f; **~òtic, -a** 1. adj 1. betäubend; 2. med narkotisch; 2. m 1. Betäubungsmittel n; 2. med Narkotikum n; **~otització** f Narkotisierung f; **~otitzar** vt narkotisieren

narcotr/àfic m Drogenhandel m; **~aficant** m/f Drogenhändler, -in m/f

nard m bot Narde f

narra/ble adj m/f erzählbar; **~ció** f Erzählung f; **~dor, -a** 1. adj erzählend; 2. m/f Erzähler, -in m/f; **~r** vt erzählen; **~tiu, -iva** adj 1. erzählend; 2. ling narrativ; **~tiva** f erzählende Dichtung f

nas m anat Nase f; ♦ **arrufar el ~** die Nase rümpfen; **treure el ~** sich blicken lassen; **~al** adj m/f nasal, Nasen...; **~alització** f ling Nasalierung f; **~alitzar** vt ling nasalieren

nascut, -uda adj geboren

nat, nada adj geboren

nata f Sahne f; **~ batuda** Schlagsahne f

natació f Schwimmen n; **~ sincronitzada** esp Synchronschwimmen n

nat/alici, -ícia 1. adj Geburtstags...; 2. m Geburtstag m; **~alitat** f Geburtenzahl f, Natalität f; **~illa** f gastr Vanillecreme f; **~iu, -iva** 1. adj einheimisch; 2. m/f Einheimische, -r f/m

natja f anat Gesäßhälfte f, Hinterbacke f col·loq

natur/a f Natur f; **~al** adj m/f natürlich; **~alisme** m Naturalismus m; **~alista** 1. adj m/f naturalistisch; 2. m/f Naturalist, -in m/f; **~alitat** f Natürlichkeit *f*; **~alitat** ganz natürlich; **~alització** *f* 1. Einbürgerung *f*; 2. Naturalisation *f*; **~alitzar** *vt fig* einbürgern; **~alment** *adv* natürlich; **~isme** *m* Naturmedizin *f*; **~ista** 1. *adj m/f* naturistisch; 2. *m/f* Anhänger *m* der Naturmedizin

natzarè, -ena 1. *adj* nazarenisch; 2. *m/f* Nazarener, -in *m/f*

nau *f* 1. (*vaixell*) Schiff *n*; ~ **espacial** Raumschiff *n*; 2. (*magatzem*) (Lager)Halle *f*; 3. *arquit* (*església*) (Kirchen)Schiff *n*

nàufrag, -a 1. *adj* schiffbrüchig; 2. *m/f* Schiffbrüchige, -r *f/m*

naufrag/ar *vi* Schiffbruch erleiden; **~i** *m* Schiffbruch *m*

nàusea *f* Übelkeit *f*

nauseabund, -a *adj* ekelhaft, widerlich

nàutic, -a 1. *adj* nautisch, Schifffahrts...; 2. *f* Nautik *f*, Schifffahrtskunde *f*

naval *adj m/f* Schiffs...

navalla *f* 1. (*d'afaitar*) Rasiermesser *n*; 2. (*ganivet plegable*) Taschenmesser *n*; 3. *zool* Schwertmuschel *f*

navega/ble *adj m/f* schiffbar; **~ció** *f* Navigation *f*, **~dor** *m* informàt Browser *m*; **~nt** 1. *adj m/f* seefahrend; 2. *m/f* Seefahrer, -in *m/f*; **~r** *vi* (mit einem Schiff) fahren

nazi 1. *adj m/f* Nazi..., nazistisch; 2. *m/f* Nazi *m/f*; **~sme** *m* Nazismus *m*

nebot, -oda *f* Neffe *m*, Nichte *f*

nebul/ar *adj m/f* Nebel...; **~ós, -osa** *adj* nebelig; **~ositat** *f* Dunst *m*, Verschwommenheit *f*

necess/ari, -ària *adj* notwendig, erforderlich; **~er** *m* 1. (*higiene*) Kulturbeutel *m*; 2. (*costura*) Necessaire *n*; **~itar** *vt* brauchen, benötigen; **~itat** *f* Notwendigkeit *f*

neci, nècia 1. *adj* dumm, töricht; 2. *m/f* Narr *m*, Närrin *f*

necr/obiosi *f biol* Nekrobiose *f*; **~ofília** *f psicol* Nekrophilie *f*; **~ologia** *f* Nekrolog *m*; **~ològic, -a** *adj* nekrologisch; **~òpoli** *f* Nekropolis *f*

nèctar *m* Nektar *m*

nectarina *f* Nektarine *f*

neda/da *f* Schwimmen *n*; **~dor, -a** *m/f* Schwimmer, -in *m/f*; **~r** *vi* schwimmen

neerlandès, -esa 1. *adj* niederländisch; 2. *m/f* Niederländer, -in *m/f*; 3. *m ling* Niederländisch *n*

nefast, -a *adj* unheilvoll, Unheil bringend

nefr/itis *f med* Nephritis *f*, Nierenentzündung *f*; **~osi** *f med* Nephrose *f*

nega/ció *f* 1. Leugnen *n*; 2. *ling* Verneinung *f*, Negation *f*; **~r** *vt* verneinen, verweigern; **~tiu, -iva** 1. *adj* negativ; 2. *m foto* Negativ *n*; 3. *f* Absage *f*, Weigerung *f*; **~tivitat** *f* Negativität *f*

neglig/ència *f* Nachlässigkeit *f*; **~ent** *adj m/f* nachlässig; **~ir** *vt* vernachlässigen

negoci *m* Geschäft *n*; **~ador, -a** 1. *adj* Verhandlungs...; 2. *m/f* Unterhändler, -in *m/f*; **~ant** *m/f* Geschäftsmann, -frau *m/f*; **~ar 1.** *vt* verhandeln; 2. *vi* handeln (**en mit**)

negr/e, -a 1. *adj* schwarz; 2. *m/f* Schwarze, -r *f/m*, Farbige, -r *f/m*; 3. *m* (*color*) Schwarz *n*; **~ejar** *vi* schwarz werden; **~or** f Schwärze f; **~ós, -osa** adj schwärzlich

neguit m Besorgnis f; **~ejar** vt beunruhigen; **~ós, -osa** adj unruhig

néixer vi geboren werden

nen m 1. (kleines) Kind n; 2. (kleiner) Junge m; **~a** f (kleines) Mädchen n

nenúfar m bot Seerose f

neó m quím Neon n

neocl/àssic, -a adj neoklassizistisch; **~assicisme** m Neoklassizismus m

neocolonialisme m Neukolonialismus m

neo/gòtic, -a 1. adj neugotisch; 2. m Neogotik f; **~gramàtic, -a** adj ling junggrammatisch; **~lític, -a** 1. adj neolithisch; 2. m Neolithikum n; **~llatí, -ina** adj ling romanisch; **~logisme** m ling Neologismus m; **~nazi** 1. adj m/f neonazistisch; 2. m/f Neonazi m/f

neo/platònic, -a 1. adj neuplatonisch; 2. m/f Neuplatoniker, -in m/f; **~platonisme** m Neuplatonismus m; **~positivisme** m Neopositivismus m; **~zelandès, -esa** 1. adj neuseeländisch; 2. m/f Neuseeländer, -in m/f; **~zoic, -a** 1. adj neozoisch; 2. m Neozoikum n

Nepal m Nepal n; **~*ès, -esa** 1. adj nepalesisch; 2. m/f Nepalese, -in m/f; 3. m ling nepalesisch

nepotisme m Nepotismus m

Nept/ú m Neptun m; **~*uni** m quím Neptunium n; **~*unià, -ana** adj neptunisch; **~*únic, -a** adj neptunisch; **~*unisme** m geol Neptunismus m

nereida f mitol Nereide f, Meernymphe f

nerv/ació f bot Nervatur f; **~adura** f bot Nervatur f; **~i** m Nerv m; **~iós, -osa** adj nervös, unruhig

nespra f bot Mispel f

net, -a adj sauber

nét, -a m/f Enkel, -in m/f

nete/dat f Sauberkeit f; **~ja** f Putzen n, Reinigung f; **~jar** vt sauber machen, reinigen

neu f Schnee m

neula f Oblate f

neuma m mús Neume f

neur/al adj m/f med neural; **~àlgia** f med Neuralgie f; **~àlgic, -a** adj neuralgisch

neurastèni/a f med Neurasthenie f; **~c, -a** 1. adj neurasthenisch; 2. m/f Neurastheniker, -in m/f

neur/ocirurgia f med Neurochirurgie f; **~òleg, -òloga** m/f Neurologe, -in m/f; **~ologia** f med Neurologie f; **~ològic, -a** adj neurologisch; **~ona** f anat Neuron n; **~osi** f med Neurose f; **~òtic, -a** 1. adj neurotisch; 2. m/f Neurotiker, -in m/f

neutr/al adj neutral; **~alisme** m Neutralismus m; **~alista** 1. adj m/f neutralistisch; 2. m/f Neutralist, -in m/f; **~alitat** f Neutralität f; **~alitzable** adj m/f neutralisierbar; **~alització** f Neutralisierung f; **~alitzador, -a** adj neutralisierend; **~alitzar** vt neutralisieren; **~e, -a** adj neutral

nev/ada f Schneefall m; **~ar** vi schneien; **~era** f Kühlschrank m

nexe *m* Verbindung *f*, Nexus *m*
ni *conj* auch nicht; ~ ... ~ ... weder ... noch ...
Niça *f* Nizza *n*
Nicarag/ua *f* Nicaragua *n*; **~*üenc, -a 1.** *adj* nicaraguanisch; **2.** *m/f* Nicaraguaner, -in *m/f*; **~*üeny, -a 1.** *adj* nicaraguanisch; **2.** *m/f* Nicaraguaner, -in *m/f*
nicotina *f* Nikotin *n*
nidifica/ció *f* Nestbau *m*, Nisten *n*; **~r** *vi* nisten
Níger *m* Niger *m*
nigerí, -ina 1. *adj* nigrisch; **2.** *m/f* Nigrer, -in *m/f*
Nig/èria *f* Nigeria *n*; **~*erià, -ana 1.** *adj* nigerianisch; **2.** *m/f* Nigerianer, -in *m/f*
nigrom/ància *f* Nekromantie *f*; **~ant** *m* Nekromant *m*; **~àntic, -a 1.** *adj* nekromantisch; **2.** *m/f* Nekromant, -in *m/f*
nihilis/me *m* Nihilismus *m*; **~ta 1.** *adj m/f* nihilistisch; **2.** *m/f* Nihilist, -in *m/f*
Nil *m* Nil *m*
nimfa *f mitol* Nymphe *f*
nimf/òmana 1. *adj* nymphoman; **2.** *f* Nymphomanin *f*; **~omania** *f* Nymphomanie *f*
nimietat *f* Übermaß *n*
nin/a *f* Puppe *f*; **~eta** *f anat* Pupille *f*
ningú *pron* niemand
ninot *m* Puppe *f*; **~ de neu** Schneemann *m*
nínxol *m* Nische *f*
nipó, -ona 1. *adj* japanisch; **2.** *m/f* Japaner, -in *m/f*

níquel *m quím* Nickel *n*
niquela/r *vt* vernickeln; **~tge** *m* Vernickelung *f*
nirvana *m* Nirwana *n*
nissaga *f* Sippe *f*
nit *f* Nacht *f*; **a la ~** nachts; **bona ~!** guten Abend!, guten Nacht!; ♦ **passar la ~** übernachten
nítid, -a *adj* 1. klar, rein; 2. *foto* scharf
nitra/ció *f quím* Nitrierung *f*; **~r** *vt quím* nitrieren; **~t** *m quím* Nitrat *n*
nitr/ogen *m quím* Stickstoff *m*, Nitrogen *n*; **~ogenar** *vt quím* mit Stickstoff verbinden; **~ur** *m quím* Nitrid *n*
niu *m* Nest *n*; **~ada** *f* Gelege *n*, Brut *f*
nivell *m* Niveau *n*; **~ del mar** Meeresspiegel *m*; **pas a ~** Bahnübergang *m*
no 1. *adv* 1. (*resposta*) nein; 2. (*amb verb o adjectiu*) nicht; 3. (*amb substantiu*) kein; **2.** *m* Nein *n*
nob/iliari, -ària *adj* Adels...; **~le 1.** *adj m/f* 1. ad(e)lig; 2. *fig* gutmütig; **2.** *m/f* Adlige, -r *f/m*; **~lesa** *f* 1. Adel *m*; 2. (*bondat*) Gutmütigkeit *f*
noces *fpl* Hochzeit *f*
noci/ó *f* Begriff *m*; **~onal** *adj m/f* begrifflich
nociu, -iva *adj* schädlich
noct/àmbul, -a 1. *adj* nachts aktiv; **2.** *m/f* Nachtschwärmer, -in *m/f*; **~ambulisme** *m* Nachtwandeln *n*; **~urn, -a** *adj* nächtlich, Nacht...; **~urnitat** *f* Nächtlichkeit *f*
nodri/dor, -a *adj* ernährend; **~ment** *m* Nahrung *f*; **~r** *vt* (er)nähren
noguera *f bot* Nussbaum *m*
noi, -a *m/f* Junge *m*, Mädchen *n*

nom m Name m; **~ de pila** Vorname m
nòmada 1. adj m/f nomadisch, Nomaden...; **2.** m/f Nomade, -in m/f
nomadisme m Nomadenleben n
nombr/e f 1. Zahl f; 2. ling Numerus m; **~ós, -osa** adj zahlreich; **família ~osa** kinderreiche Familie f
nomen/ar vt ernennen; **~clatura** f Nomenklatur f
només adv nur
nòmina f 1. (llista de noms) (Namen)verzeichnis n; 2. (de sous) Gehaltsliste f
nomina/ció f Nominierung f; **~l** adj m/f 1. namentlich; 2. ling nominal; **~lisme** m filos Nominalismus m; **~lista 1.** adj m/f nominalistisch; **2.** m/f Nominalist, -in m/f
nominatiu m ling Nominativ m
nora f Schwiegertochter f
noranta adj inv neunzig
nord m Nord(en) m; **~-africà, -ana 1.** adj nordafrikanisch; **2.** m/f Nordafrikaner, -in m/f; **~-americà, -ana 1.** adj nordamerikanisch; **2.** m/f Nordamerikaner, -in m/f; **~-est** m Nordosten m
nòrdic, -a adj nordisch
nord-oest m Nordwesten m
norma f Norm f
normal adj m/f normal
normalitza/ció f Normalisierung f, Normierung f; **~r** vt normalisieren, normen; **~r-se** sich normalisieren
normalment adv normalerweise
normand, -a 1. adj normannisch; **2.** m/f Normanne, -in m/f; **~*ia** f Normandie f
normatiu, -iva adj normativ
norue/c, -ega 1. adj norwegisch; **2.** m/f Norweger, -in m/f; **3.** m ling Norwegisch n; **~*ga** f Norwegen n
nosa f Hindernis n; ♦ **fer ~** stören
nosaltres pron wir
nostàlgi/a f Sehnsucht f; **~c, -a 1.** adj sehnsüchtig; **2.** m/f Nostalgiker, -in m/f
nostre, -a 1. adj unser; **2.** pron unser
nota f 1. (anotació) Vermerk m, Notiz f; 2. (avís) Mitteilung f; 3. mús Note f; **~ble** adj m/f beachtlich, bemerkenswert; **~ció** f Notation f; **~r** vt (be)merken; ♦ **fer-se ~r** sich bemerkbar machen; **~ri, -ària** m/f jur Notar, -in m/f; **~ria** f (despatx) Notariat n
not/ícia f Nachricht f; ♦ **tenir ~ícia** Kenntnis haben; **~iciari** m radio Nachrichten fpl
notifica/ció f 1. Benachrichtigung f; 2. jur Zustellung f; **~r** vt 1. mitteilen; 2. jur zustellen
notorietat f Offenkundigkeit f
nou 1. f bot Walnuss f; **~ del coll** Adamsapfel m; **~ moscada** Muskatnuss f; **2.** adj inv neun; **3. nova** adj neu; **~nat, -ada 1.** adj neugeboren; **2.** m/f Neugeborene n
noucentisme m katalanische Kulturbewegung zu Beginn des 20. Jahrhunderts, entspricht in Deutschland Jugendstil
novaiorquès, -esa 1. adj aus New York; **2.** m/f New Yorker, -in m/f

novament adv nochmals

Nova /York f New York n; **~Zelanda** f Neuseeland n

novel·l/a f lit Roman m; **~ista** m/f Romanschriftsteller, -in m/f; **~ístic, -a** 1. adj Roman...; 2. f Romanliteratur f

novembre m November m

novetat f Neuigkeit f, Neuheit f

noviciat m Noviziat n

nu, -a 1. adj nackt; **a ull ~** mit bloßem Auge; 2. m (art) Akt m

nuca f anat Genick n, Nacken m

nucl/ear adj m/f Kern...; **~i** m Kern m

nudisme m Nudismus m, Freikörperkultur f

nul, nul·la adj ungültig, unfähig

nul·litat f jur Ungültigkeit f

num/erable adj m/f nummerierbar; **~eració** f Nummerierung f; **~eral** 1. adj m/f Zahl(en)...; 2. m ling Zahlwort n; **~erar** vt nummerieren; **~èric, -a** adj nummerisch

número m Nummer f

numismàtic, -a adj numismatisch; **~a** f Münzkunde f, Numismatik f

nupcial adj m/f Hochzeits...

núpcies fpl Hochzeit f

nus m Knoten m; **~ de comunicacions** Verkehrsknotenpunkt m

nutri/ció f Ernährung f; **~cional** adj m/f Nahrungs...; **~tiu, -iva** adj nahrhaft

nuvi, núvia m/f 1. (compromesos) Bräutigam m, Braut f; 2. (relació amorosa) Freund, -in m/f

núvol 1. adj m/f bewölkt, wolkig; 2. m Wolke f

nuvol/ós, -osa adj meteo bewölkt; **~ositat** f meteo Bewölkung f

nyandú m zool Nandu m

nyora f bot spanische Pfefferschote f

nyu m zool Gnu n

O

o 1. conj oder; **~ això ~ allò** entweder dies oder das; 2. **o, O** f o, O n

oasi m Oase f

obac m (muntanya) Schattenseite f

obceca/ció f Verblendung f; **~r** vt verblenden; **~r-se** verblendet werden

obe/diència f Gehorsam m; **~dient** adj m/f gehorsam; **~ir** vt/i gehorchen

obelisc m arquit Obelisk m

obert, -a adj 1. offen; 2. (porta, ampolla) geöffnet; 3. (carrer) frei; **~ura** f 1. Eröffnung f, Öffnung f; 2. mús Ouvertüre f

ob/ès, -esa adj fettleibig; **~esitat** f med Fettsucht f

obituari, -ària 1. adj Todes..., Sterbe...; 2. m period Todesanzeigen fpl

objec/ció f Einwand m; **~ció de consciència** Wehrdienstverweigerung f; **~tar** vt 1. einwenden; 2. jur ablehnen

object/e m 1. (cosa) Gegenstand m; 2. (motiu) Zweck m; **~iu, -iva** 1. adj objektiv; 2. m 1. Zweck m, Ziel n; 2. (òptica) Objektiv n; **~ivació** f Objektivierung f; **~ivar** vt objektivieren; **~ivisme** m filos Objektivismus m; **~ivista** 1. adj m/f objektivistisch;

oblic 470

2. *m/f* Objektivist, -in *m/f*; **~ivitat** *f* Objektivität *f*

oblic, -iqua *adj* schräg

oblidar *vt* vergessen

obliga/ció *f* Verpflichtung *f*; **per ~ció** aus Pflichtgefühl; **~r** *vt* zwingen (**a** zu); **~tori, -òria** *adj* obligatorisch

oblit *m* Vergessenheit *f*

obnubila/ció *f* Umnebelung *f*; **~r** *vt* umnebeln

obo/è *m* Oboe *f*; **~ista** *m/f* Oboist, -in *m/f*

obr/a *f* 1. Werk *n*; **~a mestra** Meisterwerk *n*; **per ~a de** dank; 2. *constr* Bauwerk *n*; ♦ **fer ~es** umbauen; **~ador** *m* Werkstatt *f*; **~er, -a** *m/f* Arbeiter, -in *m/f*

obr/eampolles *m* Flaschenöffner *m*; **~ecartes** *m* Brieföffner *m*; **~ellaunes** *m* Büchsenöffner *m*; **~idor** *m* Öffner *m*; **~ir** *vt* 1. öffnen; 2. (*amb clau*) aufschließen

obsc/è, -ena *adj* obszön; **~enitat** *f* Obszönität *f*

obscur, -a *adj* dunkel; **~itat** *f* Dunkelheit *f*

obsequi *m* Geschenk *n*; **~ar** *vt* beschenken (**amb** mit)

observa/ble *adj m/f* 1. beobachtbar; 2. sichtbar; **~ció** *f* 1. Beobachtung *f*; 2. (*comentari*) Bemerkung *f*; **~dor, -a** 1. *adj* beobachtend; 2. *m/f* Beobachter, -in *m/f*; **~r** *vt* 1. beobachten; 2. (*comentar*) bemerken; **~tori** *m* Observatorium *n*

obs/ès, -essa 1. *adj* besessen; 2. *m/f* Besessene, -r *f/m*; **~essió** *f* Besessenheit *f*; **~essionar** *vt* quälen, verfolgen; **~essionar-se** besessen sein (**per** von); **~essiu, -iva** *adj* Obsessions..., obsessiv

obstac/le *m* Hindernis *n*; **~ulitzar** *vt* behindern

obstant *adv*: **no ~** trotz; **no ~ això** trotzdem, dennoch

obstetrícia *f med* Obstetrik *f*

obstina/ció *f* Hartnäckigkeit *f*; **~r-se** auf etw versteifen

obstru/cció *f* 1. Verstopfung *f*; 2. *pol* Obstruktion *f*; **~ir** *vt* blockieren, verstopfen; **~ir-se** sich verstopfen

obten/ció *f* 1. Erlangung *f*; 2. Beschaffung *f*; **~ir** *vt* erlangen, erreichen

obt/uració *f* 1. Verschließung *f*; 2. *med* Verschluss *m*; **~urador** *m* 1. *foto* Verschluss *m*; 2. *tecn* Schieber *m*; **~urar** *vt* zustopfen, verschließen; **~ús, -usa** *adj* stumpf

obús *m* 1. *mil* Haubitze *f*; 2. (*projectil*) Granate *f*

obvi, òbvia *adj* offensichtlich; **~etat** *f* Offensichtlichkeit *f*

oca *f zool* Gans *f*

ocarina *f mús* Okarina *f*

ocàs *m* 1. (*astre*) Untergang *m*; 2. (*decadència*) Niedergang *m*

ocasi/ó *f* Gelegenheit *f*; **d'~ó** Gebraucht; **en aquella ~ó** damals; **~onal** *adj m/f* 1. gelegentlich; 2. okkasionell; **~onalisme** *m filos* Okkasionalismus *m*; **~onalista** 1. *adj m/f* okkasionalistisch; 2. *m/f* Okkasionalist, -in *m/f*; **~onar** *vt* verursachen

occident *m* Westen *m*; **~al** *adj m/f* westlich

occipital 1. *adj m/f* Hinterhaupt...; 2. *m* Hinterhauptbein *n*

occità, -ana 1. *adj* okzitanisch; 2. *m/f* Okzitane, -in *m/f*, 3. *m ling* Okzitanisch *n*; **~*nia** *f* Okzitanien *n*; **~nic, -a** *adj* okzitanisch

oce/à *m* Ozean *m*, Weltmeer *n*; **~*à Atlàntic** Atlantik *m*; **~*à Glaciar Antàrtic** Südpolarmeer *n*; **~*à Índic** Indischer Ozean *m*; **~*à Pacific** Pazifik *m*; **~*ania** *f* Ozeanien *n*; **~ànic, -a** *adj* ozeanisch; **~anògraf, -a** *m/f* Ozeanograph, -in *m/f*, Meereskundler, -in *m/f*; **~anografia** *f* Ozeanographie *f*, Meereskunde *f*; **~anogràfic, -a** *adj* ozeanographisch, meereskundlich

ocell *m* Vogel *m*; **~eria** *f* Vogelhandlung *f*

ocelot *m zool* Ozelot *m*

oci *m* Muße *f*, freie Zeit *f*; **~ós, -osa** *adj* müßig; **~ositat** *f* Müßiggang *m*

oclusi/ó *f* 1. Verschluss *m*; 2. *quím* Einschluss *m*; 3. *med* Okklusion *f*; **~u, -iva** 1. *adj* verschließend, okklusiv; 2. *f ling* Verschlusslaut *m*

ocórrer *v* geschehen, sich ereignen

ocre 1. *adj m/f* ocker; 2. *m* Ocker *m*

oct/àedre *m geom* Oktaeder *n*; **~aèdric, -a** *adj* oktaedrisch; **~àgon** *m* Oktagon *n*; **~agonal** *adj m/f geom* oktogonal

octos/iI·lab, -a 1. *adj* achtsilbig; 2. *m* achtsilbiger Vers *m*; **~il·làbic, -a** *adj* achtsilbig

octubre *m* Oktober *m*

ocul/ar *adj m/f* okular, Augen...; **~ista** *m/f* Augenarzt, -ärztin *m/f*

ocult, -a *adj* geheim, verborgen; **~ació** *f* Verheimlichung *f*; **~ador, -a** 1. *adj* verheimlichend; 2. *m/f* (Ver)Hehler, -in *m/f*; **~ar** *vt* verbergen (de vor); **~arse** sich verbergen; **~isme** *m* Okkultismus *m*; **~ista** 1. *adj m/f* okkultistisch; 2. *m/f* Okkultist, -in *m/f*

ocupa 1. *adj m/f* Hausbesetzer...; 2. *m/f* Hausbesetzer, -in *m/f*; **~ció** *f* 1. (*treball*) Beschäftigung *f*, 2. (*situació, estat*) Besetzung *f*, 3. *mil* Besetzung *f*, Okkupation *f*; **~cional** *adj m/f* Beschäftigungs...; **~nt** 1. *adj m/f mil* Besatzungs...; 2. *m/f* Bewohner, -in *m/f*; **~r** *vt* 1. (*lloc*) einnehmen; 2. (*càrrec*) innehaben; 3. *mil* besetzen; 4. (*una vivenda*) bewohnen; 5. (*una persona*) beschäftigen; **~r-se** 1. sich beschäftigen (de mit); 2. sich kümmern (de um); **~t, -ada** *adj* 1. besetzt; 2. (*persona*) beschäftigt

ocurr/ència *f* 1. (*esdeveniment*) Vorfall *m*; 2. (*idea*) Einfall *m*, Idee *f*; 3. *ling* Vorkommen *n*, Beleg *m*; **~ent** *adj m/f* vorfallend, vorkommend

oda *f lit* Ode *f*

odi *m* Hass *m*; **~ós, -osa** *adj* gehässig

Odissea *f lit* Odyssee *f*

odont/òleg, -òloga *m/f* 1. Odontologe, -in *m/f*, 2. Zahnarzt, -ärztin *m/f*; **~ologia** *f med* Odontologie *f*, Zahnheilkunde *f*; **~ològic, -a** *adj* odontologisch

oest *m* West(en) *m*

ofe/c *m med* Atemnot *f*; **~gar** *vt* 1. (*a l'aigua*) ertränken; 2. (*asfixiar*) ersticken; 3. (*estrangular*) erwürgen; **~garse** 1. (*a l'aigua*) ertrinken; 2. (*asfixiar-se*) ersticken; 3. *col·loq* (*motor*) absaufen

ofen/dre *vt* 1. (*humiliar*) beleidigen; 2. *fig* (*ferir*) verletzen; **~sa** *f* Beleidigung *f*; **~siu, -iva** 1. *adj* beleidigend; 2. *f* Offensive *f*, Angriff *m*

ofer/iment *m* Angebot *n*; **~ir** *vt* (an)bieten; **~ir-se** sich anbieten; **~ta** *f* Angebot *n*; **d'~ta** im Angebot *n*; **~tori** *m* 1. *relig* Gabenbereitung *f*; 2. *mús* Offertorium *n*

ofès, -esa *adj* beleidigt, gekränkt

ofici *m* Beruf *m*, Handwerk *n*; **~al** *adj m/f* amtlich, offiziell; **~al, -a** *m/f* 1. *mil* Offizier *m*; 2. (*ofici*) Geselle, -in *m/f*; **~alitat** *f* Amtlichkeit *f*

oficin/a *f* Büro *n*; **~a d'objectes perduts** Fundbüro *n*; **~a de reclamacions** Beschwerdestelle *f*; **~ista** *m/f* Büroangestellte, -r *f/m*

ofrena *f* Gabe *f*

oftalm/òleg, -òloga *m/f* Augenarzt, -ärztin *m/f*, Ophthalmologe, -in *m/f*; **~ologia** *f* Augenheilkunde *f*, Ophthalmologie *f*; **~ològic, -a** *adj* Augen...

ofusca/ció *f* Trübung *f*; **~r** *vt* trüben; **~r-se** sich trüben

ogre *m* 1. *lit* Menschenfresser *m*; 2. *fig* (*persona*) Scheusal *n*

ohm *m electr* Ohm *n*

oï/ble *adj m/f* hörbar; **~da** *f* 1. *anat* Ohr *n*; 2. (*sentit*) Gehör *n*; **d'oïda** vom Hörensagen

oi/ent *m/f* 1. (Zu)Hörer(in) *m/f*; 2. *univ* Gasthörer, -in *m/f*; **~r** *vt* hören

olfact/e *m* Geruchssinn *m*; **~iu, -iva** *adj* Geruchs...

oli *m* Öl *n*; **pintura a l'~** Ölgemälde *n*

òliba *f zool* Schleiereule *f*

olig/arca *m/f pol* Oligarch, -in *m/f*; **~arquia** *f* Oligarchie *f*; **~àrquic, -a** *adj* oligarchisch

oligoelement *m biol* Spurenelement *n*

ol/impíada *f* Olympiade *f*; **~ímpic, -a** *adj* olympisch; **~impisme** *m* Olympismus *m*

oliós, -osa *adj* ölig

oliu *m bot* Olivenbaum *m*

oliv/a *f agric* Olive *f*; **~era** *f* Olivenbaum *m*

oll/a *f* Kochtopf *m*; **~a de pressió** Dampfkochtopf *m*; Schnellkochtopf *m*; **~eta** *f* Töpfchen *n*

olor *f* 1. Geruch *m*; 2. (*bona*) Duft *m*; ♦ **fer ~ de** riechen nach; **~ar** *vt* riechen; **~ós, -osa** *adj* duftend

ombra *f* Schatten *m*; ♦ **fer ~** in den Schatten stellen; **~r** *vt* Schatten spenden; **~t, -ada** *adj* beschattet

ombre/jar *vt* 1. Schatten spenden; 2. (*pintura*) schattieren; **~l·la** *f* Sonnenschirm *m*

omega *f* Omega *n*

ometre *vt* auslassen

ominós, -osa *adj* 1. abscheulich; 2. ominös, verdächtig, zwielichtig

omissi/ble *adj m/f* auslassbar, weglassbar; **~ó** *f* Auslassung *f*

òmni/bus *m* 1. *auto* (Auto)Bus *m*; 2. *ferroc* Personenzug *m*; **~um** *m esp* Omnium *n*

omnívor, -a 1. *adj* alles fressend; **2.** *m/f* 1. Allesfresser *m*; 2. *zool* Omnivore *m*
omòplat *m anat* Schulterblatt *n*
omplir *vt* füllen; **~-se** sich füllen
on *adv* 1. wo; **d'~** woher; 2. *(direcció)* wohin
ona *f* Welle *f*; **~da** *f* Welle *f*
onanis/me *m* Onanie *f*; **~ta 1.** *adj m/f* onanistisch; **2.** *m/f* Onanist, -in *m/f*
oncle *m* Onkel *m*
onc/òleg, -òloga *m/f med* Onkologe, -in *m/f*; **~ologia** *f med* Onkologie *f*
ond/a *f* Welle *f*; **~ulació** *f* Wellenbewegung *f*, **~ular** *vt* ondulieren; **~ulat, -ada** *adj* 1. gewellt; 2. *(cabell)* wellig
onerós, -osa *adj* beschwerlich, lästig
oníric, -a *adj* traumhaft
onomasiol/ogia *f ling* Onomasiologie *f*; **~ògic, -a** *adj* onomasiologisch
onomàstic, -a *adj* onomastisch, Namens...; **~a** *f* Onomastik *f*, Onomatologie *f*, Namenkunde *f*; **~on** *m* Onomastikon *n*
onomatopei/a *f ling* Onomatopöie *f*; **~c, -a** *adj ling* onomatopoetisch
ontol/ogia *f filos* Ontologie *f*; **~ògic, -a** *adj filos* ontologisch; **~ogisme** *m filos* Ontologismus *m*
onze *adj inv* elf
opac, -a *adj* undurchsichtig, *tecn* opak; **~itat** *f* 1. Undurchsichtigkeit *f*; 2. *(òptica)* Opazität *f*
opci/ó *f* 1. Wahl *f*; 2. *jur* Option *f*; **~onal** *adj m/f* wahlfrei, fakultativ
òpera *f* 1. Oper *f*; 2. *(edifici)* Opernhaus *n*
opera/ble *adj m/f med* operabel; **~ció** *f* Operation *f*; **~cional** *adj m/f* operational, operationell; **~dor, -a** *m/f* 1. *med* Chirurg, -in *m/f*; 2. Bediener, -in *m/f*; 3. Telefonist, -in *m/f*; **~r 1.** *vt* 1. *med* operieren; 2. bewirken; **2.** *vi* 1. *(actuar)* vorgehen; 2. *com* spekulieren
oper/eta *f* Operette *f*; **~ista** *m/f* Opernkomponist, -in *m/f*
opi *m* Opium *n*
opin/able *adj m/f* fraglich; **~ar** *vt* meinen, denken; **~ió** *f* Meinung *f*
oport/ú, -una *adj* angebracht, opportun; **~unisme** *m* Opportunismus *m*; **~unista 1.** *adj m/f* opportunistisch; **2.** *m/f* Opportunist, -in *m/f*; **~unitat** *f* Gelegenheit *f*
opos/able *adj m/f* gegenüberstellbar; **~ar** *vt* 1. entgegensetzen; 2. *(objectar)* einwenden; **~ar-se** a u/c gegen etwas sein; **~ició** *f* 1. *(resistència)* Widerstand *m*; 2. *jur* Einspruch *m*; 3. *pol* Opposition *f*; **~itor, -a** *m/f* 1. Gegner, -in *m/f*; 2. *adm (oposicions)* Bewerber, -in *m/f*
opr/essió *f* Beklemmung *f*; **~essiu, -iva** *adj* bedrückend; **~essor, -a 1.** *adj* (unter)drückend; **2.** *m/f* Unterdrücker, -in *m/f*; **~imir** *vt* 1. *(pressionar)* drücken; 2. *(reprimir)* unterdrücken
opta/r *vi* sich entscheiden **(per** für); **~tiu, -iva** *adj* optativ, fakultativ, Wahl...
òptic, -a 1. *adj* optisch, Seh...; **2.** *m/f* Optiker, -in *m/f*; **3.** *f* Optik *f*
òptim, -a *adj* optimal, ausgezeichnet

optimis/me *m* Optimismus *m*; **~ta 1.** *adj m/f* optimistisch; **2.** *m/f* Optimist, -in *m/f*

opul/ència *f* 1. Üppigkeit *f*; 2. Reichtum *m*; **~ent, -a** *adj* 1. üppig; 2. reich

or *m* Gold *n*; **d'~** golden

oraci/ó *f* 1. Satz *m*; 2. *relig* Gebet *n*; **~onal** *adj m/f ling* Rede..., Satz...

oracle *m* Orakel *n*

orada *f peix* Goldbrasse *f*, Goldbrassen *m*

orador, -a *m/f* 1. Sprecher, -in *m/f*; 2. *pol* Redner, -in *m/f*

oral *adj m/f* mündlich

orangutan *m zool* Orang-Utan *m*

orar *vi* beten

oratge *m* 1. Wind *m*; 2. Wetter *n*; 3. *val* Witterung *f*

orat/ori *m* 1. Hauskapelle *f*; 2. *mús* Oratorium *n*; **~òria** *f* Redekunst *f*

òrbita *f* 1. *astron* Orbit *m*; 2. *anat* Augenhöhle *f*, *med* Orbita *f*

orde *m* Orden *m*; **~nació** *f* 1. (An)Ordnung *f*; 2. *relig* Ordination *f*, Priesterweihe *f*; **~nada** *f geom* Ordinate *f*; **~nança** *f* 1. *adm* Verfügung *f*, Vorschrift *f*; 2. *mil* Erlass *m*, Ordonnanz *f*; **~nar** *vt* 1. (*arreglar*) ordnen, aufräumen; 2. (*manar*) befehlen, anordnen; 3. *relig* (*sacerdot*) ordinieren, weihen; 4. *informàt* sortieren

ordinador *m* Computer *m*; **~ personal** Personalcomputer *m*; PC *m*

ordinari, -ària *adj* 1. ordentlich, gewöhnlich; 2. (*vulgar*) ordinär, grob

ordre 1. *m* 1. (*col·locació*) Ordnung *f*; 2. (*successió*) Reihenfolge *f*; **2.** *f* (*manament*) Befehl *m*

orella *f anat* Ohr *n*; **a cau d'~** ins Ohr *n*; ♦ **ésser dur d'~** schwerhörig sein; **estirar les orelles** die Ohren lang ziehen

oreneta *f zool* Schwalbe *f*

orenga *f bot* Oregano *m*

orfandat *f* Verwaisung *f*

orfe, òrfena 1. *adj* Waisen...; **2.** *m/f* Waise *f*

orfebre *m/f* Goldschmied, -in *m/f*; **~ria** *f* Goldschmiedearbeit *f*

orfeó *m* Gesangverein *m*

òrgan *m* 1. *anat* Organ *n*; 2. (*organisme*) Organ *n*, Behörde *f*

org/ànic, -a *adj* organisch; **~anisme** *m* 1. *anat* Organismus *m*; 2. (*organització*) Organisation *f*, Körperschaft *f*

organista *m/f* Orgelspieler, -in *m/f*, Organist, -in *m/f*

organitza/ció *f* Organisation *f*; **~dor, -a 1.** *adj* 1. organisatorisch; 2. veranstaltend; **2.** *m/f* 1. Organisator, -in *m/f*; 2. Veranstalter, -in *m/f*; **~r** *vt* organisieren

orgasme *m* Orgasmus *m*

orgia *f* Orgie *f*

orgue *m* Orgel *f*

orgull *m* Stolz *m*; **~ós, -a** *adj* stolz

Orient *m geogr* Orient *m*, Morgenland *n*; **~*** *m geogr* Osten *m*

orienta/ció *f* Orientierung *f*; **~l 1.** *adj m/f* 1. (*de l'Est*) östlich, Ost...; 2. (*de l'Orient*) orientalisch, Orient...; 3. (*d'Extrem Orient*) asiatisch; **2.** *m/f* 1. (*de l'Orient*) Orientale, -lin *m/f*; 2.

(*d'Extrem Orient*) Asiate, -tin *m/f*; **~r** *vt* 1. (*dirigir*) ausrichten (auf); 2. (*assessorar*) beraten; **~r-se** sich orientieren

orifici *m* Öffnung *f*

orig/en *m* 1. (*principi*) Ursprung *f*; 2. (*causa*) Ursache *f*; 3. (*ascendència*) Abstammung *f*; 4. (*procedència*) Herkunft *f*; **~inal** 1. *adj m/f* original, ursprünglich; 2. *m* Original *n*; **~inalitat** *f* Originalität *f*, Ursprünglichkeit *f*; **~inar** *vt* verursachen; **~inar-se** entspringen

orina *f* Harn *m*, Urin *m*; **~l** *m* Nachttopf *m*; **~r** *vt/i* urinieren; **~r-se** sich nass machen

oriünd, -a *adj* stammend (**de** aus), gebürtig (**de** aus)

ornament *m* Schmuck *m*, Verzierung *f*; **~ació** *f* Verzieren *n*; **~al** *adj* ornamental, verzierend; **~ar** *vt* 1. verzieren; 2. zieren, schmücken

ornar *vt* verzieren, schmücken; **~-se** sich schmücken (**amb** mit)

ornit/òleg, -òloga *m/f* Ornithologe, -in *m/f*; **~ologia** *f* Ornithologie *f*, Vogelkunde *f*; **~ològic, -a** *adj* ornithologisch, vogelkundlich

orogr/afia *f* Gebirgsbeschreibung *f*, Orographie *f*; **~àfic, -a** *adj* orographisch

orquestra *f* 1. (*conjunt de músics*) Orchester *n*; **~ de cambra** Kammerorchester *n*; 2. (*conjunt d'instruments*) Orchestra *f*; **~ció** *f* Orchestration *f*

orquídia *f bot* Orchidee *f*

ortiga *f bot* Brennnessel *f*; **~ morta** Taubnessel *f*

orto/dox, -a 1. *adj* orthodox; 2. *m/f* Orthodoxe, -r *f/m*; **~dòxia** *f* Orthodoxie *f*; **~gonal** *adj m/f geom* orthogonal

ortogr/afia *f* Orthographie *f*, Rechtschreibung *f*; **~àfic, -a** *adj* orthographisch, Rechtschreib...

ortop/èdia *f med* Orthopädie *f*; **~èdic, -a** 1. *adj* orthopädisch; 2. *m/f* Orthopäde, -in *m/f*, Orthopädist, -in *m/f*; **~edista** *m/f* Orthopäde, -in *m/f*, Orthopädist, -in *m/f*

orxat/a *f* Erdmandelmilch *f*; **~er, -a** *m/f* Orxata-Hersteller, -in *m/f*; **~eria** *f* Orxata-Milchbar *f*

os *m anat* Knochen *m*

ós *m zool* Bär *m*; **~ polar** Eisbär *m*

oscil·la/ció *f* Schwingung *f*; **~nt** *adj m/f* oszillierend, schwingend; **~r** *vi* 1. (*fluctuar*) schwanken (**entre** zwischen); 2. schwingen; 3. *fís* oszillieren

óssa *f* Bärin *f*

ostatge *m/f* Geisel *f*

ostensible *adj m/f* 1. offenkundig; 2. ostentativ

ostent/ador, -a *adj* prahlend, prahlerisch; **~ar** *vt* prahlen (**+ CD** mit); **~ós, -osa** *adj* prahlerisch

osteo/porosi *f med* Osteoporose *f*; **~tomia** *f med* Osteotomie *f*

ostra *f zool* Auster *f*; **~cisme** *m* Ostrazismus *m*

otitis *f med* Ohrenentzündung *f*

ot/òleg, -òloga *m/f* Otologe, -in *m/f*, Ohrenarzt, -ärztin *m/f*; **~ologia** *f med* Otologie *f*

otomà, -ana 1. adj osmanisch; **2.** m/f Osmane, -in m/f

otorinolaring/òleg, -òloga m/f Hals-, Nasen-, Ohren-Spezialist, -in m/f; **~ologia** f Hals-, Nasen-, Ohren-Heilkunde f

ou m Ei n; **~era** f Eierbecher m; **~s** mpl vulg (testicles) Eier pl

ovaci/ó f Ovation f; **~onar** vt zujubeln

oval 1. adj m/f oval; **2.** m geom Obal n; **~ar** vt oval machen; **~at, -ada** adj oval

ovari m anat Eierstock m

ovella f zool Schaf n

oví, -ina adj Schafs...

ovípar, -a adj biol ovipar, eierlegend

ovni m Ufo n

òvul m Eizelle f

ovula/ció f biol Ovulation f; **~r 1.** adj m/f Eizellen...; **2.** vi ovulieren

òxid m Oxyd n

oxida/ble adj m/f quím oxydierbar; **~ció** f Oxydierung f; **~nt 1.** adj m/f oxydierend; **2.** m Oxydationsmittel n; **~r** vt quím oxidieren; **~r-se** (ver)rosten

oxigen m quím Sauerstoff m; **~ació** f Oxydierung f; **~ar** vt quím oxydieren; **~ar-se** oxydieren

oz/ó m quím Ozon n; **~onització** f Ozonisieren n; **~onitzar** vt quím ozonisieren

P

p P f p, P n

pa m Brot n; **~ de motlle** Kastenbrot n; **~ integral** Vollkornbrot n; **~ ratllat** Paniermehl n; Semmelbrösel mpl

paci/ència f Geduld f; **~ient 1.** adj m/f geduldig (**amb** mit); **2.** m/f Patient, -in m/f, Kranke, -r f/m; **~ífic, -a** adj friedlich, friedfertig; **~ificació** f Befriedung f; **~ificador, -a 1.** adj Frieden stiftend; **2.** m/f Friedenstifter, -in m/f; **~ificar** vt befrieden; **~ifisme** m pol Pazifismus m; **~ifista 1.** adj m/f pazifistisch; **2.** m/f Pazifist, -in m/f

pact/ar vt paktieren (**amb** mit); **~e** m Pakt m, Vertrag m

padr/astre m Stiefvater m; **~í, -ina** m/f relig Taufpate, -in m/f, Trauzeuge, -in m/f; **~inatge** m Patenschaft f

padró m adm Einwohnerverzeichnis n

paella f 1. Pfanne f; 2. gastr (d'arròs) Paella f; ♦ **tenir la ~ pel mànec** das Heft in der Hand haben

pag/a f Lohn m, Gehalt n; **~à, -ana 1.** adj heidnisch; **2.** m/f Heide, -in m/f; **~able** adj m/f zahlbar; **~ador, -a 1.** adj 1. (be)zahlend; 2. zahlbar; **2.** m/f Zahler, -in m/f; **~ament** m (Aus)Zahlung f, Bezahlung f; **~anisme** m Heidentum n; **~anització** f Paganisierung f; **~anitzar** vt paganisieren; **~anitzar-se** heidnisch werden; **~ar** vt (be)zahlen

pag/ès, -esa 1. adj bäuerlich; **2.** m/f Bauer m, Bäuerin f; **~esia** f Bauerntum n

pàgina f Seite f

pagina/ció f Paginierung f; **~r** vt paginieren

pagoda f Pagode f

pairal *adj m/f* Stamm...
país *m* Land *n*
país/à, -ana *adj* 1. (*del país*) Landsmann, -männin *m/f*; 2. (*no militar*) Zivilist, -in *m/f*; **~atge** *m* Landschaft *f*; **~atgisme** *m* Landschaftsmalerei *f*; **~atgista** *m/f* Landschaftsmaler, -in *m/f*, **~atgístic, -a** *adj* landschaftlich
País Basc *m* Baskenland *n*
Països Baixos *mpl* Niederlande *pl*
Pakistan *m* Pakistan *n*; **~*ès, -esa** 1. *adj* pakistanisch; 2. *m/f* Pakistani *m/f*, Pakistaner, -in *m/f*
pal *m* 1. Stock *m*; 2. (*vaixell*) Mast *m*; **~a** *f* 1. Schaufel *f*; 2. *esp* Schläger *m*
paladar *m anat* Gaumen *m*
palanca *f* 1. Hebel *m*; 2. *esp* Sprungbrett *n*
palangana *f* (Wasch)Becken *n*
palangre *m peix* Legeangel *f*
palatal *adj m/f ling* palatal, Gaumen...; **~ització** *f* Palatalisierung *f*; **~itzar** *vt* palatalisieren
palau *m* Schloss *m*, Palast *m*
paleo/ntografia *f* Paläontographie *f*; **~ntogràfic, -a** *adj* paläontographisch; **~ntòleg, -òloga** *m/f* Paläontologe, -in *m/f*; **~ntologia** *f* Paläontologie *f*; **~ntològic, -a** *adj* paläontologisch; **~zoic, -a** 1. *adj* paläozoisch; 2. *m* Paläozoikum *n*
palès, -esa *adj* offenbar
palest/í, -ina 1. *adj* palästinensisch; 2. *m/f* Palästinenser, -in *m/f*; **~*ina** *f* Palästina *f*; **~inenc, -a** 1. *adj* palästinensich, palästinisch; 2. *m/f* Palästinenser, -in *m/f*

paleta 1. *f constr* Kelle *f*; 2. *m/f constr* Maurer, -in *m/f*
palla *f* Stroh *n*
pal·ladi *m quím* Palladium *n*
pallass/ada *f* Clownerie *f*; **~o, -a** *f* Clown *m*; ♦ **fer el ~o** *fig* herumalbern
pal·lia/ció *f* Milderung *f*; **~r** *vt* mildern
pàl·lid, -a *adj* blass, bleich
pal·lidesa *f* Blässe *f*, Bleiche *f*
pallissa *f* 1. (*esforç*) Anstrengung *f*; 2. (*baralla*) (Tracht) Prügel *mpl*
palma *f* 1. *bot* Palme *f*; 2. Palmzweig *m*; ♦ **endur-se'n la ~** alle übertreffen; **~r** *adj m/f anat* Handteller...
palmarès *m esp* Siegerliste *f*
palmell *m* Handfläche *f*
palmera *f bot* Palme *f*
palp/ar *vt* abtasten, abfühlen; **~eig** *m* Betasten *n*; **~ejar** *vt* betasten
palpita/ció *f* 1. Zucken *n*; 2. *med* Herzklopfen *n*; **~r** *vi* klopfen, schlagen
paludisme *m med* Malaria *f*
pam (*mida*) Spanne *f*; ♦ **a ~** Schritt für Schritt
pamela *f* (*capell*) Florentiner *m*
pamflet *m* Pamphlet *n*
pàmpol *m* Weinblatt *n*
pana *f tèxtil* Kordsamt *m*
Panam/à *m* Panama *n*; **~*eny, -a** 1. *adj* panamaisch; 2. *m/f* Panamaer, -in *m/f*
pancarta *f* Plakat *n*, Spruchband *n*
pancre/àtic, -a *adj* Pankreas...; **~atitis** *f med* Pankreatitis *f*
pàncrees *m anat* Pankreas *n*, Bauchspeicheldrüse *f*
pandereta *f* Tamburin *n*
panegíric *m* Panegyrikus *m*

pane/ra f Korb m; **~t** m Brötchen n, Semmel f

pànic m Panik f

panificació f Brotbereitung f, Backen n

panor/ama m Panorama n, Rundblick m; **~àmic, -a** adj Panorama...

panotxa f bot Maiskolben m

pans/a f agric Rosine f; **~iment** m Verblühen n; **~ir-se** verdorren; **~it, -ida** adj verdorrt, dürr

pantà m 1. (llacuna) Sumpf m; 2. (llac artificial) Stausee m

pantalla f 1. Schirm m; 2. informàt Bildschirm m; 3. cine Leinwand f

pantaló m Hose f; **pantalons curts** Kniehose f Shorts pl; **pantalons de pana** Kordhose f; **pantalons vaquers** Jeans fpl

pantanós, -osa adj sumpfig, Sumpf...

pante/isme m Pantheismus m; **~ista** 1. adj m/f pantheistisch; 2. m/f Pantheist, -in m/f; **~ó** m Pantheon n

pantera f zool Panther m

pantom/im m Pantomime m; **~ima** f Pantomime f; **~ímic, -a** adj pantomimisch

panx/a f Bauch m; **~ut, -uda** adj dickbäuchig

pany m Schloss n

papada f Doppelkinn n

papal adj m/f relig päpstlich

papallona f Schmetterling m

papat m Papsttum m

paper m 1. Papier n; **~ d'alumini** Aluminiumfolie f Silberpapier n col·loq; 2. (espectacle) Rolle f; **~assa** f Papierkram m; **~era** f Papierkorb m; **~eria** f Schreibwarengeschäft n; **~eta** f Zettel m

papil·la f anat Papille f

papir m Papyrus m; **~ologia** f Papyrologie f

papis/me m desp Papismus m; **~ta** 1. adj m/f päpstlich, papistisch; 2. m/f Papist, -in m/f

paquet m Paket n

paquidèrmia f med Pachydermie f

par/àbola f 1. Gleichnis n, Parabel f; 2. mat Parabel f; **~abòlic, -a** adj parabolisch

para/brisa m Windschutzscheibe f; **~caigudes** m Fallschirm m

parada f 1. Anhalten n, Halt m; 2. (d'autobús) Haltestelle f; 3. (de taxi) Taxistand m

paradigma m Paradigma n

paradís m Paradies n

parador m Aufenthaltsort m; **~ (nacional)** staatliches Komforthotel n

paradoxa f 1. (contradicció) Paradox m, Widerspruch m; 2. ling Paradoxon n; **~l** adj m/f paradox

parafang m 1. Kotflügel m; 2. (bicicleta) Schutzblech n

par/afrasejar vt umschreiben; **~àfrasi** f Umschreibung f, Paraphrase f; **~àgraf** m Abschnitt m, Absatz m, Paragraph m

Paraguai m Paraguay n; **~à, -ana** 1. adj paraguayisch; 2. m/f Paraguayer, -in m/f

paraigua m Regenschirm m

paralímpic, -a adj Paralympics...

par/àlisi f 1. Lähmung f; 2. med Para-

parmesà

lyse f; **~alític, -a 1.** adj 1. gelähmt; 2. med paralytisch; **2.** m/f Gelähmte, -r f/m; **~alització** f Lähmung f; **~alitzar** vt lähmen

parallamps m Blitzableiter m

paral·lel, -a 1. adj parallel; **2.** m 1. Vergleich m; 2. geogr Breitenkreis m; 3. f/pl esp Barren m; **~isme** m 1. Parallelität f; 2. ling Parallelismus m

paràmetre m Parameter m

paramilitar adj m/f paramilitärisch

parang/ó m Vergleich m; **~onar** vt vergleichen

paranoia f med Paranoia f

parany f Falle f

parapl/egia f med Querschnittlähmung f; **~ègic, -a 1.** adj Querschnittlähmungs...; **2.** m/f Querschnittgelähmte, -r f/m

parapsicologia f Parapsychologie f

paràsit, -a 1. adj parasitär; **2.** m 1. biol Parasit m, Schmarotzer m; 2. (persona) Schmarotzer, -in m/f

para-sol m Sonnenschirm m

paratge m Ort m

paraul/a f Wort n; **de ~a** mündlich; ♦ **demanar la ~a** ums Wort bitten; **~ota** f Schimpfwort n

para-xocs m auto Stoßstange f

parc m Park m, Parkanlage f; **~ d'atraccions** Vergnügungspark m; **~ de bombers** Feuerwache f; **~ infantil** Kinderspielplatz m; **~ natural** Naturschutzgebiet n; **~ zoològic** Zoo m

parc/el·la f Parzelle f, Grundstück n; **~el·lació** f jur Parzellierung f; **~ial** adj m/f partiell, teilweise

pardal m 1. zool Spatz m; 2. val Vogel m; ♦ **matar dos ~s d'un tret** zwei Fliegen mit einer Kappe schlagen

pare m Vater m; **els ~s** die Eltern pl

parell, -a 1. adj (nombre) gerade; **2.** m Paar n; **3.** f Paar f

paremiologia f Sprichwortkunde f

parenostre m relig Vaterunser n

parent, -a m/f Verwandte, -r f/m

parèntesi m 1. ling Klammer f; 2. fig Pause f

parer m Meinung f; **segons el meu ~** meiner Meinung nach

paret f Wand f

parir vt gebären

Par/ís m Paris n; **~*isenc, -a 1.** adj pariserisch, aus Paris; **2.** m/f Pariser, -in m/f

parl/a f 1. (facultat) Sprache f; 2. ling (dialecte) Mundart f; **~ment** m 1. pol Parlament n; 2. Rede f, Vortrag m; **~mentari, -ària 1.** adj parlamentarisch; **2.** m/f (diputat) Parlamentarier, -in m/f; **~r 1.** vt 1. (un idioma) sprechen; 2. (un assumpte) besprechen; **2.** vi sprechen, reden; **~r-se** miteinander reden

parmesà, -ana 1. adj parmesanisch, parmaisch; **2.** m/f Parmesaner, -in m/f, Parmaer, -in m/f, **3.** m Parmesan(käse) m

parn/às *m lit* Parnass *m*; **~assià, -ana** *adj lit* parnassisch
paròdia *f* Parodie *f*
par/ònim, -a 1. *adj ling* paronymisch; **2.** *m* Paronymon *n*; **~onímia** *f* Paronymie *f*; **~onomàsia** *f* Paronomasie *f*; **~oxíton, -a 1.** *adj ling* paroxyton; **2.** *m* Paroxytonon *n*
parpell/a *f* Augenlid *n*; **~ejar** *vi* blinzeln
parquímetre *m* Parkuhr *f*
pàrquing *m* 1. (*obert*) Parkplatz *m*; 2. (*cobert*) Parkhaus *n*; 3. (*soterrani*) Tiefgarage *f*
parra *f agric* Weinstock *m*
parr/òquia *f* 1. *relig* (Kirchen)Gemeinde *f*, Pfarrei *f*; 2. *fig* (*clients*) (Stamm)Kundschaft *f*; **~oquial** *adj m/f* Pfarr...
parsimònia *f* Ruhe *f*, Bedächtigkeit *f*
part 1. *f* Teil *m*; **a ~ d'això** abgesehen davon; **en ~** zum Teil; **2.** *m* 1. Bericht *m*; 2. Geburt *f*; **~ prematur** Frühgeburt *f*; ♦ **formar ~** gehören; **prendre ~** teilnehmen; **~ició** *f* Teilung *f*; **~icipació** *f* 1. (*intervenció*) Teilnahme *f* (**en** an); 2. (*part*) Anteil *m*; **~icipant 1.** *adj m/f* teilnehmend; **2.** *m/f* Teilnehmer, -in *m/f*; **~icipar 1.** *vt* mitteilen; **2.** *vi* teilnehmen (**en** an)
participi *m ling* Partizip *n*
part/ícula *f* 1. *ling* Partikel *f*; 2. Teilchen *n*; **~icular 1.** *adj m/f* 1. eigen, individuell; 2. (*privat*) privat; **2.** *m/f* Privatperson *f*; **3.** *m* Angelegenheit *f*; **~icularitat** *f* Besonderheit *f*
parti/da *f* 1. (*sortida*) Abfahrt *f*; 2. *jur* (*certificat*) Urkunde *f*; **~da de defunció** Sterbeurkunde *f*; **~da de naixement** Geburtsurkunde *f*; 3. *joc* Partie *f*, Spiel *n*; 4. (*terme, regió*) Bezirk *m*; **~dari, -ària 1.** *adj* treu; **2.** *m/f* Anhänger, -in *m/f*; **~dista** *adj m/f* parteiisch; **~r 1.** *vt* teilen; **2.** *vi* abreisen; **a ~r de** ab ..., seit ..., von ... an; **~t m** 1. *pol* Partei *f*; 2. *esp* Spiel *n*; ♦ **treure ~t** Nutzen ziehen
partitura *f mús* Partitur *f*
parvulari *m* (*preescolar*) Vorschule *f*
parxís *m joc* Mensch-ärgere-dich-nicht *n*
pas *m* 1. (*moviment*) Schritt *m*; 2. (*acció*) Vorbeiziehen *n*; 3. (*petjada*) Fußabdruck *m*
Pasqua *f* Ostern *n*; **~l** *adj m/f* österlich
passa *f* Schritt *m*
passada *f* großer Schritt *m*; **de ~** vorübergehend; **de totes passades** unbedingt; ♦ **fer una mala ~** einen bösen Streich spielen
passadís *m* Gang *m*
passamaneria *f* Posamenterie *f*
passaport *m* Pass *m*
passar 1. *vt* (*atravessar*) überqueren, durchqueren; 2. (*donar*) geben; **2.** *vi* 1. (*per davant*) vorbeigehen; 2. (*esdevenir-se*) geschehen, passieren; 3. (*temps*) vergehen; **~el·la** *f* 1. (*pont*) Steg *m*; 2. (*vaixell*) Gangway *f*, Landungsbrücke *f*; 3. (*de moda*) Laufsteg *m*
passat *m* 1. Vergangenheit *f*; 2. *ling* Präteritum *n*
passatemps *m* Zeitvertreib *m*
pass/atge *m* 1. (*pas*) Passieren *n*; 2. *mús* Passage *f*; 3. *lit* (*fragment*) Passage *f*, Passus *m*, Stelle *f*; 4. (*bitllet*)

Ticket n; 5. (passatgers) Passagiere mpl; **~atger, -a 1.** adj vorübergehend; **2.** m/f Reisende, -r f/m; **~eig** m 1. Spaziergang m; 2. (lloc) Promenade f; **~ejar 1.** vt spazieren führen; **2.** vi (a peu) spazieren gehen; (en vehicle) spazieren fahren

passi/ó f 1. Leidenschaft f; 2. bíbl Passion(sgeschichte) f; **~onal** adj m/f leidenschaftlich

passi/u, -iva 1. adj 1. passiv; 2. ling passivisch; 3. econ Ruhestands..., Rentner...; **2.** m econ (deute) Passiva pl; **~vitat** f Passivität f

pasta f 1. (massa) Paste f, Brei m; **~ de dents** Zahnpasta f; 2. col·loq (diners) Knete f, Kohle f; 3. (italiana) Nudeln fpl; 4. (pastisseria) Kleingebäck n; **~ fullada** Blätterteig m

pastanaga f agric Karotte f, Möhre f, gelbe Rübe f

pastar vt kneten

pasteuritza/ció f Pasteurisierung f; **~r** vt pasteurisieren

pastilla f 1. med Tablette f, Pastille f; **~ efervescent** Brausetablette f; 2. (tros) Stück n

past/ís m 1. Kuchen m; 2. gastr Pastete f; **~isser, -a** m/f Konditor, -in m/f; **~isseria** f Konditorei f

past/or, -a 1. m/f 1. (ramat) (Vieh)Hirt, -in m/f; 2. (ovella) Schäfer, -in m/f; 3. prot Pastor, -in m/f; **2.** m relig (cristià) Pastor m, Seelsorger m; **~ós, -osa** adj breiig; **~urar** vi weiden

patata f agric Kartoffel f; **patates fregides** Pommes frites pl

paté m gastr Leberpastete f

patenta/ble adj m/f patentfähig; **~r** vt patentieren; **~t, -ada** adj adm patentiert

patern, -a adj väterlich, Vater....; **~al** adj m/f väterlich; **~alisme** m Väterlichkeit f; **~itat** f Vaterschaft f

patètic, -a adj 1. (penós) bewegend, ergreifend; 2. desp pathetisch

pati m Hof m; **~ de llum** Lichthof m; **~ interior** Innenhof m

patí m 1. (gel) Schlittschuh m; 2. (rodes) Rollschuh m; **~ de pedals** Tretboot n

patidor, -a adj unruhig, beunruhigt

patilla f Koteletten pl

patiment m Leiden n, Schmerz m

patin/ador, -a 1. adj rutschend; **2.** m/f Rollschuhläufer, -in m/f; **~ar** vi 1. (sobre gel) Schlittschuh laufen, Eis laufen; 2. (sobre rodes) Rollschuh laufen; 3. (relliscar) ausrutschen; **~atge** m 1. (sobre gel) Schlittschuhlaufen n, Eislauf m; 2. (sobre rodes) Rollschuhlaufen n; **~et** m Roller m

patir 1. vt erleiden; **2.** vi leiden (**de** an)

pat/òleg, -òloga m/f Pathologe, -in m/f; **~ologia** f med Pathologie f; **~ològic, -a** adj pathologisch

pàtria f Heimat f, Vaterland n

patriarca m Patriarch m; **~l** adj m/f patriarchalisch; **~t** m Patriarchat n

patrimoni m 1. (herència) Erbe n; **~ cultural** Kulturerbe n; Kulturgut n; 2. (riquesa) Vermögen n; **~al** adj m/f 1. Erb...; 2. patrimonial

patri/ota 1. adj m/f patriotisch; **2.**

patró

m/f Patriot, -in *m/f*; **~òtic, -a** *adj* patriotisch; **~otisme** *m* Patriotismus *m*

patró, -ona 1. *m/f* 1. (*amo*) Chef, -in *m/f*; 2. *fig* (*protector*) Schutzherr, -in *m/f*; 3. *relig* (*sant*) Schutzpatron, -in *m/f*, Schutzheilige, -r *f/m*; 4. *nav* (*vaixell*) Schiffsführer, -in *m/f*; **2.** *m* Muster *n*, Modell *n*

patrocin/ador, -a 1. *adj* begünstigend, fördernd; 2. *m/f* Gönner, -in *m/f*; **~ar** *vt* begünstigen, fördern; **~i** *m* 1. Beistand *m*; 2. Schutz *m*

patronímic, -a *adj* patronymisch

patrulla *f* 1. (*policia*) (Polizei)Streife *f*; 2. *mil* Patrouille *f*; **~r** *vi* auf Streife gehen, patrouillieren

pau *f* Frieden *m*; ♦ **fer les ~s** sich versöhnen

pausa *f* Pause *f*

pauta *f* 1. (*per escriure*) Linien *f*, Linienblatt *n*; 2. *mús* Notenlinien *fpl*; 3. (*model*) Muster *n*

pavana *f mús* Pavane *f*

pavelló *m* 1. (*tenda de campanya*) Zelt *n*; 2. *anat* (*orella*) Ohrmuschel *f*; 3. *arquit* Pavillon *m*; **~ d'esports** Sporthalle *f*; 4. *mús* (Schall)Trichter *m*

paviment *m* 1. Bodenbelag *m*; 2. (*carrer*) Pflaster *n*; **~ació** *f* Pflasterung *f*; **~ar** *vt* pflastern

pe *f* (*nom lletra*) p, P *n*

peatge *m* 1. (*taxa*) Autobahngebühr *f*; 2. (*oficina*) Maut *f*

pebr/e *m* Pfeffer *m*; **~ot** *m agric* Paprika *m*

peça *f* 1. Teil *n*, Stück *n*; **~ de recanvi** Ersatzteil *n*; 2. *mús* Stück *n*; 3. *joc* Stein *m*

peca/dor, -a 1. *adj* sündig; 2. *m/f* Sünder, -in *m/f*; **~minós, -osa** *adj* sündhaft; **~r** *vi relig* sündigen; **~t** *m relig* Sünde *f*, Verfehlung *f*

pectoral 1. *adj m/f* Brust...; 2. *m* Brustmittel *n*

pecuari, -ària *adj* Vieh...

peculiar *adj m/f* sonderbar, eigentümlich; **~itat** *f* Besonderheit *f*

pec/únia *f* Geld *n*; **~uniari, -ària** *adj* pekuniär, finanziell

pedaç *m tèxtil* (*tros de roba*) Flicken *m*, Flick *n*

pedag/og, -a *m/f* Pädagoge, -in *m/f*; **~ogia** *f* Pädagogik *f*; **~ògic, -a** *adj* pädagogisch

pedal *m* Pedal *n*

pedant 1. *adj m/f* besserwisserisch, pedantisch; 2. *m/f* Besserwisser, -in *m/f*; **~eria** *f* Pedanterie *f*; **~esc, -a** *adj* pedantisch

pederasta *m psicol* Päderast *m*

pedestal *m arquit* Sockel *m*, Ständer *m*

pediatr/e, -a *m/f* Kinderarzt, -ärztin *m/f*; **~ia** *f* Pädiatrie *f*, Kinderheilkunde *f*

pedicura *f* Fußpflege *f*, Pediküre *f*

pedr/a *f* Stein *m*; **~a preciosa** Edelstein *m*; ♦ **quedar-se de ~a** wie vom Schlag gerührt sein; **~egada** *f meteo* Hagelschlag *m*; **~egar** 1. *m* Schotterplatz *m*; 2. *vi meteo* hageln; **~er, -a** 1. *m/f* (*ofici*) Steinmetz, -in *m/f*; 2. *m anat* Kaumagen *m*; 3. *f* Steinbruch *m*

pega *f* 1. (*substància*) Pech *n*; 2. (*mala sort*) Pech *n*; **~r** 1. *vt* (*donar un cop*,

una empenta) schlagen; **2.** vi (colpejar contra alguna cosa) schlagen (**contra** gegen); **~r-se** val sich stoßen (**contra** an)
peix 1. m Fisch m; **ni carn ni ~** weder Fleisch noch Fisch; **2.** mpl astrol Fische mpl; **~ateria** f Fischgeschäft n; **~era** f Fischglas n, Aquarium n
pejoratiu, -iva adj pejorativ, abwertend
pel V. **per** Kontraktion von der Präposition "per" und dem Artikel "en"
pèl m Haar n; **a ~** mit dem Strich; **amb ~s i senyals** haarklein; **de ~ curt** kurzhaarig; **de ~ llarg** langhaarig; **un ~ llarg** ein bisschen; ♦ **no tenir ~s a la llengua** kein Blatt vor den Mund nehmen; **prendre el ~** den Arm nehmen
pela f 1. Schale f; 2. col·loq Geld n
pela/ble adj m/f (ab)schälbar, scherbar; **~r** vt 1. (fruites, verdures) schälen; 2. (cabells) schneiden, scheren; **~tge** m Fell m
pelegr/í, -ina m/f relig Pilger, -in m/f; **~inar** vi pilgern; **~inatge** m 1. Pilgerfahrt f; 2. Wallfahrt f
pelfa f tèxtil Plüsch m
pelicà m zool Pelikan m
pell f 1. (persona) Haut f; **~ de gallina** Gänsehaut f; 2. (animal) Fell n, Pelz m; 3. (de la fruita) Schale f; 4. (cuir) Leder n; **~eteria** f Pelzgeschäft n
pel·lícula f Film m
pèl-roig, -roja adj rothaarig
peluix m tèxtil Plüsch m
pelut, -uda 1. adj 1. behaart, haarig; 2. fig (assumpte) schwierig; **2.** m tèxtil (estora) (Fuß)Matte f

pelvis f anat Becken n
pena f 1. (pesar) Kummer m; 2. jur Strafe f; ♦ **és una ~ que** es ist schade, dass; **val la ~** es lohnt sich; **~ble** adj m/f strafbar; **~l** adj m/f jur Straf...; **~lització** f esp Strafe f; **~litzar** vt esp bestrafen
pencar vi col·loq (treballar) schuften col·loq
pendent 1. adj m/f 1. (inclinat) steil; 2. (un problema) unerledigt, offen; **2.** m geogr Steigung f
pèndol m Pendel n
pendular adj m/f Pendel...
penedi/ment m 1. Reue f; 2. Bedauern n; **~-se** bereuen
penetra/bilitat f Durchdringbarkeit f; **~ble** adj m/f durchdringbar; **~ció** f Penetration f, Durchdringung f, Eindringen n; **~dor, -a** adj durchdringend; **~r** vi eindringen (**a** in)
penicil·lina f med Penizillin n
pen/ínsula f geogr Halbinsel f; **~-ínsula Ibèrica** Iberische Halbinsel f; **~insular** adj m/f peninsularisch, Halbinsel...
penis m anat Penis m
penit/ència f Sühne f, Buße f; **~ent 1.** adj m/f bußfertig, reuig; **2.** m/f Büßer, -in m/f
penj/ador m Kleiderbügel m; **~ar 1.** vt 1. aufhängen (**a**); 2. (telèfon) auflegen; **2.** vi hängen; **~a-robes** m Kleiderbügel m; **~oll** m Anhänger m
penombra f Halbschatten m
penós, -osa adj 1. (pena) traurig; 2. (dificultós) mühselig

pensament

pensa/ment *m* 1. *(acció)* (Nach)Denken *n*; 2. *(reflexió)* Gedanke *m*; 3. *(enteniment)* Sinn *m*, Verstand *m*; 4. *bot* Stiefmütterchen *n*; **~r 1.** *vt* 1. ausdenken; 2. *(opinar)* meinen; **2.** *vi* denken (**en** an); **~tiu, -iva** *adj* nachdenklich

pensi/ó *f* 1. *(paga)* Rente *f*; 2. *(hostal)* Pension *f*; 3. *(quantitat)* Kostgeld *n*; **mitja ~ó** Halbpension *f*, **~ó completa** Vollpension *f*; 4. *(beca)* Stipendium *n*; **~onar** *vt* pensionieren; **~onista** *m/f* 1. Pensionär, -in *m/f*; 2. Internatsschüler, -in *m/f*

pentàgon *m* Pentagon *n*, Fünfeck *n*

pentagrama *m mús* Notensystem *n*, Notenlinien *fpl*

pentatló *m esp* Pentathlon *n*, Fünfkampf *m*

Pentecosta *f relig* Pfingsten *n*

pentina/r *vt* 1. kämmen; 2. *(perruqueria)* frisieren; **~t** *m* Frisur *f*; **~t, -ada 1.** *adj* gekämmt; **2.** *m* Frisur *f*

penúltim, -a 1. *adj* vorletzte; **2.** *m/f* Vorletzte, -r *f/m*

penya *f* 1. *geol* Fels(en) *m*; 2. *esp* (Sport)Verein *m*; 3. *(colla d'amics)* Clique *f*; **~l** *m* einzelner Felsen *m*; **~segat** *m geol* Steilküste *f*

penyora *f* Pfand *n*

peó *m* 1. Hilfsarbeiter *m*; 2. *joc (escacs)* Bauer *m*

Pequ/ín *m* Peking *n*; **~*inès, -esa 1.** *adj* Pekinger; **2.** *m/f* Pekinger, -in *m/f*; **3.** *m zool (gos)* Pekinese *m*

per *prep* 1. *(lloc)* durch, über; 2. *(temps)* für, um

pera *f agric* Birne *f*

percebre *vt* 1. wahrnehmen; 2. *(cobrar)* erhalten

percent/atge *m* Prozentsatz *m*; **~ual** *adj m/f* prozentual

percepció *f* Wahrnehmung *f*

percu/dir *vt* 1. (an)stoßen; 2. klopfen, schlagen; **~ssió** *f* 1. *(acció)* Erschütterung *f*; 2. *mús* Perkussion *f*

perd/edor, -a 1. *adj* verlierend; **2.** *m/f* Verlierer, -in *m/f*; **~ició** *f* Verderben *n*

perdigó *m* Schrotkorn *n*

perdiu *f zool* Rebhuhn *n*

perd/ó *m* Verzeihung *f*, ♦ **demanar ~ó** um Verzeihung bitten; **~onable** *adj m/f* 1. *(acció)* verzeihlich; 2. *(persona)* entschuldbar; **~onar** *vt* verzeihen, vergeben; **~oni!** entschuldigen Sie!

perdre *vt* 1. verlieren; 2. *(un tren)* verpassen; **~'s** sich verirren, sich verlieren

pèrdua *f* Verlust *m*

perdura/bilitat *f* Dauerhaftigkeit *f*, Beständigkeit *f*; **~ble** *adj m/f* 1. dauerhaft, beständig; 2. haltbar; **~r** *vi* andauern, anhalten

perdut, -uda *adj* verloren

peregr/í, -ina *adj* fremd, seltsam; **~inació** *f* Herumreisen *n*; **~inar** *vi* (herum)reisen

peremptori, -òria *adj* unaufschiebbar

perenne *adj m/f* 1. *(perpetu)* ewig; 2. *bot* immergrün

perera *f bot* Birnbaum *m*

peresa *f* Faulheit *f*

perfec/ció *f* Perfektion *f*, Vollkommenheit *f*, **a la ~ció** vollkommen, meisterhaft; **~cionar** *vt* 1. vervollkommen;

2. *tecn* perfektionieren; **~cionisme** *m* Perfektionismus *m*; **~cionista** 1. *adj m/f* perfektionistisch; 2. *m/f* Perfektionist, -in *m/f*; **~te, -a** 1. *adj* vollkommen, perfekt; **~te!** ausgezeichnet!; 2. *m ling* Perfekt *n*
perfídia *f* Falschheit *f*
perfil *m* Profil *n*; **~ar-se** sich abzeichnen
perfora/ble *adj m/f* durchbohrbar, perforabel; **~ció** *f* (Durch)Bohrung *f*; **~dor, -a** 1. *adj* bohrend; 2. *f* (*màquina*) Bohrer *m*; **~r** *vt* (durch)bohren
perfum *m* 1. Parfüm *n*; 2. angenehmer Duft *m*; **~ar** *vt* parfümieren; **~eria** *f* Parfümerie *f*
pergamí *m* Pergament *n*
perifèria *f* Peripherie *f*
perill *m* Gefahr *f*, Risiko *n*; ♦ **posar en ~** in Gefahr bringen, gefährden; **~ós, -osa** *adj* gefährlich
perímetre *m* Umfang *m*
perineu *m anat* Perineum *n*, Damm *m*
per/íode *m* Periode *f*; **~iòdic, -a** 1. *adj* regelmäßig, periodisch; 2. *m* Zeitung *f*; **~iodicitat** *f* Periodizität *f*; **~iodisme** *m* Journalismus *m*; **~iodista** *m/f* Journalist, -in *m/f*
peripècia *f* Zwischenfall *m*
periquito *m zool* Wellensittich *m*
periscopi *m* Periskop *n*, Fernrohr *n*
pèrit, -a 1. *adj* sachverständig, sachkundig; 2. *m/f* 1. (*expert*) Gutachter, -in *m/f*; 2. (*enginyer*) Diplomingenieur, -in *m/f*
periton/eal *adj m/f med* peritoneal, Bauchfell...; **~eu** *m anat* Peritoneum *n*; **~itis** *f med* Peritonitis *f*
perjudic/ar *vt* (be)schädigen; **~i** *m* Schaden *m*; **~ial** *adj m/f* schädlich (per für)
perjuri *m* Meineid *m*
perla *f* Perle *f*; **~ cultivada** Zuchtperle *f*
perman/ència *f* Aufenthalt *m*; **~ent** 1. *adj m/f* ständig, permanent; 2. *f* (*pentinat*) Dauerwelle *f*
permeab/ilitat *f* Durchlässigkeit *f*; **~le** *adj m/f* durchlässig, permeabel
perm/etre *vt* 1. (*consentir*) erlauben, gestatten; 2. (*autoritzar*) zulassen; 3. (*fer possible*) ermöglichen; **~etre's** sich erlauben; **~ís** *m* Erlaubnis *f*; **amb ~ís** mit Verlaub *m*; **~ís de conduir** Führerschein *m*; **~issibilitat** *f* Zulässigkeit *f*; **~issible** *adj m/f* zulässig, statthaft
perniciós, -osa *adj* schädlich (a für)
pernil *m* Schinken *m*; **~ dolç** gekochter Schinken *m*; **~ salat** roher Schinken *m*
pernoctar *vi* übernachten
però 1. *conj* aber; 2. *m* (*objecció*) Aber *n*
peroné *m anat* Wadenbein *n*
peronisme *m pol* Peronismus *m*
perpendicular 1. *adj m/f* senkrecht; 2. *f geom* Senkrechte *f*
perpetra/ció *f* Begehen *n*; **~r** *vt* begehen
perpetu, -ètua *adj* fortwährend; **~ar** *vt* verewigen; **~ar-se** fortleben; **~ïtat** *f* Ewigkeit *f*; **a ~ïtat** auf Lebenszeit *f*
perplex, -a *adj* verwirrt, perplex; **~itat** *f* Perplexität *f*, Ratlosigkeit *f*

perquè

perquè 1. conj 1. (causal) weil; 2. (final) damit; **2.** m Grund m
perru/ca f Perücke f; **~quer, -a** m/f Friseur, -euse m/f; **~queria** f Friseursalon m
perse/cució f Verfolgung f; **~guir** vt verfolgen
persiana f Fensterladen m
persist/ència f 1. Fortbestand m; 2. Andauern n; **~ent** adj m/f 1. fortdauernd; 2. andauernd; **~ir** vi 1. (insistir) beharren (a auf); 2. (perdurar) anhalten
person/a f Mensch m, Person f; **en ~a** persönlich; **~a de confiança** Vertrauensperson f; **~a juridica** jur juristische Person f; ♦ **ser bona ~a** ein guter Mensch sein; **ser mala ~a** ein böser Mensch sein; **~al 1.** adj m/f persönlich; **2.** m Personal n; (empresa) Belegschaft f; **~alitat** f Persönlichkeit f, Personalität f; **~atge** m 1. (personalitat) Persönlichkeit f; 2. lit Figur f, Gestalt f; **~ificable** adj m/f personifizierbar; **~ificació** f Personifikation f; **~ificar** vt personifizieren
perspecti/u, -iva adj perspektivisch; **~va** f Perspektive f
perspic/aç adj m/f scharfsinnig; **~àcia** f Scharfsinn m
persua/dir vt 1. (convèncer) überzeugen; 2. (induir) überreden; **~sió** f Überzeugungskraft f
pert/ànyer vi gehören; **~inaç** adj m/f hartnäckig, halsstarrig; **~inença** f Zugehörigkeit f; **~inent** adj m/f angemessen, opportun

pertocar vi (correspondre) zustehen, zufallen
pertorbar vt 1. (confondre) verwirren; 2. (molestar) stören
pertot adv überall
Per/ú m Peru n; **~*uà, -ana 1.** adj peruanisch; **2.** m/f Peruaner, -in m/f
pervers, -a adj böse, ruchlos; **~ió** f Entartung f; **~itat** f Perversität f
perxa f Kleiderbügel m
pes m Gewicht n; ♦ **caure pel seu ~** selbstverstänlich sein; **~ant** adj m/f schwer; **~ar 1.** vt wiegen; **2.** vi (tenir pes) wiegen; **3.** m Kummer m; **a ~ar de** trotz; **~at, -ada** adj 1. (objecte) schwer; 2. (persona, feina) lästig
pesca f 1. (acció) Fischfang m; 2. (indústria) Fischerei f; **~dor, -a 1.** adj Fischer...; **2.** m/f 1. (de canya) Angler, -in m/f; 2. (de mar) Fischer, -in m/f; **~r** vt 1. (en vaixell) fischen; 2. (amb canya) angeln; 3. fig (enxampar) erwischen, ertappen
pèsol m agric Erbse f
pesquer, -a 1. adj Fischer...; **2.** m (vaixell de pesca) Fischerboot n
pessebre m (Weihnachts)Krippe f
pesseta f hist Pesete f
pessi/c m 1. Kneifen n; 2. (una mica) Stückchen n; 3. (de sal) Prise f; **~gar** vt kneifen, zwicken; **~gar-se** sich einklemmen; **~golles** fpl Kitzeln n; ♦ **buscar les ~golles** Streit suchen
pèssim, -a adj sehr schlecht
pessimis/me m Pessimismus m; **~ta 1.** adj m/f pessimistisch; **2.** m/f Pessimist, -in m/f

pesta f 1. Pest f; 2. (olor) Gestank m
pestany/a f anat Wimper f; **~ejar** vi blinzeln
pet m 1. (gas evacuat) Furz m; 2. (soroll sec) Knall m
pètal m bot Blütenblatt n
petar 1. vt (zer)brechen; **2.** vi 1. (soroll fort) knallen, zuschlagen; 2. col·loq (morir) sterben; 3. (xocar) (an)stoßen; **~-se** sich (zer)brechen
petard m 1. Sprengkörper m; 2. Feuerwerkskörper m
petició f 1. (prec) Bitte f; 2. (sol·licitud) Antrag m
petit, -a 1. adj 1. (tamany) klein; 2. (edat) jung; **2.** m/f Kleine, -r f/m, Kind n
petjada f 1. (persona) Spur f, Fußstapfen m; 2. (animal) Fährte f
petó m Kuss m
petrifica/ció f Versteinerung f; **~r** vt versteinern
petroli m Erdöl n
petul·lància f Anmaßung f; **~ant** adj m/f anmaßend
petúnia f bot Petunie f
petxina f (mol·lusc) Pilgermuschel f
pe/u m 1. anat (extremitat) Fuß m; **a peu** zu Fuß m; **a peu pla** zu ebener Erde f, **peu d'atleta** Fußpilz m; 2. (base) Unterlage f; ♦ **anar amb peus de plom** vorsichtig sein; **buscar tres peus al gat** ein Haar in der Suppe finden; **ficar-se de peus a la galleda** ins Fettnäpchen treten; **tocar de peus a terra** mit beiden Füßen auf der Erde stehen; **~üc** m Bettschuh m; **~ülla** f anat Huf m

pi 1. m bot Kiefer f; (pinyoner) Pinie f; **2.** f mat (lletra) Pi n
pian/ista m/f Klavierspieler, -in m/f, Pianist, -in m/f; **~o** m Klavier n; **~o de cua** Flügel m
pic m 1. (eina) Pickel f; 2. (cim) Gipfel m
pica f 1. (Wasch)Becken n; 2. (llança) Spieß m; 3. joc (cartes) Pik n
pica/da f Stich m; **~nt** adj m/f scharf, pikant; **~r 1.** vt 1. (ocell) picken; 2. (punxar) stechen; 3. (la curiositat) wecken; 4. (tastar) naschen, knabbern; **2.** vi 1. (causar coïssor) jucken 2. col·loq (el sol) brennen; 3. col·loq (menjar) brennen
picar/dia f 1. (astúcia) Schlauheit f; 2. (broma) Spaß m; **~esc, -a** adj spitzbübisch, pikaresk lit
picor f Jucken n
picotejar vi picken
pidolar vt erbetteln
pietat f 1. relig Frömmigkeit f; 2. (compassió) Erbarmen n, Mitleid n
pífia f Murks m
piga f Sommersprosse f
pigment m 1. biol Pigment n; 2. (pintura) Farbstoff m
pijama m Schlafanzug m, Pyjama m
pila f 1. (munt) Stapel m, Haufen m; 2. (molts) Menge f; 3. Batterie f; 4. (pica) Becken n; **~ baptismal** Taufbecken n; **~r** m arquit Stützpfeiler m, Säule f
pillatge m Plünderung f
pilot m 1. (avió) Pilot, -in m/f; 2. auto (Renn)Fahrer, -in m/f, Pilot, -in m/f; 3. (munt) Stapel m, Haufen m
pilota f Ball m

pilotar

pilotar vt 1. *aero* fliegen; 2. *nav* lotsen; 3. *auto* fahren, steuern

pinacoteca f Pinakothek f, Gemäldesammlung f

pinça f 1. (*instrument*) Klemme f, Zange f; 2. (*estendre roba*) Wäscheklammer f; 3. (*costura*) Abnäher m; 4. *med* Pinzette f

píndola f Pille f; **~ anticonceptiva** Antibabypille f; ♦ **daurar la ~** die bittere Pille versüßen; **fer empassar la ~** auf den Leim gehen

ping-pong m *esp* Tischtennis n

pingüí m *zool* Pinguin m

pinso m Futter n

pint/a f 1. Kamm m; 2. (*aspecte*) Aussehen n; **~allavis** m Lippenstift m; **~ar** vt 1. (*quadre*) malen; 2. (*paret*) streichen; 3. (*descriure*) schildern; **~or, -a** m/f Maler, -in m/f; **~oresc, -a** adj malerisch, pittoresk; **~ura** f 1. (*art*) Malerei f; **~ura al fresc** Freskomalerei f; **~ura a l'oli** Ölmalerei f; **~ura al tremp** Wassermalerei f; **~ura rupestre** Höhlenmalerei f; 2. (*quadre*) Gemälde n, Bild n; 3. (Wasser)Farbe f

pinya f 1. (*pi*) Zapfen m; 2. (*fruita*) Ananas f; 3. *fig* Clique f; 4. (*cop de puny*) Faustschlag m

pinyó m 1. (*pi*) Pinienkern m; 2. *tecn* Zahnrad n

pinyol m *bot* Kern m

pinzell m Pinsel m; **~ada** f Pinselstrich m

pioner, -a 1. adj bahnbrechend; 2. m/f Bahnbrecher, -in m/f, Pionier, -in m/f

pipa f Pfeife f

pipí m *col·loq* Pipi n; **fer ~** *col·loq* pinkeln

piragua f *esp* Kanu n

pir/amidal adj m/f pyramidenförmig; **~àmide** f *arquit* Pyramide f

piranya f *zool* Piranha m

pirat/a 1. adj m/f Raub..., Piraten...; **2.** m/f Pirat, -in m/f, Seeräuber, -in m/f; **~eria** f Seeräuberei f, Piraterie f

pir/enaic, -a adj pyrenäisch; **~inenc, -a** adj pyrenäisch; **~*ineus** mpl Pyrenäen pl

pir/òman, -a m/f Pyromane, -in m/f; **~omania** f *med* Pyromanie f

pirotècni/a f Pyrotechnik f; **~c, -a 1.** adj pyrotechnisch; **2.** m/f Pyrotechniker, -in m/f

pirueta f Pirouette f

pirul/eta f Lutscher m; **~í** m Lutscher m

pis m 1. (*habitatge*) Wohnung f; 2. (*planta*) Stock m, Stockwerk n, Etage f

piscina f 1. Schwimmbad n; 2. (*coberta*) Hallenbad n

pispar vt *col·loq* klauen, stibitzen

pissarra f 1. (*mineral*) Schiefer m; 2. (*de paret*) Tafel f

pista f 1. (*indici*) Spur f; 2. *aero* Piste f, Bahn f; **~ d'aterratge** Landebahn f; 3. *esp* Piste f; **~ de ball** Tanzfläche f

pistatxo m Pistazie f

pistola f 1. Pistole f; 2. *tecn* Spritzpistole f; **~ metralladora** Maschinenpistole f, M-Pi f

pit m 1. *anat* Brust f; 2. (*mamella*) Busen m; ♦ **prendre-s'ho a ~** zu Herzen nehmen

Pit/àgores m Pythagoras m; **~*agò-**

ric, -a *adj filos* pythagoreisch; **~*agorisme** *m filos* Pythagoreismus *m*

pitjor 1. *adj* schlechter, schlimmer; **2.** *adv* schlechter, schlimmer

piu *m* 1. (*tap*) Zapfen *m*; 2. (*piulet*) Pieps *m*; ♦ **no dir ni ~** keinen Pieps von sich geben; **~lar** *vi* piepen, piepsen

pixa *f vulg* (*penis*) Schwanz *m*; **~r** *vi col·loq* pinkeln, pissen

pizz/a *f* Pizza *f*; **~eria** *f* Pizzeria *f*

pla, -na 1. *adj* flach, eben; **2.** *m* 1. (*superfície*) Fläche *f*, Ebene *f*; **en primer ~** im Vordergrund *m*; 2. (*projecte*) Plan *m*; **3.** *f* 1. (*pàgina*) Seite *f*; 2. *geol* Ebene *f*

placa *f* 1. (*làmina*) Platte *f*, Plakette *f*; 2. (*rètol, senyal*) Schild *n*

plaça *f* 1. Platz *m*; **~ de toros/bous** Arena *f*; **~ major** Hauptplatz *m*; 2. (*mercat*) Markt *m*; 3. (*seient*) Sitzplatz *m*; 4. (*treball*) Stelle *f*

placenta *f anat* Plazenta *f*, Mutterkuchen *m*

pl/àcid, -a *adj* ruhig, angenehm; **~aent** *adj m/f* angenehm; **~aer** *m* Vergnügen *n*, Freude *f*, Genuss *m*

plafó *m* 1. (*d'un cel ras*) Plafond *m*; 2. (*d'un moble*) Paneel *n*

plaga *f* 1. *agric* Plage *f*; 2. *fig* (*calamitat*) Geißel *f*

plagi *m* Plagiat *n*

plaguicida 1. *adj m/f* (Schädlings)Bekämpfungsmittel...; **2.** *m* Schädlingsbekämpfungsmittel *n*

planejar *vt* planen, organisieren

planer, -a *adj* 1. flach, eben; 2. *fig* einfach

planeta *m astron* Planet *m*; **~ri, -ària 1.** *adj* planetarisch; **2.** *m* Planetarium *n*

planifica/ció *f* Planung *f*; **~r** *vt* planen

plànol *m* Plan *m*; (*d'una ciutat*) Stadtplan *m*

planta *f* 1. *bot* Pflanze *f*; 2. (*fàbrica*) Anlage *f*, Werk *n*; 3. (*pis*) Stockwerk *n*, Geschoss *n*; **~ció** *f* 1. *agric* (*acció*) Pflanzung *f*; 2. *agric* Plantage *f*; **~r** *vt* 1. *agric* pflanzen; 2. (*clavar*) befestigen; 3. *col·loq* (*no anar*) versetzen; **~r-se** 1. (*aparèixer*) auftauchen; 2. *joc* passen

planteja/ment *m* Gesichtspunkt *m*; **~r** *vt* (*assumpte*) angehen, aufwerfen; **~r-se** (*reflexionar*) überdenken

planter *m* 1. *agric* (*d'arbres*) Baumschule *f*; 2. (*de plantes*) Gärtnerei *f*

plantilla *f* 1. (*patró*) Modell *n*; 2. (*empresa*) Belegschaft *f*; 3. *esp* Mannschaft *f*; 4. (*de sabata*) Einlegesohle *f*

planura *f* Ebene *f*, Flachland *n*

planxa *f* 1. (*làmina*) Platte *f*, Blech *n*; **a la ~** *gastr* auf dem Backblech gebraten; 2. (*roba*) Bügeleisen *n*; **~r** *vt* bügeln

pl/any *m* (Weh)Klage *f*; **~ànyer** *vt* bemitleiden, bedauern; **~ànyer's** jammern, sich beklagen

plasma *f biol* Plasma *n*; **~ble** *adj m/f* gestaltbar; **~ció** *f* Gestaltung *f*; **~r** *vt* gestalten, formen

pl/àstic, -a 1. *adj* 1. (*art*) plastisch, ausdrucksvoll; 2. (*material*) Plastik..., Kunststoff...; **2.** *m* Plastik *n*, Kunststoff *m*; **arts plàstiques** bildende Künste

plastilina

fpl; **~asticitat** *f* Plastizität *f*; **~astificació** *f* 1. Plastikbeschichtung *f*; 2. Plastifizierung *f*; **~astificar** *vt* 1. mit Plastik beschichten; 2. plastifizieren

plastilina *f* Plastilin *n*, Knetmasse *f*

plat *m* Teller *m*; ♦ *tirar-se els ~s pel cap* sich heftig streiten

plata *f* Silber *n*

plataforma *f* Plattform *f*

plàtan *m* 1. *bot (arbre)* Platane *f*; 2. *agric (fruita)* Banane *f*

platea *f teat* Parkett *n*, Parterre *n*

platejar *vt* versilbern

plateresc, -a 1. *adj (art)* plateresk; 2. *m arquit* Plateresk *m*

platerets *mpl mús* Becken *n*

platí *m quím* Platin *n*

platja *f* Strand *m*

Plat/ó *m* Platon *m*; **~*ó** *m cine* Kulisse *f*, Filmstudio *n*; **~*ònic, -a** *adj* platonisch; **~*onisme** *m filos* Platonismus *m*

plau/re *vi* gefallen; *si us plau* bitte; **~sible** *adj m/f* plausibel, annehmbar

ple, -na 1. *adj* 1. *(recipient)* voll, gefüllt; 2. *(complet)* völlig, vollständig; 2. *m* Plenum *n*, Plenarsitzung *f*

plebeu, -ea 1. *adj* plebejisch; 2. *m/f* Plebejer, -in *m/f*

plebiscit *m pol* Plebiszit *n*, Volksbefragung *f*

ple/c *m* 1. *(roba)* Falte *f*; 2. *(paper)* Bogen *m*; 3. *geogr* Senke *f*; **~gar** *vt* 1. *(paper, roba)* zusammenfalten; 2. *(cadira)* zusammenklappen; 3. *(recollir)* wegräumen; 4. *(acabar)* aufhören; 5. *(de treballar)* aufhören zu arbeiten;

~gat *m tèxtil* Faltung *f*; *tot ~gat* alles zusammen

plenitud *f* 1. *(totalitat)* Fülle *f*; 2. *fig* Höhepunkt *m*

pleonasme *m ling* Pleonasmus *m*

plet *m jur* Prozess *m*

ploguda *f* Regenfall *m*

plom *m* 1. *quím* Blei *n*; *a ~* senkrecht; 2. *electr* Sicherung *f*

ploma *f* 1. *(d'au)* Feder *f*; 2. *(d'escriure)* Füller *m*; **~tge** *m (au)* Gefieder *n*

plor *m* Weinen *n*; **~ar** 1. *vt* 1. weinen (+ CD um); 2. *(lamentar)* bereuen; 2. *vi* weinen, heulen; **~iquejar** *vi* wimmern, jammern

plo/ure *vi* regnen; **~u** es regnet; **~visquejar** *vi* nieseln

pluja *f* Regen *m*; *~ àcida* saurer Regen *m*; *~ torrencial* Platzregen *m*

plural 1. *adj m/f* 1. Plural...; 2. *(variat)* vielfältig; 2. *m ling* Plural *m*, Mehrzahl *f*; *~ majestàtic ling* Pluralis majestatis *m*

pluricel·lular *adj m/f biol* mehrzellig

plurilingüe *adj m/f* mehrsprachig

plusmarquista *m/f* Rekordhalter, -in *m/f*

plusquamperfet *m ling* Plusquamperfekt *n*

plusvàlua *f* Wertzuwachs *m*

plutoni *m quím* Plutonium *n*

pluvi/al *adj m/f* 1. Regen...; 2. *geol* pluvial; **~òmetre** *m meteo* Pluviometer *n*, Niederschlagsmesser *m*

pneumàtic *m* Reifen *m*

pneumònia *f med* Lungenentzündung *f*, Pneumonie *f*

pobl/ació f 1. (lloc) Ortschaft f; 2. (habitants) Bevölkerung f; **~ar** vt 1. (colonitzar) besiedeln, bevölkern; 2. (arbres) bepflanzen (**de** mit); **~ar-se** sich bevölkern; **~at** m Dorf n, Siedlung f; **~at, -ada** 1. adj bewohnt; 2. m Ansiedlung f; **~e** m 1. (nació) Volk n; 2. (població petita) Dorf n

pobre, -a 1. adj arm, bedürftig; 2. m/f Arme, -r f/m; **~sa** f Armut f, Not f

poc, -a 1. adj wenig, gering; 2. adv wenig; **a ~ a ~** langsam, allmählich; **fa ~** vor kurzem; **~ o molt** mehr oder weniger; **~ -a-solta** 1. m/f Blödian m, Trottel m; 2. f Blödheit f; **~avergonya** m/f unverschämte Person f

poda f agric Schnitt m; **~r** vt beschneiden

poder 1. vt 1. können; 2. (tenir permís) dürfen; 2. m Macht f; **~ós, -osa** adj mächtig

podi m Podium n

podri/ment m Verfaulen n; **~r** vt verderben, verfaulen lassen; **~r-se** faulen, verrotten

po/ema m Gedicht n; **~esia** f 1. (gènere) Poesie f; 2. (poema) Gedicht n, Dichtung f; **~eta, -essa** m/f Dichter, -in m/f, Poet, -in m/f; **~ètic, -a** adj poetisch, dichterisch

pol m Pol m; **el ~ nord** Nordpol m; **el ~ sud** Südpol m; **~ar** adj m/f polar, Polar...

polèmic, -a 1. adj polemisch, strittig; 2. f Polemik f

policia 1. m/f Polizist, -in m/f; 2. f Polizei f

policlínica f Poliklinik f

policonreu m agric Polykultur f

policrom, -a adj polychrom, vielfarbig, bunt; **~ar** vt polychromieren; **~at, -ada** adj polychrom, vielfarbig, bunt; **~ia** f 1. Mehrfarbendruck m; 2. (art) Polychromie f

policult/iu m agric Polykultur f; **~ura** f agric Polykultur f

pol/íedre m mat Polyeder n, Vielflächner m; **~ièdric, -a** adj geom polyedrisch, vielflächig

poliesportiu m esp Sportzentrum n, Sporthalle f

polièster m quím Polyester m

polifacètic, -a adj vielseitig

polif/onia f mús Polyphonie f; **~ònic, -a** adj mús polyphon

pol/ígam, -a adj polygam; **~igàmia** f Polygamie f

poliglot, -a 1. adj polyglott; 2. m/f Polyglotte, -r f/m

polígon m mat Polygon n, Vieleck n; **~ industrial** Gewerbegebiet n; Industriegebiet n

poligr/afia f Polygraphie f; **~àfic, -a** adj polygraphisch

polin/esi, -èsia 1. adj polynesisch; 2. m/f Polynesier, -in m/f; **~*èsia** f Polynesien n

polinomi m mat Polynom n

poliomielitis f med Poliomyelitis f, Kinderlähmung f

pòlip m med, zool Polyp m

polir vt 1. polieren glätten; 2. fig verfeinern; **~-se** (malgastar) verschwenden

polisíl·lab

polis/íl·lab, -a 1. *adj* mehrsilbig; **2.** *m* mehrsilbiges Wort *n*; **~il·làbic, -a** *adj* mehrsilbig; **~índeton** *m ling* Polysyndeton *n*

pòlissa *f* 1. (*d'assegurances*) Police *f*; 2. (*segell*) Stempelmarke *f*

polissó, -ona *m/f* blinde(r) Passagier, -in *m/f*

polit, -ida *adj* gepflegt

polític, -a 1. *adj* politisch; **2.** *m/f* Politiker, -in *m/f*; **3.** *f* Politik *f*

poliuretà *m quím* Polyurethan *n*

poll *m* 1. *zool* (*pollet*) Küken *n*; 2. (*insecte*) Laus *f*; **~astre** *m zool* Hähnchen *n*

pol·len *m bot* Pollen *m*, Blütenstaub *m*

pollet *m zool* Küken *n*

pol·lució *f* Pollution *f*, Verschmutzung *f*

pol/onès, -esa 1. *adj* polnisch; **2.** *m/f* Pole, -in *m/f*; **3.** *m ling* Polnisch *n*; **~ònia** *f* Polen *n*

polpa *f* 1. *anat* Mark *n*; 2. (*fruita*) Mark *n*, Fruchtfleisch *n*

pols 1. *f* Staub *m*; **2.** *m* 1. Puls *m*; 2. (*templa*) Behutsamkeit *f*; **~era** *f* Armband *n*

pólvora *f* (Schieß)Pulver *n*

pom *m* 1. (*porta*) Türknauf *m*; 2. (*flors*) (Blumen)Strauß *m*

poma *f agric* Apfel *m*

pomada *f* Salbe *f*, Pomade *f*

pomelo *m agric* Grapefruit *f*

pomer/ani, -ània 1. *adj* pommer(i)sch; **2.** *m/f* Pommer, -in *m/f*; **~*ània** *f* Pommern *n*

pompa *f* Pomp *m*, Prunk *m*

pòmul *m anat* Backenknochen *m*

pondre *vt* legen; **~'s** (*un astre*) untergehen

pon/ència *f* Referat *n*, Vortrag *m*; **~ent 1.** *m/f* Referent, -in *m/f*, Vortragende, -r *f/m*; **2.** *m* Westen *m*, Westwind *m*

poni *m zool* Pony *n*

pont *m* Brücke *f*; **~ aeri** Luftbrücke *f*; ♦ **fer ~** verlängertes Wochenende machen

popa *f nav* Heck *n*, Achterschiff *n*

popular *adj m/f* 1. (*del poble*) volkstümlich, Volks...; 2. (*conegut*) populär, beliebt

por *f* Angst *f*; ♦ **fer ~** Angst einjagen; **tenir ~ que** fürchten, dass

porc, -a 1. *adj* schweinisch, saudreckig; **2.** *m* Schwein *n*; (*mascle*) Eber *m*

porcellana *f* Porzellan *n*

porció *f* Teil *m*, Portion *f*

porqueria *f* 1. (*brutícia*) Schweinerei *f*; 2. (*cosa bruta*) Dreck *m*

porra *f* 1. Keule *f*; 2. (*policia*) Schlagstock *m*

porro *m* 1. *agric* Lauch *m*; 2. *arg drog* Joint *m*

porró *m* gläserner Schnabelkrug *m*

port *m* 1. *nav* Hafen *m*; 2. (*de muntanya*) Gebirgspass *m*

porta *f* Tür *f*; (*portal*) Pforte *f*, Tor *n*; **a ~ tancada** hinter verschlossener Tür; **~da** *f* 1. *arquit* (*portalada*) Portal *n*; 2. (*d'un llibre*) Titelblatt *n*

portaequipatge *m* 1. (*cotxe*) Kofferraum *m*; 2. (*tren*) Gepäcknetz *n*

portal *m* Tor *n*; **~ada** *f* großes Portal *n*

porta/monedes *m* Portmonee *n*, Geldbeutel *m*; **~r** *vt* 1. tragen; 2. (*conduir*)

führen; **~r-se** sich benehmen, sich betragen
portàtil *adj m/f* tragbar
porte/lla *f* 1. Türchen *n*; 2. (*cotxe*) Wagentür *f*; **~r, -a** *m/f* 1. (*públic*) Pförtner, -in *m/f*; 2. (*privat*) Hausmeister, -in *m/f*; 3. *esp* Torwart *m*, Torwartfrau *f*; **~ria** *f* 1. (*lloc*) Pförtnerloge *f*; 2. *esp* (*futbol*) Tor *n*
porto-riqueny, -a 1. *adj* portorikanisch; 2. *m/f* Portorikaner, -in *m/f*
Portug/al *m* Portugal *n*; **~*uès, -esa** 1. *adj* portugiesisch; 2. *m/f* Portugiese, -in *m/f*; 3. *m ling* Portugiesisch *n*
porus *m* Pore *f*
porxo *m* Vorhalle *f*, überdachter Vorraum *m*
pos/ar 1. *vt* (*col·locar*) stellen, legen; 2. *vi* posieren; **~ar-se** 1. (*esdevenir*) werden; 2. (*començar*) anfangen, beginnen; 3. (*vestir-se*) anziehen; **~ició** *f* Stellung *f*
positiu, -iva 1. *adj* positiv; 2. *m foto* Positiv *n*
positura *f* Stellung *f*
posposar *vt* verschieben, verlegen
posse/ir *vt* besitzen; **~ssió** *f* Besitz *m*, Eigentum *n*
possib/ilitat *f* Möglichkeit *f*; **~le** 1. *adj m/f* möglich; 2. *m* Mögliche(s) *n*; **~lement** *adv* möglicherweise, vielleicht
posta *f* (*d'ous*) Gelege *n*; **a ~** absichtlich; **~ de sol** Sonnenuntergang *m*
postal 1. *adj m/f* postalisch, Post...; 2. *f* Postkarte *f*
pòster *m* Poster *nd*

postergar *vt* 1. verschieben, aufschieben; 2. übergehen, benachteiligen
posterior *adj m/f* 1. (*temps*) spätere; 2. (*lloc*) hintere
postís, -issa *adj* künstlich, unecht
postres *fpl* Nachtisch *m*, Dessert *n*
pòstum, -a *adj* 1. posthum; 2. (*obra*) nachgelassen
postura *f* Haltung *f*, Stellung *f*
pot *m* 1. (*envàs*) Dose *f*; 2. (*loteria*) Jackpot *m*
pota *f* 1. (*animal*) Pfote *f*, Fuß *m*; **~ de gall** Krähenfüße *mpl*; 2. (*moble*) Bein *n*; ♦ **estirar la ~** *col·loq* den Löffel abgeben; **ficar la ~** ins Fettnäpfchen treten
potable *adj m/f* trinkbar
potass/a *f* Pottasche *f*, Kaliumkarbonat *n*; **~i** *m quím* Kalium *n*
pot/ència *f* 1. (*força*) Kraft *f*; 2. (*poder*) Macht *f*; 3. *mat* Potenz *f*; 4. (*sexe*) Potenz *f*; **~ent** *adj m/f* 1. mächtig, stark; 2. (*sexualment*) potent
potser *adv* möglicherweise, vielleicht
pou *m* 1. (*sortidor*) Brunnen *m*; 2. *min* Schacht *m*
pr/àctic, -a 1. *adj* praktisch; 2. *f* (*experiència*) Übung *f*, Erfahrung *f*; **~acticar** *vt* ausüben, praktizieren; **~àctiques** *fpl* Praktikum *n*
Praga *f* Prag *n*
prat *m* (*passejar*) Wiese *f*
preàmbul *m* Präambel *f*, Vorrede *f*
prec *m* Bitte *f*, Gesuch *n*; **~ari, -ària** *adj* prekär, ungewiss; **~aució** *f* Vorsicht (smaßnahme) *f*
prece/dent 1. *adj m/f* vorhergehend; 2.

m Präzedenzfall *m*; **~dir** *vt* vorhergehen; **~pte** *m* 1. (*norma*) Vorschrift *f*; 2. (*manament*) Gebot *n*
preciós, -osa *adj* 1. (*valuós*) wertvoll, kostbar; 2. herrlich, entzückend
precipi/ci *m* Abgrund *m*; **~tació** *f* 1. (*pressa*) Hast *f*, Überstürzung *f*; 2. *meteo* Niederschlag *m*; **~tar** *vt* 1. (*fer caure*) hinabstürzen; 2. (*apressar*) übereilen; **~tar-se** sich überstürzen
prec/ís, -isa *adj* (*exacte*) genau; **~isament** *adv* genau, bestimmt; **~isar** *vt* präzisieren, genau angeben; **~isió** *f* Präzision *f*, Genauigkeit *f*
precoç *adj m/f* frühreif
predi/cador, -a 1. *adj* predigend; 2. *m relig* Prediger *m*; **~car** *vt* predigen; **~cció** *f* Vorhersage *f*, Prognose *f*; **~r** *vt* vorhersagen, voraussagen
predominar *vi* vorherrschen, überwiegen
preescolar *adj m/f* vorschulisch
prefer/ència *f* Vorliebe *f*, Präferenz *f*; **~ir** *vt* vorziehen, bevorzugen
preg/ar *vt* 1. bitten, ersuchen; 2. *relig* beten; **~ó** *m* 1. (*crida*) Aufruf *m*; 2. (*discurs*) Festrede *f*; **~on, -a** *adj* tief
pregunta *f* Frage *f*; **~r** *vt* fragen
prehistòria *f* Vorgeschichte *f*
prémer *vt* drücken, pressen
premi *m* 1. (*guardó*) Preis *m*; 2. (*recompensa*) Belohnung *f*; 3. (*loteria*) (Lotterie)Gewinn *m*; **~ar** *vt* 1. (*recompensar*) belohnen; 2. (*guardonar*) prämiieren
premsa *f* 1. (*màquina*) Presse *f*; 2. *impr* Druckerei *f*; 3. *period* Presse *f*; **~r** *vt* 1. pressen; 2. (*prémer*) auspressen
prendre *vt* 1. (*agafar*) nehmen; 2. (*mesures*) ergreifen; 3. (*aliments*) essen; (*begudes*) trinken; **~'s** sich nehmen
preocupa/ció *f* Sorge *f*, Besorgnis *f*; **~r** *vt* beunruhigen; **~r-se** sich Sorgen machen (**per** um)
prepara/ció *f* 1. Vorbereitung *f*; 2. (*de menjar*) Zubereitung *f*; **~r** *vt* vorbereiten
preposició *f* *ling* Präposition *f*
pres, -a 1. *adj* gefangen; 2. *m/f* Gefangene, -r *f/m*; 3. *f* 1. (*detenció*) Festnahme *f*; 2. *caça* Beute *f*; 3. (*riu*) (Stau)Wehr *n*
presagi *m* 1. (*senyal*) Vorzeichen *n*, Omen *n*; 2. (*presentiment*) Vorahnung *f*; **~ar** *vt* vorhersagen, voraussagen
prescindir *vi* (*renunciar*) verzichten (**de** auf)
pres/ència *f* 1. (*assistència*) Anwesenheit *f*; 2. (*aspecte*) Aussehen *n*; **~enciar** *vt* beiwohnen; **~ent 1.** *adj m/f* 1. (*que està*) anwesend; 2. (*actual*) gegenwärtig; **2.** *m* 1. (*actualitat*) Gegenwart *f*; 2. *ling* Gegenwart *f*, Präsens *n*; 3. (*regal*) Geschenk *n*; ♦ **tenir ~ent** berücksichtigen; **~entació** *f* 1. (*acció*) Vorstellung *f*, Präsentation *f*; 2. *teat* Inszenierung *f*, *TV* Vorführung *f*, Präsentation *f*; 3. (*aspecte*) Aufmachung *f*; **~entar** *vt* 1. (*una persona*) vorstellen; 2. (*mostrar*) zeigen, präsentieren; 3. (*sol·licitud*) einreichen; 4. (*informe, proposta*) vorlegen
presid/ent, -a *m/f* 1. *pol* Präsident, -in

m/f; 2. (*empresa, partit*) Vorsitzende, -r *f/m*; **~ir** *vt* vorsitzen, leiten
pres/ó *f* 1. (*edifici*) Gefängnis *n*; 2. (*pena*) Haft *f*; **~oner, -a** 1. *adj* gefangen; 2. *m/f* Gefangene, -r *f/m*, Häftling *m*
pressa *f* Eile *f*; **de ~** eilig, schnell; ♦ **córrer ~** eilig sein; **tenir ~** es eilig haben
préssec *m agric* Pfirsich *m*
presseguer *m agric* Pfirsichbaum *m*
pressenti/ment *m* Vorahnung *f*; **~r** *vt* vorahnen, vorausahnen
pressió *f* Druck *m*; **~ atmosfèrica** Luftdruck *m*
pressupost *m* 1. (*càlcul*) Kostenvoranschlag *m*; 2. *econ* Haushalt(splan) *m*, Budget *n*
prestar *vt* leihen; ♦ **~ atenció** aufpassen; **~-se** sich eignen (a für)
prestatge *m* Bücherbrett *n*; **~ria** *f* Regal *n*
préstec *m* 1. (*acció*) (Aus)Leihen *n*; 2. (*allò prestat*) Darlehen *n*; 3. *ling* Entlehnung *f*, Lehnwort *n*
prestigi *m* Ansehen *n*, Prestige *n*
presum/ir 1. *vt* vermuten, annehmen; 2. *vi* prahlen (**de** mit), angeben (**de** mit); **~it, -ida** *adj* eitel, eingebildet; **~ptuós, -osa** *adj* eitel, eingebildet
preten/dent, -a *m/f* 1. Bewerber, -in *m/f*; 2. (*a la corona*) Tronanwärter, -in *m/f*; **~dre** 1. *vt* 1. (*tenir intenció*) beabsichtigen, vorhaben; 2. (*demanar*) beanspruchen; 2. *vi* erstreben, streben (**a** nach); **~sió** *f* Anspruch *m*, Forderung *f*
pretèrit, -a 1. *adj* vergangen; 2. *m ling* Präteritum *n*

pretext *m* Vorwand *m*, Ausrede *f*
preu *m* Preis *m*
prev/enció *f* 1. *med* Vorbeugung *f*, Prävention *f*; 2. (*precaució*) Vorkehrung *f*, Verhütung *f*; **~enir** *vt* 1. (*evitar*) verhüten, vorbeugen; 2. (*advertir*) warnen, vorbeugen; **~eure** *vt* vorhersehen, voraussehen; **~i, prèvia** *adj* vorherig
prim, -a *adj* 1. dünn; 2. (*persona*) schlank, dünn; ♦ **filar ~** ein Haarspalter sein; **mirar ~** es sehr genau nehmen
primari, -ària *adj* primär, Elementar...
primavera *f* Frühling *m*
prim/er, -a 1. *adj* 1. erste; 2. (*millor*) beste; **de ~era** erstklassig; 2. *adv* 1. (*abans*) zuerst; **de ~er** zu Anfang; 2. (*preferència*) lieber; 3. *m/f* Erste, -r *f/m*; 4. *f* 1. *auto* erster Gang *m*; 2. *ferroc* erste Klasse *f*; **~erament** *adv* zuerst, als erstes; **~ícia** *f* Erstling *m*
primitiu, -iva *adj* primitiv, ursprünglich
primmirat, -ada *adj* kleinlich, übergenau
primordial *adj m/f* wesentlich
príncep, princesa *m/f* 1. (*sobirà*) Fürst, -in *m/f*; 2. (*fill de rei*) Prinz (essin) *m/f*
principal 1. *adj m/f* hauptsächlich, Haupt..., wesentlich; 2. *m/f* (*empresa*) Geschäftsinhaber, -in *m/f*; 3. *m* (*pis*) Zwischengeschoss *n*
principat *m* 1. (*títol*) Fürstenstand *m*; 2. (*territori*) Fürstentum *n*
principi *m* 1. (*començament*) Anfang *m*, Beginn *m*; **al ~** am Anfang *m*; 2. (*origen*) Ursprung *m*; 3. (*precepte*)

prisma 496

Prinzip *n*, Grundsatz *m*; **en ~** im Prinzip *n*
prism/a *m geom* Prisma *n*; **~àtics** *mpl* Fernglas *n*
priva/r *vt* 1. (*desposeir*) wegnehmen, entziehen; 2. (*prohibir*) verbieten; **~r-se** verzichten (**de** auf); **~t, -ada** *adj* privat, Privat...
privilegi *m* Privileg *n*, Sonderrecht *n*
pro 1. *prep* für, pro; **en ~** zugunsten; 2. *m* Pro *n*; **el ~ i el contra** das Pro und Kontra
proa *f nav* Bug *m*
probable *adj m/f* wahrscheinlich
problema *m* Problem *n*, Schwierigkeit *f*
proc/edència *f* Herkunft *f*, Ursprung *m*; **~ediment** *m* 1. (*actuació*) Vorgehen *n*; 2. (*mètode*) Verfahren *n*, Methode *f*; **~edir** *vi* 1. (*lloc*) kommen (**de** aus), stammen (**de** aus); 2. (*actuar*) vorgehen; **~és** *m* Prozess *m*, Vorgang *m*
processó *f relig* Prozession *f*
proclamar *vt* verkünden, proklamieren
procurar *vt* 1. (*intentar*) versuchen; 2. (*proporcionar*) besorgen, beschaffen
pròdig, -a *adj* 1. (*malversador*) verschwenderisch; 2. (*generós*) großzügig
prodigi *m* Wunder *n*; **~ós, -osa** *adj* außerordentlich
produ/cció *f* Produktion *f*, Herstellung *f*; **~cte** *m* Produkt *n*, Erzeugnis *n*; **~ctiu, -iva** *adj* 1. produktiv; 2. (*negoci*) einträglich; 3. (*terra*) fruchtbar; **~ctor, -a** 1. *adj* produzierend, Produktions...; 2. *m/f* 1. *econ* Produzent,

-in *m/f*, Hersteller, -in *m/f*; 2. *cine* (Film)Produzent, -in *m/f*; **~ir** *vt* 1. (*fruits*) hervorbringen; 2. (*fabricar*) produzieren, herstellen; 3. (*guanys*) einbringen, abwerfen; 4. *cine* produzieren; **~ir-se** sich zeigen, auftreten
proesa *f* Heldentat *f*, Großtat *f*
profà, -ana 1. *adj* profan, weltlich; 2. *m/f* Laie, -in *m/f*
profess/ió *f* Beruf *m*; **~ió de fe** *relig* Glaubensbekenntnis *n*; **~or, -a** *m/f* 1. (*no universitari*) Lehrer, -in *m/f*; 2. (*universitari*) Dozent, -in *m/f*; (*catedràtic*) Professor, -in *m/f*
profeta *m/f* Prophet, -in *m/f*
profit *m* Nutzen *m*, Vorteil *m*; **bon ~!** guten Appetit!; ♦ **fer ~** bekömmlich sein; **~ós, -osa** *adj* einträglich, nützlich
pròfug, -a 1. *adj* flüchtig; 2. *m/f* Flüchtige, -r *f/m*; 3. *m mil* Fahnenflüchtige, -r *m*
profund, -a *adj* tief; **~itat** *f* Tiefe *f*
programa *m* Programm *n*
progr/és *m* Fortschritt *m*; **~essar** *vi* Fortschritte machen
prohibi/ció *f* Verbot *n*; **~r** *vt* verbieten, untersagen
proïsme *m* 1. Mitmensch *m*; 2. *relig* Nächster *m*
projec/ció *f* 1. (*llançament*) Werfen *n*; 2. *geol* Projektion *f*; **~tar** *vt* 1. (*llançar*) werfen (**contra** auf), schleudern (**contra** gegen); 2. *cine* projizieren; 3. (*idear*) projektieren; 4. (*planejar*) planen; **~tar-se** fallen (**contra** auf); **~te** *m* Projekt *n*, Plan *m*; **~til** *m* Projektil

n, Geschoss *n*; **~tor** *m* 1. (*llum*) Scheinwerfer *m*; 2. *cine* Projektor *m*

pròleg *m* 1. (*d'un llibre*) Vorwort *n*, Vorrede *f*; 2. *teat* Prolog *m*

proletari, -ària 1. *adj* proletarisch; 2. *m/f* Proletarier, -in *m/f*

proliferar *vi* sich vermehren

prolongar *vt* verlängern; **~-se** sich in die Länge ziehen, lange dauern

prom/ès, -esa 1. *m/f* Verlobte, -r *f/m*; 2. *f* Versprechen *n*; **~etre** *vt* versprechen; **~etre's** (*nuvis*) sich verloben

promo/ció *f* 1. *com* Förderung *f*; 2. (*producte, pel·lícula*) Promotion *f*; 3. (*de llicenciats*) Jahrgang *m*; **~tor, -a** 1. *adj* fördernd; 2. *m/f* Förderer *m*, Förderin *f*; **~ure** *vt* (*impulsar*) fördern

pronòstic *m* 1. Vorhersage *f*, Prognose *f*; 2. *med* Prognose *f*

pronuncia/ció *f* Aussprache *f*; **~r** *vt* aussprechen; **~r-se** sich äußern

prop *adv* nah(e), in der Nähe; **de ~** aus der Nähe *f*; **~ de** nahe bei; in der Nähe von

propaga/ció *f* 1. (*extensió*) Ausbreitung *f*, Verbreitung *f*; 2. *biol* (*reproducció*) Fortpflanzung *f*; **~nda** *f* 1. Werbung *f*, Reklame *f*; 2. *pol* Propaganda *f*; **~r** *vt* 1. (*extender*) verbreiten; 2. *biol* (*reproduir*) fortpflanzen; **~r-se** sich vermehren

propassar-se zu weit gehen

propens, -a *adj* geneigt, anfällig

proper, -a *adj* nächste

propi, pròpia *adj* 1. eigen, Eigen...; 2. (*característic*) typisch; 3. (*apropiat*) angemessen, treffend

propieta/ri, -ària *m/f* Eigentümer, -in *m/f*, Besitzer, -in *m/f*; **~t** *f* 1. (*béns*) Eigentum *n*, Besitz *m*; 2. (*característica*) Eigenschaft *f*; 3. (*correcció*) Richtigkeit *f*

propina *f* Trinkgeld *n*

proporci/ó *f* 1. Proportion *f*, Verhältnis *n*; 2. *fpl* (*dimensions*) Ausmaß *n*; **~onal** *adj m/f* proportional, verhältnismäßig; **~onar** *vt* 1. anpassen, proportionieren; 2. (*facilitar*) beschaffen, besorgen

prop/osar *vt* vorschlagen; **~osar-se** sich vornehmen; **~osició** *f* 1. Vorschlag *m*; 2. *ling* Satz *m*; **~òsit** *m* 1. (*intenció*) Absicht *m*; **a ~òsit** (*amb intenció*) absichtlich; (*per cert*) übrigens; 2. (*objectiu*) Ziel *n*; **~osta** *f* Vorschlag *m*, Angebot *n*

pròrroga *f* 1. (*prorrogació*) Verlängerung *f*; 2. (*retard*) Verschiebung *f*; 3. *econ* Prolongation *f*; 4. *esp* Spielverlängerung *f*

prosa *f* Prosa *f*

prospecte *m* Prospekt *m*

pr/òsper, -a *adj* blühend; **~osperar** *vi* gedeihen, blühen; **~osperitat** *f* Prosperität *f*, Gedeihen *n*

prosseguir 1. *vt* 1. (*continuar*) fortsetzen; 2. *jur* verfolgen; 2. *vi* fortführen

prost/íbul *m* Bordell *n*, Freudenhaus *n*; **~ïtut, -a** *m/f* Prostituierte, -r *f/m*

protagonista *m/f* 1. Hauptfigur *f*; 2. *teat* Hauptdarsteller, -in *m/f*; 3. *lit* (Roman)Held, -in *m/f*

prote/cció f Schutz m; **~ctor, -a 1.** adj schützend, Schutz...; **2.** m/f Beschützer, -in m/f; **~gir** vt beschützen

proteïna f 1. (nutrició) Eiweiß n; 2. quím Protein n, Eiweißstoff m

pròtesi f med Prothese f; **~ dental** Zahnprothese f

protestar vi protestieren

protocol m Protokoll n

prou adv genug; **ja n'hi ha ~!** Schluss!, es reicht!

prova f 1. (intent) Versuch m, Probe f; **~ nuclear** Atomversuch m; 2. (examen) Prüfung f, Test m; 3. (comprovant) Beweis m; 4. esp (competició) Wettkampf m; **~r 1.** vt 1. (experimentar) prüfen; 2. (intentar) versuchen; 3. (demostrar) beweisen; **2.** vi (sentar bé) bekommen

proveir vt versorgen; **~-se** sich versorgen (de mit)

provenir vi herkommen (de von), stammen (de aus)

proverbi m Sprichwort n, Spruch m

proveta f Reagenzglas n

província f Provinz f

provisi/ó f Vorrat m, Reserve f; **~onal** adj m/f provisorisch, vorläufig

provocar vt 1. (incitar) provozieren, herausfordern; 2. (excitar) aufreizen; 3. (causar) verursachen, hervorrufen

proxenet/a m Zuhälter m; **~isme** m Zuhälterei f

pr/òxim, -a adj nächste; **~oximitat** f Nähe f

prud/ència f 1. (precaució) Vorsicht f; 2. (moderació) Mäßigkeit f; **~ent** adj m/f 1. (amb cura) vorsichtig, behutsam; 2. (raonable) vernünftig; 3. (adequat) angemessen

prun/a f agric Pflaume f, Zwetschge f; **~era** f Pflaumenbaum m

Pr/ússia f hist Preußen n; **~*ussià, -ana 1.** adj preußisch; **2.** m/f Preuße, -in m

pseudònim, -a m Pseudonym n

psicòleg, -òloga m/f psicol Psychologe, -in m/f

psicologia f Psychologie f

pua f 1. Stachel m; 2. (d'una pinta) Zahn m; 3. (d'una forquilla) Zinke f; 4. mús Plektron n; 5. tèxtil Spindel f; 6. fig (persona) Schlaukopf m

pubilla f (Hof)Erbin f

pubis m anat Schambein n

públic, -a 1. adj öffentlich; **2.** m Publikum n; **en ~** in aller Öffentlichkeit f; ♦ **fer ~** bekannt machen

public/ació f Veröffentlichung f, Publikation f; **~ar** vt veröffentlichen, herausgeben; **~itat** f 1. Öffentlichkeit f, Publizität f; 2. (anunci) Werbung f, Reklame f

puça f zool Floh m

pud/ent adj m/f stinkend; **~or 1.** m (timidesa) Schamhaftigkeit f; **2.** f Gestank m; ♦ **fer ~or** stinken

Puerto Rico m Puerto Rico n

puig m Hügel m

puj/a f 1. (An)Steigen n; 2. (preus) Steigerung f, Erhöhung f; 3. Aufstieg m; **~ada** f 1. (d'una costa) Anhöhe f; 2. (preus) Steigerung f, Erhöhung f; **~ar 1.** vt 1. (ascendir) besteigen, hinauflaufen; 2. (*preus*) erhöhen; 3. *mús* lauter stellen; 4. (*veu*) erheben; **2.** *vi* 1. (*ascendir*) ansteigen, aufsteigen; 2. (*augmentar*) steigern; 3. (*cotxe*) einsteigen; **~ar-se'n** hinaufsteigen, hinaufklettern; **~ol** *m* Hügel *m*

pulcre, -a *adj* 1. sauber, reinlich; 2. (*amb cura*) sorgfältig, gepflegt

pulm/ó *m anat* Lunge *f*; **~onia** *f med* Lungenentzündung *f*

punt *m* 1. Punkt *m*; **a ~** bereit; **al ~** fertig sein; **els quatre ~s cardinals** *geogr* die vier Himmelsrichtungen; **en ~** pünktlich, um Punkt; 2. *med* Stich *n*; ♦ **estar a ~** im Begriff sein; **~a** *f* Spitze *f*; **~ada** *f* (*d'agulla*) Nagelstich *m*; **~ada de peu** Fußtritt *m*; **~al** *m* Stützbalken *m*; **~eria** *f* Treffsicherheit *f*; ♦ **fer ~eria** zielen; **tenir bona/mala ~eria** ein guter/schlechter Schütze sein

puntuació *f* 1. *ling* Interpunktion *f*, Zeichensetzung *f*; 2. (*qualificació*) Bewertung *f*; 3. *esp* Punktzahl *f*

puntual *adj m/f* 1. (*sense retard*) pünktlich; 2. (*concret*) punktuell; **~itat** *f* Pünktlichkeit *f*

puntuar 1. *vt* 1. interpunktieren; 2. (*qualificar*) benoten; **2.** *vi esp* punkten

punx/a *f* 1. Spitze *f*; 2. *bot* Dorn *m*; **~ada** *f* 1. Stich *m*; 2. (*dolor*) Stechen *n*; **~ar** *vt* stechen; **~ar-se** 1. (*amb agulla*) sich stechen; 2. *arg drog* sich einen Schuss setzen; 3. (*insulina*) sich spritzen; **~egut, -uda** *adj* spitz; **~ó** *m* Ahle *f*, Stichel *m*

puny *m* 1. (*mà*) Faust *f*; 2. (*de màniga*) Manschette *f*; **~al** *m* Dolch *m*; **~eta** *f vulg* Mist *m*; ♦ **anar-se'n a fer ~etes** zum Teufel gehen; **fer la ~eta** auf den Wecker gehen; **~!** verdammt noch mal!

pupil·la *f anat* Pupille *f*

pupitre *m* Pult *n*

puput *m/f* Wiedehopf *m*

pur, -a *adj* rein, pur

puré *m gastr* Püree *n*

purificar *vt* reinigen; **~-se** sich reinigen

pus *m* Eiter *m*

puta *f vulg* Hure *f*, Nutte *f col·loq*; **~da** *f col·loq* Sauerei *f*, Gemeinheit *f*

putrefacció *f* Fäulnis *f*

Q

q Q *f* q, Q *n*

quadern *m* Heft *n*

quadra *f* 1. (*estable*) (Pferde)Stall *m*; 2. (*caserna, hospital*) Schlafsaal *m*; **~nt** *m geom* Quadrant *m*; **~r** *vt* 1. (*ajustar*) zusammenpassen; 2. (*comptes*) aufgehen; **~r-se** *mil* strammstehen; **~t, -ada** 1. *adj* quadratisch, Quadrat...; **2.** *m* Quadrat *n*

quadr/e *m* 1. (*figura*) Quadrat *n*; 2. (*pintura*) Bild *n*, Gemälde *n*; 3. (*gràfic*) Tabelle *f*; **~ícula** *f* (*Papier*) Liniennetz *n*; **~iculat, -ada** *adj* kariert

quadrilàter, -a 1. *adj geom* vierseitig; **2.** *m* Viereck *n*

quadrilla *f* 1. (*amics*) Clique *f*; 2. (*lladres*) Bande *f*

quadrimestr/al *adj m/f* viermonatlich;

quadrúpede

~e *m (espai de temps)* vier Monate *mpl*

quadrúpede 1. *adj m/f* vierfüßig; 2. *m* Vierfüßer *m*, Quadrupede *m*

qual 1. *adj m/f* welche; 2. *pron* welche, der; **la ~ cosa** was, welches

qualifica/ció *f* 1. *(de treball)* Befähigung *f*, Qualifikation *f*; 2. *(nota)* Note *f*, Benotung *f*; 3. *esp* Qualifikation *f*; **~dor, -a** *adj* qualifizierend; **~r** *vt* 1. bezeichnen; 2. *(avaluar)* benoten; **~r-se** *esp* sich qualifizieren; **~t, -ada** *adj* qualifiziert

qualitat *f* Qualität *f*, Eigenschaft *f*; **en ~ de** als; **~iu, -iva** *adj* qualitativ

qualsevol 1. *adj m/f* irgendein; **~ cosa** irgendwas; 2. *pron* irgendein

quan 1. *adv* wann; 2. *conj* 1. wenn; 2. *(passat)* als; **~t** *adv* 1. *(en quina mesura)* wie; 2. *(preu)* wie viel; 3. *(temps)* wie lange; **~t a** was ... betrifft

quàntic, -a *adj fís* Quanten...

quanti/ficació *f* Quantifikation *f*; **~ficar** *vt* 1. quantifizieren; 2. errechnen; **~tat** *f* 1. Menge *f*; 2. *(diners)* Betrag *m*, Summe *f*; **~tatiu, -iva** *adj* quantitativ

quaranta 1. *adj inv* vierzig; 2. *m* Vierzig *f*; ♦ **cantar les ~** den Kopf waschen, die Wahrheit ins Gesicht sagen

quaresma *f relig* Fastenzeit *f*

quars *m* Quarz *m*

quart, -a 1. *adj (part)* viertel; 2. *m/f* Viertel *n*; **~ d'hora** Viertelstunde *f*; **~er** *m mil (caserna)* Kaserne *f*; **~illa** *f* Quartblatt *n*

quasi *adv* fast, beinahe

quatre 1. *adj inv* vier; 2. *m* Vier *f*; **~ gats** nur wenige Leute *pl*

qu/e 1. *conj* 1. dass; 2. *(temps)* als; 3. *(comparatiu)* als; 4. *(perquè)* denn; 2. *pron* der/die/das; **el/allò que** (das) was; **~è** 1. *adj inv* was, welche; 2. *pron* was; **per què?** warum?

Quebe/c *m* Quebec *n*; **~*quès, -esa** 1. *adj* aus Quebec; 2. *m/f* Quebecer, -in *m/f*

quedar *vi* 1. *(romandre)* bleiben, verbleiben; 2. *(restar)* übrig bleiben; 3. *(trobar-se)* sich verabreden; 4. *(convenir)* vereinbaren, ausmachen; ♦ **~ bé/mal** einen guten/schlechten Eindruck hinterlassen; **~-se** 1. *(romandre)* bleiben; 2. *(retenir)* behalten; 3. *(esdevenir)* werden

quefer *m* Aufgabe *f*

queixa *f* 1. *(lament)* Klage *f*; 2. *jur* Beschwerde *f*

queixal *m anat* Backenzahn *m*; **~ del seny** Weisheitszahn *m*

queix/ar-se 1. sich beklagen, sich beschweren (**de** über); 2. *jur* Beschwerde einlegen; **~ós, -osa** *adj* 1. klagend; 2. unzufrieden

quelcom 1. *adv* ein bisschen, ein wenig; 2. *pron* etwas

querella *f* 1. Streit *m*; 2. *jur* Klage *f*; **~nt** 1. *adj m/f* klagend; 2. *m/f* Kläger, -in *m/f*; **~r-se** 1. sich beschweren, sich beklagen; 2. *jur* klagen

querosè *m quím* Kerosin *n*

querubí *m bíbl* Cherub(im) *m*

qüesti/ó f Frage f; **~onable** adj m/f fraglich; **~onar** vi diskutieren; **~onari** m Fragebogen m
quètxup m Ketchup m
queviures mpl Lebensmittel n
qui pron 1. (interrogatiu) wer; 2. (relatiu) der, welche; **el ~** derjenige, der
quiet, -a adj still, ruhig; **~ud** f Stille f, Ruhe f
quilla f nav Kiel m
quilo m Kilo n; **~gram** m Kilogramm n
quilometra/r vt kilometrieren; **~tge** m Kilometrierung f
quil/òmetre m Kilometer m; **~omètric, -a** adj kilometrisch
quilowatt m electr Kilowatt n
quim/era f Schimäre f, Hirngespinst n; **~èric, -a** adj schimärisch
químic, -a 1. adj chemisch; 2. m/f Chemiker, -in m/f; 3. f Chemie f
quin, -a 1. adj welche, was für ein; 2. pron welche, was für ein
quincalla f Eisenwaren pl
quiniela f (Fußball)Toto n
quinina f Chinin n
quinqué m Petroleumlampe f
quint, -a 1. adj fünfter; 2. m/f Fünftel n; 3. f mil Jahrgang m; **~ar** 1. m Zentner m; 2. vt mil einberufen
quinze 1. adj inv fünfzehn; 2. m Fünfzehn f
quios/c m Kiosk m; **~quer, -a** m/f Kioskeigentümer, -in m/f
quirat m Karat n
quiròfan m Operationssaal m
quiromàn/cia f Chiromantie f, Handlesekunst f; **~tic, -a** 1. adj chiromantisch;
2. m/f Chiromant, -in m/f, Handleser, -in m/f
quiromassatge m Chiromassage f
quirúrgic, -a adj med chirurgisch
quist m med Zyste f
quistós, -osa adj med zystenähnlich
quitrà m quím Teer m
quítxua 1. adj m/f Ketschua..., Quechua...; 2. m/f Ketschua m/f, Quechua m/f; 3. m ling Ketschua n, Quechua n
quixot m weltfremder Idealist m; **~ada** f Donquichotterie f
quocient m mat Quotient m
quòrum m pol Quorum n
quota f Quote f, Anteil m, Betrag m
quotidi/à, -ana adj 1. (de cada dia) alltäglich, gewöhnlich; 2. (diari) täglich; **~anitat** f Alltäglichkeit f

R

r R f r, R n
rabassa f Baumstumpf m
rabí m relig Rabbiner m
ràbia f 1. Wut f, Raserei f; 2. med Tollwut f
rabiós, -osa adj 1. (furiós) wütend; 2. (gos) tollwütig
ra/ça f Rasse f; **~cial** adj m/f Rassen...
ració f 1. Portion f; 2. mil Ration f
racio/cini m Überlegung f; **~nal** adj m/f rational
raciona/ment m Rationierung f; **~r** vt rationieren
racis/me m Rassismus m; **~ta** 1. adj m/f rassistisch; 2. m/f Rassist, -in m/f

racó *m* Ecke *f*, Winkel *m*
radar *m tecn* Radar *n*
radi *m* 1. *mat* Radius *m*, Halbmesser *m*; 2. *(de roda)* (Rad)Speiche *f*; 3. *anat* Speiche *f*; 4. *quím* Radium *n*
radia/ció *f* Strahlung *f*; **~dor** *m* 1. *(calefactor)* Heizkörper *m*; 2. *auto* Kühler *m*; 3. *fís* Strahler *m*; **~l** *adj m/f* radial, strahlenförmig; **~nt** *adj m/f* strahlend
radical 1. *adj m/f* radikal; 2. *m* 1. *ling* Stamm *m*, Wurzel *f*; 2. *mat* Radikal *n*; 3. *m/f pol* Radikale, -r *f/m*; **~isme** *m* Radikalismus *m*; **~ització** *f* Radikalisierung *f*; **~itzar** *vt* radikalisieren
ràdio *f* Radio *n*
radioacti/u, -iva *adj* radioaktiv; **~vitat** *f fís* Radioaktivität *f*
ràdiocasset *m* Radiorekorder *m*
radiofònic, -a *adj* Rundfunk...
radiografia *f med* Röntgenaufnahme *f*; **~r** *vt med* röntgen
radi/òleg, -òloga *m/f med* Röntgenologe, -in *m/f*, Radiologe, -in *m/f*; **~ologia** *f med* Röntgenologie *f*, Radiologie *f*
ràfega *f* Windstoß *m*
ràfting *m esp* Rafting *n*
rai *m* Floß *n*; **~er, -a** *m/f* Flößer, -in *m/f*
raig *m* 1. Strahl *m*; **~s X** Röntgenstrahlen *mpl*; 2. *(de roda)* Speiche *f*
rail *m* Schiene *f*
raïm *m bot* (Wein)Traube *f*
rajada *f peix* Rochen *m*
rajola *f* 1. *(de sòl)* Fliese *f*; 2. *(de paret)* Kachel *f*
ram *m* 1. *(de flors)* Strauß *m*; 2. *(d'arbre)* Zweig *m*; 3. *(àmbit)* Zweig *m*, Gebiet *n*

rama/der, -a 1. *adj* Vieh...; 2. *m/f* Viehzüchter, -in *m/f*; **~deria** *f* Viehzucht *f*; **~t** *m* Herde *f*
rambla *f* 1. *geol (curs d'aigua)* Trockenflussbett *n*; 2. *(passeig)* Allee *f*
rampa *f* 1. Rampe *f*; 2. *med (contracció)* Krampf *m*
ranci, rància *adj* 1. *(greix)* ranzig; 2. *(antic)* uralt
ranc/or *m* Groll *m*; **~orós, -osa** *adj* nachtragend; **~únia** *f* Groll *m*
rang *m* Rang *m*
rànquing *m esp* Ranking *n*
ranura *f* Schlitz *m*, Nut *f*, Fuge *f*
ra/ó *f* 1. *(facultat)* Vernunft *f*; 2. *(motiu)* Grund *m*; **a raó de** jeweils, pro; 3. *(argument)* Argument *n*, Begründung *f*; ♦ **donar la raó** Recht geben; **entrar en raó** Vernunft annehmen; **perdre la raó** den Verstand verlieren; **tenir raó** Recht haben; **~onable** *adj m/f* 1. *(sensat)* vernünftig; 2. *(adequat)* angemessen; **~onament** *m* 1. *(pensaments)* Gedankengang *m*; 2. *(argumentació)* Argumentation *f*; **~onar** 1. *vt* 1. *(exposar)* darlegen; 2. *(fonamentar)* begründen; 2. *vi* 1. *(pensar)* (nach)denken; 2. *(argumentar)* argumentieren; 3. *(conversar)* diskutieren
rap *m zool* Seeteufel *m*
rapaç 1. *adj m/f* 1. *(àvid)* raffgierig; 2. *(usurer)* räuberisch; 2. *m* Greifvogel *m*
rapar *vt* scheren
ràpid, -a 1. *adj* schnell; 2. *m ferroc* Schnellzug *m*
rapidesa *f* Schnelligkeit *f*
rapinya *f* Raub *m*; **~r** *vt* rauben

rapsòdia f Rhapsodie f
rapt/ar vt entführen; **~e** m Entführung f; **~or, -a** m/f Entführer, -in m/f
raqueta f esp Schläger m, Racket n
raqu/ític, -a adj med rachitisch; **~itisme** m med Rachitis f
rar, -a adj 1. (estrany) komisch, seltsam; 2. (inusual) selten, rar; **~ament** adv 1. (estranyament) seltsamerweise; 2. (quasi mai) selten; **~esa** f Seltenheit f, Rarität f
ras, -a 1. adj 1. (pèl) kurz geschnitten; 2. (llis) glatt; 3. (pla) flach; 4. (ple) voll; **2.** m 1. tèxtil Satin m; 2. (extensió plana) Hochfläche f; **al ~** unter freiem Himmel m
rascar vt kratzen
rasp/all m Bürste f; **~all de dents** Zahnbürste f; **~allar** vt bürsten; **~ós, -osa** adj rau
rastre m Spur f, Fährte f
rasurar vt rasieren
rat/a 1. f zool Ratte f; **2.** m/f col·loq Geizhals m; **~afia** f Nusslikör m; **~apinyada** f Fledermaus f; **~era** f Rattenfalle f
ratifica/ble adj m/f ratifizierbar; **~ció** f 1. Bestätigung(surkunde) f; 2. pol Ratifizierung f; **~r** vt 1. pol ratifizieren; 2. (confirmar) bestätigen
ratlla f 1. Strich m, Linie f; **a la ~ de** ungefähr; 2. (línia de text) Zeile f; 3. (límit) Grenze f; 4. (clenxa) Scheitel m; ♦ **passar de la ~** zu weit gehen; **~r** vt 1. verkratzen; 2. (marcar) linieren; 3. (menjar) reiben
rat/olí m 1. zool Maus f; 2. informàt Maus f; **~penat** m zool Fledermaus f
ratxa f 1. (d'aire) Windstoß m, nav Bö(e) f; 2. fig Phase f; **a ~es** phasenweise
raval m/f Vorstadt f
rave m bot Rettich m
re m mús D n; **~ bemoll** Des n; **~ major** D-Dur n; **~ menor** d-Moll n; **~ natural** D n; **~ sostingut** Dis n
reacci/ó f Reaktion f, Gegenwirkung f; **~ó en cadena** Kettenreaktion f; **~onar** vi reagieren; **~onari, -ària** 1. adj reaktionär; 2. m/f pol Reaktionär, -in m/f
reactiva/ció f Ankurbelung f; **~r** vt reaktivieren
reactor m 1. tecn Reaktor m; **~ nuclear** Atomreaktor m; 2. aero Düsenflugzeug n
real adj m/f wirklich, tatsächlich
realçar vt hervorheben
reali/sme m Realismus f; **~sta** 1. adj m/f realistisch; 2. m/f Realist, -in m/f; **~tat** f Wirklichkeit f, Realität f; **en ~tat** eigentlich, in Wirklichkeit f; **~tzable** adj m/f 1. ausführbar, realisierbar; 2. erreichbar, möglich; **~tzació** f 1. Realisierung f; 2. Ausführung f, 3. cine Regie f; **~tzar** vt verwirklichen, realisieren; **~tzar-se** 1. (materialitzar-se) in Erfüllung gehen; 2. psicol sich selbst verwirklichen
realment adv 1. (en efecte) wirklich; 2. (de fet) tatsächlich, in der Tat f
reanima/ció f 1. Wiederbelebung f; 2. med Reanimation f; **~r** vt 1. wiederbeleben; 2. med reanimieren

rebaixa 1. f (*descompte*) Rabatt m, Ermäßigung f; 2. fpl Schlussverkauf m; **~r** vt 1. arquit flach wölben; 2. (*abaratir*) ermäßigen, herabsetzen, reduzieren; 3. (*humiliar*) demütigen; **~r-se** sich demütigen

rebedor m Vorzimmer n, Diele f

rebel 1. adj m/f 1. rebellisch; 2. (*tenaç*) hartnäckig; 2. m/f Rebell, -in m/f; **~·lar-se** rebellieren, sich auflehnen; **~·lió** f Aufstand m, Rebellion f

rebentar 1. vt 1. kaputt machen, aufplatzen; 2. fig (*molestar*) nerven; 2. vi platzen, explodieren; **~-se** aufplatzen

rebolcar vt rollen, wälzen; **~-se** sich wälzen (**per** in)

rebombori m Trubel m, Tumult m, Wirbel m

rebost m Speisekammer f; **~eria** f Konditorei f

rebot/ar 1. vt schleudern; 2. vi abprallen; **~re** 1. vt schleudern; 2. vi abprallen

rebre vt 1. bekommen, erhalten; 2. (*persones*) empfangen

rebuig m Ablehnung f, Zurückweisung f

rebut m Rechnung f, Quittung f

rebutjar vt ablehnen, zurückweisen

rec m Bewässerungsgraben m

recanvi m Ersatz m; **de ~** Ersatz...

recapta/ble adj m/f erhebbar; **~ció** f 1. (*impostos*) Erhebung f; 2. (*diners*) Sammlung f; **~r** vt 1. (*impostos*) erheben; 2. (*diners*) einziehen

rec/àrrec m 1. (*preu*) Zuschlag m, Aufschlag m; 2. Überlastung f; **~arregar** vt überladen, überlasten

recaure vi 1. med einen Rückfall erleiden; 2. fallen (**sobre** auf)

recensió f Rezension f

recent adj m/f neu, frisch

recepci/ó f Empfang m, Rezeption f; **~onista** m/f Empfangschef m, Empfangsdame f

recepta f Rezept n; **~r** vt med verschreiben, verordnen

recept/iu, -iva adj empfänglich, rezeptiv; **~or, -a** 1. adj empfangend; 2. m telec Empfänger m

recer m Zuflucht f; **a ~ de** geschützt vor

recerca f 1. Suche f; 2. (*científica*) Forschung f

recinte m (*firal*) (Messe)Gelände n

recipient m Behälter m, Gefäß n

recíproc, -a adj gegenseitig, wechselseitig

recita/ció f Rezitation f; **~l** m 1. mús (Solo)Konzert n; 2. (*poètic*) Dichterlesung f; **~r** vt vortragen, rezitieren

reclam m 1. caça Lockvogel m; 2. (*publicitat*) Reklame f, Werbung f; **~ació** f 1. Beschwerde f, Reklamation f; 2. jur Anspruch m; **~ar** 1. vt beanspruchen; 2. vi sich beschweren, reklamieren

recl/ús, -usa 1. adj inhaftiert; 2. m/f Häftling m; **~uta** m/f Rekrut, -in m/f

recobrar vt wiederbekommen

recobri/ment f Wiederbedecken n; **~r** vt überziehen, überdecken

recol·lec/ció f agric Ernte f; **~tar** vt ernten

recolli/da f Einsammeln n, Abholen n;

~da d'escombraries Müllabfuhr *f*; **~r** *vt* 1. einsammeln; 2. (*acollir*) beherbergen

recolzar 1. *vt* lehnen (**a** an); 2. *vi* 1. liegen (**sobre** auf); 2. *fig* beruhen (**sobre** auf); **~-se** sich stützen (**en** auf)

recomana/ble *adj m/f* empfehlenswert; **~ció** *f* Empfehlung *f*; **~r** *vt* empfehlen

recompensa *f* Belohnung *f*; **~r** *vt* belohnen

recompt/ar *vt* nachzählen, nachrechnen; **~e** *m* Nachzählung *f*

reconcilia/ble *adj m/f* versöhnbar; **~ció** *f* Versöhnung *f*; **~dor, -a** 1. *adj* versöhnend; 2. *m/f* Versöhner, -in *m/f*; **~r** *vt* versöhnen; **~r-se** sich versöhnen (**amb** mit)

reconèixer *vt* 1. (*identificar*) erkennen; 2. (*admetre*) zugestehen, anerkennen; 3. (*examinar*) überprüfen; 4. *med* untersuchen

reconfortar *vt* trösten, ermutigen

reconstruir *vt* 1. wieder aufbauen, umbauen; 2. *jur* rekonstruieren; 3. (*completar*) zusammenfügen

recopila/ció *f* Zusammenstellung *f*, Sammlung *f*; **~r** *vt* sammeln

record 1. *m* 1. Erinnerung *f*; 2. (*objecte*) Andenken *n*; (*de viatge*) Souvenir *n*; 2. *mpl* (*salutació*) Grüße *mpl*

rècord *m* Rekord *m*

recordar *vt* erinnern; **~-se** sich erinnern (**de** an)

rec/orregut *m* Strecke *f*; **~órrer** 1. *vt* 1. (*trajecte*) zurücklegen; 2. (*travessar*) durchqueren; 3. (*viatjar*) bereisen; 2. *vi* 1. (*adreçar-se*) sich wenden (**a** an); 2. *jur* Beschwerde einlegen

recrea/ció *f* Erholung *f*; **~r** *vt* ergötzen; **~r-se** sich ergötzen; **~tiu, -iva** *adj* entspannend, unterhaltsam

rectang/le *m mat* Rechteck *n*; **~ular** *adj m/f* rechteckig

recte, -a 1. *adj* gerade; 2. *f* Gerade *f*; 3. *m anat* Mastdarm *m*, Enddarm *m*

rectificar *vt* berichtigen, verbessern

rector, -a 1. *adj* leitend; 2. *m relig* Pfarrer *m*; 3. *m/f* Rektor, -in *m/f*; **~ia** *f* Pfarramt *n*

recular *vt* 1. zurückgehen; 2. *auto* zurückstoßen

recull *m* Sammlung *f*

recupera/ble *adj m/f* wieder erreichbar; **~ció** *f* 1. Wiedergewinnung *f*; 2. *med* Genesung *f*; **~r** *vt* 1. wiedererlangen; 2. (*temps*) nachholen

recurrència *f* Rückläufigkeit *f*

recurs 1. *m* 1. *jur* Berufung *f*, Rechtsmittel *m*; 2. (*remei*) Hilfe *f*; **2.** *mpl* (*béns*) Mittel *pl*

redac/ció *f* 1. Abfassung *f*; 2. *period* (*oficina*) Redaktion *f*; **~tar** *vt* verfassen

red/empció *f* 1. *relig* Erlösung *f*; 2. *jur* Loskauf *m*; **~imir** *vt* 1. *relig* erlösen; 2. (*rescatar*) befreien; **~imir-se** sich befreien

redreçar *vt* 1. aufrichten; 2. *fig* wieder gutmachen

redu/cció *f* 1. (*disminució*) Reduktion *f*; 2. (*preus*) Senkung *f*, Ermäßigung *f*; **~ir** *vt* 1. (*disminuir*) reduzieren, verringern; 2. (*despeses*) senken; 3.

reeixir

(*preus*) ermäßigen; 4. (*tamany*) verkleinern
reeixir *vi* gelingen, glücken
refer *vt* 1. (*fer de nou*) noch einmal machen; 2. (*reparar*) wiederherstellen
referència 1. *f* 1. (*relació*) Bezug *m*; **amb ~ a** bezüglich; 2. (*al·lusió*) Anspielung *f*; 3. (*indicació*) Hinweis *m*; 2. *fpl* Referenzen *fpl*, Empfehlungen *fpl*
referèndum *m* Referendum *n*
refer/ent *adj m/f* bezüglich; **~ent a** mit Bezug auf; **~ir** *vt* berichten; **~ir-se** sich beziehen (**a** auf), meinen
refer-se (*d'una malaltia*) sich erholen
refiar-se sich verlassen (**de** auf)
refinar *vt* 1. (*sucre, petroli*) raffinieren; 2. *fig* verfeinern
refineria *f* Raffinerie *f*
reflect/ir *vt* reflektieren, zurückstrahlen; **~or, -a** 1. *adj* reflektierend; 2. *m* Reflektor *m*, Rückstrahler *m*
reflex, -a 1. *adj* reflektiert; 2. *m* Reflex *m*
reflexi/ó *f* 1. (*llum*) Reflexion *f*, Spiegelung *f*; 2. *fig* Überlegung *f*, Nachdenken *n*; **~onar** *vt* überlegen, nachdenken
reforçar *vt* verstärken; **~-se** sich kräftigen
reforma *f* 1. (*modificació*) Reform *f*; 2. (*millora*) Verbesserung *f*; 3. *arquit* Umbau *m*; (*renovació*) Renovierung *f*; 4. *relig* Reformation *f*
refrany *m* Sprichwort *n*
refreda/r *vt* abkühlen; **~r-se** *med* sich erkälten; **~t** *m* Erkältung *f*
refresc *m* (*beguda*) Erfrischung *f*; **~ar**

1. *vt* 1. abkühlen; 2. (*remullar*) erfrischen; 2. *vi* (*el temps*) abkühlen
refrigera/ció *f* Kühlung *f*; **~r** *vt* 1. kühlen; 2. (*menjar*) einfrieren
refugi *m* 1. Zuflucht *f*; 2. Schützhütte *f*; **~ de muntanya** Berghütte *f*; 3. *mil* Bunker *m*; 4. (*trànsit*) Verkehrsinsel *f*; **~ar** *vt* Zuflucht gewähren; **~ar-se** sich flüchten
refu/sar *vt* ablehnen, zurückweisen; **~table** *adj m/f* widerlegbar; **~tar** *vt* widerlegen
regad/iu *m* Bewässerungsland *n*; **~ora** *f* Gießkanne *f*
regal *m* Geschenk *n*; **~ar** *vt* schenken
regar *vt* 1. *agric* (*terreny*) bewässern; 2. (*plantes*) gießen
regat/a *f* *esp* Regatta *f*; **~eig** *m* Handeln *n*; **~ejar** *vt* aushandeln, feilschen
reg/ència *f* *pol* Regentschaft *f*; **~ent** 1. *adj m/f* regierend; 2. *m/f* Regent, -in *m/f*; **~idor, -a** 1. *adj* regierend; 2. *m/f* 1. (*poble*) Gemeinderat, -rätin *m/f*; 2. (*ciutat*) Stadtrat, -rätin *m/f*
règim *m* 1. *pol* Regierungssystem *n*; 2. (*dieta*) Diät *f*
regiment *m* *mil* Regiment *n*
regió *f* Region *f*, Gebiet *n*
regir 1. *vt* regieren; 2. *vi* gelten
regirar *vt* durchwühlen; **~-se** 1. (*torçar-se*) sich zerren; 2. (*moure's*) sich umdrehen
registr/ament *m* Registrierung *f*; **~ar** *vt* (*inscriure*) registrieren; **~e** *m* Register *n*
regl/a *f* Regel *f*, **en ~a** in Ordnung *f*; **per ~a general** in der Regel *f*; **~ament**

m Vorschrift *f*; **~amentari, -ària** *adj* vorschriftsgemäß; **~e** *m* Lineal *n*

regn/ar *vi* 1. (*governar*) regieren, herrschen; 2. (*dominar*) vorherrschen; **~at** *m* Herrschaft *f*; **~e** *m* 1. Reich *n*; 2. (*d'un rei*) Königreich *n*; **~e del cel** *relig* Himmelreich *n*

regular 1. *adj m/f* regulär, regelmäßig; 2. *vt* 1. (*reglamentar*) regeln; 2. (*ajustar*) regulieren, einstellen; **~itat** *f* Regelmäßigkeit *f*; **~ment** *adv* normalerweise, regelmäßig

rehabilita/ció *f* 1. Wiedereinsetzung *f*; 2. Rehabilitation *f*; **~r** *vt* 1. wieder einsetzen; 2. *med* rehabilitieren

rei *m* König *m*; **els ~'s** *Mags* die Heiligen Drei Könige; **~al** *adj m/f* königlich, Königs...; **~alme** *m* Königreich *n*; **~na** *f* Königin *f*

reixa *f* Gitter *n*; **~t, -ada** 1. *adj* vergittert; 2. *m* Gitter *n*

relaci/ó *f* 1. (*lligam*) Verhältnis *n*, Beziehung *f*; 2. (*llista*) Aufzählung *f*, Verzeichnis *n*; 3. Relation *f*; **~onar** *vt* in Zusammenhang bringen

relat *m* Erzählung *f*; **~ar** *vt* 1. berichten; 2. erzählen; **~iu, -iva** *adj* 1. (*referent*) bezüglich, betreffend; 2. (*depenent*) relativ; **~ivament** *adv* relativ, verhältnismäßig

relaxar *vt* 1. entspannen; 2. (*menys rigorós*) lockern; **~-se** sich entspannen

relegar *vt* verbannen

religió *f* Religion *f*; **~s, -osa** 1. *adj* religiös, gläubig; 2. *m/f* Mönch *m*, Nonne *f*

relíquia *f* *relig* Reliquie *f*

rella *f* *agric* Pflugschar *f*

rellegir *vt* wieder lesen

relle/u *m* 1. *geogr* Relief *n*; 2. (*de renom*) Ansehen *n*; **de ~u** bedeutend; ♦ **posar en ~u** hervorheben, betonen; **~vant** *adj m/f* wichtig, relevant; **~var** *vt* 1. (*alliberar*) befreien; 2. (*reemplaçar*) ablösen

relliscar *vi* (aus)rutschen

rellotge *m* Uhr *f*; **~ de polsera** Armbanduhr *f*; **~ de sol** Sonnenuhr *f*; **~ de sorra** Sanduhr *f*; **~r, -a** 1. *adj* Uhren...; 2. *m/f* Uhrmacher, -in *m/f*; **~ria** *f* 1. (*tècnica*) Uhrmacherei *f*; 2. (*botiga*) Uhrengeschäft *n*

relluir *vi* leuchten, glänzen

rem *m* 1. Ruder *n*; 2. *esp* Rudern *n*; **~ar** *vi* rudern

remarcar *vt* bemerken, beachten

rematar *vt* 1. (*concloure*) beenden, abschließen; 2. (*matar*) den Gnadenstoß geben; 3. *esp* aufs Tor schießen

remei *m* 1. *med* (Heil)Mittel *n*; 2. (*solució*) Behebung *f*, Abhilfe *f*; ♦ **ésser pitjor el ~ que la malaltia** die Behandlung ist unangenehmer als die Krankheit; **no haver-hi/tenir altre ~** es gibt keine andere Wahl als

remenar *vt* umrühren

remissió *f* 1. *jur* (*parcial*) Strafmilderung *f*; 2. *jur* (*total*) Straferlass *m*

remolatxa *f* *agric* Rübe *f*

remolc *m* 1. (*acció*) Schleppen *n*; 2. (*vehicle avariat*) Abschleppen *n*; 3. (*vehicle per a remolcar*) Anhänger *m*; ♦ **anar a ~** schleppen, im Schlepptau

remolí

haben; **~ar** *vt* 1. schleppen; 2. (*vehicle avariat*) abschleppen

remolí *m* 1. (*moviment*) Wirbel *m*; 2. (*d'aigua*) Strudel *m*; 3. (*de vent*) Wirbelwind *m*; 4. (*floc de cabells*) (Haar)Wirbel *m*

remor *f* Rauschen *n*

remordiment *m* Gewissensbiss *m*

remot, -a *adj* 1. (*llunyà*) fern, entfernt; 2. (*improbable*) unwahrscheinlich

remoure *vt* 1. durchwühlen; 2. (*càrrec*) absetzen

remuga/nt 1. *adj m/f* wiederkäuend; 2. *m zool* Wiederkäuer *m*; **~r** *vt* 1. *zool* wiederkäuen; 2. (*parlar entre dents*) brummeln

remull *m* Einweichen *n*; ♦ *posar en ~* einweichen; **~ar** *vt* einweichen

remuntar *vt* 1. (*pujar*) hinaufgehen; 2. (*un riu*) flussaufwärts fahren; 3. *mil* remontieren; ♦ **~ el vol** höher fliegen

Renaixença *f* Renaissance *f*; **~*** *f* Wiedergeburt *f*

renal *adj m/f* 1. Nieren...; 2. *med* renal

Renània *f* Rheinland *n*

rend/a *f* 1. *econ* (*interès*) Zins *m*; 2. (*capital*) Rente *f*; **~ible** *adj m/f* rentabel, lohnend; **~iment** *m* 1. (*cansament*) Erschöpfung *f*; 2. *econ* Rendite *f*, Ertrag *m*; **~ir** *vt* 1. (*cansar*) ermüden, erschöpfen; 2. (*produir benefici*) einbringen

rene/c *m* Fluch *m*; **~gar** 1. *vt/i* 1. verleugnen, sich lossagen (*de* von); 2. (*d'una cosa*) abfallen; 2. *vi* (*flastomar*) fluchen

renéixer *vi* wieder geboren werden

508

renovar *vt* erneuern

renta/dora *f* Waschmaschine *f*; **~plats** *m* Geschirrspülmaschine *f*; **~r** *vt* 1. waschen; 2. (*dents*) putzen; 3. (*els plats*) abspülen; ♦ **~r la cara** schmeicheln

renunciar *vi* verzichten (*a* auf)

reny/ar *vt* schimpfen, schelten; **~ina** *f* Streit *m*, Zank *m*; **~ir** *vi* Schluss machen (*amb* mit)

repara/ció *f* 1. Reparatur *f*, Ausbesserung *f*; 2. *jur* Wiedergutmachung *f*; **~r** 1. *vt* 1. reparieren, ausbessern; 2. (*advertir*) wahrnehmen, merken; 3. *jur* gutmachen; 2. *vi* (*posar atenció*) achten auf

repartir *vt* verteilen, austeilen

rep/às *m* Überarbeitung *f*, Durchsicht *f*; **~assar** *vt* 1. (*roba*) ausbessern, flikken; 2. (*un text*) überarbeiten; 3. nachprüfen, überprüfen

repel·lir *vt* abstoßen, abweisen

repensar *vt* überlegen

repertori *m* 1. Verzeichnis *n*, (Sach)Register *n*; 2. *mús* Repertoire *n*; 3. *teat* Repertoire *n*, Spielplan *m*

repetir *vt* wiederholen; **~-se** sich wiederholen

replà *m* 1. (*d'un pendent*) Terrasse *f*, Absatz *m*; 2. (*d'una escala*) (Treppen)Absatz *m*

reple/c *m* Falte *f*; **~gar** *vt* 1. wieder falten; 2. *mil* (*tropes*) abziehen

replicar *vt* erwidern, entgegnen

repoblació *f* 1. *geogr* (*humana*) Wiederbevölkerung *f*; 2. *bot* (*forestal*) Wiederaufforstung *f*

reportatge *m* Reportage *f*, Bericht *m*
repòrter *m/f* Reporter, -in *m/f*
rep/òs *m* Ruhe *f*, Erholung *f*; **~osar 1.** *vt* 1. (*tornar a posar*) wieder hinstellen; 2. (*recolzar*) lagern; **2.** *vi* (*descansar*) sich ausruhen; **~osició** *f* 1. Ersetzung *f*, Wiederbeschaffung *f*; 2. *teat* Neuinszenierung *f*, Reprise *f*; 3. *jur* Einspruch *m*
repre/ndre *vt* wieder aufnehmen; **~sàlia** *f* Repressalie *f*, Vergeltungsmaßnahme *f*
representa/ció *f* 1. (*representants*) (Stell)Vertretung *f*, Repräsentation *f*; 2. (*reproducció*) Darstellung *f*; 3. *teat* Aufführung *f*, Vorstellung *f*; **~nt** *m/f* (Stell)Vertreter(in) *m/f*, Repräsentant, -in *m/f*; **~r** *vt* 1. (*substituir*) vertreten, repräsentieren; 2. (*actuar*) darstellen, repräsentieren; 3. *teat* aufführen, spielen, darstellen
repr/essió *f* Unterdrückung *f*, Repression *f*; **~imenda** *f* Verweis *m*, Rüge *f*; **~imir** *vt* unterdrücken; **~imir-se** sich zurückhalten
reprodu/cció *f* 1. *biol* Fortpflanzung *f*; 2. (*repetició*) Reproduktion *f*; **~ir** *vt* 1. *biol* fortpflanzen; 2. (*repetir*) reproduzieren, wiedergeben
rept/ar 1. *vt* 1. (*desafiar*) herausfordern (**a** zu); 2. (*reprendre*) tadeln; **2.** *vi* 1. (*rèptils*) kriechen; 2. (*militars*) robben; **~e** *m* Herausforderung *f*
rèptil 1. *adj m/f* kriechend; **2.** *m* Reptil *n*, Kriechtier *n*
república *f* Republik *f*; **~* Txeca** *f* Tschechien *n*

repugn/ància *f* Abneigung *f*, Abscheu *m*, Ekel *m*; **~ar** *vi* anekeln, abstoßen
repulsa *f* scharfer Verweis *m*
reputació *f* Ruf *m*, Ansehen *n*
requ/erir *vt* erfordern, beanspruchen; **~isit** *m* Voraussetzung *f*, Erfordernis *n*
rere *adv* hinten; **~guarda** *f* Nachhut *f*
res *pron* 1. (*alguna cosa*) etwas; 2. (*cap cosa*) (gar) nichts; **de ~** bitte, keine Ursache, gern geschehen; **en un no ~** im Nu
resar *vt* beten
rescat *m* Lösegeld *n*; **~ar** *vt* befreien, auslösen
reserva *f* 1. (*previsió*) Reserve *f*, Vorrat *m*; 2. (*hotel*) Reservierung *f*; 3. (*cautela, discreció*) Zurückhaltung *f*; **~r** *vt* 1. reservieren; 2. (*guardar*) zurückbehalten, aufbewahren; **~r-se** (*callar*) verschweigen
resguardar *vt* beschützen (**de** vor), bewahren (**de** vor)
resid/ència *f* 1. Wohnsitz *m*; 2. (*casa de luxe*) Residenz *f*, Sitz *m*; 3. (*estada*) Aufenthalt *m*; **permís de ~ència** Aufenthaltsgenehmigung *f*; 4. (*internat*) Heim *n*; **~ència d'ancians**, **~ència geriàtrica** Altersheim *n*; Altenwohnheim *n*; 5. (*col·legi*) Internat *n*; **~ència d'estudiants** Studentenwohnheim *n*; **~ir** *vi* 1. (*habitar*) wohnen, leben; 2. (*radicar*) innewohnen
residu *m* Rest *m*, Rückstand *m*, Überrest *m*
resignar-se resignieren, sich fügen
resina *f* Harz *n*

resist/ència f 1. (*oposició*) Widerstand m (**a** gegen); 2. *esp* Ausdauer f; 3. *electr* Widerstand m; **~ent 1.** *adj m/f* widerstandsfähig; **2.** *m/f* Widerstandskämpfer, -in *m/f*; **~ir 1.** *vt* aushalten, ertragen; **2.** *vi* widerstehen; **~ir-se** sich widersetzen

resol/dre *vt* 1. (*acordar*) beschließen, entscheiden; 2. (*solucionar*) lösen, klären; **~dre's** sich lösen; **~ució** f 1. (*firmesa*) Entschlossenheit f; 2. (*decisió*) Entschluss m, Beschluss m; 3. *pol* Resolution f

respect/ar *vt* respektieren, achten; **2.** *vi* betreffen; **pel que ~a a** was ... betrifft; **~e** m Respekt m, Ehrfurcht f, Achtung f; **falta de ~e** Respektlosigkeit f; **~e a** hinsichtlich, bezüglich; **~iu, -iva** *adj* betreffend, bezüglich; **~ivament** *adv* jeweils, beziehungsweise

respira/ció f Atmung f; **~r** *vi* 1. atmen; 2. *fig* aufatmen

resplend/ir *vi* strahlen, funkeln, glänzen; **~or** f Glanz m, Schimmer m

respo/ndre 1. *vt* 1. (*contestar*) antworten, erwidern; 2. (*carta, pregunta*) beantworten; **2.** *vi* (*correspondre*) entsprechen; **~nsabilitat** f 1. Verantwortung f; 2. *jur* Haftung f; **~nsable 1.** *adj m/f* verantwortlich; **2.** *m/f* Verantwortliche, -r f/m; **~sta** f Antwort f

ressaca f 1. (*ones*) Brandung f; 2. (*de beguda*) Kater m, Katzenjammer m

ressaltar *vi* 1. hervorragen; 2. *fig* hervortreten

ressec, -a *adj* ausgedörrt, ausgetrocknet

ress/ò m Echo n, Widerhall m; **~onància** f Resonanz f; **~onar** *vt* ertönen, nachklingen; **~ort** m Feder f

ressuscitar 1. *vt* auferwecken; **2.** *vi* auferstehen

resta f 1. Rest m; 2. *mat* Subtraktion f, Subtrahieren n; **~nt 1.** *adj m/f* übrig, restlich, Rest...; **2.** m Rest m; **~r 1.** *vt mat* subtrahieren, abziehen; **2.** *vi* verbleiben

restaura/nt m Restaurant n; **~r** *vt* 1. wiederherstellen; 2. *arquit* restaurieren

restituir *vt* 1. (*restablir*) wiederherstellen; 2. (*retornar*) zurückerstatten

restrenyiment m *med* Verstopfung f

restricció f Einschränkung f

restringir *vt* einschränken

resulta/r *vi* sich ergeben (**de** aus), resultieren (**de** aus); **~t** m Ergebnis n, Resultat n

resum m Zusammenfassung f, Resümee n; **en ~** kurz gesagt, kurz und gut; **~ir** *vt* zusammenfassen

resurrecció f Auferstehung f

retall m 1. Fragment n, Bruchstück n; 2. (*roba*) Stoffrest m; 3. (*periòdic, revista*) Ausschnitt m; **~ar** *vt* 1. (aus)schneiden; 2. kürzen

retard m Verspätung f; **~ar** *vt* 1. verzögern; 2. (*ajornar*) aufschieben

retaule m Retabel n, Altaraufsatz m

retenir *vt* 1. (*conservar*) zurückhalten; 2. (*recordar*) behalten; 3. (*arrestar*) festhalten

retina f anat Retina f, Netzhaut f

retirar 1. vt 1. (apartar) weglegen; 2. (diners) abheben; 3. zurückziehen; **2.** vi (assemblar-se) ähneln; **~-se** sich zurückziehen

rètol m 1. (inscripció) Aufschrift f; 2. (cartell) (Firmen)Schild n; 3. (etiqueta) Etikett n

retolador m Filzstift m

retòric, -a 1. adj rhetorisch; **2.** m/f Rhetoriker, -in m/f; **3.** f Rhetorik f

retorn m Rückkehr f; **~ar 1.** vt (restituir) zurückgeben; **2.** vi 1. zurückkehren; 2. auto zurückfahren; 3. aero zurückfliegen

retrat m 1. Porträt n; 2. (descripció) Beschreibung f; **~ar** vt 1. porträtieren; 2. foto aufnehmen; 3. (mostrar) bezeichnen; 4. (descriure) genau beschreiben

retre vt 1. (restituir) zurückgeben; 2. (homenatge, culte) erweisen; **~t, -a 1.** adj zurückhaltend, reserviert; **2.** m Vorwurf m; **3.** f mil Zapfenstreich m; **~ure** vt 1. vorhalten; 2. (retractar) einziehen

retribuir vt bezahlen, vergüten

retrobar vt 1. (persones) wieder treffen; 2. (coses) wieder finden; **~-se** sich wieder treffen

retrocedir vi zurückgehen

retrovisor m auto Rückspiegel m

reu, rea 1. adj schuldig; **2.** m/f Angeklagte, -r f/m, Täter, -in m/f

reuma m Rheuma n; **~tisme** m med Rheuma n

reuni/ó f 1. (conferència) Besprechung f, Sitzung f; 2. (assemblea) Versammlung f; **~r** vt 1. (unir) vereinigen; 2. (congregar) (ver)sammeln; **~r-se** sich versammeln, sich treffen

revela/r vt 1. (fer conèixer) enthüllen; 2. foto entwickeln; 3. relig offenbaren; **~t** m foto Entwicklung f

reverència f 1. (veneració) Hochachtung f, Ehrfurcht f; 2. (inclinació) Verbeugung f

revers m Rückseite f

revés, -essa 1. adj 1. (persona) trotzig, bockig; 2. (cosa) schwer, schwierig; **2.** m 1. Rückseite f; **al ~** umgekehrt; 2. (cop) Schlag m

revestir vt 1. bekleiden (**de** mit); 2. (recobrir) verkleiden (**de** mit); 3. überziehen (**de** mit)

revetlla f Vorabend m (vor einem Fest)

reveure vt wiedersehen; **a ~!** auf Wiedersehen!

revifar vt 1. (foc) wieder anfachen; 2. (tradició) wiederbeleben; **~-se** aufleben

revis/ar vt überprüfen; **~or, -a** m/f 1. Prüfer, -in m/f; 2. ferroc Schaffner, -in m/f

revista f 1. (premsa) Zeitschrift f; 2. mil Truppenbesichtigung f; 3. teat Revue f

reviure vi wieder aufleben

revol/t m Kurve f; **~ta** f Revolte f, Aufstand m; **~tar** vt 1. in Aufruhr versetzen; 2. fig empören; **~tar-se** sich auflehnen, revoltieren; **~ució** f 1. pol Revolution f; 2. (inquietud) Aufruhr m; 3. (rotació) Umdrehung f; 4. astron Umlauf m

revòlver *m* Revolver *m*
riall/a *f* Lachen *n*; **~ada** *f* Gelächter *n*; **~er, -a** *adj* heiter, lustig
rib/a *f* 1. Ufer *n*; 2. (*mar*) Küste *f*; 3. (*moll*) Kai *m*; **~era** *f* 1. (*riba*) Ufer *n*; 2. (*conca*) Talbecken *n*, Tallandschaft *f*
riboflavina *f biol* Riboflavin *n*
ric, -a *adj* reich (**en** an)
ricí *m bot* Rizinus *m*
rid/ícul, -a 1. *adj* lächerlich; 2. *m* Scham *f*; ♦ **posar en ~ícul** ins Lächerliche ziehen; **~iculesa** *f* Lächerlichkeit *f*
rier/a *f* 1. Bach *m*; 2. Trockenflussbett *n*; **~ol** *m* Bächlein *n*
rifa *f* Lotterie *f*, Verlosung *f*; **~r** *vt* verlosen; **~r-se** (*d'una persona*) j-n verspotten
rifle *m* Büchse *f*
rígid, -a *adj* 1. steif; 2. streng
rigidesa *f* Steife *f*
rigor *m* 1. Strenge *f*, Härte *f*; 2. (*exactitud*) Genauigkeit *f*
rima *f lit* Reim *m*; **~r** *vi* 1. reimen; 2. (*tenir rima*) sich reimen
Rin *m* Rhein *m*
rinoceront *m zool* Nashorn *n*, Rhinozeros *n*
riquesa *f* Reichtum *m*
risc *m* Risiko *n*, Gefahr *f*; **~ós, -osa** *adj* riskant, gefährlich
ritme *m* Rhythmus *m*
rítmic, -a *adj* rhythmisch
ritu *m* Ritus *m*, Ritual *n*
riu *m* Fluss *m*; **~ada** *f* Hochwasser *n*
riure *vi* lachen; **~'s** lachen (**de** über)
rival 1. *adj m/f* rivalisierend; 2. *m/f* Rivale, -in *m/f*; **~itat** *f* Rivalität *f*; **~itzar** *vi* rivalisieren (**amb** mit)
roba *f* 1. (*tela*) Stoff *m*; 2. (*vestit*) Kleidung *f*; 3. (*bugada*) Wäsche *f*; **~ interior** Unterwäsche *f*
roba/r *vt* rauben, stehlen; **~tori** *m* Raub *m*, Diebstahl *m*
robí *m* Rubin *m*
robot *m* Roboter *m*
robust, -a *adj* robust, kräftig
roca *f* 1. *geol* Gestein *n*; 2. Fels(en) *m*
roda *f* Rad *n*; **~ dentada** *tecn* Zahnrad *n*
rodalia *f* Umgebung *f*
rodamón *m/f* Weltenbummler, -in *m/f*
rodanxa *f* Scheibe *f*
roda/r 1. *vt* 1. (*fer rodar*) rollen; 2. *cine* drehen; 3. *auto* (*motor*) einfahren; 2. *vi* rollen; **~tge** *m* 1. *cine* Dreharbeiten *fpl*; 2. *auto* Einfahren *n*
rodejar *vt* umgeben
rodó, -ona *adj* 1. rund; 2. (*complet*) vollkommen
rodol/ar *vi* rollen; **~í** *m lit* Verspaar *n*
roig, roja 1. *adj* rot; 2. *m/f pol* Rote, -r *f/m*
rom, -a 1. *adj m/f* stumpf; 2. *m* Rum *m*
Rom/a *f* Rom *n*; **~*à, -ana** 1. *adj* römisch; 2. *m/f* Römer, -in *m/f*
romanç *m* 1. *ling* romanische Sprache *f*; 2. *lit* Romanze *f*
romandre *vi* bleiben, verweilen
roman/ès, -esa 1. *adj* rumänisch; 2. *m/f* Rumäne, -in *m/f*; 3. *m ling* Rumänisch *n*; **~í** *m bot* Rosmarin *m*; **~*ia** *f* Rumänien *n*
romànic, -a 1. *adj* romanisch; 2. *m* (*art*) Romanik *f*

roman/ista *m/f ling* Romanist, -in *m/f*; **~ística** *f* Romanistik *f*; **~ització** *f* Romanisierung *f*; **~itzar** *vt* romanisieren

rom/àntic, -a 1. *adj* romantisch; **2.** *m/f* Romantiker, -in *m/f*; **~anticisme** *m* Romantik *f*

rombe *m geom* Rhombus *m*, Raute *f*

romiatge *t.* romeria *f* Wallfahrt *f*

rompre *vt* brechen

ronc, -a 1. *adj* heiser; **2.** *m* Schnarchen *n*; **~ar** *vi* schnarchen

ronda *f* 1. Runde *f*; 2. (*vigilància*) Streife *f*, Patrouille *f*; 3. (*carrer*) Umgehungsstraße *f*, Ringstraße *f*

rondalla *f lit* Volksmärchen *n*

rond/ar 1. *vt* umkreisen; **2.** *vi* 1. (*vigilar*) die Runde machen; 2. (*passeig*) nachtschwärmen; **~inar** *vi* nörgeln

ronyó *m anat* Niere *f*; ♦ **costar un ~** ein Heidengeld kosten

ros, -ssa 1. *adj* blond; **2.** *m/f* Blonde, -r *f/m*, Blondine *f*

rosa 1. *adj inv* rosa(farben); **2.** *f bot* Rose *f*; **~ dels vents** *meteo* Windrose *f*; **~da** *f* Tau *m*

rosari *m relig* Rosenkranz *m*

rosat, -ada *adj* rosa

rosca *f* Gewinde *n*

roseg/ador, -a 1. *adj* nagend; **2.** *m zool* Nagetier *n*; **~ar** *vt* nagen; **~ó** *m* (*pa*) Brotstückchen *n*

rosella *f bot* Mohn *m*

roser *m* Rosenstrauch *m*

rosquilla *f* Kringel *m*

rossellonès, -esa 1. *adj* rossellonesisch; **2.** *m/f* Rosselloneser, -in *m/f*; **3.** *m ling* Rossellonesisch *n*

rossinyol *m* 1. *zool* Nachtigall *f*; 2. (*clau*) Dietrich *m*

rost, -a 1. *adj* steil; **2.** *m* (*terreny*) Abhang *m*; **~ir** *vt* braten; **~it** *m gastr* Braten *m*

rostre *m* Gesicht *n*, Antlitz *n*

rot *m* Rülpser *m*; **~ació** *f* (Um)Drehung *f*, *fís* Rotation *f*; **~acisme** *m ling* Rhotazismus *m*; **~ar** *vi* rülpsen

rotlle *m* Rolle *f*

ròtula *f anat* Kniescheibe *f*

rotund, -a *adj* entschieden, kategorisch

roure *m bot* Eiche *f*

rovell *m* 1. (*d'ou*) Eigelb *n*; 2. (*òxid*) Rost *m*; **~ar** *vt* rosten lassen; **~ar-se** verrosten

rovelló *m bot* (echter) Reizker *m*

rubor *m* Schamröte *f*; **~itzar-se** erröten, schamrot werden

rúbrica *f* Rubrik *f*

ruc *m zool* Esel *m*

rud/e *adj m/f* grob, rüde; **~esa** *f* Rohheit *f*, **~imentari, -ària** *adj* rudimentär

rugbi *m esp* Rugby *n*

rugir *vi* 1. (*lleó*) brüllen; 2. (*tempesta*) toben

rugós, -osa *adj* runz(e)lig

ruïn/a *f* 1. (*destrucció*) Einsturz *m*, Verfall *m*; 2. (*edifici*) Ruine *f*; 3. *fig* (*perdició*) Untergang *m*, Ruin *m*; **~ós, -osa** *adj* baufällig

ruixa/r *vt* bespritzen; **~t** *m meteo* Regenschauer *m*

ruleta *f joc* Roulette *n*

rulot *f* Wohnwagenanhänger *m*

rumb

rumb *m* Kurs *m*
rumiar *vt* überlegen
rumor *m* Gerücht *n*
runa *f* Bauschutt *m*
ruptura *f* 1. Bruch *m*; 2. (*de relacions*) Abbruch *m*
rural *adj m/f* 1. ländlich; 2. *agric* landwirtschaftlich
rus, -ssa 1. *adj* russisch; 2. *m/f* Russe, -ssin *m/f*; 3. *m ling* Russisch *n*
Rússia *f* Russland *n*
rústic, -a *adj* bäuerisch
rusticitat *f* bäuerliches Wesen *n*
ruta *f* Weg *m*, Route *f*
rutina *f* Routine *f*

S

s S *f* s, S *n*
sa *pl.* ses *adj poss f* seine, ihre
sa, -na *adj m/f* gesund
sabana *f* Savanne *f*
sàbat *m* Sabbat *m*
sabat/a *f* Schuh *m*; **~er, -a** 1. *m/f* Schuhmacher, -in *m/f*; 2. *m* (*moble*) Schuhschrank *m*; **~eria** *f* 1. (*botiga*) Schuhgeschäft *n*; 2. (*obrador*) Schusterwerkstatt *f*; **~illa** *f* Hausschuh *m*, Pantoffel *m*
sabàtic, -a *adj* 1. Sabbat...; 2. *univ* (*temps*) Forschungs...
sabe/dor, -a *adj* benachrichtigt; **~nt** *adj m/f* wissend; **~r** 1. *vt* 1. wissen; **no se sap mai** man kann nie wissen; **qui sap!** wer weiß!; **vés a ~r!** wer weiß!; 2. (*tenir l'habilitat*) können, fähig sein; 3. (*assabentar-se*) erfahren; **em sap greu** es tut mir Leid; 2. *m* Wissen *n*
sabó *m* Seife *f*
sabor *m* Geschmack *m*; **~ós, -a** *adj* köstlich, schmackhaft
sabot/atge *m* Sabotage *f*; **~ejar** *vt* sabotieren
sabre *m* Säbel *m*
sac *m* Sack *m*; **~ de dormir** Schlafsack *m*
sacar *vi* 1. *esp* (*futbol*) anstoßen; 2. *esp* (*tennis*) aufschlagen
sacar/ina *f quím* Saccharin *n*, Süßstoff *m*; **~osa** *f* Sacharose *f*
sacerdo/ci *m* Priestertum *n*; **~t** *m relig* Priester *m*; **~tal** *adj m/f* priesterlich
saci/ar *vt* sättigen; **~etat** *f* Sättigung *f*
sacr/amental *adj m/f* sakramental; **~e, -a** *adj* sakral; **~ificació** *f* Opferung *f*; **~ificar** *vt* 1. (*oferir*) opfern; 2. (*animals*) schlachten; **~ificar-se** sich opfern (**per** für); **~ificat, -ada** *adj* aufopfernd; **~ifici** *m* Opfer *n*
sacr/íleg, -a 1. *adj* sakrilegisch; 2. *m/f* Frevler, -in *m/f*; **~ilegi** *m* Sakrileg *n*, Freveltat *f*
sacrosant *adj m/f* sakrosankt
sacse/ig *m* Schütteln *n*; **~jada** *f* Schütteln *n*; **~jar** *vt* 1. (*cosa*) schütteln; 2. (*persona*) rütteln
sàdic, -a 1. *adj* sadistisch; 2. *m/f* Sadist, -in *m/f*
sad/isme *m* Sadismus *m*; **~omasoquisme** *m* Sadomasochismus *m*; **~omasoquista** 1. *adj m/f* sadomasochistisch; 2. *m/f* Sadomasochist, -in *m/f*
safa *f val* Waschschüssel *m*; **~reig**

m Waschbecken *n*; (*públic*) Waschplatz *m*
safari *m* Safari *f*
safata *f* Tablett *n*
safir *m* Saphir *m*
safr/à *m bot* Safran *m*; **~aner, -a** *m/f* 1. Safranhändler, -in *m/f*; 2. *fig* Schwänzer, -in *m/f*
saga/ç *adj m/f* scharfsinnig, schlau; **~citat** *f* Scharfsinn *m*
sageta *f* Pfeil *m*
sagí *m* Tierfett *n*
sagitari *m astrol* Schütze *m*
sagna/dor, -a *m/f* Aderlasser, -in *m/f*; **~nt** *adj m/f* blutig, blutend; **~r** 1. *vt med* zur Ader lassen; 2. *vi* bluten
sagra/ment *m* Sakrament *n*; **~mental** *m* Sakramentale *n*; **~t, -ada** *adj* heilig
sagrist/à *m* Sakristan *m*; **~ania** *f* Mesneramt *n*; **~ia** *f* Sakristei *f*
Sàhara *m* Sahara *f*
sah/arià, -ana 1. *adj* Sahar...; 2. *m/f* Saharabewohner, -in *m/f*; **~rauí** 1. *adj m/f* saharauisch; 2. *m/f* Saharaui *m/f*
sainet *m teat* Schwank *m*; **~ista** *m/f* Schwankdichter, -in *m/f*
sal *f* Salz *n*
sala *f* Saal *m*; **~ d'actes** Festsaal *m*; **~ de ball** Tanzlokal *n*; **~ de màquines** Maschinenraum *m*; **~ d'espera** Wartezimmer *n*; **~ d'estar** Wohnzimmer *n*
salabret *m peix* Kescher *m*
salamandra *f zool* Salamander *m*
salar *vt* (ein)salzen
salari *m* Lohn *m*, Gehalt *n*; **~al** *adj m/f* Lohn..., Gehalts...

salat, -ada *adj* 1. (*menjar*) salzig, Salz...; 2. (*graciós*) witzig
sald/ar *vt* saldieren; **~o** *m* 1. *fin* Saldo *m*; 2. *com* (*restes*) Warenreste *fpl*
saler *m* Salzstreuer *m*
salesià, -ana 1. *adj* Salesianer...; 2. *m* Salesianer *m*
salfumant *m quím* Salzsäure *f*
sàlic, -a *adj* salisch
salifica/ble *adj m/f quím* salzbildungsfähig; **~ció** *f quím* Salzbildung *f*; **~r** *vt quím* in Salz verwandeln
salin/a *f* Saline *f*, Salzwerk *n*; **~itat** *f* Salzgehalt *m*
saliva *f* Speichel *m*, Spucke *f*; **~ció** *f* Speichelfluss *m*
salm *m* Psalm *m*; **~ejar** *vi* Psalmen singen; **~ó** 1. *adj inv* lachsfarben; 2. *m peix* Lachs *m*; **~òdia** *f* Psalmodie *f*; **~odiar** *vi* psalmodieren
salmonel·losi *f* Salmonellose *f*
salmorra *f* Lake *f*, Sole *f*
saló *m* Salon *m*; **~ recreatiu** Spielhalle *f*
sals/a *f* 1. *gastr* Soße *f*; 2. (*ball*) Salsa *f*; **~era** *f* Soßenschüssel *f*; **~ir** *vt* ausdörren; **~ir-se** anbrennen, ansengen
salsitxa *f gastr* Würstchen *n*
salt *m* 1. Sprung *m*; 2. (*d'aigua*) Wasserfall *m*; **~ar** 1. *vt* 1. (*tanca*) springen; 2. (*desprendre's*) abspringen; 2. *vi* springen; **~ar-se** 1. (*línia*) überspringen; 2. (*semàfor*) überfahren; **~ar-se el semàfor** bei Rot über die Ampel fahren; **~imbanqui** *m/f* Gaukler, -in *m/f*, Straßenakrobat, -in *m/f*
salubr/e *adj m/f* gesund, heilsam; **~itat** *f* Heilsamkeit *f*

saludable

salu/dable adj m/f 1. (sa) gesund; 2. (curatiu) heilsam; **~dar** vt (be)grüßen; **~t 1.** f Gesundheit f; **~t!** zum Wohl!, Prost!; **2.** m Gruß m; **~tació** f 1. Begrüßung f; 2. (carta) Gruß m

salva/ció f 1. Rettung f; 2. relig Erlösung f; **~dor, -a** i. adj 1. rettend; 2. relig erlösend; **2.** m/f 1. Retter, -in m/f; 2. relig Erlöser m; **~ment** m 1. Rettung f; 2. (mar) Bergung f; **~r** vt 1. retten; 2. relig erlösen

salvatge 1. adj m/f wild, Wild...; **2.** m/f Wilde, -r f/m

salvavides m 1. nav Rettungsring m; 2. ferroc (tramvia) Fangvorrichtung f

sàlvia f bot Salbei m

salze m bot Weide f, Weidenbaum m

samarità, -ana 1. adj bíbl samaritanisch; **2.** m/f Samaritaner, -in m/f

samarreta f 1. (exterior) T-Shirt n; 2. (interior) Unterhemd n; 3. esp Trikot n

samurai m Samurai m

sana/ble adj m/f heilbar; **~dor, -a** m/f (animals) Verschneider, -in m/f; **~r** vt heilen; **~tiu, -iva** adj heilend; **~tori** m Sanatorium n, Heilstätte f

sanci/ó f 1. (autorització) Genehmigung f; 2. jur (llei) Zustimmung f; 3. (càstig) Strafe f; 4. econ Sanktion f; **~onar** vt 1. billigen; 2. sanktionieren

sanctus m (missa) Sanctus n

sandàlia f Sandale f

sandvitx m gastr Sandwich m; **~eria** f Sandwichladen m

sanefa f 1. (decoració) Stuckverzierung f; 2. tèxtil (adorn, estampat) Borte f

saneja/ble adj m/f 1. heilbar; 2. sanierbar; **~dor, -a** adj sanierend; **~ment** m Sanierung f; **~r** vt sanieren

sang f 1. Blut n; a **~ freda** kaltblütig; 2. (llinatge) Abstammung f; **~ blava** blaues Blut n

sanglot m Schluchzer m; **~ar** vi schluchzen

sangon/era f zool Blutegel m; **~ós, -osa** adj blutig

sanguin/ari, -ària adj blutgierig; **~i, -ínia** adj Blut...

sanita/ri, -ària 1. adj 1. gesundheitlich; 2. (higiene) sanitär, hygienisch; **2.** m/f Sanitäter, -in m/f; **~t** f 1. Gesundheit f; 2. (servei) Gesundheitswesen n

sànscrit, -a 1. adj sanskritisch; **2.** m ling Sanskrit n

sant, -a 1. adj heilig; **2.** m/f Heilige, -r f/m; **3.** m Namenstag m

sant/edat f Heiligkeit f; **~ificació** f Heiligung f; **~ificador, -a** adj heiligend; **~ificant** adj m/f heiligend; **~ificar** vt heiligen; **~oral** m Heiligenkalender m; **~uari** m 1. Heiligtum n; 2. Sanktuarium n

Sant Petersburg m Sankt Petersburg n

sa/ó f 1. Reife f; 2. agric Bodengare f; **~onada** f agric Bodengare f

sapiència f Weisheit f

saponina f quím Saponin n

saque/ig m Plünderung f; **~jar** vt plündern

saragüells mpl val weite Kniehosen fpl

sarau m Tanzabend m

sarc/asme m Sarkasmus m; **~àstic, -a** adj sarkastisch

sarcòfag m Sarkophag m

sard, -a 1. adj sardisch, sardinisch; **2.** m/f Sarde, -in m/f, Sardinier, -in m/f; **3.** m ling Sardisch n
sardana f Sardana f
Sardenya f Sardinien n
sardina f Sardine f
sargantana f zool Eidechse f
sarment m bot Weinranke f
sarró m Ledertasche f
sarsuela f 1. mús Zarzuela f; 2. gastr (plat de peix) Sarsuela f
sastre, -ssa m/f Schneider, -in m/f; **~ria** f Schneiderei f
Sat/anàs m Satan m, Teufel m; **~*ànic, -a** adj satanisch, teuflisch; **~*anisme** m Satanismus m, Teufelskult m
satèl·lit 1. adj m/f Satelliten...; **2.** m 1. tecn Satellit m; 2. astron Trabant m, Satellit m
sàtira f Satire f
sat/íric, -a adj satirisch; **~iritzar** vt satirisch darstellen
satisf/acció f 1. (estat) Zufriedenheit f; 2. (pagament) Bezahlung f; 3. (desitjos) Befriedigung f; **~actori, -òria** adj befriedigend; **~er** vt 1. befriedigen; 2. (fam) stillen; (sed) löschen; 3. (pagar) begleichen, (be)zahlen; **~et, -a** adj zufrieden
satura/bilitat f quím Sättigungsfähigkeit f; **~ble** adj m/f quím sättigungsfähig; **~ció** f quím Sättigung f; **~r** vt sättigen; **~t, -ada** adj gesättigt, saturiert (de mit)
saüc m bot Holunder m
saudita 1. adj m/f saudisch; **2.** m/f Saudi m/f

sauna f Sauna f
savi, sàvia 1. adj weise; **2.** m/f Weise, -r f/m; **~esa** f 1. Weisheit f; 2. (erudició) Gelehrsamkeit f
Savoi/a f Savoyen n; **~*à, -ana 1.** adj savoyisch; **2.** m/f Savoyer, -in m/f
saxó, -ona 1. adj sächsisch; **2.** m/f Sachse m, Sächsin f; **3.** m ling Sächsisch n
sax/òfon m Saxophon n; **~ofonista** m/f Saxofonist, -in m/f
Saxònia f Sachsen n
sebre vt bal wissen
sec, -a 1. adj 1. trocken; **a seques** nur; **en ~** plötzlich; 2. (flac) dürr; 3. (fruita) getrocknet; **~à, -ana** adj agric unbewässert
secci/ó f 1. (tall) Schnitt m; 2. (part) Teil m, Abschnitt m; 3. (departament) Abteilung f; **~onar** vt 1. in Abschnitte teilen; 2. durchschneiden
secessi/ó f Absonderung f, Sezession f; **~onista 1.** adj m/f sezessionstisch; **2.** m/f Sezessionist, -in m/f
secreció f biol Sekretion f
secret, -a 1. adj geheim, Geheim...; **2.** m Geheimnis n; **en ~** heimlich, im Geheimen
secretari, -ària m/f Sekretär, -in m/f; **~ d'estat** pol Staatssekretär, -in m/f; **~ de direcció** Chefsekretär, -in m/f; **~a** f Sekretariat n; **~at** m Sekretariat n
secreter m (moble) Sekretär m, Schreibschrank m
sect/a f Sekte f; **~ari, -ària 1.** adj sektiererisch; **2.** m/f Sektierer, -in m/f; **~arisme** m Sektierertum n; **~or** m

secular 1. Sektor *m*; 2. (*grup*) Gruppierung *f*, Fraktion *f*

secular *adj m/f* säkular; **~itat** *f* Weltlichkeit *f*, **~ització** *f* 1. *econ* Säkularisation *f*; 2. *sociol* Säkularisierung *f*, **~itzar** *vt* säkularisieren

secundar *vt* unterstützen; **~i, -ària** *adj* sekundär, zweitrangig

seda *f* Seide *f*; ♦ **anar com una ~** wie am Schnürchen laufen

seda/ció *f med* Beruhigung *f*; **~nt** 1. *adj m/f* schmerzlindernd; 2. *m* Schmerzmittel *n*, *med* Sedativum *n*; **~r** *vt* ruhig stellen

sedàs *m* Sieb *n*

sedentari, -ària *adj* sesshaft; **~sme** *m* Sesshaftigkeit *f*

sedi/ció *f* Aufstand *m*, Aufruhr *m*; **~ment** *m* Sediment *n*, Bodensatz *m*; **~mentació** *f* 1. Sedimentation *f*; 2. *geol* Ablagerung *f*; **~mentar** *vt* ablagern; **~mentar-se** sedimentieren

sedós, -osa *adj* seidig

sedu/cció *f* Verführung *f*; **~ctor, -a** 1. *adj* verführerisch; 2. *m/f* Verführer, -in *m/f*; **~ir** *vt* verführen

sefardita 1. *adj m/f* sephardisch; 2. *m/f hist* Sephardit, -in *m/f*

sega *f agric* (*cereals*) Ernte *f*; **~da** *f agric* Mähen *n*, Ernten *n*; **~dor, -a** 1. *adj* mähend; 2. *m/f* Schnitter, -in *m/f*; **~r** *vt agric* mähen

segell *m* 1. Briefmarke *f*; 2. (*matriu*) Stempel *m*; 3. (*empremta, marca*) Siegel *n*; **~ar** *vt* versiegeln

segle *m* Jahrhundert *n*

segment *m* Segment *n*, Abschnitt *m*; **~ació** *f* 1. Zerlegung *f*; 2. *ling* Segmentierung *f*; **~ar** *vt* in Abschnitte teilen; **~ari, -ària** *adj* segmentär; **~arse** *biol* sich furchen

segon, -a 1. *adj* zweite; 2. *m* Sekunde *f*; 3. *f* 1. *auto* zweiter Gang *m*; 2. *ferroc* zweite Klasse *f*

segons *prep* gemäß; **~ que** je nachdem, ob

segrega/ció *f* Absonderung *f*; **~r** *vt* absondern, trennen, segregiere *n elev*

segrest *m* Beschlagnahme *f*; **~ador, -a** *m/f* Entführer, -in *m/f*; **~ar** *vt* 1. (*raptar*) entführen; 2. (*confiscar*) beschlagnahmen, konfiszieren

seg/üent 1. *adj m/f* folgende, nächste; 2. *m/f* Nächste, -r *f*; **~uici** *m* 1. (*acompanyament*) Gefolge *n*; 2. (*solemne*) Zug *m*; **~uida** *f* Folge *f*; **de ~uida** sofort; **~uir** *vt* 1. (*succeir*) folgen; 2. (*perseguir*) verfolgen; 3. (*continuar*) weitermachen; **~uit, -ida** *adj* ununterbrochen, fortlaufend

segur, -a *adj* 1. (*seguretat*) sicher; **de ~** sicher, bestimmt; 2. (*ferm*) fest; **~ament** *adv* mit Sicherheit *f*; **~etat** *f* Sicherheit *f*

seient *m* 1. Sitzplatz *m*; 2. Sitzgelegenheit *f*

seixanta 1. *adj inv* sechzig; 2. *m* Sechzig *f*

selec/ció *f* 1. Auswahl *f*; 2. *esp* Nationalmannschaft *f*; **~cionar** *vt* auswählen; **~te, -a** *adj* ausgewählt, erlesen; **~tiu, -iva** *adj* selektiv

selector de canals *m TV* Kanalwähler *m*

seleni m quím Selen n
sella f Sattel m
selv/a f Wald m; **~*a Negra** Schwarzwald m; **~a pluvial** Regenwald m; **~a verge** Urwald m; **~àtic, -a** adj 1. (de la selva) Urwald...; 2. (rude) grob
semàfor m 1. ferroc Signal n; 2. (Verkehrs)Ampel f
semàntica f ling Semantik f
semasiol/ogia f ling Semasiologie f; **~ògic, -a** adj semasiologisch
sembla/nça f 1. Ähnlichkeit f; 2. (aparença) Anschein m; **~nt 1.** adj m/f 1. ähnlich; 2. (tal) solche; **2.** m (cara) Gesicht n; **~r** vi 1. (ésser en aparença) scheinen; 2. (tenir l'aparença) aussehen; ♦ **em ~ que ...** mir scheint, dass ..., ich meine, dass ...
sembra f Saat f; **~dor, -a 1.** adj (aus)säend; **2.** m/f Sämann, Säer m; **~r** vt 1. (plantar) säen; 2. (escampar) streuen; **~t** m Saatfeld n
semen m biol Sperma n
semestr/al adj m/f halbjährlich; **~e** m Halbjahr n, Semester n
semic/ercle m Halbkreis m; **~ircular** adj m/f halbkreisförmig
semiconsonant f Halbkonsonant m
semifinal f esp Halbfinale n; **~ista** m/f Halbfinalist m
semifusa f mús Vierundsechzigstelnote f
seminació f bot Zerstreuung f
seminari m Seminar n; **~sta** m/f Seminarist, -in m/f
semi/ologia f ling Semiologie f; **~ològic, -a** adj semiologisch; **~òtic, -a** adj ling semiotisch; **~òtica** f ling Semiotik f
sem/ita 1. adj m/f semitisch; **2.** m/f Semit, -in m/f; **~ític, -a** adj semitisch; **~itisme** m Semitismus m; **~itista** m/f Semitist, -in m/f
semitò m mús Halbton m
semivocal f ling Halbvokal m
sèmola f Grieß m
semp/itern, -a adj ewig; **~re** adv immer; **de ~re** alt, gewohnt; **per ~re** für immer; **~re que** vorausgesetzt, dass
senat m Senat m; **~orial** adj m/f senatorisch
sencer, -a adj ganz, vollständig
send/a f Pfad m, Fußweg m; **~erisme** m Wandern n
senectut f Greisenalter n
senglar m zool Wildschwein n
sènia f Schöpfrad n
senil adj m/f greisenhaft, senil; **~itat** f Greisenhaftigkeit f, med Senilität f
sensa/ció f 1. Gefühl n; 2. Sensation f; **~cional** adj m/f sensationell; **~cionalisme** m Sensationsgier f; **~cionalista** adj m/f sensationsgierig; **~t, -a** adj besonnen, vernünftig; **~tesa** f Verständigkeit f
sense prep ohne; **~ que** obwohl nicht ...
sens/ibilitat f Sensibilität f, Empfindlichkeit f; **~ibilitzar** vt 1. empfindlich machen; 2. med sensibilisieren; **~ible** adj m/f empfindlich, sensibel; **~itiu, -iva** adj 1. (sensible) empfindlich, sensibel; 2. (sensual) sinnlich; 3. (sensorial) Sinnes...; **~orial** adj m/f Sin-

sentència 520

nes..., sensorisch; **~ual** *adj m/f* sinnlich; **~ualitat** *f* Sinnlichkeit *f*
sent/ència *f* 1. Sentenz *f*, Sinnspruch *m*; 2. *jur* Urteil *n*; **~enciar** *vt* 1. (*decidir*) urteilen; 2. (*condemnar*) verurteilen (a zu); **~enciós, -osa** *adj* sentenziös
senti/ment *m* 1. (*emoció*) Gefühl *n*, Empfindung *f*; 2. (*pena*) Bedauern *n*, Leid *n*; **~mental** *adj m/f* Gefühls...; **~r** *vt* 1. (*tacte*) fühlen, spüren; 2. (*oïda*) hören; 3. (*olfacte*) riechen; 4. (*lamentar*) bedauern; **~t, -ida** 1. *adj* empfindlich, sensibel; 2. *m* 1. Sinn *m*; **~t comú** gesunder Menschenverstand; **~t de l'humor** Sinn für Humor; 2. (*significat*) Bedeutung *f*, Sinn *m*; 3. (*direcció*) Richtung *f*; ♦ **no fer ~t** keinen Sinn haben; **perdre els ~ts** ohnmächtig werden
seny *m* Vernunft *f*, Verstand *m*; ♦ **no tenir ~** keinen Verstand haben; **perdre el ~** den Verstand verlieren
senya *f* Kennzeichen *n*, Merkmal *n*; **~l** *m* 1. Zeichen *n*, Signal *n*; **~l de circulació** Verkehrszeichen *n*; 2. (*cicatriu*) Narbe *f*; **~lar** *vt* kennzeichnen, markieren
senyar-se *relig* sich bekreuzigen
senyera *f* Fahne *f*, Flagge *f*
senyor, -a 1. *adj* vornehm, fein; 2. *m/f* 1. Herr *m*, Frau *f*; 2. (*amo*) Besitzer, -in *m/f*; 3. (*cortesia*) Herr *m*, Dame *f*; **~ial** *adj m/f* herrschaftlich
senzill, -a *adj* einfach; **~ament** *adv* schlicht und einfach; **~esa** *f* Einfachheit *f*

separa/ble *adj m/f* abtrennbar; **~ció** *f* 1. Trennung *f*; 2. *jur* Entlassung *f*; **~r** *vt* trennen; **~ta** *f* Sonderdruck *m*
sepeli *m* Begräbnis *n*, Bestattung *f*
sépia 1. *adj inv* sepia(farben); 2. *f zool* Tintenfisch *m*, Sepia *f*
septentrional *adj m/f* nördlich, Nord...
sepul/cral *adj m/f* Grab...; **~cre** *m* Grab *n*; **~tar** *vt* begraben, beerdigen; **~tura** *f* Bestattung *f*
sequedat *f* Trockenheit *f*
seqüela *f* Folge *f*
seqüència *f* 1. (*sèrie*) Serie *f*, Reihe *f*; 2. *cine* Sequenz *f*
sequera *f* Dürre *f*
sèquia *f* Bewässerungskanal *m*
ser 1. *m* Wesen *n*; 2. *vi* sein
serb/i, sèrbia 1. *adj* serbisch; 2. *m/f* Serbe, -in *m/f*; **~o-croat, -a** 1. *adj* serbokroatisch; 2. *m ling* Serbokroatisch *n*
Sèrbia *f* Serbien *n*
ser/è, -ena 1. *adj* 1. *meteo* heiter, wolkenlos; 2. (*persona*) ruhig, gelassen; 2. *f* Nachtkühle *f*; **~enitat** *f* Gelassenheit *f*
serenata *f* mús Serenade *f*
sergent, -a *m/f* mil Unteroffizier, -in *m/f*
sèrie *f* Reihe *f*, Folge *f*
serietat *f* 1. Ernsthaftigkeit *f*; 2. Seriosität *f*
serigrafia *f* Serigraphie *f*, Siebdruck *m*
seriós, -osa *adj* ernst, seriös
sermó *m* 1. Predigt *f*; 2. Strafpredigt *f*
seropositiu, -iva *adj* 1. positiv; 2. HIV-positiv
serp *f zool* Schlange *f*; **~ent** *f* Schlange

serpentina f Papierschlange f
serr/a f 1. (eina) Säge f; 2. geol Gebirgskette f; **~à** m zool Schärfbarsch m; **~alada** f geol Gebirgskette f; **~ar** vt (ab)sägen
serv/ei m 1. (acció) Dienst m; **~ei civil** Zivildienst m; **~eis mínims** (vaga) Notdienst m; 2. econ Dienstleistung f; 3. esp Aufschlag m; 4. (lavabo) Toilette f; 5. tecn Betrieb m; **fora de ~ei** außer Betrieb; 6. Dienerschaft f, Hauspersonal n; ♦ **fer ~ei** nützlich sein; **~ent, -a** m/f Diener, -in m/f; **~icial** adj m/f dienstbar; **~idor, -a** m/f Diener, -in m/f; **~ilisme** m Unterwürfigkeit f; **~ir** vt 1. dienen; 2. (taula, botiga) bedienen; 2. vi dienen, nutzen; ♦ **fer ~ir** benutzen
sèsam m bot Sesam m
sessió f 1. (reunió) Sitzung f; 2. cine Vorstellung f; 3. (pacient) Behandlung f
set 1. adj inv sieben; 2. m 1. Sieben f; esp (tennis) Satz m; 3. (Riss) Triangel m; 3. f Durst f; ♦ **tenir ~** Durst haben; **~anta** 1. adj inv siebzig; 2. m Siebzig f; **~è, -ena** 1. adj siebte; 2. m/f Siebte f
setembre m September m
setge m mil Belagerung f
setmana f Woche f; **~* Santa** Karwoche f; **~l** adj m/f wöchentlich; **~ri** m Wochenzeitung f
setmesó, -ona m/f Siebenmonatskind n
setrill m Ölkanne f; **~eres** fpl Menage f
setze 1. adj inv sechzehn; 2. m Sechzehn f

sidra

seu f 1. (residència) Sitz m; 2. (catedral) Dom m, Kathedrale f; **~re** vi sitzen
seu, seva adj (d'ell) sein; (d'ella) ihr; (llur) ihr; (vostè, vostès) Ihr
sever, -a adj streng (amb zu)
sex/e m 1. biol Geschlecht n, Sex(us) m; 2. (genitals) Geschlechtsapparat n; 3. (sexualitat) Sex m; **~isme** m Sexismus m; **~ista** 1. adj m/f sexistisch; 2. m/f Sexist, -in m/f; **~òleg, -òloga** m/f Sexologe, -in m/f; **~ologia** f Sexologie f; **~ològic, -a** adj sexologisch; **~ual** adj m/f geschlechtlich, Geschlechts..., Sexual..., sexuell; **~ualitat** f Sexualität f
si 1. conj 1. (condicional) wenn, falls; 2. (pregunta) ob; **~ no** sonst; 2. m 1. (cavitat) Höhle f; 2. (pit) Brust f; 3. mús H n; **~ bemoll** B n; **~ major** H-Dur n; **~ menor** h-Moll n; **~ natural** H n; **~ sostingut** His n; 3. pron sich; **en ~ mateix** an/für sich
sí 1. adv ja, doch; 2. m Ja n
siamès, -esa 1. adj siamesisch; 2. m/f Siamese, -in m/f
sibarita 1. adj m/f sybaritisch; 2. m/f Sybarit, -in m/f, Genießer, -in m/f
Sibèria f *Sibirien n; **~*erià, -ana** 1. adj sibirisch; 2. m/f Sibirier, -in m/f
sibila/ció f med Pfeifen n; **~nt** 1. adj m/f ling Zisch...; 2. f ling Zischlaut m, Sibilant m
Sic/ília f *Sizilien n; **~*ilià, -ana** 1. adj sizilianisch; 2. m/f Sizilianer, -in m/f
sida f med Aids n
siderúrgia f Eisenindustrie f
sidra f Apfelwein m

sífilis f med Syphilis f

sifilític, -a 1. adj syphilitisch; 2. m/f Syphilitiker, -in m/f

sifó m 1. (tub) Saugheber m; 2. (ampolla) Siphon m; 3. (vàter) Geruchsverschluss m

sigla f Akronym n

sigma f Sigma n

signa/r vt unterschreiben; **~tura** f Unterschrift f

sign/e m Zeichen n, Signal n; **~es del zodíac** Tierkreiszeichen pl; **~ificació** f Bedeutung f; **~ificant** m Bedeuten n; **~ificar** vt bedeuten, heißen; **~ificat** m ling Bedeutung f; **~ificatiu, -iva** adj bedeutend

silenci m 1. Stille f, Ruhe f; **en ~** Still..., schweigend; 2. (callar) Schweigen n; 3. mús Pause f; **~ós, -osa** adj still, ruhig, schweigsam

silicat m quím Silikat n

silicona f Silikon n

síl·laba f ling Silbe f

sil·làbic, -a adj silbisch

síl·labus m Verzeichnis n

silueta f Silhouette f

silur m Wels m

silvestre adj m/f wild

símbol m Symbol n

simb/òlic, -a adj symbolisch; **~olisme** m Symbolismus m; **~olista** 1. adj m/f symbolistisch; 2. m/f Symbolist, -in m/f; **~olització** f Symbolisierung f; **~olitzar** vt symbolisieren, versinnbildlichen; **~ologia** f Symbolkunde f

simbomba f mús Hirtentrommel f

sim/etria f Symmetrie f; **~ètric, -a** adj symmetrisch

simf/onia f Sinfonie f; **~ònic, -a** adj sinfonisch

simi m zool Affe m

simil/ar adj m/f ähnlich; **~itud** f Ähnlichkeit f

simp/atia f Sympathie f; **~àtic, -a** adj nett, sympathisch; **~atitzant** 1. adj m/f sympathisierend; 2. m/f Sympathisant, -in m/f; **~atitzar** vi sympathisieren (**amb** mit)

simpl/e adj m/f einfach; **~ement** adv bloß, nur; **~icitat** f Einfachheit f; **~ificable** adj m/f 1. simplifizierbar; 2. mat kürzbar; **~ificació** f Vereinfachung f; **~ificador, -a** adj vereinfachend; **~ificar** vt 1. vereinfachen; 2. mat kürzen

simposi m Symposium n

símptoma m 1. med Symptom n; 2. Anzeichen n

simptomàtic, -a adj symptomatisch (**de** für)

simula/ció f 1. Vorspiegelung f; 2. Simulation f; **~cre** m Schein m, Trugbild n; **~r** vt simulieren, vortäuschen

simultan/eïtat f 1. Gleichzeitigkeit f; 2. Simultaneität f; **~i, -ània** adj gleichzeitig, simultan, Simultan...

sinagoga f Synagoge f

sinalefa f ling Synalöphe f

sincer, -a adj aufrichtig, ehrlich; **~ar** vt rechtfertigen; **~ar-se** sich rechtfertigen; **~itat** f 1. Ehrlichkeit f; 2. Aufrichtigkeit f

síncope f Synkope f
sincrètic, -a adj synkretistisch; **~etisme** m Synkretismus m
sincronia f 1. Gleichzeitigkeit f; 2. ling Synchronie f; **~ònic, -a** adj 1. gleichzeitig, synchron; 2. ling synchronisch; **~onització** f Synchronisierung f; **~onitzar** vt synchronisieren; **~onitzat, -ada** adj synchronisiert
síndic m: **~ de greuges** Ombudsmann m
sindicalisme m Syndikalismus m; **~lista** 1. adj m/f gewerkschaftlich, syndikalistisch; 2. m/f Gewerkschaftler, -in m/f, Syndikalist, -in m/f; **~t** m Gewerkschaft f
síndria f bot Wassermelone f
síndrome m Syndrom n
sinècdoque f Synekdoche f; **~resi** f ling Synärese f
sinèrgia f Synergie f
sinestèsia f med Synästhesie f
singalès, -esa 1. adj singhalesisch; 2. m/f Singhalese, -in m/f; 3. m ling Singhalesisch m; **~*pur** m Singapur n
singlot m Schluckauf m
singular 1. adj m/f einzigartig, singulär; 2. m ling Einzahl f, Singular m; **~itat** f Sonderbarkeit f; **~itzar** vt absondern
sínia f 1. Wasserhebewerk n; 2. Schöpfrad n
sinistralitat f 1. Unheimlichkeit f; 2. Unfallhäufigkeit f; **~e, -a** 1. adj 1. (esquerre) linke; 2. (funest) unheilvoll, sinister elev; 2. m Unfall m, Unglück n

sinó conj sondern; **no sols ... ~ ...** nicht nur ... sondern auch ...
sinònim, -a 1. adj ling synonym; 2. m ling Synonym n; **~onímia** f ling Synonymie f; **~onímic, -a** adj synonymisch
sinopsi f Übersicht f; **~òptic, -a** adj übersichtlich
sintàctic, -a adj ling syntaktisch; **~axi** f ling Syntax f
síntesi f Synthese f
sintètic, -a adj synthetisch; **~etitzable** adj m/f 1. zusammenfassbar; 2. quím synthetisch herstellbar; **~etitzador** m mús Synthesizer m; **~etitzar** vt 1. zusammenfassen; 2. quím synthetisieren
sintonia f Abstimmung f; **~tzació** f radio Abstimmen n; **~tzar** vt radio abstimmen, einstellen
sinuós, -osa adj geschlängelt, gewunden; **~ositat** f Gewundenheit f
sinus m mat Sinus m
sinusitis f med Sinusitis f
sípia 1. adj inv sepia(farben); 2. f zool Tintenfisch m, Sepia f
sirena f Sirene f
siri, síria 1. adj syrisch; 2. m/f Syr(i)er, -in m/f; **~à, -ana** 1. adj syrisch; 2. m/f Syr(i)er, -in m/f
Síria f Syrien n
sis 1. adj inv sechs; 2. m Sechs f; **~è, -ena** 1. adj sechste; 2. m Sechstel n
sisme m geogr Erdbeben n
sísmic, -a adj seismisch, Erdbeben...
sismògraf m Seismograph m; **~ografia** f Seismographie f; **~òleg, -òlo-**

sistema 524

ga m/f Seismologe, -in m/f; **~ologia** f Seismik f, Seismologie f; **~òmetre** m Seismometer n; **~ometria** f Seismometrie f; **~omètric, -a** adj seismometrisch

sistem/a m 1. (conjunt) System n; 2. (mètode) Methode f, Verfahren n; **~àtic, -a** adj systematisch; **~atització** f Systematisierung f; **~atitzar** vt systematisieren

sístole f med Systole f

situa/ció f Lage f, Situation f; **~r** vt stellen, platzieren; **~r-se** eine Position erreichen

sivella f Schnalle f

so m 1. Ton m, Laut m; 2. mús Klang m; 3. fís Schall m

sobir/à, -ana 1. adj souverän; 2. m/f Herrscher, -in m/f; **~ania** f Oberherrschaft f, Souveränität f

sobrar vi 1. (restar) übrig bleiben; 2. (estar de més) überflüssig sein

sobrassada f gastr Paprikastreichwurst f

sobre 1. adv darauf, darüber; 2. prep auf, über; 3. m (Brief)Umschlag m

sobrecongelar vt tiefkühlen, einfrieren

sobreeixir vi überlaufen

sobrepassar vt übertreffen, übersteigen

sobrer, -a adj übrig

sobresaltar vt erschrecken, bestürzen; **~-se** sich erschrecken

sobresortir vi 1. hervorstehen, herausragen; 2. (ésser excel·lent) sich auszeichnen

sobretot adv vor allem, vor allen Dingen

sobreviure vi überleben

sobri, sòbria adj gemäßigt, nüchtern; **~etat** f Nüchternheit f

sobt/ar vt überraschen; **~e** adv: **de ~e** plötzlich

soc m 1. Baumstamm m; 2. (esclop) Holzschuh m

soca f 1. Baumstumpf m; 2. (tronc) Baumstamm m

socarrimar vt versengen; **~-se** (menjar) verbrennen, anbrennen

soci, sòcia m/f 1. com Gesellschafter, -in m/f, Teilhaber, -in m/f; 2. (d'una associació) Mitglied n; **~able** adj m/f 1. gesellig; 2. sociol soziabel; **~al** adj m/f sozial, Gesellschafts...; **~alisme** m Sozialismus m; **~alista** adj m/f sozialistisch; 2. m/f Sozialist, -in m/f; **~alització** f Sozialisierung f; **~alitzar** vt sozialisieren; **~etat** f 1. Gesellschaft f; 2. (associació) Verein m, Verband m

sòcio-econòmic, -a adj sozioökonomisch

soci/òleg, -òloga m/f Soziologe, -in m/f; **~olingüístic, -a** adj soziolinguistisch; **~olingüística** f Soziolinguistik f; **~ologia** f Soziologie f; **~ològic, -a** adj soziologisch

sòcol m Sockel m

socórrer vt helfen

socors m (ajut) Hilfe f, Unterstützung f; **~!** Hilfe!

Sòcrates m Sokrates m

socr/àtic, -a adj sokratisch; **~atisme** m Sokratik f

soda f 1. quím Soda f; 2. (beguda) Sodawasser n

sodi m quím Natrium n

sofà m Sofa n

sofert, -a adj 1. (persona) ergeben, geduldig; 2. (color) gedeckt

Sofia f Sofia n

sofis/ma m Sophisma n; **~ta** m/f Sophist, -in m/f

sofistica/ció f Verfeinerung f; **~r** vt verfeinern

sofre m quím Schwefel m

sofregi/r vt gastr (leicht) anbraten; **~t** m gastr Würze f aus Tomaten und Zwiebeln

sofri/ment m Leiden n; **~r** 1. vt 1. (tolerar) ertragen, erdulden; 2. (patir) erleiden; 2. vi leiden

soga f Seil n

sogre, -a m/f Schwiegervater m, Schwiegermutter f

sojorn m Aufenthalt m; **~ar** vi sich aufhalten

sol m mús G n; **~ bemoll** Ges n; **~ major** G-Dur n; **~ menor** g-Moll n; **~ natural** G n; **~ sostingut** Gis n

sol, -a 1. adj 1. (sense companyia) allein; 2. (únic) einzig; **2.** m Sonne f; **de ~ a ~** vom Morgen bis zum Abend; ♦ **fa ~** die Sonne scheint; **prendre el ~** sich sonnen; **~a** f (Schuh)Sohle f; **~ament** adv nur; **no ~ament ... sinó ...** nicht nur ... sondern auch ...

sòl m 1. (de la terra) (Erd)Boden m; 2. (paviment) (Fuß)Boden m

solapa f 1. (de jaqueta) Aufschlag m; 2. (de llibre) (Buch)Klappe f

solar 1. adj m/f Sonnen..., Solar...; **2.** m (terreny) Grundstück n

solc m agric Furche f

soldar vt 1. löten; 2. schweißen; **~-se** verheilen

soldat, -ada m/f Soldat, -in m/f

soledat f Einsamkeit f

solemn/e adj m/f feierlich, festlich; **~itat** f Feierlichkeit f

soler vi pflegen (+ inf zu)

solf/a f mús Noten fpl; **~eig** m 1. mús (acció) Solfeggieren n; 2. (efecte) Solfeggio n

sòlid, -a 1. adj fest, dauerhaft, solide; 2. m fis fester Körper m

solid/ari, -ària adj solidarisch, gemeinsam; **~aritat** f Solidarität f; **~aritzar** vt solidarisieren; **~aritzar-se** sich solidarisieren (**amb** mit); **~esa** f Festigkeit f, Solidität f

soliloqui m Selbstgespräch n

solit/ari, -ària 1. adj allein, einsam; **2.** m 1. Einsiedler, -in m/f, Einzelgänger, -in m/f; 2. (cuc) Bandwurm m; **~ud** f Einsamkeit f

sol·licita/nt m/f Antragsteller, -in m/f; **~r** vt ersuchen, bitten, beantragen

sols adv nur

solstici m Sonnenwende f; **~al** adj m/f Sonnenwend...

solt, -a adj locker, lose

solter, -a 1. adj ledig, unverheiratet; **2.** m/f Junggeselle, -in m/f

solu/ble adj m/f (auf)lösbar; **~ció** f Lösung f; **~cionar** vt (problema) lösen

solv/ència f com Solvenz f, Zahlungsfähigkeit f; **~ent** adj m/f solvent, zahlungsfähig

Somàlia f Somalia n

somàtic, -a adj med somatisch

som/iar vt/i träumen; **~nambulisme** m Nachtwandeln n; **~ni** m Traum m; **~niador, -a 1.** adj träumerisch, verträumt; **2.** m/f Träumer, -in m/f; **~niar** vt/i träumen; **~nifer, -a 1.** adj med einschläfernd; **2.** m Schlafmittel n; **~nolència** f Schläfrigkeit f; **~nolent, -a** adj schläfrig

somier m Matratzenrahmen m

somnàmbul, -a m/f Nachtwandler, -in m/f

somri/ent adj m/f lächelnd; **~ure 1.** m 1. Lächeln n; 2. (maliciós) Grinsen n; **2.** vi lächeln

son 1. m Schlaf m; **2.** f (ganes de dormir) Schlaf m; **tenir ~** schläfrig sein; **3.** adj poss m sein, ihr

sona/r 1. vt (instrument) spielen; **2.** vi klingeln, läuten; **tal com ~** genau wie ich es gesagt habe; **~ta** f Sonate f

sonda f 1. med Sonde f; 2. nav Lot n, Senkblei n

sonor, -a adj 1. akustisch; 2. ling stimmhaft; 3. wohlklingend; **~itat** f 1. Klangfülle f; 2. ling Stimmhaftigkeit f

sop/a f Suppe f; **com una ~a** (ebri) sternhagelblau; (moll) völlig durchnässt; (refredat) erkältet sein; **~ar 1.** vi zu Abend essen; **2.** m Abendessen n; **~era** f Suppenschüssel f

sorbet m Sorbet(t) m, Fruchteis n

sord, -a 1. adj 1. taub, gehörlos; 2. (so apagat) dumpf; 3. ling stimmlos; **2.** m/f Taube, -r f/m; **~esa** f Taubheit f; **~ina** f mús Sordine f; **~mut, -uda 1.** adj taubstumm; **2.** m/f Taubstumme, -r f/m

sorgir vi 1. (brollar) heraussprudeln; 2. (aparèixer) entstehen; 3. auftauchen, auftreten

soroll m 1. Geräusch n; 2. (estrèpit) Lärm m; ♦ **fer ~** fig Aussehen erregen; **~ós, -osa** adj laut, geräuschvoll

sorpre/ndre vt überraschen; **~nent** adj m/f überraschend; **~sa** f Überraschung f

sorra f Sand m

sort f 1. (fortuna) Glück n; **bona ~!** viel Glück!; **per ~** zum Glück; 2. (destí) Schicksal n; **~eig** m 1. Auslosung f, Verlosung f, 2. (loteria) Ziehung f; **~ejar** vt 1. auslosen; 2. (mercaderia) sortieren

sorti/da f 1. (porta) Ausgang m; 2. (tren, cotxe) Abfahrt f; 3. (avió) Start m; 4. (vaixell) Auslaufen n; 5. (solució) Ausweg m; 6. (ocurrència) Einfall m; **~dor** m Springbrunnen m; **~r** vi 1. herausgehen; 2. (de viatge) abfahren, abreisen; 3. (aparèixer) erscheinen; 4. esp starten; 5. (el sol) aufgehen

sospesa/ble adj m/f wägbar; **~r** vt 1. (in der Hand) wiegen; 2. (avantatges, problemes) abwägen

sospir m Seufzer m; **~ar** vi 1. seufzen; 2. (anhelar) sich sehnen (**per** nach)

sospit/a f Verdacht m; **~ar 1.** vt vermuten; **2.** vi verdächtigen; **~ós, -osa** adj verdächtig

sosteni/ble adj m/f 1. haltbar; 2. erträglich; **~dors** *mpl* Büstenhalter *m*, BH *m*; **~r** *vt* 1. (*subjectar*) (fest)halten; 2. (*defensar*) unterstützen; **~r-se** sich (fest)halten

sostre *m* (*habitació*) Decke *f*

sota 1. *adv* darunter; 2. *prep* unter; **~bosc** *m* Unterholz *n*

soterra/ment *m* Beerdigung *f*, Bestattung *f*; **~ni, -ània** 1. *adj* unterirdisch; 2. *m* Keller *m*; **~r** *vt* 1. (*un objecte*) vergraben, eingraben; 2. (*un mort*) begraben, bestatten

sotmès, -esa *adj* unterworfen; **~etre** *vt* unterwerfen

sou *m* Lohn *m*, Gehalt *n*

soviètic, -a 1. *adj* sowjetisch; 2. *m/f* Sowjetbürger, -in *m/f*

sovint *adv* oft, häufig

suahili 1. *m/f* Suaheli *m/f*; 2. *m ling* Suaheli *n*

suar *vt/i* schwitzen

sua/u *adj m/f* 1. (*superfície*) glatt; 2. (*temperatura*) mild; 3. (*pacífic*) sanft; **~vitat** *f* 1. (*superfície*) Glätte *f*; 2. (*temperatura*) Milde *f*; **~vitzar** *vt* mildern

súbdit, -a *m/f* 1. (*sotmès*) Untertan, -in *m/f*; 2. *pol* Staatsbürger, -in *m/f*

subdivi/dir *vt* unterteilen; **~sible** *adj m/f* unterteilbar; **~sió** *f* Unterteilung *f*

subhasta *f* Versteigerung *f*, Auktion *f*; **~r** *vt* versteigern, auktionieren

subjec/ció *f* Unterwerfung *f*; **~tar** *vt* festhalten, befestigen; **~te, -a** 1. *adj* 1. (*agafat*) befestigt, festgemacht; 2. (*exposat a*) unterworfen; 2. *m* 1. (*persona*) Subjekt *n*, Person *f*; 2. *ling* (*gramàtica*) Subjekt *n*; **~tiu, -iva** *adj* subjektiv; **~tivisme** *m filos* Subjektivismus *m*; **~tivista** 1. *adj m/f* subjektivistisch; 2. *m/f* Subjektivist, -in *m/f*; **~tivitat** *f* Subjektivität *f*

subjuntiu, -iva 1. *adj* konjunktivisch; 2. *m ling* Konjunktiv *m*

sublim *adj m/f* erhaben, sublim; **~ació** *f quím* Sublimation *f*; **~ar** *vt quím* sublimieren; **~itat** *f* Erhabenheit *f*, *ling* Sublimität *f*

subm/arí, -ina 1. *adj* unterseeisch, submarin *elev*; 2. *m* Unterseeboot *n*, U-Boot *n*; **~arinisme** *m esp* Sporttauchen *n*; **~arinista** *m/f* Sporttaucher, -in *m/f*; **~ergible** *adj m/f* 1. untertauchbar; 2. *nav* tauchfähig; **~ergir** *vt* (ein)tauchen, untertauchen; **~ergir-se** 1. (*en aigua*) versinken; 2. *fig* sich versenken (**en** in); **~ersió** *f* 1. Untertauchen *n*; 2. Überschwemmung *f*

subministra/ble *adj m/f* lieferbar; **~dor, -a** 1. *adj* Liefer...; 2. *m/f* Lieferant, -in *m/f*; **~ment** *m* Lieferung *f*; **~r** *vt* liefern

subm/ís, -isa *adj* 1. gehorsam; 2. unterwürfig; **~issió** *f* Unterwerfung (**a** unter)

subnormal 1. *adj m/f* zurückgeblieben; 2. *m/f* Zurückgebliebene, -r *f/m*

subordina/ble *adj m/f* unterstellbar; **~ció** *f* 1. *ling* Unterordnung *f*; 2. *mil* Dienstgehorsam *m*; 3. *fig* Abhängigkeit *f*; **~ment** *m* Unterordnen *m*; **~r** *vt* unterordnen

suborna/ble adj m/f bestechlich; **~ció** f Bestechen n; **~r** vt bestechen

subratllar vt unterstreichen

subscri/pció f 1. Unterzeichnung f; 2. com Abonnement n; **~ptor, -a** m/f 1. Unterzeichner, -in m/f; 2. Abonnent, -in m/f; **~ure** vt unterschreiben, unterzeichnen

subsidi m Unterstützung f, Beihilfe f; **~ d'atur** Arbeitslosengeld n

subsist/ència f 1. (fet) Leben n, Existenz f; 2. (mitjans) Lebensunterhalt m; 3. filos Subsistenz f; **~ent** adj m/f fortbestehend; **~ir** vi andauern, fortdauern

subsòl m Untergrund m

subst/ància f 1. (matèria) Substanz f, Stoff m; 2. (essència) Kern m, Gehalt m; **~ancial** adj m/f substantiell; **~anciós, -osa** adj substanzreich

substanti/u m ling Substantiv n, Nomen n; **~vació** f ling Substantivierung f; **~var** vt ling substantivieren

substitu/ció f Vertretung f; **~ïble** adj m/f ersetzbar; **~ir** vt 1. (una cosa) ersetzen; 2. (fer una substitució) vertreten; **~t, -a** m/f Vertreter, -in m/f

substrat m Substrat n

subterrani, -ània adj unterirdisch

subtil adj m/f 1. raffiniert, subtil; 2. (persona) spitzfindig; **~itat** f Dünne f

subtítol m Untertitel m

subtrahend m mat Subtrahend m

suburbi m 1. (voltants) Vorstadt f; 2. (barri perifèric) Vorort m

subvenci/ó f Subvention f; **~onar** vt subventionieren

suc m 1. (fruita) Saft f; 2. (brou) Brühe f; **~ar** vt eintunken

succedani, -ània 1. adj Ersatz...; 2. m Ersatz m, Ersatzmittel n

succe/ir vi 1. (en un càrrec) nachfolgen; 2. (ocórrer) geschehen, sich ereignen; **~ssió** f 1. (acció) Folge f; 2. (en un càrrec) Nachfolge f; 3. (descendència) Nachkommenschaft f; **~ssiu, -iva** adj folgend; **~ssivament** adv nach und nach, nacheinander; **~ssor, -a** 1. adj nachfolgend; 2. m/f 1. Nachfolger, -in m/f; 2. (hereu) Erbe, -in m/f

sucós, -osa adj saftig

sucre m Zucker m; **~ra** f 1. (recipient) Zuckerdose f; 2. (fàbrica) Zuckerfabrik f

suculent, -a adj 1. (sabrós) köstlich, lecker; 2. (sucós) saftig

sucumbir vi 1. (cedir) erliegen; 2. (morir) sterben

sucursal f (banc, negoci) Filiale f, Zweigstelle f; (empresa) Niederlassung f

sud 1. adj inv südlich, Süd...; 2. m Süden m; **~-àfrica** f Südafrika n; **~africà, -ana** 1. adj südafrikanisch; 2. m/f Südafrikaner, -in m/f; **~-americà, -ana** 1. adj südamerikanisch; 2. m/f Südamerikaner, -in m/f

Sudan f Sudan n; **~ès, -esa** 1. adj sudanesisch; 2. m/f Sudanese, -in m/f

su/ec, -a 1. adj schwedisch; 2. m/f Schwede, -in m/f; 3. m ling Schwedisch n; **~ècia** f Schweden n

suèter m Pullover m

suficient 1. *adj m/f* genug, ausreichend; **2.** *m enseny* Ausreichend *n*

sufix *m ling* Suffix *n*

sufoca/nt *adj m/f* erstickend; **~rir** *vt* 1. (*asfixiar*) ersticken; 2. (*foc*) löschen; 3. (*avergonyir*) beschämen

sugge/riment *m* Vorschlag *m*, Anregung *f*; **~rir** *vt* 1. (*inspirar*) anregen; 2. (*proposar*) vorschlagen; 3. (*insinuar*) andeuten; **~stió** *f* 1. Eingebung *f*; 2. Suggestion *f*, **~stionar** *vt* suggerieren, eingeben

suïcida 1. *adj m/f* selbstmörderisch; **2.** *m/f* Selbstmörder, -in *m/f*; **~r-se** sich umbringen, sich das Leben nehmen

su/ís, -ïssa 1. *adj* schweizerisch; **2.** *m/f* Schweizer, -in *m/f*; **3.** *m gastr* heiße Schokolade mit Sahne; **~ïssa** *f* Schweiz *f*

sultà, -ana *m/f* Sultan, -in *m/f*

suma *f* 1. (*diners*) Summe *f*, Betrag *m*; 2. *mat* (*resultat*) Summe *f*, Ergebnis *n*; **~r** *vt mat* addieren, zusammenzählen; **~r-se** sich anschließen

sumptu/ós, -osa *adj* luxuriös, prächtig; **~ositat** *f* Pracht *f*

suor *f* Schweiß *m*

supedita/ció *f* Unterordnung *f*; **~r** *vt* 1. (*sotmetre*) unterwerfen; 2. (*condicionar*) abhängig machen (**a** von)

super/ació *f* Überwindung *f*; **~ar** *vt* 1. übertreffen; 2. (*situació*) überwinden; **~àvit** *m econ* Überschuss *m*

superb, -a *adj* 1. (*orgullós*) hochmütig, eingebildet; 2. (*sumptuós*) prächtig, herrlich

superf/icial *adj m/f* oberflächlich; **~icia-**

litat *f* Oberflächlichkeit *f*; **~ície** *f* 1. (*part externa*) Oberfläche *f*; 2. (*extensió*) Fläche *f*; **~lu, -èrflua** *adj* überflüssig

superior 1. *adj m/f* 1. (*més alt*) obere, höhere; 2. (*millor*) besser, überlegen; 3. (*excel·lent*) hervorragend, ausgezeichnet; **2.** *m/f* Vorgesetzte, -r *f/m*; **~, -a** *m/f relig* Obere, -in *m/f*

superlatiu, -iva 1. *adj* Superlativ...; **2.** *m ling* Superlativ *m*

supermercat *m* Supermarkt *m*

superposar *vt* übereinander legen

supersticio *f* Aberglaube *m*; **~s, -osa** *adj* abergläubisch

supervivent 1. *adj m/f* überlebend; **2.** *m/f* Überlebende, -r *f/m*

suplanta/ció *f* 1. Verdrängung *f*; 2. *fig* Ersatz *m*; **~dor, -a** *adj* verdrängend; **~r** *vt* verdrängen, ausstechen, ersetzen

suple/ment *m* 1. (*complement*) Ergänzung *f*; 2. *period* Beilage *f*; 3. (*bitllet*) Zuschlag *m*; **~mentari, -ària** *adj* ergänzend, suplementär; **~nt 1.** *adj m/f* vertretend; **2.** *m/f* 1. (*en el treball*) Vertreter, -in *m/f*; 2. *esp* Ersatzspieler, -in *m/f*; 3. *enseny* Aushilfslehrer, -in *m/f*

súplica *f* 1. Bitte *f*; 2. Bittschrift *f*

supli/car *vt* 1. (*pregar*) anflehen; 2. (*una cosa*) erflehen; **~ci** *m* Folter *f*; **~r** *vt* 1. (*completar*) ergänzen, ersetzen; 2. (*substituir*) vertreten

suport *m* 1. *arquit* Träger *m*; **~ de dades** *informàt* Datenträger *m*; 2. *fig* Stütze *f*, Unterstützung *f*; 3. Halterung *f*; **~ar**

suposar

vt 1. (*pes*) halten, tragen, stützen; 2. (*pressió*) aushalten; 3. (*dolor*) ertragen, aushalten

supos/ar vt 1. (*creure*) annehmen, vermuten; 2. (*tenir per causa*) voraussetzen; **~ició** f 1. Annahme f; 2. Vermutung f

supòsit m 1. Annahme f; 2. Vermutung f

supositori m med Zäpfchen n

supremacia f 1. Oberherrschaft f; 2. Überlegenheit f

supr/essió f 1. Abschaffung f; 2. (*en un text*) Streichung f; **~imible** adj m/f abschaffbar; **~imir** vt 1. abschaffen; 2. (*text*) streichen

sur/ar vi 1. (*flotar*) treiben; 2. fig (*prosperar*) gedeihen; **~o** m Kork m

surf (de vela) m Windsurfing n

surrealis/me m Surrealismus m; **~ta** 1. adj m/f surrealistisch; 2. m/f Surrealist, -in m/f

suscept/abilitat f Empfindlichkeit f; **~ible** adj m/f empfindlich

suspen/dre vt 1. (*en l'aire*) aufhängen (en an); 2. (*de la feina*) suspendieren; 3. (*interrompre*) unterbrechen; 4. (*en un examen*) durchfallen lassen; **~s, -a** 1. adj erstaunt, perplex; 2. m 1. *cine* Spannung f; **en ~s** unentschieden; 2. *enseny* (*nota*) Ungenügend n; **~sió** f 1. *tecn* Aufhängung f; 2. *auto* Federung f; 3. (*laboral*) Suspendierung f; 4. (*interrupció*) Unterbrechung f

suspic/aç adj m/f misstrauisch, argwöhnisch *elev*; **~àcia** f Misstrauen n

sustenta/ció f 1. Ernährung f; 2. Unterstützung f; **~r** vt 1. (*sostenir*) halten, ertragen; 2. (*familia*) unterhalten

sutura f 1. *med* Naht f; 2. *anat* Sutur f

T

t T f t, T n

ta pl. tes adj poss f deine

tabac m Tabak m, Rauchwaren fpl

tabarra f langweilige Unterhaltung f, Gequassel n

tab/ú m Tabu n; **~uitzar** vt tabuisieren

tabulador m Tabulator m

taca f Fleck m; **~r** vt beflecken; **~r-se** sich beflecken

tàcit, -a adj stillschweigend

taciturn, -a adj schweigsam, wortkarg; **~itat** f Schweigsamkeit f

tacó m (*calçat*) Absatz m

tacòmetre m Tachometer m

tacte m 1. (*sentit*) Tastsinn m; 2. (*contacte*) Berührung f; 3. (*habilitat*) Takt m; ♦ **tenir ~** Takt haben

tàctic, -a adj taktisch

tafane/jar vt neugierig beobachten; **~r, -a** m/f neugierig; **~ria** f Schnüffelei f

Tahit/í m Tahiti n; **~ià, -ana** 1. adj tahitisch; 2. m/f Tahitianer, -in m/f; 3. m *ling* Tahitisch n

tail/andès, -esa 1. adj thailändisch; 2. m/f Thailänder, -in m/f; **~*àndia** f Thailand n

tal 1. adj m/f so, solch; 2. pron so solch; 3. adv so genauso; **per ~ de** um zu; **~ com** so wie

tala f Abholzen n

talaia f 1. Warte f; 2. Aussichtsturm m
talar vt 1. (*arbres*) fällen; 2. (*arrasar*) zerstören
talassoteràpia f med Thalassotherapie f
talc m (*mineral*) Talk m; **~ós, -osa** adj talkig
talent m Talent n, Begabung f
talibà, -ana 1. adj talibanisch; **2.** m Taliban m
talismà m Talisman m
tall m 1. (*tall*) Schnitt m, Einschnitt m; **a ~ de** als; 2. (*ferida*) Schnittwunde f; 3. (*menjar*) Stück n, Scheibe f; **~a** f 1. (*art*) (Holz)schnitzerei f; 2. (*escultura, fusta*) Schnitzerei f; 3. (*pedra*) Meißelung f; 4. (*diamant*) Schliff m; 5. (*estatura*) Körpergröße f, Statur f; 6. (*de roba*) (Konfektions)Größe f; 7. (*eina*) Schneide f; **~ada** f Schneiden n; **~ador, -a** 1. adj Schneide..., Schnitt...; **2.** m Schneider m; **~afoc** m 1. agric Feuerschneise f; 2. arquit Brandmauer f; **~agespa** m Rasenmäher m; **~ar** 1. vt 1. (durch)schneiden; 2. (*l'aigua*) abstellen; 3. (*llum*) abschalten; 4. (*carrer, camí*) sperren; 5. esp (*la pilota*) (an)schneiden; **2.** vi joc (*cartes*) abheben

tallarina f gastr Bandnudel f
talla/r-se sich schneiden; **~t, -ada** 1. adj geschnitten; **2.** m Espresso m mit wenig Milch
taller m 1. Werkstatt f; 2. (*estudi*) Atelier n; 3. (*seminari, curs*) Workshop m
taló m 1. anat Ferse f; 2. (*xec*) Scheck m; 3. (*sabata*) Absatz m; **~onari** m 1. (*de xec*) Scheckbuch n, Scheckheft n; 2. (*de rebuts*) Quittungsbuch n, Quittungsheft n

també adv auch
tambor m Trommel f; **~et** m (*seient*) Hocker m, Schemel m
tampó m 1. (*de tinta*) Stempelkissen; 2. med Tampon m
tampoc adv auch nicht
tan adv so; **~ ... com** so ... wie
tanatori m Aufbahrungsraum m
tanc m mil Panzer m
tanca f 1. (*d'obra*) Zaun m; 2. (*vegetal*) Hecke f; 3. (*dispositiu*) Verschluss m; **~ment** m Schließen n; **~r** vt 1. schließen, zumachen; 2. (*amb clau*) abschließen; 3. (*algú*) einsperren; **~r-se** sich schließen, zugehen
tanda f 1. Reihe f; 2. Schicht f
tàndem m Tandem n
tanga m Tanga(slip) m
tangen/cial adj m/f geom tangential; **~t** 1. adj m/f geom tangierend; **2.** f Tangente f
tangib/ilitat f Greifbarkeit f; **~le** adj m/f greifbar
tango m mús Tango m
tanmateix adv trotzdem, dennoch
tant 1. adj m/f so viel; **2.** adv so sehr, so viel; **de ~ en ~** ab un zu, manchmal; **per ~** also; **~ de bo!** hoffentlich!; **~ per cent** Prozentsatz; **3.** pron so viel
tanzà, -ana 1. adj tansanisch; **2.** m/f Tansanier, -in m/f; **~*nia** f Tansania n
tap m 1. Pfropfen m; 2. fig (*persona*) Knirps m; **~a** f Deckel m; **~ar** vt 1. (*cobrir*) bedecken, zudecken; 2.

tapet

(*ampolla*) verschließen; 3. (*dissimular*) verheimlichen; **~ar-se** (*el cel*) sich bedecken, sich bewölken

tapet *m* Tischdecke *f*

tàpia *f* (*paret*) Lehmwand *f*; **sord com una ~** stocktaub

tapioca *f gastr* Tapioka(stärke) *f*

tapir *m zool* Tapir *m*

tap/ís *m* Wandteppich *m*; **~isser, -a** *m/f* (Wand)Teppichhändler, -in *m/f*; **~isseria** *f* Tapisserie *f*, Dekorationsstoffe *mpl*

taquicàrdia *f med* Tachykardie *f*, Herzjagen *n*

taqu/ígraf, -a *m/f* Stenograf, -in *m/f*; **~igrafia** *f* Stenografie *f*; **~igrafiar** *vt* stenografieren; **~igràfic, -a** *adj* stenografisch

taquilla *f* 1. Kasse *f*; 2. *ferroc* Schalter *m*; ♦ **fer ~** einen guten Kassenverkauf haben

taquímetre *m* Tachymeter *n*

tara *f* 1. *com* Tara *f*; 2. (*defecte*) Defekt *m*

tarannà *m* Charakter *m*, Wesensart *f*

taràntula *f zool* Tarantel *f*

tard *adv* spät; **cap al ~** gegen Abend; **de ~ en ~** von Zeit zu Zeit; **massa ~** zu spät; ♦ **fer ~** zu spät kommen; **~a** *f* Nachmittag *m*; **~à, -ana** *adj* spät; **~ar** *vi* 1. (*durar*) brauchen, dauern; 2. (*retard*) sich verspäten, spät kommen; **~or** *f* Herbst *m*

targeta *f* Karte *f*; **de ~ de crèdit** Kreditkarte *f*; **~ postal** Postkarte *f*

tarifa *f* Tarif *m*, Gebühr *f*

tarima *f* Podium *n*

taron/ger *m bot* Orangenbaum *m*; **~ja** 1. *adj inv* orange(farben); 2. *f agric* Orange *f*, Apfelsine *f*; **~jada** *f* Orangensaft *m*

tarra/conense *adj m/f* aus dem alten Tarraco; **~gona** *f* Tarragona *n*; **~*goní, -ina** 1. *adj* aus Tarragona; 2. *m/f* Tarragoniner, -in *m/f*

tartamut, -uda 1. *adj* stotternd; 2. *m/f* Stotterer, -in *m/f*

tartana *f* 1. *nav* Tartane *f*; 2. (*carro*) zweirädriger Planwagen *m*

tasca *f* Arbeit *f*, Aufgabe *f*

tassa *f* Tasse *f*

tasta/ment *m* Kosten *n*, Probieren *n*; **~r** *vt* kosten, versuchen

tatua/r *vt* tätowieren; **~tge** *m* Tätowierung *f*

taul/a *f* 1. (*moble*) Tisch *m*; **~a rodona** runder Tisch; 2. (*tauler*) Tafel *f*; 3. (*llista*) Tabelle *f*; **~ell** *m* 1. (*botiga*) Ladentisch *m*; 2. (*bar*) Theke *f*; 3. (*rajola de València*) Kachel *f*; **~er** *m* Tafel *f*; **~er d'anuncis** Anschlagbrett *n*; schwarzes Brett *n*; **~er d'escacs** Schachbrett *n*; **~eta** *f* Tischchen *n*; **~eta de nit** Nachttisch *m*; **~ó** *m* Brett *n*

taur/e *m astrol* Stier *m*; **~í, -ina** *adj* 1. (*del toro*) Stier...; 2. (*de la correguda*) Stierkampf...

tauró *m zool* Hai(fisch) *m*

tauromàquia *f* Stierkampfkunst *f*

taüt *m* Sarg *m*

tautol/ogia *f* Tautologie *f*; **~ògic, -a** *adj* tautologisch

taverna *f* Kneipe *f*

taxa *f* 1. Taxe *f*, Gebühr *f*; **de ~ de recollida d'escombraries** Müllabfuhrgebühr

temperament

f; 2. (valor) Taxwert m; **~ble** adj m/f taxierbar; **~ció** f Taxierung f; **~dor, -a** 1. adj taxierend, schätzend; 2. m/f Taxator, -in m/f; **~r** vt taxieren, schätzen, bewerten

taxi m Taxi n; **~sta** m/f Taxifahrer, -in m/f

taxid/èrmia f Taxidermie f; **~ermista** m/f Taxidermist, -in m/f, Präparator, -in m/f

taxon/omia f Taxonomia f, Formgliederung f; **~òmic, -a** adj taxonomisch

te 1. m Tee m; 2. f (nom lletra) t, T n

teatr/al adj m/f Theater...; **~alitat** f Bühnengemäßheit f; **~e** m 1. lit Theater n; 2. arquit Theater n, Schauspielhaus n

tebi, tèbia adj lau(warm)

tecl/a f Taste f; **~at** m Tastatur f; **~at electrònic** mús Keyboard n; **~eig** m Geklimper n; **~ejar** vt klimpern

tècnic, -a 1. adj technisch; 2. m/f Techniker, -in m/f; 3. f Technik f

tecn/ocràcia f Technokratie f; **~òcrata** m/f Technokrat, -in m/f

tecnologia f Technologie f

tectònic, -a adj geol tektonisch; **~a** f Tektonik f

tedi m Langeweile f

Teheran f Teheran n

teixi/dor, -a 1. adj webend; 2. m/f Weber, -in m/f; **~r** vt weben; **~t** m 1. anat Gewebe n; 2. (tela) Stoff m

teixó m zool Dachs m

tel m Häutchen n, Membran f; **~a** f 1. Gewebe n; 2. (art) Leinwand f

tele/cadira f Sessellift m; **~comunicació** f Fernverbindung f; **~dirigit, -ida** adj ferngesteuert; **~espectador, -a** m/f Fernsehzuschauer, -in m/f; **~fèric** m (Draht)Seilbahn f

tel/èfon m Telefon m; **~èfon mòbil** Handy n; **~efonada** f (Telefon)Anruf m; **~efonar** vi telefonieren; **~efònic, -a** adj telefonisch; **~efonista** m/f Telefonist, -in m/f

tel/ègraf m Telegraf m; **~egrafiar** vt telegrafieren; **~egrama** m Telegramm n

telenovel·la f TV Seifenoper f, Telenovela f

teleobjectiu m foto Teleobjektiv n

teleol/ogia f filos Teleologie f; **~ògic, -a** adj teleologisch

telep/atia f Telepathie f; **~àtic, -a** adj telepathisch

teler m Webstuhl m

telesc/opi m Teleskop n, Fernrohr n; **~òpic, -a** adj teleskopisch

televis/ió f Fernsehen n; **~or** m Fernseher m

teló m teat Vorhang m

tem/a m Thema n; **~ari** m Themenliste f; **~àtic, -a** adj thematisch

témer 1. vt fürchten; 2. vi (estar preocupat) sich fürchten

tem/erari, -ària adj waghalsig; **~ible** adj m/f fürchterlich, Furcht erregend; **~or** m Furcht f

tempera/ment m Temperament n, Charakter m; **~mental** adj m/f temperamentvoll; **~t, -ada** adj (moderat) maßvoll, gemäßigt; **~tura** f Temperatur f

tempesta 534

tempest/a f meteo Gewitter n, Sturm m; **~uós, -osa** adj stürmisch

temple m 1. arquit Tempel m; 2. relig Kirche f

temp/orada f Zeit f, Saison f; **~oral 1.** adj m/f 1. zeitlich; 2. ling temporal; 3. anat Schläfen...; **2.** m 1. meteo Umwetter n, Gewitter n; 2. anat (os) Schläfenbein n; **~oralitat** f Zeitlichkeit f; **~s** m 1. Zeit f; **al mateix ~s** gleichzeitig; **amb el ~s** mit der Zeit; **a ~s** rechtzeitig; 2. meteo Wetter n; **fa bon ~s** es ist schönes Wetter; **fa mal ~s** es ist schlechtes Wetter; 3. mús Tempo n

tempt/ació f Versuchung f; **~ar** vt versuchen; **~ativa** f Versuch m; **~eig** m Sondierung f, **~ejar** vt vorfühlen, ermitteln

tena/ç adj m/f beharrlich; **~citat** f Zähigkeit f

tenda f 1. (de campanya) Zelt n; 2. (botiga) Geschäft n, Laden m

tend/ència f Neigung f, Tendenz f; **~encial** adj m/f tendenziell; **~enciós, -osa** adj tendenziös; **~ir** vi neigen, tendieren (**a** zu)

tendó m anat Sehne f

tendre, -a adj 1. zart; 2. (pintura) frisch; 3. (afectuós) zärtlich, liebevoll; **~sa** f Zärtlichkeit f

tenebr/a f Finsternis f, Dunkelheit f; **~ós, -osa** adj dunkel, finster

tènia f zool Bandwurm m

tenir vt 1. (posseir) haben; 2. (considerar) halten; 3. (subjectar) (fest)halten

tennis m Tennis n; **~ de taula** Tischtennis n; **~ta** m/f Tennisspieler, -in m/f

tenor m mús Tenor m; **~a** f mús oboenähnliches Blasinstrument n

tens, -a adj 1. (an)gespannt; 2. (corda) straff; **~ió** f 1. fis Spannung f; (gas) Tension f; 2. (estat) (An)Spannung f; ♦ **estar en ~ió** unter Druck stehen

tentacle m zool Tentakel m, Fangarm m

tènue adj m/f dünn, fein

tenyir vt färben

te/òleg, -òloga m/f Theologe, -in m/f; **~ologia** f Theologie f; **~ològic, -a** adj theologisch

te/orema m Theorem n, Lehrsatz m; **~oria** f Theorie f; **~òric, -a 1.** adj theoretisch; **2.** m/f Theoretiker, -in m/f

teranyina f Spinnennetz n

ter/apeuta m/f med Therapeut, -in m/f; **~apèutic, -a** adj therapeutisch; **~àpia** f Therapie f

tèrbol, -a adj trübe

ter/ç, -a 1. adj dritte; **2.** m Drittel m; **~cer, -a 1.** adj dritte; **2.** m/f Dritte, -r f/m

tergiversa/dor, -a 1. adj verdrehend; **2.** m/f Verdreher, -in m/f; **~r** vt verfälschen, verdrehen

termal adj m/f thermal

terme m 1. (paraula) Terminus m; 2. adm Bezirk m; 3. Grenzstein m

tèrmic, -a adj thermisch, Wärme...

terminal 1. adj m/f End..., Abschluss...; **2.** f 1. (estació) Endstation f; 2. (aeroport, tren) Terminal m; **3.** m 1. informàt Terminal n; 2. electr (Anschluss) Klemme f

termini *m* 1. Frist *f*; Termin *m*; **a curt ~** kurzfristig; **a llarg ~** langfristig; 2. *econ* Rate *f*; ♦ **comprar a ~** auf Raten kaufen; **vendre a ~** auf Raten verkaufen

terminol/ogia *f ling* Terminologie *f*; **~ògic, -a** *adj* terminologisch

tèrmit *m zool* Termite *f*

termodinàmica *f fís* Thermodynamik *f*

termò/metre *m* Thermometer *n*; **~stat** *m* Thermostat *m*

terra *f* 1. (*matèria*) Erde *f*; 2. (*planeta*) Erde *f*, Welt *f*; 3. (*superfície*) Erdboden; **~plè** *m* Aufschüttung *f*; **~qüi, -àqüia** *adj* Erd...

terrassa *f* Terrasse *f*

terrat *m* Dachterrasse *f*, flaches Dach *n*

terratinent *m/f* Großgrundbesitzer, -in *m/f*

terratrèmol *m* Erdbeben *n*

terreny *m* 1. (Erd)Boden *m*, Terrain *n*; 2. Gelände *n*, Gebiet *n*; **tot ~** Geländewagen *m*; 3. *esp* Spielfeld *n*

terrestre 1. *adj m/f* 1. (*de la Terra*) Erd...; 2. (*terrenal*) irdisch; 2. *m/f* Erdbewohner, -in *m/f*

terrible *adj m/f* schrecklich, furchtbar

territori *m* 1. Gebiet *n*; 2. *pol* Territorium *n*; 3. *adm* Bezirk *m*; 4. *zool* Revier *n*; **~al** *adj m/f* 1. Gebiets...; 2. territorial

terror *m* 1. (*por*) Angst *f*; 2. (*que causa por*) Schrecken *m*; 3. *pol* Terror *m*; **~ífic, -a** *adj* Schrecken erregend

terroris/me *m* Terrorismus *m*; **~ta 1.** *adj m/f* terroristisch; **2.** *m/f* Terrorist, -in *m/f*

terròs *m* 1. (*tros*) (Erd)Klumpen *m*; 2. (*sucre*) Würfel *m*, Stück *n*

tertúlia *f* 1. (*reunió*) Treffen *n*, Runde *f*; 2. (*conversar*) (Gesprächs)Kreis *m*; 3. (*a un bar*) Stammtischrunde *f*

tesi *f* These *f*; **~ doctoral** Doktorarbeit *f*, Dissertation *f*

tessitura *f mús* Stimmlage *f*

test, -a 1. *adj* (*rígid*) steif, starr; **2.** *m* 1. (*vas de terrissa*) Blumentopf *m*; 2. (*prova*) Test *m*, Prüfung *f*

testa/ment *m jur* Testament *n*; **~r** *vi jur* Testament machen

testarut, -uda *adj* dickköpfig, stur

testicle *m anat* Hoden *m*

testimoni 1. *m* 1. (*declaració*) Erklärung *f*; 2. (*prova*) Beweis *m*; **2.** *m/f* Zeuge, -in *m/f*; **~ de Jehovà** *relig* Zeuge, -in Jehovas *m/f*

tètanus *t.* **tètan** *m med* Tetanus *m*

tetera *f* Teekanne *f*

tetina *f* Sauger *m*

tètric, -a *adj* trübselig, unheimlich, finster

teu, teva 1. *adj* dein; **2.** *pron* dein

teula *f* Dachziegel *m*; **~da** *f* (Ziegel) Dach *n*

teut/ó, -ona 1. *adj* teutonisch; **2.** *m/f* Teutone, -in *m/f*; **~ònic, -a** *adj* teutonisch

text *m* Text *m*

tèxtil *adj m/f* textil

textual *adj m/f* 1. wörtlich; 2. textgetreu

textura *f* 1. *tèxtil* Gewebe *n*; 2. *quím* Textur *f*

tia *f* Tante *f*

tíbia *f anat* Schienbein *n*

tic *m med* Tick *m*; **~-tac** *m* Ticktack *n*

tigre *m zool* Tiger *m*

timbal *m mús* Kesselpauke *f*
timbre *m* 1. Stempel *m*; 2. *correu* Briefmarke *f*; 3. (*porta*) Türklingel *f*; 4. *mús* Klangfarbe *f*
tímid, -a *adj* schüchtern
timidesa *f* Schüchternheit *f*
tim/ó *m* 1. Ruder *n*, Steuer *n*; 2. *agric* (*arada*) Pflug *m*; 3. (*carro*) Deichsel *f*; **~oner, -a** *m/f* Steuermann *m*
timpà *m* 1. *anat* Trommelfell *n*; 2. *arquit* Giebelfeld *n*
tina *f* Kübel *m*, Bottich *m*
tinent *m/f* 1. Besitzer, -in *m/f*; **~ d'alcalde** zweiter Bürgermeister, -in *m/f*; 2. *mil* Oberleutnant *m*; **~ coronel** Oberstleutnant
tint *m* 1. Färben *n*; 2. (*color*) Färbemittel *n*; **~a** *f* Tinte *f*; **~er** *m* Tintenfass *n*; **~orer, -a 1.** *m/f* Färber, -in *m/f*; **2.** *f peix* Blauhai *m*; **~oreria** *f* Reinigung *f*; **~ura** *f* Färbemittel *n*, Tinktur *f*
tió *m* Holzscheit *n*
tip, -a 1. *adj* satt; **2.** *m* Übersättigung *f*
típic, -a *adj* typisch
tipo/grafia *f* Typographie *f*, Buchdruckerkunst *f*; **~gràfic, -a** *adj* typographisch; **~logia** *f* Typologie *f*; **~lògic, -a** *adj* typologisch
tipus *m* Typ *m*
tiquet *m* 1. Ticket *n*; 2. (*viatge*) Fahrschein *m*; 3. (*espectacle*) Eintrittskarte *f*; 4. (*de compra*) Kassenzettel *m*
tir *m* Schuss *m*
tira *f* Streifen *m*
tirà, -ana 1. *adj* tyrannisch; **2.** *m/f* Tyrann, -in *m/f*
tirabuixó *m* 1. (*cabell*) Korkenzieherlocke *f*; 2. (*llevataps*) Korkenzieher *m*
tirada *f* 1. (*extensió*) Strecke *f*; **d'una ~** auf einen Streich; 2. *joc* Wurf *m*; 3. *period* Auflage *f*
tirania *f* Tyrannei *f*
tirar *vt* 1. (*arrastrar*) ziehen; 2. (*llançar*) werfen; **~-se** 1. sich stürzen; 2. *vulg* (*copular*) es mit j-m treiben
tireta *f* (Heft)Pflaster *n*
Tirol *m*: **el ~** Tirol *n*; **~ès, -esa 1.** *adj* tirol(er)isch; **2.** *m/f* Tiroler, -in *m/f*
tirote/ig *m* Schusswechsel *m*, Schießerei *f*; **~jar** *vt* beschießen
tírria *f* Ärger *m*, heftige Abneigung *f*
tisana *f* Heilkräutertee *m*
tisi *f med* Schwindsucht *f*
tísic, -a 1. *adj* schwindsüchtig; **2.** *m/f* Schwindsüchtige, -r *f/m*
tisores *fpl* Schere *f*
titànic, -a *adj* titanisch
titella *f* Handpuppe *f*, Marionette *f*
títol *m* 1. Titel *m*; 2. (*diploma*) Diplom *n*
titube/ig *m* Schwanken *n*; **~jar** *vi* schwanken
titula/ció *f* Betitelung *f*; **~r 1.** *adj m/f* Titular...; **2.** *m/f* Inhaber, -in *m/f*; **3.** *m period* Überschrift *f*; **4.** *vt* betiteln
to *m mús* Ton *m*
tobogan *m* 1. (*trineu*) Rodelschlitten *m*; 2. (*pla inclinat*) Rutschbahn *f*
toc *m* 1. (*acció*) Berührung *f*; 2. (*campanada*) Schlag *m*; **~able** *adj m/f* 1. berührbar; 2. *mús* spielbar
tocadiscs *m* Plattenspieler *m*
tocador *m* Toilettentisch *m*
tocar 1. *vt* 1. berühren, anfassen; 2. *mús*

spielen; **2.** vi (*correspondre*) zustehen; **~-se** sich berühren

tocòleg, -òloga m/f med Geburtshelfer, -in m/f

toler/able adj m/f erträglich; **~ància** f Duldsamkeit f, Toleranz f; **~ar** vt 1. (*suportar*) ertragen, vertragen; 2. (*permetre*) dulden

toll m Pfütze f, Lache f

tom m (*volum*) Band m

tomb m Drehung f; **~a** f Grab n; **~ar 1.** vt 1. umdrehen; 2. (*caure*) umstürzen; **2.** vi (*girar*) abbiegen

tómbola f Tombola f

ton pl. tos adj poss m dein

tona f (*unitat de pes*) Tonne f

tona/da f (*melodia*) Weise f, Melodie f; **~litat** f 1. *mús* Tonart f; 2. *ling* Tonfall m; 3. (*art*) Schattierung f

tongada f Reihe f, Serie f

tònic, -a 1. adj 1. med stärkend, tonisch; 2. ling betont; 3. mús tonisch; **2.** m med Tonikum n; **3.** f 1. mús Tonika f, Grundton m; 2. (*beguda*) Tonic n

tonyina f peix Thunfisch m

topar 1. vt treffen; **2.** vi (zusammen)stoßen

topazi m Topas m

tòpic, -a 1. adj 1. (*lloc*) örtlich; 2. med äußerlich; **2.** m 1. *lit* Gemeinplatz m; 2. (*estereotipus*) Klischee n

topografia f geogr Topographie f

Tòquio f Tokio n

tòrax m anat Brustkorb m, Thorax m

torb m 1. Wirbelwind m; 2. fig Durcheinander n; **~ar** vt (*distreure*) ablenken; **~ar-se** sich aufhalten

torcamans m val Handtuch n

torçar vt 1. *bal* drehen; 2. *bal med* zerren

tore/jar vt 1. *taur* kämpfen; 2. (*burlarse*) hänseln; **~ro, -a 1.** m/f Stierkämpfer, -in m/f; **2.** m Torero m

Tor/í f Turin n; **~*inès, -esa 1.** adj turinisch; **2.** m/f Turiner, -in m/f

torn m 1. Drehbank f; 2. (*ordre*) Reihenfolge f; 3. (*a la feina*) Schicht f

torna/da f Rückkehr f; **~r 1.** vt zurückgeben; **2.** vi zurückkehren; **~r-se** werden

tornavís m Schraubenzieher m

torneig m Turnier n

torner, -a m/f Dreher, -in m/f

torniquet m 1. Drehkreuz n; 2. med Gefäßklemme f

toro m zool Stier m, Bulle m

torra/da f Toastbrot n; **~r** vt 1. rösten; 2. (*pa*) toasten; 3. (*sol*) bräunen; **~r-se** col·loq sich betrinken

torre f 1. Turm m; 2. (*casa*) große Villa f; **~ncial** adj m/f (*pluja*) strömender (Regen); **~nt** m Sturzbach m

tòrrid, -a adj heiß

torró m (*typische Süßigkeit für die Weihnachtszeit*) Turron m

tors m (*art*) Torso m; **~imany** m/f Dolmetscher, -in m/f; **~ió** f Verdrehung f, Drehung f

tort, -a 1. adj krumm, schief; **2.** m Ungerechtigkeit f

tortuga f zool Schildkröte f

tortu/ós, -osa adj geschlängelt, gewunden; **~rar** vt foltern

torxa f Fackel f

tos f Husten m

tosc, -a 1. adj grob; **2.** f geol Kalkstein m

tosc/à, -ana 1. adj toskanisch; **2.** m/f Toskaner, -in m/f; **3.** m ling Toskanisch n; **~*ana** f die Toskana n

tosquedat f Grobheit f

tossal m Hügel m, Anhöhe f

tossir vi husten

tossut, -uda adj dickköpfig

tot, -a 1. adj ganz; **2.** adv ganz, völlig, voll; **~ dret** (immer) geradeaus; **~ just** kaum, erst; **3.** pron alles; **4.** m (la totalitat) Ganze(s) n; **~al 1.** adj m/f total, vollständig; **2.** adv schließlich; **3.** m (Gesamt)Summe f; **~alitarisme** m Totalitarismus m; **~alitarista** adj m/f totalitaristisch; **~alitat** f Gesamtheit f; **~alment** adv ganz, völlig, total

tothom pron jedermann, alle

totxo, -a 1. adj dusselig; **2.** m/f Dussel m; **3.** m 1. (bastó) Knüppel m, Stock m; 2. constr Backstein m, Ziegelstein m

tou, tova 1. adj weich; **2.** m (quantitat) Menge f

tovall/es fpl tèxtil Tischdecke f; **~ó** m tèxtil Serviette f; **~ola** f tèxtil Handtuch n

tòxic, -a 1. adj med toxisch; **2.** m med Giftstoff m, Toxikum n

toxic/itat f Giftigkeit f, Toxizität f; **~òleg, -òloga** m/f Toxikologe, -in m/f; **~ologia** f Toxikologie f

toxic/òman, -a 1. adj rauschgiftsüchtig; **2.** m/f Rauschgiftsüchtige, -r f/m; **~omania** f med Drogenabhängigkeit f

toxina f med Toxin n

trabuc m auto Kipper m

trabucar vt umkehren, kippen

traç m Strich m

traca f aneinander gereihte Feuerwerkskörper mpl

traça f 1. (camí) Weg m; 2. (habilitat) Geschick n; **~r** vt 1. (línia) ziehen; 2. (projecte) aufzeichnen; 3. (pla) entwerfen

tracció f 1. Ziehen n, Zug m; 2. fis Traktion f

tract/ament m 1. Behandlung f; 2. (cortesia) Anrede f; 3. (elaboració) Verarbeitung f; **~ar 1.** vt 1. behandeln; 2. (cortesia) anreden; 3. (elaborar) verarbeiten; **2.** vi 1. (llibre, pel·lícula) handeln (de von); 2. (intentar) versuchen (de zu); 3. (amb algú) verkehren (amb mit); **~at** m Vertrag m; **~e** m 1. Behandlung f; 2. (contacte) Umgang m; 3. (pacte) Vereinbarung f, Abmachung f

tractor m Traktor m

tradici/ó f Tradition f; **~onal** adj m/f traditionell

tradu/cció f Übersetzung f; **~ctor, -a** m/f Übersetzer, -in m/f; **~ir** vt übersetzen

tràfec m Umladen n, Umfüllen n; **~s** mpl fig Schereien fpl

tr/àfic m 1. com Handel m; 2. Verkehr m; **~aficar** vi handeln

tr/agèdia f Tragödie f; **~àgic, -a 1.** adj tragisch; **2.** m/f 1. teat (actor) Tragödiendarsteller, -in m/f; 2. lit (autor) Tragödiendichter, -in m/f

tragin/ar vt (*mercaderies*) befördern; **~er** m com Fuhrmann m

trago m Schluck m; **un mal ~** bitteres Erlebnis n

tra/ició f Verrat m; **~ïdor, -a 1.** adj verräterisch; **2.** m/f Verräter, -in m/f; **~ïdoria** f Hinterlist f; **~ir** vt verraten

traject/e m 1. (*distància*) Strecke f; 2. (*camí*) Weg m; **~òria** f 1. (*d'un cos*) Flugbahn f; 2. (*balística*) Geschossbahn f; 3. (*professional*) Laufbahn f

tram m Strecke f, Abschnitt m

trama f 1. *tèxtil* Schuss m; 2. *lit* Handlung f; 3. (*intriga*) Intrige f; **~r** vt (*intriga*) schmieden

tr/ametre vt (über)senden, übermitteln; **~àmit** m 1. Instanzenweg m; 2. (*formalitat*) Formalitäten fpl

tramoia f 1. *teat* Bühnenmaschinerie f; 2. (*engany*) Schwindel m, Betrug m

trampa f Falle f

trampolí m Sprungbrett n, Trampolin n

tramvia m *ferroc* Straßenbahn f

tranquil, -il·la adj ruhig, still; **~·litat** f Ruhe f, Stille f

transatlàntic, -a 1. adj überseeisch, transatlantisch; **2.** m Passagierdampfer m

transcendent adj m/f transzendent; **~al** adj m/f 1. *filos* transzendental; 2. *fig* von größter Bedeutung f

transc/órrer vt vergehen, verstreichen; **~urs** m Verlauf m

transeünt 1. adj m/f vorübergehend; **2.** m/f Passant, -in m/f, Fußgänger, -in m/f

transfer/ència f 1. (*trasllat*) Verlegung f; 2. *econ* Transfer m; 3. *banc* Überweisung f; 4. (*propietat*) Übertragung f; **~ir** vt 1. (*traslladar*) verlegen (**a** nach); 2. *econ* transferieren (**a** zu); 3. *banc* überweisen (**a** an); 4. (*propietat*) übertragen

transformar vt 1. (*forma*) umwandeln (**en** in); 2. (*convertir*) verwandeln

transfusió f 1. (*líquid*) Umfüllung f; 2. *med* (*sang*) Transfusion f

transició f Übergang m

transistor m 1. *electròn* Transistor m; 2. *radio* Transistorradio n

trànsit m 1. (*circulació*) Verkehr m; 2. *com* Transit m; **~ansitar** vi 1. (*vehicle*) (durch)fahren; 2. (*a peu*) zu Fuß gehen

translació f 1. (*cosa*) Umstellen n; 2. (*cos*) Überführung f; 3. (*traducció*) Übersetzung f; 4. (*metàfora*) Metapher f

transm/etre vt 1. (*notícia*) übermitteln; 2. *tecn* Übertragen; 3. *fís* leiten; **~etre's** sich übertragen (**a** auf); **~issió** f 1. Übermittlung f; 2. *tecn* Übertragung f, Transmission f; 3. *fís* Leitung f

transpar/ència f 1. Durchsichtigkeit f, Transparenz f *elev*; 2. *foto* Dia(positiv) n; 3. Folie (für Tageslichtprojektor) f; **~ent** adj m/f durchsichtig, transparent

transpira/ció f 1. (*d'un cos*) Ausdünstung f; 2. *bot* Transpiration f; **~r** vi schwitzen, transpirieren *elev*

transport m Transport m, Beförderung

transversal 540

f; **~ar** vt 1. (trasl.ladar) tragen, bringen; 2. com transportieren, befördern; **~ista** m/f Transporteur, -in m/f, Spediteur, -in m/f

transversal adj m/f 1. quer; 2. geom transversal

transvestit m Transvestit m

trapezi m 1. Trapez n; 2. anat Trapezmuskel m; **~sta** m/f Trapezkünstler, -in m/f

tràquea f anat Luftröhre f, Trachea f

trasbals m 1. Umfüllen n, Umladen n; 2. (pertorbació) Erschütterung f

traslla/dar vt 1. (coses) umstellen; 2. (de feina) versetzen; 3. (reunió) verlegen; **~t** m 1. (coses) Umstellen n; 2. (de feina) Versetzung f; 3. (de data) Verschiebung f

traspàs m 1. (de límit) Überschreitung f; 2. (d'un immoble) Übertragung f, Überschreibung f; 3. esp (esportista) Ablösesumme f

trast m (guitarra) Bund m; **~er** m Rumpelkammer f

trastorn m Verwirrung f

trauma m Trauma n

través m (gruix) Dicke f; **a ~ de** durch

travess/a f 1. (peça llarguera) Traverse f; 2. ferroc Schwelle f; **~ar** vt überqueren, durchqueren; **~er, -a** 1. adj quer, Quer...; 2. m Keilkissen n, Querbalken m; **~ia** f (carrer) Querstraße f

treball m 1. Arbeit f; 2. (obra) Werk n; 3. (esforç) Mühe f; **~ador, -a** 1. adj fleißig; 2. m/f Arbeiter, -in m/f; **~ar** 1. vt bearbeiten; 2. vi arbeiten

tremol/ar vi zittern; **~or** m/f Zittern n; **~ós, -osa** adj zitternd

tren m ferroc Zug m; **~ d'alta velocitat** ferroc Hochgeschwindigkeitszug m

trena f Zopf m

trenc m Bruch m, Riss m; **~aclosques** m 1. (endevinalla) Rätsel n; 2. joc Puzzle n; **~adís, -issa** 1. adj zerbrechlich; 2. f Zerbrechen n; **~alòs** m zool Lämmergeier m; **~anous** m Nussknacker m; **~ar 1.** vt zerbrechen, zerschlagen; 2. vi 1. brechen; 2. (de direcció) abbiegen

trent/a 1. adj inv dreißig; 2. m Dreißig f; **~è, -ena** 1. adj dreißigste; 2. f Dreißigstel n

trepitja/da f Tritt m; **~r** vt 1. treten; 2. (entrar) betreten; 3. (raïm) keltern, pressen; 4. (humiliar) erniedrigen

tres 1. adj inv drei; 2. m Drei f; **en un ~ i no res** im Nu

tresor m Schatz m

tret m 1. (arma) Schuss m; 2. (distància) Strecke f, Entfernung f; 3. (característica) Merkmal n; **a grans ~s** in großen Zügen; **~ de** außer

tretze 1. adj inv dreizehn; 2. m Dreizehn f

treure vt 1. herausnehmen; 2. (solucionar) lösen; 3. (obtenir) erreichen; 4. (taca) entfernen; 5. esp ausspielen

treva f Waffenruhe f

Trèveris m Trier n

trèvol m bot Klee m

triang/le m 1. geom Dreieck n; **~le equilàter** gleichseitiges Dreieck; **~le isòs-**

celes gleichschenkliges Dreieck; **~le rectangle** rechtwinkliges Dreieck; 2. *mús* Triangel *n*; **~ular** *adj m/f* dreieckig, triangular *elev*

triar *vt* auswählen

tribu *f* Stamm *m*

tribulació *f* Drangsal *f*, Mühsal *f*

tribuna *f* Tribüne *f*; **~l** *m* 1. *jur* Gericht *n*; **~l constitucional** Verfassungsgericht; **~l suprem** Oberster Gerichtshof; **~l tutelar de menors** Vormundschaftsgericht; 2. (*electoral*) Wahlprüfungsausschuss *m*; 3. (*examinador*) Prüfungskomission *f*

tribut *m* (*impost*) Steuer *f*, Beitrag *m*

tricicle *m* Dreirad *n*

trifulga *f* Ärgernis *n*

trigar *vi* 1. (*durar*) brauchen, dauern; 2. (*retard*) sich verspäten, spät kommen

trimestre *m* Vierteljahr *n*, Quartal *n*

trineu *m* Schlitten *m*

trinitat *f* *relig* Dreifaltigkeit *f*, Trinität *f*

trinxar *vt* transchieren

triomf *m* Triumph *m*, Sieg *m*; **~ar** *vi* triumphieren, siegen

triple 1. *adj inv* dreifach; 2. *m* Dreifache(s) *n*

trípode *m* 1. (*moble*) Dreifuß *m*; 2. *foto* Stativ *n*

tríptic *m* 1. (*art*) Triptychon *n*; 2. *lit* Trilogie *f*

tripula/ció *f* 1. *nav* Schiffsmannschaft *f*; 2. *aero* Besatzung *f*; **~r** *vt* 1. (*proveir de tripulació*) bemannen; 2. (*conduir*) steuern

trist, -a *adj* traurig, betrübt, niedergeschlagen; **~esa** *f* Traurigkeit *f*

triturar *vt* 1. zerkleinern; 2. (*moldre*) zermahlen

trivial *adj m/f* trivial, platt

tro *m* Donner *m*

troba/da *f* Treffen *n*, Zusammenkunft *f*; **~dor, -a** *m/f lit* Troubadour *m*, Minnesänger *m*; **~lla** *f* Entdeckung *f*, (guter/wichtiger) Fund *m*; **~r** *vt* 1. (*descobrir*) finden, entdecken; 2. (*considerar*) finden, merken; **~r-se** 1. (*coincidir*) begegnen; 2. (*sentir-se*) sich fühlen; 3. (*estar present*) sich befinden

trofeu *m* Trophäe *f*

trompa *f* 1. *mús* (Wald)Horn *n*; 2. (*embriaguesa*) Rausch *m*; 3. *zool* Rüssel *m*; 4. (*nas llarg*) Zinken *m col·loq*

trompada *f* Schlag *m*

trompeta 1. *f* Trompete *f*; **2.** *m/f* Trompetenspieler, -in *m/f*, Trompeter, -in *m/f*

tron *m* Thron *m*

trona *f* 1. (*cadira alta*) Hochstuhl *m*; 2. *relig* Kanzel *f*

trona/r *vi* donnern; **~t, -ada** *adj* (*roba usada*) abgetragen

tronc *m* 1. Stamm *m*; 2. *anat* Rumpf *m*; 3. (*família*) Abstammung *f*, ♦ **dormir com un ~** wie ein Murmeltier schlafen

trontollar *vi* schwanken, wackeln

tropa *f* Truppe *f*

tr/òpic, -a 1. *adj* tropisch, Tropen...; **2.** *m astron* Wendekreis *m*; **3. ~s** *mpl* Tropen *pl*; **~opical** *adj m/f* tropisch, Tropen...

tros *m* Stück *n*; **~sejar** *vt* zerstückeln, zerkleinern

trot *m* Trab *m*; **~ar** *vi* 1. (*cavall*) traben; 2. (*genet*) Trab reiten

truc *m* 1. (*cop*) Schlag *m*; 2. (*porta, finestra*) Klopfen *n*; 3. (*telèfon*) Klingeln *n*; 4. (*recurs*) Trick *m*

truca/da *f* (*telefònica*) Anruf *m*; **~r** 1. *vt* (*trucatge*) fälschen; **2.** *vi* 1. (*porta, finestra*) klopfen; 2. (*timbre*) klingeln; 3. (*telèfon*) anrufen

trufa *f bot* Trüffel *m*

truja *f* (*femella del porc*) Sau *f*

truncar *vt* (*tallar*) abschneiden

tsar, -ina *m/f* Zar, -in *m/f*

tub *m* 1. Rohr *n*; **~ d´assaig** Reagenzglas *n*; **~ d´escapament** auto Auspuff *m*; **~ digestiu** Verdauungstrakt *m*; 2. (*recipient*) Tube *f*

tubercle *m bot* Knolle *f*

tuf *m* Gestank *m*, Mief *m*

tulipa *f bot* Tulpe *f*

tumult *m* Tumult *m*

túnel *m* Tunnel *m*

túnica *f* Tunika *f*

Tun/is *m* Tunis *n*; **~ísia** *f* Tunesien *f*

tupè *m* Toupet *n*

turbant *m* Turban *m*

turbina *f* Turbine *f*

turbulent, -a *adj* turbulent

turc, -a 1. *adj* türkisch; **2.** *m/f* Türke, -in *m/f*; **3.** *m ling* Türkisch *n*

turis/me *m* 1. Tourismus *m*; 2. *auto* (Personen)Wagen *m*; **~ta** *m/f* Tourist, -in *m/f*

turme/ll *m anat* (Fuß)Knöchel *m*; **~nt** *m* Folter *f*

turó *m* Hügel *m*, Anhöhe *f*

Turquia *f* Türkei *f*

tut/ejar *vt* duzen; **~ela** *f* 1. *jur* Vormundschaft *f*; 2. (*protecció*) Schutz *m*; **~or, -a** *m/f* 1. *jur* Vormund *m*; 2. (*protector*) (Be)Schützer, -in *m/f*; 3. *enseny* (*de curs*) Tutor, -in *m/f*; 4. *univ* (*de doctorat*) Doktorvater *m*, Betreuer, -in *m/f*

Txad *m* Tschad *m*

txec, -a 1. *adj* tschechisch; **2.** *m/f* Tscheche, -in *m/f*; **3.** *m* Tschechisch *n*

txecoslovac, -a 1. *adj hist* tschechoslowakisch; **2.** *m/f hist* Tschechoslowake, -in *m/f*

Txecoslovàquia *f hist* Tschechoslowakei *f*

Txèquia *f* Tschechien *n*

U

u U *f* u, U *n*

ubica/ció *f* Standort *m*; **~t, -ada** *adj* befindlich, lokalisiert

Ucraïn/a *f* Ukraine *f*; **~ès, -esa** 1. *adj* ukrainisch; **2.** *m/f* Ukrainer, -in *m/f*; **3.** *m ling* Ukrainisch *n*

udol *m* Heulen *n*; **~ar** *vi* heulen

Ugand/a *f* Uganda *n*; **~*ès, -esa** 1. *adj* ugandisch; **2.** *m/f* Ugandier, -in *m/f*

úlcera *f med* Geschwür *n*, Ulkus *n*

Ulisses *m* Odysseus *m*, Ulixes *m*

ull *m* Auge *n*; **a ~** nach Augenmaß; **~ de poll** Hühnerauge *n*; **~ada** *f* Blick *m*; **~al** *m anat* Eckzahn *m*; **~eres** *fpl* Brille *f*; **~eres bifocals** Zweistärkenbrille *f*, Bifokalbrille *f*; **~eres progressives** Gleitsichtbrille *f*; **~et**

m Äuglein *n*; ♦ **fer l'~et** zwinkern

últim, -a *adj* letzter

ultra 1. *adj m/f* rechtsextremistisch; 2. *m/f* Rechtsextremist, -in *m/f*

ultramar *m* Übersee *f*; **~í, -ina** 1. *adj* 1. überseeisch; 2. ultramarin; 2. *mpl* Kolonialwarengeschäft *n*

ultrat/ge *m* Beleidigung *f*, Beschimpfung *f*; **~jador, -a** 1. *adj* beleidigend; 2. *m/f* Beleidiger, -in *m/f*

ultratomba *f* Jenseits *n*

umbilical *adj m/f* Nabel...; **cordó ~** *anat* Nabelschnur *f*

un, -a 1. *adj* eins; 2. *pron* eine(r), man

un/ànime *adj m/f* 1. (*opinió*) einmütig; 2. (*decisió*) einstimmig; **~animitat** *f* Einmütigkeit *f*

unça *f* Unze *f*

unció *f relig* Salbung *f*, Ölung *f*

ungl/a *f* 1. Nagel *m*; 2. (*cavall*) Huf *m*; 3. (*aus, carnívors*) Kralle *f*; ♦ **treure les ~es** die Krallen zeigen; **~ot** *m zool* Klaue *f*

ungüent *m med* Salbe *f*

únic, -a *adj* 1. (*sol*) einzig; 2. (*extraordinari*) einzigartig, einmalig; **~ament** *adv* nur, allein

unicel·lular *adj m/f biol* einzellig

unificació *f* Vereinheitlichung *f*

uniform/e 1. *adj m/f* einheitlich; 2. *m* Uniform *f*; **~itat** *f* Einheitlichkeit *f*

uni/ó *f* 1. (*acció*) Verbindung *f*, Zusammenfügung *f*; 2. (*territorial*) Vereinigung *f*, Zusammenschluss *m*; 3. *com* Verband *m*, Verein *m*, Union *f*; **~r** *vt* 1. (*dos elements*) verbinden, zusammenfügen; 2. (*territori*) vereinen, vereinigen; **~tat** *f* Einheit *f*

univers *m* (Welt)All *n*, Universum *n*; **~al** *adj m/f* universal, Universal...

universitat *f* Universität *f*

unívoc, -a *adj* eindeutig

untar *vt* 1. (ein)schmieren; 2. *fig* (*subornar*) bestechen; **~-se** sich beschmieren (**amb** mit)

uperitza/ció *f* Uperisation *f*; **~r** *vt* uperisieren

Urals *mpl*: **els ~** der Ural *m*

urani *m quím* Uran *n*

urb/à, -ana 1. *adj* städtisch, Stadt...; 2. *m/f* Stadtpolizist, -in *m/f*; **~anisme** *m* 1. (*planificació*) Stadtplanung *f*; 2. (*ciència*) Urbanistik *f*; **~anístic, -a** *adj* städtebaulich; **~anitzable** *adj m/f* städtebaulich; **~anització** *f* 1. (*acció*) Bebauung *f*, Erschließung *f*; 2. (*de cases*) (Wohn)Siedlung *f*; **~anitzar** *vt* bebauen, urbanisieren, erschließen

ur/èter *m anat* Harnleiter *m*; **~etra** *f anat* Harnröhre *f*

urg/ència *f* Dringlichkeit *f*; **~ent** *adj m/f* dringend; **~ir** *vi* eilen, eilig sein

úric, -a *adj* Harn...

urinari, -ària 1. *adj* Urin...; 2. *m* Pissoir *n*

urna *f* Urne *f*

ur/ogenital *adj m/f anat* urogenital; **~òleg, -òloga** *m/f* Urologe, -in *m/f*; **~ologia** *f med* Urologie *f*

Uruguai *m* Uruguay *n*; **~à, -ana** 1. *adj* uruguayisch; 2. *m/f* Uruguayer, -in *m/f*

ús *m* Gebrauch *m*, Benutzung *f*; **~ de raó** Verständigkeit *f*; ♦ **estar en ~** gebräuchlich sein; **fer ~** Gebrauch machen

usa/r vt benutzen, gebrauchen; **~t, -ada** adj gebraucht

usua/l adj m/f üblich, gewöhnlich, gebräuchlich; **~ri, -ària** m/f 1. Benutzer, -in m/f; 2. econ Verbraucher, -in m/f

usura f Wucher m

usurpa/ció f Usurpation f; **~dor, -a** 1. adj usurpatorisch; 2. m/f Usurpator, -in m/f; **~r** vt usurpieren

utensili m Gerät n, Utensil n

úter m anat Gebärmutter f, med Uterus m

uterí, -ina adj Uterus...

útil adj m/f nützlich, brauchbar

utilit/at f Nutzbarkeit f, Nützlichkeit f; **~zable** adj m/f verwendbar; **~zació** f Benutzung f, Gebrauch m; **~zar** vt benutzen, gebrauchen, verwenden

utillatge m tecn Ausrüstung f

ut/opia f Utopie f; **~òpic, -a** adj utopisch

úvula f anat Zäpfchen n

uvular adj m/f 1. Zäpfchen...; 2. ling uvular

uzbek, -a 1. adj usbekisch; 2. m/f Usbeke, -in m/f; 3. m ling Usbekisch n; **~*istan** m Usbekistan n

V

v V f v, V n

va, -na adj vergeblich, eitel; **en ~** umsonst, vergebens

vaca f zool Kuh f

vacances fpl 1. (de feina) Urlaub m; 2. (d'estudis) Ferien pl

vacant 1. adj m/f unbesetzt, vakant, frei; 2. f freie Stelle f

vacil·la/ció f Schwanken n; **~nt** adj m/f schwankend; **~r** vi 1. (moure's) schwanken; 2. (tremolar una flama) flackern; 3. (dubtar) schwanken, zögern

vacuna f Impfstoff m; **~r** vt impfen

vademècum m Vademekum n

vaga f Streik m; ♦ **fer ~** streiken

vag/abund, -a 1. adj vagabundierend; 2. m/f Vagabund m, Landstreicher, -in m/f; **~abundejar** vi umherstreichen; **~ància** f Faulheit f, Faulenzerei f; **~ar** vi untätig sein

vagin/a f anat Scheide f; **~al** adj m/f Scheiden..., med vaginal; **~itis** f med Scheidenentzündung f

vag/ó m ferroc Wagen m; **~onada** f Wagenladung f; **~oneta** f min Lore f, Kippwagen m

vagu/e, -ga adj (imprecís) vage, umbestimmt; **~etat** f Ungenauigkeit f; **~ista** m/f Streikende, -r f/m

vainilla f Vanille f

vaivé m 1. (horitzontal) Hin und Her n; 2. (vertical) Auf und Ab n

vaixell m Schiff n; **~ cisterna** Tanker m; **~ de vapor** Dampfer m; **~ escola** Schulschiff n; **~ mercant** Handelsschiff n; **~a** f Geschirr n; **~ada** f Abwasch m

val m Gutschein m; **~edor, -a** m/f Beschützer, -in m/f; **~ença** f Beistand m, Schutz m

Val/ència f Valencia n; **~*ència** f 1. quím Wertigkeit f; 2. ling Valenz f; **~*encià, -ana** 1. adj valencianisch; 2. m/f Valencianer, -in m/f; 3. m ling Valencianisch n; **~*encianisme** m ling Valencianismus m

valent, -a adj mutig; **de ~** stark; **~ia** f Mut m

valer 1. vt (costar) kosten; 2. vi 1. (ser vàlid) gelten; 2. (tenir valor) wert sein

valeriana f bot Baldrian m

valer/ós, -osa adj mutig; **~-se** 1. (per si mateix) zurechtkommen; 2. (servir-se) greifen (**de** zu)

vàlid, -a adj gültig

valid/ació f Gültigmachung f; **~ar** vt gültig machen; **~esa** f Gültigkeit f

valisa f Handkoffer m

vall f Tal n

valor m 1. Wert m; 2. (valentia) Mut m; **~ació** f Bewertung f; **~ar** vt schätzen (**en** auf)

valquíria f mitol Walküre f

vals m mús Walzer m; **~ar** vi Walzer tanzen

vàlua f 1. Wert m; 2. econ Schätzung f

valuós, -osa adj wertvoll

vàlvula f Ventil n

valvular adj m/f anat Klappen...

vampir, -a m/f Vampir m; **~essa** f (dona lleugera) Vamp m

vanaglòria f Ruhmsucht f

vàndal, -a 1. adj wandalisch; 2. m/f Wandale, -in m/f

vand/àlic, -a adj wandalisch; **~alisme** m Wandalismus m, Zerstörungswut f

vanit/at f Eitelkeit f; **~ós, -osa** adj eingebildet, eitel

vapor m Dampf m; **~ització** f Verdampfung f; **~itzador, -a** 1. adj verdampfend; 2. m Verdampfer m; **~itzar** vt verdampfen; **~ós, -osa** adj dampfig

vaquer, -a 1. Viehhirten...; 2. m/f Viehhirt, -in m/f; **~ia** f Kuhstall m

var/a f Gerte f, Rute f; **~eta** f Stäbchen n; **~eta màgica** Zauberstab m

varad/a f nav Stapellauf m; **~or, -a** m/f nav Dockarbeiter, -in m/f

vari, vària adj 1. veränderlich; 2. verschieden; **~etat** f 1. Vielfalt f, Reichhaltigkeit f; 2. biol Varietät f

varia/bilitat f Veränderlichkeit f; **~ble** 1. adj m/f veränderlich, wechselnd; 2. f mat Variable f; **~ció** f 1. (canvi) Veränderung f; 2. mús Variation f; **~nt** 1. adj m/f wechselnd; 2. f Variante f; **~r** 1. vt ändern, verändern; 2. vi wechseln, abweichen, variieren

varicel·la f med Varizellen fpl

Vars/òvia f Warschau n; **~*ovià, -ana** 1. adj warschauisch; 2. m/f Warschauer, -in m/f

vas m Gefäß n; **~al** adj m/f anat Gefäß..., vasal; **~cular** adj m/f 1. anat Gefäß...; 2. med vaskular, vaskulär

vaselina f quím Vaseline f

vassall, -a 1. adj lehnspflichtig; 2. m/f hist Lehnsmann m, Vasall m; **~atge** m Lehnswesen n

vast, -a adj weit, groß; **~itud** f Weite f

vat m electr Watt n

vàter m Toilette f, WC n, Klo n col·loq

Vaticà

Vatic/à m Vatikanstadt f; **~*à, -ana** adj vatikanisch; **~*anisme** m Papismus m; **~*anista** m/f Papist, -in m/f

vaticin/ador, -a adj 1. wahrsagend; 2. prophezeiend; **~ar** vt wahrsagen, prophezeien; **~i** m Wahrsagung f

ve f (nom lletra) v, V n; **~ doble** (nom lletra) w, W n

vector m mat Vektor m; **~ial** adj m/f vektoriell, Vektor...

veda f 1. (prohibició) Verbot n; 2. (caça, pesca) Schonzeit f; **~r** vt verhindern; **~t** m Gehege n, Revier n

vedell, -a m/f zool Kalb n

vegada f Mal n; **a la ~** gleichzeitig; **cada ~ més** immer mehr; **cada ~ que** jedes Mal wenn; **de vegades** manchmal; **moltes vegades** viele Male, oft; **rara ~** selten; **tal ~** vielleicht; **una altra ~** nochmals, ein anderes Mal; **una ~** einmal

vegeta/bilitat f Wachstumsfähigkeit f; **~ble** adj m/f wachstumsfähig; **~ció** f Vegetation f; **~l** 1. adj m/f pflanzlich, Pflanzen...; 2. m Pflanze f; **~rià, -ana** 1. adj vegetarisch; 2. m/f Vegetarier, -in m/f; **~tiu, -iva** adj vegetativ

vehem/ència f Heftigkeit f, lit Vehemenz f; **~ent** adj m/f heftig, lit vehement

vehic/le m Fahrzeug n; **~ular** 1. adj m/f Fahrzeug...; 2. vt befördern

veí, -ïna 1. adj benachbart (**de** mit), Nachbar...; 2. m/f 1. Nachbar, -in m/f; 2. (habitant) Einwohner, -in m/f; **~ïnal** adj m/f nachbarlich; **~ïnat, -ada** 1. adj benachbart (**amb** mit), Nachbar...; 2. m 1. Nachbarn mpl; 2. (ciutadans) Bürger mpl; 3. (comunitat) Gemeinde f; **~ïnatge** m Nachbarschaft f

vel m Schleier m; **~ del paladar** anat Gaumensegel n

vel/a f nav Segel n; **a tota ~a** mit vollen Segeln; **~er, -a** 1. adj Segel...; 2. m Segelschiff n

velar 1. adj m/f 1. anat Gaumensegel...; 2. ling velar; 2. vt verschleiern; **~ització** f ling Velarisierung f; **~itzar** vt ling velarisieren

vell, -a 1. adj alt; 2. m/f Alte, -r f/m

vel·leïtat f Anflug m

vellesa f Alter n

vellut m tèxtil Samt m

velo/ç adj m/f schnell, eilig; **~címetre** m auto Tachometer m; **~citat** f Geschwindigkeit f

velòdrom m esp Velodrom n, Radrennbahn f

vena f anat Ader f, Vene f; **~l** adj m/f venös

vencedor, -a adj siegend

vèncer 1. vt 1. (enemic) (be)siegen; 2. (obstacle) überwinden; 2. vi 1. (guanyar) siegen; 2. (termini) ablaufen

venci/ble adj m/f besiegbar; **~ment** m Besiegung f

venda f Verkauf m; **en ~** zu verkaufen

vendaval m starker Wind m

vend/ibilitat f Verkäuflichkeit f; **~ible** adj m/f verkäuflich; **~re** vt verkaufen; **~re's** sich verkaufen

Ven/ècia f Venedig f; **~*ecià, -ana** 1. adj venezianisch; 2. m/f Venezianer, -in m/f; 3. m ling Venezianisch n

veneç/olà, -ana 1. *adj* venezolanisch; **2.** *m/f* Venezolaner, -in *m/f*; **~*uela** *f* Venezuela *n*

venedor, -a 1. *adj* 1. (*en venda*) verkäuflich; 2. (*que ven*) verkaufend; **2.** *m/f* Verkäufer, -in *m/f*

venera/bilitat *f* Ehrwürdigkeit *f*; **~ble** *adj m/f* ehrwürdig; **~ció** *f* Ehrfurcht *f*; **~r** *vt* verehren

veneri, -èria *adj med* venerisch

vènia *f* 1. Verzeihung *f*; 2. Erlaubnis *f*

venial *adj m/f* lässlich; **~itat** *f* Lässlichkeit *f*

venir *vi* 1. (an)kommen; 2. (*procedir*) herkommen

venja/dor, -a 1. *adj* rächend; **2.** *m/f* Rächer, -in *m/f*; **~nça** *f* Rache *f*; **~r** *vi* rächen; **~r-se** sich rächen

vent *m* Wind *m*; **~ada** *f* Windstoß *m*; **~all** *m* Fächer *m*; **~ar** *vt* 1. (*amb ventall*) fächeln; 2. (*el foc*) anfachen; **~arse** sich fächeln; **~ilació** *f* Belüftung *f*, Ventilation *f*; **~ilador, -a 1.** *adj* Lüftungs...; **2.** *m* 1. Ventilator *m*; 2. *auto* Gebläse *n*; **~ilar** *vt* (be/ent)lüften; **~ós, -osa** *adj* windig; **~osa** *f med* Schröpfkopf *m*; **~ositat** *f* 1. Wind *m*; 2. Blähung *f*

ventr/al *adj m/f anat* ventral; **~e** *m* 1. *anat* (*abdomen*) Unterleib *m*; 2. *anat* (*panxa*) Bauch *m*; ♦ **anar de ~e** Stuhlgang haben; **~icle** *m anat* Kammer *f*, Ventrikel *m*; **~icular** *adj m/f* ventrikular, ventrikulär; **~íloc, -oqua** *m/f* Bauchredner, -in *m/f*, **~ilòquia** *f* Bauchreden *n*

ventur/a *f* Zufall *m*; **~er, -a** *adj* zufällig, eventuell; **~ós, -osa** *adj* glücklich

vera/ç *adj m/f* 1. (*persona*) wahrheitsliebend; 2. (*fet, narració*) wahr; **~citat** *f* Wahrhaftigkeit *f*

veranda *f arquit* Veranda *f*

verb *m* 1. *ling* Verb *n*; 2. (*paraula*) Wort *n*; **~al** *adj m/f* verbal, Verbal...; **~alista 1.** *adj m/f* verbalistisch; **2.** *m/f* Verbalist, -in *m/f*; **~alitzar** *vt* verbalisieren

verd, -a 1. *adj* 1. grün; 2. (*no madur*) grün, unreif; 3. (*obscè*) schmutzig, schlüpfrig; **2.** *m* 1. (*color*) Grün *n*; 2. (*herba*) Gras *n*; **~olaga** *f bot* Portulak *m*; **~or** *f* Grüne *f*; **~ós, -osa** *adj* grünlich

verdu/laire *m/f* Gemüsehändler, -in *m/f*; **~ra** *f agric* Gemüse *n*

veredicte *m jur* Wahrspruch *m*

verema *f agric* Weinlese *f*; **~dor, -a** *m/f* Weinleser, -in *m/f*, Winzer, -in *m/f*; **~r** *vt* (ver)lesen, Trauben lesen

verga *f col·loq* (*penis*) Rute *f*, Schwanz *m*

verge 1. *adj m/f* jungfräulich, rein; **2.** *f* 1. *relig* Jungfrau *f*; **~* Maria** die Heilige Jungfrau Maria; 2. *astrol* Jungfrau *f*

vergony/a 1. *f* 1. Scham *f*; 2. (*deshonra*) Schande *f*; 3. (*decència*) Anstand *m*; 4. (*timidesa*) Schüchternheit *f*; **2. ~es** *fpl anat* Schamteile *pl*; **~ós, -osa** *adj* 1. (*persona*) verschämt; 2. (*tímid*) schüchtern; 3. (*acció*) beschämend

verí *m* Gift *m*

ver/ídic, -a *adj* wahr; **~ificable** *adj m/f* nachweisbar, *lit* verifizierbar; **~ificació** *f* Bestätigung *f*; **~ificar** *vt* 1.

verinós

(*comprovar*) beweisen, nachweisen; 2. (*controlar*) überprüfen, kontrollieren

verinós, -osa *adj* giftig

verita/ble *adj m/f* wahr; **~t** *f* Wahrheit *f*; **de ~t!** wirklich!, tatsächlich!

vermell 1. *adj m/f* rot; 2. *m* Rot *m*

vermut *m* Wermut *m*

vernac/le, -a 1. *adj* einheimisch, Heimat...; 2. *m ling* Landessprache *f*; **~ular** *adj m/f* einheimisch

vernís *m* Lack *m*

vers 1. *m* Vers *m*; 2. *prep* nach, zu; **~àtil** *adj m/f* wankelmütig; **~atilitat** *f* Wankelmut *m*

versemblan/ça *f* Wahrscheinlichkeit *f*; **~t** *adj m/f* wahrscheinlich

versicle *m bibl* Vers *m*

versifica/ció *f* Versifizierung *f*; **~dor, -a** *m/f* Versemacher, -in *m/f*; **~r** 1. *vt* versifizieren; 2. *vi* dichten

versió *f* Version *f*, Fassung *f*; **en ~ original** *cine* in Originalfassung

vèrtebra *f anat* Wirbel *m*

vertebra/l *adj m/f* Wirbel..., vertebral; **~r** *vt* gliedern; **~t, -ada** 1. *adj anat* Wirbel...; 2. *m* Wirbeltier *n*

vèrtex *m* Scheitel *m*

vertical 1. *adj m/f* vertikal, senkrecht; 2. *f* Vertikale, Senkrechte *f*

vertigen *m* Schwindel *m*

vespa *f zool* Wespe *f*

vespr/a *f* Vorabend *m*; **~ada** *f* 1. Abend *m*; 2. *val* Nachmittag *m*; **~e** *m* Abend *m*; **al ~e** abends

vessa/nt *m* 1. Abhang *m*; 2. *fig* (*punt de vista*) Aspekt *m*; **~r** 1. *vt* schütten;

548

2. (*d'un recipient*) ausleeren, ausgießen; 2. *vi* ablaufen, abfließen

vest/íbul *m* 1. (*pis*) Diele *f*; 2. (*hotel*) Halle *f*; 3. *teat* Foyer *n*, Vestibül *n*; **~idor** *m* Ankleideraum *m*; **~ir** 1. *vt* anziehen; 2. *vi* sich kleiden; **~ir-se** sich anziehen; **~it** *m* 1. (*dona*) Kleid *n*; 2. (*home*) Anzug *m*; **~it de bany** Badeanzug *m*; **~uari** *m* 1. (*lloc*) Garderobe *f*; 2. (*conjunt de vestits*) Garderobe *f*, Kleider *pl*

vestigi *m* Spur *f*

vestimenta *f* Kleidung *f*

vet *m* Veto *n*, Einspruch *m*; **~a** *f* Band *n*

veterà, -ana 1. *adj* erfahren, *mil* Veteran *m*; 3. *m/f* (*expert*) Expert, -in *m/f*

veterinari, -ària 1. *m/f med* Vetärinär, -in *m/f*, Tierarzt, -ärztin *m/f*; 2. *f med* Veterinärmedizin *f*, Tiermedizin *f*

vetlla *f* Vorabend *m*; **~da** *f* (Gesellschafts)Abend *m*; **~dor, -a** 1. *adj* wachend; 2. *m/f* Wächter, -in *m/f*; **~r** 1. *vt* (be)wachen; 2. *vi* wachen

veu *f* Stimme *f*; **a mitja ~** halblaut; **de viva ~** mündlich; ♦ **alçar la ~** die Stimme erheben; **portar la ~ cantant** den Ton angeben

veure *vt* sehen; **a ~** lass mal sehen; **vist i plau** gesehen und genehmigt; ♦ **anar a ~** besuchen; **fer ~ que** so tun als ob; **tenir a ~** zu tun haben

vexa/ció *f* Belästigung *f*; **~r** *vt* belästigen

vi *m* Wein *m*; **~ blanc** Weißwein *m*; **~ dolç** Süßwein *m*; **~ escumós** Schaumwein *m*; Sekt *m*; **~ negre** Rotwein *m*; **~ rosat** Rosé(wein) *m*

via 1. f 1. (camí) Weg m; 2. ferroc Gleis n; **2.** prep via, über; **~ble** adj m/f durchführbar
viacrucis m Kreuzweg m
viaducte m Viadukt m
vianant m/f Fußgänger, -in m/f
vianda f Speise f, Nahrung f
viat/ge m Reise f; **bon ~ge!** gute Fahrt!, gute Reise!; **~ge d'estudis** Studienreise f; **~ge de negocis** Geschäftsreise f; **~ge de noces** Hochzeitsreise f; **~ge de plaer** Vergnügungsreise f; ♦ **estar de ~ge** auf Reise sein, verreist sein; **sortir de ~ge** abreisen; **~ger, -a 1.** adj reisend; **2.** m/f Reisende, -r f/m; **~jant, -a** m/f com Handelsreisende, -r f/m; **~jar** vi reisen
vibra/ció f Vibration f, Schwingung f; **~nt** adj m/f vibrierend; **~r** vi schwingen
vicari, -ària m/f Vikar, -in m/f; **~a** f Vikariat n
vice/presidència f Vizepräsidentschaft f; **~president, -a** m/f Vizepräsident, -in m/f; **~rector** m Prorektor m; **~rectorat** m Prorektorat m; **~secretari, -ària** m/f Vizesekretär, -in m/f; **~versa** adv vice versa, umgekehrt
vici m Laster n; **~ar** vt verderben
víctima f Opfer n
victòria f Sieg m; ♦ **cantar ~** den Sieg feiern
vida f Leben n; **l'altra ~** Jenseits n; **mai de la ~** nie im Leben
vídeo m 1. Video n; 2. (aparell) Videogerät n
video/clip m Videoclip m; **~club** m Videothek f; **~conferència** f Videokonferenz f; **~joc** m Videospiel n
vidre m Glas n
vidriola f Sparbüchse f
vidu, vídua 1. adj verwitwet; **2.** m/f Witwe, -r f/m
Vien/a f Wien n; **~*ès, -esa 1.** adj wienerisch; **2.** m/f Wiener, -in m/f
Vietnam m Vietnam n; **~*ita 1.** adj m/f vietnamesisch; **2.** m/f Vietnamese, -in m/f; **3.** m ling Vietnamesisch n
vig/ència f Gültigkeit f; **~ent** adj m/f (rechts)gültig
vigil/ància f Bewachung f, Überwachung f; **~ant 1.** adj m/f wachsam; **2.** m/f Wächter, -in m/f; **~ar** vt 1. bewachen, überwachen; 2. (cuidar) aufpassen
vigília f Vorabend m
vigor m Kraft f, Stärke f; **en ~ jur** in Kraft; **~ia** f Kraft f; **~itzar** vt kräftigen, stärken; **~ós, -osa** adj stark, kräftig
víking, -a 1. adj hist wikingisch, Wikinger...; **2.** m/f hist Wikinger, -in m/f
vil adj m/f gemein, schlecht
vila f Kleinstadt f
vilesa f Gemeinheit f
vinagre m Essig m
vincula/ció f Bindung f; **~nt** adj m/f bindend, verbindlich; **~r** vt binden (a an); **~r-se** sich (ver)binden
vinent adj m/f kommend
vin/ícola 1. adj m/f Wein(bau)...; **2.** m Winzer, -in m/f; **~icultor, -a** m/f Winzer, -in m/f; **~icultura** f Weinbau m; **~ificació** f Weinbereitung f; **~ificar** vt agric keltern

vint 1. *adj inv* zwanzig; **2.** *m* Zwanzig *f*
vinya *f* Weinberg *m*, Weingarten *m*
viola 1. *f* 1. *bot* Veilchen *n*; 2. *mús* Viola *f*, Bratsche *f*; **2.** *m/f mús* Violaspieler, -in *m/f*, Bratschenspieler, -in *m/f*
viol/ació *f* 1. (*persona*) Vergewaltigung *f*; 2. Verletzung *f*; **~ador, -a 1.** *adj* verletzend; **2.** *m/f* 1. (*persona*) Vergewaltiger *m*; 2. Verletzer, -in *m/f*; **~ar** *vt* 1. übertreten, verletzen; 2. (*una persona*) vergewaltigen; **~ència** *f* Gewalt *f*; **~ent, -a** *adj* 1. (*impetuós*) gewaltig, heftig; 2. (*amb violència*) gewaltsam; 3. (*agressiu*) aufbrausend
violeta 1. *adj inv* violett; **2.** *m* (*color*) Violett *n*; **3.** *f bot* Veilchen *n*
viol/í *m* Geige *f*, Violine *f*; **~inista** *m/f* Geigenspieler, -in *m/f*, Violinist, -in *m/f*; **~oncel** *m* Violoncello *n*; **~oncel·lista** *m/f* Cellist, -in *m/f*
viral *adj m/f med* Virus...
virar *vt* 1. drehen, wenden; 2. *nav* aufwinden
virgin/al *adj m/f* jungfräulich; **~itat** *f* Jungfräulichkeit *f*
víric, -a *adj med* Virus...
viril *adj m/f* männlich, Mannes...; **~itat** *f* Mannbarkeit *f*, Männlichkeit *f*
virre/gnal *adj m/f* Vizekönigs...; **~gnat** *m* Vizekönigreich *n*; **~i, -na** *m/f* Vizekönig, -in *m/f*
virtu/al *adj m/f* wirkungsfähig; **~ós, -osa 1.** *adj* tugendhaft; **2.** *m/f mús* Virtuose, -in *m/f*; **~ositat** *f mús* Virtuosität *f*; **~t** *f* Tugend *f*; **en ~t de** aufgrund von
virus *m* Virus *n*

visat *m* Visum *n*
visca *m* Hochruf *m*
víscera *f anat* Eingeweide *n*
visceral *adj m/f anat* Eingeweide..., visceral
visc/ós, -osa 1. *adj* 1. (*espès*) zäh(flüssig); 2. *quím* viskös; **2.** *f tèxtil* Viskose *f*; **~ositat** *f* Klebrigkeit *f*
vis/era *f* Schirm *m*; **~ibilitat** *f* Sichtbarkeit *f*, **~ible** *adj m/f* sichtbar; **~ió** *f* 1. (*vista*) Sicht *f*; 2. (*aptitud*) Sehvermögen *n*; 3. (*aparició*) Vision *f*, Erscheinung *f*
visigot, -oda 1. *adj* westgotisch; **2.** *m/f* Westgote, -in *m/f*
visita *f* 1. Besuch *m*; 2. (*turisme*) Besichtigung *f*; 3. *med* Untersuchung *f*; **~nt.** *adj m/f* besuchend, Gast...; **2.** *m/f* Besucher, -in *m/f*; **~r** *vt* 1. besuchen; 2. (*turisme*) besichtigen; 3. *med* untersuchen
visó *m zool* Nerz *m*
vis/ta *f* 1. (*visió*) Sicht *f*, Sehen *n*; **a la ~ta** in Sicht; **curt de ~ta** kurzsichtig; **en ~ta de** angesichts; **punt de ~ta** Gesichtspunkt *m*; 2. (*capacitat*) Sehvermögen *n*; 3. (*mirada*) Blick *m*; 4. *jur* Verhandlung *f*; ♦ **conèixer de ~ta** vom Sehen kennen; **perdre de ~ta** aus den Augen verlieren; **~tós, -osa** *adj* 1. (*cridaner*) auffällig; 2. (*atractiu*) ansehnlich; **~ual** *adj m/f* visuell, Seh..., Sicht...; **~ualitzar** *vi* sichtbar machen
vital *adj m/f* 1. vital, Lebens...; 2. (*necessari*) lebensnotwendig; **~isme** *m filos* Vitalismus *m*; **~ista 1.** *adj m/f* vitali-

voluntari

stisch; **2.** m/f Vitalist, -in m/f; **~itat** f Vitalität f

vitam/ina f Vitamin n; **~ínic, -a** adj Vitamin...

vit/ícola adj m/f agric Weinbau...; **~icultor, -a** m/f agric Winzer, -in m/f; **~icultura** f agric Weinbau m

vitr/all m Glasfenster n, Kirchenfenster n; **~ina** f Vitrine f, Glasschrank m

vitroceràmica f Glaskeramik f

vituper/able adj m/f schmählich; **~ar** vt schmähen; **~i** m Schmähung f

viu, viva adj **1.** lebendig; **2.** (intel·ligent) aufgeweckt

viudo, -a 1. adj verwitwet; **2.** m/f Witwe, -r f/m

viure 1. vt erleben, durchleben; **2.** vi **1.** (ésser viu) leben; **2.** (habitar) leben, wohnen; **3.** m Leben n

viv/aç adj m/f lebhaft, lebendig; **~acitat** f Lebhaftigkeit f; **~ència** f Erlebnis n; **~ent** adj m/f lebend, lebendig

viver m **1.** (de peixos) Zuchtteich m; **2.** (de plantes) Gärtnerei f; **3.** (d'arbres) Baumschule f

vocab/le m Vokabel f, Wort n; **~ulari** m Wortschatz m, Vokabular n

vocació f Berufung f

voc/al 1. adj m/f vokal; **2.** f ling Vokal m; **3.** m/f Mitglied n, Beisitzer, -in m/f; **~àlic, -a** adj ling vokalisch; **~alisme** m ling Vokalismus m; **~alista** m/f Vokalist, -in m/f; **~alització** f Vokalisation f; **~alitzar** vt/i vokalisieren; **~atiu** m ling Vokativ m

vol m Flug m; **en un ~** schnellstens; ♦ **agafar/alçar el ~** emporfliegen;

~ador, -a adj fliegend; **~ant 1.** adj m/f fliegend; **2.** m **1.** auto Lenkrad n, Steuer(rad) n; **2.** (escrit) Flugblatt n; **3.** med Überweisungsschein m; **4.** (adorn) Volant n, Rüsche f; **~ar** vi fliegen

volcà m geol Vulkan m; **~nic, -a** adj geol vulkanisch

voleibol m esp Volleyball m

voler 1. vt wollen; **sense ~** ungewollt; **vols dir?** meinst du?; **2.** m (estima) Zuneigung f

volt m **1.** (contorn) Umkreis m; **2.** (volta) Umdrehung f; **3.** (passeig) Rundgang m; ♦ **fer un ~** einen Spaziergang machen; **~a** f **1.** Umdrehung f; **2.** (passeig) Rundgang m; **3.** arquit Gewölbe n; **4.** (vegada) Mal n; **tal ~a** vielleicht; ♦ **donar ~es** hin und her überlegen

voltaic, -a adj electr voltaisch

voltairi/à, -ana 1. adj voltairisch; **2.** m/f Voltairianer, -in m/f; **~anisme** m Voltairianismus m

voltàmetre m electr Voltameter n

volta/r 1. vt umkreisen; **2.** vi **1.** sich drehen, kreisen; **2.** (viatjar) herumreisen; **~tge** m electr Spannung f, Voltzahl f

voltor m zool Geier m

volub/ilitat f Unbeständigkeit f; **~le** adj m/f **1.** veränderlich; **2.** unbeständig

volum m **1.** (capacitat) Volumen n; **2.** (tamany) Umfang m; **3.** (llibre) Band m; **4.** (so) Lautstärke f; **5.** econ (suma) Volumen n

volunta/ri, -ària 1. adj freiwillig; **2.** m/f

Freiwillige, -r f/m; **~t** f 1. (*intenció*) Wille m; 2. (*afecte*) Zuneigung f

voluptu/ós, -osa *adj* sinnenfreudig, vollüstig; **~ositat** f Wollust f

volva f Flocke f

vòmit m Erbrechen n

vomit/ar 1. *vt* erbrechen; 2. *vi* sich übergeben; **~iu, -iva** 1. *adj* 1. *med* Brechreiz erregend; 2. (*fastigós*) ekelhaft, zum Kotzen *vulg*; 2. m *med* Vomitiv(um) n, Brechmittel n

vora f 1. Rand m; **a la ~ de** in der Nähe von; 2. *tèxtil* Saum m

voraç *adj m/f* gefräßig

voravia f Gehweg m, Bürgersteig m

vore/jar *vt* 1. (*a peu*) entlanggehen; 2. (*amb vehicle*) entlangfahren; **~ra** f Gehweg m

vori m *anat* Elfenbein n

vosaltres *pron* ihr

vostè *pron* Sie, Ihnen

vostre, -a 1. *adj* euer; 2. *pron* euer

vot m 1. Gelübde n; 2. *pol* Stimme f; **~ació** f Abstimmung f; **~ar** 1. *vt* 1. abstimmen (**+ CD** über); 2. *relig* geloben; 2. *vi* abstimmen, stimmen (**a favor de** für)

vuit 1. *adj inv* acht; 2. m Acht f

vulcan/isme m *geol* Vulkanismus m; **~òleg, -òloga** m/f Vulkanologe, -in m/f; **~ologia** f Vulkanologie f

vulgar *adj m/f* gemein, vulgär; **~itat** f Vulgarität f; **~itzar** *vt* verallgemeinern

vulnera/bilitat f Verletzbarkeit f; **~ble** *adj m/f* verletzbar; **~r** *vt* verletzen

vulva f *anat* Vulva f; **~r** *adj m/f* Vulva...

W

w W f w, W n

wagneri/à, -ana 1. *adj* wagnerisch; 2. m/f Wagnerianer, -in m/f; **~anisme** m Wagnerismus m; **~sme** m Wagnerismus m

waterpolo m *esp* Wasserball m

watt m Watt n

web 1. m Web n; 2. f 1. Webseite f; 2. Website f

Westf/àlia f Westfalen n; **~*àlià, -ana** 1. *adj* westfälisch; 2. m/f Westfale m, Westfälin f

whisky m Whisky m

wolfram m *min* Wolfram n; **~ita** f *min* Wolframit m

X

x X f x, X n

xacal m *zool* Schakal m

xafar *vt* zerdrücken, zertreten

xafarde/ig m Klatscherei f; **~jar** *vi* klatschen, tratschen; **~r, -a** 1. *adj* klatschhaft, klatschsüchtig; 2. m/f Klatschmaul n; **~ria** f Klatsch m, Tratsch m

xàfec m Platzregen m, Regenguss m

xafog/or f *meteo* Schwüle f; **~ós, -osa** *adj* schwül, heiß

xai m *zool* Lamm n; **~ar** *vi* lammen; **~enc, -a** *adj* Lamm...

xal m *tèxtil* Schultertuch n; **~ar** *vi* herumalbern

xalet m Landhaus n, Chalet n, Villa f

xaloc *m* Schirokko *m*, Südostwind *m*; **~ada** *f* starker Schirokko *m*
xaman *m* Schamane *m*; **~isme** *m* Schamanentum *n*
xamfrà *m* Hausecke *f*
xampany *m* 1. (*cava*) Sekt *m*; 2. (*francès*) Champagner *m*; **~eria** *f* Champagnerbar *f*; **~ització** *f* Verarbeitung *f* zu Champagner; **~itzar** *vt* zu Champagner verarbeiten
xampinyó *m* Champignon *m*
xampú *m* Shampoo *n*
xancleta *f* Schlappen *m*, Hausschuh *m*
xandall *m* Trainingsanzug *m*, Jogginganzug *m*
Xangai *f* Schanghai *n*
xantatg/e *m* Erpressung *f*; **~ista** *m/f* Erpresser, -in *m/f*
xapa *f* 1. Blech *n*; 2. (*fusta*) Beschlag *m*; **~r** *vt* spalten
xarampió *m med* Masern *pl*
xaranga *f mús* Blaskapelle *f*
xarcuteria *f* 1. (*productes*) Wurstwaren *pl*; 2. (*botiga*) Schweinemetzgerei *f*
xarlat/à, -ana *m/f* 1. (*venedor*) Marktschreier, -in *m/f*; 2. (*trampós*) Scharlatan *m*; **~anisme** *m* Geschwätzigkeit *f*
xarleston *m* Charleston *m*
xarnego, -a *m/f centr desp* Einwanderer spanischer Sprache
xarol *m* Lackleder *n*
xarop *m* Sirup *m*; **~ de la tos** Hustensaft *m*
xarxa *f* Netz *n*
xassís *m auto* Fahrgestell *n*, Chassis *n*
xat *m* Chat *m*; **~ejar** *vi* chatten
xato, -a *adj* (*nas rodó*) stumpf
xaval, -a *m/f* Junge *m*, Mädchen *n*
xec *m* Scheck *m*; **~ al portador** Überbringerscheck *m*; **~ de viatge** Reisescheck *m*
xeix *f* (*nom lletra*) x, X *n*
xemeneia *f* 1. Schornstein *m*; 2. (*llar*) Kamin *m*; 3. *min* Wetterschacht *m*
xen/òfob, -a *adj* ausländerfeindlich; **~ofòbia** *f* Ausländerfeindlichkeit *f*, Xenophobie *f elev*
xerès *m* Sherry *m*
xèrif *m* Sheriff *m*
xeringa *f* Spritze *f*; **~r** *vt* spritzen, injizieren
xerogr/afia *f foto* Xerographie *f*; **~afiar** *vt* xerographieren; **~àfic, -a** *adj* xerographisch
xerra/da *f* Geplauder *n*; **~dissa** *f* belebte Plauderei *f*; **~ire 1.** *adj m/f* schwatzhaft; **2.** *m/f* Schwätzer, -in *m/f*, Klatschbase *f*; **~menta** *f* belebte Plauderei *f*; **~r 1.** *vt* ausplaudern; **2.** *vi* schwatzen, plaudern
xic, -a *adj* klein
xiclet *m* Kaugummi *m*
xic/ó, -ona *m/f val* Junge *m*, Mädchen *n*; **~ot, -a** *m/f* Junge *m*, Mädchen *n*
xicotet, -a *adj val* klein
xifra *f* Ziffer *f*
Xil/e *m* Chile *n*; **~*è, -ena 1.** *adj* chilenisch; **2.** *m/f* Chilene, -in *m/f*
xilenol *m quím* Xylenol *n*
xilidina *f quím* Xylidine *f*
xil/òfon *m* Xylophon *n*; **~ofonista** *m/f* Xylophonspieler, -in *m/f*
xil/ògraf, -a *m/f* Xylograph, -in *m/f*;

ximpanzé 554

~ografia f Xylographie f; **~ografiar** vt in Holz schneiden; **~ogràfic, -a** adj xylographisch

ximpanzé m zool Schimpanse, -in m/f

ximple 1. adj m/f einfältig, dumm; 2. m/f Dummkopf m; **~ria** f Dummheit f; **~sa** f Einfältigkeit f

Xin/a f China n; **~ès, -esa** 1. adj chinesisch; 2. m/f Chinese, -in m/f; 3. m ling Chinesisch n

xino-xano adv langsam

xinx/a f zool Wanze f; **~eta** f Reißzwecke f

Xipr/e m Zypern n; **~*er** m bot Zypresse f; **~*iota** 1. adj m/f zypriotisch, zyprisch; 2. m/f Zypriot, -in m/f; 3. m ling Zypri(oti)sch n

xirimoia f Chirimoya f

xirivia f Pastinak m

xiu/lada f Gepfeife n; **~lador, -a** adj pfeifend; **~lar** vt/i pfeifen; **~let** m Pfeifen n; **~xiueig** m Flüstern n; **~xiuejar** vi flüstern, tuscheln

xoc m 1. (Zusammen)Stoß m; 2. med Schock m; **~ant** adj m/f (sorprenent) verwunderlich; **~ar** vi 1. Zusammenstoßen; 2. (vehicles) kollidieren; 3. (sorprendre) erstaunen

xocolat/a f Schokolade f; **~ada** f Schokoladetrinken n; **~eria** f Schokoladengeschäft n; **~ina** f Schokoladenbonbon n

xofer, -a m/f 1. (empleat) Chauffeur m; 2. Fahrer, -in m/f

xona f 1. vulg Fotze f; 2. val Schnecke f

xop, -a adj durchnässt; **~ar** vt durchnässen, tränken

xoriço m gastr Paprikawurst f

xovinis/me m pol Chauvinismus m; **~ta** 1. adj m/f chauvinistisch; 2. m/f Chauvinist, -in m/f

xucla/da f Saugen n; **~dor** m meteo Strudel m; **~r** vt (aus)saugen

xucrut f gastr Sauerkraut n

xuf/a f agric Erdmandel f; **~la** f agric Erdmandel f

xulla f 1. bal Speck m; 2. val Kotelett n

xumar vt/i nuckeln, saugen

xuplar vt val saugen

xurr/er, -a m/f Spritzgebäckverkäufer, -in m/f; **~eria** f Fritierstand m; **~o** m Spritzgebäck n

xusma f Pöbel m, Gesindel n

xut m esp Schuss m; **~ar** vi esp schießen

Y

y Y f y, Y n

Z

z Z f z, Z n

Zagreb m Zagreb n

Zair/e m Zaire n; **~ès, -esa** 1. adj zairisch; 2. m/f Zairer, -in m/f

Zàmbia f Sambia n

zàping m Zapping n

zebra f zool Zebra n; **~t, -ada** adj 1. zebraartig; 2. gestreift

zel *m* Eifer *m*
zelar *vt* beaufsichtigen, überwachen
zelota 1. *adj m/f bíbl* zelotisch; **2.** *m/f* Zelot, -in *m/f*
zenit *m* Zenit *m*
zero 1. *adj inv* null; **2.** *m* Null *f*; ♦ **ésser un ~ a l'esquerra** eine völlige Niete sein
zeta *f* (*nom lletra*) z, Z *n*
zeugma *m ling* Zeugma *n*
zigom/a *m anat* Jochbogen *m*; **~àtic, -a** *adj* Jochbein...; **~orf, -a** *adj* zygomorph, monosymmetrisch
zigo/si *f biol* Zygose *f*; **~t** *m biol* Zygote *f*
zig-/zag *m* Zickzacklinie *f*; **~zaguejar** *vi* zickzacken
zinc *m* Zink *n*

zíngar, -a 1. *adj* Zigeuner...; **2.** *m/f* Zigeuner, -in *m/f*
zirc/ó *m geol* Zirkon *m*; **~oni** *m quím* Zirkonium *n*; **~ònic, -a** *adj quím* zirkoniumhaltig
zod/íac *m astrol* Tierkreis *m*; **~iacal** *adj m/f* Tierkreis...
zombi *m/f* Zombie *m*
zona *f* Zone *f*; **~ de no fumadors** Nichtraucherzone *f*; **~ de vianants** Fußgängerzone *f*
zo/òleg, -òloga *m/f* Zoologe, -in *m/f*; **~ologia** *f* Zoologie *f*, Tierkunde *f*; **~ològic, -a 1.** *adj* zoologisch; **2.** *m* Zoo *m*; **~onímia** *f* Zoonymie *f*, Tiernamenskunde *f*; **~oteràpia** *f* Tierheilkunde *f*
Zuric *f* Zürich *n*

GUIA DE CONVERSA
SPRACHFÜHRER

1. Contactes — Kontakte

Saludar algú	Jemanden begrüßen
Bon dia!	Guten Tag!
Bona tarda!	Guten Abend!
Hola!	Hallo!
Com estàs? / Com està (vostè)?	Wie geht's? / Wie geht es Ihnen?
(Molt) bé. I tú / vostè?	(Sehr) gut, danke. Und dir / Ihnen?

Presentar-se i presentar algú	Sich / jemanden vorstellen
Em dic / sóc el Pere.	Ich heiße Pere.
Sóc català. / Sóc de Barcelona.	Ich bin Katalane. / Ich komme aus Barcelona.
Li presento a la senyora Peris.	Darf ich vorstellen? Frau Peris.
Molt de gust. / Encantat / -ada.	Sehr angenehm. / Sehr erfreut.
Benvingut / -uda.	(Herzlich) willkommen.

Despedir-se	Sich verabschieden
Adéu!	Auf Wiedersehen!
Fins ara!	(Tschüss.) Bis später!
Fins aviat! / A reveure!	Bis bald!
Que vagi bé!	Mach's gut!
Bon viatge!	Gute Reise!
Bona nit!	Gute Nacht!

Demanar disculpes	Sich entschuldigen
Perdona/i!	Entschuldige(/n Sie)! Verzeih(/en Sie)! / Verzeihung!
Ho sento (molt)!	Es tut mir (sehr) Leid!
No hi fa res. / No importa.	Das macht nichts.

Agrair	Sich bedanken
Gràcies. / Moltes gràcies.	Danke. / Vielen Dank.
Gràcies, igualment.	Danke gleichfalls.
De res.	Gern geschehen.

Felicitacions y salutacions	(Glück-)Wünsche
Que t'ho passis bé!	Viel Spaß! Viel Vergnügen!
Bon cap de setmana!	Schönes Wochenende!
(Molta) sort!	Viel Glück!
Bon profit!	Guten Appetit!
Salut!	Zum Wohl! / Prosit!
Salut! / Jesús!	Gesundheit!
Felicitats! (aniversari)	Alles Gute zum Geburtstag!

Parlar per telèfon	Telefonieren
Sí? Digui?	Ja bitte?
Sóc la Laura.	Hier ist Laura.
Voldria parlar amb la Mireia, si us plau.	Ich möchte gern mit Mireia sprechen.
Ara no hi és. Vol deixar algun missatge?	Sie (/Er) ist nicht da. Möchten Sie eine Nachricht hinterlassen?
Podria tornar a trucar d'aquí a 15 minuts?	Können Sie in 15 Minuten wieder anrufen?

2. Transports — Verkehrsmittel

Moure's per la ciutat — Sich in der Stadt fortbewegen

Moure's per la ciutat	Sich in der Stadt fortbewegen
Perdoni, com podria arribar a l'aeroport?	Entschuldigen Sie, wie kommt man zum Flughafen?
És (molt) lluny?	Ist es (sehr) weit?
Un quart d'hora en autobús, 30 minuts a peu.	Mit dem Bus eine Viertelstunde, zu Fuß 30 Minuten.
On és la parada de metro més propera?	Wo ist die nächste U-Bahnhaltestelle?
Quin és l'autobús que va a l'estació (de tren)?	Welcher Bus fährt zum Bahnhof?
Voldria un bitllet senzill.	Ich hätte gern einen Einzelfahrschein
Pròxima parada: Estació del Nord.	Nächster Halt: Nordbahnhof.

Agafar un taxi	Mit dem Taxi fahren
A l'estació d'autobusos, si us plau.	Zum Busbahnhof, bitte.
Si us plau, aturi's aquí a la cantonada.	Halten Sie bitte hier an der Ecke.
Quant és?	Wieviel macht das?
Voldria un rebut.	Ich hätte gern eine Quittung.
Estem en pau.	Stimmt so.

Viatjar en tren / avió / vaixell / llogar un cotxe	Mit dem Zug / Flugzeug / Schiff verreisen / ein Auto mieten
A quina hora surt el pròxim vaixell cap a Eivissa?	Um wie viel Uhr fährt das nächste Schiff nach Ibiza?
De quina via surt el tren cap a Girona?	Von welchem Gleis fährt der Zug nach Girona ab?
– Voldria un bitllet cap a Cambrils.	– Ich hätte gern eine Fahrkarte nach Cambrils.
– Només d'anada?	– Nur einfache Fahrt?
– No, d'anada y tornada, si us plau.	– Nein, für Hin- und Rückfahrt, bitte.
Si us plau, on és la taquilla?	Wo, bitte, ist der Schalter?
Voldira un seient a la finestra.	Ich hätte gern einen Platz am Fenster.
Aquí té la seva targeta d'embarcament.	Hier haben Sie Ihre Bordkarte.
On es recull l'equipatge?	Wo ist die Gepäckausgabe?
Voldria llogar un cotxe.	Ich würde gern ein Auto mieten.
M'ensenya el permís de conduir, si us plau?	Darf ich, bitte, Ihren Führerschein sehen?
Puc deixar el cotxe al port?	Kann ich das Auto am Hafen abgeben?

3. A la ciutat — In der Stadt

A l'hotel / a la pensió / a l'alberg — Im Hotel / in der Pension / in der Herberge

A l'hotel / a la pensió / a l'alberg	Im Hotel / in der Pension / in der Herberge
Tinc una reserva a nom de Gomis.	Ich habe auf den Namen Gomis reserviert.
Voldria una habitació individual. / Voldriem una habitació doble amb llit de matrimoni / amb dos llits individuals.	Ich hätte gern ein Einzelzimmer. / Wir hätten gern ein Doppelzimmer mit Doppelbett / mit zwei Einzelbetten.
Quin preu té una habitació amb bany / dutxa?	Wie viel kostet ein Zimmer mit Bad / Dusche?
A quina hora es pot esmorzar / sopar?	Um wieviel Uhr gibt es Frühstück / Abendessen?
Si us plau, podria despertar-me a les 8 del matí?	Könnten Sie mich, bitte, um 8 Uhr wecken?

Al restaurant / a la cafeteria / al bar	In Restaurant / im Café / in der Wirtschaft
Podria veure la carta, si us plau?	Könnte ich bitte die Karte sehen?
El menú del día i una copa de vi blanc, si us plau.	Das Tagesmenu und ein Glas Weißwein, bitte.
Un altre café / café amb llet, si us plau?	Noch einen schwarzen Kaffee / einen Milchkaffee, bitte.
El compte, si us plau.	Die Rechnung, bitte.
Puc pagar amb targeta de crèdit?	Kann ich mit Kreditkarte bezahlen?

A la botiga	Im Geschäft
– Puc ajudar-lo en alguna cosa? – Sí, si us plau, voldria un paraigües. – No, gràcies. Només estic mirant.	– Kann ich Ihnen helfen? – Ja, bitte, ich möchte einen Regenschirm kaufen. – Nein, danke. Ich schaue mich nur um.
Té una talla més gran / més petita?	Haben Sie auch noch eine größere / kleinere Größe da?
On puc emprovar-me aquests pantalons?	Wo kann ich diese Hose anprobieren?
Podria canviar aquestes sabates?	Kann ich diese Schuhe umtauschen?
Quin preu té això?	Wieviel kostet das?
El color no m'agrada / m'agrada molt.	Die Farbe gefällt mir nicht / gefällt mir sehr.

Al banc	Auf der Bank
Voldria canviar 200.000 francs suïssos en euros.	Ich möchte gern 2.000 Schweizer Franken in Euro umtauschen.
Accepta xecs de viatge?	Nehmen Sie Travellerschecks?
Quin tant per cent de comissió hi ha? Un 2 per cent?	Wieviel Prozent Provision berechnen Sie? 2 Prozent?
A quant està el franc suís?	Wie steht der Schweizer Franken?

A l'oficina de correus	Auf der Post
Voldria 3 segells per a cartes / postals a València.	Ich hätte gern 3 Briefmarken für Briefe / Postkarten nach Valencia.
Voldria enviar aquest paquet certificat a Balaguer.	Ich möchte dieses Paket per Einschreiben nach Balaguer schicken.
Aquí hi ha l'adreça. Quant trigarà a arribar?	Dies ist die Adresse. Wie lange wird die Sendung brauchen?

Al metge / a la farmàcia	Beim Arzt / in der Apotheke
No em trobo bé.	Ich fühle mich nicht wohl.
Tinc mal – de cap – de queixal – de gola – al pit – a l'estómac – a la cama / al braç	Ich habe Schmerzen – im Kopf – am Backenzahn – im Hals – in der Brust – im Bauch – im Bein / im Arm
La meva filla és al·lèrgica als antibiòtics.	Meine Tochter ist allergisch gegen Antibiotika.
Voldria – un medicament contra la diarrea – unes tiretes – aspirines	Ich hätte gern – ein Medikament gegen Durchfall – Heftpflaster – Aspirin
Un comprimit dues vegades al día? Abans o després de menjar?	Zweimal täglich eine Tablette? Vor oder nach den Mahlzeiten?

ELS NUMERALS / DIE ZAHLWÖRTER

ELS NUMERALS CARDINALS / DIE GRUNDZAHLEN

zero	0	null
un, una (número u)	1	eins
dos, dues	2	zwei
tres	3	drei
quatre	4	vier
cinc	5	fünf
sis	6	sechs
set	7	sieben
vuit	8	acht
nou	9	neun
deu	10	zehn
onze	11	elf
dotze	12	zwölf
tretze	13	dreizehn
catorze	14	vierzehn
quinze	15	fünfzehn
setze	16	sechzehn
disset	17	siebzehn
divuit	18	achtzehn
dinou	19	neunzehn
vint	20	zwanzig
vint-i-un/ una	21	einundzwanzig
vint-i-dos/ dues	22	zweiundzwanzig
trenta	30	dreißig
quaranta	40	vierzig
cinquanta	50	fünfzig
seixanta	60	sechzig
setanta	70	siebzig
vuitanta	80	achtzig
noranta	90	neunzig
cent	100	hundert
cent u/ un/ una	101	hunderteins
cent dos/ dues	102	hundertzwei
cent deu	110	hundertzehn
cent vint	120	hundertzwanzig
dos-cents/ dues-centes	200	zweihundert
tres-cents/ centes	300	dreihundert
quatre-cents/ centes	400	vierhundert
cinc-cents/ centes	500	fünfhundert
sis-cents/ centes	600	sechshundert
set-cents/ centes	700	siebenhundert
vuit-cents/ centes	800	achthundert